U0596554

模仿、竞合到自主图强

中国汽车产业现代化之路

白让让　著

中国出版集团　东方出版中心有限公司

为——中国产业组织研究》、江小娟等人的《体制转轨中的增长、绩效与产业组织变化——对中国若干行业的实证研究》,可惜的是,这些著述并未随我国相关产业的发展而更新数据或者再版,也就无法从中观察和提炼出改革以来中国产业组织的特征化事实,没有了这些事实的铺垫,构建中国特质的产业经济学科也就长期处于无水之源的状态。上述情况的出现有两方面的原因:第一,20 世纪 90 年代中期,随着以博弈论为工具的新产业组织理论的引进和快速普及,学科的研究对象自然转向企业行为,在摆脱"结构—行为—绩效"范式约束的同时,也失去了完善、补充这一范式中国要素的内在需求;第二,80 年代末期以来,产业经济学能够长期位居"显学"的位置,其价值就在于解释和回答产业政策的合理性、可行性与合理性等问题,进而为政府出台、调整和完善产业政策提供理论和实证的依据。毕竟那一时期国内学者接触、学习的产业经济学知识或体系,几乎都源自以产业政策或政府管制为主题的书籍,如小宫隆太郎等(1986)编写的《日本的产业政策》、植草益(1992)的《微观规制经济学》。在产业政策导向的学科体系中,"结构—行为—绩效"范式的价值被局限在论证特定产业是否具有规模经济或范围经济的属性上,使得没有"行为"的哈佛范式在我国产业经济学界大行其道。

取代"结构—行为—绩效"范式位置的则是罗斯托的结构分析框架,其后果就是中国产业经济学的研究对象一直停留在"产业"的层面,这里的产业不是微观企业的逐层加总,而是将经济总量横向或纵向(基于投入—产出关系)分解而成的第一、二、三产业,农业、采矿业、制造业、服务业等部门经济。显然,沿着罗斯托语境所构建的中国产业经济学,其目的是探寻产业结构与经济发展的关系。可以想象,没有源自"结构—行为—绩效"范式长期积淀的素材,大量的专家学者构建的结构演化、产业升级、新技术革命等语义上的产业经济学,只能逐渐演变成发展经济学的分支。

泰勒尔的经典教程《产业组织理论》中文译本于 1996 年在我国正式出版发行,新产业组织理论开始引领学科的发展模式和路径,也给国内学者切入国际学术前沿提供了一次机遇。实际情况则是,二十多年来,无论是在国内还是国际范围内,相对于经济学的其他领域,并未出现能够写进教科书的、扎根于中国产业发展实践的产业组织新理论、新范式、新概念,国内产业组织的理论和实证研究依旧处于用中国数据验证西方经典原理的碎片化阶段。一定程度上,产业经济学相对于它的研究对象——中国的大多数产业,更需要进行自主创新和自主发展。

解决上述问题的途径之一就是补上“结构—行为—绩效”范式这门基础课。本文就是基于这一范式思考和分析中国汽车产业改革以来发展历程的部分成果,核心的工作体现在三个方面:一是使用中国的基础数据,计算和整理了汽车产业的结构、行为和绩效等方面的大量指标,透过这些动态化的指标体系,就会对产业结构演进的脉络有更加清晰的了解;二是洞察汽车产业和制造企业的现实问题,并试着按照“结构—行为—绩效”的传统逻辑解释这些问题,辨别出哪些问题服从汽车产业的一般规律,哪些问题又具有鲜明的中国特色;三是围绕那些传统范式或逻辑不能完全解释,尤其是违反这一范式普遍共识的特定问题,使用经济学或新产业组织理论的一般理论框架予以数理模型和计量检验,就是为中国产业经济的本土化发展添砖加瓦。

“结构—行为—绩效”范式是在美国十分成熟的市场经济环境中产生的,政府对特定产业的干预主要通过规制和反垄断执法的方式,很少使用国有企业经营和产业政策指导的手段直接切入结构、行为和绩效这三个环节。相反,我国政府对汽车产业的管理是多方位、多体系和多手段交织在一起的,因此,本书在提炼和总结出我国汽车产业的市场结构、企业治理、投资扩张、差异化产品竞争、兼并重组和创新绩效等方面的问题外,还专门分析了政府的汽车产业组织政策和新能源汽车产品推广政策。下面按照目录的次序,简要介绍各章的主旨和内容。

第一章的题目为“改革以来的中国汽车产业”,兼具全书导论和概述的任务。在描述我国汽车生产和消费总量变化(1980—2018年)的基础上,本章以“跨国公司”“WTO红利”“自主品牌”和“新能源汽车”等概念为关键词,梳理出近40年来我国汽车产业的发展主线、主导模式、变革动因与现实挑战。深入分析这些关键词及其不同组合方式背后所对应的具体问题,构成了其余九章的内容。

第二章题为“中国汽车产业的结构与演变”,正如该章第一句所言,“结构分析是现代产业经济学研究的逻辑起点”,这里的结构包括市场集中度、产品差异和进入壁垒等三个核心的要素,基于对这三个要素的量化和描述性分析后,中国汽车产业的结构被定性为:“政府、市场和企业相互协同下的双层寡头垄断”,即在政府产业组织政策的直接或间接引导下,依据“贝恩指数”的划分标准,中国汽车产业在总体和细分市场上都呈现出寡头垄断的特征,而技术型与策略性进入壁垒的共存则是维系这一结构特征的市场化因素。

第三章的题目是“‘多角联盟’式的企业组织结构”,其目的是弥补传统范式中企业组织缺位带来的缺憾。2005年,针对国家放松合资企业的数量限制后,大型企业集团与跨国公司之间纵横交织的业务关系,我提出了“多角联盟”这一概念。经过10多年的发展演变,这种组织模式不再是大型企业集团的专利,已经被地方国有、民营企业和造车新势力所主导的不同类型汽车经营公司所采用。那么,这种特殊的组织结构是如何形成的、对主要参与者的经营行为有何影响,就成为第三章的核心内容。更为重要的是,观察汽车产业混合所有制企业改革的多个案例,也会发现“混改”后的公司运作体系都具有“多角联盟”的基本特征,总结和分析这一模式的利弊得失也就有了新的现实价值。

生产能力的投资和调整,是汽车制造企业进行数量和价格竞争的前提,为此,第四章以“产能扩张与结构性的产能过剩”为题,对企业层面产能扩张的结构性、政策性和策略性因素进行了较为全面的理论、实证和案例分析。中国汽车产业的高速发展和良好的投资回报,吸引着大量新企业的进入,进入就意味着新的产能投资,这会导致市场供求关系和竞争格局的变化,进而影响已有企业或曰“在位厂商”的市场份额和盈利能力,由于信息不对称和不确定性的存在,在位厂商就会陷入“阻止”还是“容纳”的两难困境中。从这一问题出发,本章的理论模型解释了大企业没有采取掠夺性定价、空置产能等冷酷策略来应对潜在进入者和新进者的原因,并逐步将产业政策、能力不对称和增长机会等要素纳入实证分析的框架中,核心的结论就是:企业层面的产能扩张具有多重动因,在不能完全确定这些动因与总量过剩存在负相关性的环境下,政府主管部门的“产能治理”政策往往会事倍功半,甚至成为供求结构持续扭曲的主因。2017年以来,新能源汽车产业总量过剩和结构性过剩并存的境况,在一定程度上也证明,将企业的策略性行为和政府的产业政策一并考虑,会提升“结构—行为—绩效”范式的应用价值。

第五章以“基于产品延伸的差异化竞争”为题,现实的考虑在于,汽车产业的产品差异化在某种程度就是产品线延伸(也包括删减)的同义词。本章实证检验了产品线延伸的影响因素和实际效应。主要的发现是自主品牌制造企业延伸产品线的主要目的是获得市场机会和提升品牌声誉，而合资企业的产品线拓展还兼具战略效应，即通过品牌的价格升水，可以限制自主品牌产品线向上拓展，进而牢牢掌控轿车市场所谓的1.8—2.3 L的黄金区间。过去十余年间，奇瑞、华晨、比亚迪等自主品牌制造企业多次向中高级轿车细分市场投放产品，结局都是无功而返，这不仅证明了那些发表在十余年之前论文的预见性，也会对那些以追赶“特斯拉”为目标的企业有所警示，即模仿性创新对品牌塑造和质量提升的意义十分有限，一定要避免过早地陷入与跨国公司高端产品的不对称竞争中。

在汽车产业100多年的发展历程中，兼并重组对产业的总量变化、市场结构调整和企业组织变革有着不可或缺的作用。我国的现代汽车工业起步较晚、政府干预广泛、市场发育不成熟，依旧脱离不了兼并重组的影响。第六章以“兼并重组的模式和绩效”为题，对改革开放以来我国汽车产业的相关问题进行了系统化的分析。跨国公司及其控制下的合资汽车企业既是中国汽车产业的主导者，也是本土企业兼并重组的幕后之手，针对这一特点，第六章的第二节构建了一个“三方兼并重组”的简约模型，刻画了本土大企业、被兼并企业以及跨国公司的不同参与动机，并重点分析重组后的投资激励和产品选择问题，得到了本土两类企业被边缘化的一般性结论，并通过对一汽夏利的案例分析验证了理论的预判。第六章的第三节搜集了2000年到2015年汽车产业完成的20多个重组样本，分析了参与者不对称、新公司治理机制、产品定位等因素对重组绩效的影响，以弥补单一案例分析的不足和缺陷。本章理论和实证分析的结论总体上是“灰色”的，即如果不摆脱对跨国公司的多重依赖，或者为增强合资企业的资源、产能和产品实施兼并重组，类似一汽夏利、广汽长丰这种失败、无效的重组还会在新能源汽车领域再现与重演。

2010年，中国汽车产品的生产量和需求量能够位居世界第一，自主品牌的成长、壮大和强势崛起发挥了决定性的作用。第七章以“中国汽车产业中的自主创新”为题进行了模型分析和实证检验。自主品牌制造企业都是以模仿创新的途径进入汽车产业的，模仿的对象就是合资企业。相反，这些合资企业的中方参与者——一汽、东风、上汽等——并没有借助近距离的学习机会，较早发展出自主产品或品牌，就成为不能回避的理论和现实问题。第七章的

第二节构建了三个相互关联的理论模型,从单向溢出、学习机会和学习成本、集团内产品竞争等三个维度,分析了不同类型本土汽车企业进行自主产品创新的内在动因和外资约束。第三节实证检验了自主创新的不同模式与创新绩效的关系,基本的结论是:产品的技术引进和研发外包,对专利数量有着不显著的负面影响,但这种模式会提高企业的劳动生产率和经营绩效,付出的代价是将自己的固定在微笑曲线的中间或者底端环节。本章理论和实证研究的现实价值就在于,新能源汽车具有破坏性创新的特点,低成本的技术引进和模仿性学习失去了用武之地,只有那些控制核心价值链的企业才能在激烈的技术路径竞争中脱颖而出。

研究中国汽车产业的发展时,唯一不能回避且需要大书特书的问题就是产业政策,原因就是我国政府的汽车产业政策具有“实施时间最长、涉及范围最广、影响力度最深”等三个显著特点,显然,仅用一章的篇幅不可能对中国汽车产业政策进行全方位的研究。第八章的题目之所以确定为“管制型汽车产业政策的实践与效果”,就在于根据作者的长期观察和分析,中国的汽车产业政策在设计原则、实施机制等方面具有很强的政府管制色彩,一定意义上,没有管制手段和管制机构的参与,汽车产业政策设定的目标也就无法“开花结果”。第八章第一节首先基于这一新提出的产业政策概念,对1980年以来的政策体系进行了回顾和总结。第二节和第三节以供给侧结构性改革为背景,分析了汽车产业“退出管制”政策的初衷、工具和效应,计量检验的主要结论是:政府借助“退出预警”传递的声誉信号,并未促使低效低能企业的自觉退出;相反,由于燃油汽车产能调控和新能源汽车推广两个政策的步调错位,使得“新旧”汽车产业都陷入了结构性产能过剩的泥潭。如何剥离产业政策的管制内核,使其体现出激励性和功能性的特性,就成为政府汽车产业调控模式改革的主线。

第九章和第十章的逻辑关系最为紧密,前者在展示汽车产业历次“革命”发展脉络的基础上,重点分析了新一轮变革对传统汽车社会各个环节的影响与挑战。“强制性技术变迁”是我国新能源汽车发展政策的主基调,第十章对这一战略的机理、组织模式和实施效果进行了回顾与总结,落脚点在于如何构建新型的产业政策体系,这一体系的要义就是让市场而不是政府在产业运营的竞争激励、信息显示和资源配置等环节发挥主导作用。2020年上半年,新冠肺炎疫情导致全球汽车产业陷入了至暗时刻,曾经一枝独秀的中国新能源产业也未能幸免,但是,特斯拉公司在中国装配线投产后的6个月,就以40%的市场份额位居行业第一,并将比亚迪、吉利、江淮等本土优势企业远远甩在身后的残酷事实,实际上宣告了挑选赢家式产业政策的终结。

两年前,在撰写本书的初稿时,曾将目标设定为"汽车产业经济学"或"汽车产业组织理论",呈现在读者面前的这本书已经证明这是一种不自量力的规划。当然,如果初学者通过本书能够了解产业经济学分析特定产业的基本模式,降低他们对产业经济学的畏惧感,使得"结构—行为—绩效"范式成为他们从事更深入研究的阶梯;同时,如果汽车产业的实践者和政策制定者,能够从此书的相关内容中了解到本土学者是如何分析市场结构、竞争行为和政府干预的,并发现这些研究或预判不是闭门造车或者坐井观天的话,作者多年对汽车产业跟踪研究的另一个目的也就实现了。

是为序。

白让让

2020年8月于复旦大学思源楼238室

目录

一、国民经济的长期增长与汽车制造大国地位的确立

汽车产业之所以被称为“工业中的工业”，不仅在于它集资本密集、技术密集、劳动密集为一体，自身的固定资产投资和日常运营能够产生规模可观的国民生产总值，更在于汽车工业的产业链长、上下游产业关联度高、产品使用周期长等特点，覆盖了从上游的钢铁、机械、石化、纺织一直到下游的销售、保险、租赁、维修、加油等几十个大行业。汽车工业的规模和结构因此成为衡量一国工业化进程和制造业水平的重要指标。过去40年，中国汽车工业得到了超越常规的发展，主要体现在以下几个方面。

1. 汽车工业在国民经济中的重要地位日益显现和稳固

1980年，我国共有汽车工业企业2379家（其中汽车制造企业56家），全部职工人数为908895人，共生产了各类汽车222288辆（载货车183853辆、越野车28034辆、轿车5418辆），产生了884261万元的工业总产值和284772万元的净产值，相应的利润和税金分别是44172万元和152178万元。无论是以产量、产值还是以利润为指标进行横向比较，当时的中国汽车产业都十分薄弱（参见本章附录数据）。仅就汽车工业在国民经济和制造业中的地位而言，当时世界主要工业国汽车产业增加值占GDP的比重均在1%以上，德国和韩国则超过3%，而我国只有0.62%（张仁琪和高汉初，2001）。

2015年，中国汽车工业的总量有了翻天覆地的变化。360万汽车工业职工创造了4.5万亿元的工业总产值和1.05万亿元的工业增加值，它们分别比1980年增加了511倍和375倍；支撑整个行业3117亿元利润和1205亿元税金的，是2450万辆各类汽车，这一数值比1980年增长了111倍之多。汽车工业总产值占全部工业产值的比例从1980年的4.32%增加到2015年的19.66%，增加值在GDP中的占比从2002年至今一直保持在1.5%左右（见图1.1）。无论是按照全部工业还是机械工业的口径来衡量，汽车产业都是中国制造的领头羊。

汽车工业在国民经济中的比例和地位变化也是一波三折。如图1.1所示，1985年前后，汽车工业产值占GDP的比例一度增加到1%附近，但上升的势头并不稳定，受制于宏观调控和固定资产投资压缩，产值急速回落。1992

年，邓小平的南方谈话发表后，汽车工业也维持了三年左右高速增长的势态，随着《汽车工业产业政策》的出台和地方投资权限的再次收紧，汽车工业增加值的增速也回到个位数。2001 年中国加入 WTO 之后，汽车工业才步入持续稳定发展的阶段，增加值从 2001 年的 1055 亿元增加到 2015 年的 10578 亿元，累计增长了 9 倍以上，是除了信息通信和半导体制造外，我国制造业中获得 WTO 红利最多的领域之一。

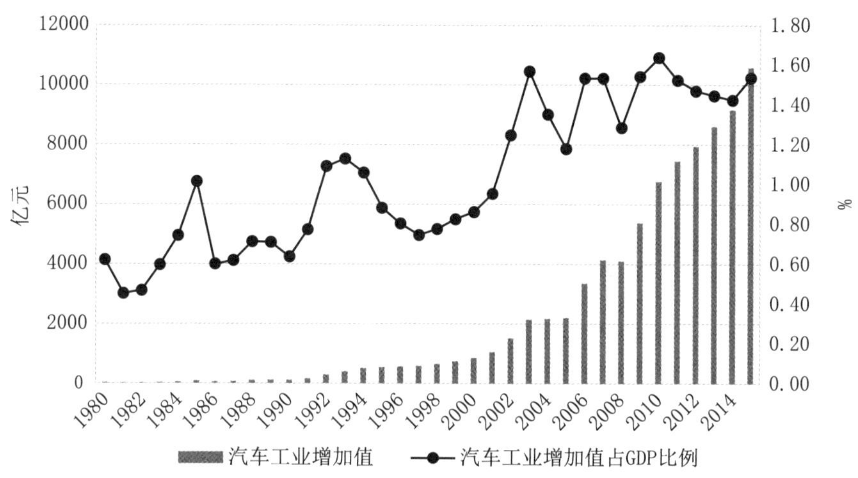

图 1.1　中国汽车工业增加值及其占 GDP 的比例（1980—2015 年）

数据来源：《中国汽车工业年鉴》（2016）

2. 对关联行业的拉动作用不断提升

任何工业品在生产、加工、销售和使用过程中都会对其他领域产生带动作用和溢出效应，但在现代经济史上，汽车制造业对上下游各个领域的影响程度之深、覆盖范围之广、持续时间之长，是其他产业都难以企及的；也正是基于这个道理，汽车工业是各经济大国当仁不让的支柱产业。首先，汽车及其关键总成（发动机、变速箱）生产线的建设需要规模庞大的固定资产和设备投资，这就产生了对钢材、水泥、建材和机器的第一轮需求；其次，汽车自身就是由钢材、塑料、铝、橡胶、玻璃等多种材料所组成的[①]，每生产一辆汽车会对这些材料产生超

① 根据有关专家计算，一个自重 1770 kg 的中型轿车是由 66.3% 的钢铁、7.3% 的塑料、6.9% 的铝制品、4.3% 的橡胶、5.3% 的液体材料、2.6% 的玻璃和 7.3% 的其他材料所组成（J. M. Ribenstein，2014）。

过 1000kg 的需求；最后，在汽车的使用过程中，还需要道路、燃料、维修和金融等方面的投入与服务。在汽车工业体系十分发达和完善的美国，60% 的工业机器人、40% 的机床、70% 的天然橡胶、11% 的钢材、20% 的玻璃和 20% 的铝合金，最终都用在汽车上。有关专家根据我国汽车产业投入 - 产出表，得到了汽车制造对上下游 20 多个产业的具体拉动系数（见图 1.2）。产业发展的实践也证明，从 2008 年至今，每年新增的 16% 以上 GDP 都与汽车产业相关联。

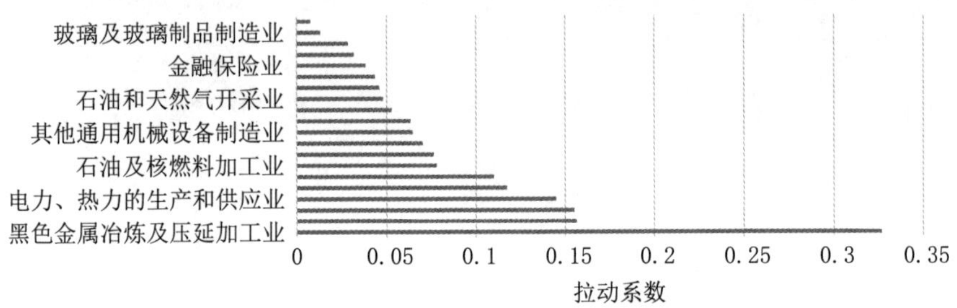

图 1.2　汽车制造业对上下游主要行业的拉动效应

资料来源：《中国汽车产业发展报告（2008）》

汽车制造本身具有资本密集和技术密集的特点，但与其相关联的一些零部件制造、销售、维修等领域则多属于劳动密集活动，因此汽车产业的发展具有很高的就业弹性。权威部门较早的研究表明，2006 年，我国汽车行业直接和间接的就业总人数约为 3045.8 万，约占全国城镇就业人口的 16.15%，这也意味着在我国就业人口中，平均每 6 人中就有 1 人从事与汽车产业相关的工作。最新的工业普查数据也显示，2013 年我国的 8000 家汽车批发企业雇用了 17.18 万人，汽车配件的批发零售企业总数也有 2.5 万家之多，就业人数超过 20 万。

3. 完备的汽车工业体系已经形成

1980 年之前，我国汽车工业仿照的是苏联模式，为满足基本建设和物资运输的需要，在产品结构中载货车占据绝对主导地位，呈现出“缺重少轻、轿车空白”的格局。由于载货车对技术进步、产品研发、工艺设备和零部件质量的依赖程度低，企业组织结构的特点就表现为“小而全、大而全”，没有现代工业意义上的专业化分工和协作配套体系。1987 年 8 月国务院在北戴河召开会议，确立了通过加快发展轿车来振兴中国汽车工业的重大战略，随后，建设现代化的汽车工业生产和组织体系就成为产业发展的主线之一。2001 年之前，中国汽车工业体系的逐步完善是从模仿、学习和借鉴日本、美国的成功经验开始的，采取的是以合资企业为主、生产合作和技术引进为辅的“一边倒”策略，产业链与价值链优化的主要目的是服务于合资企业、合作企业的规模经营和产品升级换代。2001 年加入 WTO 后，自主品牌的发展上升到国家战略，有关部门和本土企业才意识到研发、制造、营销、售后等体系被跨国公司掌控的困境，试图构建与合资企业相互嵌入的纵向价值链。在产业政策的呵护和本土企业的不断努力下，一个相对完备的汽车工业体系已经基本形成。

纵向关联日趋合理、短板业务得到长足的发展。目前，“小而全、大而全”的汽车生产模式已经被开放、灵活、柔性化的“整零”关系所替代。汽车价值链中主要环节，无论是产品研发、工艺设计、流程配置、部件组装，还是物流配送、库存管理和售后服务等，都处于有机开放的状态；本土企业长期缺失的“产品研发、品牌营销、核心部件制造”等短板也得到有效的改善，在某些环节已经具备与合资企业面对面竞争的能力或优势。

零部件工业“从无到有、从散到强”。汽车零部件制造和开发是影响自主品牌发展的主要障碍之一，在“国产化率”政策和跨国公司部件生产能力转移两种因素的驱动下，从 20 世纪 90 年代中期开始，我国的汽车零部件业进入快速发展轨道，并很快融入跨国公司的全球化配套体系中，通过激烈的竞争诞生了许多具有国际影响力的企业。这些企业的高质量发展，也为 2004 年前后自主品牌的崛起提供了重要的支持。

4. 全球汽车工业重要的一环

汽车工业是一个全球化产业，在过去 100 多年的发展过程中，无论是美国福特和通用长期领导地位的确立，还是 20 世纪 60 年代以来，德国大众、日本丰田和韩国现代的崛起，都是通过融入世界汽车市场而实现的。我国的汽车工业之所以能够在 40 年的时间内，从一个产量比单个跨国公司还要少的落后产业，逐渐发展成为产量和销量世界第一，根本的原因就是在产业的起步阶段采取了合资、合作和技术引进等多种方式，切入由跨国公司主导的全球性研发、生产、销售和采购体系[①]，从中获取成熟的技术、产品和生产装备，还有品牌经营、开放式研发、模块化运作的经营理念与方式。尽管付出了所谓“市

---

① 国务院发展研究中心产业经济研究部等：《中国汽车产业发展报告（2013）》，社会科学文献出版社，2013，第 202—248 页。

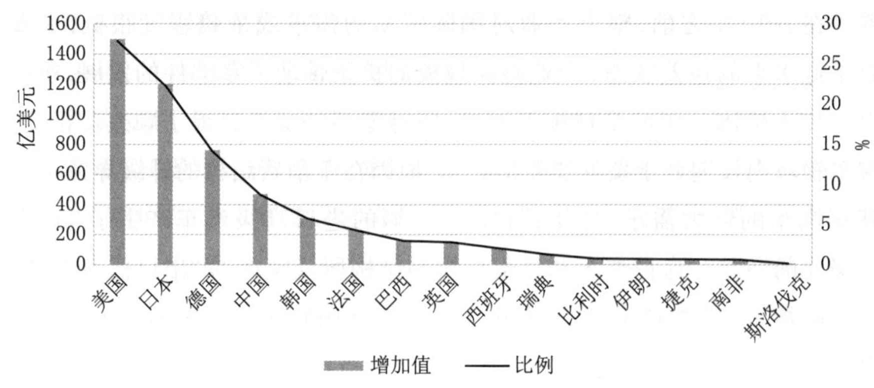

图 1.5 汽车产业增加值的国别比较(2005 年)

资料来源:经济合作组织产业数据库(UNIDO INDSTAT)

二、私人轿车消费与汽车社会的建立

1984 年,第一家汽车合资企业的建立拉开了中国汽车产业现代化的序幕。25 年后的 2009 年,中国汽车的产量和销量就分别超过日本与美国,跃居世界第一。其中,城乡居民的乘用车[轿车、运动型多用途车(SUV)、多用途车(MPV)和混合乘用车]需求对汽车产品总量增加和结构优化的贡献最为突出。尽管按照人均或家庭的汽车拥有量判断,中国和欧美日等发达国家还有一定的差距,但就汽车保有量、年新增销量与城市规模的关系而言,中国已经是名副其实的汽车社会,或者说私人的轿车消费开始主导行业发展的基本轨迹。

1. 汽车——从生产资料到耐用消费品的定位变化

中国的汽车工业起步于 20 世纪 50 年代,汽车产品主要以中型载货车为主,其目的在于满足社会主义经济和国防建设对物资、人员运输的需要,只有少量用于公务活动的轿车。这种产品结构选择符合当时大力发展重工业、资源和能源产业的基本战略要求,极低的人均收入和有限的道路交通资源也不可能派生出对轿车的实际需求,加之计划经济时代所实施的“低消费、高积累、高投资”政策,轿车也被当作资产阶级腐朽生活方式的象征受到限制。

在改革开放初期,中国究竟发不发展轻型的小汽车(即轿车)?或者说要不要把私人小汽车像自行车一样作为个人的交通工具来普及?决策层中还存在两种相左的主张[①]：一些人认为我国的经济还十分落后，城市客运要以公共汽车为主；另一些人从1980—1985年间摩托车产业良好的发展中得到启示，随着经济的发展，对轿车的需求是难以阻挡的，依靠进口不能满足对小汽车的需求，还要耗费宝贵的外汇，因此汽车工业要未雨绸缪，在稳定中型载货车产能的前提下，适当发展重型和轻型汽车。国民经济的第七个五年计划（1986—1990年）首次提出把汽车制造业作为“重要的支柱产业”后，行业主管部门把建设的重点逐步转移到轿车工业上来，并设定了2000年我国轿车与货车的产量比例为4∶6的长远目标。当然，这一阶段轿车需求的主体依然是政府机关、企事业单位、城市出租车企业、外资和乡镇企业，私人轿车需求仅仅是一种补充（直到1984年，我国政府才取消了对私人购买汽车和拖拉机的限制）。

在加入WTO之前，一些地方政府为了保护本地汽车产业或市场，还设立过诸如“汽车购置控制办公室”的机构，对私人包括非国有企业购买轿车设置了资质认定、停车位证明、办理城市增容证等数十个环节，并收取相应的税费，由此导致汽车税费在个别地区超出价格的50%以上（见表1.1），规模庞大的潜在需求难以得到有效的满足。除了购置环节外，在汽车的保有和使用阶段，我国的收费水准也远远高于世界平均水平，根据权威机构的调查，仅1997年一年，全国范围内的车辆和道路收费项目就有560项之多，收费额高达1600亿元，而当年汽车工业的利润总额只有不到60亿元人民币。轿车，尤其是私人轿车成为名副其实的“唐僧肉”（陈清泰、刘世锦、冯飞等，2004）。

上述状况在1998年得到了进一步的改观。为了应对亚洲金融危机的负面冲击，中国政府将消费和投资作为扩大内需的重要支点，明确提出要建立以个人消费为主的汽车消费制度，并允许商业银行向居民提供分期贷款，用于购买汽车。随着鼓励政策的不断出台，当时的主要轿车生产企业也掀起了几轮猛烈的价格战，以期在外资大规模进入之前占得先机。加之居民收入增长，购买力爆发，中国汽车工业的需求结构在20世纪90年代末发生了重要的变化。2000年超过50%的新增轿车被个人购买，而混合乘用车（即微型面包车）的私人购置比例接近90%，这些都超出了“七五”计划制定的私人汽车拥有量达到35%的保守目标。

---

① 《中国汽车工业年鉴（1986）》第23—25页。

表 1.1 为 1998 年汽车产品的价外税费。

表 1.1 汽车产品的价外税费(1998 年)

项目	北京(切诺基)	天津(夏利)	南京(富康)
购车阶段			
收费项目 / 个	2	4	9
收费总额 / 元	12469	6225	38376
收费政府部门数量 / 个	2	4	5
启动阶段			
收费项目 / 个	3	14	7
收费总额 / 元	216	873	2283
涉及政府部门数量 / 个	3	2	3
使用阶段			
收费项目 / 个	9	13	15
收费总额 / 元	15265	10761	19644
涉及政府部门数量 / 个	5	4	7
汽车总价 / 元	12600	66500	169000
税费比例 / %	23	26	35

资料来源:中国汽车工业经济技术信息研究所等(1999)①

2. 轿车进入家庭与汽车社会形成

汽车消费是工业文明的伴生物和最为主要的象征,而私人或家庭汽车购买量或拥有量的不断提升,也是促进各国汽车工业和相关制造业、服务业持续发展的基石。以最早进入汽车社会的美国为例,汽车工业发展的两次高峰期,都是以轿车进入家庭为先导的:第一次出现在 1920 年前后的十年间,轿车销量在不到 20 年的时间内,从 20 万辆到 500 万辆,增加了 24 倍;第二次发生在 1950—1970 年,1970 年的轿车销量为 840 万辆,约占 1000 万辆汽车总销量的 82%,当年 1.06 亿辆的汽车总保有量中,也有 8878 万辆属于轿车。英国、法国、德国以及汽车行业的后起之秀日本和韩国都有过类似的经历。当然,影响私人汽车消费的最重要因素就是人均收入或人均 GDP 的增加,它们之间的关系可以用表 1.2 来展示(张仁琪、高汉初,2001)。

---

① 中国汽车工业经济技术信息研究所等:《汽车工业研究》1999 年第 5 期,第 26—34 页。

表 1.2　私人轿车普及与收入的历史经验

人均 GDP	千人汽车拥有量 /（辆 / 千人）	千人轿车普及率 /（辆 / 千人）		
		最低	最高	均值
低于 500 美元	10	4	11	7
500—1000 美元	10—20	3	40	17
1000—2000 美元	20—40	8	74	51
2000—5000 美元	50—100	19	303	110
5000—10000 美元	100—200	96	256	163
10000 美元以上	300	127	588	409

数据来源：张仁琪和高汉初（2001）第 59 页

从表 1.2 可以看出，当一国人均 GDP 达到 1000 美元时，千人轿车普及率超过 50 辆，这就为汽车工业的发展提供了最坚实和最广大的需求群体。我国的人均 GDP 刚好在加入 WTO 之后的第一年——2002 年接近这一水平，加之为刺激经济而进行的大规模基础设施建设，如高速公路、城乡道路，特别是城市化进程的加速，极大地改善了轿车的使用环境。同时，2001 年加入 WTO 后大量轿车新产品的涌现，也为各类消费者提供了多样的选择。2002 年以来，我国私人汽车拥有量平均每 3 年翻一番，2017 年年底已经超过 1.8 亿辆，占全部汽车拥有量的比例也从 55% 增加到 88%（见图 1.6）。

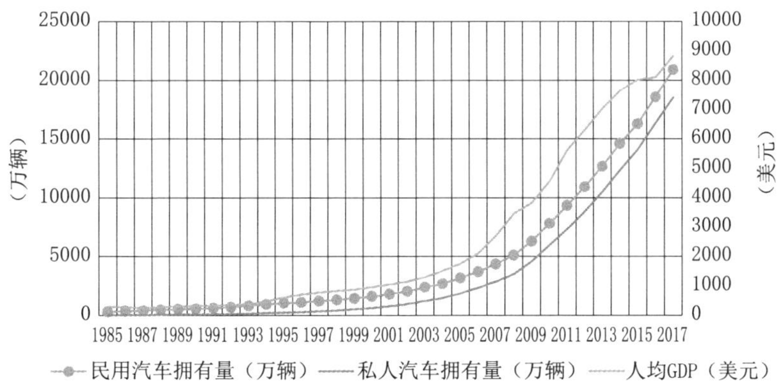

图 1.6　中国私人汽车拥有量的变化（1985—2017 年）

数据来源：《中国统计年鉴》

私人轿车的普及不仅为行业的发展提供了需求基础,使得汽车工业成为中国加入 WTO 以来最为成功的产业之一,也让中国居民享受到了工业文明和城市化的溢出。汽车可以拓展居民的生产、生活和社会交往范围,使居民能够在远离居住地的地方从事工作和其他社会活动。这种远距离出行不全在于旅游与休闲[①],也使居民了解和获取真实信息的成本大为降低,反过来又能促进商业活动。汽车社会和城镇化相辅相成,居民活动范围的延伸就是城市文明的拓展,这一点对构建和谐的城乡关系、工业与农业的关系有着重要的作用。2012 年前后,我国政府实施的汽车下乡战略在缓解外部金融危机冲击的同时,也间接加快了发达地区城乡一体化的进程,并在一定程度上优化了汽车产业的区域布局,为中西部地区工业化和城市化的深入提供了新的契机。不可否认的是,汽车社会的到来,不可避免地带来诸如环境、能源、交通、安全等多方面的社会问题,解决这些问题既需要汽车产品自身的技术升级,也要求构建安全、环保、节能的汽车产业社会化管制体系。

资料夹 1.1　金融危机与鼓励汽车消费政策

缘由:

2008 年下半年以来,随着国际金融危机的蔓延、加深和国际汽车市场的严重萎缩,国内汽车市场受到严重冲击,导致全行业产销负增长、重点企业经济效益下滑、自主品牌轿车发展乏力,我国汽车产业发展形势严峻。

举措:

(1)减征乘用车购置税:2009 年 1 月 20 日至 12 月 31 日,对 1.6 L 及以下小排量乘用车征收 5% 的车辆购置税。

(2)开展"汽车下乡"财政补贴:自 2009 年 3 月 1 日至 12 月 31 日,在中央新增投资中安排 50 亿元资金,对农民购买 1.3 L 及以下排量的微型客车,以及将三轮汽车或低速货车报废换购轻型载货车的,给予一次性财政补贴。

(3)加快老旧汽车报废更新:调整老旧汽车报废更新财政补贴政策,加大补贴支持力度,提高补贴标准,加快淘汰老旧汽车。2009 年老旧汽车报

① 刘世锦:《市场开放、竞争与产业进步——中国汽车产业 30 年发展中的争论和重要经验》,《管理世界》2008 年第 12 期,第 1—9 页。

废更新补贴资金总额由2008年的6亿元增加到10亿元。

（4）清理取消限购汽车的不合理规定：各地区、各部门要认真清理取消现行限制汽车购置的不合理规定，包括牌照注册数量、车型限制、各种区域市场保护措施、各类行政事业性收费、外地汽车进城收费，以及其他直接或间接影响汽车购置的措施，并于2009年3月底前将清理情况报国家发展改革委。对确需继续保留的限购规定，2009年4月1日至12月31日应暂停执行，不能暂停执行的，应于2009年3月10日之前报国务院批准。

（5）促进和规范汽车消费信贷：修改和完善汽车消费信贷制度，抓紧制定汽车消费信贷管理条例，使资信调查、信贷办理、车辆抵押、贷款担保、违约处置等汽车消费信贷全过程实现规范化、法制化。支持符合条件的国内骨干汽车生产企业建立汽车金融公司。促进汽车消费信贷模式的多元化，推动信贷资产证券化规范发展，支持汽车金融公司发行金融债券等。

（6）规范和促进二手车市场发展：建立二手车鉴定评估国家标准和临时产权登记制度，调整二手车交易的增值税征收方式。大力发展专业的二手车经销企业，倡导汽车品牌经销商开展以旧换新、以旧换旧等汽车置换业务。取消二手车交易市场的不合理收费，降低交易成本。加强二手车市场监管，严格经营主体市场准入，规范二手车交易行为，维护市场秩序。

短期效果：

国内汽车市场扭转了负增长的势态、重新步入高增长轨道，产销量跃居世界第一；私人轿车消费由一线城市向二、三线城市发展；自主品牌制造企业受惠于低排量汽车减税、下乡政策，占比飙升至40%以上。

资料来源：《中国汽车工业年鉴》（2010），第8—18页

通过参与主要轿车项目的国产化体系建设，我国的汽车零部件产业在1995年后得到了长足的发展。一些骨干企业的规模显著提升，并基于劳动成本上的优势，不仅满足国内合资企业的需求，还“借船出海”打入跨国公司全球化的配套网络中，迅速成为一些领域的骨干企业（如浙江万象集团和福建福耀玻璃公司）。在给合资企业配套的过程中，本土零部件企业的加工工艺和产品质量的标准日益国际化，这就为进入国际市场提供了试错的机会，零部件产业逐步发展成为我国主要的出口领域。一旦建立起与合资企业或跨国公司的供应关系，本土零部件企业在产品研发、存货管理等环节的短板也得以填补；正如已有研究所指出的那样，关键部件的国产化政策实际上将高水平的合资企业与十分落后的本土部件企业“捆绑成”师生关系，使后者获得了十分难得的学习模仿机会。这种历练也为2001年以来自主品牌的高速成长夯实了基础[①]。例如，在这一政策的约束下，较早进入中国的德国和美国汽车公司，在将整车装配技术和流程管理方式带到合资企业外，还将大批零部件的生产技术以各种方式教给中国的部件厂商。2000年前后国内零部件厂商已经能够满足85%以上的需求，表1.4所显示的国产化率与产量的变化趋势证明了这一政策的客观价值。

表1.4　1991—1998年我国引进车型的国产化率及产量

汽车名称	引进企业	技术来源	1991年		1993年		1995年	
			国产化率/%	产量/辆	国产化率/%	产量/辆	国产化率/%	产量/辆
切诺基	北京吉普	美国AMC	44.74	12700	60.48	13809	82.26	25127
桑塔纳	上海大众	德国大众	70.31	35000	80.47	10001	88.56	160070
捷达	一汽大众	德国大众	0	156	10	12117	62.35	20001
夏利	天津夏利	日本大发	45.72	11361	61.80	47850	85.36	65258

资料来源：《中国汽车工业年鉴（1996）》

① 国务院发展研究中心产业经济研究部等：《中国汽车产业发展报告（2009）》，社会科学文献出版社，2013，第212—230页。

3. 汽车生产技术进步和产品质量提升的催化器

合资合作企业的建立直接提升了全行业的技术水平并产生了溢出效应。一些国内研究者或业内人士之所以对汽车行业的合资模式持否定态度，一个重要原因是他们认为合资企业生产的产品都是跨国公司已经淘汰的型号，或者使用了落后的生产工艺或技术。实际上，如果考虑到 20 世纪 80 年代末到 90 年代初我国居民的购买力和薄弱的基础工业，当时引进的汽车生产线及其配套设施，都远远高于我国工业化对应的程度。例如，一直被冠以落后产品的第一代桑塔纳是德国大众在 1982 年开发投产的四门五座式中级轿车，其配置、能耗和质量在当时居于世界领先水平；建立在上海嘉定的桑塔纳生产线也是按照当时国际标准由总装、油漆、车身焊接、冲压等四个车间所组成，各个车间内配备的中央控制台、悬挂式传送带、阴极电泳喷漆等关键装备也来自知名的设备制造商。桑塔纳及其升级换代产品能够在长达 30 多年的时间中，一直位居中国轿车销售量的前列，这些先进的设备工艺功不可没。类似的例子还有上海通用，该项目 15.21 亿美元的投资额不仅打破了我国合资企业的纪录，其引进的别克系列产品是美国通用当时的主导产品，长期占据北美市场排行榜的前 10 位。地处浦东新区外高桥的上海通用第一条生产线，无论是设备还是柔性加工系统都体现出世界一流的水准，加之上海通用完全采用美国通用的采购系统和质量、服务、技术与成本管理准则，无怪乎其 3000 名员工（其中 50% 以上为大学毕业生）在不到 23 万 m^2 的厂房中，能够在投产后的第 5 年（2004 年）就生产出近 19 万辆五种以上规格的中高级轿车，实现 400 亿元的销售收入并创造出 11 亿元的利税总额①。

三、为自主品牌成长树立近距离学习的标杆

1. 技术引进模式与自主品牌发展的道路之争

2004 年前后，一些研究者以比亚迪、浙江吉利和安徽奇瑞等自主品牌的成功案例为依据，得出了中国自 1985 年以来“市场换技术”的产业政策

① 《中国汽车工业年鉴（2005）》第 59 页。

失败或无效的一般性结论，原因在于被这一政策寄予厚望的一汽、上汽和东风汽车等中方企业集团，要么在合资初期就取消了原有的自主品牌（如“上海”牌轿车），要么将合资企业变成了外资品牌的装配车间。只生产现成的型号，核心技术完全掌握在跨国公司手中。中方企业只是一个纯粹提供土地、资金、劳动力，尤其是广阔市场的财务投资者（陆风和封凯栋，2004），再通过与日韩两国汽车产业发展路径的对比分析，他们得出了自主开发是学习外国技术最有效途径的核心结论。这种观点很快上升为国家意志，从2005年开始，中央部委和各个地方政府相继出台了多个扶持自主品牌发展的政策，合资企业或跨国公司在中国汽车市场获得超国民待遇的日子一去不复返。

问题在于，秉持上述观点的专家学者承认只有当价格敏感的私人轿车消费启动后，自主品牌制造企业才有较大的生存机会和空间，同时完全否认合资企业给中国汽车产业带来的各种溢出效应，最终连“国产化政策”所培育的体系庞大的零部件产业也一并否定了。客观地讲，我们很难想象在20世纪80年代之初我国能够不依赖合资合作的模式，发展出一个规模完整的轿车产业。实际上，我国政府很早就向当时世界汽车企业的几个巨头如通用、福特、丰田等伸出了橄榄枝，但囿于当时中国极低的人均收入和脆弱的汽车工业基础，这几家知名企业都采取了观望的态度。也就是说，如果不借助合资方式吸引并限制跨国公司在我国汽车产业的投资建厂行为，而是延续这些研究者所倡导的“红旗模式”或者“哈飞模式”，中国汽车工业将无法缩短与外国企业在管理、技术、理念等方面的差距，本文提及的轿车消费与汽车社会也不可能在20世纪90年代末就具备雏形。

在以往的分析中，我们把自主品牌（特别是民营汽车制造企业）的进入解释为产业成熟、管制放松和家庭收入持续增长的一个内生现象（白让让，2006），也可以讲，改革开放之初选择以合资合作的方式发展轿车工业也是“华山一条路”。正如只有日韩两国借助美苏冷战的机遇实现了工业化外，后续仿照它们战略的国家都没有取得有效的成果那样，2000年之前我国的社会经济条件也不可能诞生出像日本丰田、韩国现代那样独立自主的汽车企业。相反，从一个较长的周期观察，合资企业的确为自主品牌的发展提供了一个低成本学习、模仿乃至超越的机会。

2. 合资企业与自主品牌制造企业的近距离学习机会

改革开放至今，本土汽车企业的发展（或者存续）存在四种基本的模式：①完全依赖合资企业从事整车的生产经营（2012年之前的广汽集团，2008年之前的上汽集团）；②完全依赖自主技术开发和自主品牌经营来切入汽车产业（吉利、奇瑞等）；③通过国际技术经济合同或生产许可证协议加工组装属于跨国公司的成熟产品或进行同步化再开发（天津夏利、哈飞汽车、早期的比亚迪等）；④以东风汽车、一汽集团、长安汽车、南汽集团或北京汽车为代表的大型国有企业，它们在维持一定程度的自主产品产能和销量的同时，将主要的资源都用于合资企业的经营活动中。但是，一个开放的产业价值链中，即使第二类企业也能基于企业间与产业内的各种渠道，从合资合作企业获得技术、产品与管理方面的溢出效应（资料夹1.2）。

资料夹1.2　浙江吉利与天津夏利：渊源和恩怨

众所周知，吉利是利用夏利的平台起家的。它采用了夏利成熟的底盘技术，也采用了夏利成熟的配套系统，就连吉利的许多技术人员，也都是从生产夏利的天津汽车工业公司挖过去的；更让天津汽车人难以忍受的是，当夏利从鼎盛期一下子就跌落到低谷，新上市的吉利由于改进了夏利的技术，销量节节上升。天津汽车工业公司觉得自己"被'抢'了"。不久前（即2000年），天津汽车工业公司命令下属的天津发动机厂不许向吉利供货，企图断了吉利的后路，逼得吉利集团开始奋发图强，自主打造与吉利匹配的8A发动机，而天津发动机厂则由于活源不足，许多职工面临下岗的危机。

…………

天津汽车工业公司的人说，吉利无偿享受了夏利平台的技术成果，是由于我国没有相应的技术法规，让吉利钻了空子。而吉利集团董事长李书福说："我们模仿没有错，世界上什么东西不是从模仿开始的？比如小孩走路，比如飞机模仿飞鸟。"而且说："你们花了大钱模仿外国人，我们没花钱怎么就不能模仿？"

这真是说到了天汽的痛处。当年天津夏利汽车工业公司两个有远见的工程师,从日本大发公司引进了一条大发微型面包车生产线,而夏利采用的就是大发的平台。当年这两位工程师颇有志气,认为买外国人的技术比与之合资更合算。……而时过境迁,当年合算的投入并没有让天汽人永享太平,夏利品牌的生命力迅速消失。2001 年上半年,天津汽车工业公司亏损 6.2 亿元。

……正好利用中国汽车工业十几年来形成的技术,包括零部件工业的基础。在平台战略成为汽车工业发展趋势的今天,用拿来主义的方式做汽车生意就成了低成本的投入方式。正好,吉利集团如许多民营企业一样,做着造平价车之梦,用夏利平台起家就成了自然不过的事儿。……此外,夏利当年发展配套体系贷款 19 亿元,而吉利由于站在时代的肩膀上,没有这个成本。

……如果说吉利象征一种新的生产关系,那么夏利则象征着一种可能被淘汰的生产关系,汽车的背后是人、历史和社会。

资料来源:晓风:《吉利与夏利》,《市场观察》2001 年第 11 期第 52—54 页

李书福开出的造车方子是“边干边学”。当时 7 个人,其中包括李书福,3 个来自湖南的工程师,安聪慧(吉利后来的 CEO)等,总工程师就是李书福。安聪慧负责协助找情报,跑到全国各地的汽车公司到处看,托朋友、找关系,有时候还乔装打扮一下,搞得像特务一样,去看夏利时,只能偷偷拍照。

……当时(1998 年),夏利刚好推出了一个新的车型。吉利买了几辆样车,把夏利肢解开,开始研究了解夏利的零部件配套体系,发动机是谁的,变速箱是哪买的,仪表哪里来,底盘咋搞,一项一项分析。这样他们照着夏利的样子,开始干起来。

李书福带了一帮人,自己动手、自己画图、自己试制、自己试车。他们决定沿袭夏利原有的内饰和底盘,只在车身上进行改动,依靠最传统的图版铅笔的设计方法,改动车的前脸、背面、左右后车围,车高也有了变化。

……零部件有了,要批量生产的话还要有人才,李书福陆续招聘了一些搞生产的人才,特别是从天津汽车工业公司挖来100多人,在临海(浙江宁波)建立起简陋的生产线。……1998年8月8日上午8点,在浙江临海吉利豪情汽车工业园,吉利第一辆两厢轿车——豪情6360下线。

这辆车前脸有点像奔驰,车型是模仿天津夏利的车身和底盘,发动机是天津丰田发动机公司为夏利配置的丰田8A发动机,变速箱选用欧洲菲亚特。

资料来源:熊江:《以小博大的李书福》,《资本市场》2014年第9期第84—99页

自主品牌的领先者——吉利汽车集团在初期模仿的对象是德国奔驰,由于逆向工程的壁垒或难度太高转而借助天津夏利的平台,最终完全超越后者(参见资料夹1.2)。另一个知名的自主品牌制造企业——安徽奇瑞从各家合资企业得到的直接或间接扶持,也是它能够在进入管制严格的轿车产业立足并在2008年之前引领自主创新的基础之一。奇瑞汽车所在地——安徽芜湖并没有丰富的汽车制造经验和配套企业,地方政府为了发展轿车产业,引进了一汽集团总装车间主任尹同耀主持开发了轿车项目,奇瑞第一款轿车"风云"的多数零部件都采购自一汽大众的捷达体系,产品的架构除了使用福特发动机外,其他的像制动系统、前后悬挂及转向系统等都与捷达基本相同或者完全一样。不仅如此,在当时轿车产业进入受规制的政策环境下,为了得到销售许可证,奇瑞还将20%的股权无偿划拨给上汽集团,并以"上汽奇瑞"的名义进入了"车辆生产管理目录"(按照协议,上汽集团不参与奇瑞的投资、经营管理,也不承担债务和分红)。不能否认上汽集团无形资产对奇瑞的价值所在——2001年、2002年和2003年以上汽奇瑞名义销售的轿车分别为30070辆、50398辆和101121辆,奇瑞最有影响力的"QQ"品牌也是在这一阶段开发上市的,企业的经济效益增速与奇瑞2008年以后的辉煌期也可以媲美(见表1.5)。类似的例子还包括比亚迪福莱尔与日本铃木奥拓的合作、海南福美来与日本马自达的合作等,都是对某个合资型号进行逆向工程开发后才有了后续的自主产品。

表 1.5 短暂存续的“上汽奇瑞”（2001—2003 年）

公司名称	年份	产量 / 辆	人数 / 人	总资产 / 万元	销售收入 / 万元
安徽奇瑞	2000 年	2767	682	188121	12758
上汽奇瑞	**2001 年**	**30070**	**3176**	**309548**	**237613**
上汽奇瑞	**2002 年**	**50398**	**4151**	**451074**	**429007**
上汽奇瑞	**2003 年**	**101121**	**8340**	**924279**	**666405**
奇瑞集团	2004 年	79565	7218	922717	511071
奇瑞集团	2005 年	180235	7695	1181948	879663
奇瑞集团	2006 年	307232	11553	2067239	1567419
奇瑞集团	2007 年	387880	18849	2559541	1983129
奇瑞集团	2008 年	350006	20502	2762172	1667348

数据来源：《中国汽车工业年鉴》（2001—2009 年）

第三节　WTO 红利与产业发展的分水岭

如果说合资企业的建立开启了中国汽车工业现代化大门的话，那么，2001 年 11 月 11 日我国政府签订加入世界贸易组织（简称 WTO）议定书，并于当年 12 月 11 日成为 WTO 的正式成员这一极其重要的改革开放举措，则是我国汽车工业的总量提升、结构优化，特别是自主品牌的强势崛起和轿车消费时代提前到来的加速器。汽车工业在加入 WTO 以来所取得的举世瞩目的成果也验证了“以开放促进改革、以改革巩固开放”模式的有效性。学界和业界就加入 WTO 对我国汽车工业的具体影响已经进行了大量研究，就产业组织而言，主要的影响可以归结到产业政策指导思想和实施工具的调整、贸易壁垒的降低与从业开放度的提升，以及汽车大国地位的确立。

资料夹 1.3 加入 WTO 的悲观预期

随着我国加入 WTO 的脚步加快,我国的轿车工业正面临着严峻的考验。这种考验,首先是因为加入 WTO 后,轿车进口关税将大幅下降,当进口轿车关税税率降为 35% 时,国产轿车如不大幅降价,势必会迅速失去市场。且不论进口轿车和国产轿车的技术、质量差距,单从价格上看,由于需求有限,国内的轿车厂家很少有降价的空间,因而缺乏竞争力。如目前上汽集团的“桑塔纳”和“别克”两种车型价格均高出国际同类产品 50%—100%(“普桑”“2000 型时代超人”别克系列在国外同等级的价格分别为 8000 美元、12000 美元和 21000 美元),但考虑进口轿车关税、运费、保险费、17% 的增值税和正常的经销利润,上海桑塔纳和别克目前还具有一定的抗衡能力。若 2000 年轿车的进口关税降为 60%,到 2005 年降为 30%,在人民币汇率不变、产品价格保持不变的情况下,2000 年时上汽已毫无价格优势可言,至 2005 年时进口车价将明显低于上汽车价。

我国轿车工业若保持现状,市场打不开,成本下不来,到了关税降至 30%—35% 时,国外产品大量涌入,而国内产品又毫无优势可言,现有厂家很有可能全军覆没。

资料来源:张伯顺、刘文诚、周卡:《引导汽车消费 激活私人轿车市场》,《上海汽车》2000 年第 1 期第 8—12 页

长期的高保护和排斥国内市场竞争的政策,导致我国具有 40 多年历史的汽车工业始终保持“幼稚产业”的状态,同国际水平差距明显。根据中美两国达成的协议分析,加入 WTO 之后,我国的汽车工业将面临如下三个方面的直接冲击。

一是关税和非关税措施调整后,可能导致大量汽车进口;二是执行与贸易相关的投资协议,动摇了现行汽车产业的发展模式;三是执行服务贸易协议后,外资将进入分销服务和汽车金融等领域,可凭借其雄厚的资本和成熟的经验,形成并控制分销网络,为其产品的进口提供强大的管道和服务支撑。

……概括来讲,加入 WTO 之后的短期影响是,进口汽车数量的增加不可避免,不可能完全挡住进口产品,特别是国内企业不生产或不具

备竞争力的产品……零部件工业承受较大的压力,如不做出调整并取得明显进步,不仅大量的零部件企业面临倒闭的危机,而且将直接影响到整车汽车的竞争力。

资料来源:冯飞:《加入 WTO 对我国汽车产业的影响及其发展道路的选择》,《中国外资》2001 年第 2 期第 8—11 页

随着我国加入 WTO,与某一项工业平均加权关税 7.85% 相比,汽车的关税下降到 14%(汽车和零部件平均值)。据此预测,(中国)在汽车出口方面也会有明显的增长,而汽车的进口增长会更多。在加入 WTO 后的 2005 年,中国汽车工业将有所发展,只是汽车工业的总产量会稍有下降……整车和汽车零部件的进口将对国内生产商产生巨大的竞争压力,将导致汽车生产厂的数量逐渐减少,特别是一些没有达到经济规模的较小公司会被淘汰……中国汽车工业在"入世"后正面临着紧迫的结构调整任务。

摘自中国工程院等:《私人轿车与中国》,机械工业出版社,2003 年,第 54—58 页

一、产业投资与组织政策:进入管制弱化、壁垒降低、权力下放

世界贸易组织的核心功能是基于已有的协议或规则来判断参与者的贸易壁垒或措施是否对其他参与者产生了负面影响,规则是裁判工作的基石。汽车产业在我国国民经济中居于支柱产业的地位,推动该产业发展的主要手段之一就是产业政策。为此,在与美国为代表的 WTO 创始国的长期艰巨谈判过程中,涉及汽车产业的部分尤为敏感。产业政策受到的冲击最为明显,这种根本性的冲击也成为改善产业竞争规则的前提条件之一。1994 年出台的《汽车工业产业政策》是我国改革开放后仿照日本和韩国发展战略制定的第一部产业政策,具有十分浓厚的计划经济色彩,其主旨是让政府(尤其是中央政府)通过严格的准入管理、产品目录、出厂价格指导和关税配额等十分具体的

手段，直接干预产业的规模、产出和盈利水平；企业和市场的自发、自主作用则有限。显然，这种产业政策运作机制和手段不符合 WTO 的一般规制，需要进行根本性的变革。按照加入 WTO 时的有关承诺和协议，我国政府对汽车产业政策进行了多次重大的调整后，政府之手相对于市场机制已经逐步退居次席，一个开放竞争的汽车市场已经在 2010 年前后建立起来。

在《中国加入 WTO 工作组报告书》中，与原有汽车产业政策相关的内容主要有：①中国政府将对 1994 年颁布的《汽车工业产业政策》进行修正，以保证与 WTO 规制和原则相符；②中国同意提高仅需在省一级政府批准的汽车制造商投资比例的限额，即从原有的 3000 万美元分步提高到 6000 万美元（2002 年）、9000 万美元（2003 年）和 1.5 亿美元（2005 年）；③中国同意在加入时取消发动机合资企业外资股比不得超过 50% 的限制。按照这三个协议，国家发展和改革委员会在 2004 年 6 月发布了《汽车产业发展政策》，针对上述要求做出了重大的调整：将原有的投资审批制改为备案制（针对扩建项目）和核准制（针对新建项目），除了新建的中外合资轿车项目需要由国家发展和改革委员会报国务院核准外，其余投资项目的权限都下放给省级政府，但依旧要遵守在汽车整车、专用车、农用运输车和摩托车中外合资生产企业的中方股份比例不得低于 50%，以及同一家外商可在国内建立两家（含两家）以下生产同类整车产品的合资企业等要求。

进入管制的弱化与我国特有的区域竞争模式相互作用，打消了跨国公司在关税降低后以进口取代本地化生产的念头，引发了 2005 年前后新一轮的汽车产业合资热。截至 2010 年，主要的跨国公司都在中国设立了两个合资企业。由于监管力度和范围大幅压缩，汽车领域就成为我国加入 WTO 后外资投资的热点之一，预期中的独资趋势不仅没有出现，合资企业投资在汽车不同领域的占比一度还曾提高。如图 1.7 所示，受国际经济形势和我国宏观调控的影响，2000 年以来，外商在汽车工业的投资呈现出“W”形的变化。由于多数企业预判随着关税的大幅下降，国产汽车的产销量会受到严重的挤压，2000—2002 年间合资企业完成的固定资产投资额急剧下降（2000 年就开始减少的原因是大多数外资认为中国会在 1999 年底加入 WTO）。但到 2003 年，下降的趋势被完全扭转，2006 年外资在汽车产业完成的投资额超过了 300 亿元，比 2000 年的 50 亿元增加了 5 倍之多；2007 年到 2010 年汽车产业出现了结构产能过剩的问题，主管部门开始限制行业的低效投资，一些外资也放缓项目的进度；2011 年我国政府启动了新一轮的汽车需求刺激政策，合资企业又开始在各地跑马圈地；2015 年这类企业完成的投资额超过了 1000 亿元，占汽车工业当年总投资的 36%。零部件领域外商投资的规模一直较低，但却保持着惊人的增速，从 2001 年的 10 亿元到 2015 年的 230 亿元，累计增长超过 20 倍，合资零部件也成为我国汽车产业的重要力量。问题在于，跨国公司的巨额投资并没有对本土企业的投资产生所谓的挤出效应。这一阶段，我国汽车产业年均完成的投资额也从 2000 年的 180 亿元，逐步增加到 2015 年的 3300 亿元，扣减跨国公司和港澳台商的份额后，各类企业投资也从 2000 年的 100 亿元左右，攀升到 2015 年的 2200 亿元。

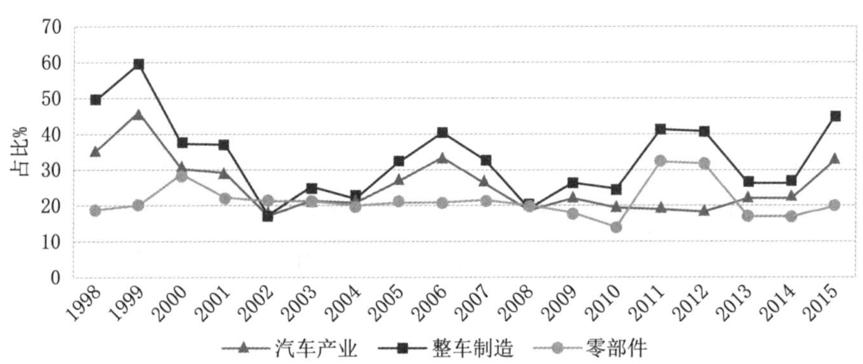

图 1.7　加入 WTO 前后合资企业固定资产投资占比

数据来源：《中国汽车工业年鉴》（1999—2016）

中国政府减少了对合资企业的各种限制后，不仅引发了外商投资的持续增加，也改善着这些投资的分布和结构，2002 年以来，汽车领域合资、合作和技术引进的领域、质量和模式所发生的变化，是推动我国汽车产业结构升级和产能赶超的主要力量。例如，合资企业数量的激增和品牌竞争的加剧，使得大部分跨国公司不得不更加关注中国消费者的偏好与口味，而将价值链的高端环节不断向中国迁移——建立高规格的旗舰店来展示最新的产品，新产品开发中心纷纷迁至中国，核心部件的生产基地和配置网络也围绕中国市场来选址。跨国公司的这些投资和经营活动，使得以往较为单纯的制造能力溢出效应，向微笑曲线的两端延伸，自主产品开发与制造企业也得到了新一轮的学习机会。

二、降低关税、废止配额与产品贸易结构的变化

2000年前后，产业界和研究者之所以对中国汽车产业加入WTO的后果持较为悲观或负面的预期，最重要的因素就是关税的大幅降低。为了扶持本土汽车产业的发展，避免跨国公司借助低成本优势蚕食尚处幼年期的本土轿车产业，加入WTO之前的很长一段时间，高关税和进口配额在限制进口和防止外资品牌挤出本土产品方面起到了不小的作用，但也付出了高昂的代价——汽车产品价格远远高于国际平均水平，汽车消费被抑制，生产企业缺乏竞争压力，技术创新和产品升级的动力不足。加入WTO后短短的5年间，轿车关税的平均水平从原先的100%下降到25%（见图1.8），取消进口配额，实行自动许可证管理体系，并没有引发出预期中的进口激增现象。有限的进口更难以对本土生产产生所谓的替代效应，一些跨国公司反而将更多的生产能力转移到在中国的合资企业。由此，我国也呈现出与欧美等汽车大国完全不同的汽车贸易结构：95%以上的产量被国内市场所消化，整车进口和出口的规模都十分有限。这种比较特殊的大国汽车贸易结构源自我国对跨国公司进入模式的限制，使得这些公司陷入了囚徒困境之中：增加进口会蚕食自身合资企业的份额，合资产品的返销会挤压母公司的市场势力。面对这一结构，跨国公司母国政府针对中国的一些贸易限制或干预政策，往往处于低效或无用的状态。

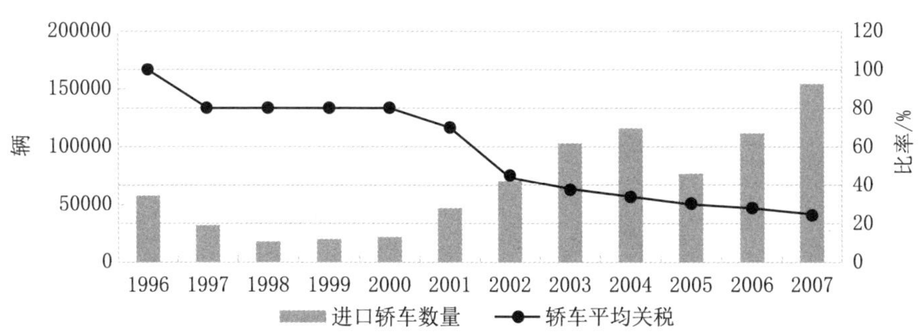

图1.8　轿车平均关税与进口数量（1996—2007年）

数据来源：《中国汽车工业年鉴》（相应年份）

我国汽车产品贸易数量和结构的变化除了受关税影响外，跨国公司对中国市场的特殊定位也是一个不能忽视的因素。汽车产业合资企业的外方参与者几乎都来自发达国家，这些企业的主导车型和高档品牌基本上都在本国工厂生产后，再出口到其他国家或地区，在我国生产的合资品牌汽车只有极少数能回流到跨国公司的母国销售。由于我国自主品牌在海外的认可度较低，有限的出口方向也以发展中国家为主，日、美、德等国家之间盛行的差异化产业内贸易模式并未在我国显现。

观察表 1.6 可以发现，2015 年我国整车的进口几乎全部来自日本、美国、德国等 10 个国家，占总进口量的 92%（其中日、美、德三国的合计比例为 66%）。与此相反，我国向前 10 大整车出口对象国出口的汽车数量为 43 万辆，仅占全部出口量的 57%。进口和出口金额的对比则可以直接体现出我国出口汽车以低排量、低价格的普通汽车为主，每辆车的平均出口价格仅为进口车的四分之一到五分之一。表 1.6 揭示出一个十分明显的特点，向我国出口整车数量最多的国家，也是在我国建立合资企业数量和产量居前的那些国家。从企业层面分析，这一特点更加突出。2015 年我国进口汽车的 10 大品牌中，属于丰田和大众的各有两个，数量都在 10 万辆以上；如果按照品牌归属计算，这两家企业在中国的 4 家合资公司的乘用车总产量分别是 340 万辆和 101 万辆，位居乘用车产业的第一位和第四位。上述事实说明，中国的汽车市场虽然在总量上已经远远超过其他经济体，但在供需结构上依旧十分“封闭”。打破这种自给自足的状况，不能依赖产能居于前列的合资企业，只能寄希望于自主品牌制造企业。如表 1.6 所示，2015 年我国汽车乘用车出口品牌的前三位分别是奇瑞、吉利和长城，而它们也正是自主品牌产量的前三名。

表 1.6　我国汽车整车的进出口方向与结构（2015 年）

进口		出口		主要出口企业	
国别	进口量 / 辆	国别	出口量 / 辆	企业名称	出口量 / 辆
日本	262947	伊朗	108437	奇瑞集团	113708
美国	260639	越南	72343	浙江吉利	61864
德国	218822	委内瑞拉	39536	长城汽车	50000
英国	96848	智利	39500	北汽福田	50000

（续表）

进口		出口		主要出口企业	
国别	进口量 / 辆	国别	出口量 / 辆	企业名称	出口量 / 辆
韩国	55187	埃及	38567	长安汽车	40000
墨西哥	50686	哥伦比亚	31265	上海通用	30000
斯洛伐克	27033	阿尔及利亚	30998	华晨金杯	21000
匈牙利	19307	秘鲁	26699	上汽通用五菱	18000
葡萄牙	16994	沙特阿拉伯	24568	江铃汽车	13880
法国	15385	孟加拉国	24160	比亚迪	10000
前十位合计 / 辆	1023848	前十位合计	436073	合计	408000
总进口量 / 辆	1101766	总出口量	755295		
总进口金额 / 亿美元	450	总出口金额 / 亿美元	124		

数据来源：《中国汽车工业年鉴》（2016）

三、零部件产业的全方位开放与微观结构优化

2002 年以来，我国汽车零部件产业得益于加入 WTO 后的深度开放政策，在满足国内整车需求的基础上，已经发展成为全球汽车价值链的重要一极。这一积极的变化不仅为自主品牌的发展提供了有力的保障，也使我国汽车产业的纵向组织结构（或“零整”关系）得以不断的优化。就总量变化而言，加入 WTO 之前的 2000 年，我国的汽车零部件企业共有（不包括摩托车部件和轮胎生产企业）上万家（9.8 万职工），创造的工业总产值只有 144 亿元，资产总计 240 亿元；到了 2015 年，汽车零部件的工业产值已经高达 1.34 万亿元（170 万职工），行业固定资产也超 4500 亿元。而在加入 WTO 前后的预测中，业界最为担心的不是整车生产，而是“散、乱、差”的零部件领域，认为随着国家取消外资部件企业进入的多种限制后（李素荣，2002），投资分散、集中度低、规模偏小、经营效益差的零部件企业无法抵御跨国零部件企业的迅速扩张，将陷入大面积倒闭或者被外资兼并重组的境地，因而建议政府采取贸易

壁垒、技术标准等方式保护十分脆弱的零部件企业。这些预期并未成真。通过激烈的市场竞争，我国汽车零部件产业的许多领域实现了从无到有、从弱到强的转化。加入 WTO 后，整车内外需求的持续扩张是零部件行业能够实现专业化、规模经济和集聚效应的重要推动力，这种良性的互动关系也体现出经济学的鼻祖——亚当·斯密所倡导的“自由贸易、市场扩张、专业分工、规模经济”的基本逻辑。

1. 汽车产业“零整”关系的优化

这里的“零整”关系就是整车与零部件企业之间的配套模式，经过数十年的不断演变和沉淀，全球汽车行业存在三种代表性的“零整”关系：平行供应的德国模式、金字塔式的日本供应体系、多元化或独立化的美国模式。由于整车和零部件两端都没有规模经济，在 2000 年之前，我国本土汽车制造企业的“零整”关系就处于无序状态，一些企业在生产专业化的汽车座椅以及普通的紧固件的同时，不得不从跨国公司手中进口发动机、变速箱等核心部件；另一些以 CKD（Completely Knocked-Down，全散件组装）和 SKD（Semi Knocked-Down，半散件组装）的方式介入汽车领域的企业，几乎没有能力建立稳定的配套体系，大部分部件只能外购。在我国政府国产化政策的约束下，合资企业才逐渐向本土厂商采购部分配件。由此引发业界关于零部件产业将随着国产化率要求的取消而被跨国公司或外资所占据的担忧。然而如同关税降低没有引发进口潮那样，加入 WTO 之后，合资与本土整车企业的高速发展导致的巨量部件需求，极大地刺激了零部件产业的发展，中国低廉的劳动力成本也吸引该产业的知名跨国公司将生产基地向我国转移，需求激增在一定程度上抵消了跨国公司进入对自主零部件企业的冲击，并逐渐形成了一种国有企业、民营经济和外商投资等三种类型部件企业相互竞争又相互嵌入的新产业结构。

提升供给能力必须以优化产业结构为前提，加入 WTO 以来，我国汽车零部件产业的市场结构和企业组织结构有了明显的变化。由表 1.7 可见，规模以上企业的数量和占比正在逐步增加，单个企业的固定资产从 1995 年的不到 2000 万元，增加到 2014 年的超过 1 亿元，这对于零部件企业而言是一个巨大的飞跃。规模的提升也有利于企业绩效的增长，1995 年时，大型部件企业的人均增加值和主营业务收入分别只有 1.6 万元和 4.9 万元，经过十余年的激烈竞争，这两个指标分别攀升至 15 万元和 57 万元。在这一过程中，也涌现出一些具有世界影响力的本土零配件制造企业。例如，在 2017 年的全球汽车零配件配套供应商百强企业中，我国的中信戴卡、德昌电机和敏实集团等 5 家企业入围，在汽车玻璃和轮胎领域，还产生了像福耀玻璃、浙江万象等在某个细分市场独占鳌头的跨国公司。

表 1.7 加入 WTO 前后的中国汽车配件产业（规模以上企业）

指标	1995	2000	2005	2010	2014	变化（2014/2000）
企业个数	1550	1372	1710	2507	2603	1.90
职工总数 / 万人	69.03	59.81	74.35	107.05	168.87	2.82
工业增加值 / 亿元	114.28	207.10	669.85	1747.76	2537.44	12.25
固定资产合计 / 亿元	300.57	558.85	1303.57	1745.54	2891.10	5.17
产品销售收入 / 亿元	339.57	561.77	2530.00	7703.80	9701.03	17.27
平均规模 /（固定资产 / 企业数量）	0.19	0.41	0.76	0.70	1.11	2.73
平均人数 / 职工总数 / 企业个数	445.35	435.95	434.83	427.04	648.77	1.49
人均增加值 /（万元 / 人）	1.66	3.46	9.01	16.33	15.03	4.34
人均销售收入 /（万元 / 人）	4.92	9.39	34.03	71.96	57.45	6.12

数据来源：《中国汽车工业年鉴》（相关年份，不包括摩托车配件行业的数据）

2. 零部件产业的国际化经营进口和出口依存度变化

毫无疑问，加入 WTO 使汽车配件产业获得了最丰厚的红利。一方面，跨国公司从降低成本和靠近需求地的目的出发，将在欧美日韩等国的生产基地纷纷转至中国，合资和独资零部件企业在成为行业主导者的同时，也将中国生产的零部件返销到其他国家，进而增加了行业的总规模；另一方面，由于自主品牌整车的规模有限，合资企业的配套体系又相对封闭，本土零部件企业开拓海外市场也可以消化部分过剩的产能。这两种力量相辅相成决定着我国汽车零部件产业的规模和贸易结构。如图 1.9 所示，汽车配件（不包含发动机、摩托车零部件）行业的销售收入从 1981 年的 16 亿元增长到 2015 年的 1.2 万亿元（约合 2035 亿美元）的过程中，两次重要的跃升期都与对外开放直接相关：

一个节点出现在1988年前后，合资、合作企业的发展导致了对零配件的需求；另一次出现在加入WTO的第二年（2002年），行业销售收入首次突破1000亿元人民币后，到2015年又增长了10倍以上。与整车行业的增长主要源自内部需求的拉动不完全同步，引导汽车配件产业发展的另一股力量来自海外市场。从2000年到2015年，我国汽车配件产品出口额从10亿美元增加到650亿美元（在2014年曾突破700亿美元），其间的出口倾向也维持在30%以上的高水平。与此同时，我国汽车配件产业的进口依存度也高于整车，尽管受国际市场的影响，波动比较大，但比例一直在20%左右。"入世"以来，汽车配件产业每年的外贸依存度几乎都在50%以上，表明该领域已经较深地介入到全球汽车产业链中，呈现出"大进大出"的格局。

应该引起关注的是，相对于我国汽车全球产销第一的规模，即使将发动机、变速箱计算在内，我国汽车零部件产业的规模仍然较小，产品开发能力和产品质量都很低，还不能为我国汽车产业实现"从大到强"的升级——尤其是自主品牌整车制造企业获得国际、国内的竞争力——提供坚实的保障。过去几年间，各种因素导致跨国公司将配件生产基地向母国或者成本更低廉的东南亚、中东欧地区转移，配件出口和进口规模停滞不前的现状应该引起主导企业和主管部门的重视。

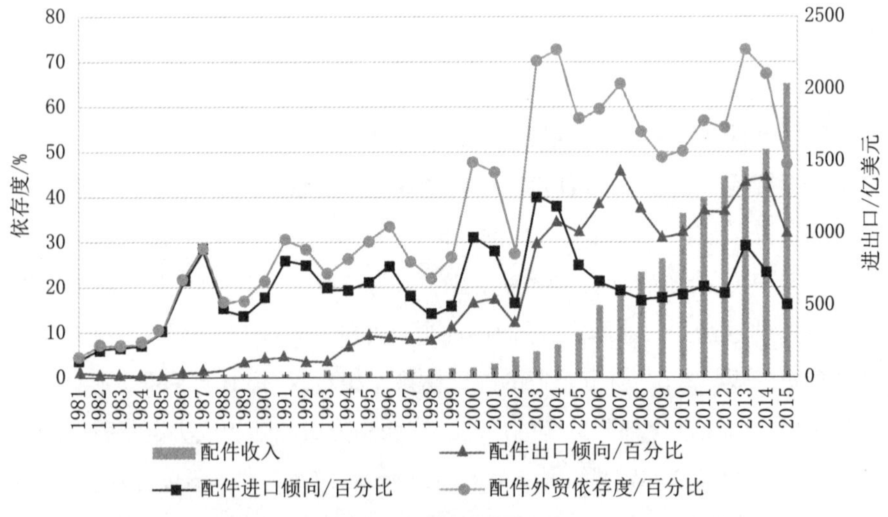

图1.9 中国汽车配件产业的规模与国际贸易（1981—2015年）

数据来源：《中国汽车工业年鉴》（历年）

零部件产业发展中另外一个值得关注的问题是跨国公司的双重主导现象，即在整车制造和配件企业的组织方式和产品定价中，合资企业居于主导地位。同时，参与国际贸易的主体则是零部件领域的合资、独资企业，本土部件企业实际上处于这两类企业的夹缝中，未来的发展空间十分有限。加之自主品牌整车企业纷纷将发展的重心向新能源领域转变，逐渐缩小甚至放弃了一些核心部件的研发生产（例如，吉利、奇瑞等在2018年将变速箱业务完全剥离，转而从合资企业采购）。在相对公平的国际贸易环境下，这种全方位开放的格局有利于我国零部件和整个汽车产业的发展；问题是一旦欧洲、美国、日本等国家和地区采取贸易保护措施，限制本国零部件企业的海外扩张和中国零部件企业的出口，处于赶超阶段的中国汽车配件产业将经受更多不利的冲击。

第四节　自主品牌制造企业的成长与崛起

2000年以来，自主品牌汽车制造企业的成长、发展和壮大，是一个值得大书特书的现象。国内外专家学者对这一问题从民营化、企业家精神、自主创新等多个视角进行了卓有成效的探究，本节将使用产业经济学的“结构—行为—绩效”范式，对自主品牌的发展提出一个以制度变革、需求引致和竞争驱动为主线的分析框架，并结合代表性案例的解剖，得出自主品牌成长内生于改革开放大环境的一般性结论。

一、边缘性进入与自主品牌企业的艰难成长

1994年国家计划委员会颁布的《汽车工业产业政策》正式实施后，利用外资成为发展汽车工业，特别是轿车产业的唯一方式或途径。该政策设定的进入壁垒和严苛条件，也将建立合资企业的权力赋予大型的国有汽车企业集

团，导致的结果是在2000年之前，轿车产业仅有的两家新增企业完全是合资企业（即1996年接盘广州标致的广州本田，1998年设立的上海通用）。但是，在县域竞争的发展模式下，GDP效应十分显著的汽车产业一直是“香饽饽”，那些没有被列入国家队的企业往往采取迂回、化整为零或者借壳等方式，在地方政府的多重呵护下，逐步切入产业政策的空白地带。这些空白点主要有农用汽车、微型汽车和轻型客货两用车（即“皮卡”）（见表1.8）。在早期的研究中，我把这种现象总结为“二元管制下的边缘性进入”（白让让，2006）。这里的“边缘”有两重含义：一是与国家选定的“三大三小两微”企业相比较，那些试图进入者的规模、产能和投资都处于弱势；二是这类企业涉足的都是政府产品管制的模糊地带或者边缘市场，即便进入，短期内也不会对当时的主流产品和主导企业产生实质性的冲击。

表1.8 初创阶段的自主品牌主导企业（2000年）

企业名称	进入方式	进入时间	主要产品	产量/辆	职工/人	总资产/万元	销售收入/万元
长城汽车	边缘产品	1996	轿卡	24365	2683	68704	117492
浙江吉利	买壳	1997	轻型客车	14594	7065	103455	90958
安徽奇瑞	借壳	1999	微型轿车	2767	681	188121	12758

资料来源：《中国汽车工业年鉴》（2001年）

这种边缘性进入之所以能够成功，也与当时我国汽车产业的投资体系和需求结构直接相关。行业主管部门监管的重点是轿车项目的投资和经营，地方政府则有权在一定范围内审批辖区内的中小项目，包括已有汽车企业的技术改造投资，只要这些企业生产的产品能够在当地销售，它们就有了生存与发展的空间。20世纪90年代末，轿车在我国还是一种奢侈品或经营工具，消费的主体是商用、出租和高收入的从业者。但是乡镇企业、私营企业的发展也积累了大量低端乘用车的潜在消费者，这就为微型汽车、客货两用运输车的发展提供了市场机会。具体而言，边缘性进入可以细分为以下几类：

1.“买壳”进入模式（吉利、比亚迪等）

在进入管制十分严格并存在所有制歧视的年代，一些对轿车产业发展有良好预期的民营企业采取了买壳的方式来化解行政性进入壁垒，浙江吉利和比亚迪汽车就是典型的成功案例。比亚迪汽车的主体来自对西安秦川汽车有限责任公司奥拓项目的股权收购，后者是国家颁布《汽车工业产业政策》（1994 年）之前，最后一批获得轿车生产资质的大型国有企业之一。它引进日本铃木公司的生产线，从 1993 年开始以半散件组装（SKD）和全散件组装（CKD）的方式组装奥拓牌微型汽车，由于体制和生产能力有限，经营绩效一直处于微利或亏损的状态。在国有企业大规模改制重组的背景下，2003 年深圳比亚迪公司出资 1.99 亿元获得西安秦川汽车公司 77% 的股权，2005 年又收购了剩余的 22% 股权，取得了对后者的绝对控制权（蒋学伟、路跃兵、任荣伟，2015）。此后，比亚迪的造车理念和逻辑才付诸实践，成为自主品牌领域的标杆企业之一。

资料夹 1.4　吉利、华普汽车的“目录”之道

李书福造车的行动始于 1994 年，当吉利踏板式摩托车生产还如火如荼之时，李书福就做出了造汽车的决定。当他向当地计委领导表达这个念头时，立刻受到警告：国务院 24 号令明确指出不再批准轿车项目，而不能上目录就不能上牌，也就没人买。……得不到主管部门的许可，固执的李书福还是在临海征地 800 亩（1 亩 $=666.6\ m^2$），打着造摩托车的幌子，筹建吉利豪情汽车工业园。

为了获得生产汽车的许可，李书福唯一的出路就是曲线救国——花钱收购小型汽车厂。这时候，四川德阳一家生产小客车的汽车厂濒临倒闭，李书福投入 1400 万元把它收购。这次机会让李书福终于拿到微型客车、面包车的生产权，但是还没有轿车的生产权。

……获得“准生证”的路径有两条：一条是直接申报；另一条就是与握有“准生证”的国有企业合作。最后李书福选中了小小的奥拓生产厂商——江南汽车（湖南江南机器厂），它有轿车目录，能上公告。2001 年 11 月 9 日，国家经贸委颁布了第六批车辆生产企业及产品公告，吉利 JL6360 榜上有名。国家经贸委的公告，明确了“吉利”是国家汽车定点生产基地，从而也给李书福吃了定心丸。

资料来源：姜继玲《李书福一路“阳谋”冲天下》，《人力资本》2006 年第 12 期第 13—22 页

2000年,李书通(李书福胞弟)创办了上海杰士达集团,并斥资1600万元兼并控股了原来生产大货车、警车、6字头小客车的陕西第二汽车制造厂(注:这个企业曾经是比亚迪的前身——西安秦川奥拓汽车厂的主要配套厂之一),将其原来的全部汽车产品目录纳入囊中,更名为陕西杰士达汽车有限公司,希望将它搬迁到上海来生产自己的杰士达汽车产品。

同年,杰士达集团与吉林市江北机械厂合作,具体的合作方式是:上海杰士达参与轿车产品的研制、开发和部分汽车零部件的生产,吉林江北机械厂全面负责轿车四大工艺的生产制造和质量管理,产品的营销、服务则由江北机械厂全权委托上海杰士达全国总经销。这样,杰士达集团借助江北机械厂"美鹿"轿车上了国家公告的"壳"顺利上市(注:吉林江北机械厂属于1994年《汽车工业产业政策》颁布前,国家批准的最后一批轿车项目中四家"奥拓"牌微型轿车装配企业,也就是说,吉利在获得准生证时,直接或间接使用了三家"奥拓"工厂的资源)。

2002年,吉利集团与上海杰士达进行资产重组,后者更名为"上海华普",主要生产吉利集团的中高端轿车。

资料来源:蒋学伟、路跃兵,任荣伟著,《中国本土汽车企业成长战略》,清华大学出版社,2015年,第588页

浙江吉利进入汽车产业的道路虽颇费周折,实质上也属于"买壳"模式。1997年,主营业务为摩托车的浙江吉利集团,投资2400万元与四川德阳监狱汽车厂合资组建了"四川吉利波音汽车制造有限公司",取得了小客车的生产权,步入了汽车产业。吉利公司利用这一许可证在浙江宁波生产出"豪情"牌吉利汽车,这款仿制天津夏利的轿车,以低于竞争品牌的价格很快得到消费者的青睐,一度供不应求。但受目录管理制度的限制,吉利系列汽车不能在四川和浙江之外的地方自由销售,吉利公司也曾与具有资质的湖南江南机器厂(当时组装铃木奥拓的四家企业之一)合资建立了江南吉利汽车制造公司,最终使自己的产品进入了当时国家经贸委的汽车产品公告目录。但是,吉利发展之初采取低价策略进入微型汽车市场,这一细分市场的消费者对价格更加敏感,企业为了扩大产量往往会牺牲产品质量,从而给市场留下"低成本、低质量"的印象。2001年我国加入WTO后,微型和经济型轿车市场的竞争日

趋激烈，吉利公司才真正走上自主创新、质量取胜的发展轨迹[①]。

2. "借鸡生蛋"模式（安徽奇瑞）

在前面介绍合资企业和自主品牌成长的关系时，上汽奇瑞是本文提及的一个特殊案例，这种特殊性也源自政府对市场进入和产品目录的双重管制。1994年颁布的《汽车工业产业政策》规定，行业主管部门除了监管企业的项目引进、工厂投资行为外，还要对企业产品实施认证，只有那些通过汽车产品型式认证的产品，才能进入大批量生产和销售环节；那些已经获得生产资质的大型企业，在引进新产品、更新原有型号时，也要经过主管部门的多次审批。产品目录制在限制企业盲目引进国外新产品的同时，也把那些乘用车领域的潜在进入者挡在了门外。除了上面吉利和比亚迪的"买壳"方式外，还有一种在客车、载货车领域一度十分流行，但在乘用车领域极其少见的借壳或曰"借鸡生蛋"的方式，即一家企业"借用"已经获得某类产品资质企业的"过剩"资源自行组织乘用车的生产，从而间接进入轿车领域。

安徽奇瑞的前身是"安徽汽车零部件公司"，后者在1998年收购了大众公司在西班牙的一条整车生产线，并与事前建设的发动机相匹配，组装出一款名为"奇瑞"的轿车[②]。这款综合当时中国汽车主流产品桑塔纳、捷达特点的新产品，价格低廉，很快使奇瑞公司获得了消费者的认可；因为没有进入国家汽车生产管理目录，销售范围十分有限，规模难以扩大，甚至一度被主管部门要求停产整顿。由于"得益于"产业管制权力的纵向分割，奇瑞公司在安徽省和芜湖市的支持下，继续生产和销售。不满足于偏安一隅，2000年，奇瑞公司在安徽省政府和主管部门的协调下，将20%的股权无偿划拨给上汽集团，通过后者申请到了奇瑞牌轿车SQR7160的"准生证"（这里的SQR就是ShanghaiQiRui的简写，"7"表示轿车）。也正是借助"上汽奇瑞汽车有限公司"的名分，奇瑞在短短三年间先后取得了以SQR开头的QQ、东方之子、旗云等产品的许可证，为其在2005年前后的爆发式发展打下了产品、品牌和市场的基石。由于奇瑞的发展在一定程度上冲击了"南北大众"两家企业的市场份额，在大众集团的施压下，2004年年底奇瑞与上汽和平分手，至此这一"借鸡

① 蒋学伟、路跃兵、任荣伟等（2015），第578—590页。

② 参见蒋学伟、路跃兵、任荣伟等（2015），第426—428页。

生蛋”的过程宣告结束。实际上，类似的特殊组合，如浙江众泰与湖南江南、青年汽车与贵州云雀等都发生过，但实际效果都不如“上汽奇瑞”模式。

3.“农村包围城市”的边缘市场成长模式（长城汽车、湖南长丰等）

与奇瑞、吉利和比亚迪等企业直接介入“三大三小两微”主导的乘用车市场不同，也有一些企业采取打擦边球的方式逐渐渗透到轿车生产领域，相对而言，后一种模式更易规避体制性的进入壁垒，获得地方政府的扶持或行业主管的认可，长城汽车就是这一方面的典型代表。

长城汽车是一家从农村集体企业转制而来的股份制企业，它第一次进入中国汽车产业正规的管理体系的时间是 1993 年，当年共生产 1006 辆改装的 CC1020 轻型载货车，产量位列该细分市场的第 8 位。这里的轻型载货车实际上就是客货两用运输车，或者所谓的“轿卡”。凭借在这一细分市场的优势地位，2001 年之前长城汽车的销售收入就达 10 多亿元，年产量接近 3 万辆。

为什么长城汽车早期的发展没有受到像比亚迪、奇瑞和吉利汽车那样的关注，一个重要的因素是它的切入之处不在 1994 年《汽车工业产业政策》管制范畴。首先，长城汽车的生产模式是“改装”，即在已有底盘和发动机的基础上，增加车身和车厢后再进行销售。对这类产品的投资、生产和销售，政府管理十分松散，省级以下主管部门就可以审批，虽然销售的范围较为狭窄，但相应的体制成本也很低；其次，长城汽车生产的并不是一般意义的轻型载货车，而是一种“亦轿亦卡”的混合产品，它的前部是轿车的车头和驾驶室，后部则是敞开式的货车车厢，因而兼具轿车和货车的功能，在当时的乡镇企业、私人企业和来料加工产业密集的城乡结合地带广受欢迎；第三，当中国汽车产品的管理方式从审批制向备案制转化后，长城汽车及时调整了产品策略，将“轿卡”的车厢换成行李箱或者改成后座后，获得了乘用车的生产资质，成为名副其实的城市越野车，很快就占得中低档 SUV 市场的先机。可见，长城汽车公司的早期发展更侧重于对潜在市场需求的精耕细作，付出的体制性成本也远远低于奇瑞、吉利等企业，可以把它定义为低成本的“农村包围城市”的模式。实际上，湖南长丰也是一家较早介入该领域的本土企业，在我国加入 WTO 之前，该企业累计生产和销售的轻型越野车超过 5 万辆，仅 2000 年的产量就有 1 万多辆，比竞争对手北京吉普多一倍以上，资金利税率也曾稳居细分市场第一位。可惜的是，湖南长丰在 2001 年以后放弃了广大的中低端市场，转而引进日本三菱公司的高级豪华越野车(即后来的SUV),由于企业管理和产品线等方面的战略失误,逐渐退出了自主品牌先发者的位置。

二、WTO的制度红利、不对称进入管制的放松与自主品牌的成长

企业家精神和对汽车产业发展前景的良好预期,激励上述“体制外”企业家采取各种策略,化解行业的进入壁垒,获得了经营汽车产品的资质和机会;而把这些早期的努力和投资转化为市场竞争力的机遇则来自加入WTO所引发的制度红利——取消不对称的进入管制和将产品“目录制”改为“公告制”。前者给予各类投资主体公平参与汽车产业的机会,后者则将产品经营权完全交还给企业。政府产业管制和产品监管权力的放松,为这些新生的自主品牌制造企业提供了跨越式发展的时间窗口,对个别企业而言可以称得上历史性的机会。

1. 进入管制放松与民营企业的国民待遇

从1994年颁布《汽车工业产业政策》到2001年年底签署中国加入WTO议定书,国务院及其下属的行业主管部门,通过审批固定资产投资或者企业技术改造项目的方式,直接或间接地控制汽车产业的企业数量,这实际上是一种变相的进入管制。实际上,即使在政府进入管制最为严格的轿车领域,这一阶段还是新建了诸如天津丰田、四川丰田、上汽通用、广州本田等颇具规模的企业。这些新进入的企业带来的产能和产量,导致了2000年前后轿车领域比较严重的结构性产能过剩,其结果不完全符合《企业工业产业政策》设定的产业组织目标。由于这些新建企业都是清一色的合资公司,业界就认为所谓的进入管制是不对称或不均等的:只限制非国有企业或民营经济进入汽车制造产业,而为外资提供十分优厚的待遇(土地、税收、信贷等方面的各种招商引资政策),本土企业反而无法享受汽车产业发展的机会。

中国加入WTO所签署的各种对外合资合作协议,以及为满足这些承诺而出台的各种新政策、新条例,扫清了本土企业——特别是民营经济——涉足乘用车制造的多项体制性壁垒。对跨国公司或者能够与跨国公司建立合资企业的大型国有汽车企业集团而言,这些体制性壁垒往往形同虚设,即使存在,

在具体执行时也会网开一面。自主品牌的初步成功与国有主导企业自生能力缺失所形成的巨大反差，也使中国汽车产业政策的指导思想和理念在加入WTO后出现了重大的调整。国家发展和改革委员会在2004年发布的《汽车产业发展政策》既兑现了加入WTO时的承诺，也将发展具有自主知识产权的汽车产品和品牌上升到国家战略的高度。在当时的企业组织和治理结构下，拥有合资企业的国有企业不可能也没有动力专注于自主产品的研发和经营；因此，自主品牌的国家战略只能寄希望于诸如吉利、比亚迪、奇瑞、长城等非国有企业或者没有机会建立合资公司的地方企业。在这一时段，各级政府出台了多项扶持、保护自主品牌汽车的具体措施，汽车产业的政府管理模式和监管体系也做了大幅的调整，自主品牌的发展进入了一个黄金期。

2. 产品公告制与企业产品线竞争

我国的汽车产业政策具有政府管制的一些特点，除了产品价格指导制、投资和进入审批制外，对汽车企业经营行为有直接影响的就是产品的目录管理制度（《全国汽车、民用改装车和摩托车生产企业及产品目录》）。这一制度的雏形源自1985年的体制改革，即将原来分散在原国家经济委员会、国家计委、国家经济体制改革委员会和机械工业部的汽车产品管理职能划归给“中国汽车工业公司”。该公司负责对汽车企业及产品实施目录管理，只有进入目录的企业才能生产和销售目录内的汽车产品。1994年《汽车工业产业政策》颁布后，“目录制”也就成为实现和维持“三大三小两微”格局的主要手段。即便像上海大众、一汽大众这样具有规模的合资企业，在从跨国公司引进新产品或者对原有产品进行升级改造时，都要遵循十分烦琐的投资申报、项目审批、产品实验等流程。企业不能及时对消费需求做出合适的反应。据此在很长一段时期内，桑塔纳、捷达、奥拓等产品品牌也就成为生产它们的上海大众、一汽大众和长安铃木等企业的同义词。从这一制度颁布到其被“公告制”替代之前的2000年，我国有资质生产轿车和乘用车的企业只有13家，生产的品牌或型号共15个左右。

自主品牌制造企业生逢其时，僵化的“目录制”在2001年4月1日被“车辆生产企业及产品公告”制度所取代，“公告制”的一些陈规陋习在加入WTO后经过多次的调整和完善，加之我国政府在2000年还取消了对汽车产品的价格指导，这些传统管制手段的弱化与取消，就等于将产品研发、生产、升级换代和市场定价等经营权交还给企业。显然，借助所有制和市场的双重激励，民营和地方国有成分为主的汽车自主品牌制造企业，相对于传统的三大主导厂商，更易通过产品线的完善获得竞争优势。在上述多个因素的共同作用下，加入 WTO 之后，自主品牌的爆发式增长也就水到渠成（见图 1.10）。

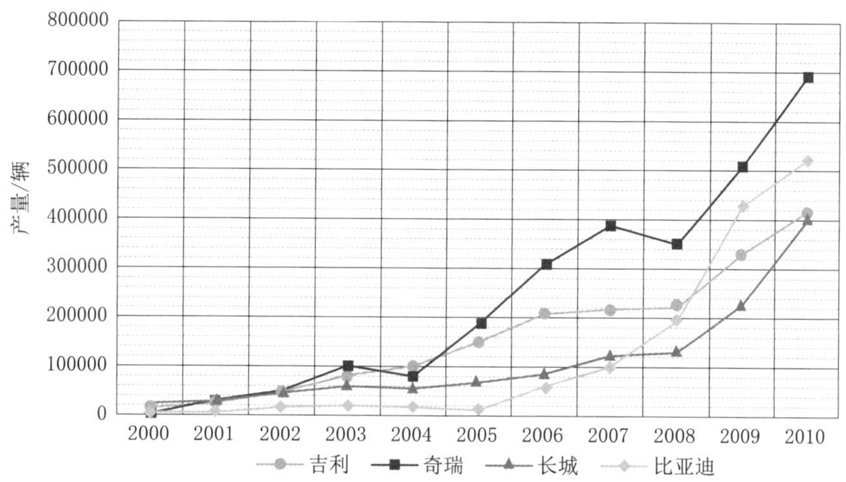

图 1.10　加入 WTO 过渡期自主品牌主导企业的高速成长

数据来源：《中国汽车工业年鉴》（相应年份）

三、全球化竞争背景下自主品牌制造企业的应对之道

在自主品牌汽车企业高歌猛进的同时，合资企业并未放缓它们在中国的脚步。传统领先企业如“南北大众”、上海通用等借助政府在企业重组和异地建厂方面的倾斜政策，将生产基地不断向外拓展；一些中国汽车市场的姗姗来迟者，如日本的丰田、日产和本田，美国的福特等开足马力，利用消费者对新企业、新产品的偏好，很快在各自的细分市场赢得一席之地。同时，在国家自主创新政策的强大推动下，国有车企借助与跨国公司多年合资、合作积累的资源和经验，也以更大的力度加快自主产品的研究、开发和生产。长安集团、北汽集团、江淮汽车等公司经过激烈的竞争，很快在自主产品经营方面赶上甚至超越了奇瑞、比亚迪等企业。2010 年前后，中国汽车产业形成了民营自主、国企自主和合资

企业等三大派系，再加上每年100多万辆的高档进口汽车，一个有效竞争的市场格局基本成型。如何在这一复杂的新格局下，把国内市场的优势转化为开放条件下的国际竞争力，就成为各类自主品牌经营企业战略中的重点。

图1.11展示了2015年主要汽车生产国的出口比例。

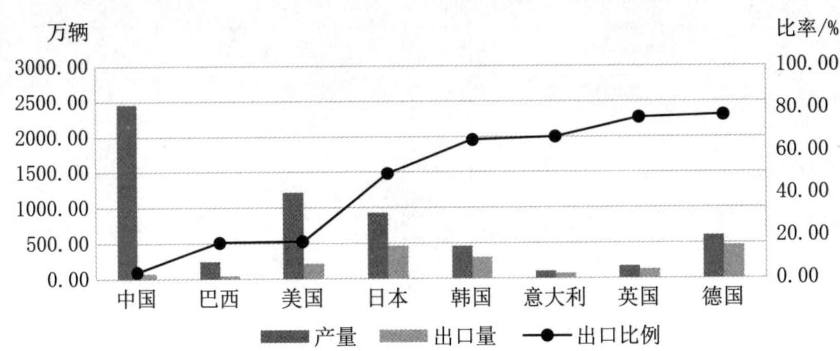

图1.11　2015年主要汽车生产国的出口比例

数据来源：《中国汽车工业年鉴》（2016）

1. 国际竞争力：中国汽车产业“由大到强”的试金石

国际化既是汽车产业的一个显著特征，也是衡量国家和企业层面竞争力的一个重要指标。2009年至今，我国汽车产品的生产和需求总量一直稳居世界第一，且优势日益明显。国际化程度不高和国际市场竞争优势不强则是建设汽车强国过程中的主要短板。衡量一个国家汽车产业和汽车制造企业国际竞争力的指标一般有两个：一是整车出口数量及其占全部产量的比例（见图1.11）；二是海外生产基地和产能的多寡。以德国为例[①]，2012年年底，其本土生产的540万辆汽车中的77%用于出口，它分布在25个国家的汽车制造企业的产量高达800多万辆，比本土产量多200多万辆；如果再考虑到遍布全球的德国汽车零部件企业，其国际市场势力和竞争力将更加显著。日本和韩国这两个国内汽车市场需求相对有限的国家，在美欧企业占据绝对优势的条件下，之所以能够用10—20年的时间成为汽车强国，依赖的也是产业和企业的高度国际化。

① 国务院发展研究中心产业经济研究院等：《中国汽车产业发展报告（2014）》，社会科学文献出版社，2014，第93页。

国际化是各家汽车制造企业竞争力的主要来源之一。例如，日本丰田公司在追赶和超越美国福特、通用、德国大众的过程中，早期采取的是出口导向策略，在日本经济如日中天的20世纪80年代，出口率就超过了50%。随着本土劳动力成本的增加，尤其是受1985—1986年日美贸易战后日元升值和自愿出口限制政策的影响，日本本土制造的比较优势逐步消失，丰田开始在主要的出口地建设生产基地；2005年前后，其海外生产量占全部产量的44.57%。这种“双50%”（即出口数量占本土产量的50%、海外产量占总产量的50%）的成长模式先后被德国大众、韩国现代仿效，也是这两家公司能在2008—2010年的金融危机后，占据全球汽车产业第二和第四位置的重要助推力。表1.9为日本丰田公司的国际化情况（1980－2005年）。

当我们用上述最直观的指标衡量中国汽车产业和制造企业（包括自主与合资品牌）时，严格意义上的国际竞争力缺失就是一个不容回避的问题。以我国汽车出口数量最高的2012年为例，当年整车出口量为101.57万辆，仅占总产量（1927万辆）的5%，在全世界20个主要汽车生产国家中位居最后；2012年至今，这一纪录也没有被打破，行业的出口倾向一直维持在很低的水平。这100多万辆的出口数量主要是由自主品牌制造企业完成的，大部分合资企业的出口处于空白或者极低的状态。吉利、奇瑞等企业虽然在俄罗斯、埃及、伊朗、土耳其、秘鲁等国家设立工厂，从事全散件组装和半散件组装，但数量相对较少；加之这些国家汇率和经济风险比较高，对提升相关企业的国际竞争力没有实质性的贡献。

表1.9　日本丰田公司的国际化情况（1980—2005年）

时间	全球总产量/万辆	本国产量/万辆	海外产量/万辆	出口量/万辆	出口比例/%	海外生产比例/%
1980	325	325	0	171	52.62	0.00
1985	490	354	136	197	55.65	27.76
1990	469	402	67	167	41.54	14.29
1995	442	317	125	151	47.63	28.28
2000	517	342	175	172	50.29	33.85
2005	682	378	304	195	51.59	44.57

资料来源：丰田公司网站（https://www.toyota.com/）

当然,按照秉持“中国的就是世界的,世界的就是中国”理念的研究者和从业者之观点,合资企业在我国汽车产业的存在和发展本质上也是一种国际化,体现的也是我国具有50%控制权的汽车合资公司的不同竞争力。依据这一逻辑,中国汽车制造企业,尤其是自主品牌企业只要把本土市场守住了,也就证明其具有国际竞争力。实际上,只有这些合资企业能够增加中国汽车的总出口量或者把生产经营能力延伸到海外市场后,它们的优势才是中国汽车产业国际竞争力的体现。也就是说,只要世界主要汽车生产大国的利益分配格局维持现状,评价国家层面的国际竞争力还要依据企业的所有权属性。例如,即使苹果手机的加工组装环节都是在我国完成的,也不能得出中国智能手机产业具有国际竞争力的结论。相反,只有当华为、小米等本土手机制造企业真正走出国门后,中国品牌的竞争力才能得到国际市场的认可。

2. 自主品牌汽车制造企业国际化的初步实践和困境

由于国内市场巨大的成长空间和国际汽车工业发展阶段的不同,本土企业国际化的核心动机是寻求产品的研发资源,而不是开拓销售市场,这也导致国际化的主要模式就是设立海外研究开发中心或整合跨国公司已有的研发机构和人员。最早在海外建立研发中心的是长安汽车集团。1999年该公司在意大利都灵设置了长安汽车海外技术分中心,2006年又把它升级为长安汽车欧洲设计中心,主要进行车型、外观和车身方面的研发。2012年之前长安汽车一共在海外建立了5个研发设计中心,这些机构主导设计的长安奔奔、逸动、CX和CM等系列产品,已经成为该集团自主品牌的核心产品。其他的自主品牌制造企业如长城汽车、北汽集团、重庆力帆等也都在欧洲、美洲或者日本建立了海外研发中心,它们在及时跟踪、了解和学习世界先进技术的同时,不断地向母公司输送最新的产品或型号,以缩短新产品的更新周期,并逐渐摆脱对国内合资企业模仿性学习的路径依赖。

海外投资建厂是自主品牌国际化经营的另一个主要模式,特别是以吉利、比亚迪、长城为代表的民营企业集团,在“一带一路”倡议的指引下,逐步加大了在海外投资建厂的力度(见表1.10)。这一选择也是应对贸易保护主义抬头的被动之举。例如,巴西是我国汽车企业最大的出口地,但该国2013年开始把汽车产品的进口关税提高了30%，严重地抑制了比亚迪、奇瑞等企业的出口量。为此，这两家公司加大了在巴西的直接投资，以规避相关的风险。吉利、长城和力帆等三家企业在俄罗斯、乌克兰等中东欧国家投资建厂，也是为了降低汇率、关税和政局波动带来的损失。可见，在总产量和出口规模相对有限的发展阶段，我国自主品牌制造者在海外投资设厂时，面临更多风险和不确定性，短期内很难对企业国际竞争力的提升有大的贡献。

表1.10　自主品牌制造企业的海外扩张（2014—2016年）

企业	时间	目标国	项目内容
北汽集团	2014年	美国	收购美国电动汽车ATIEVA公司25%股权，合作开发高端电动汽车
	2015年	马来西亚	投资6800万美元设立合资企业
吉利集团	2014年	英国	收购英国电动汽车绿宝石公司，为吉利打造下一代电动出租车
	2015年	美国	投资5亿美元建立吉利沃尔沃美国工厂
	2015年	英国	投资2.3亿美元为伦敦市生产新型出租车
	2016年	白俄罗斯	投资2亿美元设立产能12万辆的汽车厂
长城汽车	2014年	俄罗斯	在俄罗斯建立全资子公司，从事汽车制造
比亚迪	2014年	巴西	投资4亿美元，建设南美最大铁电池厂
	2015年	泰国	投资2亿美元设立合资企业，生产K9电动大型客车
	2016年	美国	扩建加州电动车工厂，年产能1000辆大型客车
力帆	2014年	俄罗斯	投资3亿美元，建设全新的生产基地
奇瑞	2015年	巴西	对原有工厂增加1.25亿美元的投资

资料来源：《中国汽车工业年鉴》（相应年份）

第五节　新能源汽车产业的加速发展：压力、政策与前景

经济学意义上的外部性是指“并不直接反映在市场中的生产和消费活动的影响”。它可以发生在生产者之间、消费者之间或者消费者与生产者之间，当一方的行为导致另一方付出成本时，就是负的外部性，而当一方的行为使得另一方得到免费的好处时，就是正的外部性。之所以定义为外部性，是因为双方的成本或收益无法通过市场交易来显现（平迪克和鲁宾费尔德，2013）。汽车产业和汽车产品在过去一百多年的发展历程中，在为人类社会提供大量正外部性的同时，随着汽车使用数量的激增，也带来了交通拥堵、环境污染、能源耗竭等具有显著负外部性的问题。中国进入汽车社会的时间只有短短的十余年，但在产品技术相对落后、城市化水平不高的背景下，短期内积累的 1.6 亿辆汽车保有量，使得上述三种负外部性的影响更加严重。考虑到中国汽车的保有量还未达到历史的峰值，这些外部性还有继续恶化的趋势，尽早发现问题的根源并将有效的化解之道付诸实践，成为中国汽车社会各类参与者的共识。

一、汽车社会的三重外部性：能源、交通与污染

1. 汽车社会的来临与我国能源供求矛盾恶化

石油、石化产品是汽车使用过程中最重要的投入品。供应充足、稳定和价格合意的各种燃油是维系现代汽车产业生存的基石，二者之间的平衡关系一旦被打破，还会引发国民经济的总量和结构矛盾。20 世纪 70—80 年代欧美各国的滞胀、2008—2010 年金融危机发生的背后，都可以观察到“石油价格飞涨、汽车产品的需求下降、汽车行业陷入低谷、整个经济步入衰退”的转

导过程。2001 年至今,汽车消费量和存量齐头并进,很快打破了权威机构关于 2020 年我国石油进口依存度超过 50% 的预计(陈清泰、刘世锦、冯飞等,2004)。2004 年我国进口原油 1.3×10^{8} t,接近当年 2.7×10^{8} t 消费总量的 50%,2015 年原油进口增加到 4×10^{8} t 左右时,依存度也超过了 60%。汽车存量的增加是我国石油产业进出口结构发生变化的主因。

如图 1.12 所示,2004 年前后,我国的汽车保有量第一次跃升到 2500 万辆时,石油进口依存度也增加到 55%。此后的十多年间,保有量每 3—4 年就上一个大的台阶,2012 年突破 1 亿辆之际,依存度为 69%,年进口石油 3 亿多吨;仅仅过了 4 年,到 2016 年汽车保有量新增到 1.8 亿辆时,每年需要进口的石油就达到 4.5×10^{8} t,78% 的石油进口依存度已经接近日本、德国、韩国、法国等没有石油储量或储量极低国家的水平。按照未来 20—30 年我国的发展趋势,即便考虑到汽车燃油技术效率提高的因素,汽车保有量的持续增加不仅会导致石油产业的供需矛盾,还会使我国的贸易条件和结构恶化。例如,按照国际能源署、兰德公司和我国原国土资源部等机构在 2004 年的估计,我国 2020 年石油年消费量的区间应该在 3.8×10^{8}—5.5×10^{8} t 之间,实际上 2016 年我国的石油消费量就已超过了 5.6×10^{8} t,国内石油公司提供的产量只有 1.9×10^{8} t,4.5×10^{8} t 进口数量已经是国内产量的 2.3 倍以上。上述乐观估计是基于 2005—2010 年石油平均价格维持在每桶 25 美元的前提下做出的(陈清泰、刘世锦、冯飞等,2004),问题在于,即便在 2008 年的金融危机后,石油价格从最高的每桶 147 美元回归到了 2016 年的 50 美元左右,我国每年进口石油耗费的外汇依旧在 1000 亿美元以上,这相当于当年贸易顺差总额的 20%,一旦国际市场原油价格出现较大幅度的上涨,我国的石油产业安全将面临严重的威胁。另一方面,由于我国石油新增探明储量的增长速度从 20 世纪 80 年代的年均 6% 左右,逐步下降到 3% 以下,除非发现巨量的油田和天然气田,现有的石油供求结构不可能保障我国汽车的保有量维持年均 10% 以上的增速,只有另辟蹊径发展新型的交通工具或者改变现有的出行模式。

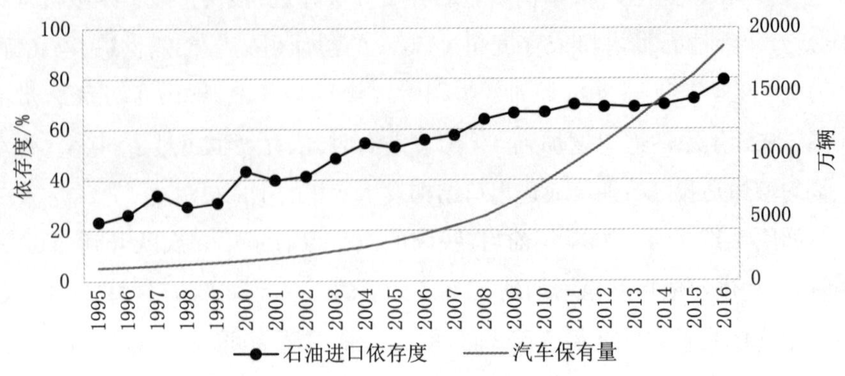

图 1.12　中国私人汽车保有量与石油进口依存度（1995—2016 年）

资料来源:《中国汽车工业年鉴》（2017）

2. 汽车普及、城镇化与城市交通问题凸显

中国工业化和城镇化在周期上的高度一致性，以及在特定区域内的交织重叠，使得汽车保有量总量和千人汽车拥有量持续增加，对相对滞后的城市交通基础设施造成巨大压力。问题在于，虽然汽车产品与汽车工业在推升我国城市化进程中的巨大潜力还没有得到完全的释放，但包括北京、上海、广州等城市总规模基本定型的区域在内，我国的大部分地区在城市化的起步或初级阶段，都面临着汽车拥有量激增带来的道路拥堵、停车难、尾气排放、噪声污染等问题。汽车拥有量的增加必然带来交通拥堵——这是一个世界性的现象。其原因在于：城市居民收入的增长会导致汽车存量和使用量的增加，而在有限的地理范围内，城市道路长度和车辆存放面积的扩张速度不可能高于收入的增速，这就使得城市交通更加拥挤（见图 1.13）。

解决城市道路交通矛盾的基本思路一是提升城市化的规模和管理水平，二是抑制或限制私人汽车拥有量或者使用量，这两种相辅相成的途径在我国北京、上海、深圳、广州等地已经实施了多年，但无论是使用车牌拍卖的上海模式，还是“错号”限行的北京模式，车路冲突一直没有得到有效的缓解。在一些城市化刚刚起步的地区，由于低效率、低水平的城市道路管理方式，以及城市居民汽车文明的缺失，“人、车、道”之间的矛盾更加突出，在人均汽车拥有量不到世界平均水平或者仅相当于美国、日本、加拿大等发达国家三分之一到五分之一水准的情况下，出现如此严重的城市交通问题，如果不跳出固有的思维并寻找新的解决之道，这一矛盾必将对汽车产业和城市化的协同发展造成严峻的挑战和威胁。

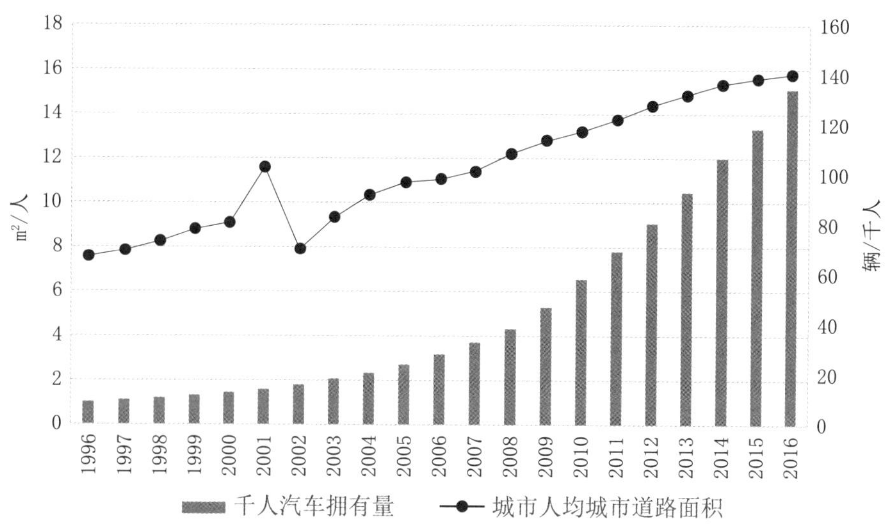

图 1.13　中国的城市道路与汽车拥有量（1996—2016 年）

数据来源：《中国汽车工业年鉴》（2017）

3. 汽车尾气排放与城市空气污染

这是汽车消费过程中影响最大，也是最难治理的外部性。科学研究发现（中国工程院等编，2003），汽油或柴油在发动机内燃烧时会产生多种物质，这些物质以气态或颗粒状散布在大气中，例如一氧化碳、臭氧、氮氧化物、二氧化氮和细微颗粒（即 PM_{10} 和 $PM_{2.5}$）等一般污染物；而一些有毒物质在汽车行驶过程时直接排放在空气中，常见的有醛类、苯、丁二烯和多环芳烃等。在大中型城市，这些有毒有害物质的排放量贡献了 25%—40% 的空气污染，并对生活在这些环境中的居民的健康产生了严重的危害。法国、奥地利和瑞士的一项调查就发现，这些国家 6% 的居民死亡（相对于每年 4 万人）都是由大气中的颗粒污染物造成的，而这些污染物的一半以上都来自汽车。汽车尾气排放也对全球气候变暖或温室气体效应的发生有着重要的"贡献"——温室气体带来的全球气温上升趋势，90% 可以归因于二氧化碳的增加，二氧化碳排放中的 17% 又源自交通运输业。汽车尾气中有毒物质的增加与气温上升相互作用，不断加重空气质量的恶化程度。

由于工业化、城市化和汽车普及在时间上的高度耦合，汽车尾气导致的空气污染问题在我国显得十分突出和严峻。2000 年之前，货运和客运汽车的尾气排放是我国各大城市空气质量不断恶化的主因。专业研究显示（中国工程院等，2003）[①]，机动车排放约占氮氧化物（NOx）的总排放量的 45%—60%，一氧化碳（CO）约占 85%。上海市 1996 年中心城区的大气污染总负荷中，86% 的一氧化碳（CO）、56% 的氮氧化物（NOx）和 96% 的非甲烷烃都源自汽车。北京市受地理环境的影响更加严重，1997 年到 2000 年，在煤炭燃烧总量基本稳定的情况下，雾霾天数不断增加，在 1999 年就有 119 天空气质量不合格。在私人汽车拥有量很低的阶段，这些城市空气污染严重的主因是当时我国汽车的燃料效率差（长期使用含铅汽油、油品质量不高）、尾气排放的国家标准低和执行不到位。2000 年以来，尽管我国的汽车尾气排放标准向国际一流指标不断靠近，部分城市空气质量恶化的趋势有所缓解，但并未出现持续好转的苗头，最根本的原因就是汽车拥有量的不断攀升，部分抵消了燃油技术进步的正向效应。根据生态环境部最新发布的《中国机动车环境管理年报》（参见资料夹 1.5），在各类污染物排放总量不再增加的背景下，污染来源的结构发生了重要的变化，汽车已经成为空气质量的第一杀手。

资料夹 1.5　我国的机动车污染

2017 年，我国的机动车保有量达到 3.1 亿辆，其中汽车 2.17 亿辆。全部机动车的四项污染物排放总量为 4359.7×10^4 t，其中一氧化碳（CO）3327.3×10^4 t，碳氢化合物（HC）407.1×10^4 t，氮氧化物（NOx）574.3×10^4 t，颗粒物（PM）50.9×10^4 t。汽车是机动车大气污染排放的主要贡献者，其排放的一氧化碳和碳氢化合物超过 80%，氮氧化物和颗粒物超过 90%。

2012—2017 年，全国机动车四项污染物排放总量总体呈下降势态，由 4612.1×10^4 t 降低到 4359.6×10^4 t，年均削减 1.1%。……全国汽车四项污染物排放总量基本保持稳定，由 3852.8×10^4 t 降低到 3844.1×10^4 t。其中，一氧化碳排放量由 2865.5×10^4 t 增加到 2920.3×10^4 t，年均增长 0.4%；碳氢

① 参见本章参考文献［14］。

化合物排放量由 345.2×10^4 t 降低到 342.2×10^4 t，年均削减 0.2%；氮氧化物排放量由 582.9×10^4 t 降低到 532.8×10^4 t，年均削减 1.8%；颗粒物排放量由 59.2×10^4 t 降低到 48.8×10^4 t，年均削减 3.8%。

……根据我国完成的第一批城市大气细颗粒物（即 $PM_{2.5}$）源解析结果分析，大多数城市 $PM_{2.5}$ 的来源仍旧以燃煤排放为主，部分城市机动车排放已经成为 $PM_{2.5}$ 的首要来源。北京、上海、杭州、济南、广州和深圳的移动源（即汽车与轮船）排放为首要来源，占比分别达到 45%、29.2%、28%、32.6%、21.7% 和 52.1%。

……2017 年北京市的解析结果表明：全年 PM2.5 的主要来源中，本地排放占到三分之二，现阶段本地排放来源中，移动源（汽车）、扬尘源、工业源、生活面源和燃煤分别占到 45%、16%、12%、12% 和 3%。……移动源中，在京行驶的柴油车贡献最大。

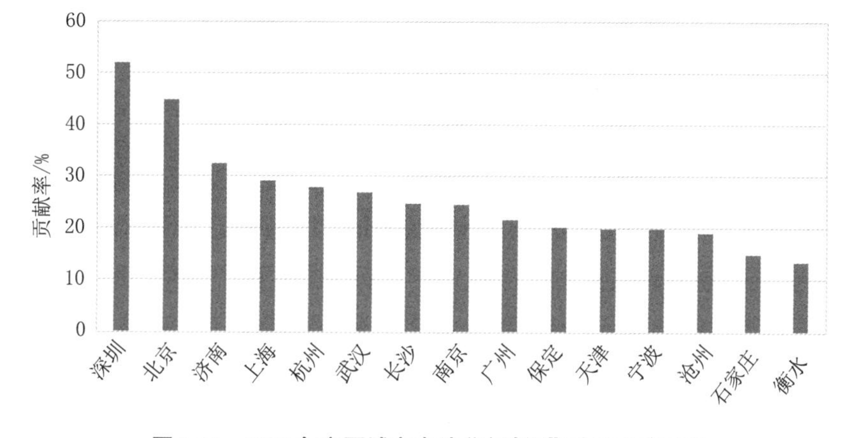

图 1.14　2017 年主要城市本地“移动源”对 PM 的贡献

资料来源：生态环境部，《中国机动车环境管理年报》（2018 年）

二、新能源汽车：三重压力的化解之道

工业化大国及其人口密集的城市，从 20 世纪 60 年代开始就采取了多项治理措施，应对空气质量下降和交通拥堵等汽车普及率提高所引发的问

题(潘家华和单菁菁,2017)。日本东京的汽车尾气公害由来已久,严重地影响着当地居民的身体健康,曾引发数百位呼吸器官疾病患者与政府、汽车制造商之间超过100亿日元的诉讼,并要求东京市政府通过制定PM2.5排放标准、限制不达标汽车行驶、设定尾气排放总量等方式加以治理。美国洛杉矶的光化学烟雾事件是该城市发展史上的重大污点。从1979年开始加利福尼亚州就成立了空气质量管理机构,统一制定洛杉矶及其附近区域的空气质量标准,推行绿色交通和鼓励清洁能源的使用;加利福尼亚州政府还成立了名为“机动车污染控制管理局”的部门,负责检测尾气和扶持低排量、低污染汽车的研发和推广。经过不懈的努力,伦敦、东京、洛杉矶都相继摘掉了“雾都”的帽子。应该指出的是,这几个代表性城市空气质量的好转也得益于它们工业结构的优化和服务业比重的提高,直接减少了对高排量、高耗能重型运输车的需求。当然,机动车尾气排放控制仅仅是汽车消费负外部性的一个方面,只要居民的乘用车拥有量和使用量没有显著的减少,交通拥堵、停车难等问题便无法得到有效化解。由于燃油效率技术持续改进和提升的空间十分有限,解决汽车消费的外部性难题只能另辟蹊径;而要放弃传统汽车主导的交通与出行模式,就需要一场破坏性创新来颠覆燃油汽车产业。

1. 燃油效率的瓶颈与传统汽车技术的终结

人类社会进入工业化生产和消费时代以来,电视机、空调、照相机、手表等曾经被认为不可能发生实质变化的消费品,要么已经被放置在博物馆供人参观,要么它们的工作原理有了翻天覆地的变革。即便像电脑这种诞生时间很晚的产品,也已经历过至少三次重大的技术进步。相反,汽车的内在机理几乎与其在100年前问世时一样,依然是一种由内燃机驱动,将汽油、柴油或天然气转换成机械能的、可高速移动的交通工具(让·雅克·夏纳宏,2009)。在长期中,汽车的拥有量一直都保持不断增加的趋势,由此带来的负外部性也就同步累积,最终发展到无法有效治理的状态。原因在于,从微观经济学关于产品效应特征的定义出发,汽车技术和汽车产品的核心功效之间是替代而非互补的关系——降低尾气排放,就要减少油箱体积;净化排放物,就会增加使用者成本。诸如此类的矛盾,加上寡头垄断的市场结构,使得汽车产品的技术进步十分缓慢,难以承担改善环境、交通和公众健康的新任务。

2015年爆发的德国大众汽车公司的“排放丑闻”（Emission Scandal），表面上是环保指标造假（参见资料夹1.6），而其背后的原因还在于传统汽车的节能减排效率已经接近最大值，即便被给予厚望的混合动力汽车，按照全生命周期的能源转换率来衡量也只是一种过渡性的措施（让·雅克·夏纳宏，2009）。同时，相对于纯电动汽车，传统燃油燃气汽车在承担“电动化”“网联化”“智能化”“共享化”等新功能时，还存在一些难以克服的技术和需求障碍，某种程度上，我们可以宣告传统汽车在技术上的历史使命已经完成。

资料夹1.6　大众“排放丑闻”与传统汽车技术进步的停滞

2015年9月18日，美国环保总署（EPA）指控德国大众在美销售的部分柴油汽车存在尾气排放“造假”现象，对大众正式下达违法通知，称其在车辆发动机管理系统中安装的被称为“defeat device”的非法代码规避汽车尾气排放检测，并宣布停止销售大众2015款柴油车型并拒绝为大众2016款柴油车型发放合格证。EPA的数据显示，涉事大众车辆正常行驶中氮氧化物排放物超标达40倍。

随后，德国大众就此回应、道歉，并公布全球搭载涉事发动机车辆总数约1100万辆，其中大众品牌约500万辆、奥迪品牌约210万辆、斯柯达约120万辆、西亚特约70万辆、轻型商用车约180万辆。

某种意义上，大众集团尾气排放“造假”也算事出有因。2007年美国排放标准要求柴油车型氮氧化物排放不超过0.03 g/km，远比2009年和2014年才分别实施的欧Ⅴ、欧Ⅵ标准0.18 g/km和0.08 g/km的要求要严格。而基于欧Ⅴ标准开发的大众柴油车产品必须在牺牲动力性和开发新发动机中做出选择，才能进入美国市场。前者因消费者难以接受，市场难以打开，后者则要求大众投入大量研发费用；对于尚不确定的市场，后者无疑风险更高。

面对2006年美国政府推出的对柴油车最高3400美元的税收返还激励措施的诱惑，迫切希望在美国有所作为而化解连年亏损危机的大众集团找到了第三条应付美国标准的“捷径”，为此次“排放门”危机埋下伏笔。

事实上，即便不造假，柴油车的实际排放与环保型式核准值也存在较大的差异。早在2011年，国际清洁交通委员会（ICCT）的一项报告中指出，欧Ⅲ、欧Ⅳ和欧Ⅴ标准的轻型柴油乘用车的污染物实际排放量分别是标准限值的2倍、3.2倍和4.4倍；而2014年的报告又指出，欧Ⅵ标准的柴油车氮氧化物排放物平均实际水平高出标准限值7倍之多。

……对于整车企业而言，应重新审视自身发展轻型柴油车的可行性，在对轻型柴油车的发展顾虑未能有效解决之前，进一步加大对混合动力、纯电动甚至是燃料电池车型的开发力度或许更有前景。

资料来源：《大众"排放门"事件减缓柴油乘用车发展步伐》，《上海汽车》2015年第12期，第1—2页

2. 新能源汽车——化解汽车产业负外部性的最佳路径

在人类社会进入21世纪之际，能源危机、交通拥挤和空气污染等三个问题的不断累积与叠加，终于使纯电动车主导的新能源汽车走向了舞台的中央（丹尼尔·耶金，2012）。电动汽车可以弱化石油资源稀缺性日渐增强带来的供应紧张和价格高企的不利影响，进而有助于减少汽油、柴油在燃烧过程中排放的污染物，降低相应的空气污染；加之电动汽车所需电能的来源的多样性，核能、风力、海洋潮汐、太阳能、垃圾等清洁能源发电量的增加，也会间接缓解火力发电产生的热岛效应。

电动汽车在驱动、传动和驾驶模式与部件上的重大变革，使其在共享化、信息化和自动驾驶等方面具有得天独厚的优势。电池、电机、电控等电子化模块化组件中可以十分便捷地嵌入各种芯片。相对于体积庞大、部件数量众多、衔接和传动环节复杂的燃油发动机与变速箱，更容易安全、准确地收集与发送各种车况、路况的信息，从而将汽车变成互联网的一个重要接口，进而使共享出行、及时出行的信息交换成本大幅降低。共享出行的普及必然减少乘用车的拥有量和使用量，由此形成的各种正向反馈也会减少和降低人类对煤炭资源的需求量和依赖程度。基于上述理由，发展电动汽车就成为各国政府化解能源、交通和污染三重压力的重要举措。

图1.15列出了全球电动汽车的年销量。

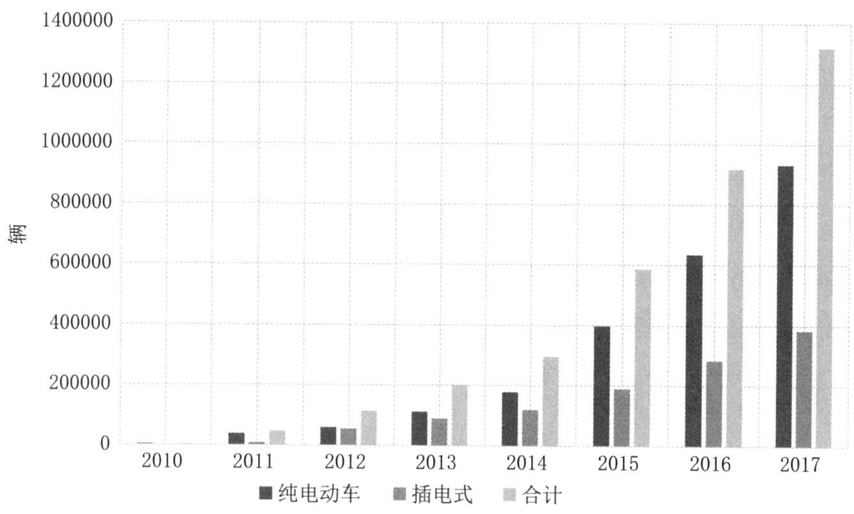

图 1.15　全球电动汽车的年销量

数据来源:《中国新能源汽车产业发展报告》(2013—2018 年)

三、政府介入与新能源汽车产业的加速发展

政府为什么要介入新能源汽车产业的发展,以什么样的方式进行干预,以及如何评价这些干预政策的实际效果等三个问题存在着广泛的争议。从外部性、信息不对称、公共产品、产业国际竞争力等因素出发,新能源汽车产业"天然地"属于政策干预的范围,核心的问题是如何设定政府介入的时机、力度和方式。对一个在结构上属于非垄断产业、在性质上不是国民经济基础设施领域、在发展阶段上处于萌芽期的新兴行业而言,各国以往的产业政策实践经验或教训能够提供的参考借鉴并不直观。要解决我国经济发展中工业化进程尚未完成、资源供给趋紧、环境压力陡增等问题,特别是实现汽车工业由大到强的转型升级,政府不可能也不应该对新能源汽车的发展采取自由放任的政策。

1. 产业链特殊性与政府的前瞻性介入

解决传统汽车产业的各种负外部性是发展新能源汽车最重要的目的,而这些外部性主要发生在汽车产业与其他产业相互关联的环节,一旦新能源汽车(以纯电动车为主)取代传统燃油汽车,就会重新塑造整个汽车产业生态链或价值链。为了减少这种破坏性创新对技术、经济、社会和政治等领域的负面冲击，并使新能源汽车的正外部性能够在较短时间内得以实现，就需要政府的前瞻性介入。

首先，“兵马未动，粮草先行”，政府要直接干预新能源汽车基础设施的投资和建设活动，避免瓶颈环节的滞后或者不足影响新能源汽车的实际使用（张永伟，2016）。这其中最为重要的就是提前布局充电基础设施。无论是采取公共充电桩还是在家充电的模式为汽车提供电能，都要求对原有的电网布局和电路负荷进行新的设计和建设。这既要协调和整合城市电网、道路规划、土地管理、停车场改造等多个部门的关系与能力，还要设计合理的激励机制引导各类资金进行先期的投资。欧美日等国家或地区发展新能源汽车的实践证明，追求利润最大化的各类投资者难以承受充电设施投资回报期长、回报率低所带来的资金压力，只有采取政府直接投资、私人投资加政府补贴或者“私人建设、政府回购”等多样化方式，才能分散投资压力和潜在的风险。2012 年以来，我国的电动车产业之所以能够在规模上居世界首位，一个重要的原因就是充电基础设施的超前发展和布局。得益于中央和地方政府的充电桩建设补贴、电费补助、土地优惠等系列化政策，截至 2017 年年底运营中的公共充电桩有 21 万个，是美国的 4 倍之多。加之数以百万计的社区和家庭充电设施，随着电动汽车电池续驶里程的增加，现有的设施已经能够满足 200 万—300 万辆电动汽车的充电需求，产业政策的着力点已经从刺激、吸引投资向实现插电技术标准和站点合理布局等方面转化。

其次，新能源汽车的技术还未成型，多个技术路径还处于相互竞争的状态，缩短技术竞争的周期和培育主导商业模式，也需要政府的适当介入。电动汽车在 20 世纪 90 年代中期，已经列入美国、日本和欧盟等国家或地区产业政策扶持的篮子，但是技术标准和技术路径的模糊性和不确定性，使得企业的技术研发方向和产品布局摇摆不定，也就无法进行长期的大规模投资。新能源汽车技术路径在微观层面是企业产品研发、生产行为和消费者需求互动的结果，但也受不同国家为争夺汽车产业主导权所设定的战略性产业政策的影响。如果继续任由这两个因素掣肘，新能源汽车很难进入有序发展的轨道。为此从 2010 年开始，各国政府开始采取倾斜性的产业政策，指导和引导企业发展政府所“中意”的新能源汽车技术。例如，美国奥巴马政府从 2011 年开始明确提出将电动汽车作为推动国家车用能源战略的重要途径，重点扶持插电式电驱动汽车和纯电动汽车；日本政府在2010年制定的《下一代汽车战略2010》中，虽然依旧坚持技术中性的干预原则，但鼓励企业优先发展动力电池技术；德国政府为了摆脱在新能源汽车领域相对滞后的困境，也在2009年颁布了《国家电动汽车发展计划》，插电式混合动力汽车和纯电动汽车被列为支持重点，2015年大众排放丑闻的爆发直接刺激电动汽车在德国的加速发展。2009年，我国政府就提出了发展新能源汽车的长期战略，但真正步入快速轨道，还要归功于2012年国务院明确提出将纯电动汽车和插电式混合动力汽车作为战略新兴产业之一，并予以大力的扶持和鼓励（参见资料夹1.7）。

资料夹1.7　我国新能源汽车产业发展路线图

总体规划：以纯电驱动为新能源汽车发展和汽车工业转型的主要战略取向，当前重点推进纯电动汽车和插电式混合动力汽车产业化，推进新能源汽车及零部件研究试验基地建设，研究开发新能源汽车专用平台，构建产业技术创新联盟，推进相关基础设施建设。重点突破高性能动力电池、电机、电控等关键零部件和材料核心技术，大幅度提高动力电池和电机安全性与可靠性，降低成本；加强电制动等电动功能部件的研发，提高车身结构和材料轻量化技术水平；推进燃料电池汽车的研究开发和示范应用；初步形成较为完善的产业化体系。建立完整的新能源汽车政策框架体系，强化财税、技术、管理、金融政策的引导和支持力度，促进新能源汽车产业快速发展。

时间节点	2015年	2020年
发展目标	（1）新能源汽车动力电池、电机和电控技术取得重大进展，动力电池模块比能量达到150 Wh/kg以上，电驱动系统功率密度达到2.5 kW/kg以上 （2）纯电动汽车和插电式混合动力汽车累计产销量力争达到50万辆 （3）初步形成与市场规模相适应的充电设施体系和新能源汽车商业运行模式	（1）形成新能源汽车动力电池、电机和电控技术创新发展能力，动力电池模块比能量达到300 Wh/kg以上 （2）纯电动汽车和插电式混合动力汽车累计产销量超过500万辆 （3）充电设施网络满足城际间和区域内纯电动汽车运行需要，实现规模化商业运营 （4）整体水平达到国际先进水平

（续表）

时间节点	2015 年	2020 年
重大行动	（1）创新能力建设：推进新能源汽车及零部件研究试验基地建设，建立全行业共享的测试平台、数据库和专利数据库等 （2）关键技术研发：实施新能源汽车重大创新工程，突破产业化过程中的车身材料及结构轻量化等共性技术和工艺技术，研发新能源汽车全新底盘、动力总成、汽车电子等产品，加大力度联合研制动力电池及其关键材料，以及生产、控制与检测装备等，构建全行业共享的共性技术平台。建立健全新能源汽车、充电技术及设施标准体系 （3）产业化推广：稳步推进公共服务领域新能源汽车示范，开展私人购买新能源汽车补贴试点，加强综合评价，积极推进充电基础设施建设，探索新能源汽车整车租赁、电池租赁以及充换电服务等多种商业模式，形成完善的市场推广体系	
重大政策	（1）完善财税激励政策，鼓励新能源汽车消费和使用 （2）建立动力电池回收和梯级利用管理制度	

资料来源：《国务院关于印发“十二五”国家战略性新兴产业发展规划的通知》（国发〔2012〕28 号）

最后，保障燃油汽车产业向电动车时代的顺利过渡，也需要政府的干预。按照最乐观的预期，到 2045 年前后，纯电动汽车的价格和性能才能与燃油汽车展开公平的竞争。在未来 20 年的混同期或过渡阶段，各国政府在大力扶持新能源产业的同时，也不能对燃油汽车及其关联产业的发展放任自流，毕竟石油化工、钢铁冶金、橡胶塑料和电子电器等依托传统汽车产品而衍生出来的多个产业，涉及数千万人的就业、数十万亿元人民币的资产和每年数千亿美元的工业产值。再考虑到汽车产业本身的体量，无论是从维持充分就业还是稳定增长的目标出发，政府都应采取措施促使这些产业围绕新能源汽车构建新的业态。

2. 政府干预的模式选择与初步实践

目前，各国政府扶持、鼓励或补贴新能源汽车发展的合理性和正当性已经获得多方面的认可，问题的关键是借助什么样的政策工具来落实其设定的各项目标。鉴于电动汽车及其商业模式依然处于不完全确定和不完全稳定的状态，为了避免“挑选赢者”政策带来的潜在风险和损失，大部分国家采取了相对保守的策略,即在鼓励主流技术优先发展的同时,不完全封锁或禁止其他新能源汽车的技术路径。同时,即使对政府选择产品和企业的扶持,也设置了一定的期限,防止企业患上“补贴依赖症”。各国政府还倾向于通过对消费者的税收减免和购置补贴,而不是直接补贴企业研发投入的方式,将对电动车的最终选择权交由消费者,以避免利益集团对政策制定者的俘获。

尽管政府干预在新能源汽车产业的起步阶段发挥了积极作用,但产业政策的一些弊端或者痼疾还是屡有发生。例如,挪威从2006年开始鼓励纯电动汽车的消费,到2017年其存量已经超过10万辆,位居世界第三(前两位是中国和美国)、欧洲第一;但是当挪威政府在2016年将原有的补贴力度向下调整后,当年纯电动汽车的销量就比2015年减少了1万多辆;日本和美国的加利福尼亚州都曾发生过类似的现象。2014年到2016年期间,发生在我国的新能源汽车领域的多个骗取中央政府财政补贴案件,则说明现行的产业政策在机制设计和实施方面存在严重的缺陷,如果不加以调整和完善,还是会陷入“监管者设租—企业寻租”的泥潭。燃油汽车生产企业“反扑”所导致的激励政策反复或者退出,对新能源汽车长期发展的威胁也历历在目。美国前总统特朗普就任后,为了复兴制造业和吸引汽车跨国公司回归美国本土生产,相继出台了降低原有的燃油效率指标、减少电动车购置补贴比例和取消电动汽车销量的递增计划等政策或法规。这些措施一旦真正落实到位,一定会使美国新能源汽车的发展出现停滞甚至倒退的局面。

3. 发展新能源汽车——未来汽车产业强国的基石

我国政府从2009年前后开始推动新能源汽车的优先发展,并赋予新能源汽车实现“汽车强国”的任务,这也是我国工业化进程中最重要的战略诉求和目标之一。新能源汽车能够成为“战略新兴产业”和“中国制造2025”这两个国家级战略规划的交集,首先是由汽车产业在整个制造业或者国民经济中的基础地位所决定着的。我国要实现从小康社会到富裕社会的转型升级,居民汽车产品的普及率是一个重要的指标,发展汽车产业是实现这一目标的前提之一。其次,面对我国汽车制造业“核心技术缺失和国际竞争力缺乏”的严峻现实,延续模仿性学习的方式根本不能实现“从大到强”的转化,而新能源(包括节能)汽车产业在国际市场方兴未艾,各国都处于探索阶段,这就为追赶乃至超越产业先行者提供了千载难逢的机遇。

世界工业结构变迁的历史经验表明，美国制造业在20世纪初期超越英国，日本的家用电器、仪器仪表和汽车产品在1980—1990年间占领原本属于美国企业的市场份额，以及2010年以来韩国三星公司在全球半导体产业中取得一定的领先地位，都是在产业或者技术革命的关键时段完成的。一旦错过了这些历史的窗口期，那些与比同期的美国、日本或韩国更具资源禀赋的国家（例如法国、巴西、阿根廷等），即使付出更大的努力和代价，也无法拿掉“跟随者”和“落伍者”的帽子。目前，第四次工业革命的模式已经基本成型，电动汽车由于兼具数字化、网络化、智能化等显著特点，成了这一轮产业变革的引爆点之一，受到世界各个工业大国的大力扶持和鼓励。产量和消费位居全球第一的中国汽车制造业，只有抓住这一次产业革命的重大历史机遇，才能完成汽车产业的自主技术创新、自主产品升级和运营模式转型等目标，并在中国制造业“由大到强”的转型中真正发挥排头兵的作用。

本章总结

本章把中国汽车产业过去四十年的发展历程总结为“跨国公司引领”“WTO红利”“自主品牌追赶”“新能源汽车起步”四个关键词，这些范畴是改革开放基本逻辑在汽车产业的直接体现：合资企业的建立既是一种全新的学习渠道，也是汽车产业所有制改革的探索；加入WTO后的双向开放，极大地扩充了汽车产业的要素供给和现实需求；自主品牌制造企业的加入改变了汽车产业的竞争格局，也是总量持续增长的触发点；政府加速发展新能源汽车是解决汽车社会各种负外部性的最佳途径……由此可见，中国汽车产业的总量跃升和结构升级完全得益于改革开放的伟大实践，该产业在未来的可持续发展、国际竞争力的提高、由大到强的跨越，也必须以我国经济社会的全方位开放和全面改革为前提。

本章附录

附录 1.1　改革之前的中国汽车工业

年份	生产企业数量 / 个			汽车产品产量 / 千辆			
	总数	汽车	改装汽车	总产量	载货车	越野车	轿车
1955	69		14	0.06	0.06	0.00	0.00
1960	269	16	28	22.57	17.15	1.18	0.10
1961	290	16	30	3.59	2.75	0.41	0.01
1962	327	17	34	9.74	7.80	0.57	0.01
1963	366	18	45	20.58	16.74	0.07	0.01
1964	417	19	54	28.06	20.76	0.42	0.10
1965	522	21	61	40.54	26.54	2.31	0.13
1966	622	22	67	55.86	34.20	7.07	0.30
1967	678	22	68	20.38	10.70	3.08	0.14
1968	764	25	69	25.10	11.98	5.13	0.28
1969	905	33	75	53.10	30.42	11.99	0.16
1970	1228	45	103	87.17	47.10	19.62	0.20
1971	1361	47	115	111.02	58.07	26.08	0.56
1972	1489	49	124	108.28	60.49	24.74	0.66
1973	1594	49	128	116.19	64.38	25.95	1.13
1974	1687	49	136	104.77	56.94	26.17	1.51
1975	1852	52	158	139.80	77.61	30.79	1.82
1976	1950	53	166	135.20	74.54	27.35	2.61
1977	2033	54	169	125.40	75.92	21.84	2.33
1978	2146	55	173	149.06	96.10	19.38	2.64
1979	2301	55	185	185.70	119.50	24.36	4.15
1980	2379	56	192	222.29	135.53	28.03	5.42

资料来源:《汽车工业基本情况》(中国汽车工业总公司、中国汽车技术研究中心,内部资料)

附录 1.2 中国主要年份的石油均衡与汽车拥有量

主要年份	石油的供求 / 万吨				民用汽车拥有量 / 万辆
	可供量	生产量	进口量	消费量	
1980	8795	10595	83	8757	178
1985	9194	12490	90	9169	321
1990	11435	13831	756	11486	551
1995	16073	15005	3673	16065	1040
2000	22631	16300	9749	22496	1609
2005	32539	18135	17163	32547	3160
2010	44178	20301	29437	44101	7802
2015	55188	21456	39749	55160	16285
2016	56411	19969	44503	56403	18575
2017	58801	19151	49141	58745	20907

资料来源:《中国统计摘要》(历年)

本章参考文献

[1] 白让让:《边缘性进入与二元管制放松》,上海三联书店、上海人民出版社,2006,第 141—179 页。

[2] 陈清泰、刘世锦、冯飞等:《迎接中国汽车社会——前景、问题、政策》,中国发展出版社,2004。

[3] [美]丹尼尔·耶金:《能源重塑世界》(朱玉犇、颜志敏译),石油工业出版社,2012,第 321—340 页。

[4] 蒋学伟、路跃兵,任荣伟:《中国本土汽车企业成长战略》,清华大学出版社,2015。

[5] 李素荣:《加入 WTO 对中国汽车零部件产业的影响分析》,《上海汽车》

2001 年第 2 期，4—6 页。

[6] 刘世锦：《市场开放、竞争与产业进步——中国汽车产业 30 年发展中的争论和重要经验》，《管理世界》2008 年第 12 期，第 1—9 页。

[7] 路风、封凯栋：《为什么自主开发是学习外国技术的最佳途径？》，《中国软科学》2004 年第 4 期，第 6—11 页。

[8] 罗伯特·S. 平迪克，丹尼尔·L. 鲁宾费尔德：《微观经济学》，中国人民大学出版社，2013，第 604—605 页。

[9] 潘家华，单菁菁：《中国城市发展报告——大国治霾之城市责任》，社会科学文献出版社，2017，第 335—350 页。

[10] [法]让·雅克·夏纳宏：《全球化与汽车业创新》，上海人民出版社，2009。

[11] [英]约翰·哈特利：《汽车生产的经营管理》(朱祖铠、钟耀源译，王勇校)，机械工业出版社，1985，第 182—183 页。

[12] 张仁琪，高汉初：《世界汽车工业——道路、趋势、矛盾、对策》，中国经济出版社，2001。

[13] 张永伟：《政策推动与产业发展——全球新能源汽车政策评估》，机械工业出版社，2016，第 3—26 页。

[14] 中国工程院、美国国家工程院、美国国家研究理事会：《私人轿车与中国》，机械工业出版社，2003。

[15] 中国汽车工业经济技术信息研究所等：《汽车工业研究》1999 年第 5 期，第 26—34 页。

[16] J. M. Ribenstein, 2014. “A profile of the automobile and motor vehicle industry: Innovation, transformation, globalization”, New York: business expert press, p94.

第二章
中国汽车产业的结构及其演变

结构分析是现代产业经济学研究的逻辑起点，不同学派对这一判断的差异仅仅在于量化结构的对象是产品还是企业。本章从“产业是生产同类汽车及其替代品的企业之集合”这一被普遍接受的定义出发，对我国汽车产业的集中度、产品差异化和进入壁垒等三个结构特征的长期变化进行必要的梳理。把产业结构单独列为一章，而不是将它与企业行为、市场绩效和政府干预等要素整合在一起进行系统分析，目的就是为本书的后续内容提供一个相对独立和清晰的参照系。

产业结构就是企业被组织的方式（伯纳德特·安德鲁索等，2009），在SCP的范式中，产业结构有三个主要因素——卖方的集中度、单个市场上产品差异化的程度以及进入退出条件，集中度可用于衡量企业市场势力的高低或者产出分布是否均匀，差异化可以表征产品之间的替代水平和企业的定价能力，而进入退出条件影响参与者数量的多寡与稳定性，它们三者就是结构分析的支柱。显然，计算和量化这三个因素的前提之一就是确定产品供给和需求的技术属性、地理范围，为此，本章将供求总量和结构的变化放在首要的位置，然后再依次展示中国汽车产业产出集中度、产品差异化和行业进入壁垒的变化和现状，并按照SCP的相关定义做出判定。

第一节　汽车行业的供给和需求结构

截至目前，汽车这一“改变世界的机器”依然是第二次工业革命以来最成功、最富影响力的耐用消费品之一。但在很长的时期内，汽车产品在中国主要用作运输工具，轿车购买和使用的主体是政府和企业，而不是经济学意义上的消费者。这种状况在中国加入 WTO 的 2001 年前后才有了重大的改观，轿车进入了大众消费阶段。2006 年以来城市化进程的加速则成为汽车社会到来的加速器，2009 年中国以 1379 万辆的汽车总产量居于世界第一，完全得益于私人轿车消费的高速增长。

一、企业数量、生产能力和产品结构

一个行业的总供给量是生产技术、要素投入、产品价格和企业数量等各种要素相互作用的结果。在发达的工业化国家，集资本密集、技术密集于一身的现代汽车工业，普遍呈现出企业数量少且稳定、规模经济与范围经济并存、产品升级换代频率高等特点。但在我国，由于汽车工业起步较晚、产品功能定位于生产资料以及区域市场分割等原因的长期存在，上述特点并未得到完全的显现。观察供给及其结构的变化可以得到这一判断[①]。

1. 中国汽车产业生产企业的数量变化

2000 年之前，参与者数量多、生产能力参差不齐、产品规格单一、企业平均规模低是我国汽车工业的显著特点（见表 2.1）。例如，从 1980 年到 1990 年，整车和改装车制造企业的个数都增加了 1 倍以上，但每家企业平均的产量

① 本章计算各种指标所依据的数据，除非另有说明，一律来自相应年份的《中国汽车工业年鉴》。

还停留在 1980 年的水平。考虑到总产量翻了一番，特别是 1985 年以后新建了上海大众、广州标致和天津夏利等年产量在万辆以上的企业，这就意味着大部分企业的单产是减少的，规模经济根本无从谈起。1994 年，《汽车工业产业政策》颁布实施后，这种状况才得以改善，两类汽车的生产企业数量长期保持稳定，企业固定资产净值平均余额的均值则从 700 万元跃升到 1 亿元以上，平均产量在 2010 年已接近 3 万辆。

表 2.1　企业个数与规模（1980—2010 年）

年份	企业个数			固定资产净值		汽车产量	
	总数/个	整车/个	改装车/个	全行业/亿元	企业平均/万元	总产量/万辆	平均数/辆
1980	2379	56	192	54	225	22	896
1985	2904	114	314	96	331	44	1036
1990	2596	117	459	180	693	51	884
1995	2479	122	516	645	2604	145	2277
2000	2326	118	542	1724	7411	208	3148
2005	2637	117	470	2446	9278	574	9787
2010	3353	115	532	4168	12430	1826	28230

资料来源：《中国汽车工业年鉴》（历年）

2009 年以来，我国汽车产销总量一直位居世界第一，在某些年份生产总量比日美两国的合计还要高，但如果按照品牌归属计算，与汽车行业高度集约化的日本、美国、德国企业相比，本土企业还属于“不大不强”的状态（见图 2.1 和图 2.2）。加之大量“低效、低能”企业无法有效退出，规模化经营仍是中国汽车产业未来发展的目标之一。

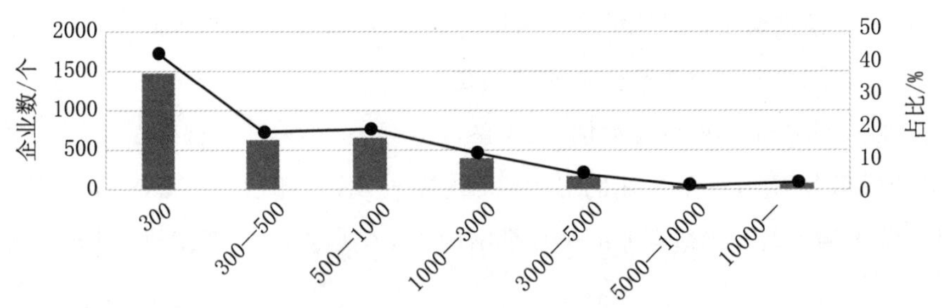

图 2.1　中国汽车工业企业数分布——从业人员划分

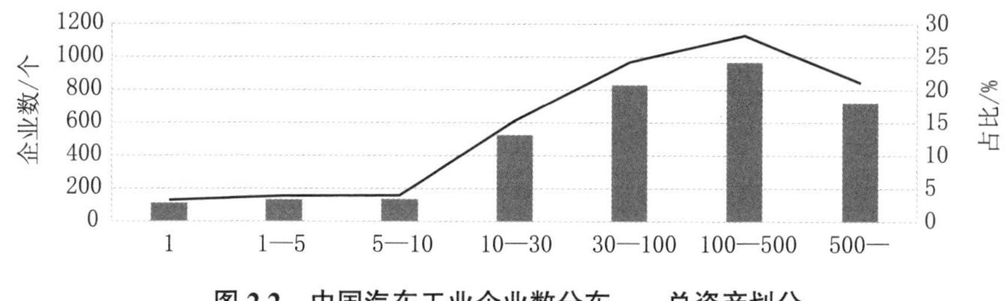

图 2.2　中国汽车工业企业数分布——总资产划分

2. 投资与产能扩张

汽车的生产制造离不开大量的固定资产投资，一定意义上，汽车的产能扩张是依靠投资来驱动的，这一特点在我国更加明显和重要。首先，汽车工业的固定资产投资本身就能带来直接的 GDP，许多地方政府和一些相关行业的管理部门（军工、航空、航天等）都将汽车工业列为重点发展领域；其次，生产线建成投产后，除了销售产品带来的经济利益外，汽车使用过程也会带动公路、石化、维修服务等多个行业的发展；再次，汽车产品在我国一直是各类税、费和基金征收的“载体”，地方政府为了增加税源也会不遗余力地增加汽车产业的投资。投资的增加必然带来新的生产能力，除非宏观经济政策发生大的调整或转向，这两个变量的变化趋势在很多年份中就呈现出高度的一致性（见图 2.3）。

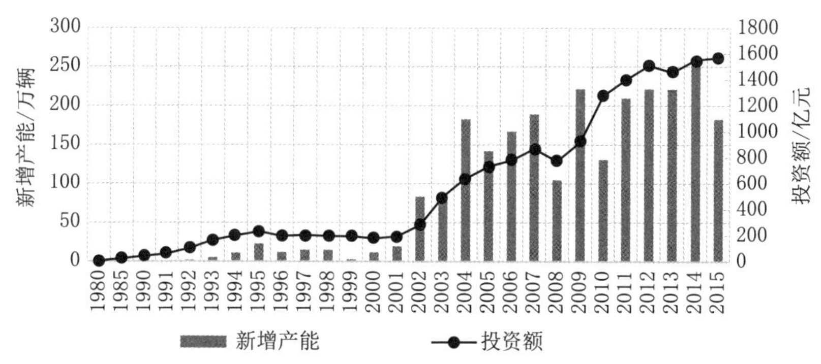

图 2.3　汽车工业的投资与生产能力变化（1980—2015 年）

资料来源：《中国汽车工业年鉴》（历年）

3. 产品的供给结构

改革开放初期到 20 世纪 90 年代中期，我国汽车产品的生产结构长期呈现出“缺重少轻、少乘用车、少专业车”的特点，原因就在于计划经济时期，汽车被界定为生产资料而非生活资料，1990 年之前，各类载货车、运输车占总产出比例都在 50% 以上（见图 2.4）。20 世纪 80 年代中后期，特别是 1992 年改革开放总设计师邓小平“南方谈话”之后，市场经济日趋活跃，各种公务、商务活动和富裕阶层对轿车的需求不断攀升，发展轿车工业，实现进口替代就成为汽车产业的重点。从 1990 年开始，轿车和客车在汽车总量中的比例逐年上升，到 1997 年前后，轿车占比已经位列第一，此后受亚洲金融危机的影响，轿车占比一度止步不前。2001 年，中国加入 WTO 带来的各种红利打破了这一僵局，轿车工业的高速发展也将整个汽车产业带入一个超长增长的新时期（2002—2008 年，轿车年均增速为 30%）。

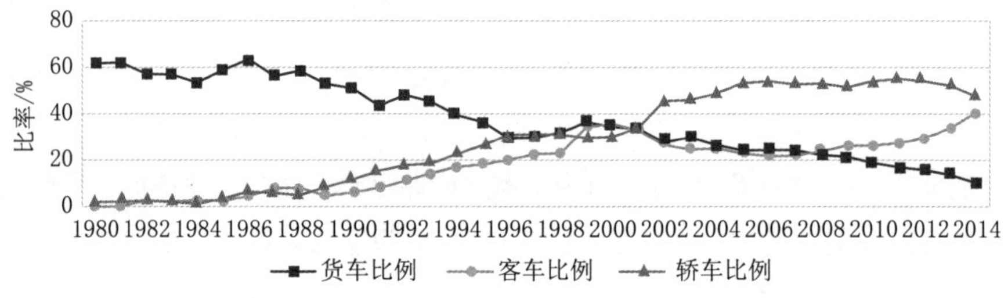

图 2.4　历年汽车产品的分类构成（1980—2015 年）

我国加入 WTO 过渡期刚结束的 2006 年，轿车在汽车总量中的比例就已经超过 50%。实际上，如果按照乘用车（包括轿车、SUV、MPV 和交叉乘用车）和商用车（即货车、客车、牵引车等）划分的范围来衡量，传统意义上的载货车和客车占比下降的速度更快。例如，2005 年我国汽车总产量为 570 万辆，其中，乘用车为 393 万辆，商用车为 178 万辆，前者的占比已经高达 70%。到中国汽车总产量创纪录的 2017 年，2902 万辆的总产量中，乘用车和商用车各为 2481 万辆和 421 万辆，乘用车的占比是 85%。这一结构虽然不能与日美欧等发达国家或地区动辄 90% 左右的比例媲美，考虑到我国所处的经济发展和工业化阶段，可以认定已经进入家用轿车主导的时代。

二、需求总量、结构和趋势

日美欧等经济发达体的经验证明，汽车产品需求的变化与一国经济增长的阶段、宏观经济的周期紧密相关，其中的汽车主要指居民购置的轿车或乘用车。但在我国（李洪，1993），20 世纪 80 年代中期，政府开始允许私人购买汽车，到 2001 年才取消对汽车产品的价格管制，至此之后，汽车产品需求总量和结构的变化主要受国民经济、居民收入、城镇化水平和国家税费政策的影响[①]。在 2018 年之前的大多数年份中，每年的新增需求与累积的保有量都保持着两位数以上的增长率，这在世界汽车工业发展的历史上也是一个奇迹（见图 2.5）。

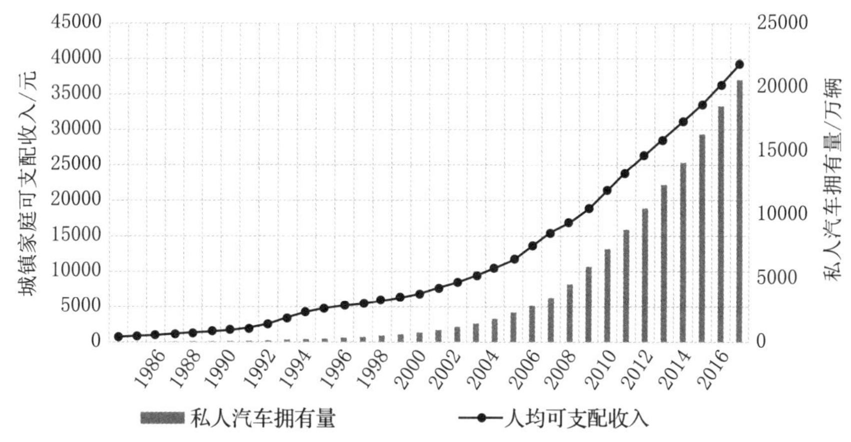

图 2.5　城镇居民收入与私人汽车保有总量（1985—2018 年）

1. 国民经济发展、居民收入增长与汽车需求变化

汽车是典型的耐用消费品，但在 2000 年之前的 20 年间，受制于低水平的居民收入，轿车在我国则属于奢侈品或生产资料，购买和消费的主体之一是先富裕起来的高收入者，二是城市出租车的各类运营者。如表 2.2 所示，

---

① 国务院发展研究中心等编：《中国汽车产业发展报告（2010）》，社会科学文献出版社，2010，第 113—146 页。

1996 年，我国轿车的三大代表性车型中，私人直接购买夏利和捷达的比例都在 10% 以下，即使已经进入中国市场十年之久、市场占有率高达 60% 以上的上海大众桑塔纳轿车一直处于供不应求的状态，私人购置的比例也仅为 22%，且这一比例在 2000 年前没有大的增长。城镇家庭对轿车消费的欲望和购买力在世纪之交的同步提高，才使得这一比例有了显著的变化，但私人消费的重点还在价格相对低廉的捷达、夏利等品牌上，可见居民收入在那时已经成为影响需求最重要的因素。2008 年前后，随着人均国民收入进入 1000—1500 美元的区间，轿车进入家庭的规模和速度开始大幅提升，私人轿车以每年 1000 万辆的规模不断增长，2015 年私人新增的乘用车购买量高达 2230 万辆，几乎相当于美日德三国当年的总产量。支撑这一趋势的力量就是中国城镇人均可支配收入跃入 35000 元（折合约 6500 美元）的新门槛。

表 2.2　轿车消费的结构（1996—2000 年）

品牌	年份	私人 /%	出租 /%	公务与商务 /%
桑塔纳	1996	22	9	69
	1997	23	18	59
	1998	26	18	56
	1999	24	17	59
	2000	35	15	50
夏利	1998	5	85	10
	1999	5	83	12
	2000	33	62	5
捷达	1996	9	45	46
	1997	15	46	39
	1998	40	36	24
	1999	45	38	17
	2000	49	38	13

资料来源：《中国汽车工业年鉴》（2001），第 202 页

2. 价格形成机制、税费水平与汽车产品的需求

如前所述，在正式加入 WTO 的前夕，原国家计委于 2001 年 5 月 10 日

发布公告,决定开放国产轿车的价格,取消了实施了十余年的出厂价格指导制度,由企业根据市场的供求状况自主决定产品的价格。实际上,1996 年前后爆发的轿车价格大战,已经预示着轿车产品的出厂指导价格方式名存实亡。当年,随着价格不受政府管制的微型和轻型汽车的迅猛发展,主流轿车产品销售量的增幅急剧下降,并导致像一汽捷达、神龙富康等企业的经济效益也随之下滑,生产者不得不屡屡"违反"政府设定的价格来维持必要的销量和收入。2000 年左右,奇瑞、吉利等边缘性企业采取了更加激进的价格策略,不仅引发了微型汽车市场主要品牌价格的再次大幅下降,还延伸到红旗、通用别克、一汽奥迪等中高端市场(白让让,2006)。主管部门不断出台诸如价格自律、最低价格限制等措施限制企业的自主定价行为,但面对降价后各类轿车产品的销售量屡创新高、企业经营绩效不断改善的客观事实,顺应市场化的大趋势就成为最终的选择。

税费负担重、比例高是抑制中国汽车消费的主要因素之一。在 1994 年国务院办公厅发出《关于调整轿车价外税费政策的通知》之前,轿车产品销售过程中就要缴纳"特别消费税""横向配套费""车辆购置附加费"等数十种税费。由此,一辆中准出厂价格为 10400 元的桑塔纳牌轿车,到消费者手里的价格为 168702 元之多,税费比率超过 60%。如果考虑到地方政府增加的其他收费或基金,指导价为 5 万元的贵州云雀、长安奥拓等微型汽车的零售价在一些地区甚至超过 10 万元。这一状况在 2001 年前后才得到有效的改善,改变的压力除了兑现加入 WTO 涉及减少关税的承诺外,地方政府也意识到减轻税费可以刺激汽车需求,进而增加 GDP。2009 年至 2011 年,为了应对国际金融危机带来的负面冲击,我国政府通过"减税降费"来刺激汽车的需求,相继采取了大幅降低 1.6 升及以下排量乘用车购置税、"汽车下乡""以旧换新""减免税费"等举措,取得了引人瞩目的成效:2009 年汽车产量和销量都超过 1300 万辆,位列世界第一,2008—2011 年间累计增加产量近 1000 万辆,在全球汽车产量的占比也从 13% 提高到 23%。

2012 年以来,我国政府继续实施差异化的汽车税、费比率政策,目标已从初期的刺激消费,转换为调整需求结构,使其向节能、环保和轻量化转变,新能源汽车产业从无到有,并在短短几年间产销量就位居世界第一,也得益于财税、补贴政策对消费者的引导(详见本书关于新能源汽车产业发展的专述)。

3. 限购、限行与汽车消费的峰值论

经过30多年的发展，我国汽车的总保有量在2017年超过了2亿辆，其中私人轿车为1.1亿辆，但是千人汽车保有量依旧不到200辆，只相当于发达国家平均水平的50%左右，应该还有巨大的增长潜力。现实的问题是，在人均国民收入还在以年均6%以上的水平增长、城市化进程远未完成之际，2018年我国汽车产量和销量都出现了负增长，2019年上半年下降的幅度甚至超过了两位数。专家、学者和业界人士在7年前做出的2020年产销总量突破3000万辆乃至4000万辆的预测，很可能永远无法得以实现（董阳等，2012）。

以上结果不能完全归因于一线城市对汽车的限购限行、政府对新能源汽车的大力扶持，毕竟这两种因素涉及的区域和范围十分有限。“共享汽车”的冲击也不能解释如此大规模的销量下降，它主要出现在北上广深等一线城市难以辐射或波及二、三线城市。那么，一些专家或学者就认为2018年我国汽车销量的下降是一种短期现象，随着经济走出低谷或者政府采取类似2012年的刺激政策，汽车需求将有望重新进入稳定增长的长期势态，逐步越过3000万、3500万以及4000万辆的门槛。

根据世界主要汽车产销大国的历史经验来判断，2018年以来我国汽车产业总量的止步不前乃至下降，也许从“峰值论”的视角可以得到更为合理的解释。以美国汽车产业作为参照系可以发现（见图2.6），1965年至今，尽管美国的人均GDP和个人可支配收入一直保持着稳定增长的势态，但是轿车总销量的最高值——1140万辆出现在1973年和1986年，此后逐年下降，2017年轿车销量为610万辆，2009年金融危机期间只有540万辆，只相当于峰值的50%。与此相似，美国汽车总销量在2000年达到1780万辆后，也逐级下降，虽然经过2009年以来货币和财政政策的强力刺激，过去三年的最高值依旧停留在1780万辆左右。峰值的压力作用在日本更为明显，自从在1990年经济繁荣时创出778万辆的历史纪录后，过去20年间，只有1996年的销量达到过707万辆，其余时间都在520万辆上下波动，并在2011年跌落到420万辆。法国、英国、德国、巴西、墨西哥等国家汽车销量的历史变化也有过同样的历程，这至少说明在预测汽车需求的长期变化时，峰值论是一个不应忽视的客观事实。

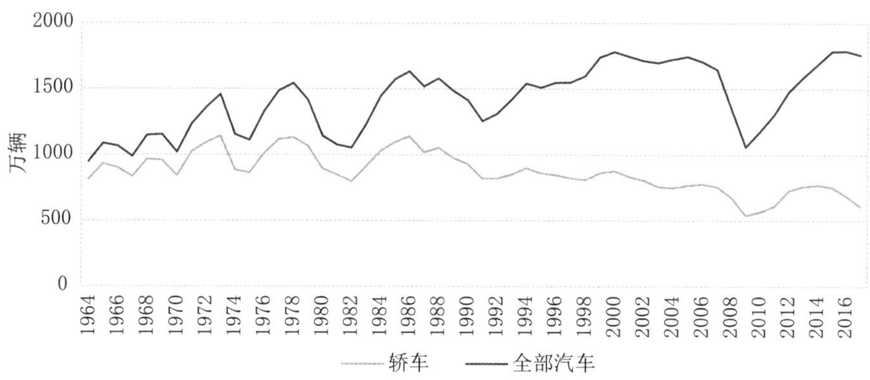

图 2.6　美国汽车销量的历史峰值（1965—2017 年）

资料来源：美国国家经济研究局（NBER 网站）

第二节　市场集中度

一、企业集团层面产出集中度的长期稳定

集中度是衡量市场结构最为直观的标准，但是，无论是使用贝恩的 CR4 和 CR8，还是赫芬达尔－赫希曼指数（简称 HHI），计算出的企业集团口径的汽车生产集中度，在过去 30 多年间都未发生十分明显的变化。如表 2.3 所示，按照贝恩对 CR4 和 CR8 的定性，1987 年至今，中国汽车产业一直属于寡占Ⅲ型，这种结构的特点在于：一方面它完全不同于美国、德国、法国和韩国的极高寡占Ⅰ型（布罗克，2011），因为在这些国家企业产出的占有率几乎都在 90％ 以上；另一方面，尽管 CR4 和 CR8 与日本十分相近，但是 CR1 却远远低于后者，缺乏有影响力的主导企业或领先者。HHI 主要用于衡量企业的产出规模是否均匀，中国汽车产业的这一指标处于 1000 到 1800 之间，属于所谓的中等集中状态，这意味着不同企业集团之间的市场势力相对均衡。显然，基于

这三个指标对中国汽车产业结构定性并不符合实际状况，一个重要的原因就是对集团内企业的同质化处理，违背了市场是"生产同类产品及其相近替代品的企业集合"这个产业经济学基本定义的要义。为此，我们从企业和细分市场两个角度，重新计算了上述集中度指标，得到了中国汽车产业属于"双层寡头垄断"结构的结论。

表 2.3　主要年份的企业集团产出集中度

集中度	1987 年	1990 年	1995 年	2000 年	2005 年	2010 年	2015 年
CR1/%	26.34	23.78	15.18	18.67	17.24	19.82	23.82
CR4/%	62.17	62.91	50.38	53.28	56.99	61.51	62.29
CR8/%	79.99	76.38	66.68	76.56	78.63	80.34	84.71
HHI	1661	1745	1872	1027	1217	1107	1250

资料来源：作者根据《中国汽车工业年鉴》（历年）计算而得

二、"双层寡头垄断"的市场结构

中国的汽车产业在总量和细分市场两个层面上都呈现出"寡占型"的结构特点，这一特征随着产品市场定义范围的逐级缩小显得更加明显，姑且称之为"双层寡头垄断"市场。如图 2.7（a）、（b）所示，载货车和客车虽然参与者众多，但前四位和前八位大企业的产出集中度从 1995 年到 2015 年都十分稳定，最低值也落在贝恩定义的"寡占Ⅳ"区间内。但是，如果使用测量企业分散程度的 HHI 却会得到不同的定性：除了 2000—2005 年由于统计指标变化导致客车市场的该指数突破 1000，而具有"寡占"的特点外，其余时间点载货车和客车市场的 HHI 都在 600—800 之间，是典型的竞争型结构。

从企业而不是企业集团的范围计算乘用车市场的集中度，则会得到完全不同的结论。按照企业集团的口径衡量，产出集中度 CR4 和 CR8 几乎都在 75% 和 90% 以上，均属于极高寡占型。但集中度不断增加的背后，一直存在着激烈的产能和价格竞争，也表明产业的结构特征与企业行为存在不相容或自洽之处，主要原因就是对集团内差异化企业的"同质化"身份认定，会掩盖或者忽视它们之间在战略目标、市场地位和竞争模式上的冲突，进而否定了SCP范式的解释能力。为此，我们使用企业层面的数据重新计算了乘用车市场的产出集中度［见图2.7（c）］，从高集中度的“寡占”型向竞争型结构的快速演进，既是对2001年加入WTO、2005年前后鼓励自主品牌发展、2010年以后鼓励跨国公司参与本土企业的兼并重组等外生冲击或事件的合理反映，也说明集团内企业的竞争可以反馈到产业的结构变化上，从而使动态SCP范式有新的用武之地。

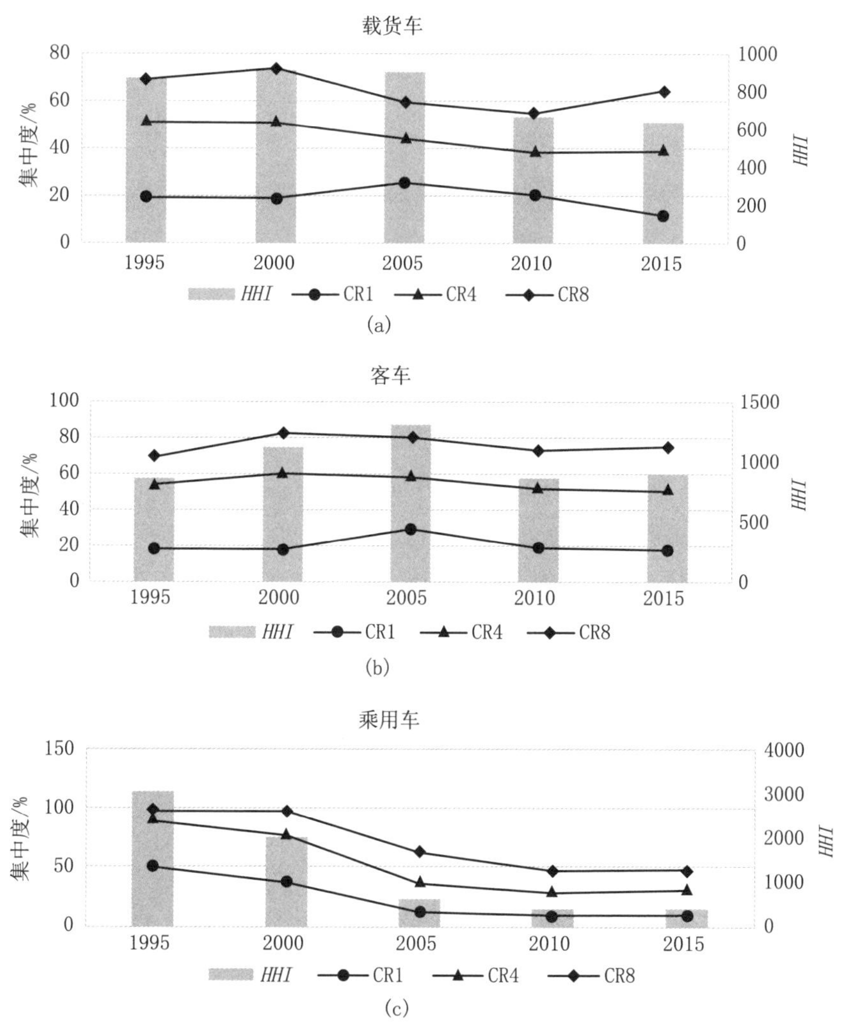

图2.7　企业层面的细分市场结构变化（1995—2015年）

第三节　产 品 差 异

产品差异是一种独立的衡量结构的因素，还是可以划归进入壁垒之列？在产业组织的理论和实证研究中一直存在不同的观点（唐·E. 沃德曼，伊丽莎白·J. 詹森，2009），有些学者还认为产品差异是企业的主要竞争行为，它受产业结构的影响，而不是结构本身（伯纳德特·安德鲁索，戴维·雅各布森，2009）。早期的“结构—行为—绩效”范式之所以将产品差异作为衡量结构的主要变量，原因在于微观经济学在区分完全竞争、垄断竞争、寡头垄断和完全垄断等四种基本的市场结构时，把产品差异作为界定企业之间的竞争关系以及竞争程度的一个重要维度。SCP 范式完全接受了这一逻辑，这就意味着该范式中的结构就是特指一个产业中不同企业间的关系。在不考虑合谋的情形下，产品差异越大，竞争程度越小，相反，同质产品的生产企业之间易于发生激烈的价格战。斯蒂格勒（1989）则认为，只有当产品差异化的成本对新厂商更高时，才构成进入壁垒。

在关于产业结构的实证和经验研究中，通常会从产业和企业两个维度来分析产品差异，前者对市场进行再细分，就是本章对汽车产品供给结构的分解；后者是使用横线和纵向差异的概念，比较分析不同企业产品多元化的特征。基于上述解释，我们从以下两个方面描述中国汽车产业的产品差异。

一、汽车产品的总量结构变化

严格地讲，在“结构—行为—绩效”的范式中，划分市场结构的基础是特定产品及其替代品组成的市场，加之无法计算诸如轿车、客车或者机动车等总量意义上产品的价格、收入和交叉弹性，尤其是考虑到产品差异还是一种重要的企业竞争策略，所以，在以往的研究中，很少从总量结构的视角分析产品差异。研究中国汽车产业不能回避总量结构问题，原因有二：其一，产品结构变化是推动产业总量不断攀升的前提，没有轿车或者乘用车产品比例的大幅度增加，中国汽车的产销规模不会在2009年前后位居世界第一；其二，我国政府对不同的汽车产品实施差别化的产业政策，这些政策在一定程度上决定了各个细分市场进入和退出壁垒的高低，区分不同类型汽车产品在总量中的地位，也有助于了解产业政策的实际作用。

改革开放初期，"缺重、少轻、轿车几乎空白"是我国汽车产品结构的显著特点。一个主要的原因是，1955—1986年形成的以中、轻型货车为主的汽车生产体系中，汽车属于生产资料，主要用于经济建设活动，个人或家庭对汽车的消费需求既没有收入的支撑，也得不到生产端的响应。20世纪80年代初期，乡镇企业的崛起和东南沿海外向经济的快速发展，引发了对小型和轻型汽车的大量需求。受制于产品结构调整的滞后，供求缺口只能以进口来弥补，为此耗费了极其稀缺的外汇资源。为此，1987年国务院决策咨询协调小组发布的《关于发展我国汽车工业的建议》和国家科学技术委员会轿车发展研究论证组向国务院提交的《发展轿车工业、促进经济振兴》等两份主要文件中，都提出以结构调整为发展我国汽车工业的主线。当时制定的目标是到2000年，轿车与货车的产量比例为4:6，在货车总量中，重、中、轻车型的比例设定为1:2:7。观察图2.8可以发现，上述建议实行后，载货车的比例除了在1994年前后受固定资产投资和基建规模的膨胀而有所反复外，从1988年以后就处于长期递减的趋势。2017年该比例为11%，尽管比美国、日本和德国等其他汽车工业大国3%—5%的比例还要高出1倍以上，考虑到我国所处经济发展阶段和增长模式，这一比例还是合意的①。

① 2005年，有关部门颁布了新的汽车产品统计标准，为了保持口径的一致性，图2.8、图2.9和图2.4不能直接比较。

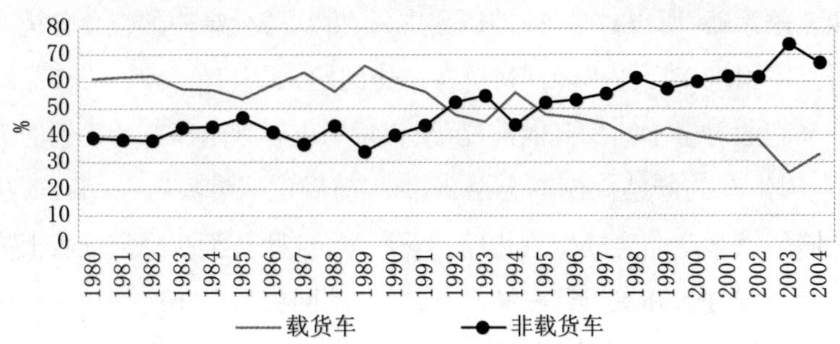

图 2.8 1980—2004 年载货车比例的持续下降

私人和私企对乘用车的需求是推动汽车总量结构变化的最大主力。1990—2000 年,对乘用车的需求主要来自新兴的乡镇企业家、农村经营户和中外合资企业的从业者,2001 年我国加入 WTO 后,各级政府采取了鼓励家庭轿车消费的多项举措,在加快轿车进入家庭步伐的同时,也使得乘用车占整车产量的比例不断增加。2016 年乘用车这一比例达到了历史峰值 87%,此后由于一些超大城市采取的限购、限行政策才有所下降。

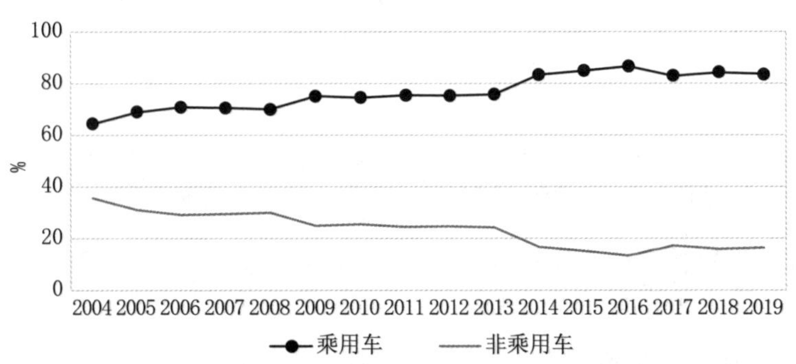

图 2.9 2004—2019 年乘用车比例的持续攀升

二、企业集团层面的产品结构调整

从 20 世纪 80 年代中后期汽车工业被列入支柱产业后,我国的汽车工业在各级政府的大力扶持下,2000 年汽车产品的总产量首次突破 200 万辆,标志着中国汽车工业进入了规模化发展的新阶段。但是，产品结构调整的任务远未完成，大部分企业乃至企业集团的产品或型号还处于“单一产品”或“单一品牌主导”的状态。观察表 2.4 可知，上汽集团当年的总产量为 252881 辆，其中的 251548 辆是轿车，占比 99%（这其中的 22 万辆是中级轿车）。表面上，第一汽车集团和东风集团的产品覆盖了载货车、客车和轿车三个领域，但载货车的比例都在 50% 以上。另外的一些企业集团产品结构单一的特点更加突出：夏利品牌贡献了天津汽车集团 90% 的产出，依维柯在跃进集团的比例为 40% 左右，微型客车和轿车在长安集团的比例也在 80% 以上。更为严重的是，对于那些单一工厂的汽车制造企业而言，产品结构或型号分布根本无从谈起，“一个品牌打市场”是十分普遍的现象。

表 2.4　2000 年中国三大汽车企业集团的产品结构

细分市场		一汽集团		东风汽车		上汽集团	
		品牌或型号	产量/辆	品牌或型号	产量/辆	品牌或型号	产量/辆
载货车	重型	2	24101	3	18713	1	15
	中型	2	41373	1	58085	0	0
	轻型	4	32703	2	40599	0	0
	微型	0	0	0	0	0	0
客车	大型	0	0	2	1731	4	469
	中型	2	12598	2	6720	3	105
	轻型	1	7407	2	13207	4	381
	微型	1	26887	0	0	0	0
轿车	中高级	0	0	0	0	2	30024
	中级	3	31214	0	0	2	221524
	普通	4	96996	1	53900	0	0
	微型	0	0	0	0	0	0

资料来源：作者根据《中国汽车工业年鉴》（2001）数据汇总而得

2001 年我国加入 WTO 后，汽车制造企业的产品升级步入快车道，“产品差异”的推动力主要来自新企业的进入和在位者的策略性反应，通过品牌和型号的水平、纵向延伸来引领消费和拓展市场就成为各类企业赢得“WTO红利”的利器。例如，2001年前后，丰田、福特、日产、现代等知名跨国公司在进入中国市场后，采取的是与大众、通用、本田等先行者错位经营的模式，直接增加了中国汽车市场的品牌和规格的数量。不仅如此，这些后来者还将自身在发达国家投放的新产品、新型号同步推到中国市场，而不是像大众、通用公司那样主要向中国消费者提供那些落后、淘汰的产品。为了应对新进入企业带来的严重冲击，大众、通用等传统主导企业也走上差异化竞争之路，纷纷将自己的看家品牌奉献给中国消费者。

产品结构发生变化的另一股力量则是自主品牌的制造企业，这些被定义为“边缘性企业”的新进入者（白让让，2006），虽然受产品研发和生产能力的限制不能与合资品牌面对面地竞争，但它们了解本土消费需求的特征，采取了“拾遗补缺”的产品策略，挖掘那些跨国公司无暇顾及或者“看不上眼”的细分市场来站稳脚跟。借助2010年前后国家财税政策的扶持，自主品牌的生产汽车业也将产品线从低端向中高端不断延伸，并在微型轿车、SUV和MPV等市场取得显著的成效。经过近20年的差异化竞争，产业中的大部分企业都形成了“全系列化”的，或者说“矩阵型”的产品线。这一特点在乘用车领域表现得最为突出（见图2.10）——即使那些偏好特定细分市场的企业也不得不调整自身的产品结构，以适应我国汽车消费需求日益多元化的趋势。

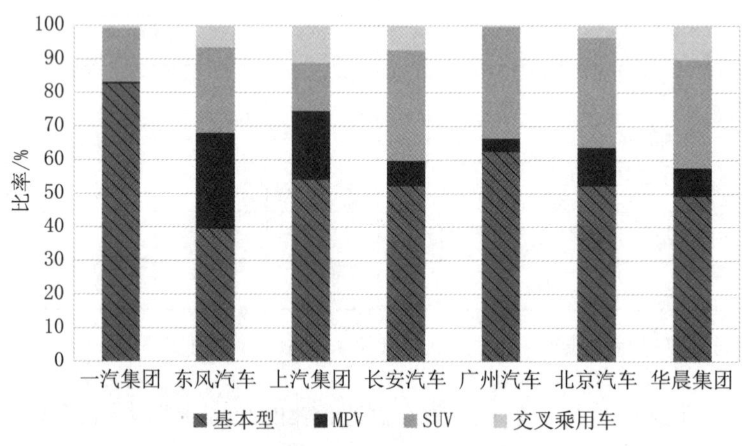

图2.10　主要汽车企业集团乘用车产品的构成（2015年）

第四节　进 入 壁 垒

自从我国政府设定了将汽车工业发展成为支柱产业的目标以来，提高市场集中度就成为实现该目标的主要手段。要改变投资分散、产品技术工艺落后、专业化协作方式落后等痼疾，必须设法提高企业进入汽车产业的门槛。在当时计划、行政管理模式还处于绝对主导地位的背景下，政府就有动机、能力和资源来控制产业的进入壁垒。实际上，即便改革开放进行了 40 多年，我国汽车产业最重要、最有影响力的进入壁垒依旧是政府的行政性进入管制或限制；其次才是一般意义上的经济性和策略性进入壁垒。

一、行政性进入壁垒

严格地讲，1994 年汽车行业的主管部门——国家计划委员会颁布的《汽车工业产业政策》具有浓厚的计划经济色彩或烙印，为了落实该政策的主要目标，采取的是进入、价格管制，而非一般意义上的行政干预措施。例如，政府首先设定汽车产业组织的结构性目标（寡头垄断），然后按照预定的企业数量和预测的市场潜在规模设置进入的条件（见表 2.5）；最后为了保障这些目标得以实现，还会配以相应的投资、融资、消费举措。这一政策实施的结果必然是：汽车产业的经营者不是计划经济时代的汽车制造厂，就是那些政府机构审核、挑选和认定的新参与者，其他企业要想涉足汽车的生产经营很难突破条块交错的行政体系。这种直接干预的模式在我国加入 WTO 组织后有了重要的变化，主管部门一度放松了对进入的严格管制，当出现所谓的“过度竞争”和产能过剩问题时，上述手段和措施还会是政府的首选。目前，具有进入限制性质的行政化管理方式或机制主要体现在汽车投资项目的备案管理制度、生产企业和产品的双准入制和市场准入等三个相互关联的环节[①]。对于那些试图进入汽车产业的新企业，投入不菲的经济和人力资源拿到相关部门准予备案的文件后，才能进入实质性的固定资产投资和生产线建设阶段。

我国汽车行业的进入管制之所以具有壁垒的特点，还体现在具体产品必须得到多个政府部门的许可和认定，才能被列入《道路机动车辆生产企业及产品公告》，取得准生证。由于这种双准入管理模式对不同的企业和不同的产品采取的是差别待遇的原则；相对而言，新企业和新产品的进入就需要付出更多的行政成本。

更为严重的问题在于，上述行政性的准入管理模式在实践中还被分解成"条"和"块"两种体系，部门和地方利益的层层加码，基本规则就被"加、减、乘、除"为各种条条框框，最终的结果就是企业准入或产品进入过程中行政化成本的增加。根据权威部门调查[②]，载货车虽然是政府干预较少的领域，但每一年该细分行业的全部产品准入成本也高达15亿元，其中排名前8位的企业，用于满足工信部的产品公告和3C认证、环保部的排放标准、交通运输部的油耗指标审定等方面的管理费用也都在1亿元以上。

二、经济性进入壁垒

严格地讲，为什么美国、日本和德国的汽车产业会自然地演进成为寡头垄断或者主导企业的结构？最主要的原因就是汽车产品的生产经营集"规模经济、范围经济、研发密集、资金密集"等技术经济特征为一体，天然地属于进入壁垒极高的产业；加之在位企业的策略性限制措施，有效的进入者寥寥无几，产业的组织结构也就处于十分稳定的状态。改革开放之初，我国汽车产业处于严重的条块分割、部门封闭的状态，缺乏实现规模经济所需的消费和供给条件，即使行业主管部门早就按照国际标准设定了较高的门槛（见表2.5），但只对新建的合资企业有约束力，对那些想发展汽车工业的部委或地方政府而言，

① 国务院发展研究中心产业经济研究部等编：《中国汽车产业发展报告（2015）》，社会科学文献出版社，2015，第97—100页。

② 同上，第181页。

有多种渠道可以突破严格的进入管制。例如,将汽车总装配线分拆为涂装、焊接、发动机等小项目,通过投资总额的变化来选择有利于项目实施的行政审批机关;或者利用“基建”项目和“技改”项目在管理程序和审核标准上的差异,规避行业主管部门的干预。

表 2.5　政府设置的高进入门槛(1990 年)

涉及项目	轿车	轻型车	发动机	旅行车
经济规模 / 万辆、万台	30	12	30	3
注册资本 / 亿元	20	10	10	3
固定资产投资总额 / 亿元	50	20	30	5
技术人员比例 /%	18	12	20	10

资料来源:《中国汽车工业年鉴》(1991),第 25 页

应该指出的是,上述进入壁垒在服务于“市场换技术”的大战略时,还表现出不对称的特点——在较长时间内以限制本土企业的进入为主,为合资企业的发展塑造相对宽松的经营环境,避免企业数量增加所导致的价格降低、利润下降对跨国公司利益的负面影响。具体表现就是,在 1994 年《汽车工业产业政策》颁布后的近 10 年间,乘用车领域新建的企业都是合资公司,直到 2001 年我国加入 WTO,汽车投资管理模式发生重大变化后,本土企业才有了与合资企业同台竞技的机会,即便如此,合资企业依旧在兼并重组、异地建厂、税费减免等方面得到了各级政府给予的“超国民待遇”。例如,《汽车产业发展政策》(2004 年版)第四十八条一方面规定“同一家外商可在国内建立两家(含两家)以下生产同类(乘用车类、商用车类、摩托车类)整车产品的合资企业”,另一方面又设定“如与中方合资伙伴联合兼并国内其他汽车生产企业可不受两家的限制”。受这一政策的引导,加上地方政府对合资企业的偏好,从 2005 年开始,通用、福特、丰田等跨国公司相继建立了多个跨区域的新兴企业或集团,国内参与者也从中获得了来自跨国公司的新产品和新技术,广汽、东风等企业集团也成立了多达 4—5 家的合资企业,如果不是国家倡导发展自主品牌和新能源汽车,大型国有汽车集团都将深陷产品、品牌和产业空心化的泥潭,变成纯粹的投资公司。

新能源汽车发展战略的实施在一定程度上降低了上述两种进入壁垒,改

变的力量主要源自两个方面:一是在启动新能源汽车的初期,产品技术路线的选择权在发改委、工信部和科技部等三个部委手中。为了确保自己选择的路径能够脱颖而出,占据未来的主导地位,三部委有意无意地放松了技术门槛的要求,使得大量在燃油汽车领域长期处于"低效、低能"状态的企业,借助新能源的名义得以存续。二是来自地方政府的恶性竞争。特别是那些传统汽车产业发展不充分或落后的地区,为了实现"弯道超车",纷纷降低或者扭曲主管部门设定的各项标准,以吸引企业前来投资设厂。在这两种因素的共同作用下,新能源汽车生产企业的数量在很短时间内急剧膨胀,企业数量的增加不仅没有产生预期中的鲶鱼效应,反而导致了大面积"骗补"和产能严重过剩的问题。

三、策略性的进入壁垒

顾名思义,策略性进入壁垒是指在位企业所采取的那些能够降低潜在进入者预期利润的先动行为,其目的在于阻止实际进入的发生。这种策略一般出现在垄断或寡头垄断产业。虽然我国汽车产业的生产企业数量众多,但按照各种集中度指标衡量,双层寡头垄断的特征十分明显。1985—2000年间,轿车市场也属于产业组织学所界定的主导厂商结构。那么,像上海大众、一汽大众等强势在位企业面对潜在进入实施过的阻止行为及其效果,就是下面要重点介绍的内容。

2001年我国加入WTO后,政府放松了对汽车行业的进入管制,这一重大的政策调整一定会加剧市场的竞争,稀释寡头企业的利润。"南北大众"并未通过掠夺性定价、扩张产能等较为积极的手段维护自身的市场地位,主要的原因在于当时中国轿车市场供不应求,吉利、奇瑞等本土汽车制造企业没有能力将产品定位在中高端市场。价格竞争主要发生在自主品牌之间,合资企业借助产品差异化和品牌声誉还可以维系很高的利润率,没有必要采用很可能两败俱伤的进入阻止行动。另一方面,2005年以后,发展自主品牌成为国家汽车产业政策的重中之重,作为中国汽车产业进入管制方式的主要受益者,合资企业的中方母公司具有进行自主产品创新的外在政策压力,不能鼓励合资子公司以产能扩张、低价销售的方式限制本土企业的进入和成长，避免产生集团内部不同品牌间的蚕食效应。

实际上，主导企业并未完全放弃策略性的阻止行动，而是采取了更加隐蔽的手段。例如，2003 年前后，德国大众为了限制安徽奇瑞利用“桑塔纳”品牌的配套体系发展自主产品，不仅要求自身的零配件企业停止向奇瑞供货，还“迫使”上汽集团放弃所持有的奇瑞公司 20% 的股权。丰田和吉利之间的发动机标识司法诉讼，也是丰田公司不再允许合资子公司向吉利提供高效率发动机而引发的。丰田这一举措的性质就属于产业组织理论中的纵向圈定，目的是提高吉利的制造成本或降低产品的质量。2010 年前后，产品线的向下延伸则成为合资企业扭曲自主品牌所在细分市场竞争状态的主要手段。随着合资企业将中高端汽车品牌以低价模式切入经济型和微型轿车市场，自主品牌的价格优势也就不复存在，天津夏利、湖南江南等企业还因此陷入了破产倒闭的境地（详见本书第五章的分析）。

本章总结

进入壁垒和退出壁垒是一枚硬币的两面，高强度的进入管制在将一些潜在进入者挡在门外的同时，行政性退出壁垒也让那些低效率的参与者“滞留”在了产业内。客观地讲，行业主管部门一直寄希望于通过市场竞争淘汰那些低效企业，并按照 2004 年颁布的《汽车产业发展政策》之要求，建立了较为正式的汽车整车和摩托车生产企业退出机制，以撤销资质、停止公示新产品等方式迫使僵尸企业主动退出。问题在于，由于汽车产业具有很高的 GDP 和税收效应，地方政府也都在通过财政补贴、低息贷款、土地供应等方式扶持辖区内或所管理的低效企业，以避免破产倒闭对当地经济的负面冲击。在一定条件下，地方政府的各种干预、保护措施反而会阻碍企业的正常退出。

进入壁垒和退出壁垒的长期并存，还导致中国汽车产业一个十分奇特的现象——买卖“生产资质”以及由此带来的“壳租金”。这些现象在乘用车领域尤为突出。如果说在进入管制没有完全取消的时期，比亚迪、浙江吉利和安徽奇瑞等公司以不菲的代价获得“准生证”还情有可原的话，那么在汽车市场已经进入充分竞争的时期，还让那些潜在的进入者通过异地收购、承担债务的方式，借助“空壳企业”才能名正言顺地生产汽车，只能说明市场机制的失灵或者政府行政干预的不当。

2017年以来，在以对外开放引领内部改革战略的指引下，政府对汽车产业投资体制进行了多项深度的改革，使得行政性进入和退出壁垒的作用大幅下降，市场机制在企业投资、产能、兼并重组以及破产清算等决策方面的作用日渐居于核心地位。但是，新能源汽车推广的经验和教训也说明，市场机制和政府干预都不能保障燃油向新能源的平滑转移。如何避免结构转换所带来的短期供给下降、需求不振、就业量减少、产业价值链萎缩等潜在的负面冲击，就是产业管理部门亟须考虑的现实问题。

本章附录

附录2.1　中美日三国汽车销售市场的集中度比较

指标	中国			美国			日本		
	2018	2015	2010	2018	2015	2010	2018	2015	2010
集中度/%（CR1）	25	24	20	17	18	19	29	29	31
集中度/%（CR3）	51	51	49	46	47	51	56	56	57
集中度/%（CR4）	59	62	62	59	60	60	69	68	69
集中度/%（CR8）	84	85	81	85	85	86	93	93	94
HHI	1215	1254	1126	1107	1119	1190	1560	1549	1664
企业数量/个	71	71	73	20	20	22	14	14	14
总销量/万辆	2808	2459	1806	1713	1739	1155	527	504	495

资料来源：中国汽车工业协会网站（www.caam.org.cn/tjsj）

附录 2.2　我国的汽车产业的主要管理机构和领域

部门	投资	生产	产品	研发	进口	销售	金融
发改委	★	★	★	★		★	★
工信部	★	★	★	★	★		
商务部	★				★	★	★
市场监督	★					★	★
国资委	★						
质监局					★	★	
环保部	★	★	★		★	★	
科技部			★	★		★	
交通部							
财政部	★			★	★	★	
税收	★			★	★	★	
海关	★		★		★	★	
国土资源	★					★	
公安			★			★	

注：★代表该部门负责这一业务

资料来源：《中国汽车产业发展报告（2015）》第 254 页

本章参考文献

[1] 白让让：《边缘性进入与二元管制放松》，上海三联书店、上海人民出版社，2006，第 160—162 页。

[2] 伯纳德特·安德鲁索等：《产业经济学与组织——一个欧洲的视角》，经济科学出版社，2009，第 94—95 页。

[3] 伯纳德特·安德鲁索、戴维·雅各布森：《产业经济学与组织》，经济科学出版社，2009，第 238—246 页。

[4] 董阳、徐长明、周勇江等编著：《2020 中国汽车销量展望及世界汽车市场

现状》,机械工业出版社,2012。

[5] 国务院发展研究中心等编:《中国汽车产业发展报告》,社会科学文献出版社,2010,第113—146页。

[6] 李洪:《中国汽车工业经济分析》,中国人民大学出版社,1993,第102—105页。

[7] 唐·E.沃德曼,伊丽莎白·J.詹森:《产业组织理论与实践》,机械工业出版社,2009,第74、121页。

[8] [美]詹姆斯·W.布罗克(主编):《美国产业结构》(第十二版),罗宇等译,中国人民大学出版社,2011,第195页。

第三章
“多角联盟”式的企业组织结构

产业由生产同类产品和相近替代品的企业所组成。在传统的“结构—行为—绩效”范式中，企业行为是外生于给定的市场结构，由此导致对企业组织的分析在产业经济的理论研究中长期缺位。芝加哥学派和新产业组织理论（NIO）崛起和普及后，企业才成为产业经济学最重要的分析单元，企业理论与产业组织理论相互平行的关系被打破，前者也逐渐演变成后者的一个重要分支（泰勒尔，1997）。分析企业行为既不能脱离其外围的产业结构，也要考虑其内部的激励和约束机制，那么，企业组织结构就是一个不容忽视的关键环节。

改革开放至今，我国汽车企业的组织结构发生了十分显著的变革，跨国公司、合资企业的直接或间接参与是这些变化发生的最大推手。本章把这种跨国公司与本土企业纵向、横向嵌入的关系定义为“多角联盟”式组织结构，在描述这种结构形成、演变、泛化过程的基础上，分析它对本土企业自主成长和发展的影响。

第一节 中国汽车制造企业组织结构的演变（1980—2018 年）

如果说中国汽车工业的总规模和生产体系在过去的 40 年间，成功地复制了一些发达国家 100 年的历程并取得了显著成效的话，那么完全可以讲，汽车制造企业组织结构的变化也称得上"钱德勒"意义上的模式革命，即在 30 年内不仅实现了从"工厂制"到现代企业制度的转变（钱德勒，1997），在中国特殊的汽车产业制度环境下，还突破了福特制、事业部制和丰田制的固有界限，形成了本章所定义的"多角联盟"式组织结构。描述组织模式的变化过程，将对理解多角联盟结构的成因提供来自制度、产业和市场等方面的背景素材。

一、企业管理体系的初步改革

1. 汽车制造厂：计划经济的生产单位

在将汽车产品的主要功效界定为生产资料而非消费品的时期，汽车的产量是由行业主管部门按照钢材、燃油的使用量来确定的。企业只是一个单纯的生产单位或工厂，生产过程所需的投入品和最终的产品，都由国家有关部门统一组织和安排[①]。用现代经济学的语言来描述就是："生产什么、生产多少和为谁生产"等三个问题交由政府来决策，企业只对"如何生产"承担部分责任。为什么要加上"部分"这一限定词，原因就在于一旦给定投入品和产出品的价格、数量，企业能够选择的生产方式也就被限定在一定的范围内。

表 3.1 列出了改革初期汽车制造厂获得的部分自主权。

---

① 中国汽车工业协会编：《中国汽车工业改革开放 30 周年回顾与展望》，中国物资出版社，2009，第 15—16 页。

表 3.1 改革初期汽车制造厂获得的部分经营自主权

1	利用自筹资金进行技术改造、扩大再生产
2	保障完成国家计划的前提下,安排自己的产供销活动
3	规划获得国家批准后,实施技术改造和基本建设
4	自主支配自留资金
5	在国家设定的范围内,确定计划外产品的价格

资料来源:《中国汽车工业年鉴》(1986)

2. 产业“托拉斯”的实践

1982 年,汽车工业的管理体制进行了改革试点,成立了中国汽车工业公司,将行业管理权和企业经营权逐步分开后,企业才获得了一些投资、生产和销售方面的自主权(见表 3.1)。但是,在进入和价格依旧受到严格管理的体系下,即便像一汽、二汽这类骨干或计划单列企业,生产而非经营还是它们最核心的职责。例如,早在 1980 年,作为首批计划单列试点企业的第一汽车制造厂就开始改造其拳头产品——CA141 型 5 吨载货车,新产品试制成功后曾两次向主管部门上报相关方案,1981 年 9 月国务院同意立项后,1982 年 7 月国家经委才正式批准一汽提交的技术改造初步设计方案;经过 1983 年到 1986 年的三年试制后,该产品才批量进入市场。也就是说,只有获得政府主管部门的审批同意后,生产经营活动才能持续进行,任何一个环节出现问题,就会使企业的先期投入成为沉淀成本,这必然使企业难以对市场需求的变化做出及时的反应,进而错失发展的机遇。

中国汽车工业公司一方面被国务院定位为独立的经营实体,又承担着部分行业管理的职能,尽管它与下设的联营公司之间是一种松散的契约关系,但依旧能够借助计划编制、项目审批、物质分配等权力干预企业的经营活动[①]。随着中汽公司下属的一汽、东风和重型汽车联营公司(以下简称“重型联营”)等三家大企业先后获得了计划单列的资质和地位,国家决定取消中国汽车工业公司,新成立“中国汽车工业联合会”专职负责行业宏观管理业务。原来隶属或挂靠在中汽公司的汽车制造企业,要么独立发展,要么走上联合、联营的

① 国务院发展研究中心产业经济研究部等编:《中国汽车产业发展报告(2015)》,社会科学文献出版社,2015,第 87 页。

道路，中国汽车产业也就步入大型国有企业集团掌控的时期。目前排名前三的一汽（解放）、东风和上汽在当时就是国家队的主力，并在此后30年间一直得到国家政策的大力扶持（见表3.2）。实际上，对大企业的偏好延续的还是计划经济时代"工业托拉斯"的建设方针，不同时期的主要变化就在于是依靠政府还是市场，或者围绕本土企业还是跨国公司来实现这一目标。

表3.2 中国汽车工业公司主导时期的主要联合体概况（1985年）

公司名称	下属企业数量/个	职工人数/个	固定资产净值/万元	销售收入/万元	利润总额/万元
直属企业	36	228706	265456	36688	144365
解放联营	73	166961	87755	24512	79751
上海联营	90	53626	29501	7731	30428
南京联营	36	54861	29136	5184	19252
重型联营	21	64176	57552	5672	23947
东风联营	109	170731	239180	100811	100811
零部件公司	29	40206	18943	12274	12274

资料来源：《中国汽车工业年鉴》（1986），第214—216页

二、"市场换技术"战略与合资企业主导地位的确立

1. 合资企业的建立和初期成功的示范效应

在十一届三中全会提出的"对内搞活、对外开放"政策的指引下，汽车工业就以"技贸结合、许可证贸易"的方式引进外资的各类制造技术和工艺。与其他制造业相比，20世纪80年代汽车领域的合资经营在许多方面开启了对外开放的先河。实际上，采取中外合资的方式发展汽车工业的建议最早源于美国企业家[①]：1978年，时任美国通用汽车公司董事长的汤姆斯·墨菲率领代表团访问了中国，就主张我国可以采取共同投资、合资经营，而不是以单纯技术引进和转让的手段建立和发展现代汽车工业。通用汽车公司的高层还向中

① 李岚清：《突围：国门初开的岁月》，中央文献出版社，2008，第210—215页。

国主管外贸的官员详细地解释了合资公司的优势和运作模式，随着邓小平做出“合资经营可以办”的批示，汽车工业的主管部门开始将“共同出资、共同经营、共享利益和共担风险”的合资模式向全行业推广。经过长达5年的艰苦谈判，1983年美国汽车公司（AMC）和北京汽车制造厂签署了合资经营协议，标志着第一家合资汽车制造企业——“北京吉普公司”正式成立。这一重要的举措引发了连锁效应，在随后的两年间，上海大众、广州标致、庆铃汽车相继成立合资公司，并以超过预期的业绩，极大地改变了各级政府和相关企业对合资企业的负面看法，特别是国家计划委员会在1994年颁布实施的中国工业领域第一部产业政策——《汽车工业产业政策》——第六章第二十七条中明确提出“国家鼓励汽车工业企业利用外资发展我国的汽车工业”的要求后，合资企业及其组织结构就成为汽车产业的主流模式。

2. 合资企业的黄金时代

合资企业对中国汽车的影响不仅在于提供了资金、技术和产品，还在于它将现代企业制度理念付诸企业改革的实践，使汽车制造厂从单纯的工厂或“工场”转变为追求利润最大化的经济组织。由于汽车合资企业从诞生伊始就在股东多元化、所有权与经营权分离、激励和约束机制完善等公司治理机制方面具有绝对的优势，再加上各级政府在财政、关税、信贷政策上的扶持与优惠，使合资企业在汽车市场的竞争中脱颖而出，很快就取代了原有国有企业的主导地位。合资企业成功运转产生的引致效应，也使其在中国汽车，特别是乘用车领域的控制力得到不断的强化。这种强化表现在三个方面[①]：

（1）原有合资企业纷纷扩大生产能力和延长合资期限。例如，1994年《汽车工业产业政策》颁布不久，上海大众公司董事会决定将生产能力增加到30万辆，并新建一个发动机工厂；德国大众并不满足用上海桑塔纳一个品牌占据中国轿车市场，在1991年又与当时规模排在第一位的一汽集团成立了一汽大众公司，生产捷达、奥迪和高尔夫等三种车型，加上上海大众的桑塔纳和帕萨特两个产品，大众公司实现了对中国轿车细分市场的全覆盖。

（2）新增了多个合资企业。对中国汽车产业的格局产生过一定影响的长安铃木（1993年）、南京菲亚特（1996年）、江铃福特（1995年）、上海通用

① 国务院发展研究中心产业经济研究部等编：《中国汽车产业发展报告（2013）》，社会科学出版社，2013，第147—167页。

(1997 年)、广州本田(1998 年)、"悦达"起亚(1999 年)以及天津丰田(2000 年)都是在加入 WTO 之前成立或运转的,这些新设立的合资企业大多数采取"高举高打"的策略,在各自的细分市场赢得了先机。

(3)利用合资汽车企业在总装环节的优势,在国家取消和放松对零部件产业股权比例限制的环境下,跨国企业通过合资或者独资的方式控制了所在企业集团的纵向价值链。例如,德国大众在与上汽、一汽的二期合资中,不仅增加了新的发动机项目,还分别成立了两家合资的销售公司;丰田公司在与一汽、广汽建立的发动机、零部件和销售等合资公司中占据控股地位,不仅向下属的合资整车企业,也向中方参与的其他整车汽车提供投入品,从而在一定范围内左右了这两家国企的发展方向。实际上,除了通用、日产、本田和福特等大公司采取"价值链"控制战略外,铃木、三菱、马自达等规模和能力稍小的跨国公司也在基于上下游合资、独资企业的关联,直接或者间接影响着中方伙伴的经营活动。

三、"多角联盟"的形成

1. 加入 WTO 与跨国公司的密集进入

按照我国政府与世界各国和世贸组织签署的各项协议或者工作书之规定,汽车产业过渡期被设定在 2002 年至 2006 年底,这一时期汽车产业发生了两个影响深远的典型事件:

第一,尽管 2004 年颁布的《汽车产业发展政策》依旧倡导"坚持技术引进和自主开放相结合的原则"来发展汽车技术,但在具体的政策目标中已经有了关于"自主技术、自主品牌"的明确表述,即"鼓励汽车生产企业提高研发能力和技术创新能力,积极开发具有自主知识产权的产品,实施品牌经营战略"。为了将这一目标落到实处,2006 年第十届全国人大四次会议通过的"十一五"发展纲要还提出了"到 2010 年,自主品牌乘用车国内市场占有率要达到 60% 以上"的具体要求,为此汽车行业的主管部门和国资委对这一要求进行了分解,使其成为审核企业固定资产投资和考核国有企业绩效的量化指标。那些自主品牌处于短板状态的大型国有企业集团,就试图从合资经营的实践中获得发展自主品牌的溢出效应,组织结构的调整就是一个重要的环节。

第二,按照加入 WTO 协议书之规定,我国政府取消或者放松了对汽车产业外资投资的多项限制,引发了新一轮规模超前的合资热潮。与以往主要局限在整车领域的合资不同,在 2001 年加入 WTO 后的这轮合资热中,跨国公司十分注重对产业链的控制,其主要策略是:第一,扩展原有合资企业的经营范围,如增加关键总成、核心部件或者研发中心等;第二,在合资企业之外与中方企业集团设立相对独立的新企业。这两种行为在为中方参与者增添新的业务和收入的同时,也使其生存和发展难以在短期内摆脱对跨国公司的依赖。

2. 合作模式的多样化与“多角联盟”的普及

为了实现上述两种战略目标,本土企业集团和跨国公司开始对原有的组织结构进行调整与优化,就形成了如表 3.3 所示的“多角联盟”式组织架构,它们可以划分为三类:

(1)“强强联合”,即本土大型企业集团和那些具有全球领导地位的跨国公司之间的纵横联盟。这种组织模式十分普遍和稳固,也是跨国公司在中国市场居于主导地位的基石之一。早期进入的德国大众,以“南北大众”为枢纽打造出一个庞大的企业生产体系,并将自己的优势资源策略性地配置给两个合作伙伴——一汽集团和上汽集团,在避免内部竞争的同时,牢牢地把握着中方伙伴的发展脉络。类似的关系也存在于“一汽—丰田—广汽”“广汽—本田—东风”等同盟中。

(2)总体上,“中等规模”企业之间战略同盟的绩效越来越差,重构或瓦解的风险在不断增加。在合资企业数量受限的背景下,本土或外企不一定都能找到适宜的合作对象,但为了从高速成长的中国汽车产业分得一杯羹,双方都不会放弃合资的机会,由此就诞生了像“日本铃木 - 江西昌河”“海南 - 马自达”“起亚 - 悦达”“南汽 - 菲亚特”等合资企业。在这种同盟中,跨国公司能够提供的技术、产品资源十分有限,即便有些企业利用先发优势在一些细分市场赢得了优势,但随着市场竞争日趋激烈,这些优势很快被削弱殆尽,转换门庭或直接瓦解就成为不得已的选择。例如,2018 年铃木公司以“零价格”将自己在两家合资企业中的股份转让给中方,意味着彻底退出中国整车制造领域;“悦达起亚”在经历了 2005 年前后的辉煌后,从 2015 年开始产量极度萎缩,陷入了严重亏损的境地。

表 3.3 中国汽车产业的中外双方“多角联盟”现状（2015 年）

外方＼中方	一汽	东风	上汽	长安	北汽	广汽	福汽	江铃	华晨
德国大众	U+M+D		U+M+D						
日本丰田	U+M+D					U+M			
美国通用	M+D		U+M+D						
日本本田		U+M+D				M+D			
美国福特				U+M				U+M+D	
法国 PSA		M+D		U+M+D					
韩国现代					U+M+D				
日本日产		U+M+D							
沃尔沃		M	M+D						
日本三菱						U+M+D	U+M+D		
戴勒姆－克莱斯勒					U+M+D		U+M+D		
菲亚特			（U）			U+M+D			

（续表）

外方＼中方	一汽	东风	上汽	长安	北汽	广汽	福汽	江铃	华晨
宝马									U+M+D
马自达	（D）			U+M					
起亚		M+D							
雷诺		U+M+D							
铃木				U+M+D					
五十铃								U+M+D	

注：U、M和D分别表示业务的范围是上游、制造和销售服务

（3）“强加弱”“弱加强”和“弱加弱”式联盟处于重新调整的过程中，参与其间的跨国公司的退出意愿较强。在这三种非主流的模式中，“弱加弱”的同盟从成立伊始就在微利、亏损的边缘徘徊，早就处于名存实亡的状态，其他两种组合往往嵌套在“强强联盟”中，对中外双方而言都是“夹生饭”或者“鸡肋”。例如“广汽－三菱”“东风－标致”“北汽－戴姆勒”等组合在所属的大型企业集团中，无论是销售收入、品牌知名度还是盈利能力都远远逊色于核心层（广州本田、东风日产、北京现代），当初成立的目的，一是用足国家关于合资企业数量的指标，二是填补中方企业在区域布局或细分市场上的空白点。但是同盟内部的差异化产品竞争会带来一定的自我蚕食效应，中方参与者为了维持核心同盟的利益，不会将更多的资源投向这类边缘地带，与其合资的外方就倾向于退出或者寻找新的合作者。

第二节　中国汽车产业中“多角联盟”式组织结构

随着政府进入管制的放松和 WTO 相关承诺的逐步兑现，中国轿车产业的市场结构也发生了显著的变化。这种变化不仅带来了需求的“井喷”式增加、产品品种或品牌数量的丰富，也打破了厂商之间在局部垄断下所形成的默契合谋，使价格和差异化产品竞争成为争夺市场份额的主要手段。与其他产业曾经历的激烈竞争不同，它既不是国内企业夺回外资所占市场的积极战略，也不是全行业产能过剩下的恶性竞争，而是在需求和供给都快速增长的条件下，国内主流企业在跨国公司的扶持下，为重新划分中国轿车市场的格局而采取的一种重要的策略性行为。

所谓“多角联盟”是指一个本土企业在与两个或两个以上的跨国公司建立技术合作或合资企业的同时，这些跨国公司也与不同的本土企业形成了类似关系的一种产业组织状态。我们的分析将表明，对跨国公司市场进入管制的放松，使轿车产业的结构实现了从单一产品垄断向寡头垄断的转变。这种在跨国公司主导下的产业结构变革,使国内原有的依靠政府行政性安排而处于垄断地位的所谓主流企业,在巨大的市场机会来临时,纷纷放弃了对自主产品开发的投资,转而依赖跨国公司的技术和成熟品牌,以维持原有的市场份额。这种行为从短期观察是理性选择的结果,但长此以往必然使中国的本土企业在全球化产业布局中,从对跨国公司单纯的研究与开发能力依赖,不断地陷入对其生产方式、营销理念乃至基础性服务的倚重,从而使本土企业处于边缘化的境地。打破这一“宿命”的重要手段就是依靠产业政策,激励本土企业以各种方式提高自主开发能力,这是日韩等“后发”国家轿车产业成长的共同路径。

一、“多角联盟”式治理机制的产业结构背景①

1. 汽车产业的进入管制及其放松

轿车工业作为汽车工业的主体,在汽车工业尤其是经济大国的发展中占有举足轻重的地位,但是由于起步很晚,在我国直到 20 世纪 80 年代末才受到政府的重视,有了较为清晰的发展规划。在地方政府和一些行业管理部门对汽车工业管理的权力逐渐扩大,轿车工业受关税保护、利润丰厚的背景下,进入管制就成为一种必然。但是由于以下三个主要原因的存在,进入管制一直处于低效运作状态。

(1)超额利润的长期存在和显著的带动效应,使许多地区和行业在 20 世纪 90 年代初均提出了加快发展轿车工业的设想和规划。受产业管制和资金供给的限制,那些无法进入国家规划的轿车项目,只能采取迂回的方式,尽量避免与国家计划撞车,如将基建项目化整为零,或以技术改造名义生产与轿车产品相近的产品,更多的不经过国家权威部门的认证,只在本地销售。对于这些行为,行业的主管部门一般难以采取有效的措施进行制止,只能在事后予以认可。

(2)汽车行业的管理体系,尤其是管制权力的双层安排,也使其不可能对

① 这里的部分内容以《双层寡头垄断下的“多角联盟”策略分析》为题,发表在《产业经济研究》2005 年第 2 期。

已经发生的进入行为实施有效的惩罚。长期容纳的一个后果就是,在新进入企业的主销区,市场结构会发生不利于原有寡头的变化,如果辅之以地方政府的市场分割措施,后果会更严重。作为回应,在位者要么利用价格竞争维护原有的地位,要么开发或引进新的产品,主动占领尚未被填补的市场。轿车产业的竞争就从边缘性进入向相互进入过渡。

(3)产业管制主体机构缺乏应有的权威。以往的行业主管部门是一个集行业管理和经营为一体的准政府组织,没有被赋予有效的管制权和相应的资源,机构的频繁变化也使其难以树立自己的威信。具体而言,行业管理与部门管理、国家经济综合管理与企业具体经营活动交叉混乱,尤其是在进入和价格两方面,国家认定的管制机构并没有相应的权力和手段,管制机构的权威性很低。对轿车产业而言,这一机构几乎没有管制权,而是分别由国家计委和经贸委拥有。

上述三个因素的长期存在不仅使产业组织政策从其颁布伊始就处于不断被突破和修正的境地,也使“利用市场换技术”的初衷被主流企业的合资依赖症所抵消。而价格和税费安排的不合理,为一些没有技术含量和规模效应的企业的生存创造了巨大的利润空间,中国的轿车产业呈现出“有规模,无技术;规模小,不退出”的特异现象。为提高国内企业应对加入WTO的竞争能力,行业的主管部门从2001年起取消了不合理的进入管制方式,用公告制代替原有的目录管理,并对进入相关的项目、投资、合资等领域的政策进行相应的调整,这在一定程度上标志着进入管制的极大放松。

2. 多角联盟的产业结构背景

原有的以边缘化方式从事轿车生产的企业,在进入管制放松后基本上均获得了“准生证”,这不仅增加了行业中的企业数目,也引发了激烈的价格竞争。为维持既有的垄断地位,主导企业不得不通过引进技术或外方合资者现有品牌的方式,力图短期内填补市场需求的巨大缺口。产品和价格竞争的结果体现在市场结构上,就是行政性垄断的瓦解和寡头垄断的初步确立。

(1)加入WTO前后的乘用车市场的结构变化。2001年进入管制规则放松后,企业数目和独立品牌的数量都呈现不断增加的势态,其后果是市场结构可竞争性的提高(见表3.4)。按照企业产出集中度CR4和CR8判断,已经从2000年的贝恩“寡占Ⅰ型”,转变为2003年的“寡占Ⅳ型”。CR4的降低尤为显著,基本上接近可竞争状态,CR8变化的滞后说明企业之间规模差距也在不断缩小。民营企业和新的合资企业在这一变化过程中,曾发挥不同的作用。管制放松之初,国内民营企业的扩张引发的价格战主要集中在微型轿车和“准轿车”市场,合资企业的反应并不激烈。随着大企业新产品推出速度的加快和新的合资企业规模的提升,全局性的价格竞争终于在加入WTO两年后爆发,在需求得到极度短暂的释放后,轿车行业的增幅很快就迅速下降,市场一度十分低迷。

表3.4 进入管制放松前后轿车市场的总体变化(2000—2003年)

年度	企业数/个		品牌数量[①]/个		规模/万辆		企业产出集中度/%	
	全部	合资企业	全部	外资	生产量	销售量	CR4	CR8
2000	16	7	33	26	60.47	61.27	77.29	98.01
2001	16(4)	9	45	37	70.35	72.15	67.72	92.63
2002	23	11	64	44	109.08	112.6	61.62	85.60
2003	38	12	88	53	218.93	215.41	47.12	65.27

资料来源:《中国汽车工业经济年鉴》(2000—2003)

(2)寡头垄断的市场结构。由于企业更多地注重细分市场上的地位和势力变化,我们依据两种基本的分类标准[②]对市场结构进行了详尽的分析。按照最常用的贝恩分类法,2000年所有的细分市场都属于接近垄断的寡占Ⅰ型,2002年除了因为品牌之间差距很大的微型车市场仍是寡占Ⅰ型外,其余三个市场都转变为寡占Ⅲ型,经济型轿车市场一度接近寡占Ⅳ型,这与产业竞争的实际情况十分吻合。HHI的变化更能反映这种趋势——在三年中已经从高寡占Ⅱ型(1952.11)向低寡占Ⅰ型(1577.79)和Ⅱ型(1143.75)转化。这一指数的下降进一步证明排在前几位的企业市场势力更趋平均,也标志着寡头垄断结构的确立,具体结果如表3.5所示。

表3.5数据分析表明,进入管制的放松、企业数目的增加和独立品牌的扩张使中国的轿车产业从企业和细分市场两个角度判断,均已进入寡头垄断的

① 根据汽车产业产品统计和细分市场划分的惯例,同一品牌的不同排量可被视为多个品牌。

② 关于两个指标的具体含义详见多纳德:《产业经济学与组织》(2000)第8章。

状态，竞争激烈的经济型和中级轿车市场正在向竞争型结构转化，这构成了我们分析"多角联盟"的一个重要结构条件或依据。

表 3.5 细分市场的集中度变化（2000—2002 年）

规格（排量 /L）	CR4/%			*HHI*		
	2000 年	2001 年	2002 年	2000 年	2001 年	2002 年
<1.0	94.84	78.01	81.78	2749.54	1992.85	2071.06
1.0—1.6	91.57	48.3	59.48	3816.9	959.84	1219.35
1.6—2.5	86.77	77.97	61.71	2476.99	954.8	1169.31
>2.5	100	70.04	70.73	7007.82	2089.13	2067.15

资料来源：《中国汽车工业经济年鉴》（2000—2002）

（3）全球范围的市场集中度。无论是从全球范围，还是轿车生产大国内部分析，以集中度为标准，产业结构均表现出相对稳定的寡头垄断特征。从 20 世纪 90 年代后期起，全球汽车业发生的重要事件莫过于不断掀起的合并与重组浪潮。经过几次大的变革，世界汽车工业已经形成"6+3"的竞争格局[①]。2002 年，按厂商计算的产出集中度 CR4 和 CR8 各为 45% 和 57%，分别属于贝恩的"寡占 IV 型"和植草益的"高、中寡占型"。这一特点在轿车产业更为突出，2003 年的生产集中度 CR4 和 CR8 分别是 42.73% 和 67.23%，表现为寡头垄断的结构。按照国别计算的全部汽车生产和销售量集中度 CR4 和 CR8 分别是 53.9%、55.42% 和 74.3%、73.7%，也是一种典型的寡头垄断结构。在各国内部，也呈现出寡头垄断的结构。以 CR3 为例，法国为 99.2%（1995 年），美国为 70%（1998 年），日本是 77%（1998 年），中国是 48.1%（2001 年）。在这种结构下，生产能力却长期居高不下，企业之间的竞争日趋激烈。2002 年，全球汽车工业的设备利用率平均只有 69%，大大低于 1990 年的 80%，主要的传统市场如北美、欧洲、日本已经处于饱和状态，甚至有所衰退。发展中国家如中国、印度、韩国已经成为新一轮竞争的中心。

① 这里的"6"指通用、福特、戴姆勒－克莱斯勒、丰田、大众、雷诺－日产，"3"代表本田、标致－雪铁龙和宝马。

表 3.6 世界轿车产业的集中度（1999—2003 年）

生产规模 / 万辆	企业 / 个					产出比重 /%				
	1999	2000	2001	2002	2003	1999	2000	2001	2002	2003
>400	3	4	3	3	3	35.96	45.98	44.71	36.25	34.95
200—400	4	7	6	6	6	25.49	37.04	38.11	37.54	37.24
100—200	7	2	4	4	5	26.22	6.02	15.42	17.91	17.17
30—100	6	5	5	4	5	10.08	8.70	8.47	5.70	7.85

资料来源：OICA（1999—2003）

二、“多角联盟”机制的合作博弈分析

跨国公司控制下的寡占市场，表面上是一种基于“产业竞争空间化”的市场结构，在其背后体现的是少数规模巨大的企业之间的相互依赖关系。在中国的轿车产业中，这种关系表现为跨国公司对产业结构、产品结构和竞争策略等产业运行的关键活动或价值链区间的直接控制。那么，为什么本土的主导企业集团会让渡自身的权益，自觉自愿地参与跨国公司主导的这种多角联盟呢？下面将从博弈的视角提供一个理论的解释。

1.“多角联盟”的短期均衡分析

如前所述，跨国公司和本土企业在轿车产品价值链中拥有不同的资源和核心竞争优势，构成了在全球化产业布局中相互合作的基础。为分析的方便，我们将跨国公司的优势简化为产品开发和设计能力，国内企业则有本地销售网络和经验。二者之间之所以能够形成“多角联盟”的格局，实际上是一个多期博弈的结果。

第一期，“自然”选择中国轿车市场的潜在规模和成长速度，显然这是一个公共信息，在现有的进入限制和关税水平下，跨国公司的最优选择必然是“合资”。

第二期，国内主流企业受能力约束，为实现短期利润最大化，相互竞争的最优策略也是通过“合资”引进现实的产品。

第三期,跨国公司和国内企业策略的一致性,导致了“多角联盟”的发生。

我们用一个简单的例子来证明这一博弈均衡。假定有两个跨国公司A和B,它们分别拥有$X(X\geqslant 3)$和$Y(Y\geqslant 3)$个成熟产品;三个国内主流企业(a、b和c),各自有一个能力为q_a、q_b、q_c的销售网络。不考虑价格竞争和产品替代效应的影响,如果股权的比重相等,可以计算出不同状态下的收益。

(1)采取“一对一”方式时,若跨国公司A与企业a合资,A向a提供个产品,各自的收益用产量计算均为$\frac{1}{2}x_a q_a$。

(2)若采取“一女多嫁”策略,A或a的收益变为$\frac{1}{2}(x_a q_a+x_b q_b+x_c q_c)>\frac{1}{2}x_a q_a$,显然,$(x_a+x_b+x_c)\leqslant X$。同理,对于B或b也有$\frac{1}{2}(y_a q_a+y_b q_b+y_c q_c)>\frac{1}{2}y_b q_b$。

这一简单的分析也可以用图3.1表示,这里$R=\frac{1}{2}(x_a q_a+x_b q_b+x_c q_c)$,$r=\frac{1}{2}x_a q_a$,D和M分别表示“一对一”和“一女多嫁”战略。

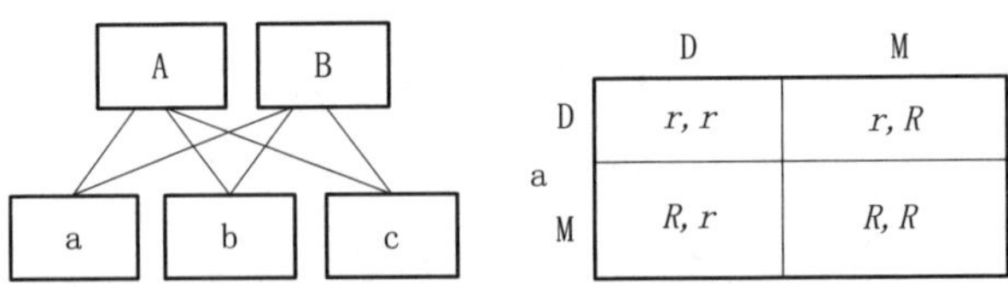

图3.1　双层寡头垄断下的“多角联盟”

2.“多角联盟”产生的特殊条件分析

首先,它要求中国的轿车产业在达到一定的规模之前必须保持一定的增长速度,否则每个合资企业的“全系列化”产品布局,一定会引发激烈的市场竞争;其次,中国的关税要保持一定的水准,使跨国公司不易从直接投资向出口战略转化,尤其是日韩等国的制造商,它们已经在劳动力比中国更为廉价的东南亚地区形成了一定的生产规模;再次,国内的主流或新进入企业在短期没有形成既有知识产权又有规模经济的新产品,这主要取决于政府的扶持力度或激励措施;最后,产业政策不发生大的变化,特别是在市场准入方面如果取消独资的限制,跨国公司将利用长期合资积累的品牌和本土化优势,放弃与中方企业的合作，或者使中国企业仅仅拥有有限的股份[①]。通过对中国未来轿车市场的预测以及新产业政策所传递信息的分析，我们发现，上述条件短期内基本上都可以得到满足，所以“多角联盟”很可能成为一种较稳定的产业组织模式。

第三节 本土大型企业集团的主营业务空心化

“多角联盟”格局的形成，反映了本土企业和跨国公司在现有的市场条件、管制约束下的一种理性选择，但从长期观察，它必然通过对产业结构、产品结构和消费者行为的影响，造成本土主导企业的边缘化或者转变成依附跨国公司的投资公司。

一、本土主导企业的“劣势”地位

1. 价值链与汽车制造的纵向分工体系

价值链和产业链是轿车企业形成核心竞争力的两个关键性因素。“多角联盟”方式的普遍流行，也正是因为本土企业和跨国公司在这两个环节上具有一定程度上的互补性。传统意义上，一个较为完整的轿车生产价值链，只考虑研究与开发、配件供应、制造（冲压、焊接、油漆和组装）、营销、售后服务等活动，随着产业链的延伸，融资、租赁甚至保险服务也逐渐被轿车生产企业所融合，对福特通用等跨国公司而言，后者对利润的贡献远大于传统业务。

分析图 3.2 发现，价值链的不同活动对企业核心竞争力或利润的贡献存

① 例如，在我国日用洗涤剂行业的合资中，合资企业一般会把中国的传统品牌束之高阁，国内企业的结局往往是既丢掉了市场份额，也失去对品牌的控制。

在很大差异,尤其是随着资本、人力的自由流动,价值链可以实现空间上的分离。不同国家或地区的生产要素密集程度、市场条件、已有生产能力和经验是跨国公司进行产业链布局的重要决定因素。我国轿车产业的优势价值区间主要局限在劳动密集型的组装业务、对本土市场的了解和营销经验,以及已形成的营销网络等三个环节。除了销售业务在国家的关税保护下还能获取较高利润外,低技术含量的冲压、油漆、焊接和组装活动的赢利能力十分有限,只能寄希望于市场规模的持续扩张。对市场规模增长的共同预期,引导各个跨国公司将战略的重点和装配线向中国转移它们利用在品牌、品质、技术(包括设备、生产、管理模式、营销理念)、资金、人才等诸多方面的优势,占据了产业链中能够带来高额利润的环节,在"多角联盟"的不断扩张中,合资企业的数目也在显著增加。

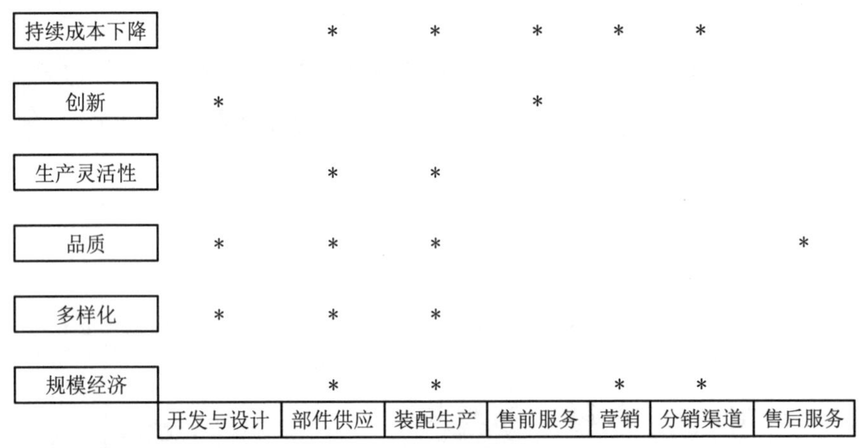

图 3.2　轿车产业的价值链与核心竞争力

2. 本土参与者的角色定位

由于降低了国产化的要求,新建立合资企业的产品投放周期急剧缩短,有些企业在很短的时间内就具有了较大的规模,隐藏在这一现象背后的是 CKD 和 SKD 生产方式的再次泛滥。为维持已有的市场地位,主流企业也在一定程度上放弃了对成熟的国内配套体系的进一步完善和优化,而加大了引进新产品和进行新一轮合资的力度。2002 年以来,发动机和部件组成的进口金额几乎占轿车产业收入的 1/3,达 600 亿—800 亿元人民币。在这一轮的市场竞争中,最大的受益者还是跨国公司。为了与“6+3”结盟,国内企业主动将合资的持股比例降到国家规定的最低水平,使大多数的跨国公司不仅获得了极其丰厚的产品销售回报,也在生产设备、零部件出口和自主品牌的使用中,将大部分利润据为己有。基于“多角联盟”的产业链布局强化的是本土企业的装配能力,在一定程度上使其错失了提升制造能力的有利时机。

二、“多角联盟”与本土主导企业的业务“空心化”

“多角联盟”在一定范围内是市场结构和企业治理结构的一种中间状态,从市场结构特别是“五种竞争力量”的解释出发,它反映的是轿车产业中跨国公司与国内企业、供应商与生产者之间的竞争或合作的利益关系。同时,它又使企业与其股东、供应者、潜在或现实的竞争者的身份发生错位。中间状态带来的一个显著后果是跨国公司控制力的增强,亦即原有主导企业和新进入民营企业的边缘化。做出这一判断的主要依据来自以下两个方面:

1. 合资企业中本土企业的控制力下降

跨国公司与本土主流企业的合作并没有停留在双边合资的水平上,它们利用现有产业政策的漏洞和地区型集团的支持,正在以多种形式加大对中国市场和产业的渗透。对企业的治理结构有显著影响的就是目前流行的“中中外”模式(见图 3.3),即本土企业、合资企业、外资企业所建立的新的合资企业。在这种复杂的股权结构中,本土主流企业企图以股权的稀释换取跨国公司的技术支持或产品,但后者在董事会中的控制权的强化,使本土企业原本有限的“话语权”进一步被剥夺。

2. “合资品牌”扩张、密集竞争与本土企业成长环境恶化

合资企业对中国轿车市场的主导作用在 2001 年曾受到本土品牌(如吉利、奇瑞)的一定冲击,但随着新一轮合资企业的建成投产,包括主流企业开发的民族品牌在内的本土品牌市场份额,在经历短暂的上升后,又有被合资品牌再次边缘化的风险。2002 年,在新投放的 38 个轿车产品中,自主开发的只有 4 个,合资企业推出的有 22 个,其余的 12 个也是通过技术合作引进的成熟产品和品牌。这一趋势在2003、2004年更为明显，由大众和通用控制的合资企业所实施的全系列产品战略，利用已经形成的销售网络、强势品牌效应和高的顾客忠诚，不仅实现了原有品牌规格上的差异化，而且强势进入了其并没有显著比较优势的市场，以压缩本土品牌的成长空间。国内的非主流企业，虽然抓住了近年来产业快速增长的机会，提高了生产规模，但其产品大多处于细分市场的末端，企业的生存能力主要源于关税政策和地方政府的刻意保护，其竞争优势并没有像一些专家所分析的那样强。主流企业主动放弃对自主品牌的开发，中小企业无力应对市场需求的持续下降，必然使本土企业长期处于边缘化状态。

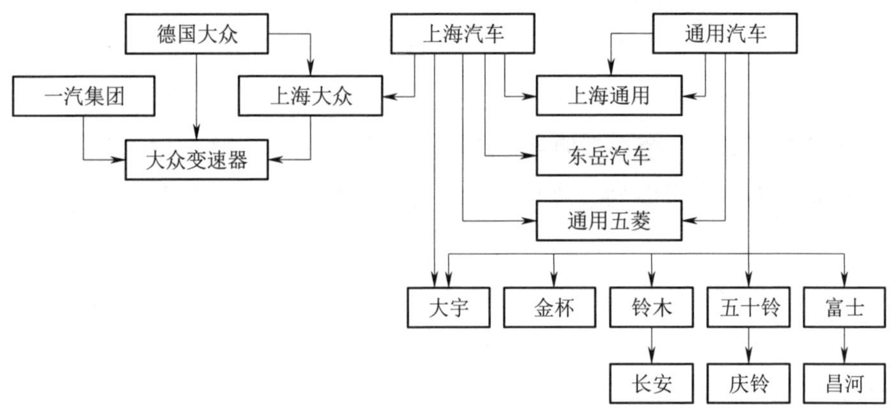

图3.3　“多角联盟”下的公司治理关系

三、“多角联盟”的挤出效应

1. 自主品牌制造企业加入合资序列

备受关注的“奇瑞－捷豹路虎”合资项目终于在2012年11月签署正式协议，不同于以往的整车组装合资模式，该项目还包含发动机制造、联合研发和发展“合资自主品牌”等明确的目标。奇瑞汽车脱胎于一汽大众、上海大众等跨国公司主导的配套体系，基于自主研发和自主创新的战略，已经形成了从整车、动力总成到关键部件的研发、生产、销售体系，其自主品牌的市场占有率长期居国内首位，为什么也要沿袭广汽、北汽、上汽等“产品空心化”企业集团的战略，选择与跨国公司合资的路径？如果考虑到另外两家的自主品牌制造企业吉利和比亚迪，在近期也通过合资、兼并的方法，与戴姆勒、沃尔沃建立了不同形式的战略联盟，这一新的趋势是否也预示着自主品牌的发展模式被“抛弃”？业内专家学者认为，与跨国公司的全面合作，并不能自动实现“市场换技术”的效应，反而会丧失在劳动成本和本土市场控制权方面的优势，使得这些“纯自主品牌”制造企业在高速增长时期积累的核心竞争力和产品声誉，成为跨国公司加速市场渗透的资源。企业经营者则表示，只有全方位地参与跨国公司控制和主导的价值链活动，才有机会接触汽车经营的核心知识，并通过模仿性的学习，嫁接到自主品牌的相关业务中。问题在于，如果基于外资品牌的生产经营可以获得更高的生产份额和利润，本土企业的参与者是否有动机学习和移植跨国公司的领先技术？是否还有动力构建相对独立的生产配套网络？

2. 本土企业借力跨国公司的策略选择

中国政府按照加入“WTO”的协定，放松了对外资进入轿车产业上下游的股权比例、经营范围的限制后，跨国公司对轿车产业的控制力从原来的装配制造，快速扩展到本地化研发、原材料供应、设备提供、渠道控制、售前融资和售后服务等价值链的各个环节。这种多维的“嵌入”，通过直接或间接的溢出效应，为本土各类企业提供了“现场学习”的机会，缩短了自主品牌的开发周期和成本。在市场需求规模急剧增长，特别是在国家差别化税率政策的扶持下，若干本土企业的自主产品也获得了一定的市场份额，并通过仿制、模仿、工程再构或研发外包的形式，推出了以中低端车型为主的自主品牌。但是，随着国家鼓励、扶持低排量轿车政策的取消，2010—2012 年比亚迪、奇瑞和吉利等自主品牌生产企业的销售增长率均低于市场的平均水平，如果扣除从国家获得的各种补贴，它们都处于亏损的边缘，需要在成长模式和战略上进行调整。从企业外部，特别是与跨国公司的合资、合作或战略联盟中，获取品牌、研发和技术资源，就成为这些企业摆脱短期困境，赢得生存竞争的战略手段之一。

3. 跨国公司的顺势而为与控制力强化

受制于全球范围内轿车生产能力过剩的压力，主要跨国公司的生产组织模式正处于从封闭、半封闭到基于模块化的“开放”结构的转化进程中。庞大的市场需求、低成本的配件制造体系、高素质的人力资源供给，加之2008—2009年美国金融危机导致的多重压力，使跨国公司加快了将研发基地、装配线、相关配套企业向中国转移的速度。从降低进入壁垒和节约经营成本的初衷出发，跨国公司也希望与本土企业的纵向生产体系发生一定的交织和相互“嵌入”。但是，由于在由组织模式、管理方式、制造流程和市场环境等因素决定的核心竞争力存在巨大的差异，这种“嵌入”必然呈现出不对称的特征：跨国公司试图利用本土企业在劳动力、资本密集、销售网络等环节的优势，而本土企业则希望更多地借助外资在技术工艺、产品研发和售后服务等领域的资源。这种不对称“嵌入”模式的背后，企业间竞争与合作的长期并存，也影响着不同类型企业纵向组织能力的构成和绩效，进而决定着核心竞争能力的形成和变化。

第四节　跨国公司的纵向控制及其圈定效应①

如前所述，由于长期合资经营导致对外资技术、品牌和管理技术，特别是产品获利能力的过度依赖，本土主流企业长期处于制造业“空心化”的困境，出现了自主品牌的开发惰性。随着国家对外资在发动机、变速箱等领域股权比例约束的取消，主流的本土企业与跨国公司在产业链上形成了如图3.4所示的“不对称”嵌入关系，也使得跨国公司通过对关键资源的控制具有了实施纵向圈定的能力和激励，这必然加大合资企业的中方参与者自主创新和独立发展的困难。同时，由于上下游股权比例限制的差异，图3.4展示的关系，在特定的企业内就呈现出纵向不对称的所有权结构，外资通过与本土企业在上下游成立具有投入—产出关系的多个合资公司，保持着其在产品换代、技术选

① 本节的主要内容发表在《财经研究》2009第12期。

择、价格设定和企业重组等领域的优势地位，并形成了“跨国公司领导、本土企业跟随”的局面。产业组织理论对这一结构进行过大量的数理分析，本节的目的内容就是基于中国的特殊情况，构建一个新的分析框架，用于解释跨国公司的纵向圈定行为及其影响。

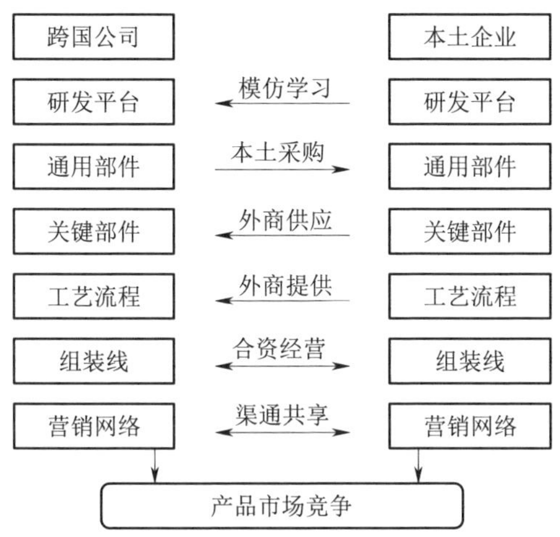

图 3.4 本土企业和跨国公司价值链的不对称嵌入

一、理论背景

1. 合资企业与本土企业的自主开发

合资企业这一制度安排对本土企业的成长是否存在溢出效应，是评价“市场换技术”战略有效性的论据之一。刘世锦（2008）指出，提供学习机会、引导零部件产业形成和培育消费群体是外资对中国轿车产业的主要贡献，并强调本土企业自主研发的障碍不是外资的挤压，而是产业政策的限制。钟师（2006）在讨论民族汽车品牌的生存环境时，对外资威胁论持否定意见，但承认通过对技术工艺、关键部件和销售渠道等手段限制溢出效应，是跨国公司利润最大化的必然选择。宋泓、蔡瑜（2006）认为合资安排是实现进口替代的一种较好选择，并指出随着跨国公司在“后 WTO 时期”的大规模进入，其他企业的发展空间会被挤压，合资企业的中方参与者也无法学习跨国公司的产品研发、技术更新和品牌营销等核心竞争力。美国学者盖勒格(2007)的观点则十分明确:“美国在中国汽车行业的直接投资,汽车车型已经转让给中国,但却没有真正对中国汽车创新能力的改善做出贡献,因为知识没有随着产品和制造工艺一起转让给中国”,并指出在20年的合资经营后,中国汽车产业的技术水平仍落后发达国家10到15年,这与路风(2006)和范承泽等人(2008)的理论模型和实证研究的结论是一致的,即合资企业只是在组装国外品牌,并没有产品研发活动,不会引致本土企业自动走自主开发的路径,在一定条件下还是抑制本土企业科技创新的主要因素。瞿宛文(2009)提出了一个“赶超共识监督下的产业政策模式”,并将中国汽车产业的发展总结为进口替代、提升国际竞争力、合资与自主并行等三个阶段,强调企业与政府之间的博弈,没有分析外资和中资企业之间的竞争关系。周治平等人(2006)发现在轿车合资企业中,股权比例的安排与实际控制权不相吻合,关键资源的投入、技术垄断和对企业日常运营等权力都由外资所掌握。柳长立(2008)分析了近年来轿车产业合资方式的变化,发现通过能力从整车向研发、采购、零部件、服务等领域的延伸,跨国公司对产业的控制得以强化。胡安生(2006)认为在合资企业居于主导地位的结构下,大型国有企业的产业空心化是其实现自主创新的主要障碍。李庆文(2007)的案例分析亦表明,大型国有企业自主研发滞后的主要原因,在于他们无法摆脱对跨国公司的多方面依赖。

上述分析揭示了跨国公司纵向或水平控制行为的存在,但未能对“多角联盟”“多重合资”和集团内竞争等中国轿车产业的特殊因素,进行规范的模型分析。本节针对中外参与者在上下游同时设立多个合资企业的组织结构,建立了一个简化的纵向约束模型,以分析跨国公司对其“合作方”的开发行为予以限制的动机所在,并揭示国有企业自主创新激励不足的结构性诱因。

2. 产业纵向结构与市场圈定

产业组织理论对纵向结构下不同参与者行为的研究,是本节理论模型的基础之一。Ordover, Saloner 和 Salop(1990)构建了一个四阶段博弈模型(亦 OSS 模型),发现纵向一体化具有市场圈定的效应[①]。Riordan(1990)证明

① 在标准的产业组织理论中,市场圈定被定义为:“一种商业行为(包括兼并),该行为限制若干买者与一个卖者接触的通道(称之为上游圈定),或者限制若干卖者与一个买者接触的通道(下游圈定)。”(Oliver Hart, et.al, 1990)

下游主垄断厂商的向上一体化，会导致上下游产品价格的同时提高，即存在“反竞争”效应。Hart et.al（1990）基于所有权和剩余索取权理论，构建了纵向一体化和市场圈定的分析框架，形成了后续研究的参照系。Yongmin Chen（2001）证明如果企业的成本存在差异，纵向一体化具有效率和合谋的双重效果。Economides（1998）和 Weisman（2001）认为纵向一体化的上游投入品垄断者，是否对下游竞争者实施价格或非价格歧视，取决于纵向一体化的程度和生产效率的差异。在 Yongmin Chen（2001）和 Economides（1998）的基础上，本节将产权结构与纵向差异化竞争相结合，试图分析股权比例不对称对跨国公司市场圈定行为的影响。

3. 部分所有权安排下的企业行为

跨国公司与本土企业在产业的上下游的不同环节建立多个合资企业，是中国轿车产业的一个显著特征，这种结构较接近产业组织理论中“部分所有权”（Partial Ownership Arrangements，POAs）的范畴①。以往对 POAs 结构的分析十分注重它与合谋行为之间的关系，例如，Alley（1997）基于推测变量模型，证明企业间的部分所有权协议有利于实施价格合谋。Ono，Nakazato 和 Colin（2004）的计量检验也发现主导厂商会增加对竞争者的股权投资，以降低价格竞争发生的概率。Parker 和 Roller（1997）的实证研究表明，在美国电信产业的多产品双寡头结构中，相互持股和多市场接触会限制竞争。Gilo，Moshe 和 Spiegel（2006）的理论模型分析也证明，投资于竞争者有助于默契合谋的发生。而在 Greenlee 和 Raskovich（2006）建立的下游厂商拥有上游企业部分股权的模型中，只有当成本不对称或下游产品差异化时，部分所有权安排才具有增加价格和降低社会福利的效应，这实际上是对 Yongmin Chen（2001）研究的扩展。本节的模型证明，随着跨国公司在上游合资企业中股权比例的增加，其实施投入品歧视的动机会增强；但对中方参与者而言，从上下游合资企业所获得的稳定收益，会生产所谓“搭便车”效应，抑制其自主研发行为。

---

① 较早提出这一范畴的是 Alley（1997），他在研究日本企业相互持股与市场合谋间的关系时，将 partial ownership arrangements 定义为竞争者之间的“相互参股、决策独立”的一种组织结构。

二、模型分析与基本命题

1. 前提与假定

两个参与人 A(本土企业)B(跨国公司)合资组建了处于上下游的企业 U 和 D_2,由于政策的限制,他们在 D_2 的股权比例是均等的,而在关键投入品企业 U 中 B 占据控制地位,其比重为 $\alpha\left(\frac{1}{2}<\alpha<1\right)$。两个企业都生产 B 拥有的品牌。出于自身发展的需要,参与人 A 独资设立了企业 D_1,生产 D_2 的不完全替代品,但仍需使用来自 U 的投入品。由于股权结构的差异,U 的决策权属于 B,而 D_2 的定价权则授权给管理者,D_1、D_2 和 U 都是交易关系(见图 3.5)。为分析的便利,假定 D_1 和 D_2 的生产成本只与来自 U 的投入品价格 w_1、w_2 有关,是 $C_i=w_ix_i(i=1,2)$,同时 U 的边际成本也是 0,且每一个最终产品只需要一个投入品。

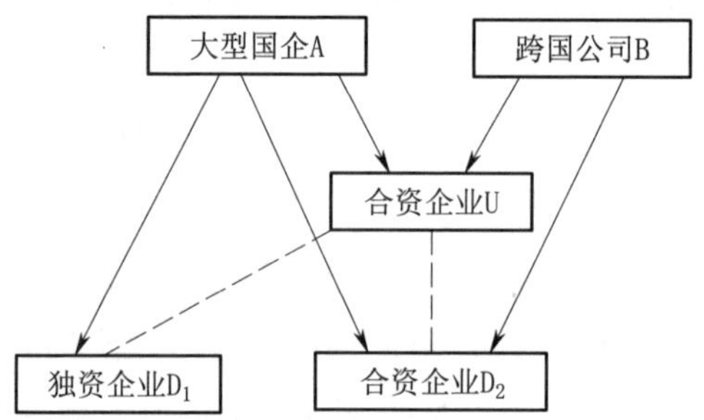

图 3.5　分析对象的纵向和股权关系(实线为股权关系、虚线为交易关系)

下游是一个纵向差异化的市场,D_1 和 D_2 分别生产质量为 s_1 和 s_2 的产品,$0<s_1<s_2$。消费者的效用是收入、产品质量和价格的函数:$u=\theta s_i-p_i$,收入 θ 均匀地分布在区间$[a,b]$上,为保证需求函数存在并有负的斜率,要求 $a>0$,$b>2^{n-1}a$。对两种产品无差异的边际消费者 θ 由 $\hat{\theta}s_1-p_1=\theta s_2-p_2$ 给出,当质量低于一定水平时,消费者对低质量企业的需求会等于 0,这时市场就处于不完全覆盖状态,此刻两种产品的需求分别是:

$$x_1=(p_2-p_1)/(s_2-s_1)-(p_1/s_1);x=b-(p_2-p_1)/(s_2-s_1) \tag{3.1}$$

为了将分析的主旨集中在圈定行为的动机上，假定质量是外生的。本节的博弈顺序就简化为：最后阶段，两个下游企业 D_1 和 D_2 进行价格竞争，引致出对投入品的需求；然后拥有 U 控制权的参与人 B 决定是否对 D_1 的投入价格进行歧视，以达到下游市场进入限制或圈定的目的。作为一种扩展，还应分析这种纵向结构下参与人自主产品创新的动机问题。

2. 下游市场价格竞争的均衡分析

企业 D_1 和 D_2 进行伯特兰德－纳什竞争（Bertrand-Nash competetion），它们的反应函数由各自利润对价格的一阶条件得到：

$$\frac{\partial \pi_1}{\partial p_1}=0 \Rightarrow 2s_2 p_1 = s_1 p_2 + w_1 s_2 \tag{3.2}$$

$$\frac{\partial \pi_2}{\partial p_2}=0 \Rightarrow 2p_2 = p_1 + b(s_2 - s_1) + w_2 \tag{3.3}$$

式（3.2）和式（3.3）相互代入可以获得两个产品的价格：

$$p_1 = [s_1(s_2 - s_1)b + 2s_2 w_1 + s_1 w_2]/(4s_2 - s_1) \tag{3.4}$$

$$p_2 = s_2[2(s_2 - s_1)b + w_1 + 2w_2]/(4s_2 - s_1) \tag{3.5}$$

相应地，两个市场的需求和利润分别是：

$$x_1 = \frac{s_2}{s_1(s_2 - s_1)(4s_2 - s_1)}[s_1(s_2 - s_1)b - (2s_2 - s_1)w_1 + s_1 w_2] \tag{3.6}$$

$$x_2 = \frac{1}{(s_2 - s_1)(4s_2 - s_1)}[2s_2(s_2 - s_1)b - (2s_2 - s_1)w_2 + s_2 w_1] \tag{3.7}$$

$$\pi_1 = \frac{s_2}{s_1(s_2 - s_1)(4s_2 - s_1)^2}[s_1(s_2 - s_1)b - (2s_2 - s_1)w_1 + s_1 w_2]^2 \tag{3.8}$$

$$\pi_2 = \frac{1}{(s_2 - s_1)(4s_2 - s_1)^2}[2s_2(s_2 - s_1)b - (2s_2 - s_1)w_2 + s_2 w_1]^2 \tag{3.9}$$

基于上述分析得到命题 1。

命题 1: $\frac{\partial p_1}{\partial w_1}<0, \frac{\partial p_1}{\partial w_2}>0; \frac{\partial p_2}{\partial w_2}<0, \frac{\partial p_2}{\partial w_1}>0, \frac{\partial x_1}{\partial w_1}<0, \frac{\partial x_1}{\partial w_2}>0;$
$\frac{\partial x_2}{\partial w_2}<0, \frac{\partial x_2}{\partial w_1}>0$

$$\frac{\partial \pi_1}{\partial w_1}<0,\frac{\partial \pi_1}{\partial w_2}>0;\frac{\partial \pi_2}{\partial w_2}<0,\frac{\partial \pi_2}{\partial w_1}>0 \tag{3.10}$$

命题1表明,在不考虑上下游企业的纵向关系时,两个下游企业产品的销售价格、销售量和利润分别与自身的投入品成本负相关、与竞争者投入品成本正相关。这一发现和Chen(2001)、Oss(1990)以及泰勒尔(1988)基于线性需求函数的结果是一致的,也是后续分析的基准点。

3. 参与人B的市场圈定动机与上游控制权强化

如前所述,即便U和D_2拥有相同的所有权人,但由于股权比例的差异和下游竞争的存在,二者的利益不是完全一致的,在不考虑水平和纵向完全合谋的前提下,B在获得利润最大化时,具有借助上游投入品的决策权对D_1实施歧视,进而抑制其下游市场份额的动机。参与者B的利润可表示为:

$$\pi_B=\alpha(w_1x_1+w_2x_2)+\frac{1}{2}\pi_2 \tag{3.11}$$

上式对w_1求一阶导时可知:

$$\frac{\partial \pi_B}{\partial w_1}=\alpha\left(w_1\frac{\partial x_1}{\partial w_1}+x_1+w_2\frac{\partial x_2}{\partial w_1}\right)+\frac{1}{2}(p_2-w_2)\frac{\partial x_2}{\partial w_1}+\frac{x_2}{2}\cdot\frac{\partial p_2}{\partial w_1} \tag{3.12}$$

直观上很难判断上式是否大于0,借助多元函数求导的链式法则可以得到:

$$\begin{aligned}\frac{\partial \pi_B}{\partial w_1}&=\alpha\left(w_1\frac{\partial x_1}{\partial p_2}\frac{\partial p_2}{\partial w_1}+x_1+w_2\frac{\partial x_2}{\partial w_1}\right)+\frac{1}{2}(p_2-w_2)\frac{\partial x_2}{\partial w_1}+\frac{x_2}{2}\cdot\frac{\partial p_2}{\partial w_1}\\&=\frac{\partial p_2}{\partial w_1}\left(\alpha w_1\frac{\partial x_1}{\partial p_2}+\frac{x_2}{2}\right)+\frac{\partial x_2}{\partial w_1}\left(\alpha w_2+\frac{1}{2}(p_2-w_2)\right)+\alpha x_1\end{aligned} \tag{3.13}$$

由命题1可知,当$p_2>w_2$时,上式的各项均大于0,即$\frac{\partial \pi_B}{\partial w_1}>0$。

进一步的分析还发现,随着B在上游股权比例的提高,这种歧视也会增加其总利润。原因在于:

$$\frac{\partial^2 \pi_B}{\partial w_1\partial \alpha}=\frac{\partial}{\partial \alpha}\left(\frac{\partial \pi_B}{\partial w_1}\right)=w_1\frac{\partial x_1}{\partial w_1}+x_1+w_2\frac{\partial x_2}{\partial w_1}>0 \tag{3.14}$$

严格地讲,价格歧视只是B的策略工具之一,它还可以选择质量、数量或拒绝交易等手段,扭曲企业1的生产和经营活动,最终还会体现在后者的成本和价格上,使其在下游市场的竞争中居于劣势。式(3.14)还表明,由于B的利润会随着其在上游控制权的提高而增加，因此它也就具有了强化上游股权的激励，基于上述分析得到命题 2。

命题 2：在双重部分所有权的纵向结构下，参与者 B 具有扭曲竞争对手的投入品价格或质量，实现圈定效应的动机。而在下游股权比例受限的条件下，这种动机也会促使其提高在上游企业的股权比例。

上述分析与 Ono.et.al（2004）基于“数量竞争、股权结构选择”的两阶段博弈模型的结论是相似的，他们发现了部分所有权安排的“内生性”。而 Riordan（1998）的分析也表明，成本歧视的发生依赖于纵向一体化厂商基于成本优势，或者其在上下游的市场势力。李维安和李宝权（2003）的模型则将跨国公司的独资化倾向解释为其追求非生产性收益，但未解释实现这种收益的策略所在。本节的分析则表明，在不完全的纵向一体化结构下，不通过下游总产出的增加，也可以借助扭曲成本获得更高的利润。当然，由于企业内部和企业间交易价格数据的不可获得性，无法对价格或质量歧视进行计量检验。但在市场结构、需求增长和参与者数量给定的条件下，如果能够发现企业 B 的市场份额或上游企业 U 的利润率增加，就可以推定参与者 B 采取了某些歧视或圈定策略。进一步，如能发现参与者 B 在上游股权比例增加或股权独资化的倾向，就可以证明命题 2 是否存在。

4. “搭便车”效应与参与人 A 下游产品开发的惰性

相关研究者之所以对轿车产业的“市场换技术”战略持否定态度，最现实的依据就是，合资公司中的国有企业集团，缺乏自主产品开发的动机和绩效，而具有规模效应的本土品牌都是奇瑞、吉利和比亚迪等民营或“非主流”企业开发的。对上述模型的拓展，可以解释国有企业自主开发“惰性”发生的结构性诱因。

在双重部分所有权的结构下，当参与人 A 使用 U 提供的投入品进行自主产品开发后，其总利润是：

$$\pi_A=(1-\alpha)\pi_u+\frac{1}{2}\pi_2+\pi_1 \tag{3.15}$$

而若 A 不推出产品 s_1 时，市场结构处于双边垄断的状态，其利润可表述为：

$$\pi_A^m=(1-\alpha)\pi_u^m+\frac{1}{2}\pi_2^m \tag{3.16}$$

因此开发激励就取决于上面两个利润的差额：$(\pi_A-\pi_A^m)$ 是否大于 0，也就是：

$$\pi_1 \geqslant (1-\alpha)(\pi_u^m - \pi_u) + \frac{1}{2}(\pi_2^m - \pi_2) \qquad (3.17)$$

由于在两种结构下U都处于垄断的地位,尽管实施价格歧视会增加来自中间投入品的利润,但在市场总规模不变的条件下,当歧视的激励来自挤出效应时,基于标准的垄断和竞争理论,上游利润的最高值不会超过垄断利润,即$\pi_u^m \leqslant \pi_u$,二者相等时式(3.17)可以简化为:

$$\pi_1 \geqslant \frac{1}{2}(\pi_2^m - \pi_2) \qquad (3.18)$$

鉴于下游市场的垄断利润严格高于竞争利润,即$\pi_2^m > \pi_2$,这进一步要求$\pi_1 > 0$。而当B采取歧视策略排除竞争对手时,会使$p_1 < w_1$,此刻$\pi_1 < 0$,式(3.18)就不成立。而在不开发的情形下,A依然可以从双边垄断的结构中获得稳定的收益,"挤出"和"搭便车"效应相结合,就具有弱化A开发s_1的作用。式(3.15)对$(1-\alpha)$的一阶导数为正,表明参与人A在上游的股权比重越高,获得的收益会增加。结合这些发现得到命题3。

命题3:在双重部分所有权的纵向结构下,参与人A开发自主产品的激励,随着中间品价格歧视程度的增强而弱化,并与其在上游合资企业中的股权比例负相关。[①]

命题3的结论与范承泽、胡一帆和郑红亮(2008)对FDI与企业技术创新和转移模式选择的判断也是一致的,他们的简化模型证明一个公司外资成分的增加虽然会提高技术水平,但却会降低企业自身研发的投入;其计量检验也表明"FDI对国内企业自主科技研发的净影响为负"。[②]

三、基于"大型国企"自主产品开发行为的经验分析

由于考察期较短以及企业内部交易数据的缺失,只能基于统计描述和代

---

① 严格地讲,还应分析产品差异化对上游企业投入品价格歧视或本土企业自主产品定位的影响,需进行专门的模型研究限于主旨和篇幅无法展开。

② 但在将类似的计量方法应用到轿车产业时,由于大多数合资企业的中方参与者处于产业"空心化"的状态,它们的主要变量是对合资企业的简单相加,会使技术水平提高的效应远远大于自主投入下降的程度,产生了正的净效应。我们使用案例研究的方法则可以避免这一问题的发生。

表性事实的考察，特别是案例分析进行假设检验。虽然这会影响分析的规范性，但在新产业组织理论的框架下，通过对企业微观行为的考证，发现代表性的事实，再进行模型推演，并向其他领域延伸，是弥补微观数据缺乏的主要手段之一[①]。本节的经验分析包括产业层面的特征化事实描述和公司案例分析两部分，力图形成一个较严密的证据链。

1. 产业层面的经验考察与总体发现

北京吉普和上海大众企业建立以来，大型国有企业或集团一直是轿车产业合资经营的主体，也成为产业发展的主导者和主要受益者。在我国加入WTO之前，跨国公司与大型国企的合作主要通过建立冲压、焊接、油漆和装配生产线，利用SKD、CKD的模式组装属于跨国公司的产品。其初衷是在实现进口替代战略的同时，通过长期的“干中学”，最终形成本土企业的自主技术和自主产品。在这些合资企业建立之际，由于本土的轿车产业处于近乎空白的状态，仅有的两个产品“红旗”和“上海”牌轿车的产量长期在三位数徘徊，随着跨国公司控制力的增加，中方企业逐渐放弃或压缩了原有产品的生产。除了天津夏利、长安汽车和贵州云雀等企业以技术引进的方式生产自主品牌外，20世纪90年代建立的其他合资企业都选择上述模式进入轿车产业。在产业持续增长的背景下，跨国公司除了从产品销售中获得超额利润外，还借助技术工艺使用费、设备购置成本和人力资本支出取得丰厚的回报，即众所周知的利润转移。我国资本和劳动力成本的优势，也促使跨国公司将一些生产流程转移到中国，间接带动了零部件产业的发展。这一时期，市场定位、产品质量、生产规模和品牌影响力的巨大差异，使本土品牌无法与外资产品展开实质性的竞争，跨国公司的优势主要体现在整车市场领域（见本章附录表1）。

（1）经验发现之一：“后WTO时期”跨国公司纵向控制力的强化。2001年中国加入WTO以来，大型国企与跨国公司的合资快速地扩展到关键部件制造、物流配送、购车融资等环节。随着保护性的股权比例限制政策的放松或取消，在这些部件合资企业中，跨国公司的股权比例大多高于本土企业，一些核心技术或者溢出效应显著的领域，还呈现出独资化的倾向。这种不对称的

① 潘卡基·格玛沃特（2002）在评价产业组织理论方法的演变时指出，一些著名的经济学家开始倡导对单个案例的深入研究，有助于我们识别值得分析的对象，以便从一般意义上思考理论的实际应用价值。

纵向所有权安排，就成为跨国公司实施价格、质量或数量约束的基础。应该指出的是，2002 年以来中国轿车产业的高速增长，在一定程度上掩盖了大型企业集团内部发展不均衡的问题。研究者较多关注所谓“纯本土”与合资品牌之间的竞争，对跨国公司借助上游的市场势力，直接或间接抑制大型国企开发自主产品的现象较少深入分析。自主品牌市场份额的增加和市场影响力的提升，特别是国家从政策层面对大型国企施加的压力，使跨国公司意识到合资企业的中方参与者是其最大的潜在威胁，在加快新产品市场渗透率的同时，增强在关键领域的控制力就成为维持主导地位的必然选择。中国轿车产业纵向组织结构的变化，就是这一策略性行为的反映（见表 3.7），也就是说，命题 2 是存在的。

表 3.7　轿车产业跨国公司的能力分布

合资企业名称	股权比例（中方 / 外方）/%	业务与能力 / 万辆（台）
上海大众	上汽集团：50；大众汽车：50	整车 46.6 万辆；发动机 35.7 万辆
一汽大众	一汽集团：60；大众汽车：40	整车 48.9 万辆；发动机 48.8 万辆
大众变速	上汽集团：20；大众汽车：60	变速器 13.89 万台
大众平台	一汽集团：40；大众汽车：60	传动装置
上海大众动力	上汽集团：40；大众汽车：60	发动机 10.8 万台
大众一汽发动机	一汽集团：40；大众汽车：60	发动机 43.9 万台
一汽天津丰田	一汽集团：50；丰田汽车：50	整车制造 27 万辆
天津一汽丰田发动机	一汽集团：50；丰田汽车：50	发动机 23.6 万台
长春一汽丰田发动机	一汽集团：50；丰田汽车：50	发动机 10.2 万台
丰田一汽模具	一汽集团：10；丰田汽车：90	模具制造
丰津传动	天汽集团：10；丰田汽车：90	万向节 54 万台
广州丰田	广汽集团：50；丰田汽车：50	整车制造 17 万辆
广州丰田发动机	广汽集团：30；丰田汽车：70	发动机 34 万台

（续表）

合资企业名称	股权比例（中方／外方）/%	业务与能力／万辆（台）
丰田锻造件	丰田汽车：100	万向节120万台；曲轴毛坯40万台
广汽本田	广汽集团：50；本田汽车：50	整车29.5万辆
东风本田	东风集团：50；本田汽车：50	整车12.4万辆
东风本田发动机	东风集团：50；本田汽车：50	发动机29万台
本田配件	本田汽车：100	变速器等24万套
上海通用	上汽集团：50；通用汽车：50	整车29.5万辆；发动机26万辆
上汽通用动力	上汽集团：25；通用汽车：75	发动机
长安福特马自达	长安集团：50；福特（马自达）：50	整车22.6万辆
长安福特马自达发动机	长安集团：50；福特（马自达）：50	发动机15.3万辆

资料来源：根据《中国汽车工业年鉴（2008）》整理而得

表3.7仅统计了主要跨国公司在整车和发动机、变速器等大部件环节的控制能力，实际上在技术平台、销售渠道以及关键部件等环节的独资趋势更加明显。考虑到近年来CKD、SKD组装模式的扩大导致了进口规模的增加，跨国公司在中国轿车产业的影响力会更强。例如，2006年和2007年累计进口的轿车用发动机就有110万台，相当于整车产量的9%，而这其中的多数又配置在合资企业组装的各种车型上，间接地限制了零部件产业的发展。① 另一方面，通过与原有合作者建立从事发动机、变速箱和其他配件生产的新企业，跨国公司的主导权得以继续强化。在下游产品线激烈竞争的背景下，中方合作者为加快产品升级的速度，也会选择这些企业作为主要的供应者，以降低部件投资的风险，但付出的代价是对跨国公司纵向市场势力的长期依赖。一旦市场总体需求放缓或出现不利于跨国公司的变化，后者必然会利用这种势力

① 欧盟、美国向WTO起诉中国政府对轿车大散件和部件征收整车水平关税违规，表面上是为保护其配件产业的利益，其背后的推手还是在中国大行其道的各个跨国公司，控制部件的进口也是跨国公司实施和获得纵向控制的一种新手段。

对竞争者予以限制和约束。这种限制不仅发生在存在下游产品竞争关系的企业之间，也会对其他上游参与者产生影响。例如，五菱柳机公司的微型发动机产量的 90% 为上汽通用五菱配套，随着通用汽车在中国发动机合资企业的建成，前者将失去近 50% 的市场。[①]

（2）经验发现之二：大型国企自主开发的滞后。2004 年以来，由于中央的高度重视，奇瑞、吉利和比亚迪等本土企业成功经验的启发，国有企业集团才有了自主开发的压力和激励。上汽集团通过收购英国罗孚的工艺和技术，开发了"荣威"系列车型；一汽轿车基于奥迪车的底盘推出了"新红旗"和"奔腾"品牌；其他大型国企如东风、广汽和北汽集团也提出了发展自主产品的规划。但是这些企业与外企长期合资所积累的研发、工艺和生产的潜在能力，并未转化为自主创新的现实优势，市场绩效仍明显落后于传统的"非主流"企业。在轿车领域，这种滞后主要体现在两个方面：一是产品结构中自主产品的比例很低，大多数企业不仅没有纯粹的自主品牌，也没有通过技术引进获得属于自身知识产权的产品。例如，东风、北京和广州汽车集团的轿车收入全部来自外资品牌，合资企业占有长安和一汽集团 70% 以上的轿车销售量。相反，奇瑞、吉利和比亚迪等轿车产业的后进入者，生产和销售的全是自主研发的产品。二是自主研发资金和人力资本的投入不足。有关统计数据表明，如果扣除合资企业在技术、工艺消化或改型方面所谓的"研发投入"，广汽、东风和北汽集团自主开发的资金几乎为零（2007 年以前）。[②] 而奇瑞、比亚迪和哈飞等企业，都建立了具有一定规模和水准的研发机构，每年的研发投入占销售收入的比例高达 10%，并拥有大量的实用和外观专利，为产品的后续升级储备了大量的技术知识。不仅如此，它们还借助全球性轿车能力过剩的时机，通过业务外包、外购或引进研发团队的形式，以缩短产品升级的周期。[③] 例如，比亚迪公司通过建立自身研发能力和本土配套体系相结合的创新平台，逐渐摆脱了对日本铃木技术工艺的长期依赖，开发了 F 系列车型，实现了市场份额的增加和品牌的有效延伸。

---

① 《中国汽车报》2009 年 1 月 12 日的报道。

② 关于大型国企在自主研发投入、技术专利和品牌数量方面滞后的事实，可参见《中国汽车产业发展报告（2008）》第 242—258 页的详尽介绍和分析。

③ 这些企业并不排斥与跨国公司的合作，例如，安徽江淮与韩国现代在从单纯技术引进到合作研发的过程中，所用品牌都是"江淮"标示。

一汽、上汽和北汽等国企集团，基于长期合资成功的经验，也试图借助合资企业的能力实现自主品牌开发战略。2004 年至今，在本土品牌迅速崛起的过程中，这种模式的效果却差强人意，一些国企的自主品牌仍停留在“规划”阶段。上述现象不能完全归因于低效率的国有企业经营体制（赵增耀，王善，2007），因为在重型卡车、客车，SUV、MPV、微型客车等细分市场中，它们拥有的自主产品都具有显著的竞争优势和良好的市场绩效。本节的模型分析已表明，在跨国公司纵向控制的结构下，中方参与者只要提供资本、劳动或市场渠道等非核心资源，就能从上下游的合资企业中获得相对稳定的收益，从而规避了产品开发和消费者认知的双重风险。

2. 来自一汽集团的佐证

本节选择一汽集团作为案例分析的对象，是出于两个原因：一是相对于北汽、二汽和广汽等大型国企而言，一汽集团（包括天津夏利）自主品牌的比重和规模最大；二是一汽与大众和丰田建立的合资企业，除了从事整车和部件的生产，上游的合资公司也向本土品牌提供主要部件或技术工艺。更为重要的是，一汽集团与跨国公司在上游合资或采取合资企业的关键件后，原有自主品牌红旗和夏利的市场占有率出现的“异常”变化，值得进行跟踪研究。

表 3.8 列出了一汽集团 2002—2007 年的收入和利润结构。

表 3.8 一汽集团的收入和利润结构

	2002			2003			2004		
	销售收入/万元	利税总额/万元	产量/万辆	销售收入/万元	利税总额/万元	产量/万辆	销售收入/万元	利税总额/万元	产量/万辆
集团合计	915	95		1122	141	52	1145	125	61
一汽大众	302	84	19	489	109	30	432	64	29
一汽轿车	48	4.2	2.6	96	6.8	5.2	76	5.6	5.1
一汽丰田				60	13.3	4.9	106	14	8
一汽夏利	41	−7.9	8.9	54	5.7	12	54	3.5	13
天津丰田发动机	6.9	0.77	4	12.5	2.3	8.4	21.3	3.4	13.4
长春丰田发动机									

（续表）

	2005			2006			2007		
	销售收入/万元	利税总额/万元	产量/辆	销售收入/万元	利税总额/万元	产量/辆	销售收入/万元	利税总额/万元	产量/辆
集团合计	1188	124	69	1491	166	88	1885	291	115
一汽大众	330	40	24	477	67	34	640	137	49
一汽轿车	103	13.9	5.9	99	13.7	5.6	113	12	8
一汽丰田	206	30	13	327	41	21	408	64	27
一汽夏利	67	7.7	19	75	8.5	20	62	5.7	18
天津丰田发动机	20	3.3	12.4	28	3.4	18	35	3.6	23
长春丰田发动机				19	2.9	9	21	4.2	10

注：资料来源《中国汽车工业年鉴》（2003—2008），产量合计只包括轿车

（1）合资经营对本土品牌的“挤出”效应（数据见本章附录表2）。在与大众和丰田公司的合作中，一汽集团并未放弃红旗和夏利两个自主品牌，其初衷是借助合资企业提供的工艺、流程和管理理念，提高自身的研发能力，增加产品的市场份额。但随着合资企业生产规模的持续扩张，特别是消费忠诚的形成，自主品牌的份额在合资后均发生了明显的下降。由于产品细分市场定位的较大差异，在整个轿车产业高速成长的背景下，这一问题也不完全是品牌竞争的结果。例如，在一汽大众持续扩张的早期，出于快速集中能力发展轿车战略的需要，红旗车的产量被压缩，十年间累计产出只有5000多辆，不到奥迪品牌年销量的四分之一[①]。20世纪90年代末，一汽集团提出加速发展红旗品牌的战略，并在奥迪车型的基础上推出了“新红旗”系列，2003年的销量曾接近30000辆，随后产量急剧下滑，在中国轿车市场的黄金时期（2005—2007年），最低产量跌落到了3000辆左右。类似的一幕也发生在一汽、夏利与丰田

① 科技部前副部长刘燕华曾说，引进德国大众，我们自己的品牌废掉了，研究队伍、研究平台没有了，形成了购买一套生产线，生产一批汽车；再购买一套生产线，再生产一批汽车的“循环”。（参见《产业政策分析》2008年第7期）

合资后。夏利品牌曾经长期居于经济型轿车市场占有率第一的位置，即便在与新进入者吉利、奇瑞的竞争中也没有表现出明显的劣势，2005 年产量超过了 18 万辆，仅次于合资的桑塔纳和捷达品牌。随着丰田汽车密集渗透战略的实施，夏利品牌的市场份额出现了明显的下降，即便在引进属于丰田技术的威乐、威姿系列产品后，夏利公司在一汽集团轿车销量的比例只有 13%，比合资初期下降了近 100%。相反，早期进入者大众的奥迪、捷达和宝来等产品一直居于各个细分市场的主导地位，丰田公司在合资后的很短时间内就将产量提升到 30 万辆，实现了从“后进入者”到市场领先者的转化。[①]

本节的理论分析证明，上述挤出效应的发生是现有合资格局中外资与内资初始能力、资源互补和控制力不对称的必然结果，也是二者短期利润最大化的选择[②]。对本土企业而言，将核心资源集中于消费者认识度高、产品质量高和规模经济显著的合资企业，比配置在自主品牌上，能获得更高的回报率。而外资企业通过将海外市场的成熟产品，借助于合资企业的 SKD、CKD 组装式生产快速推向中国市场，既可以节约研发成本，缓解所在国零部件生产过剩的压力，还可以在现行的关税体制下获得很高的品牌价格升水。上述事实也符合本节理论分析的基本逻辑，即当跨国公司控制核心资源时，在上下游同时合资的结构下，本土企业放弃或缩减自主品牌的市场是利润最大化的“自动选择”。应该指出的是，一汽集团并未放缓引进国外现有产品的速度，一汽轿车也开始采取“外包”马自达车型的方式，这与自主开发产生了“悖论”。

（2）纵向结构安排与自主品牌开发的“困境”。在轿车的研发、关键部件制造以及销售服务等环节，一汽集团与两个跨国公司也保持着十分紧密的合作关系，相继建立了十余家合资企业（见图 3.6）。这些企业不仅为合资的整车制造提供技术支持和部件，也是一汽集团自主产品开发的资源之一。例如，新红旗、新夏利、奔腾、威志等自主产品的推出，都是在对外资相关产品局部改进的基础上完成的。另一方面，随着国家对外资进入轿车销售服务领域限制的减少，跨国公司为了提升品牌影响力和节约销售成本，也对合资品牌和

---

① 这一趋势在 2008 年整个轿车产业增速回落的背景下还得以延续，一汽丰田和马自达的销量分别达到了 36 万辆和 6.7 万辆，而夏利和红旗品牌均出现显著的下降。

② 天津夏利的管理者在回答凯丽 · 西蒙斯 · 盖勒格的采访时称，他们需要丰田超过丰田需要自己，因此“我们答应了丰田提出的所有要求”。（凯丽 · 西蒙斯 · 盖勒格，2007 年第 88 页）

进口车型的销售渠道进行了重组，本土企业失去了对合资品牌销售渠道的控制力[①]。在这样的纵向组织结构下，本土企业对外企的依赖呈现出多重化的趋势，必然抑制自主品牌的开发。

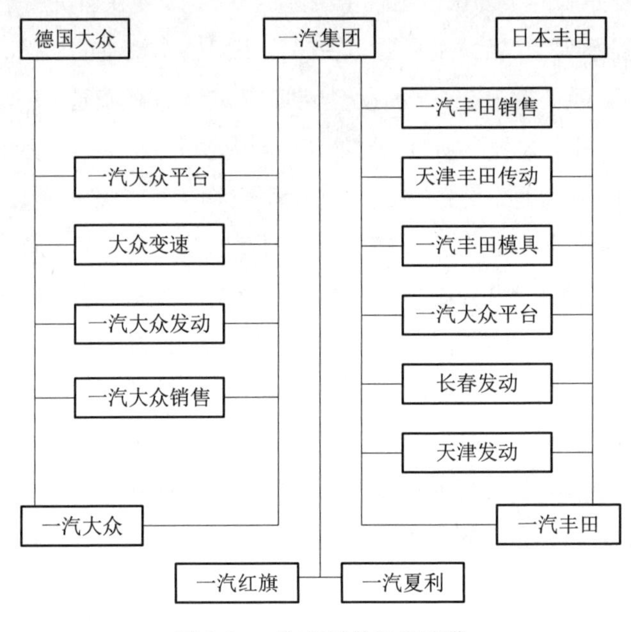

图 3.6　一汽集团的组织图谱

按照较宽泛的关于自主开发和自主品牌的定义[②]，在现存的纵向组织模式下，本土企业自主品牌的整车配套能力、车身开发和发动机生产等核心环节有空心化的风险。例如，现有的红旗品牌是在其母车“奥迪”底盘之上，配备了日产的发动机后，再加装诸如安全气囊、ABS 以及脱开式安全转向管柱而成的；“奔腾”虽然被称为一汽集团自主研发能力的集中体现，搭载的还是马自达拥有知识产权的新一代全铝轻量化发动机、奥迪的充气式减震器，并选择了与马自达 6 混线生产的模式。[③] 夏利生产的威志车型，在外观和配备上与丰

① 由于销售利润高于生产收益，通过合资获得合资和进口品牌的销售权几乎是跨国公司的普遍策略，即便一直保持较强独立性的华晨集团，在与德国宝马合资后，区域销售经理的任命权也划归了宝马（李自杰等，2009）。

② 王伟（2008）将自主开发的表述为本土整车生产企业“至少在整车匹配、发动机和车身三方面是真正的自己开发的，有知识也有产权”。

③ 这里的技术性描述参见《中国汽车产业自主创新蓝皮书》（李庆文，2007）。

田的威驰、威乐等也存在高度的相似性，选择的是丰田的8A发动机，而非自身的夏利发动机。在这种特殊乃至矛盾策略的驱动下，产品的销量反而得以快速提高，并成为本土企业的主要盈利点。由于产品开发是一个从“概念构思、工艺选择、中间实验到市场检验”的系统化过程，产业的空心化，也会使中方企业无法利用这种“干中学”的实践积累后续发展的经验。

上下游纵向合资的组织结构也会诱发处于劣势的一方放弃独立倾向，将其推入“依附还是自主”囚徒困境中。例如，相对独立的发动机研发与生产体系是整车自主开发的关键，但随着一汽集团与丰田组建了两个规模巨大的发动机合资公司后，红旗、奔腾和夏利系列产品所需发动机供应也逐渐向合资企业集中。例如，夏利发动机的产量虽然从合资前（2002年）的7.5万台，增加到2007年的12万台，但与同期夏利系列轿车产量相比，自配量却从87%下降到66%；相反，丰田控制的两个发动机合资企业，不仅给丰田系列产品配套，也向威志、红旗等供应产品，其产出规模从2004年的4万台，猛增到2008年的40多万台，远远大于自身品牌的需要。与此形成鲜明对比的是，奇瑞、吉利和比亚迪等企业，基本上形成了从整车、动力总成、关键零部件设计到生产的开发体系，并在这些环节均拥有自主知识产权。

基于这种纵向安排的合资结构，中方企业自主开发行为的滞后并未影响其整体盈利能力的增加。观察表3.8可以发现，一汽集团借助合资企业的高速扩张，销售收入和利税总额分别从2002年的915亿元和95亿元（即一汽大众、一汽丰田、天津丰田与长春丰田发动机之和），增加到2007年的1885亿和291亿元，其中自主品牌的贡献只有9%和6%。某种程度上，一汽集团轿车产业的利润甚至可以不依赖自主品牌，因为夏利公司两年来还处于亏损的境地[①]。

上述分析虽然没有发现外资基于纵向势力扭曲中方自主产品成本的直接证据，但实际运营的结果却说明，纵向部分所有权安排的组织结构具有“胡萝卜加大棒”的双重效应，即可以在增加中方参与者收益的同时，延缓其自主创新行为，也就是说，命题3的结论是存在的。

---

① 2008年一汽轿车的超常增速，是在红旗品牌销量下降了近40%的条件下取得的，这与SKD模式生产的马自达6产量的增加有着直接的关系。

四、经验研究的进一步思考和建议

1. 自主创新的路径之争

2005年前后，对中国轿车产业成长的路径选择存在两种截然不同的观点。一些研究认为，过去十余年"市场换技术"政策是失败或低效的，继续走合资只能使中国的轿车产业处于长期的依附状态，无法形成相对独立的产业链和国际竞争优势，因此应以自主开发代替技术外化。另一个不同的观点是，在轿车产业已经是国际化生产格局的大背景下，不必强调民族品牌的作用，中国轿车产业的定位就是"大规模制造"，只有等到本土企业成长到一定规模时，才具有自主开发的能力和可能，也就是依附发展具有长期性。本节的分析表明，"多角联盟"是产业组织和企业治理结构的一种混合，它不同于以往的"一对一"合作模式，在合适的外部压力和内部激励下，这一结构有可能为国内主流企业的成长提供更有利的环境。要达到这一效果，主要途径就是"干中学"和"投资性学习"①。

（1）"干中学"是生产活动的消极、被动和低成本的产物，它对轿车生产效率的提高有着关键的作用，原因在于，无论是要形成规模经济还是研发能力，都离不开具体的实践，随着时间的推移，实践活动会产生学习和经验效应，将已有的经验转化成企业或产业的公共知识，从而提高产业的整体竞争力。日本和韩国均在与欧美等先进国家企业的长期合作、合资中，以生产能力的提高为起点，形成了一定的自生能力，并为能力的扩展提供了基础性支持。"多角联盟"的格局实际上给中国企业提供了一个绝好的学习机会，不同生产方式和经营风格的跨国公司在一国范围内的聚集达到了前所未有的密集程度，这种技术外溢和产品扩散无疑会加速中国轿车企业的"学习"步伐和效率。

（2）"投资性学习"。在生产要素和投资自由流动的条件下，通过在不同价值区间的投资也能渐进地提高企业的竞争力和适应力。从较为积极的视角

---

①　对这两类学习的详细研究见本章参考文献[3]。

来观察，“多角联盟”也是国内企业的一种主动性投资行为，可以使其摆脱政府对产品、产业和技术的“规划”，从原有的单纯学习制造技术，向工艺、管理、研发等领域渗透。同时，对跨国公司而言，与中国不同类型企业的合作，既可以扩张品牌的知名度和市场份额，也为其实现在中国的“本土化”提供了新的机会，从而减轻了其在欧美等传统市场能力过剩的压力。

2. 自主学习的障碍及其克服

通过上述途径提高本国的自主开发和全球市场上的竞争能力，还需要克服“多角联盟”所造成的学习惰性，这种惰性也许不会对本土企业的赢利产生大的冲击，但会导致产业链竞争力的低下，以至于无法有效地控制产业和企业的良性成长。自主学习的障碍为：

（1）从“单一依赖”到“多角依赖”，使国内能及时获得不同类型的先进产品，而中国轿车市场的需求结构正处于不断的变化和细分中，跨国公司的已有产品和能力已经能够完全满足这种变化的要求，国内企业就可能失去本土创新的动力。

（2）“多角联盟”的普及，为跨国公司现有成熟品牌的快速扩散提供了市场机会，而轿车作为一种“标识”性的耐用品，其更新需求主要来自消费者的忠诚和认知。国外品牌的不断增长一定会压缩本土企业的市场机会和空间，从而使民族品牌的成长面临更激烈的竞争，后续开发能力萎缩。

（3）尽快拥有相对独立的研发能力是提高产业链竞争力的一个捷径，日韩等国主要轿车生产企业的成功经验已经证明了这一路径的功效，但其前提是从进口—替代向出口战略的转变。由于国内市场处于初期的成长阶段，消费者的需求以产品的基本功能为主，并将持续很长时期，厂商只要在规模上能满足这种初级需求就有可能获得较高的回报，无须投入巨额资金进行产品的后续开发或储备。相反，如果实施的是出口导向的产业政策，为满足轿车消费已经十分成熟的国家或地区消费者的差异化需求，没有研发能力的支撑只能长期停留在低档廉价品的水平。显然，无论是跨国公司控制下的国内主导企业，还是拥有一定自主开发能力的新进入企业，在现行的产业政策和市场环境下，均没有实施出口战略的激励。

本章总结

本章将我国大型汽车制造公司的治理结构总结为“多角联盟”，并依次分析了这种机制的成因、现状和影响，主要的目的在于构建公司治理模式和“结构—行为—绩效”范式之间的关系，这也是新产业组织理论的主要研究领域之一。目前，“多角联盟”的模式已经从初期的纵向关联，发展成覆盖全产业链的网状结构。随着本土企业自主品牌和自主创新战略的实施，跨国公司对联盟的控制力也在不断减弱，以单向嵌入为主的关系，逐渐向融合式嵌入过渡。2022 年，我国政府将完全取消对合资企业股权比例的限制，必将导致“多角联盟”失去一个重要的制度性条件，本土主流企业会不会因此失去合资企业这个重要的支柱？这既取决于跨国公司的战略定位，也受制于本土参与者自生能力的强弱。2018 年，德国大众选择安徽江淮而不是依托长期的合作伙伴——一汽或上汽集团进行新能源汽车的经营，以及要求提高在一汽大众的股权比例、授权上汽集团生产奥迪品牌等举措，如果引发美国通用、日本丰田等跨国公司的跟随效应，“多角联盟”式的治理结构必将面临重大的调整和转型。

本章附录

附录 3.1　中国轿车产业合资与本土品牌的比重变化（1983—2007 年）

年份	市场销售量					品牌或型号				
	合计/万辆	本土/万辆	比例/%	合资/万辆	比例/%	合计/万辆	本土/万辆	比例/%	合资/万辆	比例/%
1983	0.60	0.56	92.75	0.04	7.25	2	1	50.00	1	50.00
1984	0.60	0.48	79.37	0.12	20.63	2	1	50.00	1	50.00
1985	0.88	0.52	58.94	0.36	41.06	4	1	25.00	3	75.00
1986	1.27	0.24	19.09	1.03	80.91	8	3	37.50	5	62.50

（续表）

年份	市场销售量					品牌或型号				
	合计/万辆	本土/万辆	比例/%	合资/万辆	比例/%	合计/万辆	本土/万辆	比例/%	合资/万辆	比例/%
1987	2.16	0.41	19.13	1.74	80.87	7	2	28.57	5	71.43
1988	3.41	0.84	24.54	2.57	75.46	7	2	28.57	5	71.43
1989	3.55	0.68	19.12	2.87	80.88	6	2	33.33	4	66.67
1990	4.27	0.90	21.15	3.37	78.85	7	3	42.86	4	57.14
1991	8.07	1.72	21.30	6.35	78.70	9	4	44.44	5	55.56
1992	16.07	3.05	18.98	13.02	81.02	12	5	41.67	7	58.33
1993	22.92	5.39	23.51	17.53	76.49	14	7	50.00	7	50.00
1994	24.94	6.64	26.63	18.30	73.37	15	7	46.67	8	53.33
1995	33.10	7.86	23.76	25.24	76.24	17	7	41.18	10	58.82
1996	38.96	10.24	26.28	28.72	73.72	18	7	38.89	11	61.11
1997	48.49	12.12	24.99	36.37	75.01	18	7	38.89	11	61.11
1998	50.66	12.24	24.15	38.42	75.85	19	7	36.84	12	63.16
1999	58.62	12.62	21.53	46.00	78.47	26	11	42.31	15	57.69
2000	61.23	10.66	17.41	50.57	82.59	30	9	30.00	21	70.00
2001	74.15	12.92	17.43	61.22	82.57	53	17	32.08	36	67.92
2002	123.28	30.65	24.86	92.62	75.14	63	16	25.40	47	74.60
2003	208.07	44.79	21.53	163.28	78.47	94	29	30.85	65	69.15
2004	232.71	43.16	18.55	189.55	81.45	109	31	28.44	78	71.56
2005	339.47	65.39	19.26	274.08	80.74	111	27	24.32	84	75.68
2006	418.24	103.26	24.69	314.98	75.31	187	58	31.02	129	68.98
2007	444.50	114.89	25.85	329.62	74.15	184	58	31.52	126	68.48

资料来源：根据历年《中国汽车工业年鉴》整理而得，未统计 SUV、MPV 以及销量极低品牌的数据，因此与其他研究有所差异

附录 3.2 一汽集团轿车销售的规模和结构变化

产量/辆	2001	2002	2003	2004	2005	2006	2007
本土产品	68113	113605	144533	129909	192822	175326	158988
夏利系列	51019	86976	117515	114852	184402	164792	132544
其中：夏利	51019	86976	117515	99522	175840	127921	118471

（续表）

产量/辆	2001	2002	2003	2004	2005	2006	2007
红旗系列	17094	26629	27018	15057	8420	10534	26444
其中：红旗	17094	26629	27018	15057	8420	5976	3165
合资产品	133893	209740	393467	429927	431023	587456	732749
日系品牌		2040	73704	129810	190021	243853	302573
德系品牌	133893	207700	319763	300117	241002	343603	430176
合计	202006	323345	538000	559836	623845	762782	891739
品牌/个	2001	2002	2003	2004	2005	2006	2007
本土产品	9	6	8	10	10	11	11
夏利系列	4	3	5	7	6	6	6
其中：夏利	4	3	5	4	4	4	4
红旗系列	5	3	3	3	4	5	5
其中：红旗	5	3	3	3	4	3	3
合资产品	9	11	16	19	26	24	22
日系品牌		1	3	5	10	7	8
德系品牌	9	10	13	14	16	17	14
合计	18	17	24	29	36	35	33

资料来源：《中国汽车工业年鉴》（2002—2008），威志和奔腾的数据分别包含在夏利和红旗系列中，日系品牌包括丰田和马自达的产品；按照《年鉴》的技术来源分类统计

附录 3.3　跨国公司在中国轿车总投资和比例产业的产品分布和生产能力

外方企业	中方企业	总投资和比例	主要产品/品牌（个数）	生产能力/万辆	市场份额（2002）/%
雷诺－日产	东风汽车	160 亿人民币（各 50%）	全系列乘用车（2）	55	
雷诺－日产	三江航天集团	9800 万美元（外方 45%）	塔菲克轻型车		
雪铁龙	神龙汽车	18 亿人民币（外方 30%）	神龙富康（7）	30	7.70

（续表）

外方企业	中方企业	总投资和比例	主要产品/品牌（个数）	生产能力/万辆	市场份额（2002）/%
德国大众	上海汽车集团	5.5 亿美元（各 50%）	桑塔纳（6）	30	27
德国大众	一汽集团	19 亿美元（外方 40%）	捷达、奥迪（13）	30	19
日本本田	广州汽车集团	不详	雅阁（5）	10	5.30
日本丰田	一汽集团	不详	全系列轿车	30	
日本丰田	广汽，东风	不详	轿车	10	
日本铃木	长安汽车集团	1.9 亿美元（外方 49%）	奥拓微型车（2）	15	5.80
美国通用	上海汽车集团	15 亿美元（各 50%）	别克轿车（7）	10	10
美国福特	长安汽车集团	9800 万美元（各 50%）	嘉年华（2）	15	

资料来源：根据《中国汽车工业年鉴》（2002—2003）进行的不完全统计

本章参考文献

[1]［日］安保哲夫、板恒博：《日本式生产方式的国际转移》，中国人民大学出版社，2001。

[2] 白让让，郁义鸿：《价格与进入管制下的边缘化进入》，《经济研究》2004 年第 9 期。

[3] 白让让：《双层寡头垄断下的“多角联盟”策略分析》，《产业经济研究》2005 年第 2 期。

[4] 白让让：《纵向所有权安排与跨国公司的纵向市场圈定——基于轿车产业的模型分析和案例考察》，《财经研究》2009 年第 12 期。

[5] 白让让:《中国轿车产业中的产品线扩展》,《中国工业经济》2008年第7期。
[6] 柴瑜、宋泓、张雷:《市场开发、企业学习及适应能力和产业成长模式转型》,《管理世界》2004年第8期。
[7] [英]多纳德·海、德里克·莫瑞斯:《产业经济学与组织》,经济科学出版社,2001。
[8] 范承泽,胡一帆,郑红亮:《FDI对国内企业技术创新影响的理论与实证研究》,《经济研究》2008年第1期,第89—102。
[9] [美]格码沃特:《产业竞争博弈》,人民邮电出版社,2002。
[10] [美]格鲁斯曼、赫尔普曼:《全球经济中的创新与增长》,中国人民大学出版社,2002。
[11] 国务院发展研究中心产业经济研究部、中国汽车工程学会、大众汽车集团:《中国汽车产业发展报告(2008)》,社会科学文献出版社,2008。
[12] 国务院发展研究中心产业经济研究部等(编):《中国汽车产业发展报告(2013)》,社会科学文献出版社,2013,第147—167页。
[13] 国务院发展研究中心产业经济研究部等(编):《中国汽车产业发展报告(2015)》,社会科学文献出版社,2015,第87页。
[14] 胡安生:《从合资转为自主创新的战略转折》,《汽车工业研究》2006年第6期。
[15] [法]吉恩·泰勒尔:《产业组织理论》,张维迎总校译,中国人民大学出版社,1997,第20—40页
[16] [美]凯丽·西蒙斯·盖勒格:《变速!中国——汽车、能源、环境与创新》,清华大学出版社,2007。
[17] 李岚清:《突围:国门初开的岁月》,中央文献出版社,2008,第210—215页。
[18] 李庆文:《中国汽车产业自主创新蓝皮书》,经济管理出版社,2007。
[19] 李自杰、陆思宇、蔡铭:《基于知识属性的合资企业动态演进研究》,《中国工业经济》2009年第2期。
[20] 刘世锦:《市场开放、竞争与产业进步》,《管理世界》2008年第12期。
[21] 柳长立:《跨国公司在我国乘用车领域的合资行为特征研究》,《汽车工

业研究》2008年第6期。

[22] 潘卡基·格玛沃特:《产业竞争博弈》,人民邮电出版社,2002。

[23] 瞿宛文:《赶超共识监督下的中国产业政策模式》,《经济学》(季刊)2009年第8卷第2期。

[24] 施中华、白让让:《边缘化进入与基于可竞争性的产业成长》,《当代财经》2004年第6期。

[25] 宋泓、柴瑜:《跨国公司的替代性分析——以汽车产业为例》,《中国改革》2006年第8期。

[26] [法]泰勒尔:《产业组织理论》,中国人民大学出版社,1997。

[27] 王伟:《我国轿车产业合资经营与发展“民族品牌”》,《汽车工业研究》2008年第9期。

[28] 夏大慰、施东辉、张磊:《汽车工业:技术进步与产业组织》,上海财经大学出版社,2002。

[29] [美]小艾尔弗雷德·D. 钱德勒:《看得见的手,美国企业的管理革命》,商务印书馆,1997。

[30] 赵增耀、王喜:《产业竞争力、企业技术能力与外资的溢出效应》,《管理世界》2007年第12期。

[31] 中国汽车工业协会(编):《中国汽车工业改革开放30周年回顾与展望》,中国物资出版社,2009,第15—16页。

[32] 钟师:《民族汽车品牌生存环境果真受到威胁吗?》,《汽车与配件》2006年第2期。

[33] 周治平,钟华,李金林:《跨国公司对我国企业合资企业控制分析》,《财经理论与实践》2006年第5期。

[34] Anderson, S. Depalma, A. Thisse, J. F.. *Discreet Choice Theory of Product Differentiation*, Cambridge, MA: The MIT Press, 1992.

[35] Chen, Y. M.. “On vertical mergers and their competitive effects”, *Rand Journal of Economics*, 2001, 32(4): 667-685.

[36] Economides, N., “The incentive for non-price discrimination by an input monopolist”, *International Journal of Industrial Organization*, 1998, 16(3): 271-284.

[37] Gilo, D. Moshe, Y. Spiegel, Y. et al. "Partial cross ownership and tacit collusion", *The RAND Journal of Economics*, 2006, 37(1): 81–99.

[38] Greenlee, P. Raskovich, A., "Partial vertical ownership", *European Economic Review*, 2006, 50(4): 1017–1041.

[39] Ono, H. Nakazato, T., Colin Davis, Wilson Alley. "Partial owner ship arrangements in the Japanese automobile industry: 1990—2000", *Journal of Applied Economics*, 2004, 7(2): 355–367.

[40] Parker, P. M. Roller, L.. "Collusive conduct in duopolies: Multimarket contact and cross-ownership in the mobile telephone industry", *The RAND Journal of Economics*, 1997, 28(2): 304–322.

[41] Riordan, M.. "Ant competition vertical integration by a dominant firm", *American Economic Review*, 1998, 88(5): 1232–1248.

[42] Weisman, D. L.. "Access pricing and exclusionary behavior", *Economics Letters*, 2001, 72: 121–126.

第四章
产能扩张与结构性过剩

“生产规模的经济性问题，最早期一直是汽车中神圣不可侵犯的原则之一，只是最经济的规模究竟应多大这一具体数量有所变化而已。”[①] 而获得规模经济的前提之一就是对工厂进行固定资产投资并形成数量充足的生产能力。在市场经济环境下，汽车又是一个对经济周期变化十分敏感的产品，由于存在高的沉淀成本和退出壁垒，厂商通常不会将关闭工厂作为应对经济不景气带来的负面冲击的首选，产能过剩就成为汽车产业周而复始的现象或者问题。改革开放以来，中国的汽车产业保持着长期高速增长的势态，没有发生过由经济衰退引发的总量过剩问题（截至 2018 年），但结构性产能过剩一直伴随着产业的成长，并在 2016 年以来有不断恶化的趋势。本章的重点就是描述中国汽车产业（以乘用车为主）产能扩张的一般状况，分解企业之间产能竞争的影响因素，进而为后续章节分析产业政策提供来自企业行为的微观基础。

① 参见约翰·哈特利，《汽车生产的经营管理》，机械工业出版社，1985 年，第 19 页。

第一节 中国汽车产业产能问题概览

过去40年间,中国汽车产业生产能力的扩张与宏观经济的波动保持较高的一致性,在扩张机制上也受行业管理体制改革的直接影响,经历了从政府指令性计划、“政府指导市场、市场调节企业”到市场需求驱动等三种模式或阶段的巨大转化,这些外生的制度性因素与异质企业对利润的追求相互作用,既决定着行业层面产能扩张的规模和速度,也影响着硬币的另一面——产能利用率的总量和结构性波动。

一、汽车工业的固定资产投资与生产能力扩张

企业制造汽车的能力主要体现在价值链的末端,即“车身冲压、焊装、油漆和装配”等四个环节或者工厂,那些纵向一体化程度高的工厂还会在这些流水线的旁边,配置一条发动机的生产线,以节约关键部件的储运成本。在一个现代化的汽车制造企业中,上述几条生产线上的固定资产投资额就决定了企业短期的生产能力,由于这些厂房、设备及其附属设施的造价动辄在数十亿元之上,资金密集和资本密集的特点十分突出,因此固定资产投资与生产能力在规模上显著正相关,在无法得到企业产能的真实数据时,观察投资的变化也经常用于判断生产能力的规模与波动。如表4.1所示,当1996年国家实施紧缩的宏观经济政策,并开征固定资产投资调节税后,汽车制造业的投资下降了30%,加上国家有关部门当时清理了大量违规的汽车在建项目,由此导致制造能力在1997年减少了27%。类似的情形,在1998年和2008年的两次金融危机,以及2005年国家治理整顿投资过热之际,也都发生过。

表 4.1　汽车制造业主要年份的固定资产投资与产能（1990—2015 年）

时间	绝对值			年变化率			产能利用率 /%
	固定资产投资 / 亿元	总产能 / 万辆	总产量 / 万辆	固定资产投资额 /%	总产能 /%	总产量 /%	
1990	21	89	51				58
1995	120	329	145	25	32	6	44
2000	87	267	207	−23	−8	13	78
2005	396	1029	571	−8	19	12	55
2010	708	1740	1827	35	8	32	105
2015	853	2798	2450	−4	7	3	88

资料来源：根据《中国统计年鉴》和《中国汽车工业年鉴》相关数据计算而得

国家的投资主管部门在不断放松或取消对企业投资行为的干预，也限制各级政府使用财政资金直接建立汽车工厂，但在汽车制造产业 GDP 效应的驱动下，除了基于新增投资的外延式成长，借助对原有生产线的更新改造也是企业扩张产能的另一条渠道（见表 4.2）。例如，当主管部门严控汽车基建项目审批的时候，在地方政府或者行业管理部门的呵护下，企业往往以更新改造的名义变相增加生产能力，这就使国家的产能调控政策处于空转的状态。

表 4.2　汽车企业产能扩张的两种路径

年份	产业	基建项目		更新项目		合计新增 / 万辆
		产能 / 万辆	比例 /%	产能 / 万辆	比例 /%	
1996	汽车制造	12	27	34	73	46
	轿车	11	69	5	31	16
1997	汽车制造	15	45	19	55	34
	轿车	15	100	0	0	15
1998	汽车制造	15	37	25	63	40
	轿车	15	79	4	21	19
2000	汽车制造	12	45	14	55	26
	轿车	8	56	6	44	14

（续表）

年份	产业	基建项目		更新项目		合计新增 / 万辆
		产能 / 万辆	比例 /%	产能 / 万辆	比例 /%	
2002	汽车制造	13	15	70	85	83
	轿车	12	29	30	71	42

数据来源：《中国固定资产投资统计年鉴》（相应年份）

二、产能利用率的总量与结构性波动

产能利用率低于国际公认的标准值，曾经是中国汽车产业的长期问题或者困境。如表 4.1 所示，2000 年之前，汽车制造业的产能利用率很少超过 80% 的及格线，加入 WTO 之后，产能利用率才逐步提高，但年度之间波动较大，特别是 2006 年前后，由于产能局部过剩被主管部门列入需要整顿治理的范围。2009 年为了应对国际金融危机带来的负面冲击，国务院出台了《汽车产业调整和振兴规划》后，还实施了一系列促进汽车消费的政策，尤其是对 1.6 L 及以下排量乘用车购置税的减免措施，直接扭转了轿车市场需求的颓势，既使乘用车的总产量首次迈入 1000 万辆的重要关口，又为我国汽车产销量位列世界第一奠定了基础。产能利用率也在 2010 年创出了 105% 的历史纪录，但是随着刺激政策效应的递减，该比例也在不断下降。按照国家统计局发布的权威数据，汽车制造业的产能利用率已经从 2017 年第四季度的 83.6%，下降到 2018 年第三季度的 80% 的警戒线，2019 年第二季度已经降到 76.2%，属于产能严重过剩的状态。下面从最简单的供求关系出发，解释不同阶段汽车制造业产能利用率起伏波动的原因。

1. 需求抑制下的产能过剩（1985—2000 年）

严格地讲，1994 年国家颁布的《汽车工业产业政策》中虽已明确规定："国家鼓励个人购买汽车，并将根据汽车工业发展和市场消费结构变化适时制定具体政策"，但直到加入 WTO 前后的 2001 年，这些规定一直没有落到实处。汽车，尤其是私人汽车消费受沉重的购置税费、高油价、区域市场分割、垄断定价等因素的影响，长期得不到有效的释放，有效需求不足和投资驱动的产能扩张相互矛盾，就成为 2001 年之前产能利用率极低的最重要原因。例如，即便号称汽车消费老三样的“桑塔纳、夏利和捷达”在局部地区一直是紧俏商品，但它们的生产者——“南北大众”和天津夏利公司的产能利用率在 20 世纪 90 年代末，也都在 80% 以下。一汽大众在 1992 年就投入生产运行，到 2000 年产能利用率还在 60% 附近徘徊。其他区域性或者专注特定细分市场的生产企业之境况更为艰难（见表 4.3），但令人无法想象的是，在 30% 左右的产能利用率水平下，大部分企业还能正常运转，有些企业还获得了高额的利润率，也就不难理解为什么那些潜在的进入者会不遗余力地跻身汽车制造的行列。

表 4.3　轿车企业的产能过剩

企业	1997 年			1998 年			1999 年			2000 年		
	产能/万辆	产量/万辆	利用率/%	产能/万辆	产量/万辆	利用率/%	产能/万辆	产量/万辆	利用率/%	产能/万辆	产量/万辆	利用率/%
一汽轿车	3	2.18	73	6	1.47	25	6	1.57	26	6	1.64	27
一汽大众	15	4.64	31	16	6.31	39	17	8.22	48	18	11.00	61
上海大众	30	23.00	77	30	23.50	78	33	23.09	70	33	22.15	67
天津夏利	15	9.52	63	15	8.92	59	15	10.18	68	15	8.20	55
神龙汽车	10	3.00	30	15	3.62	24	15	4.02	27	15	5.39	36
长安铃木	5	2.89	58	5	3.56	71	10	4.42	44	15	4.82	32
北京吉普	4	1.94	48	4	2.96	74	4	0.93	23	4	1.00	25
西安秦川	1	0.40	40	1	0.50	50	1	0.53	53	1	0.54	54

数据来源：《中国汽车工业年鉴》（1999、2000）

2. 投资限制放松、产能扩张与周期性过剩(2001—2008 年)

我国在 2001 年加入 WTO 既是改革开放的总历程中,更是中国汽车产业发展道路上的分水岭。2006 年汽车制造业的总产能就超过 1100 万辆,是 2000 年的 4 倍之多,两年后的 2008 年又增加到 1300 万辆,这一时期,产能急剧增加的最重要因素就是政府投资管制的放松和企业数量的激增(详见本书第一章的介绍),付出的代价则是产能利用率在短暂(2003 年)的好转后又陷入了极低的水平,为此行业主管部门从 2005 年开始又采取了限制异地建厂、鼓励兼并重组等措施,但由于那一时段宏观经济的“冷热”转换十分频繁和剧烈,这些政策难以抑制企业的扩张冲动,长期积累的后果必然是产能利用率在底部徘徊。2009 年国家出台了新的力度空前的刺激汽车消费政策后,该指标才有了明显的改观,进入到一个长达 8 年之久的景气周期。

3. 供求总量的高位均衡与结构性产能过剩的常态化(2009—2018 年)

2009 年到 2018 年,汽车生产能力的年增长率有 6 年都在 10% 以上,且保持十分稳定的势态,没有陷入以往大起大落的循环。汽车产业先于其他制造业进入了高位均衡,但增长的步伐并未停滞,生产能力在 2012 年突破了 2000 万辆——这是一个美国汽车产业久跨不过的门槛,四年后的 2016 年又创出了 3000 万辆的新纪录。根据国家统计局发布的数据可知,2017 年和 2018 年汽车总产量分别为 2901 万辆和 2780 万辆,对应的产能利用率为 82.2% 和 79.8%,由此可以推算出相应的产能为 3530 万辆和 3480 万辆,在如此高的产能水平上,还能够维持 80% 左右的产能利用率实属不易。

总量的相对均衡并不能掩盖企业间产能利用率的巨大差异,这种差异随着 2018 年总产量的负增长有日渐拉大的趋势。实际上,这种结构性产能过剩的问题由来已久,只是 2009—2012 年期间的需求高速增加,被掩盖或者滞后了一段时间而已。2016 年以来,随着供给侧结构性改革的不断深入,汽车工业主管部门建立了产能的监控和预警机制,并强制要求汽车类上市公司公布产能建设和利用率的信息,利用这些资料可以洞察企业之间差异性的高低。表 4.4 中的数据来自上市公司 2018 年的年度报告,从中可以总结出结构性过剩的两个特点:

表 4.4 结构性产能利用率差异（2018 年）

集团名称	工厂名称	设计产能/万辆	实际产能/万辆	利用率/%	细分市场
上汽集团	南京依维柯	6	3.1	51	客车
	上海申沃客车	0.2	0.1	41	客车
	上汽大通汽车	32.5	12.6	39	客车
	上汽大众	184.8	209.7	113	乘用车
	上汽集团乘用车	68	71.1	105	乘用车（新能源）
	上汽通用	190.8	196	103	乘用车
	上汽通用五菱	176	195.5	111	乘用车
	上汽依维柯红岩	4	5.6	139	客车
	上汽正大有限公司	4	2.9	71	客车
长城汽车	保定工厂	75	72	96	乘用车
	天津工厂	45	31	68	乘用车
广汽集团	广汽－本田	60	75	125	乘用车
	广汽－丰田	48	59	125	乘用车
	广汽乘用车	52	55	106	乘用车（新能源）
	广汽－三菱	20	15	74	乘用车
	广汽－菲亚特	33	13	38	乘用车
	广汽－日野	1	0.4	41	载货车
	广汽－比亚迪	0.5	0.5	100	新能源
江淮汽车	江淮轻型商用车	25	20	81	载货车
	江淮重型商用车	8	4	50	载货车
	江淮乘用车	45	20	45	乘用车（新能源）
	江淮客车	1.7	0.7	43	客车

资料来源：万德数据库——上市公司年报（2018）

（1）合资企业普遍好于自主品牌制造企业。由表 4.4 可以发现，除了新近成立的“广汽－菲亚特”或者处于战略转换期的合资企业（长安福特）外，乘用车制造领域合资企业的产能利用率在行业整体不景气的背景下，反而不断攀升。其中，上汽通用、广汽本田和广汽丰田等公司的产能利用率都在 100%

以上，处于超负荷生产状态。2018年，广汽集团下属的丰田和本田还分别投资55亿和30亿元人民币，增加了10万辆的生产能力。相反，如果排除掉"混线生产"的新能源汽车产量后，长安、上汽、比亚迪等公司燃油乘用车的产能利用率仅在50%左右。

(2)细分市场之间也存在明显的差异。新能源汽车生产企业的产能利用率一直处于较高的水平，传统客车生产企业的境况则不如人意，一个重要的原因是为了完成推广示范的目标，许多城市明确要求财政资金购置的公用车辆必须是新能源汽车，在地方政府保护依旧盛行的条件下，那些地处"北上广深"之外的新能源客车生产企业就难以获得充足的政府订单。

当前，除了新能源汽车外，市场机制已经成为调控企业产能投资行为的基础，结构性产业过剩的生产主要源于企业产品、品牌战略的差异，与宏观经济形势波动的关联性越来越弱，这就对行业主管部门是否要干预产能过剩问题，以及选择什么样的干预方式提出了新的挑战。为此就需要借助产业经济学的"结构—行为—绩效"范式，对产能扩张这一微观行为进行更加细致的观察和分析。

第二节　中国乘用车制造企业产能扩张的多重动因研究①

产能过剩是近期我国大多数行业面临的主要问题和困境，也是影响产业升级和宏观经济稳定的基本因素之一。2012年以来，乘用车产业虽未像钢铁、水泥、煤炭和电力等产业陷入严重的产能过剩局面，随着"减免消费税""汽车下乡"和"节能减排补贴"等政策的取消或力度的减弱，目前结构性产能过剩已经成为行业发展面临的主要障碍，并有向总量过剩转化的隐患

① 本节的主要内容以《竞争驱动、政策干预与产能扩张——兼论"潮涌现象"的微观机制》为题，发表在《经济研究》2016年第11期。

（康凯和王军雷，2014）。

国内研究者将包括汽车产业在内的产能过剩或重复建设现象，解释为宏观经济波动、经济转型、预期不确定、政府干预等多重因素叠加的结果（林毅夫等，2010；周业樑和盛文军，2007；韩国高等，2011；曹建海和江飞涛，2010）。董敏杰等（2015）的实证研究表明经济增长速度、市场化程度会提高产能利用率，而国有经济的比重和地方政府的投资力度则发挥了相反的作用；王文甫等人（2014）认为非周期性的产能过剩主要源于地方政府对高 GDP 效应行业的倾斜性补贴和指定购买政策。这些研究的目的是设计政府干预市场和企业微观行为的机制和手段，强调政府如何管制企业的“非理性行为”，较少关注企业扩张产能的微观因素。

生产能力投资既是企业寻求规模经济、取得成本优势的决策行为之一，也是在相互依赖的经营环境中应对竞争对手的重要战略工具（格玛沃特，2002）。产业组织理论的主流观点曾认为，拥有过剩的生产能力，会使企业在后续的产量或价格竞争中获得“先占”优势，对潜在进入者产生一种可置信的威胁，从而发挥限制进入的功效。领先于对手的产能，也会使企业在增长的市场中，保持已有的市场份额和地位（Dixit 和 Pindyk，1994）。产能扩张的矛盾在于，竞争者为获得这些先动优势进行的“攀比”竞赛，会使行业供给过剩、价格下降，甚至步入亏损的状态。

我国汽车制造企业的新增产能和对已有能力的“技术改造”行为，都在不同层面和环节受各级政府主管部门的调节和引导。2001 年加入 WTO 之前，企业设立、品牌引进、生产线布局等行为的决策权几乎全在政府手中，在进入和价格管制放松后，政府还在通过项目审批制、备案制、制定购买等方式，限制或鼓励企业的投资，以实现规模经济、专业化经营、大企业主导和高集中度的政策目标（刘世锦，2010）。但是，随着消费需求的多元化和企业差异化程度的增加，管理部门对市场的认知、预测和控制能力也会逐渐下降，不可避免地出现“计划不如变化快”的困境。考虑到汽车行业在较长时间内还是政府产业调控的重点领域，有必要对以往投资管理政策的影响予以规范分析。

本章以中国乘用车产业为研究对象，实证检验产能利用率、产业增长波动、竞争者能力和政府投资政策等因素与企业新增产能决策的关系。对 30 多家乘用车制造企业面板数据的计量检验，得到了“攀比效应”存在的证据，但并未发现产能投资具有限制进入和维持相对市场份额的战略价值。那么,乘用车行业的哪些特征有利于攀比效应的发挥?理论预期和实证检验发生偏差的微观机制何在?政府是否应该干预由企业竞争引发的结构性产能过剩?如何评价投资管理政策的绩效?这些问题,就成为本章的核心内容。

应该指出的是,无论是在全球还是一国范围内,或者按照细分市场划分,结构性产能过剩一直是汽车行业挥之不去的“阴影”,为什么追求利润最大化的制造企业,热衷于保持一定的“闲置能力”?这其中包含什么样的战略性动机?探究这些问题,也是本章的出发点之一。对乘用车行业中产能投资决策影响因素的实证研究,可以弥补已有研究较为关注石化、钢铁和建材等投入品行业的局限,也将为本土企业优化投资行为和主管部门完善产业组织政策,提供有价值的微观证据。

一、理论背景

企业的能力投资和竞争行为在 20 世纪 70 到 80 年代之间,曾是产业组织理论和实证研究的热点领域之一,由此形成的“进入壁垒”“鼓鼓钱包”“先占优势”“策略性限制”等概念或模型对理论的发展产生了重要作用。由于微观层面数据的限制,尤其是博弈模型分析结果的“多重均衡”与产业竞争实际状况的巨大反差,使得对产能投资的研究很快陷入低迷的状态。进入 20 世纪以来,交易成本和企业资源理论的再度兴起,又让这一问题成为产业组织和战略管理的交叉领域。就本章的主题而言,主要涉及以下几个方面的文献。

1.“超额产能”与进入阻止

Spence(1977)的经典模型证明,如果在位者事先的产能投资具有很高的沉淀成本,并使其未来的产量达到限制进入的水平,就会使超额产能成为一种可置信的进入壁垒或威慑。在此基础上,Dixit(1980)构建的两阶段动态博弈模型则发现,在位厂商能够借助第一阶段的产能选择,对第二阶段的产量水平做出承诺,对进入者形成先动优势,降低后者的预期利润,防止实际进入的发生。后续的理论模型考虑了资产专用性、投资周期、生产能力和成本结构等因素,对超额能力阻止进入作用的不同影响(Boyle 和 Guthrie,2003;

Mason 和 Weeds，2010）。Maskin（1999）则另辟蹊径，认为需求和成本信息的不确定性，是决定在位者选择限制或容纳策略的关键变量。Besanko et al.，（2010）基于马尔科夫随机过程的理论分析表明，需求的波动也会影响进入壁垒作用的发挥。Bourreau（2004）证明需求不确定的性质与需求波动的方向，对进入发生的概率和在位者是否选择先占策略具有相反的作用。Robles（2011）则证明只有在需求充分增长的条件下，超额或“过剩”能力的投资才能限制进入。可见，超额能力是否具有策略性进入壁垒效应，主要取决于理论模型的前提或假定，而非对企业经营实践的深入观察（格玛沃特，2002）。

“多个在位者—多阶段”博弈模型的引入，从机制设计的视角拓展了对产能投资战略性动因的研究。Fudenberg 和 Tirole（1985）证明在能力和产量的两阶段博弈中，随着支付均等化和租金的耗散，能力投资的阻止进入，承诺将变得不可置信。Gilbert 和 Vives（1986）认为进入壁垒虽然具有公共产品的特质，但是在位者从自身利润最大化出发，会选择超过必要数量的能力投资，造成社会资源的浪费（亦产能过剩）。Belleflamme 和 Peitz（2010）证明在位者之间如果没有事前的协调，能力投资就无法阻止进入的发生。Anupindi 和 Jiang（2008）的双寡头能力竞争模型证明，市场波动是决定企业投资决策的关键因素，能力投资只有和价格、质量竞争相结合，才能减少波动对利润的影响。Yang 和 Anderson（2014）的多阶段博弈模型发现，如果实际的产量低于已经发布的产能规划，就会影响在位者的市场声誉。这些模型研究表明，“多在位者”和动态博弈两个因素的引入，无法避免“多重均衡”脱离现实的困境，对产能竞争的理论分析愈加偏离企业战略决策的需要。

2. 产能竞争的“攀比”或“潮涌”效应

先占或进入阻止效应假说只强调产能投资与潜在进入的逆向选择关系，没有指出在大多数行业中，产能也是后续价格或数量竞争的一个重要约束条件。对于那些规模经济显著、周期波动明显的产业，产能竞争本身就是经营战略的核心环节。有关学者将这类投资行为的性质或结果定义为“攀比”“羊群”或“潮流”效应。一方面，领先企业或在位者的产能扩张，会向其他企业传递出需求变化的信息，为节约信息甄别的成本，后者会模仿或追随“领头羊”的行为（Gilbert 和 Lieberman，1987）。另一方面，过度自负或对以往经验的依赖，使得企业管理者在能力决策时，倾向于通过提前扩张的手段获得“先动”或“领导”地位（Henderson 和 Cool，2003a，2003b）。

需求不确定性的存在是引发“攀比效应”的主要原因之一。Paraskevopoulos 和 Pitelis（1995）、Banerjee（1992）、Dixit 和 Pindyck（1996）等认为，面对外部环境的不确定，企业选择跟随行为有可能减少误判的风险或损失。攀比也意味着企业会倾向于同时行动，因为一旦形成“领先—跟随”的模式，领先者使用超额能力的威胁就会下降，进入发生的概率会相应提高（Anderson 和 Yang，2014）。企业的资源基础和能力理论则对攀比效应的发生提出了不同的解释。Lieberman 和 Montgomery（1998，1988）认为先行进入会产生“学习效应、获取专利和控制资源”等优势，进而引发企业的抢先竞赛。Abrahamson 和 Rosenkopf（1993）则指出，攀比行为的发生不全部源自“理性效率”或“跟风”行为，还应考虑制度和竞争的压力，即当某些行为被大多数企业认可和实施后，就有可能变成一种习惯或制度，“迫使”那些另类的企业不得不选择从众行为。总之，跟随或模仿领先者的行为，可以减少试错的风险和损失，获得“搭便车”的效果。

应该指出的是，针对改革开放以来不断出现的产能过剩或重复建设现象，林毅夫（2007）和林毅夫等人（2010）提出的“潮涌现象”分析架构，已经成为研究和解释中国产业投资与宏观经济波动的主流范式[①]。这一范式的机理是：给定需求信息，由于“行业内企业总数目”是未知的，企业只能在期望意义下进行产能决策，因而在投资完成后，可能发生严重的产能过剩，并且一个行业的前景越好，“潮涌现象”和产能过剩就会更加严重。因此，这一范式认为，产能过剩是一种“个体理性”导致的集体非理性行为。本章的实证部分，将对这一观点进行基于乘用车企业微观数据的检验。

3. 产能投资与保护市场份额动因

Spence（1979a，1979b）的模型分析证明，企业投资行为的基本出发点在

---

① 从文献整理和比较中可以发现，“潮涌现象”与本章的“攀比效应”并没有实质的区分，在一些文献中两者表示同一类行为。例如，林毅夫等人（2010）关于潮涌现象（wave phenomena）的模型就借鉴了 Banerjee（1992）对“羊群效应”的分析，而后者则将羊群效应解释为跟风行为或网络外部性，而正的网络外部性就特指攀比效应（Bandwagon effect）。在 Henderson 和 Cool（2003）的文献中，“Bandwagon effect”和“Herd behavior”是并列使用的，而 Gilbert 和 Lieberman（1987）则将攀比效应定义为“Hop on the bandwagon”，类似的定义在 Xia 等（2008）是“Jump on the bandwagon”，而 Bandwagon 在英语中的第一个解释就是“潮流”，可见本章的攀比效应和国内其他研究者提及的“潮涌现象”是一个范畴。

于维持既有的市场份额，而非限制进入或排斥竞争对手。战略管理（Green 和 Porter，1984）和产业组织（Porter，1983）研究均发现，在寡头垄断结构中，相对于产品价格，市场份额更易观察和监督，如果不能达成市场分割的协议，从利润最大化出发，当竞争者进行产能投资或公布投资规划时，同步跟进是一个相对“保险”的策略。Gilbert 和 Lieberman（1987）则认为，在短期内，产能投资具有阻止进入的作用，而随着时间的延续，维持市场份额的压力会增加。后续的实证研究大多忽略了这一动因的存在，考虑到中国汽车制造企业仍处于能力扩张期，本章对此进行了专门的检验。

4. 政府干预与企业投资扩张

由于汽车产业具有很强的 GDP 效应，各级地方政府会采取各种措施鼓励和保护区域内企业的高速发展（王文甫等，2014），而行业的主管部门出于构建“寡头垄断”结构的目的，在 2004 年颁布《汽车产业发展政策》之前的 20 多年里，采取了结构性的“有保有压”措施，以扶持优势企业的发展和壮大，但是对合资企业的过渡保护抑制了市场竞争的作用，形成了产业过剩和不足周期性变化的问题。国内学者分析了政府干预与产能投资的问题（江小娟，1995；刘世锦，2010；课题组和高伟，2014；卢锋，2010），一些学者则针对特定行业予以实证检验（余东华和吕逸南，2015；韩国高等，2011），得到的基本结论是政府的不当干预会促使企业过度投资。考虑到政府对汽车产业的投资政策，在过去 20 年间经历了从严格管制到鼓励投资和限制进入的变化，本章将对这些政策的实际效果予以实证检验。

5. 实证研究的主要发现

如前所述，检验 Spence（1977）和 Dixit（1980）关于超额投资与进入阻止的关系是否存在，曾经是实证产业组织研究的热点领域。Masson 和 Shaanan（1986）基于 26 个产业的联立方程检验发现，超额能力与“价格—成本边际”之间存在较为显著的正向关联，过剩能力的投资能够有效地降低进入者的市场份额。Ghemawat 和 Caves（1986）发现维持超额能力会导致资本回报率的降低，而 Gilbert 和 Lieberman（1987）对石油化工产业的计量分析则表明，只有大企业才会借助能力扩张实现先占或挤出效应。Lieberman（1987a）却发现，若考虑到竞争环境的不确定性和产能扩张具有渐进性的特点，在位者一般不会采取“超额产能”来阻止进入，而是等待进入实际发生后，根据进入者的成本、产品等信息,选择对应的策略,或者通过“协调”维持相对的市场份额。Lieberman(1987b)基于产业层面的Logit模型检验,也得到了类似的结论。Paraskevopoulos和Pitelis(1995)使用与Lieberman(1987a,1987b)相同的数据,结合案例研究却发现,先占多发生于在位者之间,并没有实质性的进入限制作用。

Mathis和Koscianski(1996)对美国钛产业的时间序列分析,则支持了Dixit(1980)的假说,即在位者的能力先占,在限制进入的同时,还具有维持超额利润的功效。Singh等(1998)对英国制造业在位者行为的调查表明,进入限制动机在不同产业之间存在很大的差异,且大多数企业很少使用这一策略应对进入。使用石油化工行业跨国企业的数据,Henderson和Cool(2003a,2003b)基于Logit和Probit模型的检验,也未发现超额产能具有阻止进入的作用。Bunch和Smiley(1992)的问卷调查和极大似然估计表明,先占行为易发生在集中度高、研发密集和大企业主导的产业中,并常与广告、专利等其他进入壁垒混合使用。Hawk等(2013)发现在液态天然气产业,潜在竞争者的进入声明或公告,会刺激在位者率先进入相关领域。所以,产能先占策略是否具有进入壁垒的效应,并未在实证层面取得比较一致的发现。

中国乘用车产业在过去十余年的迅猛发展和持续不断的产能竞争,为我们深入研究这一问题提供了新的素材和挑战。本章将以Gilbert和Lieberman(1987)、Lieberman(1987a,1987b)、Paraskevopoulos和Pitelis(1995)、Henderson和Cool(2003a,2003b)等计量和经验研究的文献为基础,结合中国乘用车产业的产业组织、政府管制特征,使用面板数据的固定效应和Probit模型,对产能投资的多重动因进行实证检验。

二、产业背景与研究问题设定

2001年之前,受经济发展水平和政府产业组织政策的影响,中国乘用车产业呈现出“寡头垄断、规模有限、品种单一”的特征,整个行业的生产和销售规模,尚不及一家主流跨国公司的水平。加入WTO以来,汽车产业的超速增长出乎了所有参与者的预期或判断，产能和需求的同步扩张是最为突出的特点。汽车产业先后超越了韩国、日本、德国和美国等传统强国，在 2009 年就成为全球最大的生产和消费国（见图 4.1）。2002 年到 2005 年的能力增加主要来自跨国公司的快速进入，其后的新增产能则得益于国家对自主品牌的扶持和保护，而 2010 年至今，扩产的主线是合资企业的异地建厂（康凯和王军雷，2014）。

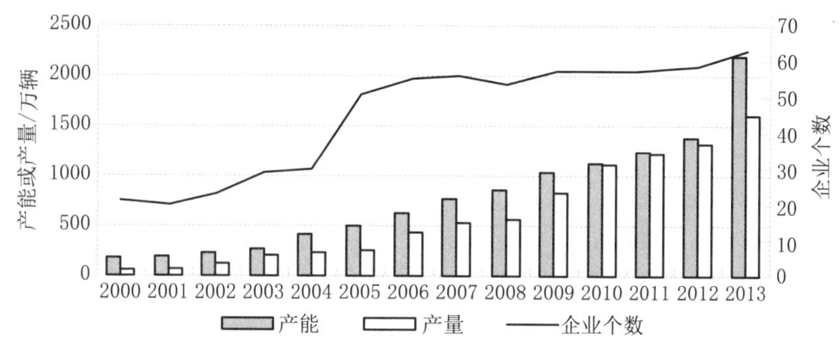

图 4.1　中国乘用车产业的产能与产量（2000—2013）

数据来源：根据《中国汽车工业年鉴》整理而得（这里的乘用车包括轿车、MPV 和 SUV）

“部件冲压、焊装、油漆、装配”等四个阶段构成的生产环节，加上若干规模不等的发动机、变速箱和车身制造业务，是大多数中国乘用车制造企业的核心资产或能力。一条生产线的建设周期大约在 18—36 个月，平均而言，一条产能在 20 万辆规模生产线的总投资在 30 亿—50 亿元。生产线或平台的工艺流程一旦设定，机器设备和人力资源之间的替代关系就十分有限，企业通过改变生产班次，在一定范围内可以增加产量，但这种短期的加班加点会影响生产线的稳定，增加设备的磨损和生产成本。因此，生产线的装配能力和灵活性，在一定程度上就决定着企业短期的生产规模，也是应对竞争环境变化的物质基础。

保持必要的过剩能力一直是汽车制造公司的经营策略之一。汽车产业具有顺经济周期的特点，在经济不景气的阶段，通过裁员或减缓生产线的节奏，而非直接关停生产线，在降低可变成本的同时，还会为经济繁荣阶段预留有效的供给能力。这一特点使得相关的研究者忽视了超额能力还具有进入壁垒的作用。规模和范围经济明显、品牌和企业忠诚度高、产品差异化显著等特点，也决定了它的进入壁垒高于石油、化工、专用设备（电信、电力）等行业。在美国、欧盟和日本等已经十分成熟的汽车市场中，企业数量和投资数额相对稳定，无法使用 Gilbert 和 Lieberman（1987）、Lieberman（1987a，1987b）构建的计量模型，实证检验产能投资的战略作用。相反，2000 年以来，中国汽车和乘用车产业的结构、行为和绩效的明显变化和波动，则有利于对产能投资行为进行深入的实证分析。

我国政府一直对乘用车产业的投资和进入实施严格的管制，在 2001 年加入 WTO 组织之前主要使用项目审批制、生产许可证制、产品型号限制等直接干预的方法。为了满足加入 WTO 议定书的要求，2001 年后相继采取了改“目录制”为“备案制”、提高地方政府审批汽车项目的投资额度、将乘用车列入《外商投资产业目录》的鼓励项目等多项举措，扶持乘用车产业的发展，由此引发了 2004 年到 2005 年轿车产业的投资高潮（见图 4.1），三年间新增固定资产投资高达 2000 亿元，使得 2005 年的产能利用率仅为 71.5%（董阳等，2012）。2006 年，原国家发展改革委员会专门出台了《关于汽车工业结构调整意见的通知》，在认为汽车产业“产能过剩的苗头已经显现，并有可能进一步加剧”的前提下，开始使用控制新建整车项目、提高投资准入条件、限制异地建厂等手段抑制投资热。但是，受 2008 年全球性金融危机的影响，乘用车的消费一度陷入了低速增长的状态，为了配合刺激经济的财政和货币政策，国家发展和改革委员会又颁布了《汽车产业调整和振兴规划》，该规划的核心在于通过财政和消费政策扩大内需，由此形成了 2009 年到 2013 年新一轮的行业投资、生产和消费连续增长的局面，并将以往的“结构性”产能过剩，最终演化成目前总量和结构过剩并存的局面（康凯和王军雷，2014）。

如前所述，历次经济过热引发的宏观调控，都会导致有关部门通过进入管制或项目审批的手段，直接干预汽车行业的总量或结构均衡。相反，作为投资主体的汽车企业则对产能过剩问题采取了放任的态度，无论是跨国公司控制下的合资企业，还是处于成长期的自主品牌制造商，在 2000—2013 年期间，都选择和执行了持续扩张的战略。实证分析这种“趋同行为”的影响因素、辨别其后的战略动机、评价产业组织政策的实际结果、为投资管理政策的完善提供有价值的微观依据，就成为本章实证分析的具体内容。

三、数据来源、变量计算和计量模型设定

30家乘用车制造企业2000—2013年的非均衡面板数据是本章实证分析的基础,这些数据主要来自《中国汽车工业年鉴》(历年)、相关的专业文献和上市公司的公开资料(见表4.5)。《中国汽车工业年鉴》记录了大部分企业新建或扩建生产线、生产平台的时间、规模和对应品牌的历史数据;“中国汽车技术研究中心”出版的内部刊物《汽车情报》也刊登了多数企业投资建厂的数据,主导企业的资料更为详尽和完备。综合这两个数据库,就可以从产业和企业两个层面对产能竞争进行规范系统的分析。

表4.5 管制放松后的产能扩张(2000—2013年)

企业	年度	累计产能/千辆	扩张次数/次	企业	年度	累计产能/千辆	扩张次数/次
长安福特	2003—2013	750	7	比亚迪	2000—2013	800	9
长安轿车	2005—2013	410	6	昌河铃木	2002—2013	220	3
长安铃木	2000—2013	450	4	长城汽车	2003—2013	1050	7
东风本田	2004—2013	360	7	东南汽车	2003—2013	180	4
东风乘用	2009—2013	240	2	华晨宝马	2003—2013	360	5
东风日产	2001—2013	1100	9	华泰汽车	2004—2013	200	4
东风神龙	2000—2013	750	4	吉利汽车	2001—2013	730	9
东风悦达	2001—2013	730	10	江淮汽车	2003—2013	540	7
广汽本田	2000—2013	480	6	奇瑞汽车	2000—2013	1000	6
广汽丰田	2006—2013	450	4	重庆力帆	2006—2013	200	4
一汽大众	2000—2013	1410	10	上海大众	2000—2013	1450	8
一汽丰田	2002—2013	610	9	上海通用	2000—2013	1600	8
一汽轿车	2000—2013	560	8	上汽乘用	2007—2013	430	3

（续表）

企业	年度	累计产能/千辆	扩张次数/次	企业	年度	累计产能/千辆	扩张次数/次
海马轿车	2000—2013	300	4	北京奔驰	2000—2013	180	3
一汽夏利	2000—2013	430	6	北京现代	2002—2013	1300	6

注：这里的扩张次数是企业新增和扩建生产线次数的合计数。

资料来源：作者根据《中国汽车工业年鉴》（2000—2013）和《汽车情报》（1999—2009）整理

综合 Mathis 和 Koscianski（1996）、Gilbert 和 Lieberman（1987）、Lieberman（1987a，1987b）以及 Henderson 和 Cool（2003a，2003b）分析此类问题的基本方法，本章首先计算了样本企业的产能利用率[①]、产能占有率及其变化率等数据，再计算出行业层面的有关指标。应该指出的是，30 多家企业的产量和销量占整个乘用车市场 90% 以上的份额，依此比例估算的行业产能利用率，相对于同类研究中使用企业"规划"产能的数据，更加符合产业竞争的实际状况。

1. 变量选择和计算方式

（1）被解释变量。企业 i 在某一年份 t 是否增加了产能是本章的被解释变量：

$$y_{it}=\begin{cases}1 & if\,(C_{it}-C_{it-1})>0\\0 & \text{其他}\end{cases} \tag{4.1}$$

使用 0–1 虚拟变量刻画企业的投资行为，也是为了应用 Probit 模型计算解释变量的边际效应。

（2）解释变量。

①行业产能利用率（Capacity Utilization，CU_{t-1}），用乘用车行业滞后一年的产量与产能之比来代表。

$$CU_{t-1}=\frac{Q_{t-1}}{C_{t-1}} \tag{4.2}$$

① 本章的产能利用率是指某企业当年产量与实际产能的比值，由于很多企业采取混线生产的模式，因而无法使用常见的"单一产品、单一生产线"方法予以调整。

②行业需求增长率（growth rate，$growth_{(t-1)}$），特指乘用车行业总需求的年度变化，与行业产能利用率一样滞后一年：

$$growth_{(t-1)}=\frac{Q_{(t-1)}}{Q_{(t-2)}}-1 \tag{4.3}$$

这两个变量都使用滞后一期的数值是因为研究者只能观察到企业事后的产能扩张行为，而做出这一决策时，依据的是当时市场和行业的信息，考虑到我国汽车制造企业新建生产线的周期在12—36个月，在保障样本足够大的前提下，本章只滞后了一年。

③企业的产能占有率（capacity share，$share_{it}$），表示企业在给定年份的产能占细分市场总产能的比例：

$$share_{it}=\frac{C_{it}}{\Sigma_i C_{it}} \tag{4.4}$$

④企业产能占有率的变化（change of capacity share，$\Delta share_{it}$），特指企业产能占有率的年度变化率：

$$\Delta share_{it}=\frac{share_{it}}{share_{i(t-1)}} \tag{4.5}$$

⑤攀比效应代理变量（bandwagon effect，$band_{it}$），是指某企业所有竞争对手产能的变化率，具体含义是：

$$band_{it}=\frac{\Sigma C_{jt}-\Sigma C_{jt-1}}{\Sigma C_{jt-1}}\ (j\neq i) \tag{4.6}$$

由于无法获得品牌层面产能的全部数据，为客观反映乘用车企业竞争对手能力的变化，本章依据《中国汽车工业年鉴》的细分市场数据，计算了各个企业竞争对手的产能总量。计算的原则是：如果某企业在某一年度参与了若干细分市场的经营，那么就将这些市场中所有参与者的产能作为计算 $Band_{it}$ 的基础。同时，对于那些第一次出现的企业，在计算相关指标时，可以合意地按照它们进入后第一年的细分市场定位，倒算出进入前一年该企业竞争者的能力和自身的产能占有率。各个变量的统计描述和相关系数如表4.6和表4.7所示。

⑥企业产能占有率的交叉项。考虑到企业能力和规模的不对称也是影响投资行为的因素之一，而该因素的作用往往与其他变量交织在一起，为此本章

构建了 $share_t$ 与 $\Delta share_{it}$、$band_{it}$、$growth_{(t-1)}$ 和 $CU_{(t-1)}$ 等四个变量的交叉项，以区分能力高低在各种效应的具体作用，为表述方便，这些交叉变量分别简写为 $\Delta sshare_{it}$、$bashare_{it}$、$grshare_{i(t-1)}$ 和 $cushare_{i(t-1)}$。

⑦产业投资政策虚拟变量。1994 年的《汽车工业产业政策》、2004 年的《汽车产业发展政策》和 2009 年的《汽车产业调整和振兴规划》是决定和影响行业发展方向和路径的三项重要政策，本章按照政策实施的实际节点，将 1994 年到 2004 年之间相对保守的政策 $policy_1$ 设置为对照期，对 2005—2009 年间适度限制的 $policy_2$ 和 2010—2013 年之间扶持鼓励的 $policy_3$ 进行了实证检验。

2. 计量模型与变量系数符号的含义

（1）Probit 模型设定。大多数相关研究将产能投资刻画为（0–1）响应值，即 $y_i=1$ 表示企业 i 在相应的年份进行了新生产线的投资，$y_i=0$ 则表示没有投资行为发生，分析这类样本的方法之一就是 Probit 回归，本章的 Probit 模型设定为：

$$
\begin{aligned}
\text{prob}\,(y_{it}=1 \mid X_{it}) = \Phi(&\beta_0+\beta_1\,band_{it}+\beta_2\,share_{it}+\beta_3\,\Delta share_{it}+\\
&\beta_4\,CU_{(t-1)}+\beta_5\,growth_{(t-1)}+\beta_6\,share_{it}\cdot\\
&band_{it}+\beta_7\,share_{it}\cdot\Delta share_{it}+\beta_8\,share_{i(t-1)}\cdot\\
&CU_{(t-1)}+\beta_9\,share_{i(t-1)}\cdot growth_{(t-1)}+\\
&\beta_{10}\,policy_2+\beta_{11}\,policy_3+\beta_{12}\log(HHI)_t+\varepsilon)
\end{aligned}
\tag{4.7}
$$

在 Probit 模型中，式（4.7）的左边是一个对数函数，对于所有的实数它都介于 0–1 之间。在本章中的估算方程中，X_{it} 包括市场增长率、行业产能利用率、企业产能占有率等多个变量。

（2）系数符号的预期值。本章的主旨在于分析中国乘用车制造企业的产能扩张，是否受“阻止进入”“攀比效应”和“维持市场份额”等三种动机的驱动，并检验不同时期产业投资政策的实施效果，主要解释变量系数符号的含义如下：

①进入阻止效应。Gilbert 和 Lieberman（1987），Paraskevopoulos 和 Pitelis（1995）认为，有效的进入阻止既要限制或延缓竞争对手的投资行为，也要确保自身市场占有率的增加。由于市场结构、产品价格和差异化程度等因素也

会影响占有率的变化，因此，多数的实证分析都使用行业的产能利用率和竞争者能力两个变量的系数符号来判断阻止效应。一方面，如果产能利用率的提高伴随着高的进入率或投资行为，就可以判定事前的能力投资具有限制进入的功效，即变量 CU_{t-1} 的系数应该显著为正；另一方面，如果其他企业的产能扩张，限制了某一个企业的新增投资，即变量 $band_{it}$ 的系数显著为负，也是证明阻止效应是否存在的关键证据。

②维持市场份额效应。Spence（1979a，1979b），Gilbert 和 Lieberman（1987a）都认为，企业进行产能扩张时，首先要维持现有的市场地位，这就要求在一定的时期内，企业的投资行为与自身占有率的变化负相关，即变量 share_{it} 的系数为负。同时，如果竞争者扩张时，企业也应选择跟进策略，以保障相对份额不变，这则要求变量 band_{it} 的系数为正（Praskevopoulos 和 Pitelis，1995）。

③攀比效应（亦潮涌现象）。攀比特指不同企业投资行为之间的正外部性，即其他企业的投资行为导致的羊群效应或"逐浪行为（hop on the bandwagon）"，这就要求变量 band_{it} 的系数显著为正，相反，如果该系数为负，则说明在位者对进入采取了容纳的策略。

④进入与投资管制政策。按照前述对产业投资政策设定目标的介绍，变量 policy_2 和 policy_3 应该分别显著为负和显著为正，如果符号或显著性不符合政策的预期，也要探究发生偏差的具体原因。

上述分析说明，在估算进入阻止、维持市场份额和攀比效应时，同一变量的系数符号存在一定的差异，这会增加判断实证结果的难度。为确保计量结果的稳健性，本章分别估计了自主品牌和合资企业产能投资行为的边际效应，以区分各种要素对两者的不同影响，并具体分析造成这些差异的原因。

四、回归结果分析

1. 描述性统计和相关系数检验

Probit 模型中各个变量的统计描述如表 4.6 所示，就均值而言，乘用车的年均增长速度为 25%，增速最高为 88%，最低只有 4%；行业产能利用率均值是 71%，最高值接近 95%，最低年份只有 42%，可见与公认的 85% 相比较，我国乘用车存在一定程度的产能过剩；企业产能占有率的均值为 9%，但是产能占有率自身的变化十分剧烈，这两个变量最大值与最小值之间的差异也十分明显；竞争对手年均产能扩张的比例为 50%，这就说明在本章的考察期，大部分企业都有过产能扩张的行为。

表 4.6　变量的统计描述

变量	观察值	均值	标准差	最小值	最大值
y_{it}	375	0.42	0.49	0.00	1.00
$\text{growth}_{(t-1)}$	375	0.25	0.20	0.04	0.88
$\log(HHI)_t$	375	2.83	0.27	2.59	3.51
$CU_{(t-1)}$	375	0.71	0.12	0.42	0.94
share_{it}	375	0.09	0.12	0.01	0.73
Δshare_{it}	375	0.99	0.43	0.09	3.07
band_{it}	374	0.50	1.08	−0.71	11.48
$\text{cushare}_{i(t-1)}$	375	0.05	0.06	0.01	0.39
$\text{grshare}_{i(t-1)}$	375	0.02	0.03	0.00	0.19
Δsshare_{it}	375	0.09	0.14	0.00	1.06
bashare_{it}	374	0.04	0.13	−0.32	1.38
policy_2	375	0.51	0.50	0.00	1.00
policy_3	375	0.32	0.47	0.00	1.00

表 4.7 给出了变量的 pearson 相关系数矩阵。产能扩张的概率与行业增长率、产能利用率和企业产能占有率的变化率等变量正相关，而与市场集中度、产能占有率和两种产业组织政策负相关，并表现出不同水平的显著性，说明需要对这些变量与扩张行为的关系进行严谨规范的检验。由于所有的交叉项都是与产能占有率的乘积，因而它们之间的相关系数较高，其余变量间相关系数的符号基本符合它们间的逻辑关系。

表 4.7　相关系数汇总

y_{it}	1	2	3	4	5	6	7	8	9	10	11	12	13
$growth_{(t-1)}$	0.01	1											
$\log(HHI)_t$	−0.24*	0.02	1										
$policy_2$	−0.02	0.43*	−0.32*	1									
$policy_3$	0.22*	−0.31*	−0.37*	−0.71*	1								
$CU_{(t-1)}$	0.28*	0.31*	−0.76	0.05	0.56*	1							
$band_{it}$	−0.02	0.19*	0.06	0.11*	−0.13*	−0.03	1						
$share_{it}$	−0.12*	−0.06	0.77*	−0.26*	−0.31*	−0.64*	−0.06	1					
$\Delta share_{it}$	0.45*	−0.05	−0.04	−0.02	0.05	0.03	−0.41*	0.06	1				
$cushare_{i(t-1)}$	−0.07	0.01	0.72*	−0.21*	−0.31*	−0.56*	−0.07	0.98*	0.08	1			
$grshare_{i(t-1)}$	−0.04	0.51*	0.54*	0.04	−0.34*	−0.31*	0.01	0.67*	0.06	0.72*	1		
$\Delta sshare_{it}$	−0.02	−0.05	0.67*	−0.23*	−0.27*	−0.56*	−0.16*	0.91*	0.31*	0.91*	0.62*	1	
$bashare_{it}$	−0.05	0.07	0.26*	−0.03	−0.15*	−0.22*	0.57*	0.19*	−0.27*	0.18*	0.20*	−0.02	1

注：观察值 $N=375$，* 表示在 5% 的显著性水平下显著

2. Probit 模型的估算结果分析

使用极大似然估计得到的 Probit 回归结果如表 4.8 所示。应该指出的是，表 4.8 中各个变量的系数是指解释变量对被解释变量的偏导数或交叉弹性（伍德里奇，2003）。例如，在模型（1）中，当一个企业的产能占有率比均值（0.08）高 1% 时，该企业产能扩张的概率比 y_{it} 的均值（0.424）会相应高出 2.05 倍，而不是像对数模型那样，解释为变量之间的百分比关系。由于一些模型未能拟合出固定效应的极大似然估计结果，所以表 4.8 的估计值是基于随机效应的 Probit 模型得到的，主要的发现有：

表 4.8　Probit 模型的估计结果

变量 （均值）	模型（1） （z 值）	模型（2） （z 值）	模型（3） （z 值）	模型（4） （z 值）
share_{it} （0.08）	2.049 （1.29）	33.14^{***} （3.98）		
$CU_{(t-1)}$ （0.706）	3.756^{**} （2.06）	6.193^{**} （3.07）		3.541^{**} （2.23）
$\text{cushare}_{i(t-1)}$ （0.032）		-52.24^{***} （−3.46）		−8.265 （−1.85）
$\text{growth}_{(t-1)}$ （0.25）	−0.224 （−0.41）	−0.826 （−1.04）		−0.501 （−0.80）
$\text{grshare}_{i(t-1)}$ （0.012）		12.98 （1.46）	3.548 （0.91）	3.837 （0.65）
Δshare_{it} （0.98）	2.864^{***} （8.16）	2.951^{***} （5.8）	2.970^{***} （7.64）	
Δsshare_{it} （0.092）		-7.707^{*} （−2.15）	0.304 （0.23）	
band_{it} （0.501）	0.502^{***} （4.96）	0.729^{***} （4.58）	0.410^{***} （3.78）	−0.0271 （−0.29）
bashare_{it} （0.036）		7.640^{**} （2.97）	1.263 （1.32）	1.752 （1.57）
policy_2 （0.516）	2.082^{**} （2.68）	3.462^{**} （2.80）	1.991^{*} （2.47）	0.752 （1.19）

（续表）

变量（均值）	模型（1）（z 值）	模型（2）（z 值）	模型（3）（z 值）	模型（4）（z 值）
$policy_3$（0.321）	2.164*（2.56）	3.352**（2.58）	2.567**（3.05）	0.69（0.99）
$\log(HHI)_t$（2.833）	1.297（1.2）	1.627（1.28）	0.461（0.47）	1.614（1.72）
常数项	−11.50**	−14.99**	−6.677*	−7.380*
	（−2.79）	（−3.07）	（−2.01）	（−2.10）
观察值	345	345	345	345
log-likehood	−157.0786	−142.3228	−158.9722	−214.5898
wald 卡方	84.79	72.49	86.09	31.83
概率	0.00	0.00	0.00	0.00
正态分布检验				
pr（kurtosis）	0.1419	0.079	0.0782	0.3924
prob＞chi2	0.118	0.141	0.035	0.000
企业虚拟变量	no	no	no	No
年度虚拟变量	no	no	no	No

注：***、**、* 分别表示在 1%、5%、10% 的显著性水平下显著

（1）进入阻止效应。按照 Gilbert 和 Lieberman（1987）的解释，在位者可以“扭曲”行业的产能利用率来阻止进入的发生，已有产能利用率与新增投资应该是正相关的关系，即变量 $CU_{(t-1)}$ 的系数应该显著为正。同时，竞争者的产能扩张应该限制同类企业的扩张，$band_{it}$ 的系数应该为负。在表 4.8 的模型（4）中，虽然 $CU_{(t-1)}$ 的系数为正（5% 的显著水平），但是变量 $band_{it}$ 为负（不显著），至少不能完全确定产能扩张具有阻止进入的作用。但是，在考虑所有变量的模型（1）和控制企业产能规模的模型（2）中，变量 $CU_{(t-1)}$ 和 $band_{it}$ 都在不同的显著水平上为正，并且在模型（2）中 $CU_{(t-1)}$ 与企业产能占有率 $share_{it}$ 交叉项的系数显著为负，$band_{it}$ 与 $share_{it}$ 的交叉项系数为正（显著水平为 1%），都说明给定行业的产能利用率提高，大企业的产能投资会下降，

相反,若竞争者的扩张速度增加,大企业会选择跟进的策略。模型(2)和模型(4)中系数符号和显著性的差异,进一步表明在我国乘用车制造产业进入阻止并不是企业进行产能扩张的主要诱因。

(2)市场份额维持效应。在激烈竞争的市场中,企业要保持和维持已有的市场份额,一是必须紧盯竞争者的扩张行为;二是只有在以往产能占有率下降时才会选择追加投资。观察表4.8的模型(3)可以发现,虽然攀比变量 $band_{it}$ 的系数显著为正,但是变量 $\Delta share_{it}$ 的系数却显著为正,它们的系数和显著性在模型(1)、模型(2)和模型(3)之间并没有明显的差异,这说明企业新增投资具有自我强化和追赶对手的特点,而不是维护已有的市场地位。

(3)产能投资的"攀比效应"。在表4.8的模型(1)和模型(2)中,变量 $band_{it}$ 的系数都显著为正(1%的水平上),表明在乘用车制造企业的产能投资行为具有十分明显的"攀比效应"。具体而言,按照Gilbert和Lieberman(1987)、Henderson和Cool(2003a,b)对Probit模型中变量间关系的解释,在不考虑企业产能占有率的交互影响时是模型(1),若一个企业所面对的 $band_{it}$ 是0.51(高出均值1%),它进行产能扩张的可能性就会比行业内企业扩张的平均概率高出50%,而考虑该企业的产能占有率的作用后是模型(2),扩张的概率则会比均值高出73%。同时,给定相同的 $band_{it}$ 时,大企业攀比的可能性则会增加到8.73%(等于0.729%+7.64%)[①]。

在模型(2)中,变量 $CU_{(t-1)}$、$\Delta share_{it}$ 的系数都为正,说明企业产能扩张的概率随着自身能力的增加而提高,并会对行业产能利用率的变化予以积极反应。行业增长率 $growth_{(t-1)}$ 为负是一个与Gilbert和Lieberman(1987)、Henderson和Cool(2003a,2003b)实证结论相左的一个发现,但考虑企业产能份额的影响后,得到的结论又与Hawk等(2013)、Paraskevopoulos和Pitelis(1995)相关研究的计量发现完全一致,$grshare_{i(t-1)}$ 的系数为正(不显著),即在成长的市场中,无论是从维持已有的市场份额还是限制对手进入的目的出发,大企业扩张的概率要高于中小企业。

---

① Hoetker(2007)对这种计算Probit模型中交互项系数的方法提出了质疑,并建议最好使用边际效用方法估算该类模型中解释变量对概率的影响程度,为此本节专门对攀比效应进行了边际效应分析。

（4）产业政策的作用。将政府的产业组织政策直接纳入产能扩张的分析中，是本章与已有文献的主要区别之一。我国政府一直对乘用车特别是轿车产业实施十分严格的进入和投资管理政策，并会根据国民经济和产业发展的需要，鼓励或限制产业的投资方向和规模。在表 4.8 的模型（1）和模型（2）中，变量 $policy_2$ 和 $policy_3$ 分别在 5%—10% 的水平上显著为正，说明 2005 年到 2009 年之间适度限制的投资政策 $policy_2$ 并未有效降低企业的产能扩张，一个潜在的原因是 2006 年为了抑制产能过剩的苗头不断蔓延，国家发改委采取了"控制新建整车项目、适当提高投资准入条件"的举措，反而在一定程度上迫使企业不得不提高新建项目的规模，以达到进入的门槛。另一个原因是，随着 2007 年以后乘用车又步入高速增长阶段，那些在前期严格遵守政策规定的企业错失了供不应求带来的获利机会，而在后续阶段采取各种措施追加产能投资。

变量 $policy_3$ 的符号和显著性符合 2010 年到 2013 年产业政策出台的初衷和管理者的预期。2009 年为了应对国际金融危机的不利影响，汽车成为房地产、基础设施产业之外受到各级政府鼓励和扶持的重点领域，合资企业和自主品牌的生产企业纷纷采取新建和异地建厂的方式扩大能力。中央和地方政府在需求和使用环节的减税和补贴政策也使乘用车需求重回高速增长的状态，并延缓了产能过剩问题的爆发。对乘用车产业组织政策的计量检验，也在一定程度上验证了王文甫等人（2014）对产能过剩与政府作用的分析结论。

表 4.8 还给出了残差项的正态分布检验，由于样本较少，加之对一些变量使用滞后 1 期的数据值进行回归，只有模型（1）和模型（2）在 5% 的显著水平下显著，不能拒绝原假设，也就是说，这两个回归的残差项服从正态分布，可以采用 Probit 模型。考虑到本章的实证检验只发现了攀比效应的确切结论（即模型 1 和模型 2），而且合资和自主品牌制造企业的边际效应检验也是基于模型 2 展开的[即表 4.9 的模型（5）至模型（7）]，因此模型（3）和模型（4）是否适应 Probit 回归，并不直接影响后续的结论[①]。

---

① 为保证使用 Probit 模型的合理性，本节还使用陈强（2010）提及的方法，对所有的模型进行了 Logit 回归，通过与 Probit 的对比分析，发现主要解释变量的系数和显著性，并未发生十分明显的变化，这也从另外一个方面说明使用 Probit 模型分析产能扩张行为是合理的。

表 4.9 基于 Probit 模型的边际效应结果

变量	模型（5）	模型（6）	模型（7）
$share_{it}$	7.281^{***}	6.820^{***}	−19.23
	（1.550）	（1.746）	（11.76）
$CU_{(t-1)}$	1.361^{***}	1.335^{**}	1.006^{*}
	（0.413）	（0.550）	（0.517）
$cushare_{i(t-1)}$	-11.48^{***}	-12.20^{***}	-20.91^{**}
	（2.839）	（3.322）	（8.854）
$growth_{(t-1)}$	−0.181	-0.403^{*}	0.191
	（0.173）	（0.216）	（0.303）
$grshare_{i(t-1)}$	2.852	3.621	−0.284
	（1.912）	（2.400）	（5.683）
$\Delta share_{it}$	0.648^{***}	0.536^{***}	−0.122
	（0.0977）	（0.114）	（0.400）
$\Delta sshare_{it}$	-1.693^{**}	−1.354	35.81^{***}
	（0.756）	（0.866）	（13.23）
$band_{it}$	0.160^{***}	0.142^{***}	−0.133
	（0.0277）	（0.0296）	（0.167）
$bashare_{it}$	1.679^{***}	1.761^{***}	23.34^{***}
	（0.518）	（0.621）	（7.070）
$policy_2$	0.760^{***}	0.808^{**}	4.406
	（0.265）	（0.328）	（3.377）
$policy_3$	0.736^{***}	0.820^{**}	4.378
	（0.279）	（0.348）	（3.380）
$\log(HHI)_t$	0.358	0.495	−0.322
	（0.276）	（0.355）	（0.389）
观察值（样本）	345（全部样本）	213（合资企业）	132（自主品牌）

注释：括号内为标准差，*** $p<0.01$，** $p<0.05$，* $p<0.1$。

3. 基于企业分类的稳健性检验

使用随机效应 Probit 模型回归分析只获得“攀比效应”存在的结论，而合资企业与自主品牌的制造企业无论是在生产能力、产品开发还是运营模式等方面都存在明显的差异，将它们混同在一起所得到的结论和发现有可能遗漏更有价值的发现，按照 Hoetker（2007）提出的思路，本章对合资和自主品牌制造企业的产能行为分别估计边际效应。Probit 模型边际效应的具体结果如表 4.9 所示，主要的发现有：

（1）变量 $band_{it}$ 对于合资企业显著为正，在自主品牌的样本中则为负，同时，变量 $CU_{(t-1)}$ 对合资企业的样本在 1% 的水平上显著为正，对自主品牌只在 10% 的显著水平上为正。因此，在其他条件相同时，合资企业进行产能扩张的概率大于自主品牌生产企业。具体而言，在模型（6）中，竞争对手的产能扩张 1%，合资企业选择跟随策略的可能性会提高 14.2%，而自主企业则下降 13.3%；同理，行业的产能利用率上升 1%，合资企业扩张的可能性增加 133.5%，而自主品牌企业只有 100.6%，二者相差了 30% 以上。

（2）变量 $share_{it}$ 和 $\Delta share_{it}$ 的系数在模型（6）中显著为正，在模型（7）中则为负（不显著），也从另一个角度说明规模较大的合资企业，相对于同等规模的自主企业，更倾向于选择攀比行为，以维持自身的市场地位和优势。这一发现符合我国乘用车产业“合资企业主导、自主企业边缘”的现实，也说明产能扩张主要发生在合资企业之间，并不是合资企业与自主品牌间的产能竞赛。

（3）两个产业政策虚拟变量 $policy_2$ 和 $policy_3$ 在模型（6）和模型（7）中都为正，但在自主品牌的样本中并不显著。可见，相对于 1994—2004 年十分严格的投资管制政策，2005—2009 年期间限制产业过剩的政策目标并未得到合资企业的有效响应，一个潜在的原因还在于政策调整都伴随着进入门槛的提高，而只有合资企业才有资金和能力满足这些条件。这一发现也符合有关学者关于轿车合资企业受到政府的更多保护，可以游离于产业政策之外的判断（凯丽，2007）。

五、实证结果的进一步讨论

1. 产能扩张战略性因素分析的应用价值

本章的实证结果与相关研究相类似，除了发现比较明晰的攀比效应外，并未得到“进入阻止”和“市场份额维持”两种战略存在的确切证据。由此可以认为产能投资不具有战略价值吗？答案取决于对数据背后市场结构和企业行为的进一步挖掘。

首先，产能先占或阻止功效的假设源于产业组织中寡头厂商之间“产能—产量—价格”的动态竞争模型，即企业之间的投资行为存在很强的外部性。对中国乘用车产业而言，加入WTO后政府规制的放松，使企业数量持续增加，按照标准的集中度指标判断，已经不是寡头垄断的结构，这使得企业的投资决策面临更多的困境（Porter，1980）：一是增加了在位者辨别竞争对手的难度，新进入者之间的巨大差异，也使对手选择成为一个难题；二是在位者数量的增加会提高相互协调的成本（Lieberman，1987a），使阻止行为陷入“囚徒困境”，给新进入者提供了机会；三是产能信息本身也是一种十分重要的策略，选择性地发布事前不可能完全确认的信息，会使竞争者“错误地理解”彼此的真实意图，无法基于传统的猜测变量法，客观地判断对手的行为。

其次，从企业集团而不是单个企业的角度分析产能竞争问题，上述悖论或矛盾也许可以得到更好的解释。使用单个企业的相关数据，会忽略企业之间的股权或战略同盟关系对产能决策的实际影响。2002年以后，严格意义上的新进入者寥寥无几，大部分进入者与已有的在位者有着直接或间接的关联，因此，新产能的扩张反映的是一汽、东风和上汽等大型企业集团控制和左右乘用车产业的意图，不完全是“在位者—潜在进入者”博弈的结果。在市场长期增长的预期下，以往产能利用率的增加，向企业传递的是“供给小于需求”的信息，从利润最大化出发，在位者同时扩张产能就成为“古诺竞争”的均衡解。

最后，核心变量系数符号之间的“矛盾”，也表明产业组织理论解释企业战略行为时存在一定的难点或挑战。例如，无论是以新增产能的实际值，还是0—1虚拟变量，都无法区分企业产能投资固有模式的差异。日本跨国公司参与的合资企业，出于实现规模经济和范围经济的需要，习惯采取一步到位的方式建设较高规模的产能，而在后续的竞争中再通过柔性生产模式，调整需求和能力的关系。欧美汽车制造企业则偏好“渐进增加产能”的策略，以减少需求不确定的风险，积累组织的学习效应。显然，基于现有的数据和计量方法，很难分清这些微观行为的差异，在细节决定一切的竞争环境中，这些微小的差异必然对企业产能扩张的路径和后果产生一定的影响。

应该指出的是，在产能竞争的三种战略动因中，只有进入阻止效应需要在位者保有一定幅度的过剩产能，而维持市场份额和攀比效应不一定引发产能过剩，所以本章提出的战略动因并不完全是行业产能过剩为唯一的前提。产业组织和企业战略管理理论的模型和经验研究也证明，在企业不能就产能和后续的价格行为进行事前协调与事后合谋的背景下，“攀比效应”也不全是一种“非理性”的行为（Anderson 和 Yang，2015；Hawk 等，2013）。相反，要获得先占优势、学习和溢出效应，就必须采取“跟风策略”，否则会在后续的激烈竞争中处于十分不利的地位。

2.“潮涌现象”假设与产能投资行为合意性的再解释

林毅夫（2007）在构建发展中国家的宏观经济理论时指出：“对于一个处于快速发展阶段的发展中国家而言，在产业升级时，企业所要投资的是技术成熟、产品市场已经存在，处于世界产业链内部的产业。这个发展中国家的企业很容易对哪一个产业是新的、有前景的产业产生共识，投资上容易出现‘潮涌现象’，许多企业的投资像波浪一样，一波接着一波涌向相同的某个产业。”在后续的研究中，林毅夫等人（2010）将中国许多产业的产能过剩问题解释为“潮涌现象”的必然结果。在“总需求已知而行业内企业数目不确定”这一严格的假定下，就产能过剩而言，他们的动态最优化博弈模型得到的主要假说是：“产能过剩可能独立于行业外部条件或经济周期的影响，而主要由个体理性投资的‘潮涌’引发”，他们还指出这些结论是在企业数目信息不对称、排除企业之间“策略性过度建厂行为”的前提下得到的。应该强调的是，林毅夫等人（2010）将“产能过剩”定义为每家企业的能力都没有得到有效利用的状况，因而是一种全行业整体过剩的局面，而本章则发现乘用车产业只存在一定程度的结构性产能过剩。

本章的实证检验表明，变量 $band_{it}$ 的系数显著为正，为“潮涌现象”的存在提供了一个例证，但市场需求变量 $growth_{it}$ 与产能投资关系的不显著，却否定了产业增长与“潮涌现象”的正相关性。具体而言，过去 20 年里，无论是合资公司还是本土企业，都对乘用车产业的发展有着良好的预期，企业个数的持续增加（见图 4.1），并未引发全局性的产能过剩（汽车行业公认产能利用率的合理水平在 85% 左右），而呈现出合资企业产能利用率远高于自主品牌制造企业，微型和经济型轿车市场的利用率低于高级轿车和 SUV 细分市场的结构性过剩格局（见图 4.2）。

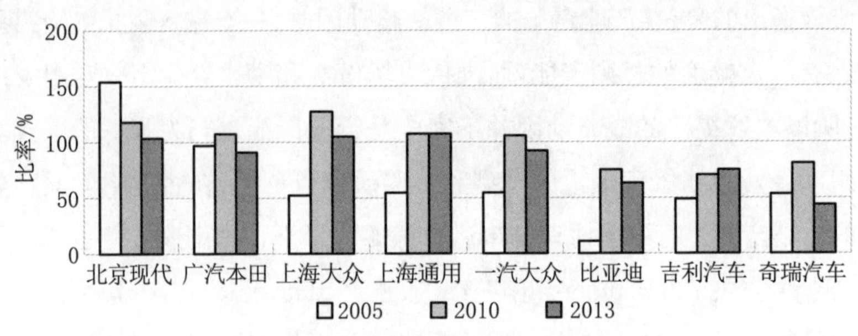

图 4.2 企业层面的产能利用率差异

结构性产能过剩没有对全行业的经营状况产生严重的负面影响。市场竞争提供的各种信号,已经发挥了调整企业行为的功能,而无须像计划经济时期,完全借助政府之手直接干预企业的产能决策。例如,国家发改委和工信部在 2006 年、2009 年和 2011 年对汽车制造行业产能过剩的判断,以及所公布的指导意见和治理举措,事后都被证明出现了一定程度的"误判",那些严格按照政府设定的"红线"压缩产能的企业,都错失了需求爆发式增长的获利机会。也就是说,不能设定政府比企业更理解或洞悉市场竞争的变化。本章引进产业组织政策变量的计量检验也发现,鼓励导向的组织政策具有实际的效应,而抑制倾向的政策并没有发挥作用,也再次说明不应完全依赖政府的判断和举措调整产业的供求关系(王文甫等,2014)。

忽视"策略"或"战略动机"的客观存在,而只在理论层面对产能竞争进行最优化分析,会使结论偏离企业竞争的实际状况。在激烈竞争的环境中,企业的单个决策行为往往担负多个目标,利润最大化并非唯一的出发点。以产能投资为例,无论是在"结构—行为—绩效"范式,还是博弈论的框架中,产能投资必然兼具"进入壁垒""信号传递""攀比跟随"等功效。将这些动机置于实证分析之外,就无法科学合理地评价企业战略决策的真正动因,也难以提出有参考价值的建议。

总之,本小节的研究发现了乘用车产业存在"攀比效应"或曰"潮涌现象",但其间的微观机理和行为假设,与林毅夫等(2010)的理论前提和论证逻辑并不完全相同,而是对徐朝阳和周念利(2015)关于结构内生与产能过剩的假说提供了一个新的例证,即在一定程度上不能将所有的产能过剩都归结为市场失灵,政府的总量控制和行政干预并不一定优于市场竞争的淘汰机制。

所以,这种攀比更多地源自竞争的驱动,并具有一定的战略诱因,而非完全出自应对各种不确定性的“盲目”选择。

六、潮涌现象多重因素分析的现实意义

本小节对影响我国乘用车制造企业产能扩张的多重因素进行了初步的实证分析,除了获得“攀比效应”的证据外,“份额维持”和“进入阻止”效应并不显著,还在一定程度上检验了不同时期产业投资政策的实施效果。主要贡献体现在如下几个方面:

第一,扩展了产能竞争实证研究的范围。以往实证研究的对象主要是石油、石化等工业投入品行业,很少涉及像汽车这样的耐用消费品。柔性生产、战略同盟、平台共享和创新驱动是乘用车产业的主要特点,加之中国市场特有的企业数量众多、消费者偏好差异大、需求波动剧烈等要素的存在,必然使乘用车企业产能投资“战略”价值的实现,面临更多的不确定性和风险,这也增加了实证检验的难度。

第二,区分了需求波动、产能利用率和竞争者能力等因素对合资企业和自主品牌制造企业能力扩张行为的不同影响,既发现了乘用车行业结构性产能过剩的实际因素,也为本土企业调整能力竞争策略提供了参考。

第三,产业组织政策变量的引入,使得实证研究更加贴近中国汽车产业政府管理的实际状况,也为判断以往产业政策的绩效提供了新的证据。本章的结论是政府鼓励产能投资的政策比限制的措施更加有效,因此在将汽车产业列入“中国工业 2025”的扶持目录后,协调低水平的产能扩张与产业技术升级的矛盾,亟须对以往的干预理念和路径进行反思和扬弃。

第四,最为重要的是,本章以企业层面的微观数据为基础,并结合乘用车行业的结构、政策和增长等变量,实证检验产能扩张的攀比效应、份额维持和进入阻止等目标是否存在的直接证据,也在一定程度上弥补了多个行业混同分析所隐藏的不足,对政府制定针对汽车行业的产能治理政策有十分明确和具体的参考价值。

本章的实证分析对乘用车自主品牌制造企业产能战略调整的意义在于,

随着跨国公司将发展的中心向中国转移，它们在中国市场范围内的产能竞争，会对本土企业产生挤出效应，将后者拖入“跟随还是等待”的困境。考虑到环境和交通的压力，特别是经济增长模式的转型，中国乘用车产业不可能再延续过去十余年20%左右的复合增长率。除非政府再出台倾斜性的政策保护和扶持自主品牌的发展，否则，自主品牌的成长将在短期内进入一个十分艰难的时期。在规模经济和范围经济长期存在的条件下，产能还是汽车产业价格、品牌竞争的重要前提之一，本土企业需要通过大规模的兼并重组来消化“老旧”的生产能力，并逐步转向产品重组、工艺改进和组织优化有机结合的发展路径。与其他耐用消费品行业不同，中国乘用车产业在政府的长期保护下，避免了经济下行的多次冲击，并未经历过真正的市场淘汰过程，一旦需求增长减缓或者停滞，本土企业产能过剩的问题必将显现和蔓延。防患于未然，政府的产业组织政策还应发挥预警的功效，而非通过刺激需求来消化过剩的产能，后者只会增加产业组织结构优化和技术升级的难度，也会使汽车工业的发展偏离《中国制造2025》所设定的目标。

第三节　在位者的产能扩张与进入阻止效应分析[①]

一、研究主旨

本书第二章对产业结构的分析表明，在加入WTO之前，中国乘用车或轿车产业具有寡头垄断、高集中度、资金密集，潜在需求大等特征。这些特征与政府产业管理者对规模经济的偏好相结合，十分有利于在位者通过生产能力、产品差异化、合谋或规制俘获等手段，限制大规模进入的发生。产业竞争的实际结果与理论的预期相去甚远，2005年以来，中国乘用车产业

① 本节的主要内容以《在位者产能投资及其进入阻止效应失灵的多维分析——基于中国乘用车产业的经验证据》为题，发表在《财经问题研究》2017第11期。

（包含轿车、SUV、MPV 等三个细分市场）的集中度急剧下降，运营企业的数量增加了近 3 倍，在位者的市场势力被严重削弱或稀释。为什么在位者没有采取有效的进入限制策略，以维持寡头垄断的地位？原因是需求不确定性增加了产能先占（preemption）的风险？还是进入者更具成本优势？或者在位者之间缺乏协调机制或手段？回答这些现实问题，就成为本章的初始动机。

国内学者侧重从经济转型、市场不确定性、产业政策等视角分析产能投资、产能利用率的决定机制，特别是产能过剩和重复建设治理方式的选择问题（林毅夫等，2010；周业樑和盛文军，2007；韩国高等，2011；曹建海和江飞涛，2010），更多地强调政府如何管制企业的"非理性行为"，较少从企业的动机和战略入手，实证分析产能投资决策的微观机制和实际效果。产能决策的主体是企业，基于产业和企业层面的统计和案例分析，特别是对于个别产业的专门研究，相对于多行业的横向研究，更容易检验相关理论的合意性，也可以为完善产业组织政策、优化企业战略提供更为具体的建议。

生产能力扩张既是企业成长的主要方式，也是获得持久竞争优势的核心战略之一。产业组织和战略管理的研究发现，强势企业或垄断在位者，对过剩产能的投资，可以扭曲潜在进入者对市场价格和产出的预期，向后者传递成本、能力和威慑等信息，以实现弱化或阻止进入的作用（Dixit，1980；Spence，1979；Porter，1980；格玛沃特，2008）。在 Dixit 构建的进入阻止模型中，在位者通过能力承诺或投资，对进入者形成了产量竞争的先动优势，从而是一种可置信的威慑和壁垒。围绕这一思路，后续的模型考虑了资产专用性、投资周期、生产能力和成本结构等可控因素，对超额能力阻止进入作用的影响程度。Maskin 认为只有需求和成本显著的不确定性或变化，才会对在位者进行限制或容纳的决策产生影响。Besanko 等人基于马尔科夫随机过程的理论分析表明，需求的波动是决定进入壁垒作用的关键。Bourreau 证明需求不确定的性质与需求波动的方向，对进入发生的概率，以及在位者是否选择先占策略具有相反的作用。Robles 则证明只有在需求充分增长的条件下，通过超额或"过剩"能力的投资才能限制进入。可见，在理论层面，关于超额能力"天然"具有策略性进入壁垒效果的结论，主要取决于模型的前提设定，较少考虑产业竞争的实际状态。

“多在位者、多阶段”博弈模型的引入,从机制设计的视角改变了已有分析的结论。Fudenberg 和 Tirole 证明在能力和产量的两阶段博弈中,随着支付均等化和租金的耗散,能力投资的进入阻止承诺将变得不可置信。Gilbert 和 Vives 认为进入壁垒虽然具有公共产品的特质,但是在位者从自身利润最大化出发,会选择超过必要数量的能力投资,造成社会资源的浪费。Belleflamme 和 Peitz 证明在位者之间如果没有事前的协调,能力投资就无法阻止进入的发生。Anupindi 和 Jiang 的双寡头能力竞争模型证明,市场波动是决定企业投资决策的关键因素,能力投资只有和价格、质量竞争相适应,才能减少波动对利润的影响。Yang 和 Anderson 的多阶段博弈模型发现,产量低于产能会降低能力的承诺价值,降低运营成本则会实现先占优势。这些研究表明,“多在位者”和动态博弈两个因素的引入,无法避免“多重均衡”脱离现实的困境,理论分析的完美反而使关于产能的研究愈加偏离现实和企业的需要。

如前所述,检验 Dixit 关于超额投资与进入阻止的关系是否存在,构成了实证产业组织研究的热点领域。Masson 和 Shaanan 基于 26 个产业的联立方程检验发现,超额能力与“价格—成本边际”之间存在较为显著的正向关联,过剩能力的投资能够有效降低进入者的市场份额。Ghemawat 和 Caves 发现维持超额能力会导致资本回报率的降低,而 Gilbert 和 Lieberman 对石油化工产业的计量分析则表明,只有大企业才会选择借助能力扩张实现先占或挤出效应。使用同样的数据,Lieberman 的实证分析却发现,在位者并不倾向于对实际进入进行事前的反应,而趋于在进入发生后通过“协调”维持相对的市场份额。Lieberman 基于产业层面的 Logit 模型检验,也达到了类似的结论。Paraskevopoulos 和 Pitelis 使用与 Lieberman 相同的数据,结合案例研究却发现,先占会发生在在位者与已有竞争者之间,并没有实质性的进入限制作用。Mathis 和 Koscianski 对美国钛产业的时间序列分析,则支持了 Dixit 的假说,即在位者的能力先占,在限制进入的同时,还具有维持超额利润的功效。Singh 等人对英国制造业在位者行为的调查表明,进入限制动机在不同产业之间存在很大的差异,且大多数企业很少使用这一策略应对进入。使用多国石油化工企业的数据,Henderson 和 Cool 的 Logit 和 Probit 模型在检验投资扩张诸多因素时,也未发现进入限制动机的存在。Bunch 和 Smiley 的问卷调查和极大似然估计表明,先占行为易发生在集中度高、研发密集和大企业主导的产业中,并常常与广告、专利等其他进入壁垒混合使用。Hawk 等发现在液态天然气产业,潜在竞争者的进入声明或公告,会刺激在位者增加相关领域的进入率。可见,产能先占策略是否具有进入壁垒的效应,并未在理论和实证层面取得比较一致的结论。

汽车产业的发展历程,特别是大企业成长的经验说明,能力投资是最重要的战略决策之一。实证分析这一战略是否隐含着进入壁垒的功效,无论是对于企业优化投资行为,还是完善政府的产业组织政策,都具有重要的现实意义。中国轿车消费和企业生产能力的持续增长、市场结构和绩效的明显变化,为深入分析产能投资的策略性动因提供了最直接的证据。目前,中国的乘用车产业面临着需求增长近乎停滞、价格竞争激烈、自主品牌市场份额下滑等诸多困境。国家有关部门一方面采取结构性减税的方式,防止结构性产能过剩向全局性过剩转化,同时又出台了行业的负面清单,引导规模和效益不佳的企业逐步退出。这些问题在一定程度上都与企业和行业的产能变化有直接的关联,从总结经验和吸取教训的目的出发,本章将要分析的问题就是:在寡头垄断和主垄断的市场中,新进入者的选择与在位者的产能先占战略之间是否存在确定性的关系?在位者是否使用产能扩张策略来限制潜在进入的发生?政府的产业投资政策在其间又发挥了什么作用?基于产能竞争博弈的模型分析,在解释或说明这些现象的同时,也会为产能过剩或产能利用率的相关研究提供新的证据。

二、产业背景与研究框架

1. 中国乘用车产业的产能扩张

近半个世纪以来,全球范围内的轿车产业是一个十分成熟稳定的领域,中国汽车产业在加入 WTO 之后的高速增长过程,可以被看成是该产业长期成长模式的一个“缩影”。2001 年之前,受经济发展水平和政府产业政策的影响,中国轿车产业呈现出“寡头垄断、规模有限、品种单一”的特征,整个行业的生产和销售规模,尚不及一家主流跨国公司的水平。

2002 年之后，政府管制的放松，特别是城市化驱动下的需求增长，使产业步入了一个超高速发展时期，先后超越了韩国、日本、德国和美国等传统强国，成为最大的汽车生产和消费国。应该指出的是，支撑中国轿车生产和消费规模的是跨国公司控制下的合资企业、外资品牌、制造技术和研发能力。本土企业的边缘化位置一度有所改善，但随着各个跨国公司在 2008 年的金融危机后，将生产能力向中国市场转移和集聚，自主品牌的市场状况又趋于恶化。

中国轿车产业是“市场换技术”政策的产物，“部件冲压、焊装、油漆、装配”等四个阶段构成的生产环节，加上若干发动机、变速箱和车身制造业务，构成了中国主要轿车制造企业的核心资产或能力。一条生产线的建设周期大约在 18 个月到 36 个月之间，平均而言，一辆车的产能投资在 1.5 亿元左右。生产线或平台具有一定的品牌专用性，只能生产或装配事前设定范围内的车型，一旦工艺流程设定，机器设备和人力资源之间的替代关系就十分有限。当然，企业也可以通过改变生产班次的方式，在一定范围内增加产量，但这种短期的加班加点会影响生产线的稳定，增加设备的磨损。因此，生产线的装配能力和灵活性，在一定程度上就决定着企业短期的生产规模，也是应对竞争环境变化的物质和技术基础。

汽车产业具有顺经济周期的特点，大部分企业会采取维持“过剩”产能的手段来获得经济繁荣时期的机会收益，在经济不景气的阶段，则通过裁员或减缓生产线的节奏来降低可变成本。相对于其他产业，产能过剩在汽车产业就成为一种常态，使得相关的研究者忽视了超额能力还具有战略型进入壁垒的作用。汽车产业规模和范围经济明显、品牌和企业忠诚度高、产品差异化显著等特点，也使得它本身的进入壁垒就高于其他产业，这也是实证研究经常选择石油、化工、专用设备（电信、电力）等行业检验超额能力战略价值的原因之一。

在 2001 年加入 WTO 之后，中国政府并未完全取消对乘用车产业的项目审批制、生产许可证制、产品型号限制等直接干预的方法，而是进行了局部的调整或变化。例如，改项目的“目录制”为“备案制”、增加进入门槛的条件、不定期修正《外商投资产业目录》的鼓励项目等以实现产业政策设定的目标，这些变化最终以 2004 年《汽车产业发展政策》的形式予以固定。随着进入规制的放松，引发了大规模进入的发生，2006 年国家发展和改革委员专门出台了《关于汽车工业结构调整意见的通知》，希望通过控制新建整车项目、提高投资准入条件、限制异地建厂等手段抑制投资热。2009 年为鼓励自主品牌的发展，国家发展和改革委员会又颁布了《汽车产业调整和振兴规划》，该规划的核心在于通过财政和消费政策扩大内需，由此形成了 2009 年到 2013 年乘用车行业投资、生产和消费连续增长的局面。可见，投资管理政策也是影响企业产能决策的重要因素。

2. 研究框架设计

在具体的研究中，如何判断产能投资是否具有进入阻止的效应，还需借助特定的方法设计和变量的选择来实现。本章的主旨是探讨先占的能力投资与后续的进入行为之间是否存在经济学意义上的关联，因此，在实践层面的含义就是：相对于在位者，如果新进入的发生需要更高的市场增长速度或产能利用率，就可以证明进入壁垒发挥了作用，或者说在位者已经通过事前的先占行为改变了进入门槛。相反，如果不存在战略性的阻止行为，在相同的外生条件下，进入者和在位的新能力投资行为应该没有明显的差异。基于这一设定，已有的经验或实证研究主要在三个方面进行：从时机和规模的维度对在位者和进入者的投资行为进行比较分析，在位者的投资对产出增长、产能利用率、产品价格的影响，以及新企业进入决策行为的因素分析。

由于投资决策和数据是企业竞争的核心资源，研究者很难及时获得足够的样本进行规范的计量检验，为此统计描述，包括特定企业的案例研究就成为一种常见的方法。幸运的是，中国汽车产业较为严格的政府管理和统计体系，为本章研究这一问题提供了十分宝贵的资料和数据。《中国汽车工业年鉴》记录了大部分企业新建或扩建生产线、生产平台的时间、规模和对应品牌的历史数据，结合该年鉴公布的产量和销量数据，就可以从产业和企业两个层面对产能竞争进行较为系统的研究。同时，“中国汽车技术研究中心”出版的内部刊物《汽车情报》也刊登了多数企业投资建厂的数据，主导企业的资料更为详尽和完备。本章的统计描述、计量分析和案例研究就是对这些资料的综合应用。

具体而言，本章的研究由产能扩张的理论模型、Logit 模型的计量检验和主导企业投资行为的案例分析等三部分组成，理论模型给出在位者和进入者产能投资决策的影响因素，Logit 计量检验验证这些变量的实际作用，而个案分析既有利于弥补计量分析的不足，也会使战略建议有明确的指向性。

三、在位者产能投资与进入阻止效应的因素分析

1. 前提与假定

假设某产业有一个在位者和一个潜在的进入者，在时期 1 市场需求为 $p^1=a-bq_1$，时期 2 的需求则为 $p^2=A-b(q_1+q_2)$。企业 1 可以通过在时期 1 的能力投资 k_1 阻止企业 2 的进入，各自成本为 $C_1(k_1,q_1)=c_1q_1+e(k_1-q_1)$ 和 $C_2(q_2)=c_2q_2+f$，这里 e 是企业 1 超额产量的边际成本，f 代表企业 2 进入的固定成本，c_1 和 c_2 是生产的单位成本。两个企业的行动顺序如下：

（1）在时期 $t=1$，企业 1 选择能力。

（2）在时期 $t=2$，企业 2 观察到企业 1 的选择后，决定是否进入，如果进入发生，二者进行产量的古诺竞争；如果企业 2 不进入，企业 1 维持垄断地位。

2. 进入阻止与产能决策的因素分析

在 Gilbert 和 Vives（1986）、Fudenberg 和 Tirole（1985）、Dixit（1980）和 Maskin（1999）等相关研究的基础上，使用逆向归纳法求解上述问题。如果企业 2 选择进入，两个企业在第二阶段的利润分别为：

$$\pi_1^2=(p^2-c_1)\ q_1-e(k_1-q_1) \tag{4.8}$$

$$\pi_2^2=(p^2-c_2)\ q_2-f \tag{4.9}$$

令企业 2 利润对其产量的一阶导数为 0，得到产量的反应函数：

$$q_2=(A-c_2-bq_1)/2b \tag{4.10}$$

将该结果代入企业 2 的利润函数，就得到企业 1 的产量和进入者预期利润之间的关系式：

$$\pi_2(q_1)=((A-c_2-bq_1)^2/4b)-f \tag{4.11}$$

要使企业 2 不进入，就需要上式小于或等于 0，进而企业 1 的产量和阻止

能力应该满足下面的不等式：

$$k_1^{\mathrm{d}} \geqslant q_1 \geqslant (A - c_2 - 2\sqrt{bf})/b \tag{4.12}$$

上式取等号，就可以发现影响企业 1 在第一期的进入限制能力与其他变量之间的关系：

$$\frac{\mathrm{d}k_1^{\mathrm{d}}}{\mathrm{d}A} = \frac{1}{b} > 0; \frac{\mathrm{d}k_1^{\mathrm{d}}}{\mathrm{d}c_2} = -\frac{1}{b} < 0; \frac{\mathrm{d}k_1^{\mathrm{d}}}{\mathrm{d}f} = -\frac{1}{\sqrt{bf}} < 0 \tag{4.13}$$

问题在于，企业 1 阻止进入会发生额外的成本，能力投资至少要确保它在第 2 期维持垄断地位时的利润不为负，通过求解垄断条件下企业 1 的产量和价格，可以得到：

$$\pi_1^m = \frac{(A - c_1 + e)^2}{4b} - ek_1 \geqslant 0 \tag{4.14}$$

式（4.14）意味着企业 1 的能力与需求、成本的关系是：

$$k_1^{\mathrm{d}} \leqslant \frac{(A - c_1 + e)^2}{4be} \tag{4.15}$$

再令上式取等号，以能力为被解释变量，只要企业 1 的产出为正就有：

$$\frac{\mathrm{d}k_1^{\mathrm{d}}}{\mathrm{d}A} = \frac{A - c_1 + e}{2be} > 0; \frac{\mathrm{d}k_1^{\mathrm{d}}}{\mathrm{d}c_1} = -\frac{A - c_1 + e}{2be} < 0 \tag{4.16}$$

根据式（4.11）可知企业 2 的进入决策取决于在位者企业 1 先期产能的高低，而在进入阻止的目标之下，这一产能的水平又受参与者成本、需求增长和进入成本的影响，综合式（4.13）～（4.16），结论 1 给出了这些因素与企业 2 进入选择和企业 1 阻止能力的关系：

结论 1：企业 2 的进入决策与在位者的进入阻止能力负相关；企业 1 限制进入的能力水平与未来需求的增长（消费者保留支付）正相关、并随着自身生产成本的增加而增加，而与企业 2 生产成本和进入成本负相关。

3. 多在位者情形下的阻止博弈困境

在位者数量的增加也会对是否通过能力投资阻止进入产生影响。Gilbert 和 Vives（1986）认为超额能力投资虽然是一种公共产品，但是并不一定会导致有效投资的不足。在这一论文基础上，本章分析两个在位者关于进入阻止博弈的均衡问题。此时，企业 1 和 2 作为在位者，在第 1 期选择各自的能力和产量，企业 3 则在第 2 期决定是否进入，如果进入发生，三个企业进行古诺数量竞争。按照逆向归纳法，首先计算出企业 3 的数量反应函数：

$$q_3=(A-b(q_1+q_2)-c_3)/2b \tag{4.17}$$

再将进入者——企业 3 的利润表述为在位者产出的函数：

$$\pi_3(q_1, q_2)=\frac{1}{4b}(A-b(q_1+q_2)-c_3)^2-f \tag{4.18}$$

因此，只要两个在位者选择的产量使得上式小于 0，就可以有效地限制企业 3 的进入，这要求：

$$K^d=(k_1^d+k_2^d)\geqslant(q_1+q_2)\geqslant\frac{1}{b}(A-c_3-2\sqrt{bf}) \tag{4.19}$$

这里 K^d 表示总产能，k_1^d 和 k_2^d 分别是两个在位者的能力。给定式(4.19)右边的数值，k_1^d 和 k_2^d 就成为完全替代的关系，因此进入阻止具有公共产品的特质，使在位者有了机会主义的动机。为分析的便利，按照 Belleflamme 和 Peitz(2010)处理这一问题的思路，本章将在位者之间的选择转化为如表 4.10 所示的博弈矩阵：

表 4.10　多在位者的博弈矩阵

		在位者企业 2		
		0	$(K^d)/2$	K^d
在位者企业 1	0	$\pi_1^a(k_1^d=k_2^d=0)$; $\pi_2^a(k_1^d=k_2^d=0)$	$\pi_1^a(k_1^d=0; k_2^d=(K^d)/2)$; $\pi_2^a(k_1^d=0; k_2^d=(K^d)/2)$	$\pi_1^d(k_1^d=0; k_2^d=(K^d))$; $\pi_2^d(k_1^d=0; k_2^d=(K^d))$
	$\frac{K^d}{2}$	$\pi_1^a(k_2^d=0; k_1^d=(K^d)/2)$; $\pi_2^a(k_2^d=0; k_1^d=(K^d)/2)$	$\pi_1^d(k_1^d=k_2^d=(K^d)/2)$; $\pi_2^d(k_1^d=k_2^d=(K^d)/2)$	$\pi_1^d(k_1^d=K^d)/2; k_2^d=(K^d))$; $\pi_2^d(k_1^d=K^d)/2; k_2^d=(K^d))$
	K^d	$\pi_1^d(k_1^d=K^d; k_2^d=0)$; $\pi_2^d(k_1^d=K^d; k_2^d=0)$	$\pi_1^d(k_1^d=K^d; k_2^d=(K^d)/2)$; $\pi_2^d(k_1^d=K^d; k_2^d=(K^d)/2)$	$\pi_1^d(k_1^d=k_2^d=(K^d))$; $\pi_2^d(k_1^d=k_2^d=(K^d))$

资料来源：作者计算而得

在表 4.10 中，企业利润函数的上标 a 表示进入容纳(accommodate)，小写的上标 d 代表进入阻止(deter)。为简化分析的过程，这里的能力是指阻止进入所需的超额能力，它们的合计就是 K^d。根据企业行为和利润的对应关系，可以将该博弈划分为三个区域：

(1)进入容纳区，即表 4.10 矩阵左上角的三个组合。如果每一企业的阻止投资都处于 0 和 $K^d/2$ 之间，则企业 3 会无障碍地进入产业，此时在位者的最优选择是 $k_1^d=k_2^d=0$。

（2）进入阻止区（无浪费能力）。这里的浪费是指两家企业的阻止投资之和不超过 K^d，具体而言，就是博弈矩阵斜对角线上的三个组合，由于排除了企业事先协商机制的存在，从自身利润最大化出发，在位者都会期望对手承担全部的阻止成本，以获取进入壁垒的外部性，因此存在两个均衡 $\{k_1^d=K^d; k_2^d=0\}$ 和 $\{k_2^d=K^d; k_1^d=0\}$。

（3）进入阻止区（能力浪费）。在博弈矩阵右下角的三个区域，每个在位者为了限制进入，并防止对手机会主义行为对自身的影响，都会选择最优的超额投资水平，即 $k_1^d+k_2^d>K^d$。Maskin（1999）的分析已经证明，这一结果的发生与需求的不确定性直接相关，较大的需求增长，会导致企业的过度投资行为。

可见，在位者数量的增加在改变市场结构和阻止投资水平的同时，“猜测”“置信”和“搭便车”等要素的介入，使得通过事前投资提高进入壁垒的决策更加复杂，面临多重均衡的困境。为此，本章有结论 2。

结论 2：在无法通过事前的能力“协调”限制潜在进入的条件下，相对于单一在位者，在位者企业阻止进入的能力决策随着企业数量的增加面临着不确定性。

上述简要的模型分析，只从进入壁垒效应的角度解释了进入者和在位者的决策问题，在实际的经营活动中，投资决策还受竞争优势、产品多元化、占先等多种动机，特别是政府产业投资政策变化的影响。当然，考虑到数据的可获得性和变量的具体含义，不可能对模型的结论进行一一对应的检验，就需要对企业的竞争行为和结果进行一定的案例研究，以弥补这一缺陷。

四、基于 Logit 模型的计量检验

1. 变量计算与计量模型设定

借鉴 Mathis 和 Janet、Gilbert 和 Lieberman，Ghemawat 分析此类问题的回归方法，结合中国乘用车行业的结构特点，本章首先计算出了样本企业的

产能利用率、产能投资、市场占有率等数据，进而得到行业层面的有关指标（见表4.11）。这些数据均来自《中国汽车工业年鉴》，从中删除了连续两年及以上产量极低的企业样本。应该指出的是，虽然只获得了30多家企业的产能数据，但是他们的产量和销量占整个乘用车市场的90%以上，依此估算的行业产能利用率，相对于同类研究中使用企业"声称"的产能数据，比较符合产业的实际状况。在具体估算时，解释变量相对于被解释变量，会分别滞后1年和2年，原因在于，本章观察到的当期产能，是企业根据前1期和前2期的市场状况做出的决策。表4.11给出了这些变量的统计描述。

计量检验使用了基本的Logit回归模型，为了便于比较和解释，使用的被解释和解释变量也与上述文献相同。被解释变量y_i是一个（0—1）响应值，$y_i=1$表示企业i在相应的年份进行了新生产线的投资，$y_i=0$则表示没有投资行为发生。$X_{i(t-1)}$向量则表示解释变量的集合，那么，一个典型的Logit回归模型就是：

$$P(y_{it}=1 \mid X_{i(t-1)})=G(X_{i(t-1)}\beta) \tag{4.20}$$

式（4.20）左边表示$y_{it}=1$发生的概率，右边的$G(\cdot)$为标准累积Logit分布函数，即

$$G(\cdot)=\Lambda(\cdot)=\exp(\cdot)/(1+\exp(\cdot))$$

在具体的估算方程中，$X_{i(t-1)}$包括市场增长率（$growth_t$）、行业产能利用率（cu_t）、企业数量（$number_t$）、企业数量之倒数（$1/number_t$）、两种产业组织政策（$policy_{(05-09)}$、$policy_{(10-13)}$）等六个变量滞后1期和2期的数据。表4.11给出了这些变量的统计描述。

表4.11 变量含义与统计描述

变量名称	变量符号	计算方法（预期符号）	Obs	均值	标准差
解释变量					
进入者是否增加生产线	y-entrant	0–1虚拟变量	630	0.1587	0.3657
在位者是否增加生产线	y-incumb	0–1虚拟变量	630	0.4000	0.4903

（续表）

变量名称	变量符号	计算方法（预期符号）	Obs	均值	标准差
解释变量					
企业数量	*N*	观察期企业个数（＋）	630	49.7841	13.6711
企业数量的倒数	1/*N*	企业个数的倒数（－）	630	0.0231	0.0114
在位者扩张比率/%	ex-Incumb	扩张个数／在位企业总数（－）	630	0.3674	0.1082
市场增长速度/%	growth	年需求增长率（＋）	630	0.2769	0.2246
行业产能利用率/%	*Cu*	行业总产量／行业总产能（＋）	630	0.7066	0.1984
产业投资政策（05—09）	$policy_{(05-09)}$	0–1 虚拟变量（－）	630	0.4206	0.4941
产业投资政策（10—13）	$policy_{(10-13)}$	0–1 虚拟变量（＋）	630	0.3429	0.4750
是否合资企业	*JV*	（＋－）	628	0.4204	0.4940
从业人员的对数	log（*L*）	（＋－）	630	3.5777	0.5215
产业内时间	age	（＋－）	630	10.3873	3.8027

资料来源：作者根据《中国汽车工业年鉴》（历年）计算而得

表 4.12 汇总了主要变量相关系数。变量 *N* 和 1/*N* 之间、以及这两个变量和在位者扩张倾向 ex-Incumb 的相关系数较高外，这主要是由于变量计算方法的原因产生的，并不具有经济学上的内在关联，其余变量之间的相关系数都符合回归检验的基本要求，可以避免多重共线性引发的伪回归问题。应该指出的是，本章的样本是一个非均衡的面板数据，但被解释变量是 0–1 虚拟值，为了保证 Logit 回归和边际效应估计方法的一致性，只使用了基于 Stata 软件的随机效应估算结果。

表 4.12 主要变量的相关系数矩阵

变量	1	2	3	4	5	6	7	8	9	10	11	12
y-entrant	1.00											
y-incumb	0.00	1.00										
N	0.16	−0.15	1.00									
$1/N$	−0.17	0.11	−0.96	1.00								
ex-Incumb	0.12	−0.09	0.64	−0.67	1.00							
growth	0.05	0.08	−0.11	−0.01	−0.12	1.00						
Cu	0.11	−0.23	0.65	−0.62	0.36	0.08	1.00					
$policy_{(05-09)}$	0.06	0.07	0.41	−0.40	0.36	−0.14	−0.33	1.00				
$policy_{(10-13)}$	0.05	−0.20	0.43	−0.37	0.12	−0.10	0.83	−0.61	1.00			
$\log(L)$	−0.02	−0.21	0.17	−0.16	0.15	−0.05	0.23	−0.08	0.22	1.00		
JV	−0.09	−0.11	−0.08	0.08	−0.06	0.02	−0.03	−0.07	−0.01	0.23	1.00	
age	0.13	−0.23	0.84	−0.80	0.61	−0.17	0.88	−0.08	0.78	0.25	−0.05	1.00

资料来源:作者基于 Stata12 软件估算汇总而得

2. Logit 模型的回归的结果分析

使用极大使然估计得到的 Logit 回归结果见表 4.13，就进入者而言，主要的发现有：

（1）进入者投资新生产线的可能性与滞后 1 年的产能利用率正相关（不显著）、与滞后 2 年的产能利用率在 10% 的水平上显著负相关［模型（4）］，这就意味着在其他条件不变时，在位者并不能通过降低产能利用率以向进入者传递市场需求的“负面信息”来诱使后者选择不进入，即变量 *Cu* 的系数符号不符合已有研究对超额产能与进入概率的假说。

（2）市场结构对进入者的选择有着较为明显的影响。变量 *N* 的系数在模型（2）中显著为负，说明随着在位者数量的增加，市场竞争会愈发激烈，进而会限制新企业的进入；在类似的研究中，企业个数的倒数是最优规模的代理变量，该变量的系数在模型（2）中也显著为负，也证明新企业的产能投资随着行业必要资本的增加而降低。

（3）变量 ex-Incumb 和 growth 在模型（2）中都为正，但均不显著，这两个变量的系数在滞后 2 年的模型（4）中则都为负（也不显著），说明在短期内在位者的产能投资能够使进入者产生跟随效应，而在长期中则形成抑制作用。但是，变量 growth 的系数和显著性也表明，中国乘用车市场的高速增长并不是新进入者投资决策的主要因素。

（4）政府产业投资政策对新进入的发生有着重要的影响，但并不完全符合政策的初衷。变量 $\text{policy}_{(05-09)}$ 和 $\text{policy}_{(10-13)}$ 的系数在模型（2）和模型（4）中分别显著为正或负，一方面证明 2005 年到 2008 年的投资抑制政策并未发挥实质的作用，即政府希望通过门槛的提高抑制投资过热和行业集中度明显下降的目标并未得到企业的回应；另一方面，当政府主管部门在 2009 年为应对金融危机而从供给和需求两侧同时刺激产能扩张的政策却得到了企业的积极响应。这两个变量系数在模型（2）和模型（4）中的明显差异，也反映出政策的时效会随着时间而有所分化和扭曲。

在其他条件不变时，在位者投资行为应该与进入者存在较为明显的差异，是检验产能具有进入阻止效果的间接证据之一。为此，本章还分析了影响在位者生产线投资的主要因素，主要的发现有：

（1）在滞后 1 年的模型（1）中，本章所选择的变量对在位者的产能投资行为并没有预期的作用，即使在滞后两年的模型（3）中，只有外生的产业组织政策变量会限制这些企业的投资行为。

（2）变量 *Cu* 在两个样本之间的差异主要体现在时间层面。短期内，在位者和进入者生产线投资的概率都与 *Cu* 正相关［模型（1）和模型（2）］，在长期中，二者又都转化为负相关［模型（3）和模型（4）］，且只有进入者的样本中 *Cu* 的系数较为显著。这一发现表明，二者的新投资行为并没有十分明显的差异，从而无法认定乘用车产业的在位者可以通过“扭曲”产能利用率来阻止或限制进入的动机和实际效果。

合资企业变量 *JV* 在四个模型中都为负（显著性较低），证明合资公司的投资意愿或扩张频率要低于自主品牌的制造企业，这一发现符合中国乘用车产业中“合资品牌供给短缺、自主品牌产大于需”的实际状况，可能的原因在于合资企业往往采取一步到位的方式形成大规模的产能，无须在短期内在调整或补充新的能力。代表企业规模的变量 log（*L*）的系数在所有模型中均为负，也说明相对于小企业，大企业的产能扩张更加谨慎。引入企业产业内年龄 age 这一变量也有着相似的考虑，age 的系数在前三个模型中都为负，特别是在模型（3）中显著为负，至少证明随着时间的延续或产业内经验的积累，新进入者扩张的意愿也会下降。

表 4.13 Logit 模型的回归结果

变量	滞后 1 年		滞后 2 年	
	在位者 模型（1）	进入者 模型（2）	在位者 模型（3）	进入者 模型（4）
N	0.042	−0.300**	0.106	0.174
	（0.74）	（−2.32）	（1.56）	（1.29）
1/*N*	−22.12	−209.4***	−39.99	−42.52
	（−0.55）	（−2.64）	（−0.97）	（−0.38）
ex-Incumb	0.606	3.847	−1.235	−3.305
	（0.36）	（1.05）	（−0.70）	（−0.78）
growth	0.268	1.993	−1.165	−0.0734
	（0.48）	（1.59）	（−1.94）	（−0.05）

（续表）

变量	滞后 1 年		滞后 2 年	
	在位者 模型（1）	进入者 模型（2）	在位者 模型（3）	进入者 模型（4）
Cu	0.0178	0.346	−0.685	−9.144**
	（0.01）	（0.11）	（−0.43）	（−2.18）
$policy_{(05-09)}$	−0.988	5.593**	−3.258**	−6.694**
	（−0.89）	（2.25）	（−2.37）	（−2.38）
$policy_{(10-13)}$	−0.976	7.398***	−2.415*	−7.792***
	（−0.82）	（2.75）	（−1.76）	（−2.52）
JV	−0.272	−1.954	−0.408*	−1.002
	（−1.24）	（−1.42）	（−1.81）	（−1.66）
log（*L*）	−0.123	−1.640**	−0.141	−0.273
	（−0.62）	（−1.94）	（−1.55）	（−1.35）
age	−0.007	−1.298***	−0.126	0.167
	（−0.04）	（−3.12）	（−0.79）	（0.46）
常数项	−1.002	29.37***	1.711	2.427
	（−0.35）	（4.00）	（0.54）	（0.31）
log−likehood	−407.702	−203.863	−366.987	−122.595
卡方	22.13	32.39	23.12	19.18
lnsig2u	−1.563**	3.311***	−1.633**	0.471
	（−2.40）	（7.52）	（−2.27）	（0.42）
N	628	628	555	555

注：括号内为标准差；***、**、* 分别表示 1%、5%、10% 的水平上显著
资料来源：作者基于 Stata12 软件估算而得

3. Logit 模型的边际效应分析

计量经济学的新近研究发现，就 Logit 和 Probit 而言，变量系数的含义并不能使用 OLS 的解释方法，显著性只是证明模型和变量的选择是否符合理论假设的基本要求，要判断解释变量对某一行为发生概率的实际程度，还需在

Logit 或者 Probit 回归后进行边际效用估计。基于式(4.20)的边际效应方程就是(高铁梅,2007):

$$\frac{\partial E(y \mid X,\beta)}{\partial x_{\mathrm{i}}} = f(-X\beta)\beta_{\mathrm{i}} \tag{4.21}$$

在式(4.21)中,f 是式(4.20)中扰动项分布函数的密度函数,E 代表原函数的期望值,因为密度函数非负,那么 x_{i} 对事件发生概率的影响就取决于系数 β_{i} 的符号,β_{i} 为正意味着 x_{i} 将会增加产能投资的概率,负值则代表相反的结果。那么,对于式(4.20)中的连续解释变量,边际效应就可以解释为它与被解释变量的弹性,对于 0-1 虚拟变量则反映该变量一个单位的变化对概率的影响。

表 4.14 Logit 模型的边际效应(均值)

变量	N	$1/N$	growth	ex-Incumb	Cu
系数	-0.0193^{***}	-13.47^{***}	0.128	0.247	0.0223
(T 值)	(−2.54)	(−2.55)	(1.6)	(1.03)	(0.11)
变量	$\text{policy}_{(05-09)}$	$\text{policy}_{(10-13)}$	JV	log(L)	age
系数	0.360^{**}	0.476^{***}	−0.126	-0.105^{*}	-0.0835^{***}
(T 值)	(2.41)	(2.92)	(−1.43)	(−1.85)	(−3.14)

注:括号内为标准差;***、**、* 分别表示 1%、5%、10% 的水平上显著

资料来源:作者根据 Stata12 软件估算而得

基于 Stata12 软件,本章得到了式(4.21)中各个变量对产能投资行为发生概率的具体影响程度,进而再次验证了这些变量与阻止效用的关系。由于在初始的 Logit 回归中,只有模型(2)中各个变量的显著性水平较为显著,考虑到本章研究的主旨是进入者的产能投资行为,故只对该模型进行了边际效应分析。主要的发现包括(见表 4.12):

(1)市场结构对新企业的产能扩张有着明显的抑制作用,即在位企业的数量增加 1%,新企业扩张的概率下降 1.93%,产业最低规模资本要求增加 1%,新企业扩张的可能性也会十分明显地降低。

(2)市场增长速度、在位者扩张倾向和产能利用率每增加 1%,进入者增加投资的概率则会分别提高 12.8%、24.7% 和 2.23%(均不显著)。也就是

说,在位者的产能利用率会在一定程度上限制进入的发生,但并不是影响新企业投资的决定因素。

(3)在本章的观察期,中国乘用车产业的投资政策发生了从“鼓励—抑制—鼓励”的两次转变,这一变化对新进入投资的具体作用是:相对于2004年之前的产业组织政策,2005—2009年出台的限制进入的举措,使得新进入的概率增加了36%,而2010—2013年的鼓励政策,则使新进入的概率提高了47.6%。这一发现表明,对进入者而言,产业投资政策具有重要的引导作用。

总之,基于中国轿车产业非均衡面板数据的Logit检验,否定了能力投资具有进入阻止效应的假设。这些发现与本章理论模型中结论1的判断基本吻合:由于市场需求高速增长,在位者实施阻止的能力会相应提高,这必然增加超额产能的沉淀成本和风险,使得通过能力竞争限制或弱化潜在进入无法成为最优策略。应该指出的是,这一结论的出现也与本章数据的特征有关。由于无法获得全部样本实际的产能数据,而使用30多家代表性企业的数据进行估算,很可能高估了整个行业的产能利用率。同时,使用虚拟变量而非产能的具体变化比率,也可能会掩盖各类企业产能投资的明显差异。

五、三大主导在位者产能投资行为的经验观察

如前所述,实证检验企业之间的策略性行为是博弈论介入产业组织后的一个主要方向,由于博弈模型的假设几乎都是在寡头垄断的基础上获得的,而计量分析的结论大多需要建立在大样本数据之上。依据本章的主题,本节将对中国乘用车产业寡头垄断时期主要在位者产能投资行为的背景、过程和结果予以微观考察,以弥补计量分析的不足。

1. 主导在位者产能投资行为的比较分析

参与者众多、企业差异明显是目前中国轿车产业的一个主要特征,然而,按照产业组织理论的集中度指标衡量,2003年之前,该产业属于寡头垄断或主垄断的结构。资金、研发密集的生产技术,也使轿车产业具有显著的规模和范围经济。这些技术和结构条件,十分有利于在位者利用包括产能先占在内

的手段,限制或阻止潜在进入的发生。欧美各国汽车产业能够长期保持寡头垄断的结构,在一定程度上就得益于大企业的先动优势。那么,在产业发展的初期(见表 4.15),中国轿车产业的在位者是否利用了这些条件去影响进入者的决策?它们没有进行超额产能投资的原因又是什么?还是投资的效果被其他因素所掩盖?对这一系列问题的分析需要结合企业的具体背景来展开。

表 4.15 三大在位者的能力概览(2000—2005 年)

年份	一汽大众			上海大众			上海通用		
	产量/万辆	收入/亿元	利润/亿元	产量/万辆	收入/亿元	利润/亿元	产量/万辆	收入/亿元	利润/亿元
2000	11.00	157.96	25.28	22.15	286.97	31.12	3.00	87.95	6.38
2001	13.08	217.85	34.58	23.01	317.35	44.46	5.73	112.23	8.09
2002	19.17	302.81	53.55	27.89	362.65	47.87	11.16	185.62	32.93
2003	30.23	489.73	61.88	40.53	524.16	73.41	20.70	351.62	79.85
2004	28.70	432.01	25.34	33.28	378.93	37.04	30.58	405.32	79.25
2005	24.62	330.74	40.41	22.95	251.11	30.07	33.16	458.61	83.73

资料来源:同表 4.10

(1)在位者的优势和劣势分析。上海大众、一汽大众和上海通用三家大型企业,借助产业政策的保护和特殊的竞争环境,获得了十分明显的市场优势。上海大众作为当时规模最大的轿车合资企业,从 1985 年投产伊始,凭借桑塔纳十余年近乎不变的技术规格和相对高的规模,长期占据中国轿车市场 50% 以上的份额。1992 年正式投产的一汽大众,以奥迪品牌起步,利用 20 世纪 90 年代中期政府大幅度限制公务车使用进口车的政策机遇,在很短时间内就“垄断”了高端车市场。上海通用虽然进入时间很晚,但是依靠精准的市场定位,在不到三年的时间里就缩短了与“南北大众”的差距,到 2005 年,上海通用的总产量接近 30 万辆,市场占有率位居行业第一。这些主流企业的产能或销量,远低于国际公认的轿车生产的最低规模要求,但是在中国的消费、关税体系下,它们都获得了极高的投资回报率,即使在价格激烈竞争的 2005 年,销售利润率都在 10% 以上,高于同期 3%—5% 的国际平均值。积累的利润也为增加产能、引进新的平台和品牌提供了资金基础。

在位者，特别是“南北大众”也存在明显的竞争劣势。大众的产品线比较单一，限制了它向中国市场推出新产品的能力。2002 年前后，桑塔纳 3000、“高尔夫”、帕萨特等并不是全新的产品，多是对原有型号功能的简单增加，无法满足中国轿车消费者的“追新行为”。在经营成本方面，由于大众产品的关键部件都来自德国公司控制的合资、独资企业，或者直接从德国进口，本土低成本企业很难融入大众的配套体系，致使其在激烈的价格竞争中处于十分被动的地位。

（2）进入管制放松与竞争环境“恶化”。2002 年中国加入 WTO，跨国公司并没有随着关税和投资壁垒的下降或取消，而大幅度增加进入中国市场的投资速度和规模，除了韩国现代外，丰田、日产、福特等后进入者采取的依旧是“渐进”渗透的模式，以避免乐观预期带来的潜在风险。但是，它们都将初期的产能设定在较高的水平上，并专门针对中国市场投放了多个品牌或型号，加之奇瑞、吉利和比亚迪等本土企业在微型和经济型轿车市场发起的多轮“价格”竞争，都在不同的细分市场“蚕食”或“转移”“南北大众”的市场地位或份额。

2003 年以后，中国轿车产业的新进入者除了奇瑞、吉利等以低端市场为业务核心的本土企业外，韩国现代、日本日产、美国福特，尤其是日本丰田和本田公司，在各个方面相对于德国大众和美国通用还具有一定的优势，并不属于模型分析中设定的“弱势进入者”。后者提供的诸多差异化产品，分流和吸引了大量潜在和“重复购买”的用户，也提高了私人轿车消费的普及程度。2005 年之前，在位者产能扩张的方向主要是已有品牌或型号的简单升级，在“多品种、多批次、差异化”竞争环境中，这种策略使其失去了一定的优势，在短期陷入了创新不足、品牌储备少、库存压力大的窘境。

与此同时，进口部件关税水平的普遍降低、整车投资项目审批权的下放，以及品牌和型号管理模式从审批制到目录制转变等政策的实施，使得新建立的合资和本土企业，纷纷采取 CKD、SKD 组装的方式，快速地推出了诸多的新品牌或新型号。产品差异化与激烈的价格竞争相结合，对习惯于通过单一品牌获得规模回报的南北大众形成的威胁和挤占效应最为明显。2004—2005 年南北大众产量和收入的下降，尤其是上海大众利润的锐减（见表 4.15），其中上海大众经营状况的恶化尤其严重,累计下降的幅度都在50%左右。

2. 进入阻止效应"失灵"的微观因素辨析

(1)高速增长的市场环境限制了产能先占阻止效应的发挥。"南北大众"和上海通用三家主导企业,并未对即将到来的高速增长和大规模进入采取"观望或等待"的策略。2004年之前,它们也相继投资或扩建了7条新的生产线,使其规模得到极大的提升。上海大众、一汽大众和上海通用的产能分别从2000年的30万辆、15万辆和10万辆,增加到2004年的45万辆、30万辆和30万辆。而大众十分单一的产品线,显然无法应对丰田、本田、福特、日产和现代等多个公司在很短的时间内逐个瓜分在位者细分市场的战略,最终导致市场份额的下降和盈利能力的下降。

在位者产能投资的路径差异决定了后续竞争力的变化。2005年之前,上海通用的品牌"激进"策略却获得了与"南北大众"完全不同的市场效果。进入中国市场的初期(1997—1999年),上海通用直接切入一汽大众的奥迪和进口品牌所主导的高端车型领域后,并未过多留恋短期的暴利,而是在很短时间内将自己的优势品牌如君越、赛欧、雪佛兰等经过必要的改型后都推向了中国市场。为了使这些产能转变为核心竞争力的基石,与"南北大众"相互并行的模式不同,通用对在中国不同地区分厂的部件、物流和销售体系实施统一管理的方式,节约了大量的"非生产性"成本和支出,使其能够应对新进企业发起的价格竞争。通用产能的扩张建立在"柔性平台"的基础上。2002年前后,通用在上海浦东的第一条生产线就可以通过"不停产"的方式同时生产别克、凯越、雪佛兰等三个品牌的十余款产品。因此,相对于"南北大众"较为"僵化"的生产体系,上海通用的"多品牌、柔性平台"模式,使其在2004—2005年乘用车市场整体疲软的背景下,相继超越一汽大众和上海大众,时至今日,一直保持市场占有率第一的位置。

在位者产能的增加是在各自产能利用率远远高于行业平均水平的情况下发生的。例如,2002年轿车行业产能利用率的平均值为65%,而上海大众、上海通用、一汽大众分别是93%、110%和130%(见表4.16),它们生产的产品大多处于供不应求的状态,为缓解需求和生产之间的不均衡,投资新的生产线就十分必要。这从另一方面说明,在位者产能的增加更多地是追求"利润最大化"的结果,并没有十分明显的"阻止进入"动机。

表 4.16　三大在位者的产能与销量变化（2000—2005 年）

	产能利用率 /%			产能 /（万辆 / 年）			市场份额 /%		
	2000	2003	2005	2000	2003	2005	2000	2003	2005
上海大众	73.84	90.06	52.29	30	45	45	36.17	19.23	8.72
上海通用	30.02	68.99	73.69	10	30	45	4.90	9.82	12.29
一汽大众	73.34	100.73	54.71	10	30	45	17.96	14.34	9.12

数据来源：同表 4.10

（2）在位者数量增加与能力差异对阻止战略的限制。就本章的主题而言，在位者的产能投资，只有在降低自身产能利用率的前提下，才能向潜在进入者提供负面的市场信号。问题在于，这三家企业的能力增加，只在短期内降低了这一指标，到 2006 年以后，它们的利用率又都处于行业的领先水平。这并不能完全证明这些企业没有意识到产能扩张具有限制进入的作用，或者无视进入对其市场份额和盈利能力的影响。

在中国轿车产业中，这三家企业之间存在多重的关联："南北大众"具有共同的外方所有人，上海大众和上海通用都是上汽集团的控股子公司，它们这种天然的"同盟关系"，如果与市场势力相结合，完全可以抵御新进入的发生，至少可以弱化大规模进入对利润的侵蚀。另一方面，2003 年左右，天津夏利、北京吉普等其他在位者的品牌、质量和价值链，并没有绝对的成本优势或创新能力，这也有利于大型寡头企业实施进入限制策略。即使这样，基于本章构建的多个在位者进入阻止模型和结论 2，除非这些企业之间能够有效地协调产能投资，否则在位者数量的增加，会使进入壁垒的"有效供给"下降或面临多重均衡的囚徒困境，也就是说，在高速增长的市场中，即使在位者具有一致行动的机会，也会被它们之间能力和动因的差异所抵消。

加入 WTO 后的 2004 年，乘用车行业的企业数量就比 2000 年增加了 1 倍，2006 年就接近 60 家。受此影响，强势垄断者（"南北大众"）的市场份额也从 2000 年的近 60%，下降到 2005 年的不到 20%，资金利税率则下降了 50% 以上。可见，这些企业应该意识和感受到进入对其利益的影响程度，在产能利用率没有大幅降低的背景下，完全可以利用更多的过剩产能，获得产量的先动优势以维持"垄断"地位。实际上，2005 年之前，几家大企业既没有使用过剩产能主动地发起价格竞争,也没有在品牌延伸、产品差异化等方面采取措施,使市场环境向有利的方向发展。这些矛盾的发生,需要从市场波动、进入者能力、新产品推出等方面寻找原因。

在位者数量的不断增加,也提高了协作的成本和难度,加之轿车产业规模的扩展,远远超出相关参与者的预期和判断,为各类企业的生存提供了机会。高速增长的需求使新的产能很快就转化为现实的利润,也让产能投资的市场份额、细分市场、"价格撇脂"等动因,超越或者掩盖了进入限制作用的发挥。

可见,在大规模进入发生之前,主要的在位者都曾提前扩张了产能,只是由于市场和竞争环境的急剧变化,特别是需求增长超过能力增加的幅度,使这些企业依旧保持了相对高的盈利能力和市场份额,没有动机和机会借助"空置产能"来弱化或抵制新进入的不断发生。

六、若干启示

本章的重点在于从战略的视角实证检验汽车制造企业产能投资的行为及其影响因素。在第二节我们使用 2000—2013 年中国乘用车制造行业的微观数据,对三十多家企业产能扩张的战略性动因进行了初步的实证研究。研究发现:企业新增投资的可能性与竞争者的扩张行为正相关,即存在"潮涌现象"或攀比效应;以往的行业产能利用率、需求增长率与新增投资决策之间没有十分确定的关系;政府对汽车行业的投资限制和管制,只在一定期间达到了预期的目标。基于 Probit 模型的计量检验在支持"潮涌现象"的同时,并未发现在位者通过对产能利用率的扭曲,来维持市场份额和限制进入的确切证据。对合资和自主品牌制造企业产能扩张行为的边际效应检验,发现影响这两类企业产能投资的因素存在明显的差异。研究的应用价值在于,随着跨国公司市场势力的不断增强,产业政策的立足点在于扶持自主品牌企业向产品、工艺和组织创新的模式转化,并鼓励和补贴本土企业通过兼并重组和市场退出等行为消化过剩的产能。

行为既是博弈的方式,也可能是博弈的结局,考虑到我国汽车产业中存在明显的在位者与新进入者之分,他们扩张产能的动机也有着天壤之别,为此本章的第三节使用实证产业组织理论的前沿模型,从在位者的角度对产能投资行为进行了更加微观的考察。第三节的随机效应 Logit 模型的计量检验和边际效应分析发现:在位者的先期投资,没有体现出进入限制的动因和效果;新进入的发生主要受行业组织结构和壁垒的影响,而与在位者的产能利用率无关;政府的产业组织结构调整政策没有完全发挥优化结构的目的。对主导企业产能投资的案例比较分析也表明,由于缺乏有效的协调机制,能力和动机存在明显差异的在位者企业,也未能有效地利用产能策略维持已有的市场地位、减少大规模进入所生产领域的负面效应。本章还提出了完善治理结构性产能过剩的政策建议。本节的理论模型给出了产能先占进入阻止效应的条件和影响因素,并基于中国乘用车制造业的微观数据予以实证检验和案例比较分析,计量检验只在滞后 2 年的样本中发现在位者的产能扩张具有不显著的限制进入的作用,或者说主要的在位者虽然进行了一定规模的抢先投资,但并未获得限制进入的实际效果。本章从产业结构、需求变化、在位者能力等方面,解释了理论预测与实际结果出现较大反差的原因。

这些实证研究虽然是对企业以往行为的检验,但仍具有明确的政策和战略含义。为了塑造寡头垄断的市场结构,行业主管部门除了通过特定的投资政策限制中小企业的进入外,还给予大企业在兼并重组方面的特权,鼓励它们的规模扩张,形成了 2002 年、2006 年和 2009 年三次较大的企业合并、资产转让或股权置换高潮,但并未抑制产业集中度持续下降,尤其是自主品牌制造企业的市场份额下降和竞争力不足的困境。本章的研究结果表明,在高速成长和消费分化的市场中,无论是在位企业的能力增加,还是政府通过投资管理提高进入壁垒,都未能有效地限制进入的发生。一个潜在的原因是政策和企业行为的“摇摆”:中国汽车产业的主导者是跨国公司控制下的合资企业,政府不可能放任合资企业过度使用市场势力抑制自主品牌企业的成长;为了扶持自主企业发展,政府也会出台不对称的税收和补贴政策,以增强自主品牌的市场竞争力,后者不能完全按照市场信号调节投资行为和规模,最终形成了结构性产能过剩的格局。所以,本章经验研究的价值主要体现在企业战略选择和政府投资管理政策两个层面。

总体而言，产能投资并不具有十分明显的策略性动因和实际效果，只是各类企业在高速扩张的市场中获取利润最大化的手段，因此，在面对短期的供大于求或供不应求的局面时，政府不应出台专门的投资管理政策直接干预企业的行为，避免放大或扭曲企业的相关行为。轿车产业中的“产能过剩”并不是一个需要政府主管部门严格监管的领域。价格、质量和服务的激烈竞争，已经向企业传递了市场需求的短期和长期信息，从各自利润最大化出发，企业家比行业管理者更能够通过事前的固定资产投资、事后生产线节律、库存规模的调整，乃至生产线的停产等多种手段，应对市场的不确定性。产业管理部门从稳定宏观经济出发，试图发挥企业之间“协调”机制的作用，并不能烫平周期波动，反而会进一步扭曲市场失灵的程度，限制企业微观主体作用的发挥。因此，政府应该完全退出对竞争性行业中企业投资行为的规制或监管，将“价格、信息和激励”等机制发挥作用的空间交还给市场和企业。

对企业而言，产能投资必须与其控制的其他资源相互协同，才能发挥“移动进入壁垒”或战略性价值。产能对规模和范围经济十分显著的乘用车制造企业而言，依旧是核心竞争的来源之一。企业的资源理论表明，竞争力的实现是各类资源有机整合的结果，单个或个别资源方面的优势，无法保障企业获取或维持持久的优势。就产能先占的进入阻止功效而言，参与者还要具有控制、调动和使用“竞合伙伴”相关要素的能力，这一能力必须基于股权合资、合作研发等具有同盟性质的组织架构，才能使不同的参与者在信息沟通、风险负担、利益共享等方面实现“共赢”，从而避免进入壁垒的公共产品悲剧。

在一个较长的时期内，本土轿车制造企业很难摆脱跟随者、模仿者的角色定位。过去十余年的产能竞争带给本土企业的主要教训是，在能力和资源十分有限的条件下，过早地陷入了与大型跨国公司在规模、差异化和区域扩张等层面的恶性竞争，使得产能利用率长期低于行业的平均水平，产生了大量的沉淀成本和费用，也限制了产品开发和过程创新能力的积累。令人担忧的是，近两年来地方政府的税收减免和补贴政策有可能减弱这类企业退出的压力，从而使乘用车产业存在数量众多的“低效”企业，后者的无效供给也是乘用车产业结构过剩的根源。

本章总结

某些行业的产能过剩是我国政府实行供给侧结构性改革最重要的因素，目前这一改革还处于继续深化之中，2020年初期全球爆发的新冠肺炎疫情，使得大多数制造业的产能利用率一度陷入历史最低值，汽车行业受到的冲击更加严重，一季度产能利用率仅为56%，即便在国家采取多项消费刺激的政策后，二季度才恢复到75%左右，距离80%的合理区间还有较大的差距。这一外生冲击不仅使汽车产业进入总量过剩的状态，也恶化了原有的结构性过剩问题。新能源汽车首当其冲。随着各种购置补贴与税收减免政策的不断退出与弱化，一些长期依靠财政资源维持基本生产经营活动的企业，已经陷入了破产倒闭的边缘。基于本章的理论逻辑和实证结果可以发现，政府产业政策和企业机会主义行为，依旧是新能源汽车总量和结构过剩并存的主要根源。

本章附录

附录4.1　汽车产业历年的固定资产投资与产能、产量状况

时间	绝对值			年变化率			产能利用率/%
	固定资产投资/亿元	总产能/万辆	总产量/万辆	固定资产投资额/%	总产能/%	总产量/%	
1990	21	89	51				58
1991	28	114	71	34	28	39	63
1992	47	141	107	69	24	49	76
1993	73	200	130	53	42	22	65
1994	96	250	137	33	25	5	55
1995	120	329	145	25	32	6	44
1996	84	329	148	−30	0	2	45
1997	100	240	158	18	−27	7	66

（续表）

时间	绝对值			年变化率			产能利用率/%
	固定资产投资/亿元	总产能/万辆	总产量/万辆	固定资产投资额/%	总产能/%	总产量/%	
1998	107	267	163	8	11	3	61
1999	113	289	183	6	8	12	63
2000	87	267	207	−23	−8	13	78
2001	121	374	234	39	40	13	63
2002	170	457	325	41	22	39	71
2003	313	550	444	84	109	37	81
2004	430	867	509	37	58	15	59
2005	396	1029	571	−8	19	12	55
2006	415	1105	728	5	7	28	66
2007	477	1283	889	15	16	22	69
2008	436	1387	931	−9	8	5	67
2009	525	1609	1380	20	16	48	86
2010	708	1740	1827	35	8	32	105
2011	703	1950	1842	−1	12	1	94
2012	758	2152	1928	8	10	5	90
2013	829	2373	2212	9	10	15	93
2014	884	2625	2373	7	11	7	90
2015	853	2798	2450	−4	7	3	88

资料来源：根据历年《中国汽车工业年鉴》整理而得

附录 4.2　汽车制造业的季度产能利用率

时间	汽车制造业/%	制造业/%	全部工业/%
2016—12	82.00	74.30	73.80
2017—03	82.00	76.30	75.80
2017—06	81.00	77.60	76.80
2017—09	82.10	77.30	76.80
2017—12	83.60	78.50	78.00

（续表）

时间	汽车制造业/%	制造业/%	全部工业/%
2018—03	80.70	77.00	76.50
2018—06	81.40	77.20	76.80
2018—09	79.60	76.90	76.50
2018—12	77.90	76.50	76.00
2019—03	78.30	76.30	75.90
2019—06	76.20	76.90	76.40
2019—09	76.10	76.90	76.40
2019—12	78.50	78.00	77.50
2020—03	56.90	67.20	67.30
2020—06	74.60	74.80	74.40

资料来源：国家统计局——统计数据库

本章参考文献

[1] 曹建海、江飞涛：《中国工业投资中的重复建设与产能过剩问题研究》，经济管理出版社，2010。

[2] 陈强：《高级计量经济学及 Stata 应用》，高等教育出版社，2010。

[3] 董敏杰、梁咏梅、张其仔：《中国工业产能利用率：行业比较、地区差异及影响因素》，《经济研究》2015 第 1 期。

[4] 董阳、徐长明、周勇江：《2020 中国汽车销量展望及世界汽车市场现状》，机械工业出版社，2012。

[5] 韩国高、高铁梅、王立国、齐鹰飞、王晓姝：《中国制造业产能过剩的测度、波动及成因研究》，《经济研究》2011 第 12 期。

[6] 江小涓：《国有企业的能力过剩、退出及退出援助政策》，《经济研究》1995 第 2 期。

[7] [美]J. M. 伍德里奇:《计量经济学导论:现代观点》,费剑平、林相森译,中国人民大学出版社,2003。

[8] [美]凯丽·西蒙斯·盖勒格:《变速!中国——汽车、能源、环境与创新》,程健、其彬彬、郝义译制,清华大学出版社,2007。

[9] 康凯、王军雷:《我国五大汽车集团产能布局及产能规划分析》,《汽车工业研究》2014 年第 10 期。

[10] 课题组、高伟:《产能过剩的测量、成因及其对经济增长的影响》,《经济研究参考》2014 年第 3 期。

[11] 林毅夫:《潮涌现象与发展中国家宏观经济理论的重新构建》,《经济研究》2007 年第 1 期。

[12] 林毅夫、巫和懋、邢亦青:《"潮涌现象"与产能过剩的形成机制》,《经济研究》2010 年第 10 期。

[13] 刘世锦:《市场开放、竞争与产业进步》,《管理世界》2010 年第 12 期。

[14] 卢锋:《标本兼治产能过剩》,《中国改革》2010 年第 5 期。

[15] 潘卡基·格玛沃特:《产业竞争博弈》,胡汉辉、周治翰译,人民邮电出版社,2002。

[16] 王文甫、明娟、岳超云:《企业规模、地方政府干预与产能过剩》,《管理世界》2014 年第 10 期。

[17] [美]小艾尔弗雷德·钱德勒、[日]引野隆志:《规模与范围:工业资本主义的原动力》,张逸人,陆钦炎,徐振东,罗仲伟(译),华夏出版社,2006。

[18] 徐朝阳、周念利:《市场结构内生变迁与产能过剩治理》,《经济研究》2015 年第 2 期。

[19] 余东华、吕逸楠:《政府不当干预与战略性新兴产业产能过剩》,《中国工业经济》2015 年第 10 期。

[20] [英]约翰·哈特利:《汽车生产的经营管理》,机械工业出版社,1985。

[21] 中国汽车技术研究中心:《汽车情报》(1999—2009)(内部刊物)。

[22] 周亚虹、蒲余路、陈诗一、方芳:《政府扶持与新型产业发展》,《经济研究》2015 年第 6 期。

[23] 周业樑、盛文军:《转轨时期我国产能过剩的成因解析及政策选择》,《金

融研究》2007 第 2 期。

[24] Abrahamson, E. Rosenkopf, L., "Institutional and competitive bandwagons: Using mathematical modeling as a tool to explore innovation diffusion", *Academy of Management Review*, 1993, 18 (3): 487–517.

[25] Anupindi, R. Jiang, L., "Capacity investment under postponement strategies, market competition, and demand uncertainty", *Management Science*, 2008, 54 (11): 1876–1890.

[26] Banerjee, A. V., "A simple model of herd behavior", *Quarterly Journal of Economics*, 1992, 107 (3): 797–817.

[27] Belleflamme, P. Peitz, M., *Industrial organization: Markets and strategies.* Cambridge University Press, 2010, New York.

[28] Bourreau, M., "The impact of uncertainty about demand growth on preemption", *Journal of Economics and Business*, 2004, 56 (5) : 363–376.

[29] Boyle, G. W. Guthrie, G. A., "Investment, uncertainty, and liquidity", *Journal of Finance*, 2003, 58 (5): 2143–2166.

[30] Dixit, A. K. "The role of investment in entry deterrence", *Economic Journal*, 1980, 90 (1): 95–106.

[31] Dixit, A. K. Pindyck, R. S., *Investment Under Uncertainty*, Princeton University Press, 1994.

[32] Fudenberg, D., Tirole, J., "Preemption and rent equalization in the adoption of a new technology", *Review of Economic Studies*, 1985, 52 (3), 383–401.

[33] Ghemawat, P. Caves, R. E., "Capital commitment and profitability: An empirical investigation", *Oxford Economic Papers*, 1986, h38 (11) : 94–110.

[34] Gilbert, R. J. Lieberman, M., "Investment and coordination in oligopolistic industries", *Rand Journal of Economics*, 1987, 18 (1): 17–33.

[35] Gilbert, R. J. Vives, X., "Entry deterrence and the free rider problem", *Review of Economic Studies*, 1986, 53 (1): 71–83.

[36] Green, E. J. Porter, R. H., "No cooperative collusion under imperfect price information", *Econometrica*, 1984, 52(1): 87–100.

[37] Hawk, A. Pacheco-De-Almeida, G. Yeung, B., "Fast-mover advantages: Speed capabilities and entry into the emerging submarket of Atlantic Basin LNG", *Strategic Management Journal*, 2013, 34(13): 1531–1550.

[38] Henderson, J. Cool, K., "Corporate governance, investment bandwagons and overcapacity: An analysis of the worldwide petrochemical industry", 1975–95, *Strategic Management Journal*, 2003(a), 24(4): 349–373.

[39] Henderson, J. Cool, K., "Learning to time capacity expansions: An empirical analysis of the worldwide petrochemical industry", 1975–95, *Strategic Management Journal*, 2003(b), 24(5): 393–413.

[40] Hoetker, G., "The use of logit and probit models in strategic management research: Critical issues", *Strategic Management Journal*, 2007, 28(1): 331–343.

[41] Lieberman, M. B., "Excess capacity as a barriers to entry: An empirical appraisal", *Journal of Industrial Economics*, 1987(b), 35(4): 607–627.

[42] Lieberman, M. B., "Post entry investment and market structure in the chemical processing industries", *Rand Journal of Economics*, 1987(a), 18(4): 533–549.

[43] Maskin, E. S., "Uncertainty and entry deterrence". *Economic Theory*, 1999, 14(2): 429–437.

[44] Mason, R. Weeds, H., "Investment, uncertainty and preemption", *International Journal of Industrial Organization*, 2010, 28(3): 278–287.

[45] Masson, R. T. Shaanan, J., "Excess capacity and limit pricing: An empirical test", *Economica*, 1986, 53(211): 365–378.

[46] Mathis, S. Koscianski, J., "Excess capacity as a barrier to entry in the US titanium industry", *International Journal of Industrial Organization*, 1996, 15(2): 263–281.

[47] Paraskevopoulos, D. Pitelis, C. N., "An econometric analysis of the determinants of capacity expansion investment in the west European chemical industry", *Managerial and Decision Economics*, 1995, 16(6): 619–632.

[48] Robles, J., "Demand growth and strategically useful idle capacity", *Oxford Economic Papers*, 2011, 63(2): 767–786.

[49] Singh, S. Utton, M. Waterson, M., "Strategic behavior of incumbent firms in the UK", *International Journal of Industrial Organization*, 1998, 16(2): 229–251.

[50] Spence M. A., "Entry, investment and oligopolistic pricing", *Bell Journal of Economics*, 1977, 8(2): 534–544.

[51] Spence, M. A., "Entry, capacity, investment and oligopolistic pricing", *Journal of Economics*, 1979(b), 19(1), 534–544.

[52] Spence, M. A., "Investment, strategy, and growth in a new market", *Bell Journal of Economics*, 1979(a), 10(2): 1–19.

[53] Xia J. Tan, J. Tan, D., "Mimetic entry and bandwagon effect: The rise and decline of international equity joint venture in China", *Strategic Management Journal*, 2008, 29(2): 195–217.

[54] Yang, S. S. Anderson, E. J., "Competition through capacity investment under asymmetric existing capacities and costs", *European Journal of Operational Research*, 2014, 237(1): 217–230.

第五章
基于产品线延伸的差异化竞争

世界轿车产业发展的历程表明，通用在 20 世纪 30 年代超越福特、克莱斯勒的崛起，丰田持久竞争优势的形成等重大变革，都在不同程度上与其产品线的定位、结构，以及由此导致的消费者认知和品牌忠诚度的变化有着直接的关系。我国加入 WTO 前后，上海通用和广州本田等合资公司之所以能够在短期内成为行业的领先者，既得益于中国产业成长提供的机会，也是合理准确的产品线策略的必然结果。自主品牌的发展也验证了产品线战略的重要性，比亚迪、吉利和奇瑞都是先从合资品牌的边缘市场入手，逐步提高产品线的密度并拓展其长度，随后借助产业政策的扶持，从合资企业手中赢得了一席之地。

在传统的“结构—行为—绩效”的范式中，产品差异化是一种重要的行为，在具体研究中经常围绕“广告—销售收入”的比例、研发投入或者市场定位等因素展开，这不适宜用于汽车这类“多规格、多产品、多细分”的产业。1990 年以来，多产品企业的产品线策略是产业组织理论和实证研究的一个重要领域。这一趋势反映了经济学的问题意识：一方面，多产品生产已经是大多数产业的常态，在现实中很少见到只提供单一产品的企业；另一方面，企业的价格歧视、市场进入限制和防止消费者替代等战略的实施，也越来越倚重产品线的扩展，即使那些生产非差异化产品的企业，也将其视为一个重要的竞争工具。同时，考虑在我国汽车产业中，本土企业与合资公司竞争最为激烈的领域就是产品线，为此，本章就以产品线竞争为主线，分析这一差异化策略的成因和效用。

第一节　汽车产品线扩展的模型分析与经验考察①

轿车产业中的产品线竞争一直是研究者关注的重点。跨国公司主导下的中国轿车产业正处于总体规模快速扩张、产品品种日益繁多的变化中，这为我们研究产品线延伸的内在激励、竞争进程和实际效果提供了一个现实的案例。在经历了从产能约束到局部过剩的巨大转变后，产品线的延伸、扩张和收缩已经成为企业竞争的主要策略，它不仅改变着产业的组织结构和已有的均衡状态，也与价格战、战略联盟、本土品牌发展等问题有着直接的关系。本节以中国轿车产业为对象的初步研究，不仅验证了产品线与企业绩效之间存在着正相关性的假设，也发现了跨国公司的品牌升水，本土企业的产品线趋同和蚕食效应等事实。近年来，本土企业在自主研发和品牌经营方面取得了显著的效果，产品线的延伸和完善在其中发挥着桥梁作用，但也存在着诸多的误区和战略性失误，挖掘产品线竞争的一般特征，为本土企业的持续发展提供策略性建议。

一、产品线竞争的理论模型分析

1. 前提与假定

考虑一个由 N 个企业构成的轿车产业，企业 $i \in N=\{1,2,\ \cdots,n\}$，该产业又可进一步被划分为 J 个细分市场，$j \in J=\{1,2,\cdots,J\}$。每个市场用 $s^1,s^2,\cdots,s^j$ 表示（Salop，1979；Ginsburgh 和 Weber，2002）。为分析的便利，假定每一细分市场上的产品都是同质的，但不同市场之间的产品存在质量差异，

① 本节的主要内容发表在《中国工业经济》2008 年第 7 期，题目为“中国轿车产业中的产品线扩展——模型分析与经验考察”。

即 $s^1 < s^2 < \cdots < s^j$。因此,任一企业的产品线就是全部产品种类集合的幂集合的一个元素,我们用集合 $v_i \in S^j$ 表示,例如,当企业只在市场 $j=1,2,3$ 提供产品时,产品线就可以表述为 $v_i = \{s_i^1, s_i^2, s_i^3\}$。为得到基本假设,还要对企业和消费者的行为予以合适的假定。

(1)企业。企业的基本问题是选择产品线的长度,并设定相应的产品价格,以实现利润最大化。用 $d_i^j(v_i)$ 代表给定产品线时某个细分市场的需求,而边际成本是产品线的函数,且 $c(s^1) > c(s^1, s^2) > c(s^1, s^2, s^3)$, …,即产品线的扩张具有范围经济的特点。若同一细分市场中的价格是相同的,企业的问题就是在产品结构给定条件下的最大化:

$$\max \pi_i = \sum_{j=1}^{J} [p^j - c(s_i^1, s_i^2, \cdots, s_i^j)] \cdot d_i^j(v_i) \tag{5.1}$$

问题又转化为如何确定其市场份额的高低,这需要引入需求函数。

(2)消费者。假定消费者均匀地分布在长度为 L 的市场上,L 就表示消费者的总数。如前所述,每一细分市场也是均匀的,则市场 j 中的消费者数量为 L/J,每个企业在特定市场能够获得的最大销量就取决于参与者个数的多少。消费者对同一细分市场中的产品和企业是无差异的,但对不同市场存在偏好差异,因此其效用函数可以表述为 $U = \theta s^j - p_i^j$,即若消费者选择了市场 j 上企业 i 提供的质量为 s^j 的产品,并支付价格 p_i^j。这里,θ 是质量的偏好参数,它均匀地分布在 $\underline{\theta} \geqslant 0$ 和 $\theta = \underline{\theta} + 1$ 之间的消费人口中,密度为 1。我们借鉴泰勒尔(1988)对此类问题的一般处理方法,用 $\Delta s \equiv s^j - s^{j-1} = \cdots = s^2 - s^1$ 表示细分市场之间的质量差异,以 $\overline{\Delta} \equiv \overline{\theta} \Delta s$ 和 $\underline{\Delta} \equiv \underline{\theta} \Delta s$ 代表消费者对最高和最低质量的货币额。由于每个消费市场内的产品是同质的,那么可令 $p_1^j = p_2^j = p^j$。这样,当且仅当 $\theta s^1 - p^1 = \theta s^2 - p^2 = \cdots$ 时,偏好为 θ 的消费者对各个市场的产品将是无差异的,因此可以构建不同市场的需求函数①:

$$D_1(p^1, p^2) = \frac{p^2 - p^1}{\Delta s} - \underline{\theta} \tag{5.2}$$

---

① 参见泰勒尔(1988)第 125 和 385 页。应该指出的是本小节的论证只是一种简化处理,由于产品线的扩展涉及产量和质量的两个维度,复杂的数理模型分析会偏离本章的主题和立意。

$$D_j(p^{j-1},p^j)=\overline{\theta}-\frac{p^j-p^{j-1}}{\Delta s} \tag{5.3}$$

将式(5.2)和式(5.3)代入每个企业的目标函数,并进行必要的加总,就可以得到细分市场的需求函数。在上述定义和假定下,本节主要讨论产品线的长度、扩展路径和绩效之间的一般关系,以及静态条件下的均衡问题。

2. 产品线与企业绩效的一般关系分析

为分析的便利,假定企业 1 为单一产品生产者,只参与低端市场 s^j 的竞争,而企业 2 是全系列市场,暂时不考虑各个市场之间的反应,因而两者只在市场 1 进行竞争。那么,企业 1 的最大销量为$d_1^1=\frac{1}{2}D_1=\frac{1}{2}\cdot\frac{L}{J}$(即只有企业 1 和 2 参与市场 1),而企业 2 的销量是$d_2^{1,2}=\frac{1}{2}D_1+\sum_{j=2}^{J}\frac{L}{J}$,显然,企业 2 的市场份额要大于前者,也就是说,市场份额随产品线的延伸而增加。进一步,由于多产品生产具有范围经济,企业 1 的边际成本是 $c_1^1(s_1^1)$,企业 2 的是 $c_2^j(s_2^1+s_2^2+\cdots s_2^j)$,已有分析表明(泰勒尔,1988),只要$(p_2-p_1)>(c_2-c_1)$,多产品生产的边际收益就会高于单一产品。显然,我们关于成本的假定可以满足这一条件,故二者的利润分别是$\pi_1^1=(p_1-c_1^1)\frac{L}{2J}$和$\pi_2^j=(p^1-c_2^j)\frac{L}{2J}+\frac{L}{J}\cdot\sum_{J=2}^{J}(P^j-c_2^j)$,后者严格地大于前者,即利润总额也会随产品线的延伸而增加。

轿车产业核心竞争能力的演化在一定程度上与这一结论是一致的。在早期,单一车型、规模经济是竞争优势的主要来源。20 世纪 80 年代以来,随着灵活或柔性生产方式的出现,小批量、多产品已经成为基本的生产模式,新旧车型可以共享研究与开发的平台、共线生产和共用一个销售渠道。更为重要的是,轿车作为一种耐用消费品,具有显著的品牌忠诚度,而单一品种生产显然无法获得这些种外部性。同时,轿车对大多数消费者而言不仅仅是一个简单的代步工具,它反映了个人偏好或收入方面的巨大差异,通过提供全系列的产品,就可能获得更多的消费者剩余①。综上所述,特提出假设 1。

假设 1: 企业的市场参与度越高,产品线越长,在不考虑自我替代的前提

---

① 例如,福特公司的 Galaxy 四门轿车的价格高出其边际成本约 17%,而在其基础上安装一个 V-8 发动机,就会使价格比成本高出 293%(见 Schere,1996)。

下，其总体市场份额越高，利润也会相应增加。

3. 产品线扩展的路径与边际收益变化

在前述假定的基础上，我们增加了产品线扩展存在进入壁垒这一约束条件。若企业 1 的初始位置在低端市场 s^1，而企业 2 位于较高端的市场 s^3，中间市场 s^2 处于未被覆盖的状态，向上和向下延伸产品线的进入成本分别是 k_1 和 k_2，且 $k_1>k_2$。根据（泰勒尔，1988）可知，$p^1<p^2<p^3$，且 $mc(1,2)>mc(3,2)$①。为分析的便利，可以设定市场上只有企业 1 和 2，那么，在时期 $t=0$，二者的利润为 $\pi_1^m<\pi_2^m$；在时期 $t=2$，二者同时选择进入市场 s^2，利润分别是：

$$\pi_1^1=\pi_1^m+\left(\frac{1}{2}\pi_1^c-k_1\right) \tag{5.4}$$

$$\pi_2^1=\pi_2^m+\left(\frac{1}{2}\pi_2^c-k_2\right) \tag{5.5}$$

这里，π_i^c 表示的是二者在市场 s^2 的古诺竞争利润。由于 $mc(1,2)>mc(3,2)$ 和 $k_1>k_2$，因此 $mr_1^1<mr_2^1$。

在我国，跨国公司控制下的合资企业在进入市场的初期大多处于中高级市场，而本土企业则以提供经济型或微型轿车为主营业务。政府放松对产品品种的管制后，真正意义的产品线竞争才显露端倪，合资企业纷纷向下延伸产品线，而本土企业则倾向于进入较高端市场，这种路径上的差异也影响着业绩②。假设 2 反映了扩展路径与边际收益的一般关系。

假设 2：当消费者对质量的偏好及细分市场的进入成本存在差异时，企业的边际收益随产品线的向上扩展而递减，随其向下延伸而递增。③

4. 产品线竞争的静态均衡分析

假设 1 和 2 并未涉及企业之间的相互反应，不符合产品线竞争的实际。

---

① 这里 $mc(1,2)$ 表示从市场 1 扩展到 2 后的边际成本，$mc(3,2)$ 的含义刚好相反。

② 近年来，跨国公司产品线的向下延伸，在提高市场覆盖率的同时，获得了品牌升水。而本土企业向上延伸产品线虽然可以增加占有率，但品牌贴水会导致赢利能力的下降，一些企业已经放缓了新产品投放的速度。应该指出的是，这一发现与国外的一些研究结论相左，Verboven（1999）的计量检验证明，在欧洲市场上，本土品牌的竞争密度远低于日美企业，会让欧洲的品牌获得更高的成本加价。他们分析的市场以更新需求为主，而中国轿车市场以新增需求为主体，消费者的品牌忠诚尚未形成。

③ 这一结论是在 $(p_j-p_{j-1})>(c_j-c_{j-1})$ 这一隐含假定下得到的，若这一条件不满足，相反的情形也会发生。例如，Mannering 等（1991）的实证分析表明，日本轿车企业通过提供质量上乘、价格和使用费用更低的产品，在较短时间内通过改变消费者偏好，使美国三大轿车企业陷入了 20 世纪 80 年代的财务危机，显然目前我国的本土企业尚不具备这种能力。

在 Verboven（1999）、Gilbert 和 Matutes（1993）相关研究的基础上，本节对静态条件下的产品线竞争进行了简化分析。若只有企业 1 和 2 进行竞争，在时期 $t=0$，分别居于仅有的两个细分市场 s^1 和 s^2（这里我们取消了中间市场）；在时期 $t=2$，二者进行产品线竞争，博弈的矩阵如表 5.1 所示。在第一期，两者可以获得细分市场的垄断利润 π_1^m 和 π_2^m（$\pi_1^m<\pi_2^m$）。在第二期，若企业 1 向上扩展到市场 s^2，而企业 2 维持原有的产品线，则后者的利润会减少为 $\frac{1}{2}\pi_2^c$（这里 π_2^c 为古诺竞争时的净利润），市场被侵蚀；相同的结论在企业 1 不进行延伸时也会发生；若二者同时进行产品延伸，只能获得竞争收益 $\frac{1}{2}(\pi_1^c+\pi_2^c)$。显然，在这种简化的结构下，$\pi_2(s^2,s^1)>\pi_2(s^2)$，$\pi_1(s^1,s^2)>\pi_1(s^1)$。

这种囚徒困境的出现，具有一定的合意性。一是任何企业都不可能通过承诺只生产一种产品，以获得对手不扩展的反应，因为对手机会主义带来的损失难以通过合适的行动予以惩罚，而市场瓜分协议会受到反垄断法的限制。二是我们的分析隐含着市场成长这一假定，即对于单一产品企业而言，不仅会失去对手的市场，还要放弃自己领地的一半。可见，同时进行产品线扩展是一个纳什均衡①，中国轿车产业近年来所出现的产品结构趋同和重叠，正是对这一判断的反映。为此我们有假设 3。

假设 3：在一个成长的市场中，同时选择产品线的延伸是一个纳什均衡。

表 5.1　产品线扩展的博弈

		企业 2	
		$\{s^2\}$	$\{s^2, s^1\}$
企业 1	$\{s^1\}$	π_1^m, π_2^m	$\frac{1}{2}(\pi_1^c), \frac{1}{2}(\pi_1^c)+\pi_2^m$
	$\{s^1, s^2\}$	$\frac{1}{2}(\pi_2^c)+\pi_1^m, \frac{1}{2}\pi_2^c$	$\frac{1}{2}(\pi_1^c+\pi_2^c), \frac{1}{2}(\pi_1^c+\pi_2^c)$

① 相似的结论在 Fudenberg 和 Tirole（1985）也得到过，他们在“垄断在位者—进入者”的模型中证明，通过提前进行产品扩散，填补市场空间以防止进入的发生，在成长市场的背景下是一种可置信的进入阻止策略。但是，若博弈是序贯的或市场规模有限，企业 1 就可以通过对自身机会主义的约束，或只在高端市场生产，而向后来者传递一种信号或声誉，那么各自垄断一个市场将是博弈的均衡，详见 Gilbert 和 Matutes（1993）第 231—232 页。严格地讲，产品线的均衡应该在动态博弈的假设下展开，即企业在第二阶段进行价格或数量竞争，而在第一阶段选择是否扩展（或缩短）产品线，限于篇幅，我们未能进行规范模型分析。

二、中国轿车产业的经验考察和证据

2000 年以前，由于产品结构受到政府主管部门的部分规制，严格意义上的产品线竞争并不存在，品种单调和细分市场垄断是主要的特征。2001 年以来，在跨国公司的密集渗透和民族品牌高速成长的过程中，产品线竞争逐渐成为一种重要的战略。由于考察期很短，样本容量很少，加之一些企业的治理结构处于变化中，对这一变化无法进行规范意义上的计量检验。本节的实证部分主要基于经验描述和案例分析，特别是本土企业与外资企业的相互比较来验证基本的理论假设。

按照科特勒（1998）关于产品线和产品组合的一般定义和计算方法，企业产品线的长度是指其在某细分市场中投放的品牌个数，而产品线的宽度则指其参与细分市场的个数，产品线的平均长度就是指细分品牌的总量除以细分市场的参与度。这种方法不适用纵向和横向差异化十分显著且相互交织的轿车产业，例如，若一家企业品牌总数为 10 个，并参与微型、经济型、中级、中高级和高级等所有 5 个细分市场，其产品线的平均长度是 2；而另一家使用 4 个品牌参与两个市场的企业，其产品线平均长度也是 2。它无法反映不同细分市场结构的差异。由于中国轿车产业的所有参与者都处于产品线扩张的进程中，为表达和理解的方便，在本节中使用全部品牌的个数来表示产品线的长度，所选择的数据全部来自《中国汽车工业年鉴》。

1. 产品线扩展与企业市场占有率、盈利能力的经验分析

2000 年至今，由于生产能力和技术来源的巨大差异，中国轿车制造企业的产品线扩张历经了两个显著不同的阶段。2000—2002 年，本土企业主要致力于在微型和经济型市场提高生产能力或规模，合资企业中的传统在位者如南北大众和神龙富康，则在为应对日本本田、丰田和韩国现代公司的强势进入而专注于质量和价格竞争，因此品牌扩展以细分市场中的水平差异化为主线。2003 年以来，随着主要跨国公司在中国轿车市场产品、区位和组织结构布局完成，以及本土企业规模的显著提高，基于纵向差异化的品牌延伸使产品线竞争的效应日益显现，品牌数量已经成为决定市场占有率和盈利能力的主要因素。

图 5.1 绘出了 4 个年份中品牌个数和企业市场占有率的散点图。从中可以观察到，2000 年和 2002 年，企业总数和品牌总数都处于很低的水平，产品线的平均长度不到 2，且分布不均匀，多数企业只能依赖单一产品或品牌满足市场需求，企业间竞争的核心是规模和成本。这一时期产品线与企业占有率的关系并不显著，相关系数分别只有 30.8% 和 64.5%。

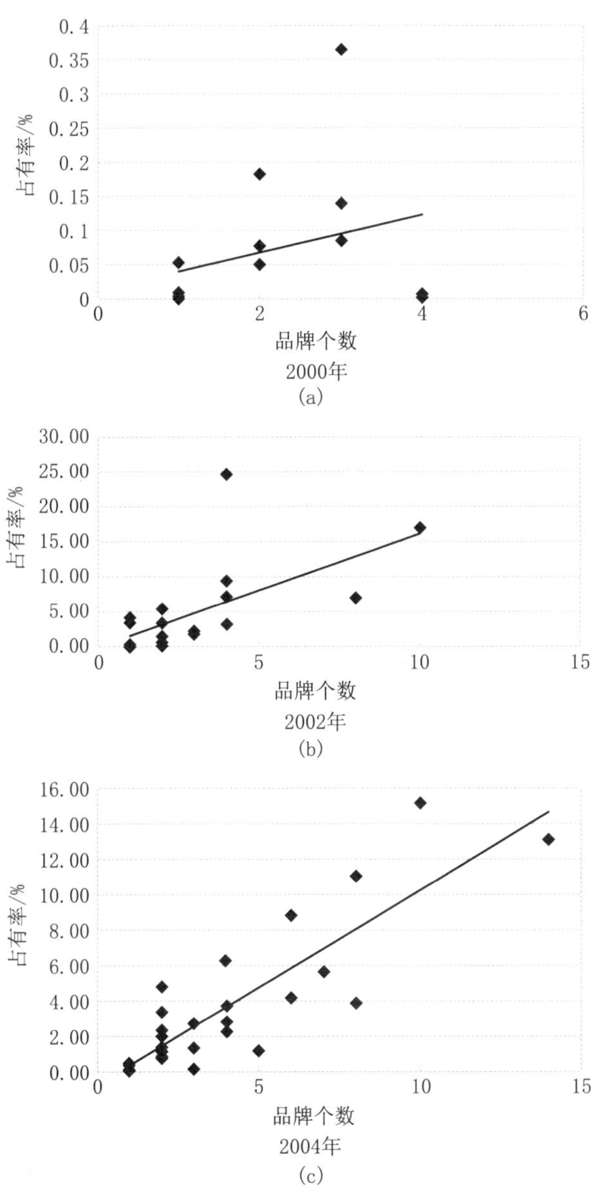

(a)
(b)
(c)

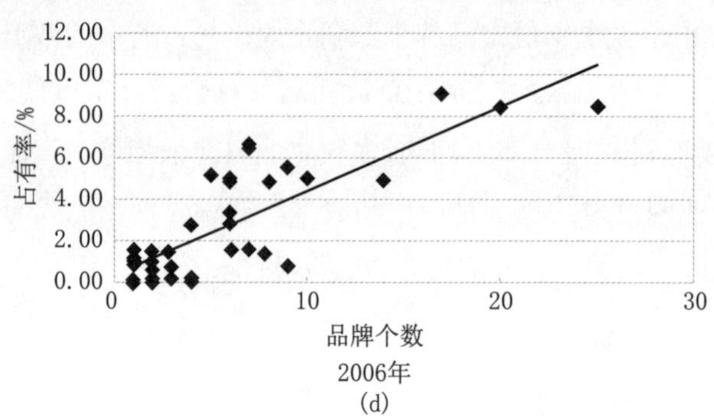

图 5.1　产品线与占有率的散点图

2004 年以后中国轿车产业步入了高速成长的阶段，随着潜在需求的显性化和市场细分程度的深入，产品线竞争日益加剧。研发能力不足的本土企业，借助技术外包或模仿，在巩固微型车市场优势的基础上，开始向经济型、中级乃至中高级轿车市场推出自主品牌。拥有大量产品储备的合资企业，也通过多角联盟的形式向经济型、微型车等细分市场扩展，同类车型进入中国市场的滞后期从原来的 5—6 年缩短到 1 年左右，一些车型甚至发展到同步上市。在新进入者数量激增的背景下，企业产品线的平均长度也持续增加。产品线对企业市场占有率的影响十分突出，即使在增长速度回落的 2004 年，二者的相关系数也有 74.02%，在第二次高速成长的 2006 年，这一数值上升到 81.76%。产品线已经成为不同类型的轿车制造企业通过规模经济和范围经济，提高市场占有率的工具。

产品线与企业盈利能力之间也保持着相似的关系。表 5.2 给出了代表性企业产品线结构和资金利税率的数据，从中可以发现，近年来企业盈利能力的变化与产品线的调整或分布有着密切的关联。那些产品线单一的企业，只能在特定的细分市场内获得有限的规模效应，而当其采取延伸策略后，既可以实现范围经济，还能够规避不同市场增长速度差异带来的风险。例如，比亚迪、奇瑞和天津夏利等传统的微型轿车厂商，尽管在原有的细分市场中长期居于主导地位，但获利能力却远远低于合资企业，而在向经济型细分市场扩展后，才逐渐跨越了能力和品牌的双重限制，在大幅度提高回报率的同时，也为进一步的品牌延伸提供了市场经验和资金支持。产品线也是日产、丰田、韩国现代等新进入者，以及重归中国轿车产业的法国标致在短期内实施密集渗透战略，并取得显著成效的主要依托。以日本丰田公司为例，这家曾经因为对产业前景的悲观判断，而错过了在20世纪90年代初期进入中国轿车市场的机会。2003年成立合资企业后，采取了有序的品牌推广策略，三年时间内总产量就达到30万辆，资金税率超过了所有的竞争对手，多产品生产的范围经济和品牌价值的溢出效应得到了极大的发挥。法国标致公司重返中国市场后，也改变了以往只将淘汰落后车型引进到我国的策略，基本上实现了国内外的同步上市。

表5.2　产品线特征与经营绩效的关系(2000—2006年)

公司名称	2000			2002			2004			2006		
	品牌数/个	市场跨度	利税率%	品牌数/个	市场跨度	利税率%	品牌数/个	市场跨度	利税率%	品牌数/个	市场跨度	利税率%
比亚迪	1	[1]	2.79	2	[1,2]	8.19	2	[1,2]		3	[1,2]	22.84
长安铃木	2	[1]	53.98	2	[1]	14.88	2	[1]	25.6	4	[1,2]	26.16
广州本田	1		131.58	4	[2,3]	103.91	6	[2,3,4]	77.96	9	[2,3,4]	52.14
奇瑞汽车	1		−0.7	1	[1,2,3]		4	[2,3]	6.13	7	[1,2,3]	8.97
上海大众	3		33.9	4	[2,3,4]	32.84	10	[2,3,4]	19.94	20	[2,3,4]	25.58
上海通用	2		19.61	4	[2,3,4]	43.85	8	[2,3,4]	51.04	17	[2,3,4]	41.52
天津夏利	3	[1,2]	10.37	4	[1,2]		7	[1,2]	6.03	6	[1,2]	18.09
一汽大众	2	[3,4,5]	42.82	10	[2,3,4,5]	18.07	14	[2,3,4]	30.94	25	[2,3,4,5]	33.64
北京现代				2	[2,3,4]	2.55	4	[2,3,4]	47.98	7	[2,3,4]	28.31

（续表）

公司名称	2000			2002			2004			2006		
	品牌数/个	市场跨度	利税率％	品牌数/个	市场跨度	利税率％	品牌数/个	市场跨度	利税率％	品牌数/个	市场跨度	利税率％
一汽丰田				1	[2,3]		2	[2,3]	31.21	5	[2,3]	58.74
东风日产				1		18.89	3		19	8	[2,3,4]	51.55

注：跨度指企业参与微型、经济型、中级等五个细分市场的个数；空白数据源于企业未进入轿车产业或缺少原始资料

资料来源：《中国企业工业年鉴》（2000—2006）

基于描述性统计的数据和经验分析证明，产品线的延伸或扩展是中国轿车制造企业市场占有率和获利能力差异的主要因素，即假设 1 的结论是存在的。下面的分析进一步说明这种差异的发生与产品线延伸的路径有着一定的关联。

2. 初始定位、延伸路径与产品定价能力的差异

产品线延伸既是市场集中度显著下降的技术性条件之一，也成为价格竞争不断反复的结构性诱因。品牌定位和企业声誉价值的差距，导致了本土企业与合资企业在延伸路径上的不同，进而产生了所谓品牌升水或品牌贴水现象。在本节中品牌升水是指当一个初始定位在高端细分市场的企业或品牌向低端延伸时，其新品牌可以获得比在位者更高的价格，而不减少需求量；品牌贴水则表示低端品牌向上扩展后，相同质量产品的价格只能设定在较低的水平。由于在产品研发、设备工艺和生产技术等方面的缺陷，即便我国政府在加入 WTO 后放松了对轿车产业的进入管制，本土企业也只能以生产技术含量低和价格弹性敏感的产品为主要的生存手段。相反，合资企业中的技术和产品提供者，都是具有几十年乃至近百年轿车生产经营经验的大型跨国公司，其产品线已经十分完备，并积累了很高的品牌声誉或价值。从长期利润最大化出发，光占据价格不甚敏感的中高档市场，再择机向上下两端延伸，就可以使新产品和后续品牌都能够获得价值升水效应。由于无法获得企业边际收益和产品线变化的准确

数据，只能通过比较相近或相邻产品价格的差异来检验假设 2。

观察附录表 1 可以发现，各个细分市场都存在不同程度的价格升水或贴水现象。微型和经济型细分市场是本土企业进入轿车产业的必由之路，其主要的竞争工具就是价格，价格低于外资品牌有着一定的战略效应[①]。但经过多次的价格战后，质量和配备基本相近的外资品牌价格仍能够比本土品牌高出 15%—50%，这与假设 2 所隐含的品牌声誉和价格之间的内在关系是一致的，也证明了产品线的向上延伸会产生所谓自我蚕食效应。在产品线的纵向扩展时，为能够在合资品牌主导的中级轿车市场站稳脚跟，在顾客忠诚度低的条件下，低价策略虽然可以提高目标市场中顾客的性价比，但为维持原有市场的地位，又不得不降低主导产品的价格，形成了价格竞争的自我循环或强化。一些本土企业如华晨、上汽和华普等试图直接进入中高级细分市场，跨越所谓产品线的制约，但短期效果不甚理想，产品价格的贴水率也很高。相反，对于初始定位在中高级市场的外资品牌而言，通过数量庞大的存量消费者群体，向潜在消费者传递了有关质量、售后服务和企业形象等信息，这对轿车这一经验性耐用消费品而言，无疑具有正的网络外部性，即使在竞争不断恶化的条件下，也能获得品牌的价格升水。

韩国现代汽车在中国轿车市场增长速度的起落，是一个值得本土企业借鉴的案例。这家 2002 年才进入中国的跨国公司，依托索纳塔和伊兰特两款车型的准确定位，两年间的产量就达到了 15 万辆。但在 2006 年和 2007 年密集的品牌投放后，仅 2.0 L 排量以上的中高级车型数就有 7 个，品牌内的蚕食效应使其 2007 年的市场占有率和获利能力大幅下降。这也说明，当品牌优势不显著时，产品线的向上延伸具有贴水的风险。

3. 产品线的多方位延伸与自主品牌成长的机遇和威胁

轿车产业的高速增长为不同类型企业，特别是本土轿车企业的成长提供了一个良好的机遇，突出的表现就是自主品牌不仅主导了微型和经济型细分市场的竞争，也为产品线的后续延伸积累了技术、工艺和营销方面的经验。特别是为产品开发提供了大量的资金支持。受这些成功经验的启示，合资企业中的中

---

① 这一问题在日韩轿车生产企业进入欧美市场时也发生过，例如当丰田向美国市场推出高级品牌“凌志”时，最初的价格仅相当于通用和奔驰同类产品的 60% 左右，通过这种“渗透性定价”，该车型已经成为北美市场的主导品牌，价格的差异也逐渐消失。参见多兰和西蒙（2004，第 268—270 页）。

方企业集团，如上汽、一汽和东风汽车等，基于在长期合资、合作中的学习效应和较完备的配套体系，也加入自主产品开发的系列中来。应该指出的是，轿车是一个国家制造业能力的集中体现，涉及产品概念发掘、顾客潜在需求感知、工艺装备改进和需求动态协调等诸多环节，与跨国公司相比，国内企业无疑还处于劣势，产品线竞争理念或战略意识的误区，很可能成为企业成长的主要障碍。

表 5.3 给出了 2000 年以来本土和外资企业、品牌在不同细分市场中布局的变化。2003 年以前，企业数量与品牌总量的增加相同步，本土和合资企业在各自具有竞争优势的细分市场内进行水平化延伸，品牌增加主要源于企业数量的变化。在企业总体数量保持稳定后，产品线的纵向延伸就成为竞争的核心。2004 年以来，内资和外资企业数量虽然只增加了 2 家和 3 家，但细分品牌总量却增加了 100 多个。内资企业仍旧以细分市场内的产品线扩展为主线，仅在经济型市场就增加了近 30 个新产品。由于品牌意识缺乏，吉利、奇瑞等本土企业在同一细分市场内以不同的品牌标示投放了多个物理特征近乎完全一致的产品，模糊了企业形象和品牌价值在竞争战略上的异同。相反，各个跨国公司以合资企业为载体，在填补了中级和中高级市场产品线的一些短板后，向本土企业的优势区位进行了密集的渗透，经济型轿车这一竞争的交叉领域，合资企业的品牌总量已经超过了前者。本土企业纵向扩展的绩效并不明显，面对市场竞争的巨大压力，奇瑞和吉利在 2007 年减少了品牌投放的数量，企业的优势资源重新向传统领域集中。可以预见，随着细分市场的饱和，产品线的删减将成为一种无奈的选择。

表 5.3　产品线竞争与细分市场密度

	(A)企业数量 / 个									
	微型轿车		经济型轿车		中级轿车		中高级轿车		合计	
时间	本土	合资	本土	合资	本土	合资	本土	合资	本土	合资
2000	5	1	3	2	4	2	0	1	8	7
2001	7	1	5	3	2	5	1	3	12	9
2002	7	1	4	7	4	7	1	4	13	10
2003	7	2	9	9	4	8	1	5	15	12
2004	10	2	8	11	4	11	1	6	15	14
2005	11	2	7	12	5	10	1	7	15	14
2006	12	2	13	12	5	14	1	9	17	17

（续表）

	(B)细分品牌数量/个									
	微型轿车		经济型轿车		中级轿车		中高级轿车		合计	
时间	本土	合资	本土	合资	本土	合资	本土	合资	本土	合资
2000	6	2	4	2	2	8	0	1	12	13
2001	9	2	5	6	11	13	1	15	27	26
2002	10	2	5	11	7	14	2	16	25	33
2003	8	3	20	19	7	23	1	7	37	52
2004	12	2	22	22	6	31	2	8	43	64
2005	13	2	20	32	9	36	1	11	43	81
2006	14	3	48	52	18	57	1	19	76	132

资料来源:《中国汽车工业年鉴》(2001—2007),只统计了年鉴中有产销数据的企业和品牌,由于高级轿车领域变化很小,未单独列出

潜在威胁还在于轿车是一种耐用消费品,具有显著的顾客忠诚度。当中国轿车产业高速增长的周期结束后,品牌忠诚将决定更新需求和代际转移需求的方向和规模。在这一过程中,前瞻性的产品线定位无疑具有特殊的战略含义。近年来,丰田、本田和雷诺等在国际市场中以中高级轿车立足的跨国公司,将在我国的全系列化布局作为一个重要的短期战略目标。他们除了拥有数量庞大的产品池能力外,还在于他们所提供的经济型车型具有入门产品,或曰“钓鱼效应”的特征。类似威驰、飞度等经济型品牌的进入,不仅可以侵蚀本土企业的市场份额,还能够吸引那些对知名企业或品牌存在某种偏好的消费者,成为他们在收入提高后的首选产品,建立起此类消费者的跨期忠诚,会提高收入水平增加后对同一企业高端产品需求的概率或意愿。上述两种效应的重叠,必然使本土企业在产品线延伸的竞争中陷入囚徒困境,短期内难以摆脱低质量、低配置、低价格的约束,品牌价值和企业声誉无法成为有效的竞争力。

以上三个方面的经验分析,尽管在实证方法上还有待进一步细化,但就本节研究的初步目标而言,与理论模型的假设是一致的。

三、本土企业产品线扩展的策略建议

产品线竞争是中国轿车产业成长中出现的现实问题，本节基于简化的理论模型研究了产品线的密度、延伸路径和企业绩效间的一般关系，并以近年来产业竞争的相关事实进行了初步的实证分析，主要结论是：①在一个成长性的行业中，基于产品线延伸的规模经济和范围经济是影响企业绩效的主要因素之一，对本土和合资轿车制造企业的经验分析也验证了这一判断。②产品线的初始定位和延伸的路径，通过定价能力间接地决定着企业的绩效。③本土企业借助产品线竞争虽然可以扩大产能和品牌影响力，但也蕴含着技术和市场的双重风险，在短期内可能削弱在特定市场内的竞争优势。

近年来，在轿车产业高速增长的背景下，奇瑞、吉利、上汽和一汽集团纷纷采取不同的模式，加快自主品牌和产品体系的构建，取得了一定的成效，但与跨国公司比较，还缺乏清晰的品牌定位和系统的品牌规划。本节研究的产品线竞争对本土企业的策略含义主要有：

①产品线延伸是品牌经营的重要环节，本土企业在实现全系列化目标的过程中，不应忽视产品线竞争的一般模式，要在巩固中低端市场成本和价格优势的前提下，提出有序的产品线扩展规划，并辅之以研究、工艺和营销等环节的支持。②产品线的品牌化是获得顾客忠诚的主要途径，价值、个性和文化是形成知名轿车品牌的三个核心因素。本土企业要从品牌名称、定位和组合等基础环节入手，扭转企业形象和品牌认知界限不清的误区，实现从产品生产到品牌经营的跨越。③在轿车产业资源的全球化配置和共享的背景下，自主研发的模式也应多元化，避免闭门造车和一味模仿，可以采取平台共享、技术外包和多层次联盟的形式，为产品线竞争提供足够的支撑。

鉴于产品线延伸或竞争对于我国的产业界和研究者而言，都是一个全新的假设，本节只进行了框架性的理论分析和经验研究。如何将市场定位、品牌延伸、价格竞争的动态过程模型化，并通过规范的计量方法予以检验，或针对特定企业进行案例研究，构成未来研究的主要方向。

第二节　细分市场间产品线水平延伸的因素分析[①]

2008年前后,中国轿车制造企业之间的竞争,已经进入到产品升级和品牌延伸的阶段。无论是居于市场优势地位的合资企业,还是正致力于规模扩张的本土企业,都在借助新车型扩大销量,以维持必要的市场份额。但是本土企业的品牌延伸仍局限在微型和经济型领域,而合资企业产品线的下移,已经开始蚕食本土企业的市场。分析市场结构和企业能力的差异对水平化延伸的影响,为本土企业的成长提供策略性建议,就构成了本节的初衷。

产品线的水平延伸是指在特定的细分市场内增加一些产品型号或目录,以满足消费者水平差异化的需要,这种策略成功的前提条件之一是细分市场具有足够多的潜在消费者,并保持一定的增长速度。其潜在的风险也很明显,由于产品之间是一种近乎完全替代的关系,新产品的出现也会侵蚀或稀释原有品牌的份额和声誉。中国轿车产业的组织结构和竞争模式还处于不断变化中,对这一进程中的产品线延伸行为进行实证分析,将为理论和研究提供一个现实的案例。

产品线延伸是产业组织理论和企业战略管理学关注的热点问题之一,已经形成了相对规范的研究模式。科特勒将产品线定义为:"密切相关的一组产品,因为这些产品以类似的方式发挥功能,售给同类顾客群,通过同一种类的销售渠道销售出去,售价在一定幅度内变动",并提出用同类产品种类或型号的多少来反映产品线的长度。他认为市场份额、高速成长和生产能力过剩是企业延伸产品线的主要动机,但未考虑市场结构和竞争者的反

① 本节的主要内容曾以"细分市场间产品线水平延伸的因素分析——基于泊松模型的实证检验"为题,发表在《管理评论》2009年第12期。

应。Stavins（1995）基于质量 – 价格模型分析了计算机产业中的产品扩散，她发现企业的历史越长、已有型号投放越多，通过质量提升增加新产品的诱因越强。Cook Rothberg（1990）发现即使在两次石油危机时期（1973—1981 年），美国轿车企业的市场份额和品种数量之间依然存在高度的相关性。Robert Bordley（2003）指出消费者偏好的差异程度、产品开发的成本和产品的边际收益，是轿车企业确定产品线宽度和长度的主要因素。Michael J. Mazzo（2002）建立了关于产品线纵向扩展的计量方法，将竞争者的数量和能力纳入企业差异化的决策中，她发现在旅馆企业的纵向差异化可以通过抑制竞争提高利润。就水平差异化显著的酸奶产业而言，Kadiyali 等（1999）的计量检验表明产品线延伸可以提高企业的销售收入和利润，但未解释这一结果是源自消费者多样化需求被满足，还是产品的多样化使企业具有实施价格歧视的能力，也未意识到产品线本身就是一种竞争的工具。在 Michael A. Draganska 和 Dipak C. Jain（2005）发现了酸奶产业中产品线扩展回报率递减的现象，原因在于他们将产品线的长度和价格设定为互补的决策变量。John A. Quelch 和 David Kenny（1994）对产品线扩张是否能够提高利润提出了质疑，他们认为产品线延伸的风险远远高于其对利润的贡献，原因是延伸不仅会稀释原有的品牌价值，扭曲消费者的认知，还会增加生产和研发的成本。

Barry L. Bayus 和 William P. Putsis（1999，2001）对计算机产业中的产品线决策进行了系统的研究，所形成的分析框架构成了本节的主要参照系，但他们没有考虑细分市场间的差异。Venkatesh Shankar（2006）则区别了不同企业的产品线战略在反应时滞上的差异，他对打印机产业的计量检验也发现，规模经济、高的产品价格和以往的延伸行为会导致一个企业偏好做出积极的反应。国内学者对产品线竞争的研究还处于初步探索阶段，我们分析了中国轿车产业中本土与合资企业产品线延伸的路径差异，及其对产业集中度变化的影响，发现了跨国公司控制下的合资企业，具有借助产品线的多维扩展抑制民族品牌市场渗透的战略意图（施中华和白让让，2007）。

在上述研究的基础上，本节以轿车制造企业在特定细分市场内的水平化产品延伸的行为研究对象，力图发现影响产品投放数量的因素，以揭示成长市场中水平化延伸的内在激励。

一、理论基础与假设提出

在新产业组织理论的框架下，企业的市场进入和品牌投放的数量被设置为一个序贯博弈的过程，而在具体的实践中，产品投放是实现进入或定位战略的第一环节，可以将二者理解为同步发生的行为。在一个长期成长的环境下，细分市场中水平差异化产品的数量主要受市场的进入壁垒、竞争对手的状态和自身能力等三重因素的影响。

1. 细分市场进入壁垒与企业品种投放决策的关系

产品开发周期较长、研发投入资金密集、新品牌失败率高以及生产环节的规模和范围经济，使得轿车产业仍具有相对高的进入壁垒。在很短的时期内，中国的轿车产业就初步跨越了能力限制和消费压抑的瓶颈，进入了“多寡头、多产品”细分市场竞争的状态。集中度的变化既是产品线竞争的结果，也在很大程度上反映着进入壁垒的高低。在同一细分市场内，产品之间呈现出一种近乎完全替代的关系。因此，集中度越高，进入后面临的同质产品的价格或数量竞争越激烈，后续品牌延伸和扩展的利润激励也会相应降低。同时，赫芬达尔指数越高，表明企业间市场份额越不均匀，较高占有率的企业使用价格工具阻止竞争对手的能力会显著提高。

前述的文献曾使用集中度作为进入壁垒的代理变量，并发现在计算机产业中，产品线的初始定位和后续延伸行为与市场集中度之间有着显著的负相关性。轿车产业中不同细分市场的集中度存在显著性的差异，一般而言，处于低端的微型和经济型市场的集中度较低，而高端市场受品牌认知和研发能力的限制，无法展开有效的竞争，属于典型的寡头垄断结构。基于以上分析，提出：

假设 1：在一个成长的产业中，基于水平延伸的产品线长度与细分市场的集中度负相关，即特定市场的进入壁垒越高，企业的品种或品牌投放数量越低。

2. 品牌间竞争压力与细分市场内产品线长度的选择

不同产品或品牌间的价格、数量或水平差异化的程度是细分市场内竞争的关键,在企业的能力和市场结构给定的条件下,对同质或相近替代产品而言,品牌个数的作用就显得尤为重要。企业在选择同质产品的投放数量时会面临两难选择,一是过多的品牌个数会产生自我替代或蚕食效应,从而增加水平差异化的研发和生产成本,削弱规模经济的效应;二是大量水平差异化消费者偏好的存在,本身就是特定市场再细分的机会,如果不提供与之相应的品种,等于自动放弃了部分需求。

品牌个数的选择还具有特定的战略含义和市场指向。在已有的分析框架中,按照型号个数衡量的产品线程度被解释成一种进入限制的工具,对市场的在位者而言,虽然借助相对长的产品线或品牌覆盖区间,一些品种的需求较少而无法获益,但却给潜在进入者发出了一种可置信的信号:一旦后者选择进入或增加品种,只能引发更激烈的价格竞争。同时,当市场容纳了较多的水平化品牌时,说明消费者的多样化需求提供了市场细分的机会;品牌数量变化不大则表明该市场的潜在需求已经被充分发掘,未来的竞争压力会增加。由于各个细分市场的增长速度和成长潜质存在显著的差别,竞争性品种的存量和产品线的水平长度不一定全是负相关的,结合轿车产业的特征提出:

假设 2:在一个容量增长的细分市场中,竞争者的品种越多,产品线水平延伸的激励越高;当潜在容量有限时,产品线的长度与竞争性品牌的数量负相关。

3. 企业能力差异与细分市场内的品种个数选择

企业生产规模、研发投入和品牌来源的巨大差异是中国轿车产业的一个重要特征,这些因素也决定着企业在不同细分市场中配置品种的能力和动机。家庭用轿车需求的快速提升,使该产业从 2001 到 2005 年一直保持着很高的增长速度,近年来,随着增速的缓慢回落,企业间能力差异对产品投放的影响开始显现。以合资企业为主体的原有在位者会倾向于将品牌优先分布在中级和经济型细分市场,在获得规模经济的同时,还能够实施一定程度的价格歧视。相反,对于奇瑞、吉利等没有外资背景的后进入者而言,只能以微型车市场为立足点,实施逐步渗透战略。相关的研究只考虑了企业能力对全部市场中产品品种个数的影响,得到的一些结论并不适合于市场可细分条件下的策略选择问题。结合中国轿车产业的特殊性,本节选择企业的全部市场占有率和治理结构（本土或合资）两个变量来表示企业能力的差异。鉴于不同细分市场增长速度并不完全一致，还引进了产业内年龄这一时间变量，用于分析生命周期变化与细分市场之间品牌定位偏好转移的关系。基于以上因素特提出：

假设 3：企业的总体优势越显著，克服细分市场进入壁垒的能力越高，在更高端市场投放产品的动机愈强；本土和合资企业对不同细分市场间的品种配置存在显著的差异；产业内生命周期的不同会对水平差异化产品的个数产生影响。

二、基于泊松模型的实证检验

1. 样本选择和变量描述

本节采用 1999—2006 年轿车生产企业的非均衡数据（约 180 个），为保持数据的准确性和连续性，样本全部来自《中国汽车工业年鉴》（2000—2007）中《全国乘用车分品牌产销量》表。删除了其中以 SUV、MPV 和小型客货两用车的企业数据，也未统计那些产量持续低于正常水平的品牌或型号。在计算品牌或型号的个数时，按照发动机排量的不同，将同一品牌的不同排量的产品、或同一排量不同标示的品牌都列为独立的类型，以客观地反映产品线竞争的实际状况。根据原始数据计算了各个企业的总体市场集中度、细分市场品种数量、竞争者数量等指标。变量的具体含义如表 5.4 所示。

表 5.4　变量的定义

变量名称	符号	定义	理论含义
产品线水平长度	$brand_{ij}$	独立品种的个数	反映水平延伸的长度
市场集中度	HHI_j	市场的赫芬达尔指数	进入壁垒
竞争性品牌数量	$cbrand_{ij}$	竞争产品的个数	竞争密度和市场容量
企业市场占有率	$share_i$	企业的总体占有率	延伸能力
企业治理结构	$native_i$	是否为本土企业	细分市场偏好差异
企业 $share_i$ 年龄	age_i	进入轿车产业的年龄	短期生命周期的影响
年龄平方	$sqage_i$	年龄的平方	生命周期延伸的效应

2. 计量方法和回归方程

企业在某个细分市场中的品种或品牌投放数量是本节考察的重点。投放个数多属于数值很小的个位数，只有三家企业在经济型市场的数值超过5个。由于部分企业的观察值为零，因此不能对其取对数，一般的 Logit 或 Probit 二元选择模型无法直接估算。处理这类问题的成熟方法是所谓“泊松回归模型”(Poisson regression model)，由于本节的核心是市场结构、企业能力对细分市场产品线水平延伸或程度的影响，只须确定解释变量对品牌个数的平均响应程度。按照标准的泊松回归过程，这一问题可以表述为：

$$P(\mathrm{brand}_{ij}=n\mid x)=\exp[-\exp(x\beta)][\exp(x\beta)]^{n}/n!,n=0,1,\cdots \tag{5.6}$$

式中，brand_{ij} 为被解释变量，x 是各个解释变量的向量，β 为待估参数，$n!$ 是实际品种个数的阶乘。给定一个样本 $\{(x_i,\mathrm{brand}_{ij}):i=1,2,\cdots,n\}$ 后，通过构建对数似然函数，就可以得到泊松估计值的标准误。由于我们的数据不完全满足泊松分布的方差等于均值的条件，在具体的估算中使用准最大似然估计(quasi-maximum likelihood estimation, QMLE)，原因在于泊松估计的一个特征就是无论分布如何，仍能得到参数 β 的一致和渐进正态的估计量。本节的回归方程为：

$$\mathrm{brand}_{ij}=\frac{\mu_{ij}^{n!}\ \mathrm{e}^{-\mu_{ij}}}{n!}+u_i \tag{5.7}$$

式中，μ_{ij} 是企业 i 在细分市场 j 中品牌数量的均值，它是集中度、竞争者数量和市场占有率等变量的函数。其中，集中度和占有率为前一期的数值。各变量的描述统计如表 5.5 所示。

表 5.5 描述性统计

变量名称	微型车市场		经济型市场		中级车市场		中高级车市场	
	均值	标准差	均值	标准差	均值	标准差	均值	标准差
brand_{ij}	1.31	0.06	2.57	0.19	2.93	0.27	1.78	0.18
HHI_j	2697.20	115.74	1246.23	91.62	2455.60	234.18	3983.26	356.98
cbrand_{ij}	12.08	0.38	47.92	2.52	39.21	2.51	8.53	0.84

（续表）

变量名称	微型车市场		经济型市场		中级车市场		中高级车市场	
	均值	标准差	均值	标准差	均值	标准差	均值	标准差
$share_i$	0.03	0.00	0.05	0.00	0.07	0.01	0.07	0.01
$native_i$	0.74	0.05	0.40	0.05	0.24	0.05	0.03	0.03
age_i	9.84	0.60	8.25	0.57	8.50	0.69	7.06	1.00
$sqage_i$	123.32	11.96	102.69	12.41	111.33	16.02	81.06	23.43

这一节我们首先给出基于 Eviews（5.1）的估算结果，在分析方程和系数显著性的基础上，重点讨论不同影响因素在细分市场间的差异。

3. 泊松回归模型的显著性分析

式（5.7）的估算结果如表 5.6 所示，每组结论的上半部分给出了系数的估值、统计量和相应的概率值，下半部分是判断方程显著性的一些指标。就方程的整体检验而言，各组的对数似然值都远大于 1，类似于 OLS 模型 F 值的 LR 统计量都不等于零，其相伴概率在 0.01 的水平上也是显著的，尽管泊松相关系数比较低，最大的只有 31%，但考虑到样本容量的限制，总体而言，该计数方程还是显著的。

表 5.6 泊松模型的回归结果

	微型车	经济型车	中级车	中高级
变量	系数 （z— 统计量）	系数 （z— 统计量）	系数 （z— 统计量）	系数 （z— 统计量）
市场结构变量				
$HHI_{j(t-1)}$	-0.0003^{***} （-2.0344）	-0.0005^{***} （-4.4767）	-0.0007^{***} （-6.5518）	-0.0004^{***} （-3.6072）
$cbrand_i$	-0.1835^{***} （-3.3636）	0.0069^{***} （2.3723）	0.0080^{**} （1.6639）	-0.1018^{***} （-2.6445）
企业能力变量				
$share_{i(t-1)}$	-2.0613 （-0.8353）	5.4722^{***} （4.6258）	13.4232^{***} （6.7184）	6.5887^{***} （2.6994）

（续表）

变量	微型车	经济型车	中级车	中高级
	系数（z－统计量）	系数（z－统计量）	系数（z－统计量）	系数（z－统计量）
$native_i$	0.8439*** (3.3063)	－0.2694** (－1.9195)	－1.0638*** (－2.9081)	－3.4549*** (－3.4003)
age_i	0.1525*** (2.1241)	0.0486* (1.2854)	0.2280*** (3.5141)	－0.0328 (－0.3773)
$sqage_i$	－0.0051* (－1.4517)	－0.0015 (－0.9048)	－0.0088*** (－3.5607)	－0.0014 (－0.3378)
常数项	1.2251 (1.1141)	0.2664 (0.9092)	－0.4406 (－0.8598)	1.7303*** (2.3961)
模型显著性检验				
log likelihood	－150.2423	－303.5057	－408.1649	－104.9219
lr statistic（6 df）	51.4661***	109.5112***	373.6802***	80.6332***
probability（LR stat）	0.0000	0.0000	0.0000	0.0000
pseudo－R2	0.1462	0.1528	0.3140	0.2776

注：上标 *、**、**** 分别代表回归系数在 10%、5%、1% 置信水平上显著性。

解释变量的系数符号与理论假设的含义较为一致，大多数的统计量也很显著的，说明本节所选择的指标能反映产品线水平延伸的实际。本研究的一个主要工作是考察不同市场细分之间的差异，因此有必要对回归结果进行深入的讨论。

4. 细分市场比较的回归结果讨论

（1）市场结构对细分市场品种投放量有显著的影响。在所有分组的回归结果中，赫芬达尔集中度（HHI_j）的系数 β_1 都为负，且 z－统计量都十分显著，说明进入壁垒是企业进行品种配置时要考虑的关键变量，这一发现与已有的结论也是一致的。集中度变量的系数不断递进，以及显著水平的增加，说明进入壁垒对微型轿车市场中的作用并不突出，这就可以理解大多数的本土企业以该细分领域为立足点的内在动因。

竞争性品种或品牌数量的作用在微型和中高级市场为负，而在经济和中级车型领域为正，表明市场的存量或潜在容量的差异也会影响企业的相关决策。该结论与以往发现不完全相同的原因是，在研究打印机或计算机的文献中，所有产品被当作统一的市场，企业在同一个层面进行产品线竞争，更多地强调产品线长度的进入阻止效应。本节的分析则表明在一个长期成长的产业中，竞争性品牌的数量还具有指向功能。例如在微型和高级轿车领域，由于消费量的潜在规模相对有限，会降低品种配置的比重，这是本节的一个主要发现。

（2）企业能力是导致产品线在细分市场间分布差异的主要因素。如前所述，本节同时使用了企业的市场占有率、是否合资企业、产业内年龄以及年龄的平方项作为企业能力的表征，为保证所选变量对被解释变量同时存在影响，首先对这四个因素进行了基于 WALD 统计量的联合检验。该检验的原假设是所选指标的系数不同时为零，观察表 5.7 可以发现，即便中高级车市场也在可接受的范围内拒绝了原假设，即同时选择这四类变量对企业在细分市场的产品线长度有着显著的作用。这和 OLS 分析中，它们各自系数的显著性也是一致的。下面主要分析这些变量影响程度的差异。

表 5.7 企业能力变量的显著性检验

检验指标	微型车	经济性车	中级车	中高级车
F-statistic	7.214	14.480	36.102	5.315
Probability	0.000	0.000	0.000	0.001
Chi-square	28.857	57.922	144.409	21.261
Probability	0.000	0.000	0.000	0.000

市场占有率（Cr_i）既是企业已有产品线策略的结果，也构成了后续延伸和路径的能力来源。表 5.6 中企业市场占有率的系数 β_3 虽然在微型车区间为负，但统计量并不显著，而在其余三个细分市场中 β_3 都为正，并都通过了 1% 置信水平的检验。具体而言，市场占有率每增加 1%，按照泊松模型的相关定义，企业在各个细分市场中水平化延伸的概率会因此提高

20%、5%、13%和6%。市场占有率高的企业最倾向于在中级轿车领域实施水平延伸，因为该细分市场既属于所谓“黄金排量”的核心区域，也是企业进行产品线纵向扩展的交汇点。中高级市场的容量虽然有限，但只有那些在研发投入或品牌储备都具有实力的企业，才能有效地逾越进入壁垒和企业声誉的障碍。为防止品牌价值被稀释，集中度很高的企业也会采取相邻竞争的策略，通过在经济型市场的水平化延伸来获得低端市场成长的机会。

治理结构（$native_i$）对产品市场竞争的影响是本节考察的重点之一。表5.6中治理结构的泊松系数β_4意味着，在其他因素保持不变的情况下，本土企业在微型市场的品种数量比合资企业高（$e^{0.84}=$）2.32倍，但在其余三个市场的个数仅为后者的76%、34%和3%，这一发现既揭示了二者品种配置差异的客观事实，也能够解释本土品牌竞争中“内部蚕食”效应的根源。为检验这一发现的稳健性，本节还对两类企业在不同市场中品种数量的时间变化进行了统计分析，具体结果如表5.8所示。

表5.8　合资与本土品种个数的细分市场分布（1999—2006年）

时间	微型车		经济型车		中级车		中高级车	
	本土	合资	本土	合资	本土	合资	本土	合资
1999	8	2	2	3	4	6	0	2
2000	5	3	3	4	2	9	0	3
2001	9	3	4	13	4	11	0	5
2002	9	3	6	16	3	12	0	6
2003	6	6	17	23	6	24	1	6
2004	11	3	18	29	6	32	0	7
2005	10	3	16	32	8	36	0	10
2006	12	5	31	61	18	59	0	16

对表5.8的信息按照时间序列进行分析可以发现，合资和本土品牌在轿车市场的两端处于不对称的格局，各自维持着品种和占有率上的优势；经济和中级轿车市场中本土企业的劣势地位开始有所改善，特别是在经济型市场

二者的个数一度较为接近，但随着新进入跨国公司的高速扩张，以及传统在位者对低端市场机会的日渐重视，本土企业产品线纵向延伸策略并未获得预期的效果。近年来，一些跨国公司纷纷将成熟的“入门级”产品推广到微型和经济型市场，开始侵蚀本土企业的市场份额。

产业内生命周期的长度也在一定程度上左右着企业对细分市场的偏好。横向比较企业年龄变量（age_i）的系数 β_5 可以发现，进入较晚的企业一般会选择微型和中级细分市场。1999 年前后，以日本丰田、本田和美国通用为代表的跨国公司，其初始的市场定位主要在中级市场，而奇瑞、吉利和哈飞等本土企业的立足点都是微型车。经济型市场则被产业的早期进入者如一汽捷达、天津夏利和东风富康等品牌长期占据，年龄的系数虽然为正，但并不显著。随着细分市场内品牌或品种竞争的加剧，纵向扩展将逐渐取代水平化延伸，最终导致对初始定位的逆转，年龄平方项（$sqage_i$）的系数 β_6 为负验证了这一判断的存在。随着企业年龄的增加，推出新产品的数量和范围都会显著下降。应当指出的是，由于中高级领域企业和品牌数量变化很少，品种个数不完全是泊松分布，统计量也不显著。原因是中高级进口车型的比重大于国产品牌，由于无法合理地对进口车进行归类，所计算的指标会有所偏离。

为检验假设 3 的稳健性，图 5.2 按照企业产业内年龄的长短，计算了不同细分市场中产品线的平均长度。可以观察到，产业内年龄的增加对微型和中高级市场中产品线平均长度的影响并不明显，平均长度也未呈现出递增或递减的趋势。相反，随着时间的延续，经济和中级车型中产品线的水平长度在某一时间段会持续增加，一旦市场出现饱和或拥挤效应，品牌投放速度会明显下降，这一发现正好验证了年龄变量和其平方项系数符号相反的结论，即假设 3 是合理的。

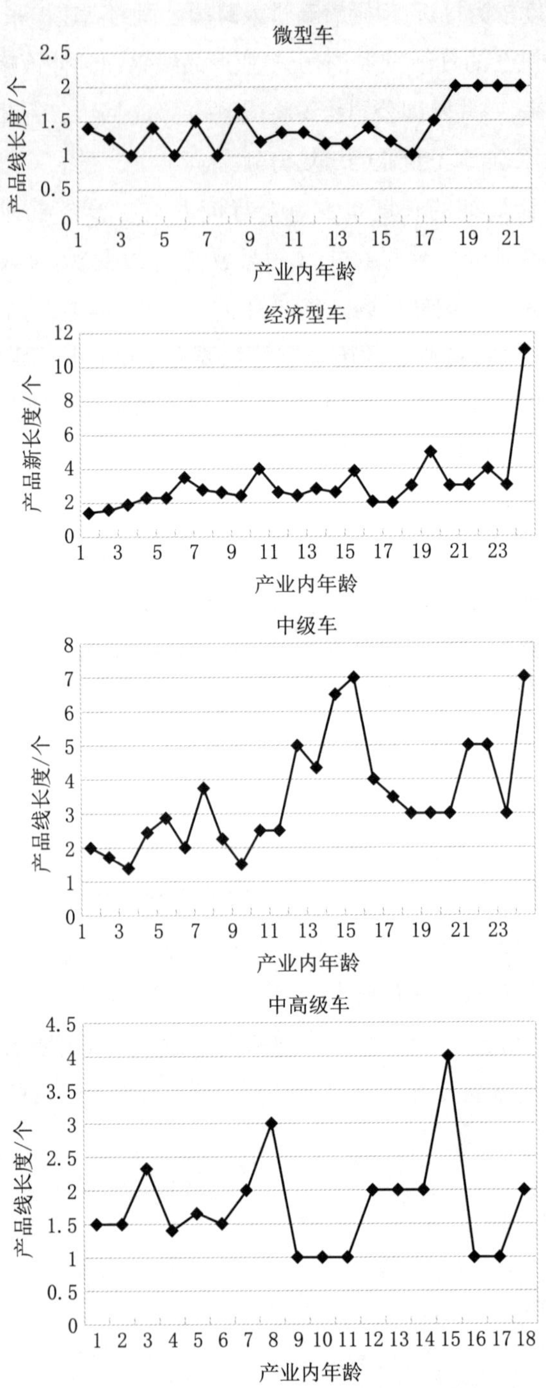

图 5.2　细分市场产品线平均长度的变化

从上述实证分析中可以洞见，随着需求结构的变化，本土企业传统的优势领域——微型车——在整个轿车销售中的比重已经开始下降，而合资企业以获得“钓鱼效应”为目标的产品线下移，借助较高的品质对民族品牌构成了很大的威胁。如何平衡水平扩展和纵向延伸的关系，以获得经营上的规模经济和范围经济，本土企业需要注意以下几个环节：

（1）本土企业应该以合作研发、研发外包等形式获得充足的产品和型号储备，在保持微型领域低成本竞争优势的基础上，逐步实施产品线的向上延伸，避免微型车市场竞争恶化对已有核心能力的侵蚀。

（2）品牌内在价值的提升是保障产品线的纵向延伸策略成功的关键，否则向上延伸只能借助价格战来实现。

（3）轿车企业的成长必需依赖产品线的不断完善和完备，这是一个长期竞争的过程。丰田、现代等企业在进入产业二十多年后，才具备了可与欧美企业进行产品线竞争的基本实力，本土企业要将模仿性学习的重点向研发、营销和配套等环节转移，克服非生产性进入壁垒的约束，应对需求更新时代产品线竞争的巨大压力。

第三节 产品线竞争的多重效应分析①

产品线的“定位、延伸和定价”已经成为中国轿车制造企业竞争的焦点，也是决定经营绩效的重要因素。2001年国家取消对轿车产品的审批制以来，品种个数从不到30个，迅速增加到300多个，多数企业实现了从单一产品到“多品牌、多市场”的转变。产品线竞争不仅改变了中国轿车产业的市场结构，也影响着企业经营绩效和竞争行为，无论是本土企业的自主创新，还是跨

---

① 这一部分的主要内容以“中国轿车制造企业产品线竞争的多重效应分析”为题目，发表在《产业经济评论》2015年第3期，署名白让让和余璐玥。

国公司的密集渗透,都必须借助产品线战略来实现(白让让,2010)。分析产品线竞争对企业市场占有率、定价行为以及后续延伸行为的实际效应,就成为相关研究的基准点。近年来,自主品牌的市场占有率和经营绩效持续下滑,这也与他们以往的产品线战略有着直接的关系。分析产品线策略动因和实际效果之间的差异,对优化自主品牌成长的路径,避免品牌贴水"自我蚕食"等负面效应的蔓延,无疑具有应用参考价值。

一、理论背景介绍

产品线竞争、品牌地位与扩散是产业组织、市场营销和企业战略等理论的交集之一,就本节的主题而言,主要涉及以下几个方面的研究:

1. 产品线延伸的驱动因素与绩效分析

已有研究的重点是产品线延伸的驱动因素分析和实际效果检验。Quelch and Kenny(1994)对企业实施产品多元化或产品线延伸战略的实际效应提出了质疑,他们认为企业只看到了市场细分、价格歧视和过剩能力利用等潜在的好处,而很少考虑产品线延伸隐含的成本增加和品牌忠诚下降对利润和占有率的侵蚀作用。此后关于产品线延伸(包括删减)的因素分解和竞争效果的研究,就成为产业组织、战略管理和市场营销理论的一个主要研究领域。Stavins(1995)基于质量选择模型对计算机产业的计量检验发现,产业内的长期在位者,相对于新进入企业而言,更有动力增加其产品的种类或型号,以实现巩固市场份额和压缩进入者成长空间的双重目的。Putsis(1997)分析食品制造企业品牌间的价格反应时表明,尽管品牌的增加会提高企业的定价势力,但其效应的高低还取决于品牌份额的分布状态,单个品牌的比重越高加价能力越低。Raphael(2012)基于霍特林模型(Hotelling hatel)的理论分析证明,企业进行产品线的水平延伸时,为了避免内部蚕食效应的发生,竞争者会提高原有产品的价格,这间接地弱化了企业之间的价格竞争,导致利润的同时增加。

于春玲等(2012)专门分析了中国情境下品牌延伸的因素,他们发现母品牌特征、营销环境和产品自身的特征,特别是这些变量的交互关系,是决定延伸成功的关键。张婧和段艳玲（2010）对基于案例调查对中国制造企业新产品绩效的实证分析，则发现企业的创新导向是绩效差异的内因。秦剑等人（2010）利用165家在中国跨国公司的相关数据，识别出了营销资源和技术资源对这类企业突破性创新的贡献。陈新桂和艾兴政（2004）将产品扩散区分为竞争和非竞争两种类型后进行模拟分析，发现竞争不仅会导致产品定位差异，也会扩大市场容量。

2. 产品线竞争的战略动机分析

Kadiyali等（1999）基于新产业组织理论的分析框架，将产品线解释为一种竞争工具，对酸奶产业寡头厂商间产品多元化战略和绩效的检验表明，产品线延伸不仅能够提高整体的价格水平，还有助于增加市场占有率，这一结果在一定程度上否定了Quelch and Kenny（1994）对蚕食效应的担忧。Bayus和Putsis（1999）、Putsis和Bayus（2001）对产品线延伸（或删减）的多重因素和实际效果进行了系统的分析，结果是延伸激励和价格、市场份额之间存在显著的正相关性，他们的研究方法和思路也构成了本节的一个主要参照系。

Draganska和Jain（2005）构建了一个寡头厂商间的产品线博弈模型[13]，基于酸奶产业供给和需求的实证检验却表明，品牌延伸具有回报递减的特征。一个可能的原因是他们将价格和产品线解释为战略互补的关系。Shankar（2006）建立了一个涉及企业市场地位和反应差异的动态模型，分析了市场领先者相对于追随者而言，更倾向于通过产品线的扩展而非价格调整来应对进入者。对打印机产业的计量分析，还发现产品线延伸和后续的价格竞争都呈现出“囚徒困境”的特点。

3. 汽车产业中的产品线竞争分析

就汽车产业而言，Levitt等（2011）考虑学习效应后，产品线延伸可能会降低企业产品质量水平和生产率[15]。Gopal等（2013）对北美轿车制造企业的实证研究也得到类似的结果，在工厂层面，新产品的推出会使企业生产率下降12%—15%，这种效应的发生取决于企业平台的经验、复杂性和灵活性等变量，但是从保持市场定位的目的出发，扩散也是应对竞争的主要手段。Alicia等（2013）对西班牙汽车产业的实证研究表明，加入消费者差异和规模经济的因素后，产品扩散或品牌增加与企业绩效呈现U型的关系，但是就纵向扩散而言，绩效先增加后较少，而同一细分市场内的产品型号增加，会使经营绩效先减少后提高。Alicia 等(2013)对产品线延伸竞争效应的分析还表明,企业在同一细分市场中不同品牌的销量之间存在不显著的正相关性,而品牌投放数量之间则表现出不显著的负相关性。

国内研究者较少关注汽车产品线竞争这一主题,相关的分析融合在其他分析之中。田志龙等(2010)分析中国汽车产业后进入者的经营战略时,指出奇瑞、吉利等企业之所以定位在微型汽车领域,是为了克服能力和资源劣势导致的高进入壁垒。孙江永和王新华(2011)分析了跨国公司进入中国汽车产业的方式选择,就产品定位而言,他们认为跨国公司从减少进入成本和风险出发,会选择直接投资的方式进入中国的低端汽车市场。赵小羽等(2011)对微型客车产品代际扩散的实证分析发现,市场竞争和产品差异是决定扩散进程的主要因素。

4. 评述

在实证研究层面,对产品线竞争的研究有了很多进展,并获得一些普遍的共识。但是,上述研究的对象大多是非耐用消费品,未能对相关的产品市场进行严格的细分。国内相关研究主要建立在案例比较和数据模拟分析的基础上,由于所选样本的代表性,特别是对轿车产业实际情况的曲解和误解,致使分析的结论和现实大相径庭或自相矛盾,失去了应用参考作用。本节选取了耐用性和细分特征都十分显著的轿车产品为研究对象,并使用面板数据的计量检验方法,以弥补已有分析的不足,扩展产品线研究的应用空间。

二、假设的提出

产品线竞争是市场结构和企业能力交互作用下的选择,而随着延伸行为的发生,单个企业的市场份额、价格水平以及竞争者反应也会导致整个市场结构的变动,因此产品线竞争的效应就体现在市场份额、价格和后续延伸等三个层面。

1. 产品线延伸与市场份额变化的关系

本节关注的是细分市场内产品线延伸的效应,此类延伸的显著特点就是通过满足消费者对同类产品的水平化差异偏好,提高企业的市场占有率。产品差异化的特征模型认为(Lancaster,1990)所有产品都是一系列特征的组合,消费者对产品的需求实质上就是对不同组合的需求。就轿车这一特征向量十分繁多的耐用消费品而言,控制了消费者的收入后,即使在同一细分市场内的产品也可能在颜色、款式、质量,以及价格等层面有着各种组合,即所谓的水平差异化。显然,单一规格是无法满足这些潜在需求的巨大空间的,通过对基本或标准产品在局部特征的改进或重组,就有可能实现市场份额的增加。如果这种扩展还具有一定的纵向差异化的特征,还将吸引相邻市场的消费者,刺激占有率的提高(Randall.et al,1998)。

对消费者认知行为的理论分析和实证检验也发现(Daniel和Park,1992),产品线中的原有产品对消费者而言,发挥着减少其搜寻成本,传递使用知识和质量的"杠杆"作用。这种关系可以引起消费者对产品线内的品牌或型号、产品质量、服务以及使用经验之间的联想,从而增加对高质量延伸产品的购买欲望。Reddy等(1994)认为消费者的记忆结构是一个包括品牌名称、符号和标示等因素在内的集合体,这一集合在"父子"品牌之间也存在很强的溢出效应。基于上述分析,我们提出:

假设1(a):在同一细分市场内,给定消费者偏好的多元化,企业的市场占有率随着产品线长度的延伸而增加。

当然,在分析产品线延伸的市场份额效应时,还应将自身产品线的价格、产业内年龄,特别是竞争者产品线的长度和价格水平纳入分析框架中,使研究更接近市场的实际状况。按照寡头竞争理论的基本逻辑,结合已有文献的发现,本节提出如下假设:

假设1(b):在同一细分市场内,给定消费者偏好的多元化,企业进入市场的时间、竞争者产品线的平均价格与占有率正相关;自身产品线的价格、竞争者产品线的长度与市场占有率负相关。

2. 产品线延伸与价格竞争的关系

Putsis和Bayus(2001,1999),Quelch和Kenny(1994)的分析表明,由于会减少标准化生产和规模经济的效率,品种的多样化必然伴随着生产、设计、库存管理和广告渠道等环节支出的增加,厂商最终会以价格的提高作为对多样化的补偿。这些发现仅考虑了品种结构与生产函数或供给曲线的关系,而未涉及产品线延伸所特有的价格歧视效应。Bajic(1998)基于质量选择模型对轿车质量和价格关系的分析、Victor 和 Weber（2002）、Verboven（1996）分析了轿车制造商使用产品线策略，对不同国家的消费者实施了价格歧视，即产品线越长整体的加价能力越高。Randall 等（1998）则从消费者差异和保留支付的角度，提出了产品线延伸的“价格升水”效应。他们的分析表明，厂商从利润最大化出发，在推出同一产品线的后续产品时，必定在质量、外观或质感等方面进行优化，既能够满足潜在消费者的需求，又不会对原有消费者的品牌价值产生“贬值”效应。由于轿车细分市场内的产品线竞争包括水平差异化和部分纵向一体化的双重特征，当高声誉的品牌向下延伸时，相对于目标市场的已有产品会产生直接的价格升水；当高质量的型号向上扩展时，会确保其成本加成能力不下降，发生所谓间接升水效应。Verboven（1999）对欧美轿车产业的均衡分析说明，高端产品相对于低端产品具有更高的成本加成幅度，因此只有实施产品线的延伸才能获得价格升水。Kadiyali 等（1999）对酸奶产业中寡头厂商产品线竞争的模拟和经验研究还发现，产品线延伸甚至会赋予先动企业一定的定价优势。Shankar（2006）对打印机产业的研究也发现，产品线的增加会导致自身价格的显著提高。在上述分析的基础上，本节的第二个假设是：

假设 2（a）：在同一细分市场内，企业的产品线长度越长，其成本加成能力越高，产品的平均价格会进一步增加。

企业市场占有率、竞争者的价格和产品线长度以及市场集中度等也是分析价格水平高低时要考虑的重要因素。基于已有文献的发现，特提出：

假设 2（b）：在同一细分市场内，企业的市场份额、产业内年龄、竞争者产品线的长度与产品线价格负相关；竞争者产品线的平均价格、市场集中度与企业产品线的价格正相关。

3. 企业间产品线竞争的“跟随”效应

在新产业组织的框架下，企业之间的产品线竞争还会陷入“囚徒困境”。Verboven（1999）、Gilbert 和 Matutes（1993）发现，在企业无法分割市场的条件下，应对产品线延伸的最有效策略就是选择“跟进”，否则会导致占有率的下降。Justin 和 Myatt（2003）构建的在位者与进入者产品线竞争的模型证明，给定二者的成本函数和消费者分布的状态，在位者产品线的向下延伸会扭曲低端市场的竞争，以达到提高市场份额和限制进入的目标。Putsis 和 Bayus

(2001,1999)对计算机产业的计量检验也发现,在对手选择品牌延伸的条件下,基于产品线的扩展比纯粹的价格竞争更有利于限制侵蚀效应。在 Desai(2003)所建立的双寡头产品线竞争模型中,两个企业的博弈的均衡依旧是"全系列化生产"下的价格竞争,而非基于市场分割的局部垄断。Shankar(2006)对打印机产业四个企业产品线竞争的研究也表明,无论是应对竞争者实际的延伸行为,还是为了限制延伸的发生,扩展自身的产品线都是一个优超战略。这些研究说明,竞争者之间的产品线延伸行为或策略正相关。规范的表达为:

假设 3(a):在同一细分市场内,产品线竞争的纳什均衡是{延伸、跟随}。

产品线延伸行为的选择也会受到诸如定价水平、市场占有率、产业内年龄以及市场规模变化的影响,它们对企业产品线长度的影响就体现在假设 3(a)中。

假设 3(b):企业自身的产业内年龄、市场份额、产品线的价格、市场整体增长速度与产品线的延伸激励正相关。

4. 细分市场间的产品线竞争效应差异

多数文献在分析产品线竞争的实际效应时,通常不会对水平延伸和纵向拓展进行区别,影响了经验发现的应用价值。市场细分是轿车产业的一个显著特征,无论是丰田、通用和福特这样的全系列生产厂商,还是吉利、奇瑞等本土新生力量,都有着各自的细分市场偏好,在产品线竞争日趋激烈的背景下,分析上述效应在不同细分市场间的差异,就显得尤为重要。一些研究者在分析其他相关问题时,曾意识到竞争效应在细分市场间的差异。Randall 等(1998)分析了山地自行车高端和低端细分市场中,纵向延伸、广告投放和市场份额对品牌价值存在明显甚至相反的作用。Sudhir(2001)分析轿车产业 7 个细分市场竞争性定价行为时,也发现价格策略在微型和紧凑型市场中的效应低于中级和高级车型,原因是这些市场的结构特别是参与者能力存在显著的差异。Verboven(1999)分析基于品牌延伸的区域间价格歧视行为时也证实,价格歧视的作用在区域和按排量划分的市场之间都有着不同。Timothy 等(2011)专门分析产品线延伸不同路径对品牌价值的影响时发现,居间品牌向低质量区间延伸会破坏品牌的已有声誉,而向高质量细分市场扩散则会得到相反的结果。类似的结论在 Roder 等(2000)对美国食品产业的新产品引进、Kadiyali 等（2000）关于酸奶产业的水平化差异化竞争和 Bordley（2003）关于美国轿车企业产品组合与利润的关系的研究中都不同程度地出现过。为客观地反映中国轿车产业细分市场间产品线竞争的实际，特提出：

假设 4： 产品线延伸的三种效应随着集中度、参与者能力以及消费者偏好的变化，在不同的细分市场间存在一定的差异。

三、数据与研究设计

1. 样本选择和变量描述

本节采用 2000—2007 年轿车生产企业的非均衡数据（约 180 个），为保持数据的准确性和连续性，品牌个数和销量的统计全部来自《中国汽车工业年鉴》（2000—2007）中的《全国乘用车分品牌产销量》表，删除了其中准轿车（SUV、MPV 和小型客货两用车）的相关数据，也未统计那些产量持续低于正常水平的品牌或型号。之所以没有将 2008 年以后的数据加入进来，一个原因是，从 2008 年起中国轿车产业发生了大规模的水平兼并和重组，大部分企业的产品线很快都处于“全系列化”的状态，《中国汽车工业年鉴》只提供集团层面的有关数据；二是在兼并重组的过程中，昌河铃木、贵州云雀、湖南长丰、一汽轿车等企业的一些品牌处于转产和停产的状态；三是由于产品投放从审批制改为注册制，一些品牌或型号出现了持续两年以上产量或销量接近零的现象。最为重要的是，产品线竞争的理论模型都是在寡头垄断的假设下得到的，而 2008 年以后，新合资企业和新进入本土企业数量不减反增，微型车、经济型和中级车市场的参与者数量分别有 15、41 和 34 家企业介入其间，呈现出垄断竞争的势态，为增加样本数量而将 2008—2012 年的数据一并进行计量分析，显然会偏离产业组织的基本范式。

在 2005 年以前，参与中高级和高级轿车市场的企业很少，所投放的品牌数长期处于停滞状态，样本分布不符合微观计量的基本要求，加之高端市场中进口车型的比重比较高，现有的进口量是按照发动机排量而非品牌口径进行统计的，无法客观地计算不同品牌进口量的大小，故未分析这两个细分市场中产品线竞争的效应。在计算品牌或型号的个数时，按照发动机排量的不同，将同一品牌的不同排量的产品、或同一排量不同标示的品牌都列为独立的类型，以客观地反映产品线竞争的实际状况。价格数据全部来自《轿车情报》杂志（2000—2007）的分类统计表。细分市场的划分依据国标（GB/T 3730.1—1988）。根据这两类数据计算了各个企业在不同细分市场的占有率、产品线的平均价格、品种个数、竞争对手的价格和品种结构，以及细分市场的集中度和年度销售增长速度等指标。变量的具体含义和统计描述如表 5.9 所示。

表 5.9　变量定义与描述统计

		微型车		经济车		中级车	
变量	变量定义	均值	标准差	均值	标准差	均值	标准差
$share_{ij}$	企业在细分市场的占有率 /%	0.1245	0.1262	0.0790	0.0782	0.0722	0.1041
$price_{ij}$	销量为权数的产品线价格 / 万元	4.3476	0.8005	9.1519	2.6221	19.8908	7.1908
$brand_{ij}$	企业在细分市场的品牌或型号个数	1.3393	0.4778	2.8197	2.0165	3.0309	2.1864
age_{ij}	企业进入轿车产业的年龄	10.4464	5.3289	8.6475	5.9223	8.2680	6.0682
$cprice_{ij}$	竞争者的产品线价格 / 元	4.3401	0.5569	10.0971	1.4912	19.6136	1.5990
$cbrand_{ij}$	竞争者的品牌或型号 / 个数	9.5893	1.7454	52.3689	23.5552	46.9691	21.6225
HHI_j	细分市场的集中度（赫芬达尔指数）	0.2474	0.0474	0.1331	0.0697	0.1671	0.1297
$growth_j$	细分市场总销量的年增长率 /%	0.1964	0.5098	0.5954	0.5736	0.3751	0.3227
native	本土企业虚拟变量	0.3151	0.0547	0.2985	0.0397	0.2170	0.0402

2. 回归方程与计量方法选择

根据第二部分的理论分析，本节通过如下的线性方程分别检验产品线竞争的市场份额、价格水平和跟随效应，各变量的具体含义同表 5.9。

$$share_{ij} = \alpha_{ij} + \beta_1(price_{ij}) + \beta_2(brand_{ij}) + \beta_3(age_{ij}) + \beta_4(cprice_{ij}) + \beta_5(cbrand_{ij}) + \theta_{ij} \tag{5.8}$$

$$\text{price}_{ij} = \alpha_{ij} + \gamma_1(\text{share}_{ij}) + \gamma_2(\text{brand}_{ij}) + \gamma_3(\text{age}_{ij}) + \gamma_4(\text{cprice}_{ij}) + \gamma_5(\text{cbrand}_{ij}) + \gamma_6(HHI_j) + \theta_{ij} \quad (5.9)$$

$$\text{brand}_{ij} = \alpha_{ij} + \eta_1(\text{share}_{ij}) + \eta_2(\text{price}_{ij}) + \eta_3(\text{age}_{ij}) + \eta_4(\text{cbrand}_{ij}) + \eta_5(\text{growth}_{ij}) + \theta_{ij} \quad (5.10)$$

上述三个回归方程中,下标 i 和 j 分别表示第 i 个企业和第 j 个细分市场,在具体的计量过程中,除了市场增长速度由于出现负值无法取对数外,其余的变量均取对数值后进行计算。

Bayus and Putsis(1999,2001)和 Shankar(2006)分析此类问题时,同时控制了截面和时间进行了固定效应的回归检验。由于本节的数据在时间上不均衡,因此在具体的计量过程中只控制了截面。本节的样本涵盖了中国轿车制造企业的全部有效数据,厂商之间的差异就体现在截距上,因此我们选择的是固定效应模型。当然,为确保这种选择的合理性,还分别对其进行了基于 Hausman 系数和 F 系数的检验(Wooldridge,2000),结果如表 5.10 所示。就随机效应和固定效应的比较而言,除了经济型细分市场的份额方程不能完全拒绝随机效应之外,其余方程均在 1% 的显著水平支持着固定效应模型。F 值检验也显示出固定效应方程优于一般的 OLS 回归模型,作为比较,我们也给出了后者的计量结果。

表 5.10 固定效应与随机效应的检验结果

A. 随机效应的 Hausman 检验;零假设 H0:随机效应存在

	市场份额方程			价格方程			产品线方程		
	微型车	经济型车	中级车	微型车	经济型车	中级车	微型车	经济型车	中级车
Hausman 值	16.295	9.037	23.644	20.599	14.574	25.136	3.059	22.687	15.493
Prob.	0.006	0.108	0.000	0.002	0.024	0.000	0.691	0.000	0.009

B. 固定效应的 Redundant Effects Tests;零假设 H0:固定效应不存在

	市场份额方程			价格方程			产品线方程		
	微型车	经济型车	中级车	微型车	经济型车	中级车	微型车	经济型车	中级车
F 值	50.544	7.499	9.514	3.585	58.597	9.736	2.885	22.687	5.390
Prob.	0.000	0.000	0.000	0.002	0.000	0.000	0.008	0.000	0.000

四、实证结果分析

1. 模型和变量显著性的总体分析

基于 Stata 11 软件的 OLS 和固定效应的回归结果如表 5.11～表 5.13 所示，限于篇幅，截距项的数值未列出。除了微型车市场 OLS 估算的 R^2 比较小外，其余方程的 R^2 均大于 50%。对 R^2 的比较表明，固定效应模型的显著性远高于 OLS 估计，主要变量系数的符号也更符合理论假设的含义。所有方程的 F 统计量都通过了 1% 的显著水平，也说明所选择的变量在总体上反映了理论分析的要求。

表 5.11　市场份额效应

	微型车市场		经济车市场		中级车市场	
	OLS	固定效应	OLS	固定效应	OLS	固定效应
自变量	系数	系数	系数	系数	系数	系数
	（t 值）	（t 值）	（t 值）	（t 值）	（t 值）	（t 值）
截距项	1.289	−5.879***	−22.069***	−21.726***	−19.107***	−14.565***
	(0.424)	(−3.71)	(−4.520)	(−5.414)	(−4.563)	(−3.181)
$\log(price_{ij})$	0.149	0.735	1.448***	1.489***	0.274	−0.441
	(0.156)	(1.054)	(5.378)	(3.203)	(1.381)	(−1.003)
$\log(brand_{ij})$	1.936***	0.099	0.642***	0.318***	1.189***	0.622***
	(4.084)	(0.268)	(4.708)	(2.269)	(8.740)	(2.781)
$\log(age_i)$	−0.119	0.042	0.073***	0.301	0.137	1.075***
	(−0.522)	(0.191)	(0.677)	(1.193)	(1.044)	(3.008)
$\log(cprice_{ij})$	−0.172	1.703**	5.628***	5.124***	−0.370***	−0.451***
	(−0.125)	(1.793)	(3.885)	(3.992)	(−2.189)	(−2.043)
$\log(cbrand_{ij})$	−1.880***	−0.434	0.579*	0.719***	5.046***	3.897***
	(−2.208)	(−1.209)	(1.544)	(2.292)	(4.125)	(2.933)
r-squared	0.300	0.968	0.501	0.796	0.649	0.876

（续表）

	微型车市场		经济车市场		中级车市场	
	OLS	固定效应	OLS	固定效应	OLS	固定效应
adjR-Sq	0.230	0.956	0.479	0.741	0.630	0.827
F- 值	4.285	80.886	23.313	14.301	33.714	18.086
概率（*F*- 值）	0.002	0.000	0.000	0.000	0.000	0.000
观察值	56	56	122	122	97	97

注：*、**、*** 分别表示显著性水平 $p<0.10$、$p<0.05$、$p<0.01$

2. 市场份额效应的检验结果分析

表 5.11 是方程（5.8）的回归结果。变量产品线长度（$brand_{ij}$）除了在微型车细分市场的固定效应模型中的 t 统计量不显著外，系数符号表明产品线的延伸是提高占有率的主要因素。具体而言，即产品线每延长 1%，就会使企业在微型、经济和中级车细分市场的占有率分别提高 0.09%、0.32% 和 0.62%（按照固定效应模型的结论），这也从另外的角度说明了企业延伸产品线的内在激励。产品线长度对占有率的作用从微型车、经济型车到中级车市场的逐步增加，也是对轿车产业实际竞争状态的反映。微型车消费者对产品价格十分敏感，随着市场成熟和新一轮消费升级的出现，品牌投放对市场份额的影响十分有限。相反，中级车市场是本土企业产品线向上延伸与跨国公司控制下的合资品牌向下拓展的交汇点，产品线延伸往往伴随着激烈的价格竞争，加之该细分市场的消费者数量庞大，差异化十分显著，因而产品线竞争的效果也十分明显。这些结论与 Shankar（2006）、Putsis 和 Bayus（1999，2001）是一致的，表明了假设 1 的合理性。

观察表 5.11 中其他变量的结果会发现，竞争者的产品线长度（$Cbrand_{ij}$）与市场占有率在微型和中级车市场负相关，并且都通过了显著性检验（$p<0.01$），这符合假设 1（a）的判断。值得讨论的是，自身价格（$Price_{ij}$）的系数符号，只在中级车样本中具有合意的解释，微型车和经济车样本的发现不符合理论判断。原因之一是，微型和经济型细分市场是轿车产业中的价格竞争最充分的领域，早在中国轿车产业进入高速发展阶段之前，这两个市场已有过至少两轮的价格下降，市场占有率较高的品牌价格，在本节的考察期中变化相

对较小，相反，基于这些基准品的衍生型号，随着质量的提高，赢得一定的消费忠诚，可以获得一定的"价格升水"。原因之二，随着跨国公司产品线的向下延伸，消费者原有的"低排量、低价格"的理念发生了变化，也抑制了低端市场价格竞争的作用。竞争者产品的价格（$cprice_{ij}$）在微型和经济型市场固定效应模型中系数为正，说明在这两个市场内产品之间存在明显的替代关系。中级市场由于品牌之间的跨度较大（1.6—2.5 L），已经超越了水平延伸的范围（一般中级车排量在 1.6—2.3 L 之间），其系数为负，反而符合产品线纵向延伸理论研究的发现（Verboven，1999）。本土轿车品牌的整体市场占有率在近两年的持续下降，就是低价策略失效的例证。产业内年龄与市场占有率的关系，虽然其系数符合经济学的含义，但在微型和经济型市场未通过显著性检验，一个可能的原因是我们使用的是企业进入中国轿车产业的时间长短来反映企业能力的差异，这对于那些具有各类外资背景的企业而言无疑是一个不合意的代理变量。

方程（5.8）的总体检验结果在三个细分市场间也存在明显差异，相对而言中级车市场的结果最符合理论假设，除了变量（$price_{ij}$）的 t 值不显著外，其余变量的显著性水平均在 1% 以上。而微型和经济型方程中，尽管核心的解释变量（$brand_{ij}$）较为理想，但其他变量的效应与已有文献存在较大差异，表明产品线延伸依旧是这两个市场中企业竞争的主要策略。

3. 价格效应的检验结果分析

表 5.12 给出了价格效应的回归结果。假设（2）意味着产品线长度的增加能够获得价格升水或歧视效应，即变量（$brand_{ij}$）的系数在方程（2）中应为正，这一判断只在微型车和中级车（OLS 模型）样本中得到验证。在微型车市场，产品线长度增加 1%，产品的平均价格就会提高 0.25%，在中级车增加的幅度约为 0.1%。可见，假设 2 也是存在的。经济型细分市场中产品线延伸的价格升水不明显的原因是，该区间中的品牌或型号密集度很高，累计投放的型号个数已经接近 200，密集的品牌投放限制了产品线的价格歧视功能。但是，比较包括经济型在内的三个细分市场中固定效应模型不同企业的截面项，还是可以发现合资品牌的加价能力显著地高于本土品牌，而后者的产品线长度也远低于前者，说明产品线的价格效应也是存在的。当然，对这一问题还需要通过构建质量选择模型和引进消费者特征分布，进行具体的案例研究。

表 5.12 价格效应

	微车市场		经济车市场		中级车市场	
	OLS	固定效应	OLS	固定效应	OLS	固定效应
变量	系数	系数	系数	系数	系数	系数
	（t 值）	（t 值）	（t 值）	（t 值）	（t 值）	（t 值）
截距项	1.981***	1.809***	6.581***	3.031***	7.419***	2.708**
	（7.422）	（7.0756）	（5.560）	（5.664）	（7.443）	（1.940）
$\log(share_{ij})$	−0.013**	0.000	0.113***	0.055***	0.047***	−0.034
	（−1.804）	（0.011）	（6.831）	（6.618）	（2.623）	（−1.038）
$\log(brand_{ij})$	0.172***	0.255***	−0.041	0.010	0.101***	−0.074
	（2.360）	（3.216）	（−1.318）	（0.506）	（2.085）	（−1.147）
$\log(age_i)$	−0.043	−0.098***	−0.032	−0.017	−0.134***	−0.089
	（−1.302）	（−1.973）	（−1.201）	（−0.507）	（−4.881）	（−0.859）
$\log(cprice_{ij})$	−0.103	−0.100	−1.207***	−0.023	−1.075***	0.186
	（−0.755）	（−0.700）	（−3.519）	（−0.141）	（−3.739）	（0.469）
$\log(cbrand_{ij})$	−0.022	0.102	−0.355***	−0.159***	−0.284***	−0.079
	（−0.2401）	（1.381）	（−3.937）	（−3.612）	（−2.364）	（−0.564）
$\log(HHI_j)$	0.219***	0.204***	0.032	0.001	−0.044	−0.036
	（2.583）	（2.612）	（1.112）	（0.118）	（−0.385）	（−0.311）
r-squared	0.243	0.925	0.443	0.971	0.403	0.827
adj R-sq	0.151	0.894	0.414	0.963	0.364	0.757
F-值	2.624	30.209	15.277	120.781	10.165	11.664
概率（F-值）	0.027	0.000	0.000	0.000	0.000	0.000
观察值	56	56	122	122	97	97

注：*、**、*** 分别表示显著性水平 $p<0.10$、$p<0.05$、$p<0.01$

就价格方程的其他因素而言，竞争者的产品线长度（$cbrand_{ij}$）在经济型和中级车市场中为负且有两个十分显著，说明竞争者的产品线延伸对价格升水具有抑制作用。而竞争者产品价格（$cprice_{ij}$）的系数除了在中级车细分市场中为正外，在其他市场中均为负，有些还具有很高的显著性（$p<0.01$），该结论否定了文献（Bayus 和 Putsis，1999）的判断支持了文献（Shankar，2006）的假设，说明企业之间的价格竞争并不是战略互补的，而是战略替代。中国轿车产业价格竞争的事实是，无论是在需求高速增长的 2002—2004 年，还是在增速相对下降的 2005—2007 年度，选择低价策略已经成为所有参与者的“共识”。市场份额（share_{ij}）回归系数的结果较为复杂，在微型和中级车领域虽然出现了负号，符合轿车产业规模经济导致成本下降的规律，但并不显著。而在经济型细分却显著为正，原因是在经济型的截面数据中，本土企业主导产品的排量多数为 1 L，而由合资企业生产的市场主流产品居于该细分市场的高端，后者的价格明显地高于前者，因而产生了这一逆转现象。表示进入壁垒的赫芬达尔指数（HHI_j）越高，产业内企业的定价能力越强。这一假设只在微型市场得到验证，主要原因是随着参与微型轿车市场企业数量的下降，品牌投放增速远远低于其他细分市场，使得主导的合资品牌获得了一定的市场势力。集中度系数在其他两个市场与理论假设不符合，是由于中国轿车制造企业缺乏来自规模经济的约束，产业的进入壁垒很低，容纳了数量众多的小型企业，无法产生有效的市场势力。产业内年龄（age_i）的系数符号与已有文献的较为一致，即产业内年龄越长的企业，其主要产品经历的价格次数越多，价格水平会相对较低。

4. 产品线跟随效应的检验结果分析

对产品线跟随效应的计量结果体现在表 5.13 中。竞争者的产品线延伸（cbrand_{ij}）的系数在所有的固定效应模型中都为正，且在经济型和中级市场表现出很高的显著性（$p<0.001$），说明产品线竞争具有“囚徒困境”的特征。这一检验结果与文献（Bayus 和 Putsis，1999；Shankar，2006）完全一致，即假设 3 是合理的。微型轿车中产品线跟随战略不显著的原因在于，由于市场日趋饱和，该细分领域能够容纳的品牌数量十分有限，长期占据该市场的本土企业已经开始采取删减策略，以避免低端品牌对其向上延伸行为的侵蚀。

表 5.13 中市场占有率（share_{ij}）和产业内年龄（age_i）的系数为正，且多数通过了显著性检验，说明企业能力是影响产品线延伸的重要因素，这也符合中国轿车产业中产品型号和品牌投放长期由跨国公司主导的事实。而市场增长速度（growth_j）t 统计量显著性不高，但系数值全部为正，却从另一个方面证

明市场总体规模的发展也决定着企业的延伸动机，2008年以来由于微型和经济型车市场增速大幅下降，许多企业放缓甚至取消了原有的品牌推广计划，就是一个例证。

表 5.13　产品线效应

	微型车市场		经济车市场		中级车市场	
	OLS	固定效应	OLS	固定效应	OLS	固定效应
变量	系数	系数	系数	系数	系数	系数
	（t值）	（t值）	（t值）	（t值）	（t值）	（t值）
截距项	−0.353	−0.906*	−0.742*	−1.641***	−1.708***	0.145
	（−0.686）	（−1.424）	（−1.568）	（−2.097）	（−2.631）	（0.179）
$\log(share_{ij})$	0.063***	0.018	0.186***	0.097***	0.205***	0.152***
	（5.436）	（0.514）	（7.117）	（2.797）	（7.370）	（2.784）
$\log(price_{ij})$	0.436***	0.514**	−0.230***	−0.077	0.327***	−0.291*
	（2.081）	（1.907）	（−2.076）	（−0.289）	（2.174）	（−1.314）
$\log(age_i)$	0.088*	0.140*	0.344***	0.346***	0.347***	0.443***
	（1.516）	（1.512）	（9.183）	（2.770）	（7.046）	（2.425）
$\log(cbrand_{ij})$	−0.0321	0.065	0.507***	0.587***	0.437***	0.336***
	（−0.207）	（0.354）	（5.859）	（4.797）	（6.557）	（3.133）
$growth_j$	0.040	0.015	0.054	0.026	0.095	0.123
	（0.907）	（0.219）	（0.598）	（0.285）	（0.853）	（1.167）
r-squared	0.423	0.567	0.689	0.809	0.657	0.829
adj R-sq	0.366	0.405	0.676	0.757	0.638	0.762
F-值	7.355	3.495	51.578	15.533	34.976	12.390
概率（F-值）	0.000	0.000	0.000	0.000	0.000	0.000
观察值	56	56	122	122	97	97

注：*、**、*** 分别表示显著性水平 $p<0.10$、$p<0.05$、$p<0.01$

与市场份额和价格方程类似，产品线方程的回归结果在三个细分市场间也不尽相同。相对而言，中级车市场的总体效果较理想，作为“黄金排量”的核心区间（1.8—2.5 L），该区间既是本土企业提升产品品质和塑造顾客忠诚度的关键领域，也是多数跨国公司维持已有市场地位的支点，还是几个大型汽车集团独立于合资企业培育自主品牌的切入点，从而使各种因素对产品线竞争的作用得以较充分的体现。

5. 基于联立方程的进一步讨论

应该指出的是，由于 share、price 和 product 之间存在联合内生的潜在风险，普通的 OLS 估计可能发生有偏估计问题。作为一种比较，我们采取联立方程模型中使用比较广泛的三阶段最小二乘法（3SLS）进行必要的补充和比较分析（余璐玥，2012）。具体而言，首先采用 Fisher 的单位根检验，发现在 1% 或 5% 的显著性水平下各变量都拒绝原假设，即数据是平稳的。其次进行联立方程的估计，由于面板数据的特性，我们在进行估计前，先利用 Hausman 检验来确定模型采用固定效应还是随机效应。Hausman 的结果表明，依据 Chi-Square 统计值，三个细分市场的三个方程都不能拒绝原始假设，应该使用随机效应的三阶段最小二乘法，对由（5.8）、（5.9）和（5.10）组成的方程组进行估算。考虑到本节的主旨和篇幅，我们只给出了产品线延伸方程的结果（见表 5.6），并在产品线方程中增加了虚拟变量 native（当企业为自主品牌制造商是取值为 1，合资企业则为 0），以发现自主和合资企业在延伸决策上是否存在明显的差异。

我们观察到，在微型轿车市场中，产品线扩张方程的各系数都不显著。这与我们前面对企业竞争策略的分析时的结论一致：在微型市场中，单个企业很少采用产品线扩张的策略，微型市场中价格竞争较为激烈。这也可能与我们观测期内的样本有关，一是因为对于面板数据的联立方程而言，观察值太少了，二是通过对数据的观察就发现微型市场内企业产品类型个数变化很小。因此，我们着重分析在普通级轿车市场和中级轿车市场中影响产品线扩张策略的因素。

表 5.14 的估算结果表明，在中级车，企业占据的市场份额越大，越倾向于扩张产品线，推出新产品。而在中级市场，市场份额 $\log(share_{ij})$ 的系数的 t 统计值是显著的，但是符号却与假设的相反，原因有以下两点：一是因为中级市场是寡占型，一些拥有市场势力的企业进行产品线扩张的动机没有竞争性的中级车中的企业那么强烈；二是因为本节只关注单个细分市场内部的产品

线横向扩张，而没有考虑细分市场之间的纵向扩张，比如中级市场中的上海大众、一汽大众、神龙汽车等都纷纷将产品扩张到中级车，也就是说可能因为企业在进行细分市场间的纵向扩张，所以在同一个细分市场内没有观察到产品线的横向扩张。

表 5.14　产品线效应的联立方程估算

自变量	微型车市场	经济车市场	中级车市场
	系数	系数	系数
	（t 值）	（t 值）	（t 值）
$\log(share_{ij})$	0.769	12.828^{***}	-5.909^{**}
	（0.051）	（4.072）	（−2.363）
$\log(price_{ij})$	0.1237	-0.153^{**}	−0.005
	（0.241）	（−2.52）	（−0.247）
$\log(age_i)$	0.033	0.149^{***}	0.282^{***}
	（0.532）	（3.342）	（5.596）
$\log(cbrand_{ij})$	0.022	0.041^{***}	0.018^{**}
	（0.182）	（7.171）	（2.573）
$growth_j$	−0.095	0.302	0.442
	（−0.500）	（1.075）	（1.264）
$native_i$	0.069	-1.188^{***}	0.317
	（0.197）	（−2.684）	（0.786）
r-square	0.530	0.497	0.518
chi-square	27.724	230.281	157.562
p-value	0.000	0.000	0.000
观察值	73	134	106

注：*、**、*** 分别表示显著性水平 $p<0.10$、$p<0.05$、$p<0.01$

进一步，理论假设意味着产品价格与产品型号个数之间是正相关关系，但是根据给出的估计结果，中级车中变量自身产品 $\log(price_{ij})$ 的系数是显著为负的，中级市场中 $\log(price_{ij})$ 的系数虽不显著，但也是负数。即使在经济型和中级轿车市场中,跨国企业的产品也居于主导,本土企业想要进入,通常采用低价策略,然后再进行产品线的扩张,因此在中国轿车市场中,存在着价格较低的企业在进行产品线的扩张。

另外,在普通级轿车市场和中级轿车市场中,变量产业内年龄 $\log(age_i)$ 和竞争厂商的产品型号个数 $\log(cbrand_{ij})$ 的系数都为正,且他们的 t 统计量都通过了显著性检验,这完全符合理论假设。也就是说企业进入行业的时间越长,面临的竞争厂商的产品线越多,他们越有可能进行产品线的扩张。具体来说,竞争厂商的产品型号个数每增加 1%,在中级车和中级市场企业的产品型号个数就会分别增加 4.08% 和 1.84%,普通级轿车市场的竞争程度大于中级市场,竞争厂商增加其产品型号个数对企业产生的竞争压力更大,更有动机推出新的产品作为应对,因此该效应在中级车大于中级市场。变量行业的年增长率(growth)的系数在两个细分市场中显著性不高,但系数符号均是正的,可以从一定程度上证明市场总体规模的发展也决定着企业产品线的扩张。

变量 native 的系数在微型和中级车细分市场都为正,但并不显著。该系数在经济型市场显著为负是对市场竞争状况的真实反映:该细分市场是本土企业切入轿车产业的立足点,也是中国加入 WTO 后,合资企业快速扩张的领域之一,使得本土企业主导的经济型轿车已有的价格、质量优势逐渐丧失,一些企业不得不采取跨越成长的路径,将更多的资源用于中级车型的开发。在中级市场中该系数不显著,可能是因为本地企业涉足中级车市场的时间较短,企业较少,观测期的数据不足以给出本地企业和跨国企业之间的显著差异。

五、本土乘用车汽车产品线延伸的“误区”

本研究基于细分市场产品定位和定价的理论,考察产品线竞争的多重效应,利用中国轿车制造企业 2000—2007 年的微观数据,发现不同细分市场之间产品线延伸的绩效差异。本节基于 OLS 和固定效应模型对中国轿车产业中产业线竞争三种主要效应的计量检验,在一定程度上证明了理论假设的存

在,主要结论包括:

(1)自身产品线的延伸在不同的细分市场都具有增加市场份额的明显作用,而竞争者的产品线延伸在微型轿车市场具有战略替代的特点,在其他市场则属于战略互补的状态,高端市场这一效果更为显著。潜在的原因在于,高端市场的产品之间差异化程度很高,加之顾客品牌忠诚度的存在,使品牌竞争产生了正的外部性。

(2)自身产品线的延伸在不同细分市场间对各自价格有着不同的影响,只存在并不十分显著的升水效用,但是,竞争者的品牌延伸会使对手产品的平均价格在经济型和中级车市场明显下降。

(3)产品线竞争存在十分显著的"跟随效应",只有不断地增加品牌或型号的投放,才能应对竞争压力。

(4)考虑到企业能力、市场竞争等因素后,上述结论并没有明显的变化。基于联立方程对产品线竞争效应的估算,得到的一些发现更加符合中国轿车产业的实际状况。

当然,比较单一方程和联立方程的结果也会发现,虽然主要变量系数的符号都符合理论假设,但联立方程中变量系数的显著性明显下降,除了来自观察值的限制外,也说明企业产品线的扩张决策是一个复杂的决策过程,要考虑影响因素的动态关系。本节的目的是将这些发现用于评估和优化本土企业的产品线竞争战略,启示在于:

第一,本土企业的产品线缺乏有效的长度和宽度,多数企业将产品线延伸理解为简单的"更新换代",缺乏对成熟品牌和产品形象的必要维护,长期低价策略所引发的品牌值"贴水",无法对后续的发展积累必要的资金。

第二,过早地陷入了与跨国公司的"产品线竞争"。在研究开发和市场声誉相对不足的背景下,本土企业在产品线竞争中主要采取水平差异化的模式,即在同一细分市场内投放了过多的同质产品,产生了所谓的"自我蚕食"效应。同时较少关注产品品质、品牌形象、售前售后服务等环节的改善,对品牌的纵向延伸产生了负的外部性。在付出了巨额的学费后,不得不从2012年开始重新调整研发和产品模式,避免与合资品牌进行"无谓的竞争"。

第四节　合资企业产品线延伸的战略效应分析[①]

近期,随着以“6+3”集团为核心的跨国公司在我国布局的初步完成,产品线的全系列化已经成为各个厂商的基本策略。本节将对这种策略的发生及其绩效提供一个基于产业组织的解释,也将重点探讨其对本土企业或品牌成长的外部效应。

无论是从理论还是实证层面观察,对产品线竞争的研究在我国仍处于十分稀缺的状态。为有助于对本节主题的理解,下面从几个方面对相关研究进行必要的梳理。

Michael 和 Sherwin(1978)将产品线决策解释为垄断厂商实施价格歧视的一种手段,其结论是垄断者可能提供一种低质量的产品,以弱化高价值消费者的替代动机。沿着这一思路,Nancy(1979)证明,只有当成本随质量的下降而充分减少时,这一效应才会显现;而 Johnson 等(2003)的模型分析也得到相近的结论,即质量变动时平均成本和边际成本的形状决定着垄断者的产品决策,当平均成本下降时,应选择单一产品,只有在平均和边际成本递增的区域,多产品生产才是最优的。这些结论可以较好地解释 20 世纪 90 年代中期以前,中国主要轿车企业通过长期提供单一产品来获得垄断利润的策略性动因。

产品线研究的核心内容是将其理解为寡头厂商之间的战略行为。Esther(1983)在对称古诺模型的假定下,以数量竞争为例的分析证明竞争状态不会导致产品线的改变。James 和 Eaton(1984)首次在博弈论的范式下对产品线竞争进行了分析,他们认为如果没有进入威胁,垄断在位者会提供两个差异化较大的产品,寡头厂商的纳什均衡也是分别供应不同的市场,而通过相互进入或填补市场空隙可以制止进入的发生。一般意义上的产品线选择模型是由

① 本节的内容发表在《财经研究》2007 年第 4 期,题目为“中国轿车产业的产品线竞争研究”,署名施中华和白让让。

Champsaur 和 Rochet（1989）构建的，企业在进行价格竞争之前首先选择产品的质量区间，避免价格竞争的最优策略要求提供相互不重叠的产品线。这些分析可以很好地解释跨国公司近年来产品线快速延伸策略的动机和效应，及其对本土企业的“负外部性”。

在 Michael 和 Jain（2005）的分析中，产品线的长度是一种竞争手段，在博弈论的框架下，他们以酸奶这一纵向差异化（即价格相同但口味多样）显著的产品为例，证明产品线的扩展会降低回报率，他们的主要贡献是对产品线进行了严格的定义和计量。借鉴其方法，我们分析了在具有横向和纵向差异化特征的轿车产业中产品线竞争的多种效应。

就轿车产业而言，Scherer（1979）介绍了通用汽车在 20 世纪 20 年代初通过兼并收购建立全系列产品线的案例，并认为其主要动机是提高顾客的品牌忠诚度。Verboven（1996）注意到了低档车市场竞争密度远远高于高档车的事实，他在 1999 年则专门研究了基本配置车型和高附加值车型之间定价策略的差异，并证明只有后者能提供更高的成本加成时，进行品牌竞争才是有效的。Victor 和 Weber（2003）的分析发现，在欧洲轿车市场上，为应对激烈竞争导致的利润下降，生产者会使用产品线策略对不同国家的消费者实施价格歧视。与他们的分析不同，中国的轿车市场仍处于“春秋战国”状态，产业的组织结构尚未完全成型，产品线竞争可能具有多种激励，对这一正在发生中的案例进行紧密的跟踪研究和建模分析，无论是对企业战略、政府政策的制定还是未来的深入研究都具有一定的参考价值。

尽管经济学家早在 20 世纪 80 年代初期就意识到产品线竞争的存在和效应，但时至今日还没有提出一个被普遍接受的定义。一些研究者将产品线解释为产品的水平扩散，使产品线的定位等同于霍特林模型中的位置选择，而忽略了它的区间特征。较多的研究者则避免直接给出其定义，而从寡头竞争的角度将其理解为一个两阶段博弈，即企业首先选择提供产品的质量范围，然后决定是否进行价格竞争，这种分析虽然简约，但却可能忽略产品线的诸多特性。比较有借鉴意义的定义出现在三篇文献中。Chanpsaur 等人（1989）阐明了产品线的二维特征，即厂商首先选择提供产品的细分市场，然后决定在特定市场中提供单一还是多个产品以满足消费者偏好的微小差异。Taylor 等人（1998）从纵向和横向两个角度界定了产品线，即对于一个多品牌多产品的企业而言，按照质量或声誉优劣排列的不同品牌就是横向结构；相反，同一品牌内，使用价值或价格区间的不同产品就处于纵向结构上。Michaele（2005）则将产品线定义为"提供相近功能、满足相同的消费群体、使用相同的营销渠道并在一定价格范围的产品集"，并将同一价格下的产品线界定为横向结构。例如，通用企业的别克、赛欧、凯越和凯迪拉克等就是其水平产品线，而处于中高级市场中的不同类型的别克车则被划分在一条纵向的产品线上，虽然这一定义与经济学意义上的产品差异有所不同，却能使我们可以从多个角度计量产品线。在本节中，轿车产品线的水平或横向维度是指，一个企业向具有不同偏好和收入的消费者提供具有不同"身份象征"的品牌；纵向幅度则使用同一品牌的产品类型的个数来计算。

一、合资企业产品线策略的沿革与影响

跨国公司在我国轿车产业的起步、成长和未来的发展中都扮演着关键的角色，已有的研究主要从直接投资和治理结构的角度研究跨国公司的进入对产业结构的影响，缺乏对企业微观行为的实证观察或分析。下面我们首先给出产品线的含义和分类，然后解释这种竞争策略对中国轿车产业近十余年来结构变化的影响。

1. 政府管制与市场垄断（1983—1997 年）

从 1983 年上海汽车厂与德国大众公司合资生产桑塔纳轿车开始，政府对轿车产业实施了严格的进入和价格规制，已有的研究更多地从产业政策的角度讨论市场结构的变化，对此本节不再赘述。按照考虑企业市场份额差异的 Herfindahl 指数衡量[①]，从 1983 年到 1997 年轿车产业均属于高寡占型的结构[②]。尽管我们可以发现品牌增加对微型车和普通型轿车的市场竞争有一定

---

① 与一般意义上的赫芬达尔指数不同，我们使用了考虑企业差异的加权形式，即 $HHI = n\sigma^2 + \frac{1}{n}$，这里 σ^2 是市场份额的方差。

② 1997 年是中国轿车产业发展的一个实际分界线，一是因为轿车生产企业和品牌的数量发生较大的变化，二是主要的跨国公司都意识到了中国市场的重要性，开始大规模地提升产能和增加品种，导致市场结构发生逆转。

的促进作用，但由于无论是市场进入还是产品上市均受到政府主管部门的严格限制，企业之间并没有展开实质性的产品线竞争，新进入企业的市场主要限定在“边缘性”的微型轿车或经济性车型领域，一些产品的产量长期处于千辆之下，难以形成有效竞争的格局。以德国大众公司为代表的跨国公司，也没有将更多的成熟产品推入中国市场的激励。这种“挤牙膏”式的产品选择策略有着特殊的背景：一是当时我国的轿车市场处于起步阶段，供给处于极度短缺的状态，加之关税壁垒的作用，使其通过提供奥迪、桑塔纳和捷达等三种车型就可以获得超额收益；二是合资公司中的中方企业在研究开发、生产设备、工艺选择和关键配件的进口等方面都受外方的制约，不得不主要致力于引进产品的消化或国产化，“无暇”进行自主产品的研发。

通过一个简约的博弈模型可以解释合资经营无法产生自主产品或品牌的原因。假定中方企业 A 和跨国公司 B 组成一个合资企业，新企业的生产函数为 $Q=Q(K,L,T)$，双方各承担资本 K 的 50%，中方提供劳动力 L，生产过程要么采取跨国公司 B 的技术或产品，要么由双方合作研发。因此，一旦资本 K 和劳动 L 给定，技术 T 的选择就成为企业运作的核心。在一般情况下，跨国公司向合资企业转移的是成熟技术，其市场风险很低，而合作研发除了要产生巨额的投入外，还有遭受失败的风险。从表面上看，合资企业会免费得到企业 B 的技术，但在具体的运营过程中，它会通过转移定价或高额人力资本回报的方式间接地获取技术转让费。用 f 代表 B 的间接收益，c 是合作研发的总投入，λ 反映研发的市场风险，合资企业的销售利润为 π，合作双方的博弈矩阵和相应策略下的净收益如表 5.15 所示。

表 5.15　合资企业中的研发博弈

		外方股东 B	
		引进	合作
中方股东 A	引进	$\frac{1}{2}\pi-f,\ \frac{1}{2}\pi+f$	0，0
	合作	0，0	$\frac{1}{2}(\lambda\pi-c),\ \frac{1}{2}(\lambda\pi-c)$

对中方股东而言，只有当 $(\lambda\pi-c)/2\geqslant(\pi/2-f)$ 时，选择合作研发才是最优的。在现实中，尽管合作研发的收益和风险是二者共同承担的，但跨国公司不可能索取一个高出研发成本的转移收入，因此直接引进成熟技术就成为 A 的选

择。对跨国公司而言，本土化生产的风险远远低于本土化研发，一旦国内企业选择引进技术，它的选择必然是技术转移或植入。轿车产业近二十余年的实践已经验证了这一均衡的稳定性，从1983年至今还没有一款车型的知识产权或品牌完全属于合资企业，相反，随着合资企业规模的膨胀，中方母公司要么放弃原有的品牌，要么压缩本土品牌的产量，以稳定合资企业的长期经营。当然这种情况并非轿车产业所独有，朱平芳和李磊（2006）的实证研究也表明，合资企业的有形技术转移并没有促进其技术水平的提高，原因在于，"跨国公司一方面出于追求技术超额利润的目的，一方面出于自身的技术发展战略和对先进技术的保密"。因此，那些认为合资企业可以产生自主技术的产品的判断缺乏现实依据[①]。

2. 抢先进入与"撇脂"效应（1998—2001年）

政府对产品结构的规制和市场总体规模增长速度的缓慢，使中国的轿车市场长期处于"三大三小三种车型"的局面，这种松散的车型分布或单一结构的产品线，为潜在进入者提供了巨大的市场机会[②]。以通用和本田为代表的跨国公司在20世纪90年代末，通过将其成熟品牌快速推广到中国市场，为确立它们在该市场的主导地位提供了"先发优势"。与已有在位者不同，它们并没有选择"过期"产品，而是直接推出在成熟市场中的畅销或具有消费声誉的产品，并借助中方合作者的市场渠道和营销策略，改变了中国轿车市场的组织结构。抢先进入不仅使自身的核心竞争力在短期内转化为赢利能力，也在一定程度上通过市场细分改变了已有的竞争格局，甚至为民族品牌的成长提供了值得借鉴的路径。[③]"抢先"进入的实现具有几个显著的特征：一是他们的"先行"品牌或产品都属于中高级市场，产品的收入弹性高于价格或交叉弹性；二是这些产品在海外市场已经获得消费者的认可，积累了品牌声誉；三是跨国

① 这种策略的倡导者往往会以跨国公司的合作研发或战略同盟为例，力主国家出台政策鼓励以现有合资企业为基础发展所谓"国家产业"。实际上，通过对轿车产业跨国公司战略联盟的分析可以发现，它们虽然也成立了合作的研发组织，但目的不是产生新的共有产品或品牌，而是减少零部件研发的重复投入，实现互补效应，特别是共享技术平台和营销渠道。

② 当然并非所有的跨国公司都意识到中国市场的重要性，在市场即将发生质变的前夕，法国标致公司就决定结束与广东汽车集团的合作，退出中国市场，但在市场高速成长的2001年又与二汽成立新的合资公司。

③ 专家学者在批评中国轿车产业的"市场换技术"政策时，较少意识到如果没有20世纪90年代后跨国公司进入高潮的发生，轿车市场的潜在需求是无法在较短时期内转化为有效需求的，自主品牌成长的过程会更漫长。

公司把握了市场规模短期快速扩张的机会。

我们用一个在位者和进入者之间的“填缝”和“并肩”博弈来解释新进入者行为的合理性。假定在位者企业A生产产品1和2,它们之间的交叉替代弹性$\gamma_{12}\rightarrow 0$,因此可以假设两个市场处于近乎分割的状态,企业A的收益为$\pi_A=\pi_1^m+\pi_2^m$。由于能力的限制,新进入者企业B要么选择进入市场1(或2),要么提供一个新产品3,前者就是所谓“并肩”(Head-to-Head)策略,后者即“填缝”(Interlaced Entry)式进入,产品3和企业A的两个产品均保持相当大的距离,亦$\gamma_{13}\rightarrow 0$和$\gamma_{23}\rightarrow 0$。企业A的选择是“容纳”或通过价格竞争进行抵制,不考虑成本差异,相应的支付见表5.16。当在位者企业A容纳并肩式进入时,尽管可以获得垄断收益的一半,但由于“连锁店悖论”的存在,会激励企业B进入市场2,企业A的期望收益就是$\frac{1}{2}(\pi_1^m+\pi_2^m)$。尽管对并肩进入的抵制会损失在市场1的当期收益,但若进入者经过消耗战后选择退出,企业A的两期期望收益会上升到$2\pi_2^m+\pi_1^m$,因此,最优策略是抵制并肩式进入。另一方面,当进入者B选择“填缝”式进入时,容纳就成为A的首要的选择,因为价格战不可能完全抵御差异化产品的进入,反而会减少自己的垄断利润。可见这一简化博弈存在两个状态依存的均衡:{并肩,抵制}和{填缝,容纳}。

表5.16　在位者和进入者的产品线竞争

		在位者A	
		并肩	填缝
进入者B	并肩	$\frac{1}{2}\pi_1^m, \frac{1}{2}(\pi_1^m+\pi_2^m)$	$0, 2\pi_2^m+\pi_1^m$
	填缝	$\pi_3^m,(\pi_1^m+\pi_2^m)$	$\pi_3^c,(\pi_1^c+\pi_2^c)$

基于“填缝”策略的抢先进入对产业结构特别是细分市场竞争格局的转变产生了重要的影响。除高级轿车市场仍是强垄断状态外,按照企业的产出集中度衡量,[①]微型轿车市场由于参与企业的数目相对固定,品牌扩展较慢,一直在高寡占Ⅱ和低寡占Ⅰ之间摇摆。中高级和中级市场是新进入者获得第一桶金的重要区域,二者的产出集中度在不到三年的时间里分别下降了50%

① *HHI*指数的结构含义分别是:$HHI\geqslant 3000$,高寡占Ⅰ型;$3000>HHI\geqslant 1800$,高寡占Ⅱ型;$1800\geqslant HHI\geqslant 1400$,低寡占Ⅰ型;$1400>HHI\geqslant 1000$,低寡占Ⅱ型;$1000>HHI\geqslant 500$,竞争Ⅰ型;$500>HHI$,竞争Ⅱ型。

以上，普通型轿车市场是原有在位者、本土企业和新进入者品牌扩散的交汇点，在 2001 年就演化成竞争型结构（见表 5.17）。

表 5.17　品牌密度与细分市场结构变化（1999—2004 年）

	微型轿车		普通型轿车		中级轿车		中高级轿车		高级轿车	
年份	*HHI*	品牌个数	*HHI*	品牌个数	*HHI*	品牌个数	*HHI*	品牌个数	*HHI*	品牌个数
1999	3067.13	10	3786.05	6	3188.69	13	6722.03	2	10000	1
2000	2749.54	8	3818.01	10	2417.43	13	7276.07	3	10000	1
2001	2092.85	10	965.86	18	1722.22	17	2204.51	6	5044.35	2
2002	1818.89	11	1163.05	27	1128.93	19	2352.79	7	7057.11	2
2003	1967.47	12	564.08	44	711.78	37	2019.61	8	9219.22	2
2004	1753.38	15	492.80	50	454.19	44	2909.35	9	10000	1

资料来源：《中国汽车工业年鉴》（2000—2005）

应该指出的是，现有的几个民族品牌的快速成长也发生在同一时期，这既得益于跨国公司和已有在位者对微型和普通型轿车市场的“忽视”，也是它们利用本土优势在夹缝中生存的必然选择。而那些曾被国家产业政策长期扶持的几大汽车集团并没有意识到这些市场机会的存在，而失去了一个发展自主产品的较佳时机。

二、自主品牌成长初期的产品线定位困境

上述分析表明，跨国公司的进入是轿车产业结构和绩效变化的主要原因，这种进入与市场的高速成长在时间上的耦合，一定程度上提升了中国轿车制造业的整体规模和产品水平。但随着进入者数量的增多，已有的产品结构显然无法满足跨国公司确立竞争优势或市场地位的要求，扩展产品线就成为各厂商稳定既得利益的主要手段。应该指出的是，面对跨国公司的快速扩展策略，如果仍处于成长初期的本土企业实施跟随战略，有可能失去自身的比较优势；但若采取固守原有市场的策略，将失去成长的机会。

1. 产品线选择与市场进入阻止的机理分析

在已有理论分析的启发下，我们建立了一个简单的博弈矩阵以解释跨国

公司的产品线延伸对本土企业的抑制作用。假设跨国公司 A 和本土企业 B 分别处于高端和低端两个细分市场，但在研发能力或产品储备上存在很大的差异。跨国公司 A 拥有较完备的产品结构，只需将在海外市场的成熟产品推广到国内来，而本土企业虽然具有生产成本上的优势，但需要投入更多的资金或人力进行产品开发或模仿。为分析的便利，假定 A 和 B 在原有市场上的利润分别是 πa、πb，且前者大于后者。针对 A 的产品线延伸策略，B 可以选择跟随或放弃，如果 B 也进入中端产品市场，二者进行价格战，各自的短期利润为零，但企业 B 会付出高额的沉淀成本 F，二者独自进入中端产品时的利润用 $\pi' a$、$\pi' b$ 表示，具体的支付如表 5.18 所示。在短期，企业 B 的选择是“不跟随”以确保在低端市场的既得利益。但不同跨国公司之间的相互进入会使 A 一定会选择延伸产品线，这会迫使企业 B 选择“跟随”。从长期观察，二者进行的是一场“消耗战”，A 利用自己的“鼓鼓钱袋”不惜牺牲短期利益来占据中间甚至低端市场，而本土企业如果没有外在的扶持，很难支撑到有效规模生产的阶段，一味地扩张产品线会引发长期的经营困境。

表 5.18　产品线扩展与进入阻止

		跨国公司 A	
		延伸	不延伸
本土企业 B	跟随	$-F, \pi_a$	$\pi_B+\pi'_B-F, \pi_A$
	不跟随	$\pi_B, \pi_A+\pi'_A$	π_B, π_A

2. 产品线竞争对本土企业的双重挤压效应

中国轿车市场的产品线竞争发端于上海通用和广州本田公司，为了应对福特、丰田以及法国标致等这些新进入者的威胁，借助在高端市场积累的市场经验和品牌优势，它们将产品线向普通型乃至微型车市场延伸，并在初期获得了高额的品牌价值升水，也使普通型和中级轿车市场的竞争密度急剧上升。丰田、福特等企业为弥补后发进入的市场劣势，在初期采取的是迂回进入的方式，避免与前者的直接竞争，但效果十分有限，不得不将具有自身品牌和竞争优势的产品投放到中国市场，以扭转被动局面。跨国公司对普通型和中级轿车市场的密集渗透，对本土品牌的成长产生了双重挤压效应。

表 5.19 列出了广州本田等企业的产品线结构与经营绩效。

表 5.19　广州本田等企业的产品线结构与经营绩效

	产品线特征						经营绩效					
	排量区间 /L		车型跨度 / 个		细分品牌 / 个		销售量 / 辆		收入 / 万元		资金利税率 /%	
公司名称	2001	2004	2001	2004	2001	2004	2001	2004	2001	2004	2001	2004
广州本田	2.0—3.0	1.3—3.0	{3, 4}	{2, 3, 4}	3	6	51052	202312	1216910	3223240	111.83	77.96
上海通用	1.6—3.0	1.6—3.0	{2, 4}	{2, 3, 4}	4	8	58328	251941	1123153	4053273	25.30	51.04
上海大众	1.8—1.8	1.4—2.8	{3}	{2, 3, 4}	3	10	230050	347531	3173557	3789351	32.28	19.94
一汽大众	1.6—1.8	1.6—3.0	{2, 3, 4}	{2, 3, 4}	9	14	130781	287117	2178578	432037	63.57	30.94
神龙汽车	1.4—2.0	1.4—2.0	{2, 3}	{2, 3}	7	8	53194	88034		845792	6.92	−2.05
奇瑞汽车	1.6—1.6	1.2—2.4	{2}	{2, 3}	1	4	28160	79565	237613	511071	46.31	6.13
长安铃木	0.8—1.0	0.8—1.0	{1}	{1}	2	2	43090	51998	1027976		19.85	25.6
一汽夏利	1.0—1.3	1.0—1.3	{1, 2}	{1, 2}	4	7	70326	130506	358481	541319	6.07	6.03
浙江吉利	1.0—1.3	1.0—1.5	{1, 2}	{1, 2}	3	6	9056	98474		516000		

注：跨度中高级轿车、中高级轿车、中级轿车、普通型轿车、微型轿车分别用 1、2、3、4、5 代表；空白数据源于企业合并或原始缺失

资料来源：《中国汽车工业年鉴》（2000—2005）

（1）原有市场竞争恶化效应。观察表5.2可以发现，2000年至今，普通型和中级轿车市场的集中度，无论是按照企业还是细分品牌的产量衡量都发生了剧烈的变化。例如，按照企业产出计算的HHI指数，2000年两个市场分别属于高垄断Ⅱ型和Ⅰ型，但经过密集的品牌进入，到2004年已经演化成竞争Ⅰ型和寡占Ⅰ型。使用单一品牌计算的HHI指数下降的幅度更大，在2003年已经处于高度竞争的状态。相反，跨国公司为主的中高级市场结构的变化较为缓慢，仍旧属于高垄断结构。不同类型企业绩效的变化也反映了产品线竞争的效果，如表5.2所示。跨国公司和本土企业的产品线结构呈现出完全不同的特征，前者通过近两年的快速品牌延伸，已经基本完成了在轿车市场中两个黄金区间的布局，吉利、奇瑞和夏利等企业的品牌个数虽然高于个别合资企业，但产品线的区间却很短，更多地属于品牌内竞争。跨国公司的产品扩展之所以能够恶化低端市场的竞争，还在于他们向下延伸的产品具有"战斗"品牌（Fighting Brands）的特性①，如本田公司的飞度、通用的赛欧和雪佛兰、德国大众的波罗等。战斗品牌的作用体现在两个方面，一是借助已有品牌或企业的声誉获得高的成本加价；二是可以发挥屏蔽效应。轿车企业的品牌延伸是一个连续的过程，一个在微型车市场具有优势的企业一般要逐步进入相邻的市场向上扩展，不应出现品牌或产品序列断层，否则会引发消费者的认知模糊或自身品牌的贴水。随着诸多合资企业从2002年起就策略性的进入低端市场，本土企业的低成本优势从整体上衡量已不复存在。②

（2）新进市场挤出效应。一些本土企业企图跨越普通型这一中间地带将产品线向中级乃至中高级市场延伸，但由于轿车产品所特有的品牌声誉价值，效果却十分有限。例如，奇瑞公司在中级轿车市场上推出的排量为2.4 L的东方之子，售价只相当于合资企业1.6 L排量的车型，致使其资金利税率从2003年的21%下降到2004年的6.13%。类似的问题也发生在金杯和比亚迪两家公司，在缺乏一定积累和规模的条件下，直接涉足高级或中级市场，新

---

① 即通过提供一个比自身优势产品的品质较低但又高于在位者的"低质量"的产品来实施市场进入，这些产品至少能产生"损人不害己"的效果。

② 这一变化也打破了本土企业生产低端、合资企业生产高端产品的长期默契合谋，诱发了多次的价格战。

车型销售不畅与原有产品的市场份额下降导致了企业的亏损。[①]

3. 启示与策略建议

合资企业的产品延伸既影响着市场结构和企业的赢利能力，改变了本土企业的成长环境，使自主产品和品牌的开发面临更多的困难。轿车是一种耐用消费品，其需求可以简单地划分为“新增”和“更新”购买两大类。目前在我国新增需求处于主导地位，而轿车产业发展的历史表明，顾客忠诚度对更新或重复消费行为有着重要的作用，在特定时期甚至发挥着决定性影响。Fred等（1991）在分析日本轿车产业对美国本土企业的影响时发现，通用和克莱斯勒在20世纪80年代的市场份额下降，其中的30%以上直接来自消费者忠诚的转化，而这种转化又归因于丰田、本田和日产等公司成功的产品线战略。日资企业面对美国政府的压力采取了自愿出口限制，20世纪80年代后期的通货膨胀还导致日本企业制造成本的上升，但通过将高品质、低油耗的普通型轿车有序地向美国企业长期盘踞、车型陈旧的高端生产延伸，最终占据25%以上的市场份额。因此，由产品线延伸引发的消费者行为的变化，才是本土企业成长的长期潜在风险和威胁。

本节分析的策略含义主要体现在三个方面：①在无法限制跨国公司产品和能力扩张的背景下，应对本土企业的研究开发、自主产品生产和销售，以及模仿性创新予以政策扶持，如最近出台的鼓励普通型轿车消费的税收政策；②鼓励大企业集团的自主创新，从组织结构、资本经营和对外投资等环节支持几个大企业集团的技术引进、海外兼并；③对跨国公司的超国民待遇予以纠偏，抑制其通过产业链对本土企业的双重挤压。

本章总结

2012年国家实施新能源汽车发展战略以来，产品线竞争已经完成了它的历史使命，不再是大多数自主品牌汽车制造企业占据市场的利器。问题在于，

---

① 例如，比亚迪的传统品牌“福莱尔”在2005年的销量减少了35.84%，金杯公司的宝马和中华轿车下降的幅度接近40%。

当本土企业响应各级政府的号召，将资源和能力转向新能源汽车的研发、生产和销售等领域时，大部分合资企业依然在深耕燃油汽车的生产经营，并占据主要细分市场的主导地位。2017 年，中国汽车的产销总量创出 2900 万辆的历史纪录后，自主品牌的市场份额逐年回落，一个重要的因素就是一些本土企业放弃或减少了对燃油汽车的产品投放。新能源汽车对传统汽车的替代是一个十分缓慢的过程，其间还面临着技术路径、消费习惯和使用成本等方面的约束，保守估计，这一转换需要 20—30 年的时间才能顺利完成。在此期间，每年还有 1500 万—2500 万辆的燃油汽车消费需求必须得到满足，可以想象，本土企业如果没有合意的产品线策略做支撑，这些差异化的需求必将成为合资企业与跨国公司的"现金牛"。

本章附录

附录 5.1　自主品牌和合资品牌价格升水和贴水的数据

品牌	价格/万元	排量/L	油耗/(L/km)	技术来源	细分市场	生产企业
奥拓	3.98	0.796	4	日本铃木	微型	长安铃木
QQ	2.98	0.812	3.9	自主研发	微型	奇瑞
福莱尔	3.79	0.87	5	自主研发	微型	比亚迪
豪情亮星	3.39	0.993	5	自主研发	微型	吉利
福莱尔	3.79	1.1	5	自主研发	经济型	比亚迪
赛马	6.93	1.298	5.8	自主研发	经济型	哈飞
新威驰	8.99	1.298	5.7	日本丰田	经济型	一汽丰田
雨燕	6.98	1.301	5	日本铃木	经济型	长安铃木
奔奔	3.98	1.301	4.4	日本铃木	经济型	长安汽车
飞度	9.48	1.399	5	日本本田	经济型	广州本田
雪佛兰	7.19	1.399	6	通用汽车	经济型	上海通用
思迪	9.98	1.497	5.2	日本本田	经济型	广州本田
金刚	5.58	1.498	4.6	自主研发	经济型	吉利
哈飞 赛马	9.87	1.584	6.3	自主研发	经济型	哈飞
F3	7.38	1.584	4.9	自主研发	经济型	比亚迪

（续表）

品牌	价格/万元	排量/L	油耗/(L/km)	技术来源	细分市场	生产企业
自由舰	6.28	1.587	6.5	自主研发	经济型	吉利
新旗云	5.555	1.596	5.3	自主研发	经济型	奇瑞
花冠	11.48	1.598	6.8	日本丰田	经济型	一汽丰田
Polo 两厢	10.68	1.598	5.7	德国大众	经济型	上海大众
凯越	10.78	1.598	6.5	通用汽车	经济型	上海通用
伊兰特	9.18	1.599	6.3	韩国现代	经济型	北京现代
新尊驰	13.58	1.793	6.3	自主研发	中级轿车	华晨中华
东方之子	8.98	1.8	5.7	自主研发	中级轿车	奇瑞
东方之子	9.99	1.97	6	自主研发	中级轿车	奇瑞
索纳塔	12.3	1.975	7	韩国现代	中级轿车	北京现代
凯美瑞	19.78	1.998	6.8	日本丰田	中级轿车	广州丰田
尊驰	10.58	2	7.8	自主研发	中级轿车	华晨中华
君越	17.58	2	6.7	通用汽车	中级轿车	上海通用
东方之子	15.98	2.35	6.5	自主研发	中级轿车	奇瑞
雅阁	23.98	2.354	7.1	日本本田	中级轿车	广州本田
荣威	23.18	2.497	6.4	自主研发	中级轿车	上海汽车

资料来源：《中国汽车市场年鉴》（2011）

本章参考文献

[1] 白让让：《双层寡头垄断下的"多角联盟"策略分析——以中国轿车产业为例》，《产业经济研究》2005 年第 2 期。

[2] 白让让：《轿车细分市场中产品线定位的影响因素分析》，《管理科学》2010 年第 1 期。

[3] 陈新桂、艾兴政：《市场竞争对新产品扩散过程影响模型的研究》，《软科学》2004 年第 1 期。

[4] 程振彪:《WTO与中国汽车工业发展对策研究》,机械工业出版社,2002。
[5] 菲利普·科特勒:《营销管理:分析、计划、执行和控制》,上海人民出版社,1998。
[6] [韩]金麟洙:《从模仿到创新》,新华出版社,1998。
[7] [美]J.M. 伍德里奇:《计量经济学导论:现代观点》,中国人民大学出版社,2003。
[8] [美]罗伯特·多兰、赫尔曼·西蒙:《定价圣经》,中信出版社,2004。
[9] 秦剑、王迎军、崔连广:《驱动资源与跨国公司在华突破性创新绩效研究》,《管理科学》2010年第2期。
[10] 施中华、白让让:《中国轿车产业的产品线竞争研究》,《财经研究》2007年第4期。
[11] 孙江永、王新华:《产品异质与汽车行业跨国公司进入中国市场的方式选择》,《管理世界》2011年第5期。
[12] [法]泰勒尔:《产业组织理论》,中国人民大学出版社,1996。
[13] 田志龙、李春荣、蒋倩、王浩、刘林、朱力、朱守拓:《中国汽车市场弱势进入者的经营战略——基于对吉利、奇瑞、华晨、比亚迪和哈飞等华系汽车的案例分析》,《管理世界》2010年第8期。
[14] 易丹辉:《数据分析与Eviews应用》,中国统计出版社,2007。
[15] 于春玲、李飞、薛镭、陈浩:《中国情境下成功品牌延伸影响因素的案例研究》,《管理世界》2012年第6期。
[16] 隗葳:《中国轿车产业产品线纵向扩张效应研究》,复旦大学硕士论文,2012。
[17] 余璐玥:《中国轿车产业的产品线扩张行为——基于联立方程的实证研究》,复旦大学硕士论文,2012。
[18] 张婧、段艳玲:《我国制造型企业市场导向和创新导向对新产品绩效的实证研究》,《南开管理评论》2010年第1期。
[19] 赵小羽、成艾国、沈阳、钟志华:《考虑竞争与差异化的多代产品扩散实证研究》,《系统工程》2011年第9期。
[20] 朱平芳、李磊:《两种技术引进方式的直接效应研究》,《经济研究》2006第3期。

[21] Bajic, V., "Market share and price-quality relationship: An econometric investigation of the U.S automobile market", *Southern Economic Journal*, 1998, 54(4): 888–900.

[22] Barroso, A. Giarratana, M., "Product proliferation strategies and firm performance: The moderating role of product space complexity", *Strategic Management Journal*, 2013, 34(12): 1435–1452.

[23] Bayus, B. L. Putsis, W. J., "An empirical analysis of product line decision", *Journal of Marketing Research*, 2001(38): 110–118.

[24] Bayus, B. L. Putsis, W. J., "Product proliferation: An empirical analysis of product line determinants and market outcomes" , *Marketing Science*, 1999, 18(2): 137–153.

[25] Bonanno, G., "Location choice, product proliferation, and entry deterrence", *Review of Economic Studies* ,1987, 54: 37–45.

[26] Bordley, R., "Determining the appropriate depth and breadth of a firm's product portfolio", *Journal of Marketing Research*, 2003, 40(6): 39–53.

[27] Brander, J. A. Eaton, J., "Product line rivalry" , *American Economic Review*, 1984, 74(3): 323–334.

[28] Bresnahan, T., "Competition and collusion in the American automobile oligopoly: The 1955 price war" , *Journal of Industrial Economics*, 1987, 35: 457–482.

[29] Champsaur, P. and J.-C. Rochet., "Multiproduct Duopolists" , *Econometrica* ,1989, 57(3): 533–557.

[30] Cook, V., R. Rothberg, "The harvesting of Usauto ? From the gasioline crisis of 1973 to the imposition of 'voluntary' import quotas in 1980" , *Journal of Product Innovation Management*, 1990(7): 310–322.

[31] Daniel, C. S. Park, W., "The effect of brand extension on market share and advertising efficiency", *Journal of Marketing Research*, 1992, 29(3): 296–313.

[32] Desai P S., "Quality segmentation in spatial market when dose cannibalization affect product line design ?" , *Market Science*, 2003, 20

(3): 265-283.

[33] Draganska, M. Dipak C. Jain., "Product line Length as a Competitive Tool" , *Journal of Economics and Management Strategy*, 2005, 14(1) : pp.1-28.

[34] Feenstra, R. Levinsohn, J., "Estimating markups and market conduct with multidimensional product attributes", *Review of Economic Studies* ,1995, 62(1): 19-52.

[35] Gilbert, R. J. Matutes, C., "Product line rivalry with brand differentiation", *Journal of Industrial Economics*, 1993, 41(5): 223-240.

[36] Ginsburgh, V. Weber, S., "Product lines and price discrimination in the European car market", *The Manchester School*, 2002, 70(1): 101—114.

[37] Giovanni, D. F., "Product line competition in vertically differentiated market" , *International Journal of Industrial Organization*, May 1996, 14 (3), pp.389-414.

[38] Goldberg, P.K., "Product differentiation and oligopoly in international market: The case of the US automobile industry" , *Econometrica*, 1995, 63, pp.891-951.

[39] Gopal, A. Goyal, M. Netessine, S. Reindorp, M., "The impact of new product introduction on plant productivity in the north American automotive industry", *Management Science*, 2013, 59(10): 2217-2236.

[40] Heath, T. B. DelVecchio, D. McCarthy, M. S., "The asymmetric effects of extending brands to lower and higher quality" , *Journal of Marketing*, 2011, 75(4): 3-20.

[41] Johnson, J. P. Myatt, D. P., "Multiproduct quality competition: Fighting brands and product line pruning", *American Economic Review*, 2003.

[42] Judd, K., "Credible sparial pre-emption" , *Rand Journal of Economics*, 1985, 16, pp.153-166.

[43] Justin, P. Myatt, D. P., "Multiproduct quality competition: fighting brands and product line pruning" , *American Economic Review*, 2003, 93(3) : 748-774.

[44] Kadiyali, S. Vilcassim, N. Chintagunta, P., "Manufacturer-retailer channel interactions and implications for channel power: An empirical investigation of pricing in a local market", *Marketing Science*, 2000 (19) : 127–148.

[45] Kadiyali, V. Vilcassim, N. Chintagunta, P., "Product line extensions and competitive market interactions: An empirical analysis" , *Journal of Econometrics*, 1999, 89: 339–363.

[46] Klemperer, P., "Equilibrium product lines: Competing head-to-head may be Less Competitive", *American Economic Review* ,1992, 82: 741—755.

[47] Lancaster, K., "The economics of product variety: a survey", *Marketing Science*, 1990, 9 (3): 189–206.

[48] Levitt, S. D. List, J. A. Syverson, C., "How does learning by doing happen ? ", Working paper, University of Chicago, Chicago, 2011.

[49] Mannering, F. Winton, C. Griliches, Z. Schmalensee, R., "Brand loyalty and the decline of American automobile firms" , *Brookings Papers on Economic Activity: Microeconomics*, 1991: 67–114.

[50] Michael J. Mazzeo, "Competitive outcomes in product-differentiated oligopoly" , *The Review of Economics and Statistics*, 2002.84 (4) : 716–728.

[51] Mussa, M. and S. Rosen., "Monopoly and product quality" , *Journal of Economic Theory*, 1978, 18 (2): 301–317.

[52] Putsis, W. J., "An empirical study of the brand proliferation on private label-national brand pricing behavior", *Review of Industrial Organization*, 1997,(12): 355–371.

[53] Putsis, W. J., Bayus B. L., "An empirical analysis of product line decision", *Journal of Marketing Research*, 2001,(38): 110–118.

[54] Quelch, J. Kenny, D., "Extend profit, not product lines" , *The Harvard Business Review*, 1994,(September-October): 153–160.

[55] Randall T, Ulrich K, Reibstein D., "Brand equity and vertical product line extend", *Marketing Science*, 1998, 17 (4): 356–379.

[56] Richard S., "Entry deterrence in the ready-to-eat breakfast cereal industry", *Bell Journal of Economics*, Autumn 1978, 9, 305–27.

[57] Roder C., Herrmann R, Connor J M., "Determinants of new product introductions in the US food industry: a panel-model approach", *Applied Economics Letter*, 2000, 23(7): 643–748.

[58] Shankar, V., "Proactive and reactive product line strategies: asymmetries between market leaders and followers", *Marketing Science*, 2006, 52(2): 276–292.

[59] Srinivas R, Holak K, Susan L. Subodh B., "To extend or not to extend: success determinants of line extensions", *Journal of Marketing Research*, 1994, 31(2): 243–262.

[60] Stavins J., "Model entry and exit in a differentiated-product industry: the personal computer market", *The Review of Economics and Statistics*, 1995,(77): 571–584.

[61] Sudhir, K., "Competitive pricing behavior in the auto market: a structural analysis", *Marketing Science*, 2001, 20(1): 42–69.

[62] Thomadsen R., "Seeking an expanding competitor: how product line expansion can increase all firms' profits", *Journal of Marketing Research*, 2012, 49(3): 349–360.

[63] Vandenbosch M., Weinberg, C., "Product and price competition in two-dimensional vertical product differentiation model", *Marketing Science*, 1995, 14, pp.224–249.

[64] Verboven, F., "International price discrimination in the European car market", *Rand Journal of Economics*, 1996, 27: 240–268.

[65] Verboven, F., "Product line rivalry and market segmentation", *Journal of Industrial Economics*, 1999, December 47(4), pp.399–425.

[66] Victor G, Weber S., "Product lines and price discrimination in the European car market", *Manchester School*, 2002, 70(3): 101–114.

[67] Wooldridge J M., *Introductory econometrics: A modern approach*, South-Western College publishing, 2000: 423–438.

第六章 汽车产业兼并重组的模式与绩效

在 100 多年的发展历程中，企业之间周期性的兼并重组活动是汽车工业最显著的特征之一，这些兼并活动不仅决定着相关企业市场地位的变革，也影响着产业结构的变化。产业组织理论在分析汽车产业时，一个重要的切入点就是兼并重组行为的成因和后果。现代汽车工业在我国成长和发展的历史只有 40 年的时间，但企业之间的合资、收购、兼并和拆分等活动也是如影相随，加之政府和跨国公司两种力量的交织，这些因素虽然增加了兼并重组活动本身的复杂性，但也为产业经济学研究这一主题提供了挑战和机遇。本章围绕跨国公司主导和政府“拉郎配”两条主线，使用博弈分析和计量检验的方法，对中国汽车产业中不同类型的企业参与兼并重组的动因、方式及其短期效应予以必要的分析，进而为政府完善相关政策提供源自企业和行业层面的微观证据。

第一节　兼并重组与汽车产业的成长

一、横向并购与汽车制造企业的成长

汽车制造具有典型的规模经济和范围经济特点，为了获取由此带来的成本节约和价格竞争优势，除了企业内部的产品创新和工艺创新外，提供横向兼并、获得“1+1>2”（或称“协同效应”）的效果也是一条捷径。2008 年金融危机之前，通用汽车公司能够统领世界汽车工业近 60 年，就是最成功的范例。如表 6.1 所示，通用公司进入汽车产业并能够在短期内超越当时的巨无霸——福特公司，最重要的途径就是持续不断的兼并与收购。除了别克品牌外，凯迪拉克、雪佛兰等知名品牌都是早期收购的结果，正是依托这些差异化产品的生产经营，通用公司建立了不同于福特的职能型组织的事业部制，进而使“多品牌、多工厂”的模式成为其他企业竞相模仿学习的对象。20 世纪 70 年代末、80 年代初，日本汽车制造企业的崛起对通用领先地位产生冲击时，通用公司又拿起兼并重组的武器，直接切入日本本土市场。例如，为了弥补在小型车领域的短板，通用公司先后与日本五十铃、铃木进行资本合作，还与强劲的对手——丰田公司建立了合资的生产基地，以学习当时如日中天的丰田生产系统（Toyota Production System，TPS）。

表 6.1　汽车工业史上的代表性并购案

<table>
<tr><th>时期</th><th>典型案例</th><th>影响</th></tr>
<tr><td rowspan="4">1900—1940 年</td><td>1. 通用收购奥克兰和凯迪拉克（1909 年）</td><td rowspan="4">通用公司领导地位的确立</td></tr>
<tr><td>2. 通用收购雪佛兰（1918 年）</td></tr>
<tr><td>3. 福特收购林肯（1922 年）</td></tr>
<tr><td>4. 戴姆勒与奔驰合并（1916 年）</td></tr>
</table>

（续表）

时期	典型案例	影响
1945—1965 年	大众收购奥迪（1965 年）	大众公司欧洲时代的到来
1970—1985 年	1. 菲亚特收购法拉利（1969 年）	美国企业防御性参股日本汽车行业
	2. 通用参股五十铃、铃木、富士重工（1971—1981）	
	3. 福特收购马自达（1979 年）	
	4. 大众收购西班牙西亚特公司（1986 年）	
	5. 标致与雪铁龙合并（1976 年）	
1986—1996 年	1. 克莱斯勒收购 AMC（1987 年）	大公司的跨国多元化时代
	2. 通用收购萨博（1989 年）	
	3. 福特收购捷豹（1989 年）	
	4. 大众收购斯柯达（1991 年）	
1998—2008 年	1. 福特收购沃尔沃（1999 年）	全球范围“6+3”结构的形成
	2. 福特收购英国路虎（2000 年）	
	3. 保时捷收购大众（2008 年）	
	4. 戴姆勒（奔驰）与克莱斯勒结盟（1998 年）	
	5. 雷诺与日产结盟（1999 年）	
	6. 现代收购起亚（1998 年）	
2009 年至今	1. 吉利并购沃尔沃（2010 年）	中国汽车走出去的开端
	2. 菲亚特收购克莱斯勒（2009 年）	

资料来源：根据王晶（2011）和任荣伟等（2015）汇总而成

通用汽车的国际化运作也十分倚重跨国兼并收购，其中最为成功的案例就是上汽通用公司。1997 年通用汽车与我国上汽集团组建合资企业——上海通用公司后的几年间，通用汽车就利用汽车产业政策赋予合资企业异地建厂的特殊待遇，借助上汽集团之手相继收购了山东烟台车身厂、柳州五菱、沈阳金杯等企业的资产或者股权。在 2008 年金融危机之前，通用公司在我国五大基地的生产能力已经超过200万辆。按照通用汽车公司披露的数据计算，2016年，它在中国的生产总量为300多万辆，而在美国本土只有187万辆的产出，由此可见中国市场中的并购对通用集团的重要性。

目前，我国汽车工业中的上汽、一汽和东风集团能够长期占据前三甲的位置，其中一个重要因素就是它们持续的兼并重组行为。本章的第二节重点介绍了一汽集团的兼并活动，实际上，上汽、东风集团的发展也离不开兼并重组的支撑（见表6.2）。当然，从全球汽车产业的层面来观察，中国汽车最有影响力并取得成功的当属吉利集团对瑞典沃尔沃公司轿车业务的收购。2010年，福特公司为了摆脱金融危机带来的财务压力，决定以18亿美元的价格将其持有的沃尔沃100%的股权转让给中国吉利集团，由此吉利就得到了沃尔沃轿车的9个系列产品、3个生产制造平台、200多个全球经销网络以及数量庞大的供应商体系，经过5—6年的磨合和调整，吉利和沃尔沃的经营绩效都得到极大的提升：吉利自身品牌的产量超过比亚迪、奇瑞和长城等三家自主品牌制造企业，位居自主品牌第一位。按照国际汽车工业联合会（OICA）的权威统计，2017年吉利集团属下的汽车总产量为195万辆，位列全球第15位，其中吉利品牌产量为134万辆，沃尔沃为61万辆，分别比收购当年（2010年）增加了1.6倍和1.2倍，并都保持着较高的盈利能力。如果没有对沃尔沃的收购和整合，很难想象一家发展中国家的中游汽车厂商能够在不到10年的时间内，就跻身世界级汽车制造企业之列。

表6.2　东风集团和上汽集团的国内兼并重组

	时间	兼并重组活动	主营业务	2015年产量/辆
东风集团	1980年	吸收云南汽车厂成为联营成员，后发展成为东风“云汽”公司	载货车和客车	2363
	1981年	吸收柳州汽车厂加入联合公司，现为东风柳州汽车有限公司	载货车和乘用车	283444
	1988年	吸收杭州汽车厂，陆续收购浙江客车厂和杭州轻型车，发展成东风杭汽公司	中型客车及底盘	162

（续表）

	时间	兼并重组活动	主营业务	2015 年产量 / 辆
东风集团	2003 年	收购江南运输机械公司，发展为常州东风公司	商务车 SUV、皮卡	30000
	2002 年	改制接收新疆汽车厂，成立东风新疆公司	重型汽车	125
	2003 年	合资组建东风"渝安"车辆公司	微型车和商务车	276196
上汽集团	1999 年	资产划拨吸收江苏仪征汽车厂，发展为上海大众生产基地	乘用车	346402
	2001 年	资产划拨方式重组柳州五菱，成立上汽通用五菱	乘用车和微型车	2005248
	2006 年	合资设立重庆红岩汽车公司	载货车	1403
	2007 年	上汽与南汽合并，发展为南京汽车集团	整车生产	87476

资料来源：《中国汽车工业年鉴》（历年）

二、兼并重组与汽车产业的结构变革

按照动态的"结构—行为—绩效"范式，企业之间的兼并既会直接改变市场集中度和进入壁垒，也能够与改变后的绩效一起共同作用于企业行为和市场结构。例如，通用汽车公司在 20 世纪 20—30 年代的横向兼并，加上福特公司的低价策略，就导致美国的汽车制造企业消失了 80% 以上，到 40 年代初，通用、福特和克莱斯勒三大汽车公司的占有率就超过 80%。在日本和欧洲企业没有大规模进入之前的 70 年代，三大汽车公司的占有率一度接近 100%（布罗克，2011）。这背后的产业经济学机理很直观：兼并重组提高了大企业的市场势力，也在不断提高汽车制造中规模经济的最低门槛，这会提高技术性和策略性的进入壁垒，从而使产业内企业的数量稳定下来。在产业发展的早期，兼并重组对市场结构的影响主要局限在一国之内，随着汽车产业全球一体化程度的加深，跨国并购的后果更多地体现在全球汽车的生产集中度上。如图 6.1 所示，20 世纪 90 年代的几起大规模的企业合并，虽然对 CR_1 的影响甚微，但 CR_4 和 CR_8 都经历过明显的攀升，一旦大企业之间的合并趋于减少，集中度就会明显下降（夏纳宏，2009）。

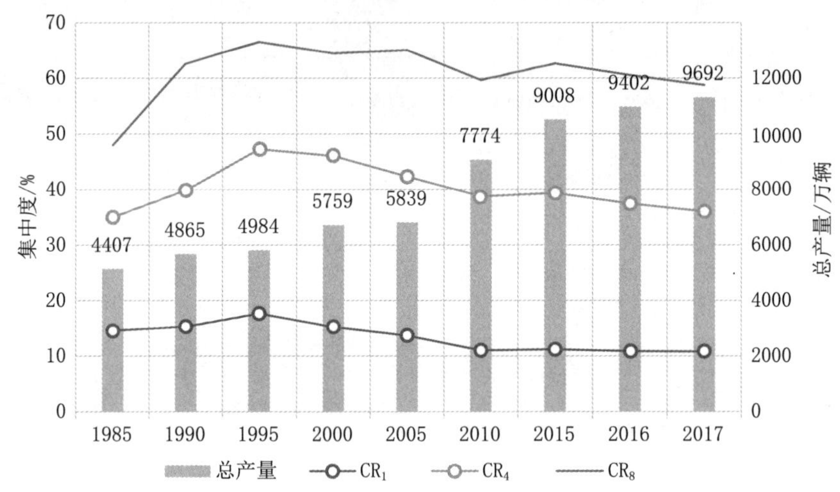

图 6.1　世界汽车生产企业的集中度（1985—2017 年）

如果说中小企业之间的合并在于做大做强，那么大企业重组的主要目的就是获取协同效应。在过去 20 年间，汽车行业中一个有趣现象就是排名前五的企业之间很少发生兼并重组行为，即便号称世纪兼并的“戴姆勒—克莱斯勒”案例发生时，二者分别是世界排名第五和第十一，合并也只有一年位列第四，在 2007 年解体之前的 5 年间都是世界第五。另外两起影响较大的“准并购”，即菲亚特参股克莱斯勒、雷诺与日产相互持股，也存在类似的现象，即使它们的合并产量不能进入世界前三，但对各自的市场地位和绩效都有明显的作用，例如，雷诺—日产联盟避免了日产的破产，也共同抵御了 2008 年金融危机的负面冲击；如果没有菲亚特慷慨解囊，克莱斯勒也许会步通用的后尘，以破产倒闭或者政府接管来应对严重的亏损。

三、政府干预下的中国汽车工业兼并重组

如前所述，兼并重组最显著的效应就是生产集中度的提高，而这正是我国汽车产业政策最重要的目标之一，为此撮合、鼓励企业之间的合并就成为行业主管部门和政府相关机构实施产业政策的重要工作。问题在于，从第一部《汽车工业产业政策》颁布至今，按照集中度衡量我国汽车产业的结构有了显著的改观，但整车制造企业数量的不断增加，也抵消了一部分大企业集约化经营带来效率改进。这一矛盾出现的一个原因还在于汽车产业存在较为严重的条块分割，这既会减少横向合并的机会、增加相应的交易费用，也会间接影响合并后企业的经营负担。2001 年我国加入 WTO，特别是 2005 年前后政府决定实施自主品牌发展战略以来，尽管市场信号引导的各种兼并重组活动日趋增多，但政府这只"有形的手"依旧是不可或缺的力量，并导致我国汽车产业的并购行为有以下两个特色。

1. 获得汽车生产的资质是企业实施兼并重组的主要动机

我国汽车行业，尤其是乘用车领域一直实行严格的投资和生产双重资质审批制度，无论是新企业的进入，还是原有企业希望跨区域进行汽车生产，都需要各级政府行业管理部门的层层审批和同意。相反，如果收购具有生产资质的汽车制造企业，就会减少申报、审批的环节和节约制度成本。2000 年左右，自主品牌的"三剑客"——奇瑞、比亚迪和吉利——要么收购资不抵债的国有、集体性质的汽车厂，要么"委身"大企业（指奇瑞将 20% 的股权无偿划拨给上汽集团，得到了乘用车的生产资格），得到汽车生产经营的机会。类似的情形直到 2018 年国家颁布新的《汽车产业投资管理办法》后才有所改观，在此之前，一汽、东风、上汽这些巨无霸在异地建厂时，也主要采取收购当地汽车制造企业的方式。例如，上汽收购仪征汽车厂、上海通用兼并烟台车身厂、上海大众购买宁波汽车厂等，以及东风和一汽在全国各地的联合经营等，其最终的目的也在于得到异地生产的资质。

2. 政府"牵线搭桥"或者给企业设定并购的范围，是兼并重组的主要方式

国有企业在很长一段时间内是汽车制造业的主题，政府既是股东，又是行

业管理者，为了实现提高集中度的目标，将自己属下的企业合并在一起的就是“多快好省”的办法之一。20世纪80年代中国汽车工业总公司的成立，实际上就是一种变相的重组。中汽公司解体后，兼并重组的重任一度交给了两家“国字头”的大企业——一汽和东风，地方政府投资的上汽、天津汽车、广州集团等直到2000年前后才开始逐渐涉足跨区域的收购。政府直接干预兼并重组的导向，在2009年国务院颁布实施的《汽车产业调整和振兴规划》中得到最完美的体现——“鼓励一汽、东风、上汽、长安等大型汽车企业在全国范围内实施兼并重组；支持北汽、广汽、奇瑞、重汽等汽车企业实施区域性兼并重组”。这种基于所有制歧视的“拉郎配”，等于给地位平等的竞争主体插上了买方或卖方的固定标签，使其不能行使自主选择的权利，由此导致这种模式所伴随着的潜在风险和不良后果最后都要由政府这个“月老”来承担。长安集团与江西昌河、广汽集团和长丰汽车，乃至早期一汽集团合并天津夏利等重组行为所带来的两败俱伤的结果，一再说明政府退出的必要性。

第二节　跨国公司参与下本土企业兼并重组的长期效应分析①

一、问题与主旨

2013年以来，随着昌河汽车脱离长安集团转嫁北汽集团、长丰汽车从广汽集团独立、一汽集团失去对海南汽车的控制权、广汽吉奥停产整顿，以及一汽夏利再次因为连续亏损被冠以ST（特殊处理）的帽子，据此可以判断中国汽车产业2002—2012年期间的大规模重组几乎都以失败告终吗？答案取决于分析的立意和视角，原因在于这些并购活动除了两家本土企业外，都会涉

---

①　本节以《跨国公司参与下本土企业兼并重组的长期效应分析——来自“一汽—夏利—丰田”同盟的微观证据》为题，发表在《产业经济评论》2016年第5期，署名白让让、郄文惠。

及某些跨国公司和地方政府的直接或间接参与，由此所形成的“中—外—中”式的松散战略联盟，是这一系列重组活动的显著特点，也正是这种特殊的并购方式，导致了中外双方不同参与者得失的巨大差异。

全球范围内汽车产业的成长和结构变化，一直伴随着大规模的兼并和收购活动。基于数据的可获得性，已有的实证研究侧重分析兼并行为与企业股东价值、股票价格和公司回报率的关系（Bruner，2005；Matej 等，2000）。交易成本和企业能力理论在解释兼并战略时，关注的是参与人的类型、动机和资源等要素间的互补关系，以及它们与兼并行为之间的因果关系（夏纳宏，2009；Brakman 等，2013；Luo，1997）。相关研究都很少分析重组的初始目标和实际运营绩效的差异，尤其是重组后新企业的研发、产品和组织活动的变化，对不同参与者的实际影响所在。中国汽车企业的兼并重组是在产业高速增长、参与者的动机和能力存在明显差异、跨国公司居于实际控制地位等多个特殊条件下发生的，本土企业参与兼并的目的不完全在于通过人员和能力的调整，减少过剩的生产能力和节省成本，而是希望组建的新合资企业，形成学习和溢出效应，以增强自主产品的开发能力。跨国公司的主旨是降低进入壁垒，加快品牌的市场渗透。问题在于重组后形成的“主导集团、合资公司、边缘企业”三方竞争性联盟，不仅会强化跨国公司在产业和企业两个层面的实际控制力，还使本土企业的技术和产品呈现双重空心化的趋势。因此，需要综合已有研究的不同思路，通过具体的案例分析，才能挖掘出具有实践价值的战略含义。

一汽集团、日本丰田和天津汽车等三家企业集团，从 2002 年实施了序贯的兼并、重组和合资战略，建立了一个包含整车装配、部件制造、销售服务等业务的大型企业集团。该联盟已经运作了十余年，仅次于“雷诺—日产”联盟持续经营的时间，为实证研究积累了大量素材和数据。为此，本章以“一汽—丰田—夏利”同盟为对象，基于产业组织和战略管理的相关原理，使用案例分析的方法，试图回答如下的问题：动机和能力存在显著差异的参与者为什么要构建竞争型的战略联盟？为什么联盟的运作并未产生期望的双向溢出效应？为什么形成了本土参与者对跨国公司技术、品牌和配套体系的多重依赖？本章试图从产业组织和企业战略两个视角解释这些问题，并对挤出效应的发生提供具体的微观证据，文章的研究还有助于厘清“市场换技术”“大企业主导”和“振兴规划”等产业政策的实际绩效。

本章的结构如下：第二部分对与主题直接相关的研究文献进行综述，提出了本章的基本思路；第三部分建立的三方兼并模型，分析了能力和效率不对称约束下，各个参与者后续投资行为的最优选择问题；第四部分介绍了"一汽—丰田—夏利"三方重组发生的产业背景、企业动机和初始目标；第五部分通过对经营绩效长期变化的详尽分析，以验证理论假说的合意性。在总结主要发现后，文章的最后还讨论了引申的战略和政策含义。

二、文献评述与理论背景

本章研究的问题是兼并重组完成后异质企业的经营行为，对联盟各个参与者绩效的影响，主要涉及兼并收购与企业成长、同盟的伙伴选择和跨国公司进入模式等三方面的文献。

1. 兼并与企业成长

"横向兼并、纵向一体化、地理扩张和新产品投放"等四种方式是现代工业企业持续增长的基本路径。在资本市场尚不发达的时期，横向兼并和收购（以下简称 M&A）的动因在于取得对价格、产出和市场的有效控制，以扩展企业组织的范围。100 多年来，制造业、金融服务、信息通信等产业的发展都离不开横向兼并战略的实施（钱德勒、引野隆志，1990）。产业组织、公司金融、战略管理等理论从不同的角度解释了兼并与收购与企业成长的关系（Eschen，Bresser，2005）。产业组织早期的 S-C-P 范式和实证研究表明"兼并是通向寡占之路"（Stigler，1950；Scherer，1970），其中的可竞争市场理论则认为，兼并是获得规模经济和范围经济的一种低成本方法，具有提升经营效率的作用。近期的实证研究（Klaus 等，2003）发现，通过实际产出的减少，水平兼并会增加企业的利润。战略管理学中的资源基础理论认为，M&A 可以交换、共享不同企业的专用性资源或能力，实现优势互补，进而提高公司的市场绩效（Carow 等，2004；Krishnan 等，2004；Capron，Pistre，2002）。对技术密集型企业而言，相对于市场采购和外包，M&A 可以降低获得外部创新性资源和产品的风险与不确定性（Hagedoorn，Duysters，2002）。在要素不完全流动的约束下，跨国兼并基于比较优势会改进企业生产函数的性质，实现跨国界的规模或范围经济（Brakman 等，2013）。FDI 主导下的 M&A 虽然会降低本土企业的创新努力和投入，但目标企业所在国的总体创新绩效却会提升（Stiebale，Reize，2011）。

2. 跨国公司进入中国的模式选择

中国经济的高速增长吸引了大量外资的进入，跨国公司进入的模式选择也是相关理论关注的重点。早期的研究发现，低的交易成本会使外资企业倾向于使用市场机制（出口、技术协议）进入中国市场，高交易成本引发的机会主义和相关风险，会使其选择全资控股或者主导控制下的合资模式（Hill，Kim，1988；Madhok，1997）。相对于发达国家的成熟市场，跨国公司进入新兴经济体时，影响交易成本的核心因素是经济、政治的不确定性和资产专用性的水平。由于交易成本定义的任意性导致对进入模式选择的研究出现碎片化和多元化（Fragment 和 Diverse）的倾向，无法获得普遍的理论共识。有些学者主张只有综合资源基础、企业能力和知识转移等新理论，才能对跨国进入行为予以客观的解释（Hongxin Zhao 等，2004）。跨国公司偏好合资经营的原因不全在于政府的优惠政策，也是为了习得中方参与者在微观运营层面的相关知识和能力，降低经营的潜在风险（Child，Yan，2003）。赋予区域、国家、产业层面的条件与企业运营要素同等的价值，才能对各类跨国公司进入中国市场的行为差异做出合意的分析（Yigang，Tse，2000）。许多外资采取试探、模仿的路径逐渐进入，即在早期建立合资公司以减少投资的风险，适应环境后则会倾向于独资经营（Guillen，2003；Jun Xia 等，2008）。中国政府在加入 WTO 后，取消了诸多针对跨国公司投资的限制，后者的行为是否发生变化也受到学者的关注。随着本地化知识的增加、资产专用性的增强、环境不确定性的减弱、政府规制的放松，跨国公司独资化的趋势会加深，但路径依赖的特征仍旧存在（Puck 等，2009）。

3. 伙伴选择和同盟绩效

本地参与者的能力、关系网络和资源是影响合资企业或战略同盟绩效的重要因素。实际上，合资、合作、兼并等治理结构的选择过程，也是在确定同盟的伙伴。对跨国公司而言，本地伙伴的基本功能是提供获得制度、要素和政府资源的特殊渠道（Patrick 等，1994）。企业能力和组织学习理论发现，外资在选择新兴市场的伙伴时，更注重财务稳健、管理能力、政治网络等条件，以获得互补性投入品（Hitt 等，2000）。当面临来自结构变革、市场不发达、产权意识弱和制度不确定等方面的挑战时，跨国公司要选择那些能够扩展市场、获取关键信息、降低风险，特别是提供国家专用知识的伙伴（Beamish，1987；Luo，1997）。伙伴之间也存在竞争的关系，提供互补性资源的关系同盟，比提供同质投入品的规模同盟，更易使伙伴获得学习机会和溢出效应。就全球汽车产业联盟而言，伙伴之间的相对竞争优势是一个动态演化的过程，绩效的不对称在关系同盟中更加显著（Dussauge 等，2000；2004）。联盟参与者的数量也会影响合约的完备性和持续性，最终决定着公司的总绩效，基于多国的实证检验发现二者是负相关的关系（Yaping 等，2007）。对日本在中国合资企业的计量检验发现，外资会偏好集团化的本地企业而非独立化企业，前者可以通过企业集团的内部交易减少制度环境的不确定性，获得更多的市场机会和政府资源（Lu，Xufei，2008）。

4. 兼并重组与汽车产业

欧美日韩等汽车产业的发展和结构变化也深受兼并重组行为的影响。通用在 20 世纪 30 年代超越福特公司并长期居行业主导者地位，得益于对雪佛兰、别克等单一品牌制造商的收购（钱德勒，引野隆志，1990）。最近 20 年来，戴姆勒 - 克莱斯勒、雷诺 - 日产、福特 - 沃尔沃、现代 - 起亚、菲亚特 - 克莱斯勒、沃尔沃 - 雷诺等诸多企业之间的兼并、收购或合资经营，无论其运营的结果是失败或成功，参与者最初的动机都在于通过 M&A 产生协同效应，打造全球化的产业链竞争力（夏纳宏，2009）。合资企业是中国轿车产业的主导者，在治理结构上它也是一种同盟。为满足中国政府对“市场换技术”政策的要求，外资必须将自己的技术知识转移到合资企业中，这需要中方伙伴的有效参与。跨国公司控制下的合资企业，与本土企业在供应链、技术环境、销售渠道和政府资源等方面的相互嵌入，就决定了技术溢出和知识转移的效果（Zhao 等，2005）。跨国公司和本地参与者在能力和知识积累上的差异，也影响了溢出的实际绩效。基于聚集效应建立与本地企业之间的各种合作关系或网络，减少“试错”的成本，汽车产业的合资公司培育出了符合中国市场情境的核心能力（Lee 等，2012）。合资企业作为一种较紧密的战略联盟，在理论层面是获得学习和溢出效应的最优模式。研究发现在模仿学习阶段，跨国合资是技能型知识转移的有效工具，但是对于创新导向的本土化参与者而言，合资并不能提供学习研究与开发技能的实践机会，因为跨国公司向子公司提供的知识已经包含在成熟的产品和工艺中（Nam，2011）。

中国轿车产业特殊的政府规制环境和参与者在战略动机上的巨大差异，对上述理论的应用提出了挑战。首先，大多数的研究结论都建立在产业层面的计量检验上，缺少对企业微观行为的分析；其次，处理诸如国别、制度和市场环境的差异时多使用虚拟变量的方法，这无法全面反映这些变量的经济学和管理学含义；第三，基于数据的可获得性，选取的企业都是公开上市的股份公司，而轿车产业中的合资企业，由于政策的限制，难以获得在中国资本市场发行股票的机会。就本章研究的主题而言，针对同一问题，甚至相同的案例，使用不同的研究范式得到的经营策略建议往往大相径庭。有鉴于此，本章在理论层面使用产业组织的方法，将能力、信息、动机等多种不对称的情况，引进到对兼并、重组和合资行为的模型分析中。另外，由于兼并重组行为的复杂性和不可复制性，单纯的模型和计量检验不可能挖掘行为背后的战略动机，本章对"一汽—丰田—夏利"重组长期后果的分析，能够弥补已有研究的不足。

三、一个三方兼并重组的简约模型

1. 前提与假定

假定存在三个不同类型的参与者：本土主导企业 A、本土边缘企业 B 和跨国公司 F。A 较早地与其他跨国公司建立了规模较大的合资企业 1；B 拥有生产自主品牌的企业 2，还与跨国公司 F 组建了一个合资企业 3，受制于资金和品牌的约束，企业 2 和企业 3 未能实现规模经营。显然，这些设定是对 2001 年前后"一汽集团、天津夏利、日本丰田"，2008 年"广汽、三菱、长丰"，2009 年"长安、铃木、昌河"等一系列重组模式的简化处理（见图 6.2）。

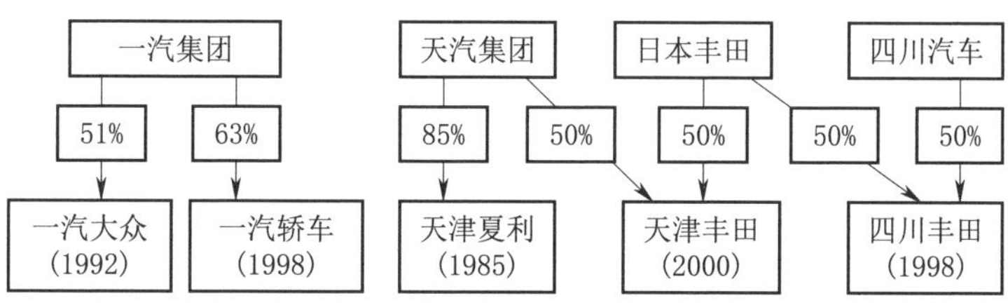

图 6.2　兼并重组前的组织结构

企业的成本是产量和资金投入的函数，可以表述为：$C_i = C(q_i, k_i) = k_i + \frac{e_i}{k_i} q_i (i = 1, 2, 3)$，这一函数表明产品的边际成本和资本投入成反比，并随着转换效率 $e_i (0 < e_i < 1)$ 的下降而增加。为表述简洁，令 $h_i = \frac{e_i}{k_i}$。给定转换效率，企业的资本投入越高，边际成本随产量而增加的幅度越小；同理，给定资金投入量，高的转换效率也意味着边际成本上升幅度会下降。

产品的需求函数是（以产品 1 为例）：$p_1 = a_1 - (q_1 + q_2 + q_3)$，假定截距项是外生的，且 $0 < a_1 < a_2 < a_3$，即由于品牌和企业声誉的不同，三种“同质”产品的价格存在绝对差异。因此，企业 1 的利润函数就是 $\pi_1 = [a_1 - (q_1 + q_2 + q_3) - h_1] \cdot q_1$。三个参与人 A、B 和 F 只进行投资的决策，产品市场的数量竞争在企业 1、2 和 3 之间进行。若不考虑集团内部的价格或数量合谋，按照逆向归纳法求解出下游竞争的产量后，再代入参与人的收益方程，可以得到参与人的收益函数：

$$V_A = \frac{1}{16}(3(a_1 - h_1) - (a_2 - h_2) - (a_3 - h_3))^2 - k_1$$

$$V_B = \frac{1}{16}((a_1 - h_1) + (a_3 - h_3) - 3(a_2 - h_2))^2 - k_2 + \frac{k_3^B}{k_3}\left(\frac{1}{16}((a_1 - h_1) + (a_2 - h_2) - 3(a_3 - h_3))^2 - k_3\right)$$

$$V_F = \frac{k_3^F}{k_3}\left(\frac{1}{16}((a_1 - h_1) + (a_2 - h_2) - 3(a_3 - h_3))^2 - k_3\right)$$

这里，$k_3 = k_3^B + k_3^F$ 表示企业 3 的投资来自参与人 B 和 F，二者按照投资的比例分配利润。由于 B 和 F 的资金受到限制，他们无法通过增加资金的投入实现收益最大化。各个参与人兼并前的收益分别表述为：

$$V_A = V_A^*(k_1^*) \tag{6.1}$$

$$V_B = V_B'(k_2' < k_2^*;\ k_3' = k_3^B + k_3^F < k_3^*) \tag{6.2}$$

$$V_F = V_F'(k_3 = k_3^B + k_3^F < k_3^*) \tag{6.3}$$

上式表明，跨国公司 F 的资金虽然相对宽松，但受制于合作伙伴 B 的能力，合资企业 3 无法达到利润最大化所要求的资金投入（即 $k_3 = k_3^B + k_3^F < k_3^*$）。A 所属的企业没有资金的限制，实现了单一企业的利润最大化，但是作为国家控制的大型主导企业，他的经营行为也承担着产业政策中诸如提高产业集中度、实现规模经济和范围经济的目标。因此，三个参与人都有动机

通过重组，增加自身的收益。

2. 资金投入与兼并后的效益变化

参与人 A 基于自身的资金优势，首先合并了参与人 B 的相关业务，获得了企业 2 和企业 3 的实际控制权。作为一种补偿，参与人 B 并未完全退出轿车产业，他也是合并后企业 2 和企业 3 的股东。B 不参与新增资金的投入，他的股权比例只取决于原有的投资水平。在现行的合资政策下，跨国公司 F 则借助本土企业的重组，得到了与 A 合资的机会，相应地会增加在企业 3 中的资金投入。

具体而言，A 的新增投资用于企业 2 和企业 3 的扩张：$\Delta k_A^m = k_2^A + k_3^A$，跨国公司 F 对企业 3 的新增资金为 $\Delta k_F^m = \Delta k_3^F$。此时，企业 1、企业 2 和企业 3 依旧进行非合谋的数量竞争，三个参与人的收益与资金投入的关系分别为：

$$V_A^m = \pi_1^m + \left(\frac{\Delta k_2^A}{k'_2 + \Delta k_2^A}\right) \cdot \left[\pi_2^m - (K'_2 + \Delta k_2^A)\right] + \left(\frac{\Delta k_3^A}{K'_3 + \Delta k_3^A + \Delta k_3^F}\right) \cdot \left[\pi_3^m - (K'_3 + \Delta k_3^A + \Delta k_3^F)\right] \tag{6.4}$$

$$V_B^m = \left(\frac{K'_2}{K'_2 + \Delta k_2^A}\right) \cdot \left[\pi_2^m - (K'_2 + \Delta k_2^A)\right] + \left(\frac{K_3^B}{K'_3 + \Delta k_3^A + \Delta k_3^F}\right) \cdot \left[\pi_3^m - (K'_3 + \Delta k_3^A + \Delta k_3^F)\right] \tag{6.5}$$

$$V_F^m = \left(\frac{K_3^F + \Delta k_3^F}{K'_3 + \Delta k_3^A + \Delta k_3^F}\right) \cdot \left[\pi_3^m - (K'_3 + \Delta k_3^A + \Delta k_3^F)\right] \tag{6.6}$$

在上面的公式中，由于企业资金投入的变化会直接影响成本，因此产品市场竞争的结果与兼并前存在一定的差异，把这种情形的结果标注为上标 m。具体而言，三个企业的利润分别是：

$$\pi_1^m = \frac{1}{16}(3(a_1 - h_1^m) - (a_2 - h_2^m) - (a_3 - h_3^m))^2 \tag{6.7}$$

$$\pi_2^m = \frac{1}{16}((a_1 - h_1^m) - 3(a_2 - h_2^m) + (a_3 - h_3^m))^2 \tag{6.8}$$

$$\pi_3^m = \frac{1}{16}((a_1 - h_1^m) + (a_2 - h_2^m) - 3(a_3 - h_3^m))^2 \tag{6.9}$$

对于参与人 A 而言，增加对企业 1 和企业 2 的投资，扩张规模的同时也降低了生产的成本，其总收益会高于兼并前的结果，即 $V_A^m > V_A$。

参与人 B 虽失去了企业 2 和企业 3 的控制权，却可以从参与人 A 和跨国公司F的新增投资中获得双边的“搭便车”效应。兼并后,B的投资额并不增加,企业2和企业3的成本下降的努力主要源自A和F追加投资,即$h_2^m=\frac{e_2}{K'_2+\Delta k_2^A}<h_2=\frac{e_2}{K'_2}$。在转换效率不变的前提下,企业2效率的变化意味着$(a_2-h_2^m)>(a_2-h_2)$。相应地,企业3成本下降也会使得$(a_3-h_3^m)>(a_3-h_3)$,因此只要企业2和企业3总收益增加的幅度,超过B股权比例减少$\left(\frac{k'_2}{k'_2+\Delta k_2^A}<\frac{k'_2}{k'_2};\ \frac{K_3^B}{K'_3}<\frac{K_3^B}{K'_3+\Delta k_3^A+\Delta k_3^F}\right)$对净收益的影响,就有$V_B^m>V_B$。

对跨国公司F而言,由于$(a_3-h_3^m)>(a_3-h_3)$,以及$\left(\frac{K_3^F+\Delta k_3^F}{K'_3+\Delta k_3^A+\Delta k_3^F}\right)=\left(\frac{\Delta k_3^A+K_3^B}{K'_3+\Delta k_3^A+\Delta k_3^F}\right)>\frac{K_3^F}{K_3}$,它不仅可以获得成本下降的收益,还会从股权份额的增加中分配到相对多的利润。这也是F参与本土企业水平兼并的动机之一。基于上述简要的分析,得到:

结论1:在产品的边际成本与资金投入成反比的条件下,能力不对称的三方之间进行的兼并重组,可以满足不同参与人的“差异化动机”,在产品市场数量竞争时是一种多赢的结果。

3. 投资回报差异与三方多赢兼并的长期“隐患”

在实际的运作中,参与人A和B资产的控制人都是政府,为减少兼并的成本,提高产业的集中度,政府会采取资产划拨的方式,让参与人A全资控制B的所有资产,这样B的角色就变为一般的投资者,按照出资比例参与企业2和企业3的利润分配。为了实现利润增加、经营范围延伸和自主品牌发展等三个不完全一致的目标,A和F在配置新增资金时,一定会倾向于企业3而非企业2,由此产生的问题包括:

第一,新合资企业规模的较快增加。由于$h_2^m=\frac{e_2}{K'_2+\Delta k_2^A}<h_3^m=\frac{e_3}{K'_3+\Delta k_3^A+\Delta k_3^F}$且$(a_3>a_2)$,那么一定有$(a_3-h_3^m)>(a_2-h_2^m)$,即等量的资金投入企业3的收益高于企业2。进一步,在兼并后的企业3中,参与人A的资金投入和跨国公司F资金量的增加额是相等的,这会导致企业3的成本相对于企业2,以更大的幅度下降,从而使得$(a_3-h_3^m)$和$(a_2-h_2^m)$的差额也增加。所以,从资金收益率最优化出发,A会将更多的新增资金投放在企业3

而非企业 2 中。

第二，自主品牌的投入不足。A 通过资产重组成为 B 的实际控制人后，就自动取得了自主品牌 2 的生产资格，满足了政府对大型国有企业自主创新的要求。由于企业 2 新增资金的幅度较小，会削弱产品的成本竞争力，降低市场占有率。

第三，多重的“搭便车”效应与跨国公司控制力增强。兼并重组完成后，由于投入资本回报率的不同，使参与人 A 的收益更多地来自两个合资企业 1 和企业 3，企业集团的发展会陷入对跨国公司品牌和技术资源的依赖。本土参与人 B 对相关企业控制权的下降或消失，没有激励干预企业 2 的经营，也逐渐转变成一个单纯的投资者。由此得到：

结论 2：资本投资效率在不同企业间的差异，以及企业实际控制权的转移，使得跨国公司成为战略同盟的主导者，本土企业的发展呈现出对外资技术和产品的双重依赖，即跨国公司主导下的后续行为具有“挤出效应”。

上述结论是在较为宽松的假定下得到的，只是对中国轿车产业特有的“多角联盟”“多方合资”结构下企业兼并行为的简化处理。在样本数量较少、差异化明显，特别是有效数据缺失的条件下[①]，要检验这些结论的合理性，还需要对相关案例发生的背景、进程和绩效，进行详尽的微观考察。

四、“一汽—夏利—丰田”三方兼并重组：产业背景和企业动因

1. 加入 WTO 前后的中国轿车产业

中国的轿车产业起步于 20 世纪 80 年代中期开始的“中外合资、技术引进”实践。在国家政策的保护下，上海大众、一汽大众、北京吉普等合资企业从 SKD 和 CKD 部件的组装入手，到 2000 年前后，形成了一定规模的装配能力。但是，轿车产业在整体上依旧处于“规模小、厂商多、无自主品牌”的境

① 2000—2012 年，中国汽车产业中兼并重组的主要案例包括“东风 - 悦达”“一汽 - 天津夏利”“比亚迪 - 秦川机械”“上汽 - 南汽”“长安 - 航天”以及“广汽 - 长丰”等，由于大部分公司都是非上市企业，兼并的资金投入、股权比例、内部交易等数据严重缺失，无法进行规范意义上的计量经济检验。

地。为此，我国政府在签署的《入世议定书》中，对关税、配额、外商投资等方面设立了诸多的保护性措施，以减少外资大规模进入可能引发的负面冲击。2001 年底加入 WTO 后，中国政府逐步减低了汽车的进口关税，增加了整车和部件的进口配额，取消了对非整车业务外资股权比例的限制，提前两年完成了《入世议定书》的全部承诺。在国家鼓励轿车进入家庭、弱化进入规制、外资和内资品牌激烈竞争等因素的共同作用下，加入 WTO 后的中国汽车产业，先后超越韩国、德国、日本和美国，到 2011 年已经是全球最大的汽车生产国和消费国。

合资企业的数量、品牌和规模的增加与提升，对产业的发展起了决定作用。政府规制的放松或取消，减少了跨国公司的进入壁垒和成本，尤其是居民可支配收入的持续增加，使得私人轿车成为消费升级的一个重要领域，为此，早期的进入者大众、福特、本田等，要么在原合资企业内部增加品牌的投放力度，要么与其他本土企业组建新的合资企业，扩大组装能力，力图在轿车进入家庭的高速增长期，积累顾客忠诚、攫取超额利润。这些策略无疑对丰田、日产、现代等后进入者构成了一定的障碍。

政府的不对称扶持并未使"市场换技术"政策取得明显的效果。一汽、上汽、东风、天津夏利等本土主导企业，通过合资、合作经营的方式，获得了较大的市场份额，积累了丰厚的利润，但是合资企业的产品、技术和工艺等核心环节都掌握在外资参与者手中，这类企业基本上处于"产业空心化"的尴尬境地。在吉利、奇瑞、比亚迪等自主品牌迅速成长、外资品牌大规模进入、进口税率不断下调等多重压力下，在维持原有市场地位的同时，满足政府主管部门对自主品牌发展的基本要求，需要所谓的"主导企业"进行战略上的反思和调整。

2. 产业主导者一汽集团

一汽集团作为国家扶持的主导企业之一，在 1991 年就获得了与德国大众合资的机会。20 世纪 90 年代中期，集团制定了通过组装奥迪、捷达等车型，积累开发、工艺、生产和销售等方面的经验，最终形成以红旗品牌为核心的战略目标。但是，组装大众品牌的高额利润，使得企业的主要资源持续向合资企业倾斜。红旗车型在 90 年代中后期一直处于半停产的状态，2001—2003 年短暂增长后，到 2006 年产量下降到 5000 辆左右。受到来自上海通用、广州本田新投放品牌的冲击，合资企业一汽大众在中高级车市场的份额也快速下降。更为重要的是，作为国家政策极力扶持的大型企业，一汽集团在轿车领域自主品牌的"缺位"，受到了主管部门和专家学者的批评。选择新的合资、合作伙伴，形成完整的产品系列，提升自主品牌的规模和竞争力，就成为我国加入WTO前后一汽集团的主要战略目标。

表6.3列出了一汽集团2000—2014年的经营绩效。

表6.3　一汽集团的经营绩效（2000—2014年）

年份	总产值/亿元	增加值/亿元	从业人数/万人	投资额/亿元	资产总计/亿元	业务收入/亿元	产量/万辆	利税总额/亿元
2000	462.34	109.09	11.91	16.78	618.34	486.58	34.71	71.15
2001	623.49	154.54	10.86	16.99	643.50	622.97	41.69	99.32
2002	843.12	202.80	10.61	18.00	737.11	838.63	56.18	95.43
2003	1200.83	282.11	10.82	61.94	1018.54	1122.71	85.87	141.86
2004	1459.18	330.27	11.51	110.57	1028.84	1145.31	99.36	125.82
2005	1392.82	319.99	11.67	133.84	1073.98	1188.94	98.42	124.09
2006	1785.65	428.56	11.76	52.90	1132.03	1491.69	117.68	166.05
2007	2289.08	511.60	14.86	47.57	1316.92	1885.01	146.49	291.44
2008	2514.53	553.17	14.05	0.00	1255.46	2192.37	150.40	278.76
2009	3005.93	660.56	10.30	79.45	1314.91	2065.51	194.27	346.61
2010	4115.16	931.91	10.73	38.54	1725.50	2940.16	257.23	519.83
2011	4098.19	912.58	15.41	231.76	2142.14	3672.95	256.67	565.60
2012	4531.75	912.58	16.75	276.29	2435.57	4077.01	265.75	692.25
2013	5005.64	1349.85	17.75	207.42	2435.57	4589.18	293.53	843.79
2014	5166.90	1600.99	17.63	156.34	3287.10	4916.01	312.09	989.07

数据来源：根据《中国汽车工业年鉴》（2001—2014）整理而得

3. 被兼并者——天津夏利

天津夏利是较早获得轿车生产许可证的企业之一。1987年被国家列入

“三大三小”[①]的名单之前就已经通过技术许可的方式，引进日本大发公司微型轿车的生产线，组装生产夏利牌轿车。由于国家政策的严格限制，其他的合资企业只能引进和生产中高级车型，夏利借助先发优势，特别是夏利轿车的规模经营，曾经长期居于经济型细分市场的主导地位。在90年代中后期，天津夏利的市场占有率一度位居一汽、上汽之后的第三名。但是，随着吉利、奇瑞等自主品牌的低价进入，长安铃木、神龙富康等外资品牌生产规模的扩大，特别是地方政府对出租车市场车型的选择性“保护”，夏利的规模和影响力在2000年前后急转直下，连续三年产销量持续下降。

夏利试图采取与大发的母公司——丰田合资的形式，引进新的车型，改变以往“低质低价”的品牌形象。丰田公司并不同意“天津丰田”使用丰田的标识，夏利车的升级和改型以失败告终，企业经营陷入了长期微利和亏损的状态。当然，夏利与丰田在发动机、变速箱、铸件、电子配件等环节还建立了多个合资企业，其完善的配套体系和制造能力，一直是其他主导企业潜在的“重组”对象。中央和地方两级政府也希望夏利能够并入某个强势的企业集团，提高轿车产业集中度的同时，减轻经营亏损对地方财政的压力。

4. 后进入者——日本丰田

改革开放的初期，中国政府就希望与丰田公司建立合资企业，以加快汽车产业的技术升级。考虑到中国人均收入很难满足轿车进入家庭的需要，丰田公司对中国市场采取了单纯“出口”的方针，回绝了一汽、上汽和东风等企业的邀请（晏成，2005）。得益于中国对公务和商务用车的巨大缺口，1985—1995年的十年间，丰田累计向中国出口了50多万辆轿车，获得了丰厚的收益。90年代中后期，固定资产投资增速的大幅下降，政府压缩了高级轿车的进口规模，以“皇冠”为代表的丰田车系，逐渐被国产的桑塔纳、捷达、奥迪等品牌所代替，年出口量从最高时的10万辆，下降到1万辆左右，直至退出中国市场。

德国大众，美国通用、福特，法国PSA、日本铃木、本田等跨国公司，借助

① “三大”指“一汽、东风、上汽”三个生产中级轿车的企业集团，“三小”指“北京吉普、天津夏利、广州标致（后调整为长安汽车）三家经济型轿车的定点企业。

中国政府对合资企业的扶持和保护，在丰田犹豫徘徊之际，已经在中国形成了相对完备的轿车生产体系，确立了在不同细分市场的主导地位。丰田公司在 90 年代末期提出了“出口、零部件制造、整车生产”的三级跳路径，以弥补保守战略所造成的困境，实现对主流企业的赶超。丰田收购大发公司后，成为后者的控股股东，而大发（即夏利品牌）在中国市场有一定的影响力，建有比较完善的部件配套体系，丰田就选择“天津汽车工业集团”作为进入中国的一个重要伙伴。二者先后在天津地区及其周围，建立了多个合资、独资的生产基地，生产变速箱、发动机、离合器、分电器等部件，并于 2000 年组建了整车制造的合资公司。

问题在于，丰田并不参与该合资公司的实际运作，只提供技术和产品型号，也不允许合资公司使用丰田的品牌标志。实际上，1998 年建立的四川丰田公司是丰田在中国的第一家整车合资企业，受中方资金约束最大年产能只有 3000 辆。显然，这两家合资公司的模式和规模，与丰田世界级大公司的能力和地位，特别是对中国市场的战略地位并不吻合。按照《汽车产业政策》（2004 年）关于“外资只能与两家本土企业组建整车合资公司”的要求，丰田还失去了和其他主流企业合资的机会[①]。当然，这些举措也符合丰田公司一贯的“审慎和保守”的合作原则，是在为寻找更强大的合作伙伴储备谈判的筹码，一旦时机成熟，丰田会更换合资企业的对象（Hatani，2009）。

5. 兼并重组的实现

2002 年 6 月，在国家有关部门和天津市政府的主导下，一汽集团以资产转让的方式，接受了夏利公司 60% 的国有股权，成为后者的控制权人。由于和天津汽车存在合资关系，丰田也就间接成为新成立的一汽天津公司的股东之一。按照整车领域合资企业的惯例，新建立的合资公司采取股权结构对等的形式，即中方参与者一汽和天津各自占 20% 和 30% 的比例，丰田的比例为 50%。兼并重组的初期实际上并存着两家公司，即新建立的天津一汽丰田和原有的“天津丰田”，前者生产丰田的皇冠、花冠、巡洋舰等高端品牌，后者则生产威驰、威乐等经济型轿车。在丰田的要求下，四川丰田和天津华利也被纳

① 丰田之所以寻找小型企业作为合资对象，一是因为当时主要的大型企业都已用足了合资名额，二是丰田认为中国政府会在 2004 年的《汽车产业发展政策》取消对外资进入模式的规制，允许外资独资经营整车业务，显然它又做出了错误的判断。

入一汽集团。通过成立一汽丰田销售公司,实现了丰田“强化品牌战略和统一销售渠道”的目标。在组织结构上,该战略同盟的一个突出特点是交叉持股和多个实体并列,具体关系如图 6.3 所示。

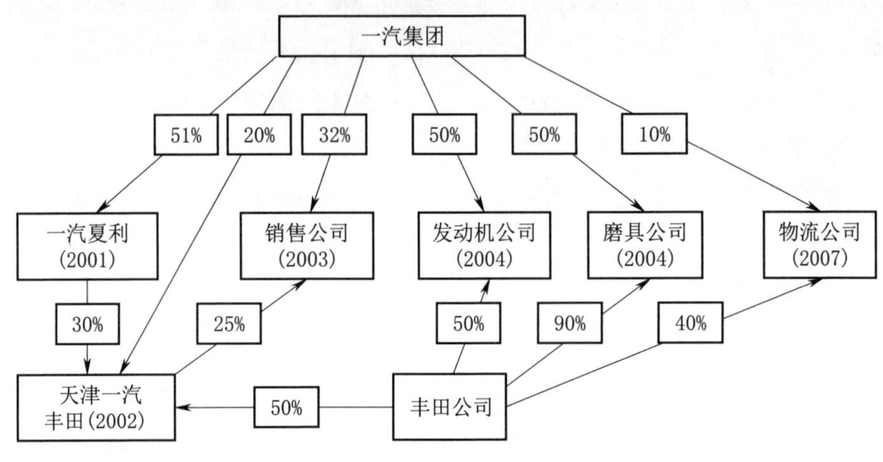

图 6.3 “一汽—夏利—丰田”的三方同盟

五、联盟参与者长期绩效的实证考察(2003—2010 年)

如前所述,资本市场的反应如公司估值、股票价格、治理结构等方面的变化,是兼并重组分析的主题,而对兼并后,企业产品结构、资产投资和分配、业务整合等经营行为和决策的选择或变化,缺乏长期的跟踪研究。“一汽—丰田—天津”的三方重组,并不是传统意义上的企业合并,各方在重组后依然拥有相对独立的运营主体和业务,比较企业绩效在兼并前后的变化,既可以判断预期的战略目标是否实现,也能够分析各个参与者的利害得失所在。在全球范围内,汽车企业之间的重组持续时间和运作比较稳定的案例十分稀少。例如,福特收购沃尔沃、戴姆勒与克莱斯勒的世纪大兼并、通用收购韩国大宇等,几乎都以失败或解体告终。“一汽—丰田—天津”构建的企业集团,运营的时间已经超过十年,相对而言,按照总体业绩评价,还是一个比较成功的案例。下面,本节从各个参与者或运营实体的视角,逐一分析兼并重组的长期效应,并回应理论模型的结论。

1. 一汽集团:绩效提升与“话语权旁落”

(1)产品线的调整与完善。三方兼并重组和后续的整合完成后,一汽集团的产品线从纵向和水平两个纬度都得到延伸。兼并“夏利”后,一汽集团缺少经济型和微型轿车品牌的短板得以弥补,而丰田所投产的皇冠、锐志等中级轿车,包括RAV4、普拉多等SUV车型,则增强了一汽集团在中高级细分市场的传统优势,减少了对大众、奥迪系列产品的过度依赖。与主要的竞争对手上汽集团、东风汽车相比,自主品牌的份额和总产量也显著提高,形成了由自主(红旗、夏利)、“德系”(大众、奥迪)和“日系”(丰田、马自达)等三大技术来源、十余个核心品牌组成的较完整的产品线。图6.4为一汽集团2003—2014年的轿车产量和构成。

表6.4　一汽集团的轿车产量和构成(2003—2014年)

时间	轿车产量/万辆					产出构成/%			
	产量	自主	德系	马自达系	丰田系	自主	德系	马自达系	丰田系
2003	63	13	30	13	7	19.77	47.71	21.21	11.31
2004	63	20	29	4	10	32.09	45.78	5.67	16.46
2005	71	27	25	5	15	37.38	34.61	7.08	20.93
2006	96	30	35	4	26	30.72	36.06	3.83	26.67
2007	120	31	49	2	32	25.98	40.66	1.67	26.91
2008	124	25	48	7	45	19.98	38.67	5.47	35.88
2009	157	33	67	11	47	20.83	42.60	6.79	29.78
2010	201	52	93	17	39	25.86	46.05	8.68	19.41
2011	229	59	102	15	53	25.76	44.54	6.55	23.14
2012	243	45	134	13	50	18.52	55.14	5.35	20.58
2013	266	46	154	11	56	17.29	57.89	4.14	21.05
2014	289	40	181	9	58	13.84	62.63	3.11	20.07

资料来源:根据《中国汽车工业年鉴》进行的汇总计算。“德系”包括大众和奥迪两个品牌

（2）组织结构与赢利能力。集团内组织结构的优化也影响着企业的经营绩效。兼并完成后，一汽集团的总产值和销售收入就进入千亿俱乐部的行列，与2002年相比较，2010年的产量增加了近5倍，利税总额从不到100亿元增加到500亿元。在减少2万多员工的基础上，实现了生产规模和赢利能力的同步增长。通过与丰田公司的合资、合作，也减弱了对德国大众和奥迪技术和产品的长期依赖。以利税总额来源的构成变化为例，按照出资比例计算，一汽大众在2002年之前对集团的贡献比率均超过50%，而"一汽夏利丰田"投产运营后，这一比值曾下降到30%以下。如果将发动机、销售、物流等其他合资企业也计算在内，丰田系对一汽集团利润的贡献接近30%。这种新的赢利结构，也为发展自主品牌提供了资金支持，使亏损或微利的夏利、红旗在激烈的竞争中能够生存下来，赢得再次发展的机会。

表 6.5　一汽集团的利税总额及其构成（2002—2014 年）

时间	集团合计/亿元	一汽大众	一汽夏利	一汽丰田	四川丰田	一汽海马	一汽轿车
		比重/%	比重/%	比重/%	比重/%	比重/%	比重/%
2002	95.43	83.87				8.8	5.39
		87.89				9.22	5.65
2003	141.86	109.92	5.73	13.29		8.23	14.49
		77.48	4.04	9.37		5.80	10.21
2004	125.82	64.81	3.53	14.4			10.24
		51.51	2.81	11.44			8.14
2005	124.09	40.19	7.71	30.39	7.09	12.03	13.88
		32.39	6.21	24.49	5.71	9.69	11.19
2006	166.05	67.17	8.49	48.3	16.67	10.76	10.62
		40.45	5.11	29.09	10.04	6.48	6.40
2007	291.44	137.26	5.75	63.84	24.88	12.86	12.53
		47.10	1.97	21.91	8.54	4.41	4.30
2008	278.76	135.07	3.87	78.14	45.32		29.31
		48.45	1.39	28.03	16.26		10.51

（续表）

时间	集团合计/亿元	一汽大众	一汽夏利	一汽丰田	四川丰田	一汽海马	一汽轿车
		比重/%	比重/%	比重/%	比重/%	比重/%	比重/%
2009	346.61	253.86	4.18	91.2	36.74		26.25
		73.24	1.21	26.31	10.60		7.57
2010	523.47	405.8	6.26	129.35	63.22	7.74	54.83
		77.52	1.20	24.71	12.08	1.48	10.47
2011	565.61	329.56	2.54	57.13	18.53		1.93
		58.27	0.45	10.10	3.28		0.34
2012	708.02	692.25	−2.45	122.02	61.76		8.4
		97.77	−0.35	17.23	8.72		1.19
2013	843.79	807.36	−2.83	109.45	109.51	9.03	33.84
		95.68	−0.34	12.97	12.98	1.07	4.01
2014	989.07	957.2	−19.44	60.12	90.24	4.1	25.03
		96.78	−1.97	6.08	9.12	0.41	2.53

（3）经营绩效与自主发展的能力悖论。问题在于，一汽集团所期望的“三足鼎立”的格局远未实现，对“双外援”的依赖日益增强，自主品牌的发展和竞争能力严重滞后。不仅夏利没有从与丰田的合资中获得近距离溢出的效应，形成相对独立的产品开发和制造体系，即便已经建立研发、工艺、生产运营一体化的一汽轿车，也逐渐放弃了自主学习的路径，将经营绩效的改善建立在对马自达的模仿性生产方面。学习的内容不外乎跨国公司的制造过程的“国产化”，并不包含产品设计、营销策划、工艺选择等创新性的活动，这些活动已经体现在外资成熟品牌和企业形象中，属于所谓的“默契知识”，只有通过具体的实践才能体验到。合资公司的实际控制权掌握在外资手中，从母公司全球化战略出发，它们不会为了中方集团的利益，在中国轿车消费的高速期减缓品牌的投放量和生产规模，因此，夏利和红旗两家企业还会面临激烈的内部竞争[①]。协调长期战略目标和短期生存压力的冲突、平衡集团内外资品牌和自主

① 当然，这并非一汽集团的特殊问题，相关研究认为国有企业的经营环境和内部惰性，导致它们的创新活动面临天花板效应，而民营企业则容易突破创新的内外瓶颈（江诗松等，2011）。

产品的微妙关系、在企业和产品之间分配核心资源等诸多问题，依旧是重组后未完成的任务。

上述经验事实表明，本章模型分析得到的结论对本土“主导”企业的兼并动机和事后行为的解释是基本一致的：由于具有规模、资金和销售渠道的多重优势，一汽集团可以建立更多的合资企业，获得跨国公司的成熟品牌，巩固自己已有的市场地位，保持比较高的投资收益。但是，由于属下不同企业品牌投放的回报率有着明显的差异，致使兼并后的投资扩张行为会偏离已有的战略设想，自主品牌和自主研发的投资只能退居次位。

2. 丰田公司：重组的大赢家

通过参与天津夏利的业务重组，与一汽集团建立直接的合资、合作关系，实现在中国市场的“追赶”效应，是丰田公司首要的战略目标。“三方”兼并对丰田的影响主要体现在三个层面：

（1）强势伙伴效应。早在20世纪90年代中期，丰田就以建立发动机合资公司的方式进入了中国的轿车产业，为最终进入整车生产，在天津、广州等地设立了几十家零部件的独资或合资企业。但是，由于所选择的合资伙伴——天津汽车和四川汽车的能力有限，丰田的核心竞争力如“精益生产”“模块化”和“协作开发”等无法得到充分的发挥。2002年与一汽集团组建整车合资企业后，一汽的营销网络、部件制造、政企关系等优势资源，在很短的时间内就帮助丰田构建了统一的销售网络和配套体系，为密集的品牌投放和销量增长提供了基础。类似的案例也证明合作伙伴的选择，对跨国公司进入中国轿车产业的绩效有着直接的影响。例如，早期进入的法国标致、美国福特等由于各种原因，与缺乏产业经验的广州汽车和江铃集团建立了合资企业，这些中方参与者缺乏有核心价值的资源，使得合资公司的经营十分困难。一旦更换成强势的中方企业如东风集团、长安汽车后，它们的业绩在短期内就得到了极大的改善。

（2）进入壁垒弱化效应。2001年加入WTO后，中国政府放松或取消了对汽车产业的进入、价格、进口等环节的管制，但是地方政府保护和寡头垄断的市场结构，对新进入者形成了较高的壁垒。与一汽建立合资关系，首先帮助丰田克服了围绕天津地区进行产业布局的困境，将装配和部件制造业务逐渐延伸到四川、吉林、广州等多个地区；其次，借助一汽的影响力将天津华利、四川丰田兼并后，丰田规避了政府对合资企业数目的限制，获得了与广汽集团进行合资经营的机会，将优势品牌渗透到中国经济高速增长的珠江三角洲地区；最重要的是，在"丰田——一汽—广汽"的双边联盟中，丰田的技术、产品、品牌、制造和营销能力，使其能够基于产品线的分配，间接控制一汽集团和广汽集团的利润增长点，掌握着中方企业未来发展的话语权。

（3）纵向控制效应。"纵向控制力"是丰田的核心竞争力之一，也是其海外市场扩张的主要路径。"一汽—丰田—天津"三方重组并未局限在整车制造领域，丰田的后续重组行为，使其在完善产业纵向价值链的同时，也增强了对关联企业的控制力。例如，与一汽在发动机、营销和物流等环节组建的多个合资公司中，丰田基本上都居于控股地位。这些企业的配套或服务对象，不仅覆盖丰田公司参与的整车合资企业，也向中方参与者的自主品牌提供一些关键部件。通过关键部件的平台共享机制，丰田在中国构建了一个金字塔型的生产组织体系，并与一汽集团、广州汽车配套网络产生了复杂的交织关系。这一组织模式不仅增强了丰田与大众通用、日产等跨国公司在中国市场范围内的竞争能力，也限制着中方企业自主品牌发展的路径和能力。

在上述效应的共同作用下，丰田公司从一个中国市场的跟随者，在很短时间内就成为行业的主导企业之一，整车的生产规模能够从 2002 年的不到 3000 辆，增加到 2010 年的近 80 万辆。如果将其控股的电装公司计算在内，丰田在中国的营业收入将超过 1500 亿元，净利润接近 500 亿元。按照品牌的技术来源统计，丰田的可控资产规模位列通用、大众之后，超过了一汽、上汽和东风等本土企业（见表 6.6）。可见，丰田是这一重组行为的最大获益者。

本节对三方兼并的简约模型分析表明，能力是决定参与者在联盟中"话语权"的决定因素。丰田在工厂定位、品牌投放、产业链整合等方面的强大能力和快速决策行为，使其在很短时间内就成为一汽集团的核心之一，丰田高效的生产模式和流程，在为一汽集团提供了丰厚回报的同时，也间接地削弱了一汽集团自主品牌发展的步伐和力度。

表 6.6　丰田公司在中国轿车产业的能力与绩效（2002—2014 年）

时间	品牌个数/个	乘用车销量/千辆	发动机销量/千台	营业收入/亿元	利税总额/亿元	总资产/亿元
2002	1	2	40	17	3	40
2003	2	49	84	72	16	55
2004	2	78	134	128	18	77
2005	7	131	137	257	41	134
2006	10	281	428	581	97	249
2007	11	453	684	722	130	314
2008	12	538	717	735	140	216
2009	21	627	738	1095	250	428
2010	25	798	839	1429	363	450
2011	28	808	640	1452	130	531
2012	26	757	791	1223	310	397
2013	28	863	922	1476	368	557
2014	25	967	975	1314	171	400

注：经济效益指标只统计丰田合资或独资企业中进入行业前 100 的企业数据
资料来源：根据《中国汽车工业年鉴》进行的汇总计算

3. 失意者——天津夏利

夏利既是这一模式中的“被兼并”对象，也是新建企业的股东，这种双重的角色，并未对公司运营绩效的改善提供有力的支撑。下面的分析表明，夏利是获益最少的乃至失败的参与者。

（1）产品线调整和主营业务的困境

兼并重组完成后，借助与丰田共同建立的组装平台，夏利的整车产量在 2005 年一度接近 20 万辆的规模，摆脱了生产规模徘徊不前的境地。但是，在 2005 年到 2010 年中国轿车消费的高增长期，受比亚迪、吉利和奇瑞等本土企业低价策略，和北京现代、东风悦达和长安铃木等合资品牌向下延伸的双重挤压，经营十分困难，主营利润持续亏损。

原因之一是所谓“平台共享”策略。天津夏利和一汽天津丰田实施过混线生产的模式，在同一装配线生产分属夏利和丰田的不同品牌。由于产品属于一个细分市场，存在直接的竞争或替代关系，而夏利品牌和丰田新投放的产品，都使用来自丰田合资或独资企业的配件，为此丰田曾采取数量控制的方式，致使夏利的某些产品一度处于停产状况，将更多的生产能力用于组装威驰、花冠等属于丰田标识的产品（张良，2006）。被寄予厚望的“夏利 2000”，在激烈的价格战中，由于部件供应不足，导致大量消费者转而购买其他品牌。第二个原因是新产品开发投资不足。由于国有企业固有的弊端，使得夏利自主品牌的研发一直落后于奇瑞、吉利等竞争对手，无论是传统的夏利，还是新引进的威乐、威志等，仍旧局限在比较狭小的细分市场中，没有一个规模化生产的车型能够进入所谓黄金排量区间（1.8—2.2 L）。

（2）多元投资与主业“空心化”夏利是新设立的“一汽—天津—丰田”的主要股东之一，也参股了丰田在天津地区的多个配件合资企业。关联投资的初衷是在通过“干中学”获得长期的溢出效应，最终在增强自主品牌研发、制造和营销等环节的竞争力的同时，增加经营的收益，降低从股票市场退市的风险。作为一家严格控制技术和工艺流程的跨国公司，丰田使得夏利不可能参与或接近这些企业核心环节的运作，难以实现近距离学习、节约研发支出、增加溢出因子和协同发展等效应。夏利参与的配套企业，几乎都不涉及新产品研发或新技术的使用问题，能够接触的都是常规的装配和制造技术，对新产品研发能力的提升影响甚微。

丰田的利润转移和财务控制策略，也使夏利的外购部件成本高于同类企业（霍潞露，2008）。分析表 6.7 可以发现，在以整车为主的时期，夏利还能实现主营的盈利，而采取依托丰田的相关多元化策略后，主营业务就陷入了连续的亏损状态，相反来自一汽天津丰田的投资收益却从 2003 年的 3 亿元，持续增加到 2010 年的近 13 亿元。由此付出的代价是整车制造的固定资产投资长期负增长，企业的研发投资也逐年下降。2010 年全部的研究与发展经费只有 3770 万元，而奇瑞、吉利和比亚迪的同类支出均超过 10 亿元，即使以组装业务为主的一汽丰田，在中国本土化研发的投资额每年也在 5 亿元左右。

表 6.7　天津夏利主要经济指标的变化（1996—2015 年）

时间	销售量/千辆	销售收入/亿元	营业利润/亿元	投资收益/亿元	净利润/亿元	流动资产/亿元	固定资产/亿元	资产总计/亿元
1996	88	49.04	7.52	0	5.13	19.46	21.92	42.04
1997	95	57.96	7.81	0.01	5.00	22.82	26.8	55.07
1998	100	56.89	6.67	0.01	4.02	27.48	24.16	56.63
1999	115	60.61	5.68	0.03	4.55	39.93	22.18	66.71
2000	82	45.34	3.38	0.01	2.81	46.59	20.61	72.26
2001	70	34.06	−0.87	0	−0.87	46.71	19.23	73.49
2002	87	41.51	−6.88	−0.98	−8.14	50.45	17.66	75.4
2003	117	53.7	0.36	3.23	3.49	44.12	16.03	74.63
2004	130	55.37	−1.93	2.2	0.29	45.72	17.09	79.82
2005	190	71.05	0.74	2.08	2.6	39.17	15.37	73.68
2006	197	81.18	−1.31	4.45	3.3	33.62	14.41	70.95
2007	180	78.03	−5.59	7.21	2.47	30.49	15.5	69.36
2008	177	72.8	−7.95	8.25	1.00	23.39	24.7	73.51
2009	212	85.67	−7.86	9.49	1.76	27.4	26.62	80.67
2010	250	98.91	−9.96	12.91	3.00	34.05	27.67	90.79
2011	253	99.54	0.63	12.32	1.13	28.7	26.05	91.94
2012	185	75.02	−0.12	12.93	0.38	22.18	35.14	89.94
2013	131	56.24	−6.96	9.73	−4.77	20.63	313.35	81.9
2014	72	32.32	−17.28	4.29	−16.58	13.89	29.79	68.04
2015	65	34.04	−15.46	4.87	−0.19	22.76	13.91	59.04

资料来源：根据《中国汽车工业年鉴》和上市公司一汽夏利年报进行的汇总

上述事实表明,天津夏利参与三方兼并重组后,经营模式和绩效并未发生有效的改善,相反形成了在产品、部件和利润等主要环节对丰田的全面依赖。这种单方面的“嵌入”固然有利于企业短期利润的提升,但长期运作形成的研发惰性,必然使天津夏利在激烈的产品市场竞争中处于劣势,逐步被淘汰。

天津夏利的经营绩效和变化验证了本章的理论结论 2。除了能力不对称的作用外,夏利在企业集团中的地位变化也是应该考虑的重要因素。在兼并前,天津夏利一直是天津汽车集团和天津市汽车工业发展的核心,属于企业组织中的战略决策单位,可以得到企业内外各种经济、社会和政治资源的扶持。兼并后,夏利成为一汽集团的一个分公司或投资公司,在纵向委托代理链中的职能转变为一个决策的“执行单元”,其产品、研发和区位等经营行为,都要服务于一汽集团的需要,而后者的一些重大决策要顾及丰田、大众的战略布局,夏利只能在夹缝中寻找生存的机会。

4. 主管部门与地方政府

“通用—福特—克莱斯勒”“丰田—日产—本田”和“现代—大宇—起亚”式的寡头垄断结构,一直是中国政府制定汽车产业政策的模仿目标。例如,1994 年颁布的《汽车工业产业政策》就提出通过引进外资的方式“实现大批量生产、集约化经营、2—3 个集团主导”的结构,以解决汽车工业“散、乱、差”的局面。中央、部门和地方政府之间的利益冲突,特别是地方政府追求汽车工业 GDP 效应的动机,使得产业组织结构难以得到优化。2001 年加入 WTO 后,跨国公司和本土新企业的大规模进入,使结构缺陷和矛盾显得更加突出,行业主管部门出台了诸多政策,以鼓励企业间的“兼并重组”。汽车制造一直是天津市的支柱产业,受外资和内资品牌激烈竞争的冲击,以及“日本大发”和丰田新产品策略的制约,2002 年前后,夏利的轿车业务成为地方财政的一个沉重负担。如前所述,FAW 作为国家政策极力扶持和保护的重点企业,也希望收购天津汽车集团的相关资产和业务,以扭转在自主品牌和经济型轿车领域的落后状态。日本丰田控股大发集团后,也在天津形成了具有一定规模的部件制造体系。地方政府“甩包袱”、一汽集团“争底盘”、丰田公司“换伙伴”、中央部委“促整合”等动机不谋而合,在很短时间内就促成了“一汽—夏利—丰田”战略同盟的形成。

作为当时规模最大、参与者最多的企业间重组，“一汽—丰田—夏利”的初步成功，也强化了管理部门对“整合企业”的偏好。从2003年开始，中央部委和相关的地方政府，先后促成了“上汽—南汽”“长安—昌河”“广汽—长丰”等整车制造企业的合并。这类行为直接提高了产业的集中度，截至2010年，40家轿车企业的产出集中度CR4、CR8分别提升到60%和80%，前十家企业集团的市场占有率超过75%（见表6.8）。但是，主导企业在自主产品的研究开发投入、生产能力配置等方面，仍滞后于规模中等的本土企业。通过原有或新建的合资企业，不断引进跨国公司的成熟产品和有影响力的品牌，还是这些企业集团利润的主要来源，只不过从原来的“单一外资、单一品牌”转化为“多个外资、系列品牌”而已。

相关的实证分析也发现，政府干预和外资参与并不是鼓励自主创新的有效途径（江诗松等，2011）。例如，在一汽收购夏利、引进丰田的同时，民营

表6.8 整车领域的主要兼并重组事件

时间	主导企业	被兼并企业	跨国公司	部门与地区	规模与能力（2010）	
					资产/亿元	产量/万辆
2000	东风集团	江苏悦达	韩国起亚	工信部、湖北、江苏	3136	266
2002	一汽集团	天津夏利	日本丰田	工信部、吉林、天津	1725	257
2003	比亚迪	西安秦川	日本铃木	深圳、陕西	95	52
2007	上汽集团	南京汽车	英国罗孚	上海、江苏	3917	362
2009	长安集团	哈飞、昌河	日本铃木、法国PSA	工信部、航天局、重庆、江西、黑龙江	902	238
2009	广汽集团	长丰集团	日本三菱	工信部、广州、湖南	742	72

资料来源：根据《中国汽车工业年鉴》进行的不完全整理

企业比亚迪电子以资产转让的形式，获得了西安秦川机械厂轿车生产的资质和装配能力，将自己在电子产品外包加工中形成的劳动密集模式，移植到轿车的生产、销售中，果断放弃了对日本铃木技术、工艺和产品的长期依赖，将核心资源集中于自主产品的研发。在较短的时间内，比亚迪就超越了天津夏利这一主要的竞争对手，不仅成为微型和经济型轿车的主要制造企业，还是电动汽车领域的领先者。天津夏利却从一个“早期进入者、知名品牌的生产者”，逐步衰落成为一个边缘化企业（见表 6.9）。

表 6.9 天津夏利和比亚迪两类重组的绩效比较（2001—2015 年）

时间	比亚迪				天津夏利			
	生产量/辆	品牌数量/个	销售收入/亿元	利润率/%	生产量/辆	品牌数量/个	销售收入/亿元	利润率/%
2001	5345	3	2.31		51019	5	35.84	14
2002	16500	3	6.21	8	89921	4	40.15	3
2003	20080	3	6.77	6	117186	6	51.94	14
2004	17245	3	4.01		130506	8	55.05	9
2005	11236	3	5.83		192964	7	66.45	15
2006	60135	3	31.56	23	201663	7	74.91	15
2007	100376	4	45.91	27	183649	8	64.21	7
2008	192971	5	89.1	22	172369	8	62.30	6
2009	427732	19	216.17	28	214517	11	73.75	5
2010	518070	16	221.93	24	250456	9	83.06	3
2011	449861	21	230.29	22	253631	8	81.62	3
2012	455444	25	235.18	18	181305	9	59.12	2
2013	511403	17	263.47	18	129025	9	44.78	−3
2014	433718	31	270.89	19	69947	11	25.25	−19
2015	446885	28	406.55	24	62233	5	27.90	−19

资料来源：产量和品牌的数据根据《中国汽车工业年鉴》整理而得，收入和利润率数据来自上市公司的财务报表（只计算整车制造业务）。与表 6.7 不同，该表只计算了夏利名下品牌的产量，并未统计夏利组装的丰田产品。

本节总结

现有的研究注重兼并重组对公司股东价值、股票价格和公司回报率的影响,很少分析兼并后的经营活动和各个参与者的实际绩效。本研究以跨国公司的直接或间接参与下的轿车产业水平兼并为背景,构建了一个三方兼并重组的理论模型,论证了“本土主导企业、边缘企业和跨国公司”的能力和动机差异,对后续整合行为的影响机理所在。通过对“一汽—夏利—丰田”战略联盟的经验分析,本章发现跨国公司主导下的重组行为,表面上虽然满足了本土主导企业发展自主品牌、弱势企业扭转经营亏损、政府提高产业集中度等要求,实际上却付出了本土企业自主创新的投资或能力下降,品牌和技术双重“空心化”以及跨国公司产业控制力增强的代价。本节基于三方兼并重组理论模型分析和对“一汽—丰田—夏利”三方重组进程和绩效的微观考察,得到的主要结论有:

首先,能力不对称和动机差异约束下的战略联盟,并未实现“多赢”的预期效果。中方参与者的初衷是以合资企业为联盟的核心资源,通过近距离的模仿性学习,为自主品牌的发展积累过程创新和产品创新的知识。案例研究表明,对外资品牌、工艺和关键部件,特别是高赢利能力的依赖,只能增加联盟的生产规模,但会使本土参与者产生创新的惰性。

其次,寻找本土优势企业建立合资企业,是后进入的跨国公司实现赶超战略的有效路径。本土主导企业以往的合资经验、销售渠道、部件体系,特别是对政府资源的调动能力,可以帮助外资降低进入壁垒。相反,本土弱势企业加入外资主导下的多方同盟,其价值在于为跨国公司和本土强势企业的能力整合或战略调整提供一定的补充,无法维持原有相对独立的经营体系,在集团内和企业间产品竞争加剧的背景下会处于边缘化的境地。

最后,政府对企业重组、合并或合资战略的多方面干预,无法对本土企业形成自主创新的强大压力。产业集中度的增加和外资控制力的增强,反而会压缩本土中小企业自主创新的空间[①]。

这一案例研究的意义并不局限于对直接参与者战略目标和实际绩效的评价,还具有一定的理论价值。

第一,本研究对兼并重组理论的一个潜在贡献在于,对兼并前后不同参与者产品市场长期经营业绩的动态比较发现,能力不对称既是差异化动机的参与者组建互补性战略同盟的资源基础,也是导致参与者实际收益偏离预期的因素之一。

第二,本研究还发现,进入模式、伙伴选择与转换是影响跨国公司进入新兴市场的重要因素。进入政府主导和不完全开放的中国汽车产业时,外资也有一个学习和探索的过程。与一个熟悉本土市场运作、受政府保护的本土企业进行合作,即使付出股权比例、公司治理或收益分享等方面的代价,也比与一个无法提供这些资源的弱势参与者合作,更能帮助跨国公司积累在中国市场的经验和能力。跨国公司在获得联盟的实际控制权后,与本土企业建立的水平和纵向网络,就成为其在全球范围内配置资源的重要一环。

第三,本研究显示,弱势参与者期望通过战略同盟,获得跨国公司的核心能力和资源,进而实现所谓赶超战略,是一条高风险的路径。这一发现也验证了汽车产业中许多兼并重组案例失败的原因,在于下游竞争关系的存在,会逐渐消耗参与者知识、能力和资源等要素协同运作产生的正外部性。

本研究还具有一定的企业战略和产业组织政策含义。对本土轿车主导企业经营实践的启示是:单纯依赖兼并、重组、合资等外延式的成长并不是提升规模和核心竞争力的有效模式,反而会产生对外资品牌、技术和其他资源的长期依赖,无法摆脱产业和产品双重空心化的困境;对本土边缘性企业而言,通过合资经营只能在短期内缓解市场竞争的压力,而财务绩效的改善,会诱使其减少对自主品牌开发的投入和经营,参与战略联盟的初始目标会被扭曲。

政府主导和参与是汽车产业兼并重组的一个重要特征,有关政策的制定者只关注市场集中度或大型企业集团市场势力的提升,在全面开放的背景下,

---

① 2010年以来政府主导的“长丰—广汽—三菱”“长安—昌河—铃木”等资产重组,导致长丰汽车与其主要竞争者长城汽车产销量的差距从2005年前后的不相上下,萎缩到后者的十分之一(2012数据),昌河汽车和长安集团之间关于生产资质的争夺,使得昌河在两年多的时间内处于近乎停滞的状态,最后选择脱离长安集团,转而与北汽集团合作。

仍旧将合资企业作为“技术换市场”的一个主要平台，通过税收、土地、股权等方面的优惠政策，扶持所谓大型企业集团的发展，付出的代价必然是产业和企业两个层面对外资的依赖。

应该指出的是，轿车产业特殊的治理结构和政府管制模式，使得单个案例的发现很难上升到理论假说的层次。未来的研究将通过搜集多个相似案例的数据，构建相对规范的理论模型，对多方兼并重组行为的动因、机理和绩效进行面板数据的计量检验。

第三节　多重不对称、存续模式与目标企业的绩效①

一、问题的提出

兼并收购是现代企业成长与发展的最重要途径之一，这一特点在规模经济、范围经济明显的能源、制造和信息产业中尤为突出。并购决策与事后绩效受公司治理、股价波动和产业结构等多方面因素的共同影响，一直是公司金融、产业组织和财务管理等学科持续研究的热门话题，这也使得研究的发现或结论随着时间、样本和计量方法的不同，呈现出多样化乃至前后相互否定的现象，这一特点在并购绩效影响因素的分析上尤为明显。既往研究过多关注并购方式、资本市场反应和股东价值，而对并购双方不对称的制度性因素、存续企业的重建模式以及它们与经营绩效的关系缺乏量化分析。本节基于我国汽车产业的并购案件所建立的面板数据，从并购双方之间的能力和体制不对称、并购方式与存续模式、市场机会与竞争程度等三个维度，揭示它们和目标企业经营绩效的内在关系。

本节的研究动因之一：目前各级政府和行业主管部门倡导并扶持企业之

① 本节的主要内容以《多重不对称和重建模式对目标企业经营绩效的影响》为题，发表在《财经问题研究》2019 年第 11 期。

间的兼并重组，以实现供给侧结构性改革中“去产能、去杠杆、去库存、降成本、补短板”等目标，这类合并还具有政府主导或“拉郎配”的特色；这种方式在汽车产业政策的实践中曾多次出现，如果能够对以往并购行为的实际效果进行规范的研究，至少可以为干预方式的完善提供有益的参考或建议。

研究动因之二：基于公司 Q 值或者公司股东累计超额收益率（CAR）为绩效代理变量来分析兼并收购的绩效时，主要使用公开上市公司的样本和数据，这两个变量只能部分反映并购的短期效应（从几天到 1 年左右），无法真实地显示并购行为与企业长期经营绩效的关系。在本章所分析的汽车产业中，受政府资本市场监管和行业保护的政策所限，大部分主流企业只在 2012 年前后才逐步开展整体上市工作，股价波动与公司汽车经营活动的关系并不密切。同时，根据商务部反垄断机构的统计，与汽车行业相关的合并审查案件一直高居第一位，仅 2015 年就有 43 宗，占比高达 15% 左右，但这些案件涉及的公司大多不属于上市公司，无法基于 Q 值或 CAR 进行实证检验。另外，随着汽车行业整体上市改组步伐的加快，在我国沪深股票市场热炒概念的背景下，股价和经营业绩背离的状况比比皆是，使用 CAR 也只能反应并购行为对股东价值的短期影响，无法分辨出并购前后业绩变化的实际影响因素所在。

动因之三：与其他行业不完全相同，汽车行业目前还是各级政府干预较多的一个领域，合资企业的审批、新建企业的进入与企业之间的兼并重组，都在不同程度上和范围内受到行政干涉，这些干涉本身就是产业政策的实现途径；因此，西方学者基于股东价值最大化、企业利润最大化的并购分析框架，并不适用于分析我国受管制的行业，在借鉴时要重点揭示具有我国行业管制和公司治理特点的因素或变量，为此需要构建新的分析框架。

最后一个动因：以往的兼并分析文献中，绩效变量通常是双方绩效的加总，或者只分析收购者的相关指标，直接分析目标公司绩效变化的文献相对稀缺。这种分析架构不完全适合我国汽车行业，原因在于汽车生产资质在我国还是一种十分稀缺的资源，无论收购者是汽车行业的新进入者，还是已有在位者，都不会在并购后将目标企业注销或使其成为收购方的内部生产经营单位。保留和维持目标公司的独立生产经营资质在获取市场成长机会、地方政府或部门的保护、实现规模经济和范围经济等方面都具有重大价值，因此，目标公司的长期发展是我国汽车行业并购的一个特殊现象，分析目标公司存续方式和绩效的关系就成为判断并购价值的主要依据。

为解答上述问题，本节使用历年《中国汽车工业年鉴》和“中国工业企业数据库”的微观数据，手动汇总成一个包含23家企业、250多个样本的非均衡面板数据。以目标企业市场占有率、资金利税率等经营指标为被解释变量的实证分析发现：①并购双方事前的能力和体制不对称，对不同的经营指标有着差异化的影响，其中“目标企业的行政级别越低，并购后经营绩效相对较差”的结论，与以往研究有明显的不同；②并购后目标企业的存续模式也是影响绩效的一个重要因素，尤其是“母公司资金与品牌注入”的影响甚微、“集团内品牌竞争有利于目标公司绩效改善”和“治理机制失灵”等三个结论，也与经典并购文献的多行业分析结果形成了一定的差别；③就随机前沿技术效率估算而言，并购双方的体制不对称与目标公司事后绩效的关系出现了反转，国有大型企业作为收购方更有利于目标公司的成长，特别是跨国公司作为第三方的参与、更换原有高管和采取职能型组织等行为，都对目标公司的效率提升有十分显著的正向作用。这些发现将对判断我国进入受限制行业中企业兼并重组的长期效应，以特别是完善正在进行的供给侧结构性改革的相关举措，提供十分有益的借鉴和参考价值。

本节余下部分的结构安排如下：第二部分在对相关文献综述的基础上，形成了文章的分析框架；第三部分介绍了我国汽车产业并购的基本状况，提出了实证检验的基本问题；第四部分的研究设计展示了数据整理、变量选择和计量模型设定的原则和方法；第五部分是非均衡面板数据计量检验结果讨论和典型案件的对比研究；最后是全文的总结和实践含义。

二、文献综述与分析框架构建

1. 相关文献评述

现代企业成长和发展的主要途径就是兼并重组，研究兼并的实际效应一直是产业组织、公司金融和治理机制理论的热点话题，实证方面的文献更是汗牛充栋，仅就本章聚焦的绩效变化问题而言，近期的相关文献主要有三类：

（1）交易双方不对称程度的影响分析。Yasser 和 Sudha（2015）的实证检验发现,长期绩效(Q值和超额收益率CAR)与目标企业的规模和非相关性兼并显著负相关,与相关性兼并正相关;Mauizio和Singh(2004)分析了目标公司特质、并购后决策和一体化能力等要素与兼并者资产回报率(ROA)的关系,他们基于美国银行业的计量检验发现,收购者自身规模和目标公司的相对规模则与绩效变化分别负相关和正相关;Sara等(2004)专门研究了企业规模与重组收益的关系,他们发现并购的相对规模与股东回报率只有在小型兼并中显著为正,股东财富在大规模并购中反而会下降;Sheen(2014)发现大企业之间的兼并会导致事后市场份额、品牌数量和项目个数的减少,而大企业与小企业之间的合并反而会使市场份额提升。Maria等(2010)也发现兼并企业的资产规模越大,股东能够从兼并者获得的价值越低;Jens和Kevin(2009)对银行业兼并后策略的计量检验发现,目标公司相对于收购者的规模越大,兼并后公司的资产回报率则会下降,特别是目标公司以往的ROA越高、兼并后的回报率会显著降低。Rikard和Sydney(1999)基于人力资源和组织一体化战略视角所构建的兼并分析框架认为,目标企业的相对规模越大,兼并的潜在收益会越高,并有利于实现协同效应。Cong和Xie(2009)的计量检验也发现收购者的ROA与并购后的绩效正相关,而目标公司的ROA则发挥相反的作用,类似地,双方的杠杆率、Q值对并购绩效的影响也不尽相同。Gerard和Gordon(2010)分析了并购双方的产品协调和竞争关系对绩效的影响,结论是目标公司的相对规模越高,并购后的资产回报率和销售增长率都会显著增加。可见,在不同的假定和条件下,兼并双方的规模及其不对称性对兼并绩效有着完全不同的影响。

(2)并购方式与重建行为。Jun等(2006)认为当美国目标公司的Q值较低时,无论并购者是海外的还是美国本土企业,他们的裁员和拆分行为并没有显著的差异,只有当外国购买者通过新的投资和重组行为实现战略性目标时,才会增加美国目标公司的股东价值。Sheen(2014)直接检验了竞争者之间的兼并对产品市场份额、品牌投放和项目扩展的影响,结果表明市场份额和项目扩展会随着兼并而下降,新品牌数量则会增加,当然这一结果也随着兼并模式、企业间不对称以及市场集中度等因素的介入而有所改变。Jens和Kevin(2009)分析了欧美银行业兼并后策略与绩效的关系,结果发现欧洲银行偏好在兼并后以降低成本增加效率,美国银行则较多使用业务扩张来增加收入。Yoon(1993)只分析了兼并后组织模式选择和管理者激励的问题,虽未考虑模式和绩效的关系,但却发现兼并者相对于目标企业的规模越大、选择母子公司架构的可能性会显著增加,而目标企业的ROA越高时,则会倾向于选择合作模式。产品线或者品牌重建也是获得并购协同效应的主要手段之一,Gerard和Gordon(2010)的研究表明,双方产品的相似程度越高,兼并初期的收入增长率会显著增加,但长期收入增速和"收入-资产"比则会不断下降。

公司治理结构重构和高层替换也是并购后的常见行为。Cong和Xie(2009)认为目标公司和收购者治理机制的差异是决定后续协同效应与绩效的关键要素,其结论是目标公司的相对治理机制优势越强,兼并后的回报率越高。Seung和Kwon(2005)以上市公司存续时间为绩效代理变量进行的计量检验发现,大股东的股权比例和内部人控制都不利于公司存续时间的延长。Matsusaka(1993)在分析混合兼并的动机时发现,留任目标公司的高管可以显著地增加并购后的企业绩效;而Mauizio和Singh(2004)对美国银行业的兼并行为与绩效关系的检验却发现,解雇目标公司高级管理者与并购后绩效显著负相关。

在上述研究中,兼并绩效主要是指股东价值或者股票投资的回报率,较少考虑企业实际运营绩效与并购行为的关系,新近的研究开始填补这一缺陷。Jan和Li(2014)以并购后企业的专利数量为被解释变量的实证研究发现,兼并会导致创新产品的减少;Ranjani等(2004)以市场份额变化为解释变量对医疗产业并购行为的研究发现,兼并是决定不同医院市场占有率变化的主因;Klaus等(2003)指出,在全球范围内,并购有利于增加收购者的利润,但会减少它的销售收入;Joel和Frank(2011)分析了跨国并购与德国目标公司的研发投入和产出的关系,主要发现是外国公司的参与会显著地减少本土目标公司的研发密度,前者也不会将先进技术转移给目标企业。

并购与企业生产率的关系也受到一定的重视。Nakil和Michael(2006)对美国电信业兼并的分析发现,兼并不利于企业全要素生产率(TFP)的增加;Bernad等(2010)对西班牙银行业的计量检验表明,50%以上银行的生产率在并购后得以提升,其余银行生产率的下降则与并购没有显著关系;Donald和Simons(2010)从企业和员工两个层面考察了兼并对绩效的影响,他们发现并购有利于劳动生产率和市场份额的短期增加，但不利于人均利润的提升。

上述综述表明，对兼并后重建行为的研究还局限在公司治理机制调整方面，很少涉及诸如产品发展、资金筹措和竞争策略等微观决策行为，也没有文献深入分析目标公司组织模型变化与经营绩效的关系。

（3）我国企业的兼并重组分析。并购绩效也是国内学者的一个热门研究领域，这里只介绍与本章主题相关的文献。潘红波等（2008）发现，地方政府对企业并购的干预（以市场化指数衡量）有助于亏损企业的绩效改善，但会对盈利企业产生“掠夺”效应；李哲和何佳（2007）认为相对于市场化模式，行政主导型的并购会导致公司绩效持续下滑；翟进步等（2010）通过事件分析法得到的结论则是控股型并购有助于上市公司绩效的改善，即拥有治理结构的话语权会增加整合与协同的效应；邵新建等（2012）对中国企业跨国收购的分析结论是，国有企业发起的以资源寻找为目标的跨国收购会导致其股价上升和累计收益率的增加；李善民等（2004）认为分享目标公司享受的地方政府优惠政策有利于收购方绩效的改善，而目标公司要改善绩效需要通过提升自身能力；陈仕华等（2013）认为目标公司的相对规模越大，股权集中度越高，其被并购后的累计超额收益率越低；在新近的研究中，Liu 和 Zhang（2015）分析中国企业政治关联、政府干预和并购绩效（累计回报率）的关系时发现，虽然前者与绩效之间没有确定的关系，但是给定政治关联后，政府干预越强，并购效率越低；刘莉亚等人（2016）则从收购双方全要素生产率差异的角度，解释了并购行为的微观基础。上述研究的对象都是上市公司，绩效的设定不是公司 Q 值就是股票收益率，没有单独分离出目标公司经营绩效的变化。这些文献都认为“并购后持续整合的力度和方式也是影响绩效的主因”，但沿着这一思路进行实证研究的文献依旧十分稀缺，这也构成了本章的一个研究动因。

（4）汽车行业的兼并收购。汽车行业一直是兼并重组的热点领域，相关分析主要集中在案例比较层面。雅克·夏纳宏（2009）对比分析了“戴姆勒－克莱斯勒”和“雷诺－尼桑”两个兼并案的主要差异和后果，他认为前者绩效不佳的主因是戴姆勒完全掌控克莱斯勒的发展路径，最终导致文化、治理和产品的冲突，不得不以“分手”而告终；相反，“雷诺－尼桑”联盟则基于组织体系的重构和协同，使得尼桑公司的核心资源和企业文化吸收雷诺的多元化模式后获得了长足的发展。Carol（2012）也从领导模式或风格的视角解释了"戴姆勒－克莱斯勒－三菱"失败和"雷诺－尼桑"成功的原因，他发现集体主义导向的企业文化是尼桑的高层能够逐步认可、接受和实施新战略的主因，而克莱斯勒原有高管的个人主义倾向，使三菱公司无法"服从"和执行克莱斯勒以接管者、而非建设者的身份制定的战略规划，即使这些规划事后证明是合意的。实际上，在"雷诺－尼桑"兼并的初期，研究者并不完全看好他们的发展前景，Donnelly 等（2005）认为相对于德国和美国企业之间的合并，法国和日本的企业文化和领导风格的巨大差异，将限制这一跨国婚姻实现所期望的规模、范围和协同效应；Blasko 等（2000）在戴姆勒－克莱斯勒合并的初期就对其潜在问题和绩效进行了预判，他们认为虽然资本市场对这一并购予以积极反应，股东价值也在短期得以提升，但是由于两家公司在产品线、所有权结构和司法环境等方面的显著差异，以国际化运作实现协同相应的目标将很难顺利实现，两家公司股价和市场份额在兼并后两年内不断下降，特别是克莱斯勒公司诸多高管的离职，基本上验证了他们的预期。但是，规模和影响力都很大的汽车行业并购，并未引起产业组织和公司金融实证研究的充分重视，这就使该行业诸多并购失败的教训难以上升到规范的理论层面，不能对行业自身的发展发挥警示作用，也无法将其间有益的启示推广到其他产业。

2. 本节分析框架

在上述研究的基础上，结合中国汽车产业的特征，我们主要从事前不对称和兼并后重建行为两个方面，分析目标公司经营绩效的变化。这一选择的原因有三：一是中国汽车行业兼并重组中参与双方在资产规模、经营绩效、政企关联以及治理机制等方面都存在较为明显的差异，这些差异必然影响兼并后的业绩变化；二是在政府和大企业主导下的并购后重建，涉及的不仅是人员裁减、业务调整等活动，治理机制、细分市场竞争等环节也是影响协同效应能否实现的主因；三是与其他行业的收购兼并不完全一致，中国汽车产业中目标公司在并购后都不会完全"隶属"于收购者所在的企业集团，还是相对独立的法人单位，具有自身的经营目标和战略，这就为单独考察被兼并公司的绩效变化提供了可能。具体的框架如图 6.4 所示。

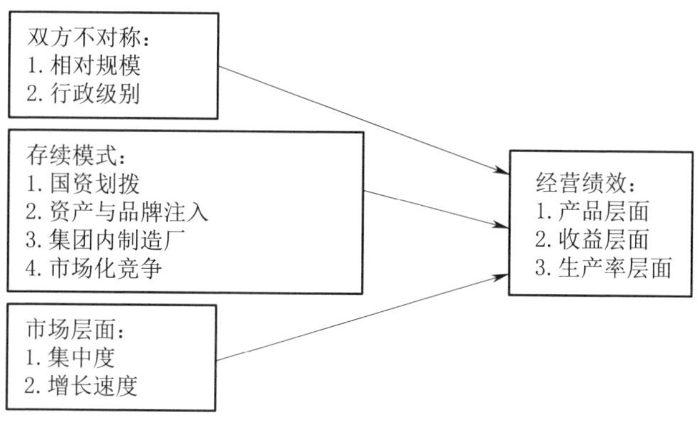

图 6.4　分析框架设定

三、研究的产业背景简述

2000 年至今，我国汽车整车制造领域发生过三次规模较大的兼并重组高潮。第一次出现在我国正式加入 WTO 的 2001 年前后，为了应对汽车行业全方位开放的潜在风险和冲击，提高本土企业的核心竞争力，行业主管部门鼓励国内大企业对一些中小企业进行兼并收购。加入 WTO 后，政府逐渐取消了对非国有企业的歧视性待遇，也鼓励它们通过收购低效国有企业、集体企业的方式参与乘用车市场的竞争。这一阶段典型的并购案件有"一汽兼并天津夏利""比亚迪收购西安奥拓"和"东风汽车参股江苏悦达起亚"等。

2007 年前后，乘用车市场陷入了结构性过剩的困局，加之合资企业在 WTO 后的大幅扩张，本土中小型车企的经营十分困难。为了鼓励一汽、上汽和东风等本土大型企业加快自主产品的发展，在主管部门和地方政府的主导下，相继发生了"上南"合并、长安与航空系重组、广汽收购长丰等重大的并购事件，这一轮的重组活动一直持续到 2012 年前后，随着长丰汽车被剥离出广汽集团、江西昌河退出长安集团、重新加入北京汽车而落下帷幕。

2013 年以来汽车行业的新一轮并购热是围绕集团公司整体上市展开的，主要发生在集团公司与其已经上市的子公司之间。按照《证券法》关于避免同业竞争的要求，广汽、江淮、长安和一汽等大型企业集团，要么通过股票换购的方式，将多个上市子公司合并成一家企业，要么将主营业务置换到上市公司名下，以防止关联交易对其他股东利益的侵蚀。这一轮的重组以股权并购为主，关联交易的特征明显，不属于本章的分析范畴。

我国汽车整车制造企业之间的并购有三个显著特点：一是政府主导和“拉郎配”现象十分突出，在国有企业的所有权配置在不同部门和地方政府的前提下，政府行使股东的权利参与并购无可厚非。国有资产在不同类型企业之间的无偿划拨，可以减少交易费用和环节，有利于并购双方的整合。问题在于，政府的目标与企业对利润的追求会存在一定的冲突，为了提高地区就业量和增加投资额，地方政府会干预并购后的企业运营，使得一些重建举措无法实施。

二是并购双方之间存在多方面的不对称，例如国有企业与民营企业、中央企业与地方企业在受规制的环境中，能够获得的行政资源存在明显的差异，这既会影响它们事前的讨价还价能力，也会决定并购后的努力水平。

三是跨国公司或者合资企业间接参与了收购方或目标企业的重建活动，这也许是中国汽车产业并购中最值得分析的问题。在对跨国公司进入实行模式限制的条件下，不同类型外资企业也试图借助国内企业之手，获取更多的本地化资源和机会，以实现产品和产能的快速渗透和扩张。当然，跨国公司有倾向性地向并购双方提供所需的生产技术、制造工艺和品牌资源，就可以获得对相关本土企业一定的水平和纵向控制权。当然，这种付出也会对本土企业形成一定的溢出效应，有助于目标公司绩效的改善。

本节将通过设定并购双方行政级别、国有资产划拨、母公司资金或品牌注入、跨国公司间接参与等变量，将上述典型化事实进行量化处理后，逐一检验这些变量对目标公司不同绩效的影响程度，从而挖掘我国汽车产业兼并重组的主要特征。

四、研究设计

1. 样本和数据整理

本节从《中国汽车工业年鉴》（1998—2015 年）和万德“并购事件”数据库中，手工汇总了从 1997—2013 年我国汽车制造业并购的微观信息，并将样本限定在整车制造领域以减少多行业混同分析对结论可靠性的影响。由于主流整车制造企业在2010年之前基本上不是上市公司，《中国汽车工业年鉴》只提供有限的绩效指标，无法基于标准的事件分析法衡量并购对股东价值的影响，也未能通过配对模型构造控制组进行横向对比分析，但这些数据可以使我们专注于并购活动和企业实际经营绩效关系的研究。通过剔除那些未完成或存续时间少于两年的并购行为，最终得到了23个案例、250多个有效样本（截至2014年年底）。

这一样本有三个特点：一是囊括了考察期整车制造领域全部的水平兼并事件，弥补了以往研究中将某些兼并案件解释为合资行为的偏差[①]；二是目标企业必须在兼并后继续从事一定时期的整车制造业务，并具有独立完整的治理机制；三是不包括那些重组后资产、品牌被购买方"闲置"的样本，也不涉及那些以获得生产资质为唯一目标的兼并事件[②]。这种数据处理的原则，虽然会损失一定的样本量，但至少可以使分析对象聚焦在整车制造领域，所得到的经验证据就具有十分明确的行业和政策指向性。

2. 计量模型设定与变量选择

本节的样本是一个非均衡的面板数据，被解释变量包括目标企业的产出、市场份额、销售收入、资产回报率和技术效率等多个经营绩效指标，解释变量按照性质和研究主旨可以划分为兼并时双方不对称、兼并后重建模式和行业特征等三类，具体的回归方程可以设定为：

$$y_{it}=\alpha_i+\beta_i X_{it}+\gamma_j Z_{it}+\delta_t M_t+\varepsilon_{it} \tag{6.10}$$

这里被解释变量 y_{it} 就是市场占有率、人均利润等绩效变量。解释变量包括不对称类 X_{it}、重建类 Z_{it} 与市场层面 M_t 的因素，它们的具体含义如下：

（1）因变量（y_{it}）：本节主要分析兼并后目标公司的经营绩效的影响因素，主要包括市场占有率、人均利润、资金利税率、人均产量、品牌投放量和技术效率等指标，其余变量的含义如下：

---

① 例如，一汽四川丰田的前身是四川丰田，一汽通过重组四川汽车集团的国有股份才获得了重组四川丰田的机会，类似的案例还包括广汽长丰、东风悦达起亚，由于重组前的公司存续时间较短，一些研究把后者都界定为新成立的合资公司。

② 例如，浙江吉利集团1997年收购四川德阳监狱汽车厂的股权以取得轻型车的生产资质，吉利集团在2009年收购沃尔沃轿车公司后，将后者的部分产品转移到我国进行生产销售，或者上汽通用收购烟台车身厂等案例中，被收购方要么长期不生产整车，或者没有进入中国市场，相关数据在《中国汽车工业年鉴》中严重缺失。

（2）不对称类解释变量。并购双方在资产和行政资源方面的不对称既能够决定双方事前讨价还价的能力和交易的价值，也对并购能否产生协同效用有着重要影响。

①规模不对称（r-size，Relative Size）：兼并发生年份目标企业总资产和收购企业总资产的对数值之比，规模不对称既会影响双方在交易中讨价还价的能力，也会左右目标公司在新集团中的地位和可控资源。同时，为了和同类文献相比较，本章也使用目标公司的人均资产（K/L）和事前经营期限（pre-age）两个变量。

②所有制或行政级别（tar-adm 或 acq-adm）：这是中国公司治理结构的特有指标。一般而言，国有企业或者行政隶属关系较高的公司，在经营活动中会获得更多的行政资源和地方政府保护，在我国汽车产业的管理体制下，级别高的国有企业会拥有十分宽松的收购目标选择权，但是这些企业的并购行为也会受到各级政府的干预，产生所谓"拉郎配"式的重组。一般情况下，从行业和地方 GDP 或市场保护等目的出发，政府也会以税收、补贴等多种方式帮扶这些"强扭的瓜"。本节以并购双方的行政级别（数值越大、级别越低）在模型中的系数符号和显著性，分析体制性因素对目标企业并购后绩效的影响。

（3）重建类解释变量。兼并后行为和组织模式分析是本节的主要切入点之一，已有文献将重建行为简单地分解为裁员与业务整合，较少考虑公司治理结构、产品投放、资金注入等行为也是重建的必要环节，就本节所研究的中国汽车产业而言，目标企业的重建和存续模式主要包括以下几个方面：

①国有资产划拨（state-allocation）：这是我国企业间特有的一种兼并重组方式，与其他方式相比，资产的接受者可以减少并购成本，将更多的资金用于企业未来的发展。问题是无偿转让往往附带"不裁减员工和不搬迁工厂"的条件，主导者是行业主管或地方政府，因而具有"拉郎配"的弊端，并购双方的后续重组行为也会受制于各种行政干预。

②总经理或董事长更替（ceo-replace）：以往研究发现，相对于留任目标企业的原有高层（董事长或总经理），更替虽然会导致并购绩效的显著下降，但并不能阻止新股东或控制权人热衷替换目标公司的高层。本节中的目标企业之所以处于经营困境，与原有高层在市场、品牌和产品等方面的战略错误或偏差有着直接的关系，并购后被更替也就成为重建活动的第一步。

③并购者是否注入资金(input-cash):这里的资金注入不是指收购者以现金、股权或其他资产取得对目标公司的控制权,而是指收购后是否将母公司的资金划拨给目标公司,用于固定资产、流动资产的投资,也包括是否帮助后者偿还以往债务的行为,以改善目标公司的资产负债表,增强发展的后劲。

④购者是否注入产品(input-brand):产品和品牌资源的不足是目标公司陷入困境的原因之一,在新产品市场竞争激烈的环境下,要获得并购的协同效应,收购方要么将自己拥有或控制的品牌资源转让给目标公司,要么以各种方式扶持目标公司的自主品牌创新,一般不会延续目标公司原有的产品线模式,因此,是否注入有市场潜力的新品牌、新型号和新产品就成为重组的主要环节。

⑤并购双方产品线重叠程度(market-overlap):在企业进入和产品资质受严格规制的环境下,收购者不会主动删减目标企业的产品,加之大部分收购者也在从事整车的生产活动,由此导致二者在特定的细分市场存在一定的交织,这种交织既可能基于生产环节的规模经济或范围经济对目标企业的绩效产生正的影响,也有可能因为价格、质量与品牌之间的直接竞争而影响目标公司的经营效益。

⑥并购双方的组织关系(organ-model):兼并重组必然伴随着组织结构的调整,这就会使得并购双方原有相互独立的组织关联演变成"母子公司""控股子公司""全资子公司"或者"合资公司"等新的模式。组织架构必然会影响目标公司经营决策制定的程序、效率,特别是目标公司在集团中的地位和层级。本节将组织关系设定为一个0-1型虚拟变量,当目标公司以收购方的全资或者控股子公司的方式存在时,该变量就取值为1,而诸如合资、间接持股或者合作等模式就成为参照系。

⑦第三方关联模式(acq-jv):如前所述,跨国公司的间接参与是中国汽车产业兼并重组活动的一个重要特点,在现行的汽车行业合资管理体系中,这些跨国公司只能以十分隐蔽的方式间接参加内资之间的兼并重组。这里的隐蔽包含两重含义:一是由于政府对行业进入与合资方式的限制,跨国公司只能借助合资公司的中方伙伴实施并购战略;二是在本节涉及的大部分并购事件完成后,收购方都会与目标企业关联的跨国公司建立新的合资公司,这些新合资公司的技术、工艺和产品资源也会来自相关的跨国公司,因此跨国公司的参

与也是决定目标公司后续发展机会和能力的因素之一；这一较为独特的现象在以往的实证研究中往往被有意或无意忽略掉。本节使用收购方是否与目标企业关联的跨国公司建立合资公司为 0–1 虚拟变量，分析它相对于技术转让、品牌使用等模式对并购绩效的影响程度。

⑧兼并者在目标公司中的股份比例（acq-share）：这是并购研究必须考虑的主要变量之一。从公司治理和“委托—代理”理论的原理出发，股东在公司的股权比例既决定着其在新公司重建中投入资源和获得收益份额的大小，也会影响其参与公司重建和日常监督的力度，而这些投入和监督活动必然会左右并购的长期绩效。

除了上述变量外，我们还引进了汽车细分市场集中度（log（*HHI*））和市场增长率（growth）两个变量，分别考察竞争程度和需求规模变化的作用。变量的统计描述特征如表 6.10 所示。

表 6.10　变量的统计描述汇总

变量名称	符号	观察值	均值	标准差	最小值	最大值
人均产量	log（*Q*/*L*）	255	4.707	0.873	0.477	6.256
市场份额	share	255	0.012	0.015	0.000	0.081
资金利税率	*ROA*	215	22.337	28.395	−34.360	281.950
人均利润	log（per-profit）	199	5.106	0.644	2.612	6.553
相对资产	relative size	221	0.832	0.098	0.721	1.114
人均总资产	log（*K*/*L*）	231	2.022	0.306	1.026	3.203
早期经营年限	log（pre-age）	255	1.094	0.286	0.477	1.690
目标公司行政级别	log（tar-adm）	255	1.408	0.287	1.000	1.954
收购者行政级别	log（acq-adm）	255	1.228	0.349	1.000	1.954
国有资产划拨	state-allocation	255	0.396	0.490	0.000	1.000
高层替换	ceo-replace	255	0.561	0.497	0.000	1.000
大股东股份	acq-share	255	0.622	0.210	0.250	1.000
职能型组织	organ-model	255	0.416	0.494	0.000	1.000
资金注入	input-cash	255	0.718	0.451	0.000	1.000
品牌注入	input-brand	255	0.525	0.500	0.000	1.000

（续表）

变量名称	符号	观察值	均值	标准差	最小值	最大值
细分市场重叠	market-overlap	255	2.180	3.076	0.000	25.000
收购者合资	acq-jv	255	0.420	0.494	0.000	1.000
市场集中度	log（*HHI*）	255	3.018	0.079	2.802	3.109
市场增长率	growth	254	0.188	0.143	0.008	0.476

五、实证结果分析

1. 并购前后目标公司经营绩效的总体变化

按照并购研究的一般框架，本节首先汇总计算了目标企业的经营绩效指标。如表 6.11 所示，随着时间的变化，各项指标都得到了显著的改善。例如，并购前一年的资金利税率为 8% 左右，在重组当年就增加了 1 倍，5 年后又提升到 25% 以上；人均利润也从事前的不到 5 万元，在兼并后的第 3 年增加到 25 万元。应该指出的是，本节的考察期也是中国汽车行业高速发展的阶段，需求和产能的大幅增加给企业营造了十分良好的获利机会，不能断定这些企业的绩效变化只和并购行为相关，特别是诸如天津夏利、江西昌河以及湖南长丰等多家企业的绩效并未随着重组而有所提升，并购反而是这些企业发展进程中的“滑铁卢”。所以，还需对并购与绩效的关系进行规范的计量检验。

表 6.11　目标公司绩效的变化

绩效指标	前 1 年	当年	第 1 年	第 3 年	第 5 年	第 7 年
利税率 /%	8.234	15.160	14.110	21.440	25.620	31.880
人均产量 /log（*Q/L*）	0.876	0.921	1.035	1.235	1.424	1.576
人均利润 / 元	46013	115017	139908	251310	255073	333697
品牌数量 / 个	3.238	3.000	3.905	5.765	6.933	9.000
市场份额 /%	0.00910	0.00944	0.0101	0.0120	0.0135	0.0187

资料来源：作者根据《中国汽车工业年鉴》（2001—2015）计算而得

2. 目标公司并购后绩效影响因素的回归结果与讨论

表 6.12 汇总了对式（6.10）的估计结果。模型（1）到模型（4）的被解释变量分别是目标企业的市场份额、人均产量、资金利税率与人均利润，由于原始数据缺失，不同模型的样本数有所差异。表 6.12 中非均衡面板数据随机效应估计的主要结果是按照“不对称类”“重建类”和“行业类”进行排列，具体发现与含义分析如下[①]。

表 6.12　目标公司绩效影响因素的回归结果

	模型（1）	模型（2）	模型（3）	模型（4）
被解释变量	市场份额	人均产量模型	资金利税率	人均利润
不对称类变量：				
相对资产 relative-size	−0.0461**	−1.600	−66.40	−1.922*
	（−2.22）	（−1.21）	（−1.16）	（−1.70）
人均资产［log（K/L）］	0.00790***	0.848***	25.72***	0.888***
	（3.24）	（8.52）	（2.37）	（4.65）
早期经营年限［log（pre-age）］	−0.00461	0.742	−32.66**	−0.225
	（−0.68）	（1.34）	（−2.15）	（−0.76）
目标企业行政级别［log（tar-adm）］	0.00208	−1.089**	−17.61	−0.993***
	（0.33）	（−2.22）	（−1.14）	（−3.31）
收购方行政级别［log（acq-adm）］	0.0197**	−0.115	−14.42	−0.162
	（2.31）	（−0.19）	（−0.69）	（−0.42）
重组行为类变量：				
国有资产划拨（state-allocation）	0.0152***	0.296	−1.958	−0.112
	（4.04）	（0.90）	（−0.25）	（−0.79）
高层替换（ceo-replace）	0.00922***	−0.0767	9.369	0.00856
	（2.70）	（−0.25）	（1.28）	（0.06）

① 非均衡面板数据的 Hausman 检验表明，大部分模型不适合固定效应分析，这里只汇报了随机效应的估计结果。

（续表）

	模型（1）	模型（2）	模型（3）	模型（4）
被解释变量	市场份额	人均产量模型	资金利税率	人均利润
大股东份额（acq-share）	0.00603	−0.728	9.697	−0.238
	（0.66）	（−1.33）	（0.44）	（−0.58）
组织模式（organ-model）	−0.00509	−0.440	−25.72**	−0.633***
	（−1.02）	（−1.15）	（−2.16）	（−2.78）
现金注入（input-cash）	−0.00613*	0.0927	−13.87	−0.248
	（−1.77）	（0.46）	（−1.46）	（−1.44）
品牌注入（input-brand）	−0.00108	−0.337***	−6.204	0.00843
	（−0.44）	（−2.93）	（−0.77）	（0.06）
细分市场重叠度（market-overlap）	0.000938***	0.00904	1.040	0.0149
	（4.63）	（1.08）	（1.13）	（1.23）
收购者第三方合资（acq-jv）	0.00883**	−0.167	−4.997	0.0862
	（2.21）	（−0.73）	（−0.48）	（0.47）
市场层面变量：				
集中度[log（*HHI*）]	0.00480	2.933***	36.50	−0.0371
	（0.51）	（7.65）	（0.90）	（−0.05）
增长率（growth）	0.00319	0.238*	−14.86	0.478**
	（0.93）	（1.73）	（−1.02）	（2.21）
常数项（cons）	−0.0162	−6.574***	6.564	7.259***
	（−0.49）	（−3.74）	（0.05）	（3.44）
N	184	184	158	150
r−sq	0.6554	0.5093	0.3802	0.6163
wald chi2	89.90	223.13	38.12	82.60
prob>chi2	0.0000	0.0000	0.0009	0.0000

注：括号内为 z 值，***、**、* 分别代表显著性水平为 0.010、0.050 和 0.10

(1)并购双方不对称变量的影响分析。

①目标企业相对资产(relative-size)的比值越高,被并购后的绩效越差,但只在市场份额和人均利润两个模型中较为显著。这一发现与同类研究的结论并不完全一致,分歧主要源自绩效指标的设定。Hoberg 和 Phillips(2010)的研究方法和指标设定与本节最为相近,他们发现目标公司的相对规模与并购后企业集团的总资产利润率、销售利润率和销量增速存在较为显著的正向关系,但是区分了兼并与收购的方式后,结论则会出现逆转。Hagendorff 和 Keasey(2009)对美国银行业的计量检验表明,并购双方加总的超额回报率(CAR)与目标公司的相对规模呈负相关,Zollo 和 Singh(2004)的多行业综合分析也得到了收购方的绝对规模与事后绩效负相关、相对规模与绩效正相关的结论,但他们也明确指出由此并不能反推出目标公司的规模存在相反作用的结论。Larsson 和 Finkelstein(1999)虽然发现相对规模对并购后的协同效应有着积极的影响,但协同效应的指标是多个指标的加权值;Moeller 等(2004)专门检验了并购中的规模效应,他们也发现收购方而不是目标公司的资产规模与交易价值之比越大,事后的超常回报率越高。这些研究主要以收购方的资产或者支付的并购金额作为衡量相对规模的基础,本节则直接使用目标公司和收购方总资产的比例来计算相对规模,可以避免股票市场交易价值的影响因素较多和波动大的缺陷,也能够反映资产在经营中的实际价值。这一结论与国内学者的多行业分析则保持较高的一致性,陈仕华等(2013)发现目标公司的相对资产规模与其被并购后的总资产收益率显著负相关,且这一结果与并购双方的治理结构无关。

这一计量发现也符合汽车行业经营的实际状况。对资金密集和资产专用型很强的汽车制造产业而言,目标公司之所以被并购,一定是因为其经营陷入困境,那么其资产规模越大,并购后的重组活动将面对更高的不良资产剥离、产品线调整和老旧产品库存消化等成本或支出,加之我国汽车制造企业还处于劳动密集向资本密集过渡的阶段,原有职工转岗、培训或者下岗费用也需要收购方支付不菲的费用,这都会影响目标公司绩效的提升。

②目标企业在并购前的产业内年龄[log(pre-age)]对人均产量之外的其他绩效指标有一定的负面影响,这一结论的成因与相对资产变量(relative-size)对绩效的影响有相通之处:无论是国有企业之间的资产重组类并购,还

是民营经济参与的改制型并购都伴随着冗员的裁减和分流，这会自动增加人均产出，但是并购前的经营期限越久，可能承担的显性和隐性债务、不良资产越多，也会降低收购方后续资金、产能和产品投放的效率，使这些“老大难”企业相对于新近成立的企业难以顺利转型，从而陷入持续亏损和低效经营的窘境。

③目标企业和收购方的行政级别是本章重点考察的变量。表 6.12 的结论表明：目标公司的行政级别（tar-adm）越低，并购后的绩效越差；并购者的行政级别（acq-adm）除了有利于提高目标企业的市场份额外，对其余三个绩效指标均存在不显著的负面作用。应该说明的是，变量行政级别在本节中使用的是国家统计局工业普查的分类指标，该指标越高，表明企业的级别越低，由于国有企业的行政隶属关系与其级别变化基本一致，级别较低的几乎都是集体或民营企业，大型国有企业的行政指数反而越低，因此，这两个变量的系数符号也可以解释为：相对于大型国有企业，级别较低的集体企业或民营企业被并购后的绩效会下降（除了市场份额不显著地微幅增加外），同时，如果收购方是行政级别高的国有企业，目标公司的绩效也不会得到有效的提升。

同类研究主要采取 0-1 虚拟变量区分并购双方的所有制差异。例如，Yang 和 Zhang（2015）在分析中国企业的海外并购时以政治关联界定企业的行政层级时发现，虽然国有企业参与的并购绩效会显著高于其他类型，而一旦考虑企业所在地政府的行政干预力度，这一结果就会出现逆转，即国有收购方的参与反而会降低事后的回报率。这与本节所得到收购方的行政级别变量（acq-adm）在表 6.12 的模型（2）—模型（4）中都为负的含义也是一致的。

④变量人均总资产［$\log(K/L)$］的系数在表 6.12 的四个模型中都显著为正，说明目标企业的绩效与事后的规模扩张正相关，这一结论符合汽车行业规模经济和资金密集的特征。当然，该结论与 Wang 和 Xie（2009）对我国上市公司的多行业计量检验不尽相同，他们发现新公司的总市值、Q 值和负债额等绝对指标都与并购后的销售利润率和资产回报率负相关，即经营效率与企业的规模呈现出相反的趋势。一个可能的原因是，他们所选取的指标都与资本市场对并购的反应直接相关，且没有分离出目标公司的单独绩效，故与本节比较的基础和前提并不一致，这意味着将人均总资产列为自变量而不是因变量具有一定的合理性。

（2）重建类变量的实际影响分析。

①国有资产划拨（state-allocation）相对于股权收购、现金收购等其他兼并模式，会导致目标企业市场份额和人均产出的增加，但不利于资金利税率和人均利润的提高。如前所述，国有资产在并购双方之间的无偿划拨是我国企业改制重组的一种常见模式，其初衷是减少交易和重建的成本。对于汽车产业而言，考虑到国有资产流失的风险和隐患，资产划拨主要发生在不同层级的国有企业之间，较少涉及与民营企业的交易，因此目标企业的治理机制和经营管理体系很难发生实质性的变化，加之政府主管部门的“拉郎配”和软预算约束，也限制了企业重建方式的选择，使其长期绩效不甚明显。如果将国有资产无偿划拨解释为行政主导型的并购，就可以与国内同类研究进行比较。例如，李哲和何佳（2007）发现行政主导的并购会导致收购方经营业绩的显著下降，潘红波等（2008）也得到过类似的结论，只不过后者的绩效指标是短期的股东回报率和公司Q值。

②更换目标公司（ceo-replace）的原有总经理或董事长能够显著地提高市场份额、但与其他三个指标的关系并不明确，这也验证了以往研究中，该变量作用不清晰的普遍结论。例如，Zollo和Singh（2004）对美国银行业兼并的分析曾发现，目标公司高层被替换的比例越高，并购后企业的资产回报率越低，而Matsusaka（1993）对纽约股票交易所制造企业兼并绩效的计量分析却发现，高层留任与目标公司的事后利润率显著正相关。就本节分析的汽车行业而言，企业的经营管理必须保持一定的连续性和一致性，突然将原有经营者替换，会影响消费者、供应商和公司内部人对企业能否稳定经营的预判，加之更换高层必然伴随着组织管理体系和人员岗位的调整组合，这些行为都会增加重建的直接或间接费用。当然，收购方要将自己的经营理念和战略注入目标公司也会从高层替换入手，以减少内部人固有思维的负面影响，在委任新管理层的同时，新的股东或控制人也会从资金、品牌等方面极力予以扶持，这必然有利于目标公司的绩效改善。所以，高层替换在表6.12所示的不同模型中出现的符号差异也是对兼并重组实际状况的合理反映。

③收购方在目标公司中的股权比例（acq-share）高低对绩效的改善没有确定性的作用，这一结果与同类文献的发现存在明显的差异。例如，同生辉和王骏（2015）认为目标公司的综合绩效与国有第一大股东的股权比例负相关，

而与民营第一大股东的股权比例正相关。陈仕华等人（2013）的结论则是目标公司第一股东的比例越高，以股东回报率为代理变量的短期绩效会下降，而使用资产回报率反映的长期绩效则显著增加。通常情况下，控股股东的股权占比越高，它与目标公司经营状况的关联度也会越强，也就有动机将更多的资源向目标公司输送，由此会导致后者绩效的提升。变量股权比例系数符号不明确或显著性不高的一个原因可能与兼并重组的主流方式有关（见表 6.10），国有资产划拨的均值接近 40%，这既会极大地降低收购方的资金成本，也会降低它们对投资回报的追求，进而影响对目标公司重建和发展的各项投入。

④相对于合资或者合伙经营模式，目标公司变成收购方企业集团的全资子公司或控股子公司后（organ-model），其资金利税率和人均利润会显著下降，这种组织模式也不利于目标公司产量的增加。已有的研究很少分析重建后组织模式与绩效的关系，Choi（1993）只检验了兼并后组织模式的选择问题，而不涉及模式与目标公司绩效的关系。公司组织模式对汽车制造企业的经营绩效有着十分重要的作用，一是组织模式会影响收购方和目标公司之间的激励约束关系；二是它也决定着目标公司在企业集团中的地位、职能与获取资源的能力。本节的计量检验结果表明，采取职能型组织模式管理目标公司，在降低后者独立决策权限和职责范围的同时，也使得其长期发展的策略选择只能从属于收购方的战略需要。作为一个还提供独立产品和品牌的汽车生产企业，就无法对市场需求做出及时的反应，也缺乏构建核心竞争力的内在激励，绩效难以得到有效改善也在预期之中。

⑤收购方在事后是否注入资金（input-cash）以改善目标公司的资产负债结构或弥补其资金缺口，对后者经营绩效的作用不明显。同时，收购方直接注入品牌（input-brand）也无法对目标公司的绩效产生有益的影响。注入资金和提供品牌是本章衡量重建方式的重要指标，已有文献很少考虑它们的影响。例如，Kang 等（2006）只分析了兼并后是否裁员和增加投资的影响因素，而对这两个决策与绩效的关系并未深究。就本节的实证结果而言，为什么注入资金和品牌对目标公司的绩效没有产生积极影响？原因之一是收购方向目标公司注入的部分资金被用于安置下岗职工和偿还已有的债务，并未形成新的生产能力；二是大部分的收购方都是“产业空心化”的投资型集团公司，他们向目标公司转让的技术和产品本身就不具市场竞争优势。有些收购方将目标公

司作为组装其产品的基地，使后者失去了发展自有产品和品牌的时机和动因，势必导致长期绩效的下滑。

⑥收购方与目标公司在细分市场的产品竞争或重叠程度（Market-overlap）越高，越有利于后者绩效的增加，但是增加的幅度并不明显，这一发现验证了以往文献的基本结论。Hagendorff 和 Keasey（2009）发现两家银行的业务范围越交叉，合并后新公司的总资产回报率越高；Hoberg 和 Phillips（2010）以“并购双方的行业分类代码是否相近”为解释变量的计量检验发现，双方的产品越相似，后续的利润率和销售收入增长速度越快，且这些效应会随着并购后企业存续时间的延长而增强。这些发现的机理在于，并购双方市场聚焦度越高，越会基于范围经济和规模经济节约生产、销售和采购等环节的交易成本，进而增加销量或销售收入。当然，就本节所分析的汽车产业而言，如果并购双方的市场过于集中，也会引发内部的价格竞争而侵蚀利润，所以该变量的系数对与利润相关的指标并不显著为正。

⑦收购方与目标公司相关联的跨国公司建立了新的合资企业（Acq-jv），虽然有利于后者市场份额的增加，但对其他指标却有着不显著的负面影响。已有分析发现，我国汽车产业的兼并重组案件或多或少具有跨国公司的隐形参与，最常见的模式是：本土收购方与目标公司完成并购后，一般会将与后者有资本合资或技术合作的跨国公司予以剥离，最终实现与相关跨国公司组建新合资公司的目的。当然，为了保障目标公司的利益，也会在新合资公司中给目标公司保留部分股权。对目标公司而言，随着合资或合作伙伴的更换，不能直接从跨国公司那里获取技术和产品支持，就会失去成长的主要技术来源和品牌支撑。

上述计量检验的结果说明，兼并后的重建活动和重建模式对目标公司的一些绩效有着十分显著的影响，也就是说，在分析兼并重组的长期绩效时，考虑重建后的行为有着直接的现实意义，若将这些因素排斥在外，有可能夸大或缩小其他因素的作用，进而使得研究的发现与企业经营实践的需要有所脱节。

（3）市场因素的影响分析。市场集中度［log（HHI）］对人均产量有着显著的正面影响，但对其余指标的作用并不明显或不具有统计意义；同时，市场增速（growth）对资金利税率有着不显著的限制作用，而对市场份额、人均产量和利润则存在不同程度的提升作用。这种差异化的结论在相关研究中也出现过，例如，Sheen（2014）对美国家电产业的并购研究发现，收购企业的市场份额、品牌发展与市场集中度和增长速度都是负相关的关系，Hagendorff 和 Keasey（2009）也发现，银行业的集中度越高，并购企业的事后绩效越低；相反，Hoberg 和 Phillips（2010）却发现在美国家庭用品行业，市场集中度与并购后企业的混合绩效正相关。

本节的考察期是 1998—2014 年，在此期间，我国的汽车产业经历了高速增长和集中度提高的过程，高速增长为目标公司的发展提供了机会，有利于其绩效的改善，而集中度提高虽意味着竞争日趋激烈，但由于大部分目标公司的产品集中在混合乘用车、微型车和经济型等规模急剧膨胀的细分领域，产能扩张带来的收入增加抵消了价格竞争对利润的侵蚀。

上述计量检验表明，除了并购双方的规模、行政级别外，并购的方式、重建的路径以及新企业的组织架构都会对目标公司的经营绩效产生或正或负的影响。由于原始数据和实证工具所限，一些发现并不十分显著和稳定，还需进行更为深入的探讨。

3. 基于随机前沿生产函数的稳健性分析

各级政府和主管部门之所以鼓励和扶持汽车行业的兼并重组，在于期望通过并购提高行业集中度、增强企业核心竞争力和减少对跨国公司的过度依赖，这些目标除了上述的产出、利润指标可以代理外，另一种比较合适的衡量标准就是全要素生产率或者技术进步率。本节的文献评述已经发现，财富创造、股东回报和股价波动等指标只能评判并购行为的短期效应，要深入分析诸如治理机制、组织模式和产品调整等因素是否产生了协同作用，必须以劳动生产率、专利申请量和技术进步等长期性的指标为依据。为此，我们借鉴 Nakil 和 Michael（2006）对美国电信业以及 Siegel 和 Kenneth（2010）对瑞典制造业的研究方式，使用随机前沿生产函数实证检验目标公司的技术效率与主要变量的关系。具体而言，本节将目标企业的人均产量边界设定为“柯布－道格拉斯函数”的形式，并假设目标公司的产业内年龄、双方的行政级别，特别是重组和存续的方式会决定人均产量与最优边界的偏离幅度，即人均产出的技术无效率。鉴于随机前沿模型的设定方法和回归过程已经十分成熟，这里不再赘述（陈强，2010），本章使用 Stata12 软件的估计结果如表 6.13 所示。

表 6.13 人均产出的随机前沿模型估计结果

	模型(1)	模型(2)	模型(3)
人均产出边界			
log(*K*)	0.562***	0.460***	0.422***
	(6.01)	(4.41)	(4.59)
log(*L*)	−0.444***	−0.688***	−0.587***
	(−4.57)	(−6.31)	(−6.51)
t(时间趋势)	0.0247***	0.0259***	0.0319***
	(3.17)	(3.27)	(4.70)
常数项	(0.35)	1.321***	1.047***
	(−0.99)	(3.19)	(2.84)
技术无效率项			
不对称类变量			
log(pre-age)	14.69***		−3.765***
	(3.43)		(−2.25)
log(tar-adm)	17.34***		6.355***
	(4.27)		(4.82)
log(acq-adm)	6.050***		−10.10***
	(3.44)		(−4.08)
重建类变量			
state-allocation		−2.182***	−2.666**
		(−4.22)	(−2.37)
ceo-replace		−1.093***	−3.785***
		(−2.03)	(−3.13)
acq-share		0.37	5.489**
		(0.25)	(2.28)
organ-model		−1.18*	−2.972***
		(−1.76)	(−2.70)

（续表）

	模型（1）	模型（2）	模型（3）
input-cash		0.98	−1.80
		（1.69）	（−1.37）
input-brand		0.04	2.525**
		（0.07）	（2.39）
market-overlap		−0.685***	−1.055***
		（−2.97）	（−2.59）
acq-jv		−2.027***	−9.826***
		（−3.23）	（−4.85）
市场层面变量			
log（*HHI*）	−29.43***	−8.410***	−11.23***
	（−4.28）	（−3.02）	（−3.23）
growth	（3.01）	0.31	2.45
	（−0.90）	（0.24）	（1.36）
常数项	31.3	26.23***	42.13***
	−1.91	−3.14	−3.6
lnsig2v	−2.284***	−2.928***	−2.825***
	（−20.86）	（−14.51）	（−21.88）
极大似然值	−66.6129	−60.6409	−37.2124
样本量	186	186	186

注：括号内为 z 值，***、**、* 分别代表显著性水平为 0.010、0.050 和 0.10

表 6.13 的估计结果由人均产出边界、技术无效率和模型显著性参数等三部分组成，为刻画并购与效率的实际关系，还给出了将不对称变量与重建类变量分别回归的结果，由于表 6.13 和表 6.12 中主要变量的符号和显著性没有重大的差异，这里只基于随机前沿模型的特征予以必要的解释和说明：

（1）人均产出边界。在表 6.13 的各个模型中，总资产和从业人员两个变量，一个显著为正，另一个显著为负，说明总资产每扩张 1%，产出边界至少外扩 0.42%，而劳动投入增加 1% 后，产出边界则会最多收缩 0.68%，即汽车生产具有资金密集而非劳动密集的特征；变量 t 的系数在 0.010 的水平下显著为正，表明在并购后样本企业的年均技术进步率在 0.025 到 0.32 之间，这与表 6.12 中各种绩效指标变化的趋势保持高度的一致性。

（2）技术无效率项。需要说明的是，不对称类变量的系数在表 6.13 所示的模型（1）和模型（3）中都具有高度的显著性，但是随着重建类变量的引入，目标公司的产业内年龄［log（pre-age）］和收购方行政级别［log（acq-adm）］两个变量的符号由正转负，而在模型（2）和模型（3）中，多数重建类变量的系数符号变化不大，为此后续的解释主要以表 6.13 中的模型（3）为主。

对于随机前沿模型而言，技术无效率项中的各个变量不会直接影响人均产出，而是对企业的技术无效率产生影响，由于技术无效率的反面是技术有效率，故这些变量的符号都需反转后再进行解释，即符号为正则技术进步受到限制，符号小于 0 则说明存在积极作用。还应说明的是，随机前沿模型中技术无效率项中各个变量的系数具有边际效应的含义，可以将系数值的大小理解为技术无效率项对自变量 1% 变化的反应程度。基于这些设定，下面只分析几个关键变量与技术效率的关系。

（1）目标公司并购前的产业年龄越长（pre-age），并购后的技术效率越高；它的行政级别［log（tar-adm）］越高，技术效率越低，这一结论与这两个变量对人均产出的直接影响完全一致［见表 6.12 中的模型（2）］；收购方的行政级别［log（acq-adm）］越高，目标公司的技术效率也会显著提高，即国有大型汽车企业集团参与的并购有利于改善被兼并者的技术效率，尽管这种效率变化并不一定全部体现在产出上。

（2）国有资产的无偿划拨（State-allocation）相对于其他模式，能够使目标公司的技术效率增加 2.67%；替换被收购方（ceo-replace）的高层也会使其效率增加 3.78%，但是收购方的股权比例（acq-share）每增加 1%，效率却会下降 5.49%，同时采纳职能型组织模式（organ-model）会将目标公司的效率提升 2.97% 以上。最后一个结果与相关研究对组织模式、激励水平和绩效关系的分析并不一致，例如 Qian 等（1998）认为职能型组织使代理人对外界信息、风险的判断受制于委托人，会产生激励惰性和低效运营。但是对于内部组织严密的大型汽车制造集团而言，发现市场机遇和抵御潜在风险属于集团高层的决策权限，作为子公司或分厂的目标公司管理者，只要协调好与母公司内部起亚部门的“投入—产出”、部件协作关系，就会在生产、制造和销售环节实现规模经济和范围经济，进而提升技术效率。

（3）收购方在并购后与相关的跨国公司组建新的合资企业（acq-jv）能够显著增强目标公司的效率，这与该变量对经营绩效的直接影响不完全相同，也说明控股公司或母公司保持与外资的关联，会在集团内产生溢出效应。但是，如果目标公司的产品与母公司其他品牌的细分市场高度重叠（market-overlap），却会产生抑制效应。收购方投入资金相对于直接注入品牌有利于目标公司效率的改善，也说明目标公司生产经营属于母公司的产品或品牌，对于存在顾客忠诚度的汽车产业而言，会导致顾客对企业和品牌认知的模糊，反而不利于企业的技术效率提升。

市场集中度[log（*HHI*）]每增加1%会使目标公司的技术效率平均提升11.24%，说明激烈的竞争会促使企业层面的技术进步；高速增长（growth）所提供的成长机会，并未导致企业技术效率的改善，说明本土中小型汽车企业还处于粗放发展阶段。

总之，使用面板数据随机效应和随机前沿模型的计量检验表明，并购双方的不对称和重建的模式对目标公司的绩效有着不同程度的影响。这些发现与以公司Q值或者CAR为绩效代理变量的分析结果相比较，可以从更微观，更具中国特征的视角发掘影响并购绩效的实际因素。

4. 经验事实与计量检验一般性结论的比较

长期以来，基于大数据计量检验所得到一般性结论与个别企业实际经营状况之间的明显差异，是兼并重组研究面临的一个重要挑战。这种差异的形成与不同学科研究兼并问题的不同初衷有一定的关系，大数据分析的主要目的是如何从资本市场发掘目标公司的潜在价值和投资机会，案例研究则专注于对特定公司收购策略和发展战略的评估，目的在于完善公司的治理机制和实现并购的协同效应。本节的研究对象都属于汽车制造领域，大多数案件在并购的方式、规模和事后运作方面也比较相近，但兼并后各个目标公司的经营绩效的差异依旧十分明显，并与计量检验的预判也不完全一致，考虑到本节的研究兼具政策和策略建议的作用，有必要从典型个案比较的角度探讨这些异同的表现和成因。

表 6.14 列出了代表性并购案件的基本特点（截至 2015 年）。

表 6.14　代表性并购案件的基本特点（截至 2015 年）

目标公司	收购方	涉及外方	兼并重组方式	事件特征	目标企业经营现状
天津夏利	一汽集团	丰田	股权转让	国有资产划拨	持续亏损，产能极度萎缩
海马汽车	一汽集团	马自达	资产划拨	央企收购地方车企	低效运转，央企退出
郑州日产	东风股份	日产	股权转让	央企收购地方车企	业绩良好，细分市场领先
江苏仪征	上汽集团	无	资产划拨	国资跨地域收购	业绩良好，资质消失
柳州五菱	上汽集团	通用	资产划拨	国资跨地域收购	业绩优良，细分市场主导
南京汽车	上汽股份	依维柯	合并	地方国企合并	业绩一般，领先地位丧失
江西昌河	长安集团	铃木	资产划拨	国有资产划拨	整合失败
西安秦川	比亚迪	铃木	资产收购	民企收购国资	业绩优良，细分市场主导
贵州云雀	青年汽车	富士重工	合资	民企收购国资	整合不成功
吉林江北	浙江通田	铃木	资产转让	民企收购国资	整合失败
湖南江南	浙江众泰	铃木	股权转让	民企收购国资	业绩不稳，品牌丧失
湖南长丰	广汽集团	三菱	股权收购	国资跨地域收购	低效运转，友好分手
浙江吉奥	广汽集团	无	合资	国资收购民企	整合失败，无果而终
河北中兴	宁波华翔	无	股权收购	民企收购国资	整合失败

资料来源：作者根据《中国汽车工业年鉴》（历年）汇总而得

（1）“比亚迪－西安奥拓”收购案。这是业界公认的民营企业兼并重组国有企业的成功案例。2002 年，比亚迪电子公司收购西安奥拓后，实际上也将自己的主营业务从电子元器件向乘用车制造转变。该案件中的西安奥拓早在 20 世纪 90 年代初就获得轿车的生产资质，受管理体制、生产能力和品牌开发等因素的制约，长期处于经营困境或亏损边缘。比亚迪收购国有股东的股权后，改变了主要依赖日本铃木公司技术许可的品牌发展模式，投入巨资进行自主品牌的模仿式创新，在不到 5 年的时间内就将产能和销量提升到自主品牌前 3 的位置。这一并购的结局与本节实证研究结论的异同体现在（以表 6.13 为例）：变量高层替代、组织模式的系数符号与比亚迪的经验比较一致，但是国有资产划拨、市场重叠和第三方合资等变量的一般发现却与事实完全相反。这种反差也从另一个方面说明，在兼并重组后的重建活动中，并购双方的完全一体化相对于保持目标公司的独立地位，更易于提升后者的绩效。当然，比亚迪模式也有一定的特殊性：目标公司所在地政府规划的支柱产业就是乘用车制造，在并购初期就将对比亚迪轿车进入当地出租车市场予以政策倾斜，这显然与被收购方积累的地方政府行政资源和市场保护有着直接的关系。

（2）“一汽集团－天津夏利”收购案。这是一起国有企业之间的收购案，涉及中央和地方国有资产的转移和划拨，加之 2002 年前后一汽集团和天津夏利在所处的细分市场都还具有一定的市场势力，因而行业主管部门希望它们的重组能够产生“叠加”和示范效应。天津夏利进入一汽集团后的经营业绩却令业界和管理层大失所望：作为一家上市公司，曾经连续多年被戴上“特殊对待”的标识，在汽车行业十分景气的环境下，夏利品牌的产量从 2002 年的 15 万辆左右萎缩到 2015 年的不到 5 万辆，2015 年的亏损额超过 15 亿元。显然，表 6.12 和表 6.13 中所得到的“国有资产划拨应该有利于目标公司产量增加和技术效率提升”的一般性发现，在“一汽集团－天津夏利”并购中发生了完全的扭转，但诸如相对资产、早期经营年限、组织模式等变量的系数符号却在很大程度上预判了“天津夏利”的业绩变化。

类似的案例还包括“长安集团－江西昌河”“广汽集团－长丰汽车”，只不过这两起并购是以双方和平分手为结局。截至目前，国有汽车制造企业之间并购较为成功的案例是“上汽－南汽”和“上汽－仪征”，但是对目标公司南汽集团和仪征汽车而言,付出的代价是独立生产资质和原有品牌的逐渐消失,最终只能以上汽集团“装配工厂”的形式经营。上述分析也表明,国有企业之间基于产权划拨进行的并购活动,虽然能够极大地降低交易成本,但只有实现战略目标、市场定位等方面的相互协同后,才能突破各种体制性障碍、实现兼并重组的协同效应。

(3)“河北中兴系列”并购案。在本节的样本中,河北中兴汽车先后被华晨集团和宁波华翔公司收购过,但结局都不甚理想,目前还在与“广汽集团”或东风汽车进行新一轮的兼并重组商谈,具体结果还有待观察。多轮次的并购活动,并未有效地改善河北中兴“低产能、低效益”的经营状况,在其曾极具发展潜力的小型客车和混合乘用车市场中,河北中兴的占有率大幅退缩,从2000年前后这两个细分市场的领先者,滑落到无足轻重的地步。

本节计量检验的一般性结果更难以直接“套用”在河北中兴身上:两次并购的模式几乎都是部分国有资产“零价格”转让,但是原有高层一直没有被替换,收购方出于各种考虑几乎没有向陷入困境的河北中兴注入资金和新产品,致使其生产能力一直在低位徘徊,也就无法享受各级政府多次发展混合乘用车给予的各项政策优惠,现在被长城汽车、柳州五菱和江淮汽车等曾经的弱势竞争对手远远地甩在身后。河北中兴这样的公司之所以还具有并购价值,一个重要的原因,是在中国乘用车进入资质管理的环境下,资质本身就是一种十分稀缺的资源,当收购方的动因聚焦在“壳资源”时,并购后的重建战略或模式就退居次位,目标公司的经营状况得不到有效改善也就在预料之中。类似的案例还包括“广汽集团 - 浙江吉奥”“华泰汽车 - 湖南江南”和“青年集团 - 贵州云雀”等,目标公司在并购后要么处于持续低效的状态,要么随着资质价值的稀释而被收购方所“放弃”。

上述简要的对比分析不在于分辨出计量分析与案例研究孰优孰劣,毕竟计量模型的目的是挖掘影响并购绩效的关键因素与核心环节,案例研究则更加关注分析对象的特定问题,因此,二者的研究结论必定存在一定的偏差。就本章的研究主题而言,对比分析的目的在于避免单纯依赖计量检验来“强化”或“弱化”所选变量对并购绩效的影响程度,从而使得政策或策略建议能够“落到实处”。

本章总结

正在进行的供给侧结构性改革是本章研究最重要的现实动因。为了实现“去产能、去库存”的目标，政府主管部门试图将在汽车产业中实行过的“拉郎配”式重组模式延伸到钢铁、煤炭和电力等总量过剩的领域，例如宝钢与武钢、中国建材和中材集团、中远集团和中国海运、中电投集团和国家核电等企业间的合并已经进入实施阶段，这将对相关行业的组织结构和企业经营状况产生重大影响。问题在于，本节对汽车行业并购、重建模式和绩效的分析表明，只有发挥企业家和管理者在识别产品、人力资源和市场结构等因素方面的基础性作用，并通过市场化的撮合过程，才能确保并购实现规模经济、集约经济和协调效应。政府的主要作用在于减少并购的制度性、体制性成本与壁垒，而不是代替企业寻找并购目标。

并购与存续模式也是决定目标企业乃至并购双方总体绩效的重要环节。协同效应的产生需要一定的磨合期，而在这一阶段，双方的资金、人员、产品以及组织关系的重构就显得尤为关键，汽车行业并购的国际国内经验表明，失败的并购案例几乎都源于未能有效化解并购双方初期的一些冲突，最终演变为双方战略价值和文化理念的深层矛盾，失去了协同效应的潜在价值。因此，通过兼并重组来优化产业组织结构，并不需要刻意构建事前的对称（强强联合）或者不对称（强弱联合）组合，而要重视激励机制、组织框架、产品架构和研发模式的协同和优化，也不能以短期的规模叠加或股价效应判断并购成功与否。

近年来，本土中小型汽车制造企业逐渐走向了一条通过“出售资质、换取生存机会、赢得发展机会”的路径，正如本章的计量检验所证明的那样，这种模式的实效并不显著，一些企业陷入了边缘化、依附化和低效化的窘境。个别企业还因为重组不当失去了生产资质（一汽夏利、湖南江南、贵州云雀、吉林江北等），而在我国汽车产业高速发展的过程中被市场竞争或者集团母公司策略性地淘汰了。相反，像奇瑞汽车、江淮集团等早期的边缘企业，抵挡住了多次并购式扩张的诱惑，从激烈的竞争中脱颖而出，赢得了一席之地。可见，兼并重组只是外延式成长的路径之一，本土自主品牌制造企业的成长还得依靠内涵式发展模式。

本章附录

附录 6.1　戴姆勒和克莱斯勒合并前后的绩效变化

指标	1998	1999	2000	2001	2002	2003	2004	2005	2006
销售利润 / 百万欧元	8583	10316	5213	1345	5829	5686	5754	5185	5517
净利润 / 百万欧元	5221	5230	3480	730	3329	448	2466	2846	3227
每股收入 / 欧元	5.58	6.21	3.47	0.73	3.3	0.44	2.43	2.8	3.16
奔驰车	1.99	2.7	2.87	2.96	30.2	31.26	16.66	−5.05	24.15
克莱斯勒	4.25	5.19	0.53	−2.18	13.17	−5.06	14.27	15.34	−11.18
商务车	0.95	1.06	1.15	0.51	1.76	8.11	13.32	20.93	20.2
从业人员 / 万人	44	47	42	37	37	36	38	38	36
德国 / 万人	23	24	20	19	19	18	19	18	17
美国 / 万人	14	12	12	10	10	10	10	10	9
总销量 / 万辆	358	378	360	325	330	314	349	363	348
奔驰车	93	108	115	123	123	122	123	122	125
克莱斯勒	309	323	305	276	282	264	278	281	265
戴姆勒商用车	49	55	55	49	48	50	71	82	83
全球排名	5（11）	4	5	5	5	5	5	5	8（13）
全球占有率 /%	6.12（2.93）	8.62	7.61	7.24	7.56	6.98	7.22	7.24	3.73（3.01）

资料来源：Michel.Freyssenet，The Second Automobile Revolution，Paris，2009，Palgrave Macmillan Press.pp.328-329.

附录 6.2　若干兼并重组案例的股权结构

典型案例	重组模式	组成主体	股权结构	经营状况（截至 2018 年）	重组时间
江铃－福特	国有上市企业向外资定向发行股票，引进投资、技术和产品	江铃股份	江铃（41%），福特（32%）	业绩良好，细分市场领先	1995 年
青年－云雀	民营资本参股国有企业	贵航青年莲花	贵航集团（44%），青年集团（56%）	经营不良，长期亏损，国资挂牌转让	1997 年
一汽－夏利	国有资产划拨，央企兼并地方汽车制造企业	一汽夏利	江铃（47%），天汽（17%）	经营不良，巨额亏损，资产转让	2002 年
东风－小康	中央企业与民营企业组建合资公司	东风小康	东风集团（50%），渝安科技（50%）	发展良好，细分市场领先者，国有资本增值	2003 年
东风－郑州	集体和外资股份转让给国有企业、央企兼并重组地方汽车制造企业	东风郑州日产	东风汽车股份（51%），东风有限（28%），日产（22%）	业绩一度优良，近期持续亏损，日产退出，资产剥离	2004 年
长安－江铃	央企增资和控股地方国企、注入产品和资产	江铃控股	长安汽车（50%），江铃集团（50%）	业绩一般，持续亏损，引进民营股份	2004 年
长安－昌河	央企之间国有资产划拨和转让	长安汽车股份	长安集团（100%）	整合失败，昌河再次转让给北汽	2009 年
长安－哈飞	央企之间国有资产划拨和转让	长安汽车股份	长安（100%）	哈飞产品转型失败，品牌退出市场	2009 年
广汽－长丰	国有企业吸收合并地方政府控股的上市公司	广汽长丰	广汽（29%），长丰集团（21%），三菱（15%）	整合无效，三方合资企业解体	2009 年
广汽－吉奥	国有企业收购民营企业资产、组建合资公司	广汽吉奥	广汽（51%），吉奥集团（49%）	品牌发展失败，企业长期停产，民营企业退出	2010 年
广汽－比亚迪	国有与民营资本组建合资企业	广汽比亚迪新能源	广汽（49%），比亚迪（51%）	陷入困境，停产整顿	2014 年

本章参考文献

[1][美]巴加特·S和杰弗里斯·R.H:《公司治理经济经济学分析》,北京大学出版社,2010。

[2] 白让让:《纵向所有权安排与跨国公司的纵向市场圈定——基于轿车产业的模型分析和案例考察》,《财经研究》2009 第 12 期。

[3] 白让让:《纵向结构与投入品竞价合谋的悖论分析》,《财经研究》2016 年第 5 期。

[4] 白让让、郄文惠:《跨国公司参与下本土企业兼并重组的长期效应分析——来自"一汽—夏利—丰田"同盟的微观证据》,《产业经济评论》2016 年第 5 期。

[5] 陈强:《高级计量经济学及 Stata 应用》,高等教育出版社,2010。

[6] 陈仕华、姜广省、卢昌崇:《董事联结、目标公司选择与并购绩效》,《管理世界》2013 年第 12 期。

[7] 胡安生:《从合资转为自主创新的战略转折》,《汽车工业研究》2006 年第 6 期。

[8][美]凯丽·西蒙斯·盖勒格:《变速! 中国——汽车、能源、环境与创新》,清华大学出版社,2007。

[9] 李善民、朱滔、陈玉罡、曾昭灶、王彩萍:《收购公司与目标公司配对组合绩效的实证分析》,《经济研究》2004 年第 6 期。

[10] 李哲、何佳:《国有上市公司的上市模式、并购类型与绩效》,《世界经济》2007 年第 9 期。

[11] 刘莉亚、何彦林、杨金强:《生产率与企业并购:基于中国宏观层面的分析》,《经济研究》2016 年第 3 期。

[12] 柳长立:《跨国公司在我国乘用车领域的合资行为特征研究》,《汽车工业研究》2008 年第 6 期。

[13] 路风、余永定:《双顺差、能力缺口与自主创新》,《中国社会科学》2012

年第 6 期。

[14] 潘红波、夏新平、余明桂:《政府干预、政治关联与地方国有企业并购》,《经济研究》2008 年第 4 期。

[15] [法] 让 · 雅克 · 夏纳宏:《全球化与汽车业创新》,尤建新等译,上海人民出版社,2009。

[16] 任荣伟、蒋学伟、路跃兵:《跨国汽车企业在华成长战略》,北京:清华大学出版社,2015。

[17] 邵新建、巫和懋、肖立晟、杨骏、薛熠:《中国企业跨国并购的战略目标与经营绩效:基于 A 股市场的评价》,《世界经济》2012 年第 5 期。

[18] 同生辉、王骏:《中央企业上市公司并购绩效的实证研究》,《中央财经大学学报》2015 年第 5 期。

[19] 王晶:《全球化背景下的世界汽车产业兼并重组研究与经验启示》,《上海汽车》2011 年第 3 期。

[20] 王伟:《我国轿车产业合资经营与发展“民族品牌”》,《汽车工业研究》2008 年第 9 期。

[21] 翟进步、贾宁、李丹:《中国上市公司收购兼并的市场预期绩效实现了吗? 》,《金融研究》2010 年第 5 期。

[22] 詹姆斯 · W. 布罗克(主编):《美国产业结构》(第十二版),中国人民大学出版社,2011。

[23] 赵晓庆:《中国汽车产业的自主创新》,《浙江大学学报》2013 年第 3 期。

[24] 周治平、钟华、李金林:《跨国公司对我国合资企业控制分析》,《财经理论与实践》2006 年第 5 期。

[25] 朱承亮:《中国汽车产业技术进步主要来源——自主研发、技术引进抑或 FDI 溢出》,《工业技术经济》2014 年第 3 期。

[26] Alhenawi, Y., Krishnaswami, S., “Long-term impact of mergers synergies on performance and value”, *The Quarterly Review of Economics and Finance*, 2015, 58(1): 93–118.

[27] Bena, J. Li, K., “Corporate innovations and mergers and acquisitions”, *The Journal of Finance*, 2014, 69(5): 1923–1960.

[28] Bernad, C. Fuentelsaz, L. Gomez, J., “The effect of mergeers and

acquisitions on productivity: An empirical application to spanish banking", *Omega*, 2010, 38(5): 283-293.

[29] Blasko, M. Netter, J. M. Sinkey, J. F., "Value creation and challenges of an international transaction: The daimler-chrysler merger", *International Review of Financial Analysis*, 2000, 9(1): 77-102.

[30] Chen, A. Thomas R. W., "Cooperating upstream while competing downstream: a theory of input joint ventures", *International Journal of Industrial Organization*, 2003, 21(3): 381-397.

[31] Chen, Y. Riordan, M., "Vertical integration, exclusive dealing, and ex-post cartelization", *Rand Journal of Economics*, 2007, 38(1): 1-21.

[32] Chen, Y., "On vertical mergers and their competitive effects", *Rand Journal of Economics*, 2001, 32(4): 667-685.

[33] Chen, Z., Ross, T., "Refusal to deal and orders to supply in competitive markets", *International Journal of Industrial Organization*, 1999, 17(3): 399-417.

[34] Choi, Y. K., "The choice of organizational form: The case of post-merger managerial incentive structure", *Financial Management*, 1993, 22(4): 69-81.

[35] D. Weisman and J. Kang, "Incentives for discrimination when upstream monopolists participate in downstream markets", *Journal of Regulatory Economics*, 2001, 20(2): 125-139.

[36] Donald S. Siegel and Kenneth L. Simons, "Assessing the effects of mergers and acquisitions on firm performance, plant productivity, and workers: New evidence from the matched employer-employee data", *Strategic Management Journal*, 2010, 31(8): 903-916.

[37] Donnelly, T. Morris, D. R. Donnelly, T. et al., "Renault-Nissan: a marriage of necessity", *European Business Review*, 2005, 17(5): 428-440.

[38] Fu, X., "Foreign direct investment, absorptive capacity and regional innovation capabilities: Evidence from China", *Oxford Development Studies*, 2008, 36(1): 89-110.

[39] Gill, C., "The role of leadership in successful international mergers and acquisitions: Why Renault-Nissan succeeded and daimler Chrysler-Mitsubishi failed" , *Human Resource Management*, 2012, 51(3) : 433-456.

[40] Goranova, M. Dharwadkar, R. Brandes, P. et al., "Owners on both sides of the deal: mergers and acquisitions and overlapping institutional ownership", *Strategic Management Journal*, 2010, 31(10): 1114-1135.

[41] Greenlee, P. Raskovich, A., "Partial vertical ownership" , *European Economic Review*, 2006, 50(4): 1017-1041.

[42] Gugler, K. Mueller, D. C. Yurtoglu, B. B., "The effects of mergers: An international comparison" , *International Journal of Industrial Organization*, 2003, 21(5): 625-653.

[43] Hagendorff, J. Keasey, K., "Post-mergers strategy and performance: Evidence from the US and European banking industries", *Accounting and Finance*, 2009, 49(4): 925-951.

[44] Han, S. H. Kwon, Y., "Ownership structure and the survival of listed firms: Evidence from Korean reverse mergers" , *Asia-Pacific Journal of Financial Studies*, 2015, 44(3): 387-420.

[45] Hart, O., Tirole, J., "Vertical integration and market foreclosure" , *Brookings Papers on Economic Activity(Microeconomics)* , 1990: 205-285.

[46] Hoberg, G. Phillips, G., "Product market synergies and competition in mergers and acquisitions: A text-based analysis" , *The Review of Financial Studies*, 2010, 23(10): 3773-3811.

[47] Inderst, R., "Models of vertical market relations", *International Journal of Industrial Organization*, 2010, 28(4): 341-344.

[48] Javorcik, B., "Does foreign direct investment increase the productivity of domestic firms ? In search of spillovers through backwards linkages" , *America Economic Review*, 2004, 94(3): 605-627.

[49] Jeon, Y. Park, B. L. Pervez, N. Ghauri, "Foreign direct investment

spillover effects in China: Are they different across industries with different technological levels", *China Economic Review*, 2013, 26: 105-117.

[50] Kang, J. K. Kim, J. M. Liu, W. L. Yi, S, "Post takeover restructuring and the sources of gains in foreign takeovers: Evidence fron U.S. targets", *The Journal of Business*, 2006, 79(5): 2503-2537.

[51] Kondaurova, I. Weisman, D., "Incentives for non-price discrimination", *Information Economics and Policy*, 2003, 15(June): 147-171.

[52] Krishnan, R. A. Joshi, S. Krishnan, H., "The influence of mergers on firms product-mix strategies", *Strategic Management Journal*, 2004, 25(6): 587-611.

[53] Larsson, R. Finkelstein, S., "Integrating strategic organizational, and human resource perspectives on mergers and acquisitions: A case survey of synergy realization", *Organization Science*, 1999, 10(1): 1-26.

[54] Li, X., "China's regional innovation capacity in transition: an empirical approach", *Research Policy*, 2009, 38(2): 338-357.

[55] Lileeva, A., "The benefits to domestically owned plants form inward direct investment: The role of vertical linkages", *The Canadian Journal of Economics*, 2010, 43(2): 574-603.

[56] Matsusaka, J. G., "Takeover motives during the conglomerate merge wave", *The Rand Journal of Economics*, 1993, 24(3): 357-379.

[57] Nicholas, E., "The incentive for non-price discrimination by an input monopolist", *International Journal of Industrial Organization*, 1998, 16(3): 271-284.

[58] Ordover, J. Saloner, G. Salop, S. C., "Equilibrium market foreclosure", *American Economic Review*, 1990, 80(1): 127-142.

[59] Pepall, L. Norman G., "Product differentiation and upstream-downstream Relations", *Journal of Economics and Management Strategy*, 2001, 10(2): 201-233.

[60] Qian, Y. Roland, G. Xu, C., "Coordinating change in M-form and

U-form organization" , European Center For Advance Research In Economics and Statistics, University Libre De Bruxelles Press, 1998.

[61] Quirmbach, Herman C., "Vertical integration: Scale distortions, partial equilibrium, and the direction of price change" , *Quarterly Journal of Economics*, 101 (1986): 131–47.

[62] Riordan, M. H., "Anticompetitive vertical integration by a dominant firm", *The American Economic Review*, 1996, 88 (5): 1232–1248.

[63] Rosengren, Eric S. Meehan, James W, Jr, "Empirical evidence on vertical foreclosure", *Economic Inquiry*, 1994, 32 (2): 303–17.

[64] Salinger, M.A., "Vertical mergers and market foreclosure", *The Quarterly Journal of Economics*, 1988, 77 (1): 345–356.

[65] Sara B. Moeller, Frederik P. Schlingemenn and Tene M. Stulz, "Firm size and the gains from acquisitions" , *Journal of Financial Economics*, 2004, 73 (2): 201–228.

[66] Sheen, A., "The real product market impact of mergers", *The Journal of Finance*, 2014, 69 (6): 2651–2688.

[67] Stiebale, J. Reize, F., "The impact of FDI through mergers and acquisitions on innovation in target firms" , *International Journal of Industrial Organization*, 2011, 29 (2): 155–167.

[68] Sung, N. Gort, M., "Mergers, capital gains, and productivity: Evidence from U.S. telecommunications mergers" , *Contemporary Economic Policy*, 2006, 24 (3): 382–394.

[69] Wang, C. Xie, F., "Corporate governance transfer and synergistic Gains from mergers and acquisitions" , *The Review of Financial Studies*, 2009, 22 (2): 829–858.

[70] Yang, L. Zhang, J., "Political connections, government intervention and acquirer performance in cross-border mergers and acquisitions: An empirical analysis based on Chinese acquirers" , *The World Economy*, 2015, 38 (10): 1505–1525.

[71] Zhang K.H., "How does foreign direct investment affect industrial

competitiveness? Evidence from China", *China Economic Review*, 2014, 30: 530–539.

[72] Zhang, L., "The knowledge spillover effects of FDI on the productivity and efficiency of research activities in China", *China Economic Review*, 2017, 42: 1–14.

[73] Zollo, M. Singh, H., "Deliberate learning in corporate acquisitions: Post-acquisition strategies and integration capability in US bank mergers", *Strategic Management Journal*, 2004, 25(13): 1233–1256.

第七章
中国汽车产业的自主创新

本书第一章对改革开放以来我国汽车工业发展历程的回顾表明，自主品牌制造企业是以边缘性进入为切入点，经过十余年的激烈竞争，从合资企业主导的市场中获得40%左右的乘用车市场份额，并在国家政策的扶持下，取得新能源汽车产业的局部领先优势。这一进程及其绩效都是值得大书特书的典型化事实，也是中国经济增长奇迹不可或缺的组成部分。一定程度上，如果没有自主品牌的强势崛起，中国汽车产业不仅不可能在2008年金融危机之后实现总量的跃升，还会步墨西哥、巴西等国汽车产业的后尘，长久地成为跨国汽车公司的装配线和销售地。国内学者或者研究机构已经对汽车产业的自主创新进行了系统的分析，但较少关注考虑合资企业主导和集团内品牌竞争两个重要因素在其中的正负作用，为此，本章构建了一个简化的溢出模型，用于解释不同类型本土汽车制造企业自主创新努力的差异，并使用企业层面的数据实证检验了创新模式与绩效的关系。

第一节 自主创新战略与总体绩效

一、自主创新：边缘企业的生存之道到国家战略的演进

改革开放40年来，按照产业政策的主线和自主品牌发展的脉络，汽车产业的自主创新可以划分成三个截然不同的阶段，这些不同阶段的演变规律基本上符合"结构—行为—绩效"范式的内在逻辑和预判，即本土企业的进入会改变固化的市场结构，进而影响各级政府产业政策的价值取向，使行业主管部门意识到发展自主品牌才是提升产业自生能力的唯一正确路径，最终的结果就是将自主创新上升为国家战略。

1. 合资企业主导下的产业发展与自主创新的停滞（1985—1999年）

在1985年之前，我国汽车产业以载货车或运输车为主（见图7.1），仅有的"红旗"和"上海"两个品牌的轿车长期处于时续时断的生产状态，所以当它们的生产企业——上汽公司和第一汽车制造厂分别建立了轿车合资企业后，"上海"牌轿车被终止生产，彻底退出市场，"红旗"品牌的生产规模一直得不到扩大。除了这两个轿车品牌之外，一些被"认定"为自主产品的乘用车

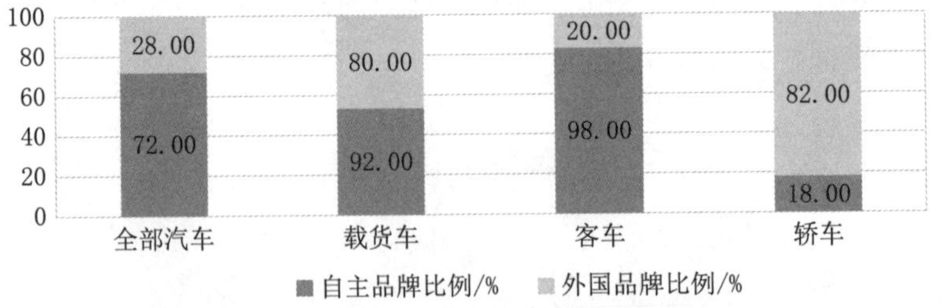

图7.1 2000年汽车产业自主品牌的市场份额[①]

① 李庆文编：《中国汽车产业自主创新蓝皮书》，经济管理出版社，2007，第16页。

品牌，如天津夏利、长安奥拓等实际上是通过技术引进得到的外资产品，并不是严格意义上的自主创新。一些不在“三大三小两微”之列的企业采取模仿、“工程再造”等合资品牌的方式生产所谓的“准轿车”，代表性的企业有安徽奇瑞、哈尔滨哈飞汽车制造公司、河北中兴、长城汽车等，它们生产的某些车型一度在特定地区或细分市场得到消费者的青睐，但是在严格的进入限制和“产品目录”制度下，这些企业没有施展竞争优势的市场空间。

2. 不对称的行业进入规制与边缘性企业的模仿式创新（2000—2005 年）

2000 年前后，为了满足加入 WTO 的基本要求，我国政府逐步放松了对汽车产业的投资和进入管制，特别是在 1998 年到 2003 年国有企业大规模改制重组的背景下，一些民营企业通过兼并收购、借壳的方式得到了从事乘用车生产经营的资质。同时，国务院按照 WTO 协议书的要求，还给予地方政府审批汽车类投资的部分权限，取消了对企业车型生产决策的不合理限制，尤其是 2001 年的三项重大改革（白让让，2006），即“目录制”改为“公告制”、取消国家轿车指导价和大幅降低消费税，从供给和需求两个方面同时发力，为吉利、奇瑞、比亚迪等自主品牌的高速成长提供了良好的市场环境，这三家企业在短期取得的成效，也促使行业主管部门反思“以市场换技术”战略的教训，改变了以往对自主品牌制造企业的歧视性待遇。

3. 自主创新的国家战略与本土企业的全面参与（2006 年至今）

严格地讲，发展汽车自主创新上升为国家战略的标志性事件应该是 2004 年《汽车产业发展政策》的颁布，国家“发改委”发布的这一政策的目标之一就是“激励汽车生产企业提高研发能力和技术创新能力，积极开发具有自主知识产权的产品，实施品牌经营战略”，但是，自主创新和自主品牌战略真正落实到产业政策的具体实践中，并成为本土各类参与者的共识，则体现在 2006 年 3 月第十届全国人大四次会议通过的《中华人民共和国国民经济和社会发展第十一个五年规划纲要》中，这个纲要首次把发展自主品牌作为我国汽车工业在“十一五”期间的根本性问题，明确提出到 2010 年，自主品牌乘用车的国内市场占有率要达到 60% 的具体要求。此后，那些倚重合资品牌的大型汽车企业集团，才彻底改变了对自主品牌发展战略抵制、应付或犹豫的态度，逐渐加大了自主品牌的开发力度（见表 7.1）。这些大型国有企业借助长期合资经营积累的资金、制造、市场和人才优势，很快就推出了多个具有市场影响力的自主品牌。2009 年以来，民营和国有企业两股自主创新力量的交互发展，使得自主品牌的市场占有率持续增加，尽管未能如期实现“十一五”规划设定的 60% 的要求，但在合资企业不断增强品牌投放力度、降低产品价格的竞争环境下，自主品牌乘用车能够维持 40% 的市场份额，也符合本土企业市场竞争力的实情。

表 7.1　国有企业集团自主品牌的发展规划

	自主品牌发展目标（2010 年）
产业层面	大型汽车企业集团应具备接近世界先进水平的自主产品平台开发能力；骨干汽车企业应具备主导产品车身开发及底盘匹配能力；自主品牌乘用车国内市场占有率达到 60%
国有企业	构筑自主发展的平台，建立自主创新体系，形成自主研发能力，提高自主开发产品的比例，成为汽车产业自主发展的主力军
一汽集团	重点发展自主品牌乘用车，2010 年自主品牌产量 100 万辆
上海集团	全面建设自主品牌产品，2010 年自主品牌产量 60 万辆
东风集团	提升并拓展自主品牌产品
长安汽车	坚持“以我为主、自主开发”的方针，2010 年自主品牌产量 75 万辆

资料来源：《中国汽车工业年鉴》（2006）

二、自主品牌的不同发展路径与典型案例

在跨国公司与合资企业长期主导我国汽车产业格局的背景下，本土不同所有制企业发展自主品牌的机会和动因也存在明显差异，所以当自主创新成为国家战略时，这两类企业还是在沿着不同的路径来发展自主产品和技术。权威机构曾将我国汽车产业的创新模式划分为以下四种[①]：①引进、吸收、再创新的“一汽模式”；②模仿到自主的“奇瑞模式”；③以我为主，全方位创新的“长安模式”；④外资产品本土化改进的“上汽模式”。这些早期的模式经过过去十年的市场检验，有些已经被证明是低效或者失败的，有些也结合发展新

① 国务院发展研究中心产业经济研究部等编：《中国汽车产业发展报告（2008）》，社会科学文献出版社，2009，第 219—236 页。

能源汽车的新战略进行了重大的调整，不同模式之间的界线已十分模糊。下面，按照自主品牌在企业集团中的重要性和产品技术来源这两个维度，将自主创新的模式简单地区分为基于“生存之道”的自主模式和双轨运营的“补缺”模式，并展现若干代表性的案例。

1. 基于“生存之道”的自主品牌发展模式

顾名思义，如果一个汽车制造企业的成长、发展都要依靠具有自主知识产权的技术和产品来支撑，失去自主品牌就意味着该企业生命周期的完结，故此定义为“生存之道”的发展模式。按照这一宽泛的定义，该模式中既有比亚迪、吉利、长城等民营汽车企业，也囊括了安徽奇瑞、江淮汽车等地方政府投资的国有企业。在进入汽车产业的初期，它们都曾以模仿某个合资、合作企业的车型或型号为开端，但在获得一定的市场份额和声誉后，很快就放弃了这种低成本的拷贝模式，转而投入大量的资源进行自主创新和开发，即便这种自讨苦吃的方式还曾让它们一度陷入严重亏损的境地，也不曾动摇。

奇瑞在2003年“退出”上汽集团后，放弃了一味模仿桑塔纳的模式，转而从汽车制造工程的基础环节入手，正向开发动力系统，到2008年就形成了三大系列18款发动机的生产制造能力；比亚迪公司在燃油汽车热销的背景下，从2003年就开始研发电动汽车和电池技术，在我国政府2009年提出节能和新能源战略之前的2008年，比亚迪就已经将搭载DM双模系统的F3电动车推向了市场。类似的例子还有吉利汽车的自动变速箱开发、安徽江淮的纯电动MPV研制以及长城汽车SUV的制造技术等，这从另一个方面说明，在跨国公司主导核心技术的背景下，自主创新和自主开发的模式也有市场机会，其成功与否，也取决于企业家对行业技术和市场前景的预判和坚持。韩国现代汽车公司一直坚持相对独立和封闭的汽车技术路线，并在2008—2009年的金融危机之后，依靠自己在高效发动机领域的独特技术，先后超越日本本田、日产，法国雷诺、PSA，美国福特、克莱斯勒、通用等多家公司，在2016年以780万辆的产量位列世界第三，也为我国自主汽车企业的发展提供了一个新的标杆。

2. 大型企业集团自主品牌发展的“补缺”模式

实事求是地讲，如果没有2004年国家实施的强有力的自主汽车创新政策，或者2012年新能源汽车没有入选国务院设定的七大战略新兴产业的话，大部分国有汽车企业集团的自主创新和自主品牌经营仍将处于缺位、滞后或者以“合资自主”来应对的状态。这背后最重要的原因就是这些集团的生存主要依靠合资企业的产品销售来维系，发展自主品牌既会产生内部“蚕食效应”，还会面临产品开发失败的经营风险和损失。只有来自主管部门的考核要求和政府政策的强大压力，才能使这类企业走上自主创新之路。

实际上，相对于比亚迪、吉利、奇瑞等各项资源都匮乏的边缘性企业，上汽、一汽、东风等国家认定的主导企业，更有机会和能力较早地进行自主品牌的开发，长安汽车在2010年前后的巨大成功就是一个鲜活的案例。1993年，长安公司与日本铃木设立的合资企业，主要生产奥拓系列微型汽车，2003年又与美国福特公司合资设立“长安福特马自达”，将福特公司几款主要车型引进我国生产销售。2012年，该合资公司分拆为“长安福特”与“长安马自达”两家独立的企业。尽管这些合资公司给长安汽车贡献了绝大部分的销售收入和利润，但从设立合资企业伊始，长安汽车一直没有放弃自主品牌的发展与创新，并形成了“以我为主”的自主创新体系[①]，即在与外资合资合作的过程中，利用对方的资本、技术和知识资源，并在全球投资近10亿元，建立了多个独立的研发中心，服务于自身的产品和品牌经营。相反，具备同样优势和资源的一汽、上汽和广汽等大型汽车集团，要么采取购买跨国公司现有技术和车型知识产权的方式发展自主品牌，要么将下属合资公司的成熟产品包装为自主品牌进行生产经营，形成对合资企业新的依赖，难以走出独立发展的道路。2017年以来，我国汽车市场的总量增长速度从趋缓变成下降，加之在新能源汽车领域的战略滞后，这些“拿来主义”导向的自主开发模式遭受了更大的冲击和损失。

三、自主创新的绩效与困境

汽车产业自主品牌的发展和成功，不仅体现在产量和占有率的提高上，其

---

① 国务院发展研究中心产业经济研究部等编：《中国汽车产业发展报告（2008）》，社会科学文献出版社，2009，第228—230页。

重要的贡献还在于促使本土企业建立了一个相对独立的产业链，进而为新能源汽车战略的实施提供了工艺、人员和市场基础。当然，应该清晰地意识到，虽然从2009年开始，我国汽车的总产量和总销量就跃居世界第一，美国、德国和日本等传统汽车制造大国与我国在总量上的差距也愈拉愈大，按照国际汽车工业联合会（OICA）的统计，2018年我国的汽车总产量为2900万辆，已经超过这三个国家的总计（美国、日本和德国本土产量分别是1100万辆、970万辆和560万辆）。问题在于，如果按照品牌的归属来统计和排序，我国还没有一家企业能够进入世界前十之列，2017年，上汽集团以280万辆排在第12位，比第十位PSA的360万辆少了80万辆。同年，吉利汽车虽以190万辆名列第15位，比2016年的20位前进了5名之多，但如果扣除沃尔沃的产量，吉利公司在世界的排名还在20名之外。更加严峻的挑战在于，在全世界前50位汽车制造企业中，我国占据了24席的位置，但它们的产量之和（2016年）仅比第一位的日本丰田多100万辆，按照乘用车口径计算还远远少于韩国现代的750万辆。大而不强、集约化程度不高、缺少世界级企业和品牌等问题依然十分明显。

1. 汽车自主创新的总体绩效

我们以狭义乘用车（只包括轿车、SUV和MPV，没有交叉乘用车）为例，说明自主创新如何改变本土汽车企业在这一领域的落后地位（见表7.2）。按照产品的技术来源计算，1995年之前，由于红旗牌和上海牌处于停产、半停产的状态，自主品牌主要是夏利、奥拓等技术许可方式组织生产的产品，

表7.2　自主品牌乘用车（狭义）的产量与比例

年份	产量/万辆				比例/%				品牌数/个		
	全部	合资	自主	合作	合资	自主	合作	本土合计	合资	自主	引进
1995	32	24	0	8	75	0	24	25	7	1	4
2000	61	50	2	9	82	3	15	18	16	4	10
2005	297	206	48	43	70	16	14	30	97	26	28
2010	1124	727	326	41	65	29	4	33	263	170	29
2015	1999	1302	644	52	65	32	3	35	416	288	73

资料来源：《中国汽车工业年鉴》（1996—2016）

2004年《汽车产业发展政策》提出自主创新战略后，真正意义上的自主品牌才得以高速发展。产量从2000年的2万辆，猛增到2005年的50万辆，2015年的产量更是比2005年增长了10倍以上。如表7.2所示，1995年只有红旗一个“纯自主”品牌，到2015年自主品牌的数量就有288个。这其中既有比亚迪、吉利和奇瑞等一般意义上的自主品牌，还包括上汽荣威、广汽传祺、一汽红旗等大型国有企业集团开发的新产品。

自主创新战略也使一些企业从边缘走向竞争舞台的中央。浙江吉利没有满足于自主品牌前三名的位置，借助2008年金融危机带来的并购机遇，从美国福特公司手中取得瑞典沃尔沃的控股权后，不仅获得了沃尔沃先进的制造技术和成熟产品，还通过与吉利原有研发、制造体系的相互融合，最终使这一不被业界看好的并购取得了双赢的佳绩。比亚迪汽车一度位列自主品牌燃油汽车的第一位，但是从2014年开始，逐步将原有的“双驱战略（燃油与新能源）”调整为纯电动汽车为主导的发展模式，并围绕具有自主知识产权和竞争优势的主打产品“锂离子电池”，构建了一个全新的“电动、电驱和电控”体系。不仅年度产销量一直位居我国新能源汽车的第一位，还开始向一些跨国公司提供自身电动车生产技术和配件。

2. 自主创新的困境

总体市场占有率的增加并不能掩盖汽车自主创新的结构性矛盾或者短板。企业的经营状况对经济周期和产业政策的依存度较高，技术、产品和管理等方面创新的协同效应还未得到充分的释放，加之整个汽车产业正处于新旧技术、产品和模式的转型过程中，创新既有风险，也有不确定性。这些问题交织在一起，增加了中国汽车产业基于创新实现由大到强转换的难度。具体而言，我国汽车产业自主创新的不足或困境体现在以下几个层面：

（1）产业规模大，企业国际竞争力弱。一个规律性的现象就是，2009年之前，世界汽车工业大国的发展历程显示，当一个国家汽车产量位居世界前列时，该国也应有汽车制造企业进入世界前十名。如果说，美国的三巨头通用、福特与克莱斯勒能够长期居于前列，有内部市场规模支撑的话，日本、韩国、法国、意大利等国家在汽车产业崛起之际，丰田、现代、雷诺和菲亚特等公司能够名列前茅，就与其国际竞争力有着直接的关系。我国汽车产业的发展则打破了这一规律：从2009年产销规模位居世界第一至今，还没有一家中国汽车制造企业能够进入前十，一个最重要的原因就是国际竞争力较弱或者出口规模相对较低。权威机构的量化分析表明，我国汽车整车的出口量一直在 100 万辆以下徘徊，且出口车型以低端小排量车为主，目的地以非洲、南美、中东的不发达国家为主，少量进入欧美日等发达国家和地区市场的品牌，也都是合资企业在我国装配生产后的“返销品”。[①] 竞争力缺失的原因还在于企业层面的规模不经济（见表 7.3），即使在国内市场，自主品牌制造企业或工厂在规模经济方面与合资企业依旧存在明显的差距，如果考虑到本土企业资本和人力资源投入上的劣势，二者劳动生产率的差距将更加显著，走出国门依旧面临更多的考验。

表 7.3　乘用车领域自主与合资品牌的结构与规模分布（2017 年）

细分市场	自主品牌				合资品牌				合计/万辆
	企业/个	产量/万辆	单厂规模/个	比例/%	企业/个	产量/万辆	单厂规模/个	比例/%	
轿车	332	239	7	19	25	955	38	79	1194
SUV	444	616	14	59	28	413	15	40	1028
MPV	222	170	8	82	9	35	4	17	205
合计		1025		42		1403		57	2427

资料来源：《中国汽车工业年鉴》（2018）

（2）创新资源的外部化与自主技术进步的动能缺失。在燃油车领域，自主品牌在研发模式、技术路径以及产品质量的稳定性方面与国际先进水平之间也有较大的差距，只不过由于自主品牌还没有在海外与跨国公司面对面地竞争，这些劣势或者缺点还没有得到充分地“曝光”而已。这背后的成因之一就是为了在短期满足消费者对新产品的需求，一些关键部件和制造工艺都源自跨国公司，这固然可以取得全球化资源配置的成本优势或者缩短产品研制的周期，但难以习得和积累创新过程中的默会知识。

（3）产业转型方向的不确定性与企业创新行为的两极分化。2018 年以

① 国务院发展研究中心产业经济研究部等编：《中国汽车产业发展报告（2015）》，社会科学文献出版社，2015，第 68—70 页。

来，我国汽车产业的发展遭遇到一定的挑战，一是产销总量出现幅度较大的下降，这导致企业经营绩效的滑坡，一些缺乏竞争力的企业还陷入了资不抵债的境地；二是随着财政补贴政策的逐年“退坡”，如果没有新的刺激消费和鼓励企业产品创新政策的跟进，新能源汽车产业的高速增长阶段也会被终结。这两个因素的叠加必将影响我国汽车产业的转型升级和结构优化，即在新能源汽车的技术、生产和消费模式还未成型的条件下，如果自主品牌的汽车制造企业减少甚至放弃在燃油汽车领域的“深耕”，就等于将这个在较长时期仍具有造血机能的市场交由跨国公司来掌控；相反，若继续依靠政府的扶持来发展新能源汽车产业，就会限制市场机制作用的发挥，无法培育具有真正国家竞争力的本土企业，汽车产业由大到强的目标也就无法实现。

第二节　本土汽车制造企业自主创新的理论模型分析

一、单向溢出下自主学习的基本模型[①]

质量选择和产品的价格或数量竞争关系，在产业组织理论的早期文献中往往被解释为一个二阶段或三阶段的博弈过程，从而将质量解释为产品市场竞争势态的内生现象，较少关注质量之间的溢出效应或者跟随者的学习激励对竞争均衡的影响。就中国轿车产业而言，由于在研发能力和生产规模方面的巨大差异，一方面，本土企业基本上处于对跨国公司所投放的产品进行模仿性学习的境地，因此后者产品质量的选择就间接决定了二者产品差异化的程度；另一方面，随着古诺数量竞争转变到伯特兰德价格策略，质量与利润之间的关系也会随之改变，会进一步影响跨国公司对产品质量的选择。为理解这一问题，需要对竞争模式与质量溢出、吸收之间的关系进行比较研究。

① 这一部分的内容以《外生单向溢出效应下纵向差异化产品 Cournot 和 Bertrand 竞争均衡的比较研究》为题，发表在《科技和产业》2014 第 10 期，署名白让让、李会。

对于溢出效应与产品市场竞争关系的规范研究源于 Cohen 和 levinthal（1989）的经典论文，他们提出了溢出和学习能力的基本概念，其理论模型和计量检验发现溢出效应和吸收能力对企业的研发密度有着相反的作用。此后，Suzumura（1992）、Jin（1995）和 Rosenkranz（1995）基于多阶段的博弈模型，相继分析了溢出对社会福利、创新的时序与差异化市场均衡、合作研发与溢出内化的选择等问题。后续的研究主要围绕“研发溢出、成本降低和产品竞争”的路径展开，Martin（2002）发现了溢出会导致研发投入降低的“逆向选择”困境；Leahy 和 Neary（2007）则认为学习能力既会提高自身的研发投入，也会降低溢出作用的发挥。

一些文献也分析了价格和数量竞争手段的变化与质量选择或产品定位的关系。Anderson 等（1992）提出了一个“质量选择—市场竞争”的基本模型后，Motta（1993）基于固定成本和可变成本的约束条件，较完整地比较了价格和数量竞争模式下，寡头企业的质量、价格、利润和社会福利，并发现在价格竞争时，领先企业的质量会高于数量竞争的情形，而后发企业则呈现相反的结果。Qiu（1997）发现数量竞争会导致更高的研发投入，但价格和利润在价格竞争时会提高。Symeonidis（2003）的动态模型分析发现，不存在溢出效应时，研发支出、价格和企业的净利润在数量竞争时都会增加，当成本间的溢出作用较弱时，价格竞争会使产量、消费者剩余和总社会福利增加。杨树等（2008）也认为，一般情况下数量竞争相对于价格竞争而言会使均衡质量提高。孙彩虹等（2009）在研究不对称寡头研发合作模式时也指出，溢出与企业研发投入之间存在正相关的关系。Delbono 和 Denicolo（1990）基于线形需求函数和对称寡头的分析证明，在伯特兰德价格竞争下的研发投入会高于古诺数量竞争时的程度，但并不意味着社会福利水平会相应增加。

以轿车产业中企业产品质量间的单向溢出特点为隐含对象，本小节将主要分析这种溢出效应下，跨国公司和本土企业的质量、利润和学习激励在价格和数量竞争模式时的差异，以弥补已有文献只考虑企业间能力相等和溢出对称的缺陷，使理论研究更贴近市场竞争的实际，并对跨国公司产品投放战略的转化予以解释。

1. 模型设定与求解

考虑一个纵向差异化的市场，它由企业 1 和企业 2 构成。二者在产品市场进行价格或数量竞争，但企业 1 作为先行者，首先选择其产品质量，企业 2 在竞争展开前会观察到前者的质量，并进行模仿性学习。与处理此类问题的已有模式不同，质量选择和产品市场竞争不是一个逆向选择的过程，即质量并非最终竞争内生的结果，对价格或数量竞争阶段而言它是外生或固定的。但学习或溢出效应是公共知识，两个企业均知晓溢出函数的具体形式。在 Anderson 等（1992）、Motta（1993）、Cohen 和 levinthal（1989）、Martin（2002）、以及 Tirole（1988）等论文的基础上，本小节将直接使用他们关于纵向差异化竞争的方法和结论，而重点分析溢出效应和方式对两个企业质量选择和利润的影响。

假定消费者的效用函数为 $u=\theta q_i-p_1$，$i=1,2$，这里 θ 代表消费者对质量的偏好，它分布在区间 $[a,b]$ 上，为保障价格或数量竞争时需求函数存在，需设定 $b\geqslant 2a$，且 $a>0$，$b>0$。q 是产品的质量，一般的有 $q_1>q_2$。当市场是不完全覆盖时，对高质量和低质量产品的需求分别是：

$$q_1=b-\frac{p_1-p_2}{q_1-q_2};q_2=\frac{p_1-p_2}{q_1-q_2}-\frac{p_2}{q_2} \tag{7.1}$$

企业的利润是销售收入和质量成本之差：

$$\pi_1=p_1q_1-\frac{1}{2}q_1^2;\pi_2=p_2q_2-\frac{1}{2}q_2^2 \tag{7.2}$$

二者之间质量溢出函数为 $q_2=\alpha sq_1$，这里 α 是企业 2 的学习激励或动机，它处于区间 $(0,1)$ 上。$0<s<1$ 是企业间的产品质量的溢出因子。企业间的竞争和溢出关系如图 7.2 所示。

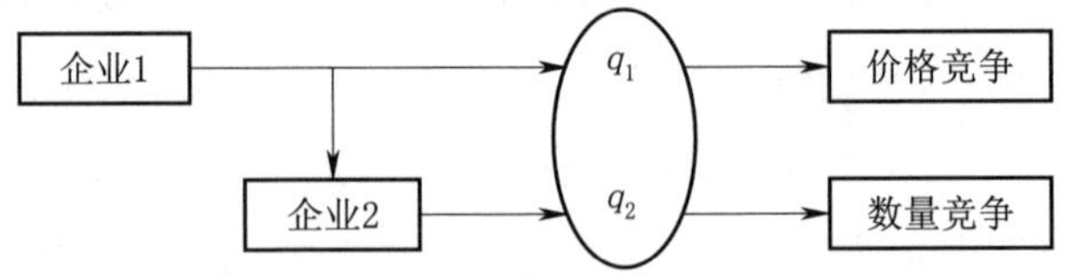

图 7.2　企业间的竞争和溢出关系

（1）伯特兰德价格竞争下的单向溢出效应分析。为简化分析的过程，我们直接采用了标准的纵向差异化竞争的若干结论。就价格竞争而言，由两个企业的利润函数对各自价格的一阶导数可知：

$$p_1=\frac{2q_1}{q_2}p_2;p_2=2p_1-b\frac{q_1}{q_2} \tag{7.3}$$

基于这个价格的反应函数有：

$$p_1=\frac{2bq_1(q_1-q_2)}{(4q_1-q_2)};p_2=\frac{bq_2(q_1-q_2)}{(4q_1-q_2)} \tag{7.4}$$

因此二者的利润可表述为质量的方程：

$$\begin{aligned}\pi_1&=\frac{4b^2q_1^2(q_1-q_2)}{(4q_1-q_2)^2}-\frac{q_1^2}{2}\\ \pi_2&=\frac{b^2q_1q_2(q_1-q_2)}{(4q_1-q_2)^2}-\frac{q_2^2}{2}\end{aligned} \tag{7.5}$$

在第一阶段，企业之间存在质量的溢出关系，将 $q_2=\alpha sq_1$ 分别代入利润方程，企业 1 的决策变量是自身的质量，而企业 2 则是学习水平的选择。对企业 1 而言有：

$$\frac{\partial\pi_1}{\partial q_1}=0\Rightarrow\frac{4b^2(1-\alpha s)}{(4-\alpha s)^2}-q_1=0 \tag{7.6}$$

由此可知：

$$q_1^B=\frac{4b^2(1-\alpha s)}{(4-\alpha s)^2};\pi_1^B=\frac{8b^4(1-\alpha s)^2}{(4-\alpha s)^4} \tag{7.7}$$

基于这一最优条件可得到企业 1 的质量水平与溢出效应、企业 2 学习努力的关系：

$$\frac{\partial q_1^B}{\partial\alpha}=-\frac{4b^2s(2+\alpha s)}{(4-\alpha s)^3};\frac{\partial q_1^B}{\partial s}=-\frac{4b^2\alpha(2+\alpha s)}{(4-\alpha s)^3} \tag{7.8}$$

由于 α，s 都小于 1 且大于 0，那么上面两个导数均小于 0。由此可以发现，在价格竞争的环境下，企业 1 作为领先者，它的质量水平随着产品间溢出效应的增加、企业 2 学习能力的提高而下降。

企业 2 的问题则相对较为复杂，它的决策变量在第一阶段是学习能力或努力水平，这意味着：

$$q_2^B=\frac{4b^2(1-\alpha s)\alpha s}{(4-\alpha s)^2};\pi_2^B=\frac{4b^4(1-\alpha s)^2(1-2\alpha s)\alpha s}{(4-\alpha s)^4} \tag{7.9}$$

利润对学习能力的一阶导数是：

$$\frac{\partial\pi_2^B}{\partial\alpha}=0\Rightarrow4-29\alpha s+52\alpha^2s^2-27\alpha^3s^3=0 \tag{7.10}$$

基于这个隐函数可以得到：

$$\frac{\partial\alpha}{\partial s}=-\frac{\alpha}{s}<0 \tag{7.11}$$

可见在价格竞争的情形下,跟随者的学习努力与领先者的质量和产品间的溢出效应都负相关,其蕴含的微观动机在于,在纵向差异化的市场中,质量的提高在使产品间距离缩短的同时,会引发更激烈的价格竞争,导致最终利润的下降,进而降低跟随者的学习努力。这一发现和双向溢出假定的结论有着明显的不同。

(2)古诺数量竞争下的单向溢出效应分析。由式(7.2)可以得到纵向差异化市场中的逆需求函数:

$$p_1=b(q_1-q_2)-x_1(q_1-q_2)+p_2;p_2=\frac{p_1q_2}{q_1}-\frac{x_2(q_1-q_2)}{q_1}q_2 \quad (7.12)$$

相互代入可知:

$$p_1=bq_1-x_2q_2-x_1q_1;p_2=(b-x_1-x_2)q_2$$

将得到的价格反应函数再带回两个企业的利润方程,并分别对数量求一阶最优条件,就能够建立古诺竞争下的价格、数量和质量之间的确定性关系:

$$\begin{cases}x_1=\dfrac{b(2q_1-q_2)}{4q_1-q_2}\\[2ex] x_2=\dfrac{bq_1}{4q_1-q_2}\end{cases};\begin{cases}p_1=\dfrac{bq_1(2q_1-q_2)}{4q_1-q_2}\\[2ex] p_2=\dfrac{bq_1q_2}{4q_1-q_2}\end{cases} \quad (7.13)$$

将单向溢出函数 $q_2=\alpha sq_1$ 与上述价格和数量同时带回两个企业的利润方程,可以分析质量的初始选择、溢出因子和学习动机之间的关系。作为先行者,企业 1 在第一阶段选择 q_1 以实现利润最大化,这意味着:

$$\pi_1^C=\frac{b^2q_1(2-\alpha s)^2}{(4-\alpha s)^2}-\frac{q_1^2}{2} \quad (7.14)$$

由 $\frac{\partial\pi_1^C}{\partial q_1}=0\Rightarrow\frac{b^2(2-\alpha s)^2}{(4-\alpha s)^4}-q_1=0$ 可得到:

$$q_1^C=\frac{b^2(2-\alpha s)^2}{(4-\alpha s)^2};\pi_1^C=\frac{b^4(2-\alpha s)^4}{2(4-\alpha s)^4} \quad (7.15)$$

给定这一利润最大化的约束条件,并把它理解为一个隐函数,可以发现企业 2 的行动策略,质量间的溢出因子与企业 1 初始质量选择的关系:

$$\frac{\partial q_1}{\partial s}=-\frac{4b^2\alpha(2-\alpha s)}{(4-\alpha s)^3}<0;\frac{\partial q_1}{\partial \alpha}=-\frac{4b^2s(2-\alpha s)}{(4-\alpha s)^3}<0 \quad (7.16)$$

原因在于,当 $0<s<1$ 和 $0<\alpha<1$ 时,上面第一个公式的分母大于 0,也就是说,随着溢出效应的提高,领先者具有降低产品质量的动机。而后一个公

式的符号也表明,企业1的质量选择也会随着企业2学习动机的提高而下降。这一发现的微观经济学机理也是显著的,由于在纵向差异化竞争中,单个企业的利润与自身质量正相关,而与竞争对手负相关,那么当企业1提高自身质量时,在单向溢出效应的作用下,会直接提高企业2的产品质量,价格战略的互补性,必然促使领先者减低初始产品的质量。

在本小节中,企业2在第一阶段的策略是选择学习的努力水平 α,在获得溢出效应的基础上实现利润最大化。具体分析过程如下:

$$q_2^C=\frac{b^2(2-\alpha s)^2\alpha s}{(4-\alpha s)^2} \tag{7.17}$$

$$\pi_2^C=\frac{b^4(2-\alpha s)^2\alpha s}{2(4-\alpha s)^4}(2-4\alpha s+4\alpha^2 s^2-\alpha^3 s^3) \tag{7.18}$$

$$\frac{\partial \pi_2^C}{\partial \alpha}=0\Rightarrow 32-176\alpha s+384\alpha^2 s^2-38\alpha^3 s^3+180\alpha^4 s^4-40\alpha^5 s^5+3\alpha^6 s^6=0 \tag{7.19}$$

由于 $0<s<1$ 和 $0<\alpha<1$,故给定溢出因子 s,企业2的学习动机随着企业1初始质量的提高而增加。对隐函数求导,根据对称性可知:

$$\frac{\partial \alpha}{\partial s}=-\frac{\alpha}{s}<0 \tag{7.20}$$

即企业2的学习激励与企业1的产品质量及其溢出效应负相关。这是因为,随着企业1产品质量的提高,且溢出效应给定时,企业2学习努力的增加虽然会提高自身产品的质量,但两个产品间质量距离的缩短,也会增加价格或数量竞争的程度,最终导致利润的下降。

2. 比较分析与赋值计算

(1)静态结果比较分析

本小节的目标是分析价格和数量两种竞争策略下,质量溢出和学习动机对领先者和追随者相关行为的影响。在两种模式下,企业质量、利润的差异分别是:

$$\frac{q_1^B}{q_1^C}=\frac{4(1-\alpha s)}{(2-\alpha s)^2}<1;\ \frac{q_2^B}{q_2^C}=\frac{4(1-\alpha s)}{(2-\alpha s)^2}<1 \tag{7.21}$$

$$\frac{\pi_1^B}{\pi_1^C}=\left(\frac{4(1-\alpha s)}{(2-\alpha s)^2}\right)^2<1;\frac{\pi_2^B}{\pi_2^C}=\frac{8(1-\alpha s)^2(1-2\alpha s)}{(2-\alpha s)^2(2-4\alpha s+4\alpha^2 s^2-\alpha^3 s^3)}<1 \tag{7.22}$$

由于前三个计算式的结论很直观,只需对最后一个公式进行简要的证明。

为表述的便利,这一公式等价于:

$$\pi_2^B - \pi_2^C = \frac{b^4\alpha^2 s^2}{2(4-\alpha s)^4}(-8+6\alpha s+8\alpha^2 s^2-8\alpha^3 s^3+\alpha^4 s^4) \quad (7.23)$$

要判断其符号,只要得到($-8+6\alpha s+8\alpha^2 s^2-8\alpha^3 s^3+\alpha^4 s^4$)的符号即可。可令 $\alpha s=y$,上式简化为($-8+6y+8y^2-8y^3+y^4$),当 $0<y\leqslant 0.5$ 时,它的一阶导数是:

$$6+16y-24y^2+4y^3>0 \quad (7.24)$$

这意味着($-8+6y+8y^2-8y^3+y^4$)为增函数,且在 $y=0.5$ 时取极大值,也就是 $\pi_2^B-\pi_2^C$ 的差额最大,因此将 $\alpha s=y=0.5$ 代回 $\pi_2^B-\pi_2^C$,可得到 $\pi_2^B<\pi_2^C$。由于在 $0<s<1$, $0<\alpha<1$ 时,一定存在一个 $0<y\leqslant 0.5$,故 $\pi_2^B<\pi_2^C$ 也一定存在。

基于这些计算,可得出结论 1。

结论 1: 给定溢出因子和学习效应的合理取值范围,企业 1 和企业 2 的质量与利润在伯特兰德价格竞争下都小于古诺数量竞争的水平。

尽管两个企业的质量和利润在古诺数量竞争时都高于价格竞争的情形,但溢出效应和跟随者的学习努力对领先者的质量选择却存在一定差异,比较式(7.8)和式(7.16)的绝对值可知:

$$\left|\frac{\partial q_1^B}{\partial \alpha}\right| = \left|\frac{4b^2 s(2+\alpha s)}{(4-\alpha s)^3}\right| > \left|\frac{\partial q_1^C}{\partial \alpha}\right| = \left|\frac{4b^2 s(2-\alpha s)}{(4-\alpha s)^3}\right| \quad (7.25)$$

$$\left|\frac{\partial q_1^B}{\partial s}\right| = \left|\frac{4b^2 \alpha(2+\alpha s)}{(4-\alpha s)^3}\right| > \left|\frac{\partial q_1^C}{\partial s}\right| = \left|\frac{4b^2 \alpha(2-\alpha s)}{(4-\alpha s)^3}\right| \quad (7.26)$$

据此有结论 2。

结论 2: 质量间的单向溢出效应、跟随者的学习努力都会导致领先者企业 1 初始质量的下降,但在价格竞争时,这种"逆向选择"效应的程度低于数量竞争时的水准。

溢出效应对跟随者企业 2 学习激励的影响,在两种竞争策略下并无本质区别,原因在于式(7.11)和式(7.20)均为负,且都等于(α/s),因此有结论 3。

结论 3: 跟随者的学习激励随着溢出效应的提高而降低,并不受竞争策略变化的影响。

(2)赋值计算。通过必要的赋值计算,可以获得竞争策略变化与两个企业质量、利润和学习激励之间的内在联系。令 $b=5, 0<\alpha s<\frac{1}{2}$,溢出因子和学习激励的取值方向相反,就可得到表 7.4 所示的模拟结果。

表 7.4　单向溢出下,两种竞争策略的质量和利润的数值计算

参数模拟值		伯特兰德价格竞争				古诺数量竞争			
α	s	q_1^B	π_1^B	q_2^B	π_1^B	q_1^C	π_1^B	q_2^C	π_1^B
0.11	0.99	5.89	17.32	0.64	0.74	5.91	17.43	0.64	0.86
0.12	0.98	5.85	17.14	0.69	0.77	5.88	17.27	0.69	0.91
0.13	0.97	5.82	16.96	0.73	0.80	5.85	17.11	0.74	0.96
0.14	0.96	5.79	16.78	0.78	0.82	5.82	16.95	0.78	1.00
0.15	0.95	5.76	16.60	0.82	0.85	5.80	16.80	0.83	1.05
0.16	0.94	5.73	16.43	0.86	0.86	5.77	16.65	0.87	1.09
0.17	0.93	5.70	16.27	0.90	0.88	5.75	16.51	0.91	1.13
0.18	0.92	5.68	16.10	0.94	0.89	5.72	16.37	0.95	1.16
0.19	0.91	5.65	15.94	0.98	0.90	5.70	16.23	0.99	1.20
0.20	0.90	5.62	15.79	1.01	0.91	5.67	16.10	1.02	1.23
0.21	0.89	5.59	15.64	1.05	0.92	5.65	15.97	1.06	1.26
0.22	0.88	5.57	15.49	1.08	0.92	5.63	15.85	1.09	1.29
0.23	0.87	5.54	15.34	1.11	0.92	5.61	15.73	1.12	1.31
0.24	0.86	5.51	15.20	1.14	0.92	5.59	15.62	1.15	1.34
0.25	0.85	5.49	15.07	1.17	0.92	5.57	15.50	1.18	1.36
0.26	0.84	5.47	14.94	1.19	0.92	5.55	15.40	1.21	1.38
0.27	0.83	5.44	14.81	1.22	0.92	5.53	15.29	1.24	1.41
0.28	0.82	5.42	14.68	1.24	0.91	5.51	15.19	1.27	1.42
0.29	0.81	5.40	14.56	1.27	0.91	5.49	15.09	1.29	1.44

从表 7.4 的数值计算也可以发现,随着溢出因子的逐渐下降和学习激励的提高,给定市场规模保持不变时,无论是在伯特兰德价格竞争还是古诺数量竞争下,领先者企业 1 的质量和利润呈现出递减的势态,而跟随者企业 2 则是递增的趋势,这和式(7.8)、式(7.16)的符号也是一致的。同时,还可以观察到,$q_1^B<q_1^C$;$q_2^B<q_2^C$;$\pi_1^B<\pi_1^C$;$\pi_2^B<\pi_2^C$,即古诺竞争时的质量和利润相对较高。

不同竞争策略下，溢出和学习激励对领先者质量和利润的也有着明显的差异。

图 7.3 表明，领先者的质量对溢出因子的敏感性，在古诺数量竞争时高于伯特兰德价格的情形，但二者的差异随着溢出效应的减少而趋于下降，原因在于溢出因子和学习激励之间存在负相关的关系。对图 7.4 的分析可以得到相近的结论，这一发现为解释中国轿车产业中企业间质量差异随着竞争策略而变化的现象提供了理论依据。

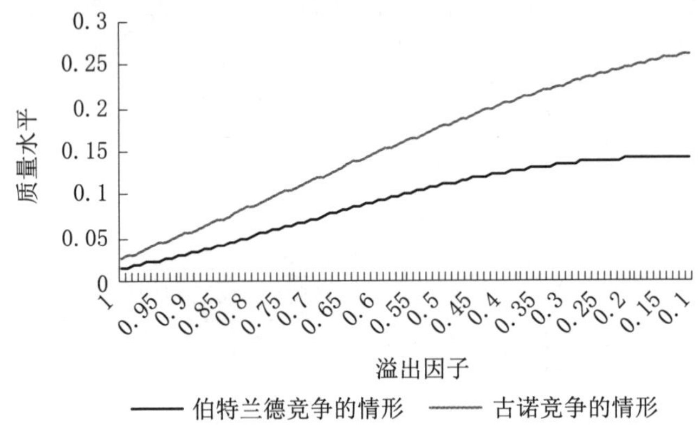

图 7.3　溢出效应对领先者质量选择的影响

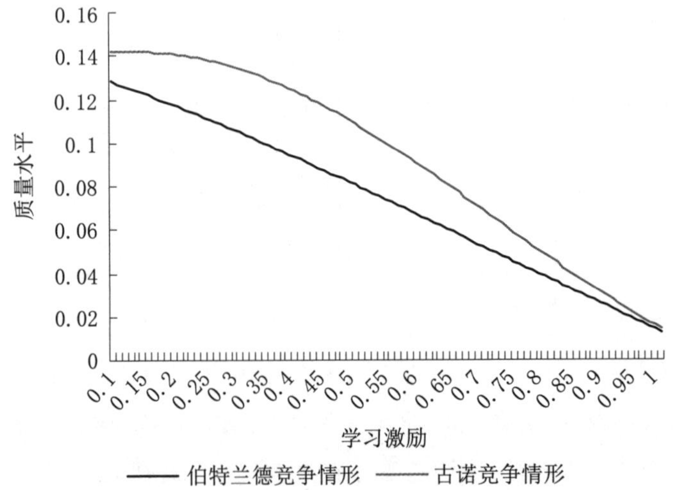

图 7.4　学习激励对领先者质量选择的影响

图 7.5 的赋值计算表明，跟随者的质量在两种竞争策略下并无显著的差异，导致这一结果的原因在于，尽管企业 1 的质量在数量竞争时会增加，但由于企业 2 的学习激励与溢出效应成反比，那么当企业的质量提高时，学习激励的下降反而会弱化企业 2 质量水平的同步提高。但是，质量的微小差异并未降低导致企业 2 利润差别的缩小，由于企业 2 自身定位偏低，价格竞争反而会提高对低端产品的需求，从而出现图 7.6 显示的情形。

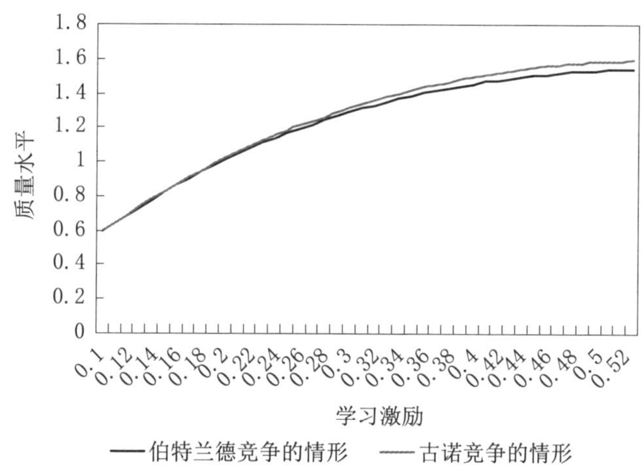

图 7.5　跟随者的质量变化

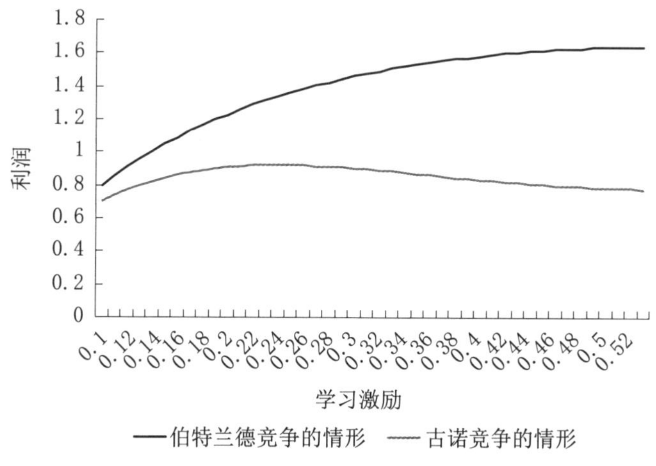

图 7.6　跟随者的利润变化

3. 结论及其含义

本小节的研究及其数值模拟的结果表明,在产品市场古诺或伯特兰德竞争模式下,引入企业之间质量的单向溢出效应后,会对领先企业的质量选择和跟随者的学习激励产生一定的影响。以纵向差异化市场结构为例,建立了基于单向质量溢出的不对称寡头竞争模型,运用赋值计算对模型的均衡解进行了比较分析,主要结论包括:①给定溢出因子和学习效应的合理取值范围,领先和跟随企业的质量与利润在伯特兰德价格竞争下都小于古诺数量竞争的水平;②质量间的单向溢出效应、跟随者的学习努力都会导致领先者初始质量的下降,但在价格竞争时,这种"逆向选择"效应的程度低于数量竞争时的水准;③跟随者的学习激励随着溢出效应的提高而降低,并不受竞争策略变化的影响。这些发现可以解释中国轿车产业竞争模式对合资和自主创新企业关系变化的影响。研究的局限在于为了将跨国公司主导下中国轿车产业的质量竞争,将质量选择和溢出效应解释为一个外生现象,而未考虑它与下游竞争状态之间的动态关系。

理论分析的基本结论在一定程度上可以解释中国轿车产业中跨国公司和本土企业单向溢出效应、学习动机和竞争关系的演化过程。2002 年之前,由于轿车作为一种紧俏的商品,在国内初期处于供不应求的局面,跨国公司控制的合资企业和本土边缘性企业间的竞争主要体现在规模扩张的层面,虽然跨国公司拥有的桑塔纳和捷达等几款技术和工艺水平十分落后,但本土企业学习激励和学习能力更低,致使产品间的溢出效应难以发挥作用,他们的产品就长期定位于低端市场中。相反,跨国公司控制下的合资企业却长期处于市场的主导地位,且不必考虑来自本土企业的威胁。随着国家对轿车产业进入政策的放松,本土企业的能力得到极大的释放,2003 年以来,中国轿车市场一直处于循环发生的价格竞争中,与此相对应的是,合资企业的品牌投放或者产品线的纵向延伸进一步强化。基于产品质量间溢出效应的提高,本土企业也开始向中级、中高级等合资品牌占优的细分市场渗透,总体的市场份额增加到 30% 左右。处于质量领先地位的合资企业,其利润受到价格竞争的不断侵蚀。激烈的价格竞争并未明显减少本土企业的利润;相反,产品质量的提高则从另一方面抵消了竞争的负面效应。近年来,中国轿车产品质量和品种投放量的同时增长,也从另一个方面验证了本小节的理论发现。

二、基本模型的扩展(1):异质参与者的自主开发激励

1. 前提与假定

本文的分析对象是一个“单向溢出”的产业,它由两类异质的企业组成。企业1通过合资、合作或技术协议的方式,使用属于跨国公司的F个品牌,并基于长期的学习开发出具有自主产权的若干品种。企业2是一个“纯本土”企业,它也会借助对前者产品的模仿性学习,而研制出若干自主品牌。在Cohen和Levinthal(1989)、Martin(2002)以及范承泽、胡一帆和郑红亮(2008)、Amir和Wooders(2003)相关模型的基础上,以中国轿车产业为隐含背景,特提出如下假定:

企业1和企业2用于市场竞争的品种数量就是各自研发资金投入、吸收能力和溢出效用的函数,二者的区别在于企业1能够直接使用属于跨国公司的F个成熟产品:

$$y_1=F+a_1(k_1)s_1F \tag{7.27}$$

$$y_2=\frac{1}{2}k_2^2+a_2(k_2)s_2F \tag{7.28}$$

这里,$y_i(i=1,2)$是品种的数量,k_i是各自的产品研发的资金投入量,它不仅决定品种的多少,也影响着企业的吸收能力a_i,一般的有$\frac{\partial a_i}{\partial k_i}>0$;$\frac{\partial^2 a}{\partial k_i^2}<0$。为分析的便利,本文假定$a_i=k_i(1+k_i)^{-1}$,它正好满足$\frac{\partial a_i}{\partial k_i}=(1+k_i)^{-2}>0$;$\frac{\partial^2 a}{\partial k_i^2}=-2(1+k_i)^{-3}<0$的基本要求(蒋中一,2002)。

企业的收益是其品牌投放量的函数:$R_i=R_1(y_i)$,该函数满足$\frac{\partial R_i}{\partial y_i}>0$,$\frac{\partial^2 R_i}{\partial (y_i)^2}<0$的假定。组织内和企业间的溢出效用分别用$s_1$,$s_2$表示,与标准的溢出模型不同,我们设定溢出是单向的,即从跨国公司到紧密合作者企业1,再传导给内资企业2。以往计量分析也发现,组织内的溢出效应大于企业间的溢出,即$s_1>s_2$。可见,企业2只有增加研发投入,才能弥补这种“先天不足”。上述学习和溢出效应系数均处于区间[0,1]上。一般的还应假定

$\left(\frac{1}{2}k_2^2\right)<F$，即企业1具有先天的优势。

2. 自主品牌开发与引进外资品牌的均衡分析

如前所述，企业1既可以直接引进成熟的外资品牌，也可以基于长期的干中学逐渐消化外资的技术，开发出具有自主知识产权的产品。假如使用外资产品的单位支出b，而自主研发投入资金的利息为r，那么其总支出或约束条件就是$c_1=bF+rk_1$。为计算的便利，令销售y_1个品牌的价值1[①]，那么，企业1的最优化问题可表述为：

$$\max R(y_1)=1\times F(1+a_1(k_1)s_1)$$

$$s.t.c_1=bF+rk_1$$

构建拉格朗日函数：

$$L_1(F,k_1,\lambda_1)=F+a_1(k_1)s_1F+\lambda_1(c_1-bF-rk_1)$$

分别对变量F、k_1和拉格朗日乘数求解一阶最优条件：

$$\frac{\partial L_1}{\partial F}=0\Rightarrow 1+(k+1)^{-1}k_1s_1-\lambda_1b=0$$

$$\frac{\partial L_1}{\partial k_1}=0\Rightarrow(k_1+1)^{-2}s_1F-\lambda_1r=0$$

$$\frac{\partial L_1}{\partial \lambda_1}=0\Rightarrow bF+rk_1-c_1=0$$

解这一方程组可得到：

$$k_1^*=\sqrt{\frac{s_1(r+c_1)}{(1+s_1)r}}-1;F^*=\frac{c_1}{b}-\frac{r}{b}\left(\sqrt{\frac{s_1(r+c_1)}{(1+s_1)r}}-1\right);$$

$$\lambda_1^*=\frac{1}{b}-\frac{s_1}{b}\left(1-\sqrt{\frac{(1+s_1)r}{s_1(r+c_1)}}\right)$$

将上述解带回最优条件，即外资品牌与自主产品对总产品个数的边际产出之比等于两种投入价格之比的恒等式中，还可以发现企业的吸收能力为：

$$a_1^*=\left(1-\sqrt{\frac{(1+s_1)r}{s_1(r+c_1)}}\right) \tag{7.29}$$

① 当然，按照范承泽等（2008）的思路也可以将企业品牌的个数设定为利润的隐函数，再进行均衡求解。这里将价值设定为1只是为了计算的便利和结果表示的清晰，设定为任一常数不会影响结论的符号。

在此均衡解下，可以发现溢出因子和学习动机之间的关系：

$$\frac{\partial a_1^*}{\partial s_1}=\frac{r(c+r)}{s_1^2}>0 \tag{7.30}$$

$$\frac{\partial^2 a_1^*}{\partial (s_1)^2}=-\frac{2r(c+r)}{(s_1)^3}<0 \tag{7.31}$$

同理，由均衡解 $k_1^*=[s_1(r+c_1)/(1+s_1)r]^{1/2}-1$，还可知：

$$\frac{\partial k_1^*}{\partial s_1}=\frac{(1+2s_1)}{2(rs_1(1+s_1)/(r+c_1))^{1/2}}>0 \tag{7.32}$$

$$\frac{\partial^2 k_1^*}{\partial (s_1)^2}=-\frac{(c+r)^{1/2}}{4r^{1/2}(s_1(1+s_1))^{3/2}}<0 \tag{7.33}$$

上述推导的微观经济学机理在于，由于直接引进外资品牌的市场和质量风险近乎为0，而自主研发的投资面临着较大的不确定性，在资金约束下，企业1一定会倾向于通过合资的形式获得更多的外资品牌；进一步，虽然企业1与外资保持密切的技术和管理关系，能够得到更大的溢出效应和学习机会，但由于学习具有边际回报递减的特征，会在长期内弱化其提高吸收能力的动机；更为重要的，正如本文的经验分析将要表明的那样，在只能通过合资形式进入中国轿车产业的政策约束下，提供 F 的外资企业，也会增加品牌投放量，或者减少品牌使用费的形式，抑制其合作者的独立化倾向。

对企业1而言，其收益还可以表述为 $R_i=R_1(F,k_1)$，约束条件依然是引进外资品牌的支出和消化吸收投入的资金成本，即 $c_1=bF+rk_1$。此时企业1对 F 和 k_1 的选择不仅取决于收益函数的具体形式，也与使用外资的现成产品的费用和自主努力的投入的机会成本有关。虽然合资或合作会以企业股权比例下降、高额的技术转让费，甚至企业实际控制权的丧失为代价，但短时间内产品生产规模和质量上的提升，会使企业迅速占据处于幼稚阶段的市场，获得极高的“撇脂效应”和高额的投资回报。相反，如果将精力集中于研发导向型的吸收或学习能力的投资上，一方面在企业内部会诱发合资双方的矛盾，另一方面由于这种学习的后果面临着更大的不确定性和风险，会提高自主学习投资 k_1 的机会成本。所以，在短期利润最大化的目标下，b 和 r 比值的变化，在溢出因子 s_1 一定时，企业会倾向于用更多的 F 替代 k_1。进一步，即使合资利润的增加产生的新增投资使预算线外移，在合资企业高额回报率的诱使下，中方参与者会将更多的资源用于引进新产品，从而陷入“引进—落后—再引进”的恶性循环中。

基于上述简要的分析，有如下的待检验假说1。

假说1：引进跨国公司的成熟产品，给本土参与者提供的直接学习机会和高的技术溢出，并不能转化为此类企业的自主开发动机和能力；相反，成熟产品的低学习成本和低市场风险，会抑制此类企业的自主倾向。

3. 远距离学习（企业间）的自主研发激励分析

企业2的问题则相对简单，由于无法直接获得外资的现成产品，要进入市场只有通过自身的研发投入。另外，要获得来自外资产品的溢出效应，企业2必须增加对学习能力的投资，以补偿与外资产品“距离”较远的缺陷。正如Cohen和Levinthal（1989）所分析的那样，自身研发投入还具有间接提高吸收能力的效应。由于只有一个决策变量，要得到企业的最优研发投入，需引入成本约束 $C(k_2)=rk_2$，那么企业2最大化如下的目标函数：

$$\pi_2=R(y_2(k_2))-C(k_2)$$

一阶条件意味着：

$$\frac{\partial \pi_2}{\partial k_2}=\frac{\partial R}{\partial y_2}\frac{\partial y_2}{\partial k_2}-r=0$$

按照Cohen和Levinthal（1989）以及范承泽等（2008）处理此类问题的一般方法，将这一最优条件理解为一个隐函数，再求外资品牌投放量、溢出因子和研发激励之间的关系，企业2的研发投入与外资品牌投放之间的关系为：

$$\frac{\partial k_2}{\partial F}=-\frac{\dfrac{\partial^2 R}{\partial (y_2)^2}\dfrac{s_1}{(k_2+1)^2}}{\dfrac{\partial(\partial R/\partial Y_2)}{\partial k_2}\left[k_2+\dfrac{s_1 F}{(k_2+1)^2}\right]+\dfrac{\partial R}{\partial y}\left[1-\dfrac{2s_1 F}{(k_2+1)^3}\right]} \tag{7.34}$$

基于类似的方法，可知：

$$\frac{\partial k_2}{\partial s_2}=-\frac{\dfrac{\partial^2 R}{\partial (y_2)^2}\dfrac{F}{(k_2+1)^2}}{\dfrac{\partial(\partial R/\partial Y_2)}{\partial k_2}\left[k_2+\dfrac{s_1 F}{(k_2+1)^2}\right]+\dfrac{\partial R}{\partial y}\left[1-\dfrac{2s_1 F}{(k_2+1)^3}\right]} \tag{7.35}$$

由于 $\dfrac{\partial(\partial R/\partial Y_2)}{\partial k_2}$ 和 $\dfrac{\partial^2 R}{\partial (y_2)^2}$ 同为负号，那么当且仅当 $1\leqslant\dfrac{2s_1 F}{(k_2+1)^3}$ 时，上述两个导数的分母一定小于0。显然在 $0<s_2<1$ 以及企业1的 F 大于1时，会

存在一个 k_2 使上式成立，即 $\frac{\partial k_2}{\partial F}>0$、$\frac{\partial k_2}{\partial s_2}>0$。同时，在 $\frac{\partial y_2}{\partial k_2}>0$ 的基本假定下，基于导数的链式法则，可知企业 2 的研发激励与外资品牌投放量、技术溢出水平都是正相关的关系。

这一发现的经济学含义在于，纯本土企业 2 由于没有吸引外资品牌的机会和能力，只能立足于自主产品的开发进入轿车产业，但这种开发是一个对外资产品和技术模仿性学习的过程。给定成熟产品的存量和企业间的技术溢出关系，自主研发和模仿性学习是一个互补而非替代的投入决策。进一步，由于在市场竞争中，品牌投放量是战略替代的，企业 2 也只有不断增加自身研发投入，而外资的存在也从技术溢出和产品竞争两个环节刺激了企业的自主开发行为。本文的第 2 个假说可表述为：

假说 2：本土“远距离”参与者的自主开发投资与跨国公司的品牌投放量成正比，且这种投资与企业间技术的溢出水平也正相关。

应该指出的是，在上述两类学习模式或企业组织之间，还存在着引进品牌或产品的模式，由于在现实中合作方式的多样性，限于篇幅和主题，本文将品牌引进式的合作理解为一种介于“合资”和“完全自主”之间，但更接近“合资”模式的学习路径，并在计量检验时予以专门分析。

三、基本模型的扩展（2）：集团内品牌竞争与大型企业的创新惰性

1. 前提与假定

中国轿车的组织结构在企业层面呈现出一种典型的“集团内品牌”竞争的格局，即作为引进外资主体的大型国有企业集团，在生产属于跨国公司的品牌的同时，也会通过新建、兼并或技术引进的方式，经营一定规模的自主品牌。如图 7.7 所示，企业 1 是本土企业和国外企业建立的合资公司，企业 2 是参与者 A 基于组织内的学习或溢出活动后，独资建立的生产差异化产品的新公司。为分析的便利，假定从前者到后者的溢出只体现在成本的降低上，且该溢出是跨期和单向的，即合资企业 1 在垄断阶段的产出越高，企业 2 在后期成本降低的幅度越大。在 Cohen 和 Levinthal（1989）、Martin（2002）以及范承

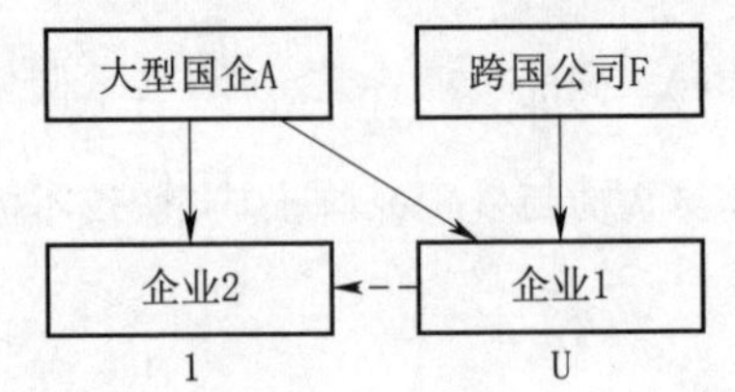

图 7.7　集团内产品竞争和技术溢出关系

泽、胡一帆和郑红亮(2008)、Amir 和 Wooders(1999,2000)相关模型的基础上,以中国轿车产业为隐含背景,特提出如下假定:

(1)集团内产品的市场竞争。为分析的便利,本文的简化模型只涉及合资品牌和本土自主品牌之间的竞争,如果本土企业不进行产品开发,则合资企业 1 的需求函数为 $p_1=a-q_1$;如果本土参与者进行了自主产品的投放,则进入双寡头阶段,两个本土企业面对的市场需求分别是:$p_1=a-q_1-bq_2$ 和 $p_2=a-q_2-bq_1$。这里 $b\in[0,1]$代表产品差异化的程度:如果 $b=0$,两个产品是独立的,若 $b=1$ 则为完全替代品。两个企业进行古诺数量竞争。

(2)单向溢出与成本降低。与以往"研发投入—产品竞争"的模式不同,考虑到中国汽车产业的特征和数据的含义,我们假定学习者成本降低的程度仅与合资企业的投资活动或参与的规模相关,即跨国公司的行为不仅会影响合资公司的成本,也会对本土企业的成本降低产生一定的溢出效应。但这一溢出是单向的,即 $k_1=c_1-x_1$, $k_2=c_2-x_2-sx_1$,这里,k_1, k_2 是最终的单位成本,c_1, c_2 是无溢出状态下的初始成本,x_1, x_2 是各自的产品研发活动或努力水平,s 是活动间的溢出系数。一般的有 $c_1<c_2$,且二者差异足够大。外生的溢出因子 $0<s<1$。为将主题集中于本土企业的行为上,假定 x_1 和 s 都是外生的,这样就可以忽略二者关于研发投入或溢出因子的博弈分析。

(3)行动的顺序。根据上述约定,在第一阶段,跨国公司和本土企业组建的合资公司进行生产前的投入活动,在这一过程中,本土企业可以学习或模仿前者的行为,使其生产成本有所下降。在第二阶段,二者进行古诺数量竞争。参与人 A 和 F 的利润各自为:$\pi_A^c=\pi_2^c+\frac{1}{2}\pi_1^c$;$\pi_F^c=\frac{1}{2}\pi_1^c$。

2. 产品市场的数量竞争均衡

根据轿车企业治理结构的实际状况,可以合理地假定合资公司的数量决策由参与人 F 掌握,企业 2 的数量决策则由参与人 A 拥有。在排除企业之间合谋的前提下,基于标准的差异化竞争模型(Martin, 2001),两个参与人的利润方程分别是:

$$\pi_{\mathrm{A}}=\frac{1}{2}\left[(a-c_1+x_1-q_1-bq_2)q_1-\frac{1}{2}(x_1)^2\right]+$$

$$[(a-c_2+x_2+sx_1-q_2-bq_1)q_2-(x_2)^2] \tag{7.36}$$

$$\pi_{\mathrm{F}}=\frac{1}{2}\left[(a-c_1+x_1-q_1-bq_2)q_1-\frac{1}{2}(x_1)^2\right] \tag{7.37}$$

应该指出的是,利润方程本身就隐含着双重的不对称关系,一是研发投入对成本降低的影响是单向的,二是研发投入成本分担方式的不对称性,即在合资企业中,本土企业只承担外资研发成本的一半,但由于研发性质的差异,前者是“采用型”或“改进型”活动,成本较低;自主产品的开发具有较大的风险,因此成本也相对较高。参与人 A 和 F 总利润对各自产出的一阶导数等于 0 意味着:

$$\frac{\partial\pi_{\mathrm{A}}}{\partial q_2}=\left[a-c_2-2q_2-\frac{3}{2}bq_1+sx_1+x_2\right]=0 \tag{7.38}$$

$$\frac{\partial\pi_{\mathrm{F}}}{\partial q_1}=\frac{1}{2}[a-c_1-2q_1-bq_2+x_1]=0 \tag{7.39}$$

古诺数量竞争的均衡是:

$$q_1^{\mathrm{c}}=2[a(2-b)-2(c_1-x_1)+b(c_2-x_2-sx_1)]/[8-3b^2] \tag{7.40}$$

$$q_2^{\mathrm{c}}=[a(4-3b)+3b(c_1-x_1)-4(c_2-x_2-sx_1)]/[8-3b^2] \tag{7.41}$$

给定这一结果,参与人 A 自主产品销量和外资前期投入活动 x_1 以及自身研发 x_2 的关系就是(简化后):

$$\partial(q_2^{\mathrm{c}})/\partial(x_1)=(4s-3b)/(8-3b^2) \tag{7.42}$$

$$\partial(q_2^{\mathrm{c}})/\partial(x_2)=4/(8-3b^2) \tag{7.43}$$

给定 $0<b<1$ 和 $0<s<1$,式(7.43)的符号一定为正,但式(7.42)的正负号取决于产品差异化水平和溢出因子之间比值的变化,一般而言有结论 1:

结论 1:给定外生的溢出因子和产品差异化程度,本土企业自主产品的销量与其自身的研发投入成正比;当 $s>\frac{3}{4}b$ 时,外资投入活动的增强会提高本土企业的产出,当 $s<\frac{3}{4}b$ 时,外资投入活动的增强会抑制本土企业的产出。

结论 1 的第一部分发现是直观的,即便不考虑单向溢出关系的存在,产品 2 成本的下降幅度也会随着自身研发投入的增加而下降,这种下降会提高其进行数量竞争的能力。

但是,参与人 A 的总销量还包括合资企业产量的一半,使得成本降低努力的部分效应可能被产品间的不完全替代关系所“蚕食”。结论1的第二部分说明，外资研发活动的提高，并不意味着参与人A自主产品产量会持续增加。具体而言，当且仅当溢出因子和差异化水平的比值大于特定的值时（本文为$\frac{3}{4}$），即给定差异化的水平后，如果溢出因子增加，或者给定溢出因子，参与人选择差异化更大的产品时，外资的参与程度或合资企业的前期投入活动才对本土企业的自主品牌投放具有正的溢出效应。

3. 集团内产品竞争下的本土企业自主研发努力分析

只观察销量之间的关系，并不能完全解释本土企业自主产品投放行为的动因，还应考虑多品牌竞争的本土参与者A实现利润最大化时，自主研发努力和外资活动之间的关系变化[①]。

将古诺竞争的数量代入需求函数，可得到相应的价格：

$$q_1^c=(2a(2-b)+(4-3b^2)(c_1-x_1)+2b(c_2-x_2-sx_1))/(8-3b^2) \tag{7.44}$$

$$q_2^c=(a(4-b-b^2)+b(c_1-x_1)+(4-2b^2)(c_2-x_2-sx_1))/(8-3b^2) \tag{7.45}$$

本土企业的总利润函数就是：

$$\pi_A=\frac{1}{2}\left(4(b(a-c_2+sx_1+x_2)-2(a-c_1+x_1))^2/(8-3b^2)^2-\frac{1}{2}(x_1)^2\right)+$$
$$(3b(a-c_1+x_1)-4(a-c_2+sx_1+x_2))(b(a-c_1+x_1)-(4-b^2)$$
$$(a-c_2+sx_1+x_2))/(8-3b^2)^2-(x_2)^2 \tag{7.46}$$

参与人A选择x_2以实现利润最大化时，至少要满足利润对x_2的一阶导数等于0，则

$$\partial(\pi_A)/\partial(x_2)=(8-b^2)(4(a-c_2+sx_1)-3b(a-c_1+x_1))+$$
$$2x_2(46b^2-9b^4-48)/(8-3b^2)=0 \tag{7.47}$$

上式相当于以x_2和x_1为变量的隐含数F，求解它们之间的交叉导数可知：

---

① 严格地讲，应该采用逆向归纳法，计算出第一阶段两个参与人的研发努力，进行静态比较分析。为避免烦琐的计算过程，我们将合资企业的研发投入解释为外生的变量，只分析均衡状态的充分条件满足时两种投入活动之间的关系。

$$\partial(x_2)/\partial(x_1) = -(\partial Fx_2)/(\partial Fx_1) = ((8-b^2)(4s-3b))/(96+18b^4-92b^2) \quad (7.48)$$

对于本文给定的参数区间,式(7.48)右边的分母一定大于0,因此,其正负号就决定于溢出因子和产品差异化的程度。据此有结论2:

结论2: 当 $s>\frac{3}{4}b$ 时,本土企业的自主研发努力与外资参与者的相关活动成正比,但当 $s<\frac{3}{4}b$ 时,外资投入活动的增强会抑制本土企业的自主研发激励。

结论2的发现和结论1的微观机理相类似。作为多产品生产集团的参与者A,其利润来自合资品牌和自主产品两部分,外资技术的溢出虽然可以降低生产的边际成本,但考虑到产品市场的竞争关系,这种降低会对合资品牌市场份额或利润产生一定的"挤出"或替代,而挤出的程度则决定于差异化的水平和溢出因子的高低。具体而言,若给定溢出参数不变,随着差异化程度的增加,即本土产品的定位远离合资品牌,则挤出影响会下降,从而本土企业的自主开发努力随着外资研发投入的增加而提高;相反,若产品之间的定位较接近,在相同的溢出效应下,数量竞争导致的价格下降,会降低合资品牌产生的利润,进而弱化参与者A的独立或自主取向。研发成本的不对称,加之新产品市场开发风险的存在,最终也会导致对合资品牌的长期依赖。

进一步,如果合资经营成为本土企业实现所谓"市场换技术"战略的主流组织模式,那么在整个产业层面外资的影响也会处于控制地位。随着合资企业数量和规模的扩张,外资品牌的本地化生产带来"先进的技术",虽然会增加本土企业的学习机会,但也会挤压自主产品成长的市场机会。另一方面,各个中方参与者在面对日趋激烈的品牌竞争时,往往将引进更多成熟的外资品牌作为维持和瓜分市场份额的主要策略,而不是从事风险和成本都较高的自主品牌开发。

根据上述简化的模型分析,可以得到以下两个结论:

结论1: 企业集团内合资公司的"研发"投入和外资品牌的引进比率提高,增加了本土参与者获得技术溢出的机会,但产品间竞争关系的存在和研发成本的差异,在一定程度上反而会抑制相关企业自主产品的开发努力和相应的市场份额。

结论 2: 在基于合资企业经营为主的技术和品牌引进模式下,产业层面外资技术存量增加所形成的溢出效应,并不能激励本土参与者的提高研发投入。产品竞争效应的存在,会从产业层面限制后者自主产品投放的动机和力度。

第三节　研发模式、一体化与乘用车自主品牌的创新绩效①

加入 WTO 以来,中国汽车工业发展迅速,已经逐步实现了在生产规模和能力上对欧美日等汽车大国的赶超。轿车自主产品和品牌的发展、扩散在这一进程中发挥了重要的作用,大部分企业已经顺利地实现了从“单一工厂、单一品牌”的模式到“多品牌、多系列”经营体系的转换。以奇瑞、吉利和比亚迪为代表的自主品牌制造企业在 2005 年以后的迅速崛起,得益于它们在研发投入、研发队伍和研发模式上的优化。但整体上,本土汽车生产企业的新产品研发和推广,还处于向跨国公司“模仿性学习”的阶段。随着市场竞争焦点从规模、价格转化为品牌、品质和服务,经历了 2005—2010 年的高速扩张后,自主品牌的市场份额从 2011 年开始持续下降,一些自主品牌的制造企业要么被跨国公司主导的大集团所兼并(长丰、吉奥、哈飞等),要么压缩产品线的长度,将有限的能力集中在 SUV 和 MPV 细分市场(长城、江淮)。一度被学界和业界赞誉的自主品牌开发和生产模式为什么不能成为核心竞争力的持续来源?研发和生产模式对自主品牌制造企业的创新绩效有何影响?尚处于发展初期的自主品牌制造企业从以往的研发和生产体系可以汲取哪些经验和教训?分析这几类关联的问题就成为本小节的主要目的。

---

① 这一节的主要内容以《研发模式、纵向一体化与自主品牌导入期的创新绩效》为题,发表在《管理科学》2016 年第 4 期,署名白让让、谭诗雨。

本小节将在相关文献回顾的基础上,建立研发模式、纵向一体化与企业创新绩效之间关系的概念性研究框架,并以中国自主品牌乘用车制造企业为样本,利用面板数据、泊松回归和随机前沿生产模型,分析研发机制和生产模式对自主品牌企业的两类创新绩效(专利数量和新产品价值)的影响。

一、相关研究评述和假设

1. 相关研究评述

自从 Armour 和 Teece 开创了创新行为和绩效的理论和实证研究的基本框架后,对这一问题的分析一直持续至今,并取得了许多有影响力的成果。产业组织理论对纵向一体化的后果和绩效的分析依赖于对市场结构和产品差异的假设,交易成本理论注重对生产活动中"自制"和"外购"两种方式决策因素的比较分析,认为企业的创新绩效源于信息不对称和资产专用性对企业能力的影响。对汽车和其他制造业的实证研究由于对纵向一体化和创新绩效的度量方式不同,得到的结果却基本相同,不是正相关就是倒 U 型。纵向一体化主要与企业的生产和制造业务相关联,较少涉及产品研发和技术领域。随着半导体、计算机和家电等模块化产业的成功发展,使用和整合外部的新技术、新产品和新创意成为创新的主要途径之一。在交易成本理论基础之上演化出的企业能力理论强调外部和内部资源的互补性对企业创新行为和绩效的影响,认为在开放式创新的过程中,不应忽视内部知识的积累,尽管不同产业技术路径存在差异,大多数研究在"过多地依赖外部资源不利于企业的创新"这一点上达成了共识。

作为工业后发国家,各种技术模式在我国企业对发达国家的技术追赶过程中发挥了重要作用。研究表明不同技术模式对企业创新绩效的影响存在差异:陈启斐发现研发外包促进了我国制造业企业创新能力和创新效率的提升;储德银和张同斌认为自主研发显著地提升了我国高新技术产业的技术效率,而技术引进对该行业技术创新的影响存在时滞性;针对本土汽车行业的研究同样发现充分利用国际技术帮助我国民营自主汽车企业实现了技术成长;王刚等对我国 13 家代表性汽车企业的比较分析表明,在包括合资主导、引进主导、自主开发主导在内的五种技术追赶模式中，自主开发模式的追赶效率最高；而朱承亮认为我国汽车行业技术进步的主要来源依次是技术引进、FDI溢出和自主研发。

尽管国内外文献已经围绕研发模式、生产一体化与创新绩效之间的关系展开了丰富的探讨，但仍存在一些问题有待进一步研究：①已有研究中，企业的研发和生产模式与企业经营绩效的关系均被割裂开来，形成了不完全相关的技术路径或研究范式，这为甄别影响企业创新绩效的关键环节带来了不便。因此，有必要考虑研发模式与生产模式两种因素的共同作用；②已有文献由于对企业创新绩效的衡量方式不同，得到的结论也不尽相同。而企业不同的创新活动存在较大差异，因此有必要从多角度对创新绩效进行衡量；③针对我国汽车行业和其他制造业技术模式和企业绩效之间关系的研究都是在案例比较或行业层面的计量检验上进行的，利用企业层面的微观数据进行实证分析，能充分考虑到我国乘用车自主品牌的多样性和差异性，加深人们对开发模式、一体化与创新绩效之间关系的理解。

2. 研发模式、投入与创新绩效

在全球化的背景下，“技术外包”“技术引进”等外部研发模式已经取代传统的内部研发成为企业创新的主要途径。外部研发不仅降低了企业创新的成本和风险，也使企业能够及时整合最前沿的外部新技术、新产品和新创意。不过这一过程中，随着企业对内部研发的舍弃，外部研发的弊端也逐渐暴露：Laursen 和 Salter（2006）发现，要获得外部创新资源的优势，必须辅之以合意的内部创新活动，否则会降低企业内部研发激励，产生创新惰性，导致对新技术和新知识的认知滞后。Weigelt（2009）指出技术外包可能减少企业内部的“干中学”行为，引起技术投资和默契知识积累的下降。Czarnitzki 和 Thorwarth（2012）对比利时制造和服务业的实证研究发现，企业自身的设计费用支出能显著增加新产品收入，内部独立设计对收入的边际贡献也超过设计外包，Ciravegna 和 Maielli（2011）对意大利菲亚特公司的案例研究表明，将已经外包产品研制中心重新内部化，使得菲亚特能够集中资源专注于节能发动机的开发和生产，并在经济型轿车市场获得了明显的竞争优势，成为 2008—2010 年经济危机中最成功的汽车集团。

"技术外包"和"技术引进"两种外部研发模式中，"技术引进"在我国企业对发达国家的技术追赶中发挥了重要作用，不过"技术引进"的过程离不开本土企业对内外部创新网络的协调，这说明内部研发仍然应该是本土企业创新活动中必不可少的环节。比较"技术引进"和"自主研发"对本土企业创新绩效的影响发现：两种模式都对本土企业的创新绩效产生了积极影响，但是"自主研发"的积极作用大于"技术引进"。储德银和张同斌指出，自主研发在长期和短期内均能提升高新技术产业产出，而技术引进对高新技术产业产出的影响却存在时滞性；王刚等使用专利数量为绩效代理变量的企业比较分析发现，汽车自主品牌制造企业的绩效提高得益于自主开发而非合资、引进等模式。总的来说，上述分析表明，与"技术外包""技术引进"等外部研发模式相比，"自主研发"更能够帮助企业实现核心技术能力的积累，促进企业创新绩效的提升，基于此提出下面的假设：

假设 1a：与"自主研发"相比，"技术外包"模式不利于企业创新绩效的提升。

假设 1b：与"自主研发"相比，"技术引进"模式不利于企业创新绩效的提升。

3. 生产模式的纵向一体化与创新绩效

对纵向一体化与创新绩效之间关系的实证研究大多印证了交易费用经济学和资源基础观的相关理论。来自 Chesbrough 和 Teece（1996）的实证检验发现一体化与企业的创新绩效正相关，拥有互补性资产的纵向一体化企业有更好的机会和能力使用内部资源进行研发活动并将研发的结果付诸实践，这些企业既能够有效地进行技术信息共享，引进新的技术手段和新产品，又能够更好地协调投资、研发和生产之间的关系，从而减少技术研发或创新的周期。Novak 和 Stern（2008，2009）指出，在汽车企业的创新过程中纵向一体化与其他外部治理方式之间存在互补的关系，内部与外部治理模式没有孰优孰劣的明确界限，这一结论强化了 Leiblein 等关于创新绩效更多地取决于企业对内外关系协调能力的假说。Biesebroeck 针对北美汽车产业的实证研究表明，一体化与产品的多样化、生产的灵活性之间是互补的关系，不过一体化有利于过程创新（即成本降低）。上述研究表明，一体化与企业的创新绩效之间并非简单的正向关系。Lahiri 和 Narayanan（2013）对半导体产业的实证分析表明，一体化程度与公司的专利数量负相关而与净收入正相关。Li 和 Tang（2010）发现 IT 企业的一体化水平与专利的质量水准存在倒 U 型的关系，与专利的横向范围正相关。基于此，提出下面的假设：

假设 2：一体化与企业的创新绩效存在倒 U 型关系。

在上述文献回顾的基础上，构建研发模式、生产一体化与企业创新之间关系的概念性研究框架，如图 7.8 所示。与已有研究单独考虑研发模式或生产一体化对企业创新绩效的影响不同，本小节认为研发模式或研发投入只是决定创新绩效的一个方面，生产体系和生产能力也是影响产品创新市场绩效的关键一环，将这两个在经营实践中密不可分的行为一并考虑，才能发现汽车自主品牌企业产品创新绩效的核心因素。另外，本小节将专利数量和新产品的价值作为衡量创新绩效的两个指标分别实证分析。

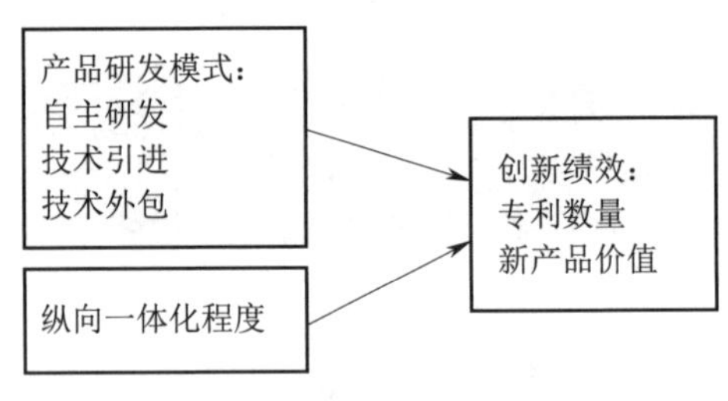

图 7.8　研究的概念性框架

二、自主品牌乘用车企业产品创新模式的背景分析

20 世纪 80 年代初期，当轿车工业已经成为欧、美、日、韩等国的支柱产业时，中国的轿车工业才步入“蹒跚学步”的阶段，并不存在严格意义上的技术创新和产品研发活动。在国家政策的长期保护下，从 1985 年到 2000 年，轿车产业处于“一家企业一个品牌”的状态，新产品的引进、生产和投放都属于主管部门的权责，企业没有创新的动机和压力。为了应对加入 WTO 可能面临的竞争势态，中央政府逐渐放松了对轿车产业的进入限制，并开始鼓励本土企业发展自主产品和自主品牌。由于进入产业的方式和时机各不相同，各类企业产品研发模式也存在明显的差异，在 2007 年之前，主要存在三类研发模式：

1. 技术引进

自主品牌的技术引进模式特指本土企业通过与汽车产业的跨国公司签订技术转让协议，使用外方的技术，生产外方成熟的产品。中方企业还可以购买外方的生产设备或完备的生产线，以保证技术、工艺和生产体系的一致性和稳定性。技术引进与中外合资经营的最大区别在于外方不直接参与产品的生产经营，而是以许可证和技术转让的方式获得收益。对中方而言，技术引进可以在短期内获得成熟的产品和生产体系，进而压缩产品开发的周期和成本，主要的弊端是只能在实践中获得生产的经验，无法直接体验新产品从创意、试验到成型的研发过程，只能以不断的产品引进满足消费的需求。天津夏利、贵州云雀、三家奥拓[西安秦川（比亚迪的前身）、江南和江北]、哈飞汽车等自主品牌都在很长时间内使用过这种模式。

2. 研发外包

如前所述，2000 年前后，研发外包一度成为全球汽车制造业的热点领域，为减少研发风险和投资，许多大企业纷纷将一些基础性的研发和创新业务外包出去，以获得最新的创新资源和能力。由于中国乘用车产业起步很晚，企业的研发和创新意识十分淡泊，尤其缺乏产品创意方面的研究经验，一些企业为了进入中高端轿车领域，采取了研发外包的方式，聘请国际知名的事务所进行轿车外观、架构和模块设计。这种模式不仅可以避免单纯模仿或“抄袭”成熟产品技术的法律风险，也能获得全部的知识产权。但是，汽车是一个整体性很强的结构化产品，在外观和构建上的前沿设计，既需要得到本土消费者的认可，也要与自身的生产能力相匹配。如同技术引进一样，技术外包也会限制中方企业自主学习的机会。2007 年之前，华晨汽车、一汽轿车等生产高端产品的企业是这一模式的典型代表。

3. 自主研发

由于技术水平严重落后和实践经验极其匮乏，本土品牌制造企业的自主创新行为都是从对跨国公司已有产品的“反向设计”“模仿创新”乃至“集成式创新”起步的，自主创新的含义体现在本土企业完全主导产品的开发和设计。依靠这一路径，奇瑞、吉利等企业既开发出了具有市场需求的产品，也积累了研究和开发的部分知识，为走上真正的自主化提供了必要的资金、市场和人才储备。问题在于模仿式的自主创新无法避免跟随策略的弊端，使自主品牌成为某成熟款式的“影子”产品，难以获得消费的外部性。同时，随着轿车产品更新换代周期的缩短，一味地模仿和跟随也隐藏着巨大的投资风险，这些企业在2005年经历了几场知识产权的法律诉讼后，才走上了严格意义上的自主创新之路。

如前所述，产品技术来源的差异只能影响企业研发投资的规模和风险，要将设计图纸转化为销售收入，还需构建稳定、可靠和高效的生产体系，自主品牌的制造企业在进入产业的初期，由于资金和能力所限，一般只投资建设部件冲压、焊装、涂装和总装等四个必备的环节，诸如发动机、变速箱、车身底盘、电子电器系统等部件或配件大多采取外购的方式。相对于合资企业较为完整的制造体系，自主企业的纵向价值链存在许多短板，由此导致以“增加值/总产值”计算的一体化水平也较低，加之生产平台的柔性化程度、流程管理水平等方面的不足，使得生产模式成为影响企业自主创新行为和绩效的因素之一。为此，在相关研究的基础上，本小节将纵向一体化的程度作为另一个解释变量与研发模式一并分析。

三、数据、变量与计量模型

1. 数据来源

鉴于创新行为对企业的市场进入决策和短期效果具有决定性的作用，为了保持分析对象业务范围的前后一致性，本小节的研究对象只涉及2007年之前的自主品牌制造企业。这一时期是乘用车行业高速增长的阶段，外部竞争环境相对稳定，本土企业产品创新和能力构建战略尚处于探索之中。这些企业的新产品价值、工业增加值、固定资产总值等数据来自国家统计局编制的《中国工业企业产品数据库》(1998—2009年)。企业技术来源、行业集中度等变量则由历年《中国汽车工业年鉴》的原始数据汇总或计算而得。专利数据来自“万方数据(中外专利数据库)”，通过检索“企业名称”和“汽车”两个关键词，可以获得各家企业在样本期间每年的专利申请数量。样本中既有奇瑞、吉利和比亚迪等新进入的乘用车企业，也涉及长安、上汽等大型集团中的自主品牌生产企业。由于进入乘用车行业和自主品牌的开发时间有所不同，得到的是一个非均衡的面板数据。

2. 变量选择和计算

被解释变量：自主品牌制造企业的专利数量和新产品价值是本小节衡量自主创新绩效的两个变量，其中新产品价值按照 GDP 平减指数进行了调整。

主要的解释变量包括：

（1）产品技术引进虚拟变量（import of technology，简称 import）：如果企业在某一年使用技术引进的方式开发新产品则记为 1，否则为 0。

（2）产品技术外包虚拟变量（outsourcing of technology，简称 outsourcing）：如果企业在某一年使用技术外包的方式进行新产品的开发则记为 1，否则为 0。

（3）纵向一体化指数（vertical integration，简称 *VI*）：使用企业的汽车工业增加值与汽车工业总产值的比例代表纵向一体化的程度。为反映纵向一体化的长期影响，本小节将该指标的平方项 VI^2 也作为解释变量。

控制变量包括企业的从业人员总数[ln(*L*)]、固定资产总值[ln(*K*)]和行业集中度[ln(*HHI*)]。变量的描述性统计和相关系数分别如表 7.5 和表 7.6 所示。

表 7.5　变量的描述性统计

变量名称	符号	观察值	均值	标准差	最小值	最大值
1. 专利数量	patent	194	6.299	18.826	0.000	143
2. 新产品价值的对数	ln(new-value)	194	13.743	1.560	8.162	16.459
3. 技术引进	import	194	0.443	0.498	0.000	1.000
4. 技术外包	outsourcing	194	0.041	0.199	0.000	1.000
5. 纵向一体化	*VI*	194	0.198	0.113	0.015	0.827
6. 纵向一体化平方	VI^2	194	0.052	0.078	0.000	0.684
7. 从业人员的对数 / 人	ln(*L*)	194	7.540	1.164	3.689	10.050
8. 固定资产的对数 / 万元	ln(*K*)	194	12.458	1.636	4.025	15.335
9. 市场集中度的对数	ln(*HHI*)	194	6.747	0.597	6.103	8.009

资料来源：作者基于 Stata12 软件计算

表 7.6 变量的相关系数

变量	1	2	3	4	5	6	7	8	9
1. patent	1.000								
2. ln(new-value)	0.259	1.000							
3. import	−0.252	−0.030	1.000						
4. outsourcing	−0.061	0.202	−0.201	1.000					
5. VI	0.016	−0.087	−0.099	−0.130	1.000				
6. VI^2	−0.044	−0.101	−0.036	−0.095	0.914	1.000			
7. ln(L)	0.159	0.668	0.185	0.220	−0.064	−0.050	1.000		
8. ln(K)	0.256	0.683	0.062	0.342	0.008	0.009	0.821	1.000	
9. ln(HHI)	−0.327	−0.372	0.280	−0.167	0.097	0.087	0.053	−0.111	1.000

资料来源：作者基于 Stata12 软件计算

3. 计量模型设定

（1）面板数据的随机效应泊松模型。专利数量是衡量企业创新绩效的常用指标，这一指标具有计数数据的特征，且存在大量为零的样本，不能满足 OLS 模型的基本假定和前提，Roper 和 Hewitt（2015）建议使用泊松模型（Poisson model）进行系数估计，也就是将企业 i 在 t 年的专利数量表述为解释变量的条件概率密度函数：

$$Pr(Y_{it}=y_{it}\mid X_{it})=\frac{e^{-\lambda it}\lambda_{it}^{y_{it}}}{y_{it}!} \tag{7.49}$$

其中 $\lambda_{it}=E(Y_{it})$，泊松分布要求 Y_{it} 的均值等于它的方差，X_{it} 是解释变量组成的向量，Y_{it} 为企业的专利数量，对应的面板数据泊松回归方程为：

$$\text{patent}_{it}=f(\text{import}_{it},\text{outsourcing}_{it},VI_{it},VI_{it}^{\,2},\ln(L_{it}),\ln(K_{it}),\ln(HHI_t),v_i,\varepsilon_{it}) \tag{7.50}$$

式（7.50）中 v_i 是代表企业特性的随机效应变量，ε_{it} 是误差项，它们的性质是：$v_i\sim N(0,\sigma_v^2)$，$\varepsilon_{it}\sim N(0,\sigma_\varepsilon^2)$，$E[(\varepsilon_{it}|v_i)]=0$。

（2）新产品价值的随机前沿生产函数设定。专利是衡量企业研发产出的有效指标，但是对于汽车产业而言专利也存在一定的局限性：一是专利无法涵盖企业所有的创新活动，并不是所有的创新成果都能够以专利的形式呈现；二是不同专利的经济价值也存在很大差异，汽车制造企业专利开发是其他活动的副产品，专利并不能带来直接的经济效益。自主品牌乘用车生产企业由于进入市场时间短，涉及的研究、创新和开发领域十分有限。因此，本小节在 Laursen 和 Salter（2006）研究的基础上，以新产品价值来衡量整体创新的绩效，这里的新产品是指使用新技术生产或功能上有明显改进的那些产品。

为了避免将资本、劳动力等直接投入对新产品价值的影响与本小节关心的研发模式和生产模式等结构性变量对新产品价值的影响混同，本小节使用随机前沿模型对企业的新产品生产进行刻画：假设资本和劳动要素的投入以及行业的技术进步水平决定了企业的新产品产出边界，而研发模式与生产模式决定了企业的新产品实际产出相对于产出边界的偏差，即新产品生产的技术无效率。本小节将企业的新产品产出边界设定为"柯布－道格拉斯"函数的形式，同时假定整个行业的技术进步会使企业产出边界外移，对应的新产品生产函数为：

$$\ln(\text{new}-\text{value}_{it})=\beta_0+\beta_1 t+\beta_2\ln(L_{it})+\beta_3\ln(K_{it})+v_{it}-u_{it} \quad (7.51)$$

在式（7.51）中，new-value_{it} 代表企业 i 在第 t 年的新产品价值，时间趋势 t 用来刻画整个行业的技术变化，L_{it}、K_{it} 分别表示从业人员数量和固定资产总值。复合项 $v_{it}-u_{it}$ 表示企业实际的新产品价值相对于最优边界的随机误差：$v_{it}\sim N(0,\sigma_v^2)$ 为不可控的随机误差，非负项 $u_{it}\sim N^+(\mu_{it},\sigma^2)$ 为企业的技术无效率项，β_0、β_1、β_2、β_3 为待估计的参数。一般而言，企业的技术效率 TE_{it}（实际新产品产出与最优产出边界的比值）可以写成无效率项 u_{it} 的函数：

$$TE_{it}=\exp(-u_{it})=\exp(-z_{it}\delta-w_{it})\in(0,1] \quad (7.52)$$

其中 z_{it} 表示企业技术无效率项的解释变量，w_{it} 为技术无效率项的误差项，δ 为待估计的系数组成的向量。具体地，本小节将无效率方程设定为如下的形式：

$$u_{it}=\delta_0+\delta_1 VI_{it}+\delta_2 VI_{it}^2+\delta_3\text{import}_{it}+\delta_4\text{outsourcing}_{it}+w_{it} \quad (7.53)$$

设定复合项 $v_{it}-u_{it}$ 的方差 $\sigma_s^2=\sigma^2+\sigma_v^2$，将无效率项 u_{it} 的方差在复合项方差中所占的比重记为 $\gamma=\dfrac{\sigma^2}{\sigma_s^2}\in[0,1]$，就可以借助 Frontier 4.1 软件对式（7.52）和式（7.53）进行极大似然估计，得到生产函数的系数 $\beta=(\beta_0,\beta_1,\beta_2,\beta_3)$、无效率项的系数 δ、方差参数 σ_s^2 和 γ 的估计结果。

按照式（7.52）的含义，当式（7.53）中某变量的系数显著为正时，说明它对技术效率的提高具有抑制作用，相反，若该变量的系数显著为负，则表示该变量会促进效率的增加。

四、实证结果与讨论

1. 专利数据的泊松回归结果分析

表 7.7 给出了基于 Stata12 软件的专利数量随机效应泊松模型估计结果。表 7.7 的三个模型中，模型（3）的解释变量中同时包含了企业的

表 7.7 专利数量的随机效应泊松模型估计结果

变量	模型（1）	模型（2）	模型（3）
常数项	11.870*** （1.520）	13.560*** （1.568）	11.490*** （1.600）
import		−0.023 （0.128）	−0.093 （0.133）
outsourcing		−1.216 （1.689）	−1.467 （1.667）
VI	6.078** （2.543）		5.933** （2.546）
VI^2	−20.490*** （6.080）		−20.290*** （6.075）
$\ln(L)$	0.132** （0.067）	0.086 （0.065）	0.128* （0.068）
$\ln(K)$	0.237*** （0.062）	0.214*** （0.057）	0.245*** （0.062）
$\ln(HHI)$	−2.272*** （0.142）	−2.387*** （0.159）	−2.212*** （0.163）
ln（alpha）	1.664*** （0.286）	1.666*** （0.286）	1.634*** （0.288）
极大似然值	−515.082	−530.982	−514.583
观察值	40 家企业 10 期（1998—2007 年），194 个观察值		

注：参数估计值下括号内的数值为标准差；上标 ***、**、* 分别表示显著性水平为 0.010、0.050、0.100

资料来源：作者基于 Stata12 软件结果整理

研发模式和纵向一体化程度，是本小节的主要模型。为了进行稳健性检验，模型（1）和模型（2）的解释变量中分别只包含一体化程度或研发模式。三个模型的结果差异不大。基于模型（3）估计结果的主要发现有：

（1）技术引进（import）和外包（outsourcing）对自主品牌制造企业的专利数量存在不显著的负面影响，直接使用外部资源进行新产品开发对企业专利创新具有一定的挤出效应，这一发现一定程度上验证了假设 1a 和 1b。事实上，2007 年之前自主品牌制造企业的行为并非严格意义上的开放式创新，作为技术的受让方，本土企业并不参与产品创意、设计和试验等环节，而是按照购买的技术蓝图和生产工艺直接组织生产。以技术引进（import）为例，这种模式在实践中往往伴随着汽车生产线的贸易，本土企业更加偏重对生产技术的消化、吸收和学习。虽然这一过程能帮助企业缩短产品和制造工艺差距，但是由于企业无须进行后续的研发活动，也就没有通过开发和申请专利的形式获得和保护知识产权的内在激励，使得借助外部优质资源进行研发活动反而降低了企业的专利数量。

（2）表 7.7 中变量纵向一体化（VI）的系数显著为正，而其平方项 VI^2 的系数显著为负，表明纵向一体化与专利数量创新绩效呈倒 U 型的关系，这一结果验证了假设 2。2007 年之前，中国乘用车产业的核心部件、关键资源都被跨国公司控制，自主品牌的制造企业为了满足高速增长的需求，只能不断地提高内部的自制率。由于汽车生产涉及诸多的环节和技术，这些内部制造活动必然产生出相关的知识产品，将这些内部知识专利化不仅可以明确其所有权，也是积累内部知识资本的一种有效途径。但是，汽车制造使用的是十分稳定的生产工艺流程，随着内部生产活动范围的不断拓展，生产所需的各类知识和技术都可以自我满足，由此导致对新增知识性资产的需求相应下降，表现为纵向一体化与专利数量的倒 U 型关系。

（3）行业集中度 HHI 的系数显著为负，表明在中国乘用车的发展阶段，市场竞争会抑制本土企业的专利开发，从业人员 $\ln(L)$ 和固定资产 $\ln(K)$ 的系数在不同的显著水平上都为正，说明自主品牌生产企业的专利开发活动兼具劳动和资本密集的特征。

应该指出的是在表 7.7 中，ln（alpha）的系数显著为正，说明混合泊松回归模型不适用；对样本进行固定和随机效应的 Hausman 检验，卡方值为

9.020，对应的 p 值为 0.173，也证明本小节使用随机效应泊松模型进行参数估计是合适的。

2. 新产品价值的随机前沿估计结果分析

表 7.8 给出了利用 Frontier 4.1 对企业新产品价值的随机前沿生产函数的估计结果。与泊松模型类似，表 7.8 的模型（3）是本小节的主要模型，为了对模型（3）进行稳健性检验，模型（1）和模型（2）的技术无效率方程分别只考虑了一体化程度或研发模式，三个模型的估计结果差异不大。模型（3）的估计结果包括产出边界函数、技术无效率方程和残差项参数估计等三个部分，各个部分的结论见表 7.8。

表 7.8　新产品价值的随机前沿模型估计结果

	模型（1）	模型（2）	模型（3）
产出边界函数			
常数项	6.782*** （0.687）	7.706*** （1.222）	8.056*** （0.819）
T	0.150*** （0.056）	0.095* （0.057）	0.093* （0.051）
ln（L）	0.635*** （0.101）	0.667*** （0.246）	0.586*** （0.055）
ln（K）	0.186*** （0.056）	0.120 （0.117）	0.138* （0.071）
技术无效率方程			
常数项	−2.253*** （0.816）	−4.304** （2.080）	−3.597*** （1.063）
import		1.529 （2.440）	1.458 （1.653）
outsourcing		−25.279** （9.923）	−8.892*** （2.076）
VI	5.285*** （1.368）		8.387*** （1.989）
VI^2	1.581** （0.637）		2.704** （1.172）

（续表）

	模型（1）	模型（2）	模型（3）
残差项的参数估计			
δ_s^2	90.478*** (1.567)	110.662*** (9.638)	93.706*** (1.921)
γ	1.000*** (0.000)	1.000*** (0.000)	1.000*** (0.000)
极大似然值	−575.276	−573.518	−573.281
观察值	40 家企业 10 期（1998—2007），194 个观察值		

注：参数估计值下括号内的数值为标准差；上标 ***、**、* 分别表示显著性水平为 0.010、0.050、0.100

（1）新产品的产出边界：时间趋势 t 的系数为正并且在 0.100 的水平下显著。这说明 1998 年到 2007 年这十年间，我国自主品牌制造企业的年平均技术进步率为 9.30%；从业人员数量每增加 10.00%，产出边界向外扩张 5.86%；固定资产总值每增加 10.00%，产出边界向外扩张 1.38%。即相对而言，企业新产品价值的增加更多地依赖人力资本的扩张。

（2）技术无效率方程：技术引进虚拟变量（import）的系数为正但不显著，技术外包虚拟变量（outsourcing）的系数显著为负。也就是说，相对于完全的自主开发模式，技术外包显著提升了自主品牌企业新产品生产的技术效率，使得企业的新产品价值增加，这一结果与假设 1a 正好相反。原因在于，与对专利开发的挤出作用不同，就新产品开发和销售而言，技术外包不仅会缩短产品研发的周期，也会使自主品牌在规格、质量等方面接近跨国公司的水平，从而满足消费者对新型号、新款式的偏好，并在市场竞争中获取更高的附加值。

技术无效率方程中，纵向一体化程度 VI 的一次项和二次项系数均为正并且显著，即一体化程度的上升会降低新产品生产的技术效率，这一发现同样与假设 2 不相符。以 2007 年为例，自主品牌制造企业的平均纵向一体化水平为 17.200%。在这一基础上，企业的纵向一体化程度每上升 0.010（5.814%），它的技术效率（新产品实际产出和产出边界之比）会下降 9.300%，即纵向一体化并不利于以新产品价值衡量的自主品牌创新绩效的提升。这说明纵向一体化与创新绩效之间的关系依赖于对创新绩效的衡量方式。已有研究纵向一体化与创新绩效关系的文献主要从产品多样性和市场表现、专利数量和质量等方面对企业的创新绩效进行衡量,鲜有文献以新产品价值作为创新绩效的代理变量。事实上,生产和销售新产品是企业创新的最终目的,以新产品价值来衡量创新绩效,既体现了新产品的前期研发过程创造的价值,又体现了后期新产品投产和制造过程中创造的价值。因此,以这种方式衡量的创新绩效与以专利数量等其他方式衡量的创新绩效存在一定的差异。

应该指出,纵向一体化与创新绩效的关系同样会受到一体化度量方式的影响。使用增加值与总产值的比例表示自主品牌制造企业纵向一体化的程度高低,只能反映价值链中制造环节自制率的水平,研发、工艺和销售等其他内部活动无法得到有效的体现。原因在于本小节使用的是制造企业而非集团层面的数据,而多事业部制是中国乘用车企业的主导治理模式,研发、销售等活动往往会交由同一集团的其他独立法人来完成,装配制造企业的数据并不完全包含这些信息。也是就是说从经营的完整性和一致性出发,本小节仅仅使用生产活动的内部自制率会低估自主品牌企业纵向一体化的水平。

(3)残差项的参数估计结果。在表7.8中σ_s^2和γ这两个参数的系数估计值都十分显著,表明本小节使用随机前沿生产函数而非一般的OLS分析,更加符合新产品价值与时间趋势、劳动和资本投入与研发模式、一体化水平等变量的实际关系,这也是本小节将研发模式和生产一体化一并检验的原因之一。

五、本节的经营策略含义

本小节利用泊松回归和随机前沿方法,分析了我国自主品牌乘用车企业的研发模式和生产一体化程度与企业两种创新绩效——专利数量和新产品价值之间的关系。结果发现,自主品牌制造企业的研发模式和生产模式对企业创新活动的这两类产出有着完全不同的影响:产品的技术引进和外包与专利数量存在着不显著的替代关系;而生产范围和规模扩展所引发的对各类专业知识的需求,必然促使企业增加对研发的投入,即"干中学"会提高内部的知识存量,从而带来专利数量的上升;相反,技术外包可以直接提高产品的设计,通过新产品的质量竞争获取更高的价格升水,最终提升企业新产品生产的技术效率和新产品价值;纵向一体化程度与新产品生产的技术效率和新产品价值负相关,则说明本土企业的创新绩效被低效率的制造体系所侵蚀。这也从另一个方面说明,乘用车制造企业产品创新的实际效果由价值链的整体效率所决定,各个环节之间是互补而非替代的关系。

本小节研究的应用价值主要体现在三个层面:①2012 年以来,除了在 SUV、MPV 等细分市场依旧保持明显的竞争优势和增长势头外,自主品牌轿车的市场占有率已经持续下降了近 2 年的时间,一些企业甚至宣布暂时退出轿车的生产经营,一个重要的原因是轿车市场进入成熟阶段后,合资企业大规模高速度的品牌投放和升级,使本土品牌跟随和模仿创新策略的成本优势不复存在,因此亟需反思和调整以往研究和开发机制的弊端;②汽车制造使用的是十分稳定和成熟的技术,核心环节和能力依旧掌控在跨国公司手中,在需求高速增长的阶段,本土企业过分注重表层竞争力(新产品、新型号、新技术),在一定程度上忽视了对基本能力和基础技术的投资,使得新产品的生命周期远远低于外资品牌,无法通过生产阶段的规模经济和范围经济积累、储备技术人才和默契知识,创新绩效未能转化为竞争效率。因此在较长的一段时间内,自主品牌企业在使用外部资源的同时,缺少关键部件制造和生产管理的内功;③目前政府对自主品牌的扶持政策主要是在新能源汽车的研发和销售补贴方面,使得大部分自主品牌的企业在激烈市场竞争压力下,不得不压缩乃至放弃对传统汽车技术的研究投入,这会使本土企业在燃油发动机、自动变速箱、车用电子集成系统等方面与跨国公司的技术差距不断扩大。因此,政府要鼓励和扶持本土企业通过技术同盟的方式共同开发基础部件或模块,抑制自主品牌企业对跨国公司长期依赖的趋势。

本章总结

本章的目的是对不同类型本土汽车制造企业的创新激励、创新模式和绩效等问题进行模型分析和计量检验,从中发现影响自主创新的微观因素,进而为完善政府的产业创新政策和优化企业的创新策略提供一定的参考。目前,我国汽车产业,尤其是自主品牌的发展进入一个变革和机遇并存的关键时期,2017 年汽车产销增速大幅度放缓,2018 年的负增长则宣告了长达 20 年高速增长期的终结,进入 2019 年,总量严重下降的趋势并未缓解,一汽夏利、海马汽车、重庆力帆等弱势企业还陷入了停产、半停产和破产倒闭的境地。2019年,被寄予厚望的新能源汽车产业也首次出现了“负增长”,在短期内难以承担稳定汽车产业高质量发展的重任。2020年年初爆发的新冠肺炎疫情,对汽车产业而言就是雪上加霜,自主品牌的市场占有率也回落到近十年的最低水平。电动汽车的强势企业——特斯拉,在国产化后的半年时间内,就赢得了我国新能源汽车市场头把交椅的位置。一定程度上,中国汽车产业正在面临40年来第一次真正的危机和挑战。

日本汽车产业在20世纪70—80年代石油价格冲击后以节能技术为突破口、韩国现代汽车公司在2008—2009年金融危机后的强势崛起,一定会启示和激励汽车自主品牌的生产者和相关的参与者,转变固有思维,探索出一条具有中国特色的汽车工业创新发展之路。

本章附录

附录7.1　自主品牌的市场占有率

年份	乘用车总销量/万辆	自主品牌销量/万辆	比例/%	年份	乘用车总销量/万辆	自主品牌销量/万辆	比例/%
1994	24.73	6.59	27	2007	614.42	254.09	41
1995	32.03	7.92	25	2008	670.52	277.49	41
1996	38.89	10.13	26	2009	1033.13	457.70	44
1997	46.43	11.01	24	2010	1375.78	627.30	46
1998	51.49	12.41	24	2011	1447.24	611.22	42
1999	58.07	13.21	23	2012	1549.52	648.50	42
2000	60.72	11.06	18	2013	1792.89	722.20	40
2001	74.92	14.91	20	2014	1970.06	757.33	38
2002	126.22	28.45	23	2015	2114.63	873.76	41
2003	206.10	47.75	23	2016	2437.69	1052.90	43
2004	234.53	53.45	23	2017	2471.80	1087.31	44
2005	296.68	90.31	30	2018	2237.87	912.77	41
2006	510.93	211.60	41	2019	2070.25	784.32	38

资料来源:根据《中国汽车工业年鉴》(历年)汇总而成

本章参考文献

[1] 白让让:《中国轿车产业中的产品线扩展》,《中国工业经济》2008 第 7 期。

[2] 白让让:《边缘性进入与二元管制放松》,上海三联书店、上海人民出版社,2006。

[3] 陈启斐、王晶晶、陈中刚:《研发外包是否会抑制我国制造业自主创新能力》,《数量经济技术经济研究》2015 年第 2 期。

[4] 范承泽、胡一帆、郑红亮:《FDI 对国内企业技术创新影响的理论与实证研究》,《经济研究》2008 年第 1 期。

[5] 高铁梅:《计量经济分析方法与建模》,清华大学出版社,2007。

[6] 国务院发展研究中心产业经济研究部、中国汽车工程学会、大众汽车集团:《中国汽车产业发展报告(2008)》,社会科学文献出版社,2008。

[7] 国务院发展研究中心产业经济研究部等编:《中国汽车产业发展报告(2015)》,社会科学文献出版社,2015,第 68—70 页。

[8] 胡安生:《从合资转为自主创新的战略转折》,《汽车工业研究》2006 年第 6 期。

[9] 蒋殿春、张宇:《经济转型与外商投资技术溢出影响》,《经济研究》2008 年第 7 期。

[10] [美]蒋中一:《数理经济学的基本方法》,商务印书馆,2002。

[11] [美]凯丽·西蒙斯·盖勒格:《变速! 中国——汽车、能源、环境与创新》,清华大学出版社,2007。

[12] 李庆文:《中国汽车产业自主创新蓝皮书》,经济管理出版社,2007。

[13] 李自杰、陆思宇、蔡铭:《基于知识属性的合资企业动态演进研究》,《中国工业经济》2009 年第 2 期。

[14] 刘世锦:《市场开放、竞争与产业进步》,《管理世界》2008 年第 12 期。

[15] 柳长立:《跨国公司在我国乘用车领域的合资行为特征研究》,《汽车工

业研究》2008 年第 6 期。

[16] 瞿宛文:《赶超共识监督下的中国产业政策模式》,《经济学》(季刊)2009 年第 8 卷第 2 期。

[17] 沈坤荣、耿强:《外商直接投资、技术外溢与内生经济增长——基于中国数据的计量检验与实证分析》,《中国社会科学》2001 年第 5 期。

[18] 宋泓、蔡瑜:《跨国公司的替代性分析——以汽车产业为例》,《中国改革》2006 年第 8 期。

[19] 孙彩虹、齐建国、于辉:《不对称寡头企业半合作创新模式研究》,《系统工程理论与实践》2009 年 29(3):21—27。

[20] 田志龙、李春荣、蒋倩、王浩、刘林、朱力、朱守拓:《中国汽车市场弱势后进入者的经营战略——基于对吉利,奇瑞,华晨,比亚迪和哈飞等华系汽车的案例分析》,《管理世界》2010 年第 8 期。

[21] 仝月婷、胡又欣:《外商直接投资的生产率溢出效应》,《经济学报》2005 年第 1 卷第 2 辑。

[22] 佟岩:《汽车产业技术进步路径转换研究》,中国社会科学出版社,2008。

[23] 王刚、章博文、李显君:《中国汽车企业技术追赶模式差异化的实证分析》,《技术经济》2014 年第 8 期。

[24] 王红领、李稻葵、冯俊新:《FDI 与自主研发:基于行业数据的研究》,《经济研究》2006 年第 2 期。

[25] 王伟:《我国轿车产业合资经营与发展“民族品牌”》,《汽车工业研究》2008 年第 9 期。

[26] 王燕妮、张永安:《汽车核心企业内外创新网络对创新绩效的影响机理研究》,《经济管理》2014 年第 4 期。

[27] 吴延兵、米增渝:《创新、模仿与企业效率》,《中国社会科学》2011 年第 4 期。

[28] 伍德里奇·J. M:《计量经济学现代观点》,中国人民大学出版社,2003。

[29] 邢斐、张建华:《外商技术转移对我国自主研发的影响》,《经济研究》2009 年第 6 期。

[30] 徐欣:《企业自主研发与技术引进的协同——平衡效应》,《经济管理》2013 年第 7 期。

[31] 杨树,梁樑,熊立:《Cournot 和 Bertrand 竞争下均衡质量的比较》,《系统管理学报》2008 年 21(1): 104—109。

[32] 张化尧、李德扬、谢洪明:《技术截断下的中国民营汽车企业能力升级研究: 以奇瑞、比亚迪和吉利为例》,《科学学与科学技术管理》2012 年第 2 期。

[33] 赵增耀、王喜:《产业竞争力、企业技术能力与外资的溢出效应》,《管理世界》2007 年第 12 期。

[34] 钟师:《民族汽车品牌生存环境果真受到威胁吗?》,《汽车与配件》2006 年第 2 期。

[35] 周治平、钟华、李金林:《跨国公司对我国合资企业控制分析》,《财经理论与实践》2006 年第 5 期。

[36] 朱承亮:《中国汽车产业技术进步主要来源》,《工业技术经济》2014 年第 3 期。

[37] 朱平芳、李磊:《两种技术引进方式的直接效应研究》,《经济研究》2006 年第 3 期。

[38] Ahuja, G. Katila, R., "Technological acquisitions and the innovation performance of acquiring firms: A longitudinal study", *Strategic Management Journal*, 2001, 22(3): 197-220.

[39] Armour, H. O., Teece, D. J., "Vertical integration and technological innovation", *The Review of Economics and Statistics*, 1980, 62(3): 470-474.

[40] Atuahene-Gima, K., and Li, H., "Strategic decision comprehensiveness and new product development outcomes in new technology ventures", *The Academy of Management Journal*, 2004, 47(4): 583-597.

[41] Battese, G. E., and T. J. Coelli, "A model for technical inefficiency effects in a stochastic frontier production function for panel data", *Empirical Economics*, 1995, 20(2): 325-332.

[42] Belderbos, R., G. Capannelli and K. Fukao., "Backward vertical linkages of foreign manufacturing affiliates: Evidence from Japanese multinationals", *World Development*, 2001, 29(1), 189-208.

[43] Biesebroeck, J. V., "Complementarities in automobile production", *Journal of Applied Econometrics*, 2007, 22 (7): 1315–1345.

[44] Blomström, M. Sjöholm, F., "Technology transfer and spillovers: Does local participation with multinationals matter ?", *European Economic Review*, 1999, 43, pp 915–923.

[45] Cacciatori, E. Jacobides, M. G., "The dynamic limits of specialization: Vertical integration reconsidered", *Organization Studies*, 2005, 26 (12) : 1851–1883.

[46] Chen, Y., and D. E. M. Sappington., "Innovation in vertically related markets", *The Journal of Industrial Economics*, 2010, 58 (2): 373–401.

[47] Chesbrough, H. W., and D. J. Teece, "When is virtual virtuous: Organizing for innovation", *Harvard Business Review*, 1996, 74 (1): 65–73.

[48] Ciravegna, L. and Maielli, G. , "Outsourcing of new product development and the opening of innovation in mature industries: A longitudinal study of fiat during crisis and recovery", *International Journal of Innovation Management*, 2011, 15 (1): 69–93.

[49] Clark, K. B., W. B. Chew, T. Fujimoto, J. Meyer, and F. M. Scherer., "Product development in the world auto industry", *Brookings Papers on Economic Activity, Special Issue on Microeconomics*, 1987,(3): 729–781.

[50] Cohen, W. M., and Levinthal, D. A., "Innovation and learning: The two faces of R & D", *Economic Journal*, 1989, 99: 569–596.

[51] Czarnitzki, D., and S. Thorwarth., "The contribution of in-house and external design activities to product market performance", *Journal of Product Innovation Management*, 2012, 29 (5): 878–895.

[52] Delbono F, Denicolo V., "R&D investment in a symmetric and homogeneous oligopoly: Bertrand vs Cournot", *International Journal of Industrial Organization*, 1990, 8 (2): 297–313.

[53] Dermot Leahy J. Peter Neary, "Absorptive capacity, R&D spillovers, and public policy", *International Journal of Industrial Organization*, 2007, 25: 1089–1108.

[54] Dimelis, S. and H. Louri, "Foreign ownership and production efficiency: A quantity regression analysis", *Oxford Economic Papers*, 2002, 54: 449-469.

[55] Economides, N., "Quality choice and vertical integration", *International Journal of Industrial Organization*, 1999, 17(6): 903-914.

[56] Fu, X., "How does openness affect the importance of incentives for innovation", *Research Policy*, 2012, 41(3): 512-523.

[57] Greene, W. H., *Econometric Analysis (Seventh Edition)*, NJ: Prentice Hall Press, 2012.

[58] Heeb, R., "Innovation and vertical integration in complementary markets", *Journal of Economics & Management Strategy*, 2003, 12(3): 387-417.

[59] Iansiti, M., and K. B. Clark., "Integration and dynamic capability: Evidence from product development in automobile and mainframe computers", *Industrial and Corporate Change*, 1995, 3(3): 557-605.

[60] Javorcik, B., "Does foreign direct investment increase the productivity of domestic firms? In search of spillovers through backward linkages", *American Economic Review*, 2004, 94(3): 605-627.

[61] Jin J Y. "Innovation announcement with vertical differentiation", *Journal of Economic Behavior and Organization*, 1995, 28(3): 399-408.

[62] Lahiri, N., and S. Narayanan., "Vertical integration, innovation, and alliance portfolio size: Implication for firm performance", *Strategic Management Journal*, 2013, 34(11): 1042-1064.

[63] Laursen, K., and A. Salter., "Open for innovation: The role of openness in explaining innovation performance among U. K. manufacturing firms", *Strategic Management Journal*, 2006, 27(2): 131-150.

[64] Leiblein, M. J., J. J. Reuer, and F. Dalsace., "Do make or buy decisions matter? The influence of organizational governance on technological performance", *Strategic Management Journal*, 2002, 23(9): 817-833.

[65] Li, H., and, M. Tang., "Vertical integration and innovative performance: The effect of external knowledge sourcing modes", *Technovation*, 2010,

30(7-8): 401-410.

[66] Li, J., D. Chen, and D. M. Shapiro, "Product innovations in emerging economies: The role of foreign knowledge access channels and internal efforts in Chinese firms", *Management and Organization Review*, 2009, 6(2): 243-266.

[67] Loertscher, S., and M. Reisinger., "Market structure and the competitive effects of vertical integration", *The Rand Journal of Economics*, 2014, 45(3): 471-494.

[68] Martin S., "Spillovers, appropriability, and R&D", *Journal of Economics*, 2002, 75, 1-32.

[69] Motta, M., "Endogenous quality choice: Price versus quantity competition", *Journal of Industrial Economics*, 1993, 41, 113-131.

[70] Novak, S., and S. Stern., "Complementarity among vertical integration decisions: Evidence from automobile product development", *Management Science*, 2009, 55(2): 311-332.

[71] Novak, S., and S. Stern., "How does outsourcing affect performance dynamics? Evidence from the automobile industry", *Management Science*, 2008, 54(12): 1963-1979.

[72] Qiu, L.D., "On the dynamic efficiency of Bertrand and Cournot equilibria", *Journal of Economic Theory*, 1997, 75: 213-229.

[73] Ramachandran, V., "Technology transfer, firm ownership, and investment in human capital", *Review of Economics and Statistics*, 1993, 75(4): 664-670.

[74] Roper, S., and N. Hewitt-Dundas., "Knowledge stocks, knowledge flows and innovation: Evidence from matched patents and innovation panel data", *Research Policy*, 2015, 44(7): 1727-1340.

[75] Rosenkranz, S., "Innovation and cooperation under vertical product differentiation", *International Journal of Industrial Organization*, 1995, 13: 1-22.

[76] Rothaermel, F. T., M. A. Hitt, and L. A. Jobe., "Balancing vertical

integration and strategic outsourcing: Effects on product portfolio, product success, and firm performance", *Strategic Management Journal*, 2006, 27 (11): 1033-1056.

[77] Simon, A., Palma, A., and Thisse, J. F., *Discrete Choice Theory of Product Differentiation*, Cambridge, MA: The MIT Press, 1992.

[78] Suzumura, K., "Cooperative and noncooperative R&D in oligopoly with spillovers", *The American Economic Review*, 1992, 5: 1307-1320.

[79] Symeonidis, G., "Comparing Cournot and Bertrand equilibria in a differentiated duopoly with product R&D", *International Journal of Industrial Organization*, 2003, 21(1): 39-55.

[80] Teece, D. J., "Profiting from technological innovation", *Research Policy*, 1986, 15(6): 285-305.

[81] Tirole, J., *The Theory Of Industrial Organization*, Massachusetts Institute Of Technology Press, 1988.

[82] Ulrich, K., and S. D. Eppinger, *Product Design and Development*, McGraw-Hill, New York, 1995.

[83] Weigelt, C., "The impact of outsourcing new technologies on integrative capabilities and performance", *Strategic Management Journal*, 2009, 30 (6): 595-616.

第八章
管制型汽车产业政策的实践与效果

如果把政府对特定产业的所有干预行为都理解为产业政策的话，那么，在全球范围内，我国政府的汽车产业政策就具有“实施时间最长、涉及范围最广、影响力度最深”等三个显著特点，这些特点并不表明该政策是成功或者有效的。即使我国的汽车产业在40年间实现了总量的跃升和结构的升级，并从2009年以来就稳居世界第一，新能源汽车产业也走在世界的前列，但如果从产业创新能力、品牌的国际竞争力和产业价值链的控制力等方面来衡量，与欧美日韩等国家或地区相比较，还有较大的差距，仍处于从大到强的漫漫征途上。那么，产业政策在产业发展和企业成长过程中扮演着什么样的角色，就成为不能回避的问题。本章不是对我国汽车产业政策的系统化研究，而是在将其界定为管制型政策的前提下，结合汽车产业供给侧改革的最新进展，对具有管制性质的政府干预方式进行经验和实证研究，从而为分析产业政策的正当性与有效性提供新的分析框架与证据。

第一节 管制型的中国汽车产业政策

一、何谓管制型产业政策?

1. 产业政策的基本概念和若干分类

日本学者小宫隆太郎(1988)在《日本的产业政策》一书的序章中将产业政策定义为:“政府为改变产业间的资源分配和各种产业中私营企业的某种经营活动而采取的政策。换句话说,它是促进某种产业的生产、投资、研究开发、现代化和产业改组而抑制其他产业的同类活动的政策。”欧美研究者对产业政策的定义则相对宽泛:“产业政策意味着通过政府活动的指引和调节来提升整个经济和特定产业的生产力和竞争力。产业政策包括直接或者间接影响制造业和服务部门绩效的所有政府当局活动。”(安德鲁索等,2009)。可见,日本学者的定义偏向于产业的建立和发展,欧美学者更关注政府如何从产业的角度应对市场失灵问题,二者的共同点在于:产业政策的实施主体是政府、对象以特定产业为主、工具就是政府干预企业或市场的多种手段(如税收、价格、信贷、物质配给和进入控制)。

实践是产业政策存在的唯一价值,而由生产同类产品和相近替代品企业所组成的产业,至少可以被解构为“结构、行为和绩效”等三个相互关联的环节,这些环节及其它们之间的某种组合既是政府干预的切入点,也成为划分产业政策的维度。例如,植草益等(2000)将日本的产业政策区分为战略性与补充性两种最基本的类型,前者的目的在于培育日本特定产业的国际竞争力,后者旨在纠正市场失灵;我国学者则将其划分为产业的结构、组织、技术、区域、国际竞争力等五种基本类型(江小娟,1996),目的是划定政府不同部门设计和实施产业政策的范围。而在以纠正市场失灵为目标的欧美国家,研究者则倾向于按照干预的力度将产业政策划分为“被动且消极、主动与积极”等五种不同的组合。

时至今日，在市场机制对资源配置发挥基础性作用的大背景下，政府干预对我国汽车产业的组织结构、企业行为和经营绩效仍具有重要甚至决定性的影响。完全依照上述定义和分类的要义，已经难以洞察我国汽车产业政策的本质与内涵，生搬硬套这些固有的框架或机理只能停留在泛泛而谈的层面，也不可能对完善政策体系提供源自理论探索的新发现或新证据。我国汽车产业总量和结构的巨大变化一直不符合主流经济学的预判，也对传统的产业政策理论范式提出了诸多的挑战，理论分析只有直面现实才能获得生命力，否则就是象牙塔内的智力游戏。当然，本章提出的管制型产业政策也不是为创新而创新的闭门造车，而是在系统梳理我国汽车产业政策实践的基础上，综合产业组织和政府管制理论的逻辑进行的探索性研究。下面的分析将表明，这一新的范式既是对以往实践的合意解释，也能够对正在构建的新政策体系提供完善的线索。

2. 管制型产业政策概念的提出与界定

本章定义的管制型产业政策在语义上是一种综合，它的基本含义是指这种类型的产业政策在目标、手段和组织模式等方面，不仅具备政府管制的一般特征，且在实施过程中还要依托多个政府管制部门的直接或间接的参与，才能完成所设定的目标。这一新概念的严谨性及其经济学逻辑体现在以下三个方面：

（1）符合政府管制的内涵。经济学家将管制定义为（史普博，2017）："由行政机构制定并执行的直接干预市场配置机制或间接改变企业和消费者的供需决策的一般规则或特殊行为"，而我国政府颁布的两个版本的汽车产业政策都符合这一关于政府管制的界定。从表 8.1 中可以发现，即使相对于 1994 年的《汽车工业产业政策》，2004 年版本的《汽车产业发展政策》取消了许多行政干预的手段，但若按照政府管制的定义来解读或分解，行业主管部门和地方政府只有借助对企业的投资、生产、研发和产品价格与税费等微观行为的影响，才能实现所设定的多项政策目标。

（2）产业政策和政府管制组织体系的职责交叉。我国汽车产业政策的主管和实施部门除了发改委、工信部、商务部之外，一些职能还配置给科技、环境、交通和公共安全等其他政府部门。如表 8.1 所示，诸如准入管理、投资管理和结构调整等职责对应的是企业特定的经营或决策行为，为了将这些行为限定在产业政策设定的范围，或者使企业的决策符合主管部门的预见，政府管制就成为最有效的手段。例如，针对汽车这一垄断竞争产业，我国政府先后实施过"投资审批、出厂价格指导、国产化比率要求、外资股权比例限制、低效企业公示、汽车牌照拍卖"等多个完全属于政府管制范畴的方式或制度，实施和执行这些措施的政府机构基本上也是产业政策的主管部门，因此，也有经济学家将我国的产业政策表述为"穿着马甲的计划经济"（张维迎，2016）。

表 8.1 《汽车产业发展政策》（2004）的管制属性分解

产业政策内容	管制的属性		
	类别	对象	微观行为
1. 政策目标	经济性和社会性	企业及产品	生产、创新
2. 发展规划	行政性	企业	规划
3. 技术政策	经济性和社会性	企业及产品	研发、技术、标准
4. 结构调整	经济性	企业	兼并
5. 准入管理	经济性和行政性	企业及产品	技术、标准
6. 商标品牌	经济性和行政性	企业及品牌	品牌开发
7. 产品开发	经济性	企业及产品	研发、创新
8. 零部件及相关产业	经济性	相关行业及企业	生产、采购
9. 营销网络	经济性和行政性	企业	销售
10. 投资管理	经济性和行政性	企业及产品	投资
11. 进口管理	经济性和行政性	企业及产品	进口
12. 汽车消费	经济性和社会性	企业和地方政府	价格、税费
13. 其他	行政性	部委	政策权属

（3）"考核机制"也是区分产业政策和政府管制的一个重要的维度。在现行的汽车产业管理体系中，考核产业政策实施效果的手段具有政府管制的基本逻辑：管制者设定目标和规则、企业按照这些规则选择经营行为、相关部

门进行评估和奖惩。显然,这就是一个基于机制设计的管制过程。产业是一个虚拟的主体,产业政策的目标只能基于集中度、行业竞争力和平均回报率等变量进行检验,而我国产业政策的各种绩效指标往往被分解到企业层面,成为主管部门评价企业投资、生产、研发行为的根据。例如,工信部可以根据企业以往产能利用率的高低来决定其是否具有异地投资的资格、科技部按照企业新产品的销售比例确定研发补贴的比例,“发改委”依据企业规模的大小设定兼并重组的对象等管理方式,都是政府基于强制权力对市场竞争机制和信号的直接替代。

在一定程度上,提出管制型产业政策这一概念也顺应着理论发展的要求。植草益等(2000)曾将日本产业政策的特征概括为“官僚依存性的经济体制”,即为了实现赶上、超过发达国家的目标,日本政府将战略性产业置于官僚体制的保护下予以培育,为此政府不仅需要拥有许可的权力,还要掌握汇率管制、信贷资金配给等手段,才能在特定产业的发展过程中发挥主导作用。大野健一(2015)认为发展中国家要跨越中等收入陷阱,就要实行他所倡导的“前瞻性产业政策”,这一政策的核心是保持“政府引导和市场主导、全球化承诺与政策自主能力、强势政府与私人部门有效参与”等力量之间的均衡,这一范畴实际上就是对韩国、新加坡和我国台湾地区工业化政策精髓的升华。显然,与这些国家和地区的实践相比,我国汽车产业政策的实施周期更长、涉及领域更广、影响力度更深,引发的争论更多,这都为理论界系统研究产业政策提供了极其丰富的素材,管制型产业政策范畴的构建就是一种新的理论探索。

二、中国汽车产业政策的演变与基本框架

1. 汽车产业政策的构建与目标沿革

在正式分析汽车产业政策的演变和绩效之前,需要对政策本身的范畴做出严格的界定。关于产业政策一直存在两种不同的认定方式,一些学者认为那些能够影响某个特定产业结构、行为和绩效的所有政府干预模式与手段都是产业政策,不管这些方式是正式的还是非正式的机制安排;与此相反,另一

些研究者则主张产业政策只包括那些政府主管部门颁布的、依托行政体系来实施、且以“产业政策”为主题词的正式文件或规章。如果按照前一种观点，我国汽车产业政策的数量将不胜枚举，除了《汽车工业产业政策》和《汽车产业发展政策》居于无可争议的地位外，其他如省、市、区、县等各级政府颁布的产业的规划、指引、战略，甚至一个开发区或工业园区出台的招商引资办法都可能被划归产业政策之列，显然这一方法不符合本章关于“管制型”汽车产业政策的定义。

从目标、手段和组织等三个要素出发，本章将我国中央政府和主管部门颁布的《汽车工业产业政策》(1994)、《汽车产业发展政策》(2004)、国家发展改革委关于《汽车工业结构调整意见的通知》(2006)以及国务院颁布的《汽车产业调整和振兴规划》(2009)作为我国汽车产业政策的四个正式文本。下面简述它们出台的背景和主要内容。

(1)《汽车工业产业政策》(1994)。这是我国制定的第一部产业政策，其主旨就是为了将汽车工业建设成支柱产业，设定了十分明确的中长期总量和结构目标，并制定了相应的经济方法、行政手段和组织体系，其中最具影响力的就是确立了“国家鼓励汽车工业企业利用外资发展我国的汽车工业”的方针，此后，我国的汽车工业就进入了跨国公司与合资企业主导的发展阶段。

(2)《汽车产业发展政策》(2004)。按照我国政府加入WTO议定书中关于汽车产业的相关承诺和内容，国家发展和改革委员会于2004年发布了新版的汽车产业政策，它的整体结构与1994年的《汽车产业政策》没有重大的差异，主要的变化体现在两个方面：一是取消了不符合加入WTO议定书要求的内容，大幅降低产业进入的行政壁垒；二是明确提出汽车产品的品牌战略，鼓励自主知识产权产品的开发。由此，自主品牌的制造企业才能够登堂入室，并成为引领中国汽车高速成长的一支重要力量。

(3)《汽车工业结构调整意见》(2006)。顾名思义，这是一个针对结构问题的专项产业政策，2006年前后，受市场需求信号的引导，乘用车制造企业不断增加投资和产能，导致汽车产业出现了较为明显的结构性产能过剩问题，一度优化的产业组织结构、产品结构和技术结构开始扭曲或恶化，根源就在于整车项目遍地开花和低效企业不能顺利退出市场。某种程度上，这个以结构调整为目标的政策措施，也是为了保障2004年《汽车产业发展政策》中结构优化目标的顺利实现。

（4）《汽车产业调整和振兴规划》（2009）。这是一部集“短期刺激需求、中期结构调整和长期产业转型”等三重任务为一体的纲领性文件。首先，为了应对2008年金融危机导致的汽车销量大幅下滑的不良局面，该文件决定实施积极的消费政策，以稳定和扩大汽车的消费；其次，延续结构优化的政策主线，要求通过兼并重组来改善市场和组织结构；最后，该规划首次提出了节能和新能源汽车产业的发展战略，并为此设定了产品的技术路线、推广示范的模式、新能源汽车的总量与结构目标。一定意义上，这个“调整和振兴规划”改变了过去十年间我国汽车产业的发展模式和竞争格局。

2. 汽车产业政策的结构、手段与实施机制

（1）产业政策结构。小宫隆太郎等（1988）认为，产业政策的结构主要涉及“如何界定政府与企业的关系、设置政策的决策过程以及制定政策的指导思想”等三方面的内容，这些内容在中国汽车产业政策中都有对应的章节或安排。例如，按照《汽车工业产业政策》（1994）的要求，政府行业主管部门与企业还是一种“计划者—执行者”的关系，产业政策中不仅设定了市场集中度和组织结构上的具体目标，还对企业的产权制度改革、股权融资、合资经营等微观决策行为予以严格的管理和监督。

（2）政策手段的管制属性。为了实现这些细化到企业层面的目标，最有效的手段当然是具有政府强制力的行政性干预，由此，应该按照指导性、间接性和激励性等原则来设计的政策手段，在具体的实践中就演变成本章所定义的管制型产业政策。以2006年国家发展和改革委员会颁布实施的《汽车工业结构调整意见》为例，该“调整意见”的主旨就是在短期内治理过剩产能和改变结构扭曲的趋势，为此采用的依旧是诸如“控制新建整车项目、提高投资准入条件，建立汽车生产企业产能和产销量公示制度、对达不到要求的企业予以暂停产品公告”等管制措施。在市场机制已经具有调整产品发展和产业结构的功能后，政府直接干预也是《汽车产业调整和振兴规划（2009）》中较为倚重的手段，例如，这一规划所提出的十一项政策措施中，要由企业直接完成的就有兼并重组、技术改造和发展新能源汽车等三项，这三项措施或多或少兼具进入管制的特点：新建汽车生产企业和异地设立分厂，必须在兼并现有汽车生产企业的基础上进行；落实汽车整车生产企业退出机制、制定新能源汽车关键总成的准入标准，以促进相关企业的转型升级。

这些管制型的政策工具还延伸到最近几年新能源汽车的发展战略中，例如，2018年年底，国家发展和改革委员会公布实施的新版《汽车产业投资管理规定》（第十二条）就要求现有汽车企业扩大燃油汽车生产能力投资项目时应符合："1. 上两个年度汽车产能利用率均高于同产品类别（乘用车和商用车）行业平均水平；2. 上两个年度新能源汽车产量占比均高于行业平均水平；3. 上两个年度研发费用支出占主营业务收入的比例均高于3%；4. 产品具有国际竞争力；5. 项目所在省份上两个年度汽车产能利用率均高于同产品类别行业平均水平，且不存在行业管理部门特别公示的同产品类别燃油汽车企业"等五个十分严格的条件，这些措施就是变形的政府管制，只有基于行政干预和直接的监督才能真正落实到位。

（3）政策实施的组织体系。设置纵横交织的产业政策制定、实施与考核体系，也是我国汽车产业政策最显著的特点之一。这一组织体系在国家层面历经多次的调整和变化（见表8.2），形成了以工信部和发改委为核心，商务部、财政部、科技部、公安部、环保部、工商总局等十几家部委协作分工的横向权力配置模式。在纵向权力结构上，省（自治区、直辖市）和市政府属下的工业主管机构则承担相应级别的汽车行业综合管理职责。正是基于这一十分庞大的组织体制，中央政府设定的产业政策目标才能得以纵横分解，体现为各级政府的行业发展规划、主导企业的投资战略和生产计划。监督、检查和考核这些规划或计划是否完成的任务就由上述政府机关来承担，它们也就组成了产业政策的实施体系。

表8.2　中国汽车产业主管部门的演变

时期	部门名称	性质和职责
1981—1987年	中国汽车工业公司	政企不分的计划单列组织，行业计划编制、项目审批和物质分配
1987—1990年	中国汽车工业联合会	隶属机电工业部，部分行业管理职能
1990—1993年	中国汽车工业总公司	隶属机电部的事业单位，行使部分行业管理职能

（续表）

时期	部门名称	性质和职责
1993—1998年	机械工业部汽车工业司	隶属国务院，全面负责产业管理
1998—2003年	国家机械工业局	隶属国家经济贸易委员会，行业全面管理职能
2003—2008年	国家发展和改革委员会	承担行业宏观管理和行政审批事项
2008至今	工业和信息化部、发展改革委员会	工信部实施行业综合管理、发改委负责投资审批

在多轮次的组织机构改革后，政府对汽车行业和企业的管理范围和权力已经大幅削减或弱化，目前顶层设计者倡导产业政策从差异化、选择性向普惠化、功能性转变，这就要求现有的政策实施机制和组织模式进行重大的改革。对汽车产业而言就是要逐步减少乃至取消政府机构“管市场、管投资和管企业”的职责，将组织资源和能力集中在诸如产品质量、售后服务、技术创新等具有社会外部性的业务上。

三、中国汽车产业政策的绩效与问题

1. 定性与定量的政策目标

如何评价我国汽车产业政策的实施绩效，在相关研究和执行领域存在着诸多的争议。“政策无用论”的主要依据依旧是“市场换技术”战略的失败，而诸如汽车产销总量世界第一、自主品牌强势崛起和新能源汽车的超前发展等客观事实就成为“政策有用论”的证据。实际上，这种争论在日本、韩国产业政策的实践中也都出现过。解决争执的第一步就是要确定产业政策的目标，也就是避免将那些产业政策中没有设定但属于产业发展和结构升级过程中必然伴随的绩效指标都列为要评判的依据，从而将特定产业政策的作用范围无限扩展。例如，从产业政策的定性表述中提炼出非官方语言的“技术换市场”战略后，而将自主创新、自主技术的发展作为评价1994年《汽车工业产业政策》的主基调，必然会得出产业政策失败的结论；或者采取十分宽泛的绩效指标,那么,无论是采用劳动生产率、产品普及率、专利申请量等微观变量,还是用工业增加值、自主品牌占有率、市场集中度等总量指标,都会得出我国汽车产业极其成功的结论。

为了回避上述问题引发的无谓争论,本章汇总和整理出我国几部汽车产业政策中那些十分明确的数量化指标(见表 8.3),然后通过与设定期限或日期的实际数值进行对比分析,给出政策有效性的一般性结论。

表 8.3　汽车产业政策目标与实际结果

《汽车工业产业政策》(1994)			是否完成
项目与指标	2000 年目标	2000 年实际	
总产量	满足国内市场 90% 需求,轿车占比 50%	总销量 212 万辆,国产 208 万,比例为 98%;轿车 61 万辆,比例为 29%	部分完成
组织结构	① 2—3 家规模 60 万辆企业集团;② 6—7 家规模 30 万辆企业集团	前 5 家企业产量:1.34 万辆;2.26 万辆;3.21 万辆;4.17 万辆;5.13 万辆	没有
《汽车产业发展政策》(2004)			
项目与指标	2010 年目标	2010 年实际	
产业层面	国民经济的支柱行业	汽车工业总产值 3 万亿元,占全国 GDP 的 4.3%;汽车工业增加值 6.7 万亿元,占 GDP 的 1.7%	完成
生产与销售	主要汽车制造国、满足国内需求、批量进入国际市场	汽车总产量 1826 万辆,位居全球第一;出口 57 万辆,其中轿车 18 万辆	部分完成
企业组织	企业集团进入世界 500 强	2010 年,东风、上汽和一汽分列世界 500 强的 182、223 和 258 位	完成
《汽车产业调整和振兴规划》(2009)			
项目与指标	2011 年目标	2011 年实际	
产销总量	2009 年突破 1000 万辆,三年平均增长率 10%	2009 年 1379 万辆,2010 年 1826 万辆,2011 年 1842 万辆	部分完成

（续表）

《汽车产业调整和振兴规划》（2009）			是否完成
项目与指标	2011 年目标	2011 年实际	
需求结构	①经济型和微型乘用车占比 40%；②重型货车占载货车的比例 25%	① 2011 年经济和微型乘用车 710 万辆，占比 48%；②重型货车 25 万辆，占比 9%	部分完成
组织结构	① 2—3 家规模超过 200 万辆企业集团；② 4—5 家规模超过 100 万辆企业集团；③前十位企业集中度在 90% 以上	①前三家企业产量依次为 397 万、306 万和 257 万辆；②第 4—6 位企业产量：200 万、151 万和 74 万辆；③前十位企业的产出占有率 87%	基本完成
自主创新	①自主品牌乘用车占比 40%，轿车 30%；②自主品牌出口占比 10%	①自主品牌乘用车和轿车的比例分别为 42% 和 29%；②自主品牌出口量超过 15%	完成
新能源汽车	①新能源汽车产能 50 万辆；②新能源汽车占比 5%	新能源（含节能）汽车产量 13 万辆，占比 0.7%	没有

2. 产业政策可量化指标完成情况的总体判断

表 8.3 显示的信息表明，1994 年颁布的《汽车工业产业政策》所设定的总量和结构性目标并没有按时完成，总体上是一个低效乃至失败的产业政策。这个产业政策使用了多种计划经济和政府管制的手段，试图在短期提升我国汽车的生产规模和改善产品结构，但由于居民对汽车的需求受到多个方面的抑制，这也会限制规模经济和范围经济作用的发挥，最终导致总量增长和结构调整都没有来自市场化力量的支撑。

相反，我国加入 WTO 后新颁布的《汽车产业发展政策》中设定的目标和任务，都得到圆满的完成，可以讲这是一部高质量的产业政策。这一政策最大的特点是在放松进入管制的同时，致力于培育一个以私人乘用车需求为主的汽车市场，各类企业之间的产能、产品和质量竞争极大地激活了市场，需求侧与供给侧的良性互动关系，也就成为总量不断攀升和产品结构持续优化的动因。

为解决特定问题而出台的“准产业政策”，其实施绩效喜忧参半。表 8.3 并未列出 2006 年国家发展和改革委员会颁布的《关于汽车工业结构调整意见》中的相关指标，实际上这个“意见”对汽车项目投资、自主品牌和零部件工业发展等领域设定的都是定性的指标，在具体的实践中，这些目标也和以往正式的产业政策一样，分解和落实到地方政府或主导企业的规划中。2008 年国际金融危机对汽车产业的负面冲击，导致这一政策被加速发展导向的《汽车产业调整和振兴规划》所替代。在大幅度减免各种汽车消费税费政策的刺激下，2009 年国务院颁布的“调整和振兴规划”设置的总量目标很快就被完成，但结构调整的任务并未如期实现，随着刺激政策的陆续退出，2017 年以来的汽车产业就陷入了总量和结构过程并存的局面。该“调整和转型规划”首次将节能和新能源汽车的发展列为国家战略，但在产业基础十分薄弱、市场承接能力很低的条件下，所设定的 2011 年产量达到 50 万辆，尤其是新能源汽车占汽车总产量 5% 的指标显得很冒进，实际上，50 万辆的目标到 2015 年勉强达到，5% 的结构性要求则在 2018 年才实现（当年我国汽车的总产量为 2800 万辆，新能源汽车的产量是 127 万辆，占比 4.5%）。

上述事实说明，即使按照产业政策对应的“窄口径”来衡量，也会对实施了近 30 年的汽车产业政策的效用做出完全不同的评估。考虑到国家层面出台的每一个汽车产业政策，都会辅之以相应的实施办法，加之汽车产业对不同地区的发展具有不完全相同的价值，在编制区域性的产业规划或纲要时，难免对中央的政策“挑肥拣瘦”，这必然导致政策的扭曲和走样，实施效果偏离政策设计者的初衷也就成为常态。

第二节　“供给侧”改革与汽车产业政府干预模式的转型①

一、问题的提出

针对经济增长速度趋缓、企业效益下滑、多数行业供求失衡和金融市场潜在风险增加等问题，我国政府的决策层在多个场合提出了供给侧改革的设想，

---

①　本节的主要内容以《“供给侧”改革与政府产业干预模式转型——基于汽车行业的若干思考》为题，发表在《人文杂志》2016 年第 6 期。

并强调要从政府职能重新定位、政府机构削减、税制大幅简化、税负大幅降低等方面保障这一改革目标的实现。供给是一个经济体正常运行的基石，从顶层设计和体制变革的层面影响微观主体的生产决策，并不意味着计划体制的回归，其终极目标是塑造市场和企业在资源配置中的基础地位，也表明决策层将借助这一改革重新划定企业、市场和政府的边界。

2008 年金融危机以来，主要经济体的宏观经济政策处于"混合"的状态。一向标榜和追求"自由竞争"的美国政府，在 2009 年就制定了高达 8000 亿美元的紧急救助计划，这其中的大部分变成了美国财政部持有美国国际集团（AIG）、通用汽车（GM）和克莱斯勒（CHRYSLER）等公司股份的资金来源，并选派高级别人士直接从事企业的经营管理。但是，与供给经济学的标准处方不同，奥巴马政府在结构性减税的同时，也突破了财政赤字的天花板，美国经济社会有向"大企业、大政府、高赤字、高福利"演化的趋势（Thomas H. K 和 J. Rubenstein，2012）。因此，供给经济学在新的经济形势和政企关系下，也发生了一定的转变。

汽车行业并未像钢铁、水泥、煤炭等领域那样陷入产能过剩、经济效益下降或者全行业亏损的境地，反而一直保持较高的增长速度，对 2008 年我国经济的稳定增长贡献突出，但是，进入 2015 年以后，随着消费需求增速的下降和汽车消费环境的变化，一些被掩盖的问题也逐渐浮出水面。数量庞大的"低产能、低产量、低效率"企业的长期存在；大中型企业的核心技术主要来自跨国公司，自主创新的投入和绩效差强人意；行业集中度持续下降，本土企业"小、散、乱、差"的状况并未得到明显的改变。同时，2009 年以来汽车行业总量虽稳居世界第一，但国际竞争力十分有限，每年 100 万辆左右的出口量，占 2300 万辆总产量的比例不到 5%，与"一带一路"倡议对产能输出的要求还有很大的差距。上汽、东风和一汽集团在全球范围内排名的上升，依托的是下属合资公司的高速发展，自主品牌一直是这些大型国有企业的短板，经营投资化、产业空心化、产品边缘化是这些集团公司的真实写照。

上述问题如果不能得到有效的解决，不仅《中国制造 2025》对汽车工业所设定的"形成从关键零部件到整车的完整工业体系和创新体系"的目标难以企及，2009 年《汽车行业调整和振兴规划》提及的"扩大内需、结构调整、自主创新和产业升级"等具体指标也将大打折扣。这些指标或任务在产业组织和企业微观层面都与供给的模式、供给的结构和供给的效率有着直接的关联，因此，对汽车行业供给侧改革模式的深入分析，具有一定的应用参考价值。

目前，学界对供给侧结构改革的讨论主要集中在宏观、税制和产能过剩等方面，本章将以汽车行业为例，在简要回顾供给侧经济学理论和实践演化过程的基础上，从转变产业管理体制入手，提出完善和推进汽车行业供给侧改革的路径。

二、供给侧改革与政府产业干预的机理分析

1. 供给侧经济学“革命”的理论溯源与实践演变

供给经济学或曰“供给经济学革命”的源头可以追溯到著名经济学家蒙代尔的早期研究。蒙代尔在 1971 年就提出了“通过减税刺激供给和紧缩货币预防通胀”的政策，以解决长期执行凯恩斯经济学导致的滞胀矛盾（Mundell，1971）。实际上，这一政策的理论基础是经典的小型开放经济模型，即在一定的汇率体制下，减税相对于扩张货币，能够同时增加消费者可支配收入和企业家税后利润，在此基础上，通过投资的乘数和加速效应，扩张政府在未来的税基，最终化解赤字型通货膨胀，而不必付出失业率提高的代价。拉弗曲线的提出者 Laffer，也曾在 20 世纪 60 年代中期作为博士研究生参与了蒙代尔主持的 Johnson-Mundell 工作室，Laffer 还邀请 Mundell 在 1975 年前往美国知名的智库“美国企业研究所”发表了关于石油冲击与通货膨胀治理的演讲，在那次的演讲稿中，蒙代尔主张美国政府应该减税 150 亿—300 亿美元以鼓励企业家的投资。也正是在这个意义上，Mundell（1962）认为是他和 Laffer 等人共同促进了宏观经济学从凯恩斯主义到供应学派革命的巨大转变。Mundell 的贡献还在于他十分强调供给侧经济学不完全在于减税和财政赤字的关系，规制放松也是保障减税的激励作用得以发挥的制度基础。

由于逻辑体系十分清晰和简约（罗伯茨，2011），供给侧革命在理论层面并没有引发模型导向的宏观经济学研究的密切关注或兴趣。该学派的意义在

于其对各国经济政策的直接影响力[①]。里根政府换届后,供应经济学并未完全沉寂,而是被垄断产业的规制放松和私有化所取代,后者和减税一起被认为是20世纪90年代信息、通信产业革命的支柱。在总结宏观经济学的发展范式演变时,Dadkhah(2009)将供给侧经济学解释为五个相互关联的环节:规制放松、私有化、削弱工会势力(买方垄断)、减税和政府规模压缩,并认为实践层面的代表就是“里根–撒切尔”革命(Reagan-Thatcher Revolution)。2008年金融危机后,美国政府对通用、克莱斯勒、AIG公司的直接干预或援助,则使供应侧经济学重新成为学者关注的焦点。鉴于汽车产业在奥巴马的干预政策中居于重要的地位,本章对这一实践的起因、过程和短期后果予以必要的介绍和分析。

2. 政府“通用”与奥巴马式的供给侧革命

(1)金融危机与“三大”巨头的衰落。2008年爆发的金融危机揭开了美国汽车工业的“三大”巨头在亏损边缘徘徊的遮羞布。实际上在2007年,通用、福特亏损额分别是70亿和30亿美元,而克莱斯勒正在与戴姆勒分割资产和寻找新的买家,而无法出具完整的财务信息。从2007年开始,底特律“三大”巨头在北美市场的占有率首次低于大众、丰田、本田等企业,并一直下滑到2011年的40%[②]。问题在于,“三大”巨头的衰落并不与汽车行业的周期波动同步,在它们滑落的过程中,全球汽车产量从2000年的5800万辆增加到2007年的7300万辆,美国本土的产量也仅从2000年的1280万辆下降到2007年的1078万辆,管理、产品和创新等方面的落伍才是“三大”巨头陷入严重危机的根源。2008年前后,通用和克莱斯勒都向法院提出了破产的申请,美国政府评估后认为,如果让“三大”巨头中的两家破产倒闭,短期内会使80万—250万职工失业、美国汽车产量下降50%、GDP下降1%以上,并且随着失业人口的增加,美国财政部每年要新增200亿美元的赤字弥补养老金

① 著名经济学家马丁·菲尔德斯坦(1994)对供给侧经济学走进白宫的决策层也有着重大的贡献。就宏观经济学而言,他首次对供给经济学的政策含义予以严格的界定:“削减资本收益税有利于税收基础的增加”,并对Laffer等的极端供给学派提出了尖锐的批评,认为后者的“华丽言词”给学派带来了坏名声。参见[美]马丁·菲尔德斯坦,《20世纪80年代美国经济政策》,王健等译,经济科学出版社,2000。

② 本章关于跨国公司产销量的数据都来自国际汽车联合会的网站(www.oica.net)。

“断档”的缺口①。最终在各类利益集团的游说和相互妥协下，美国政府推出援助汽车行业的 AIFP 计划②。

表 8.4　危机前后的通用汽车与克莱斯勒

项目	2014年	2013年	2012年	2011年	2010年	2009年	2008年	2007年
通用								
销售收入 /10 亿美元	151.09	152.09	150.3	148.87	135.14	57.33	147.73	177.59
营业利润 /10 亿美元	1.13	4.8	−30.85	5.12	3.99	−5.62	−23.76	−7.39
资产合计 /10 亿美元	177.68	166.34	149.42	144.6	138.9	136.3	91.05	186.19
员工总数 / 万人	21.6	21.9	21.3	20.7	20.2	21.7	24.3	26.1
产量 / 万辆	403	434	402	391	364	258	416	495
项目	2014年	2013年	2012年	2011年	2010年	2009年	2008年	2007年
克莱斯勒								
总收入 /10 亿美元	96.09	86.62	83.77	59.56	41.9	17.71		
营业利润 /10 亿美元	1.06	0.94	1.45	1.79	2.2	2.74		
资产合计 /10 亿美元	100.51	87.21	82.63	80.38	35.44	35.42		
产量 / 万辆	472	149	237	199	159	95	186	247
员工总数 / 万人				5.5	5.2	4.7	6.6	6.6

资料来源：作者根据《世界汽车制造商》（年鉴）汇总而得，这里的数据只包括通用和克莱斯勒重组后的业务，克莱斯勒的数据缺失主要源于合并和拆分

（2）援助计划的实施与效果。美国政府对两家汽车巨头的援助始于乔治·布什总统执政的末期，布什政府向汽车行业提供了总额 250 亿美元的紧

① 美国财政部与通用公司联合制定的“2009—2014 重建计划”（http://search.treasury.gov）

② AIFP 全称 Automotive Industry Financing Program，是 TARP 中专门针对汽车行业的金融援助计划。

急贷款，避免它们陷入破产的泥潭。政府换届后，由于股东、债权人、工会、华尔街、参众两院和政府之间存在较大的分歧，特别是金融危机的深化，使资金的缺口大幅提高，如果不对涉事公司进行资产重组和公司再造，政府的投入有可能血本无归。为此，奥巴马上台后加紧了两家公司重建的步伐和力度，将援助资金的额度提高到500亿美元以上，并通过购买公司资产成为控股股东。2009年年底政府入主新通用后，新通用又被称为“Government Motors”[①]（“政府的通用”）。在一个私人经济主导的体系中，奥巴马政府成为曾经主导全球汽车行业多年的通用公司的控股股东[②]，无论是对分析汽车行业的演变，还是重新理解政企关系都具有重要的价值（Webel和Canis，2012）。

美国财政部并不是一个保持距离的股东，在通用和克莱斯勒董事会中，财政部委派的代理人要在选举董事、资产重组、聘请审计师和修订章程等方面行使投票权（Templin，2010），还通过与两家公司制定振兴规划，设定工厂关闭、人员调整、品牌删减等具体的计划和任务，这与我国所有权和经营权不分的国有企业没有本质的区别。不仅如此，奥巴马政府还出台了有针对性的补贴或税收政策，鼓励消费者以旧换新、购买国产的高效能轿车，同时，借助对丰田、大众等公司在技术缺陷、环保作假等方面的问题大做文章，极力扶持本土企业和品牌。

截至2014年年底，奥巴马政府对汽车行业两家公司的干预和援助取得了巨大的成功（Goolsbee和Krueger，2015）。克莱斯勒公司在2011年归还了90%以上的政府借款后，美国财政部也将持有的股份转让给意大利菲亚特公司，新联盟的利润连续三年保持在10亿美元左右，短期内没有破产之虞。美国财政部在2012年将所持通用股份的一半，通过资本市场转让变现，至今还占有30%的比例，计划在2016年奥巴马卸任前，政府完全退出通用公司。卸掉了养老金和规模庞大的老旧工厂两个包袱后，新通用公司轻装上阵，摆脱

---

① 美国财政部和通用达成的援助和复兴计划十分详尽，第1版就有115页，涉及资金注入、市场预测、产品线调整、品牌删减、国际化等多个方面，并对每一项计划设定了时间节点，防止各类参与人的道德风险或机会主义行为。

② 2009年年底，美国财政部通过TARP计划持有的各类公司的股权总值一度高达9590亿美元，成为仅次于我国国资委的全球第二大国家股东（http://search.treasury.gov）。

了巨额亏损的压力，2013年和2014年度连续盈利，产量也恢复到危机前的水平[①]。

美国政府从间接援助到直接干预通用和克莱斯勒的经营，既避免了两家公司破产清算可能引发的社会、经济和政治风险与负担，也在一定范围内维持了美国汽车工业在全球的主导地位（Wise，2010）。这一实践也说明企业、市场和政府的边界是动态的，不能固守自由主义的信条，回避或放任市场机制的缺陷伤害到经济体的基石（Luisa等，2013）。当然，也要考虑到这一轮政府干预取得成功的特殊原因，即美国政府拥有雄厚的财力和高效的管理团队，也得益于原油价格的快速回落和美国十分宽松的货币政策，这也是美国政府对所持有的被救助企业的股权设定退出时点的因素之一。

3. 供给侧改革的中国蓝图：背景、构建与要旨

2012年以来，我国经济的增长速度从以往的10%下降到2015年的7%左右，投资和外贸对经济的拉动作用明显下降，诸多产业的总体经营状况不佳，煤炭、钢铁和水泥等行业陷入持续亏损的局面。供给侧改革并不是对上述问题的简单回应，深层的背景在于随着“高投入、高速度”的增长模式向“高效益、高质量”的新常态转化，不仅总供给与总需求出现了周期性的不均衡，在特定产业也出现了供给与需求的结构性矛盾，依靠积极的财政政策和宽松的货币政策，只能在短期内改善总量均衡问题，微观层面的结构问题反而会更加扭曲。所以，我国政府提出供给侧改革的设想和实施路线，与美国政府基于“减税”和“救急”的“供应侧革命”有着明显的差异。

（1）供给侧改革的核心在于“结构优化”。在经济学意义上，供给是指在给定的市场价格之下，企业愿意且能够提供的产品或服务的数量，这也是有效供给的概念。经过三十余年的高速增长，我国很多产业的总产量都居于世界的首位，但是由于在质量、成本、品牌和效益等方面的缺陷，这些数量庞大的产品并没有获得消费者的完全认可，形成了“低端产品自产自销、高端产品进

---

① 当然，也有专家学者从政府持续扩张对市场基础地位侵蚀、大企业与政府官员合谋掠夺公共资源的角度，对金融危机中美国政府的干预行为和后果予以严厉的批判，这里不再详述。关于汽车领域的剖析可参见［美］戴维·斯托克曼（2014）：《资本主义大变形》，张建敏译，中信出版社2014，第565—583页。

口”的产业内贸易格局。随着消费者收入和质量意识的提高，低端产品生产领域必然出现供给大于需求的局面。

结构性供给改革也是在回应产业组织结构弊端对有效供给的影响。所谓产业组织结构是指生产同一类产品或相近替代品的企业集合，这一集合体现的是企业之间竞争、合作的关系。由于各种原因，一些企业并未体现出规模经济、集约经济或范围经济的生产技术特征，虽然在局部形成了“大企业主导、中小企业跟随”的市场结构，但中小企业的“散、乱、差”，大企业缺乏国际竞争力的问题依旧没有大的改观。唯有深刻的结构性变革，才能形成规模、结构和行为的良性互动。

（2）供给侧改革的主旨在于政府“放权”。供给侧结构性矛盾的成因之一就是政府干预过多，特别是在县域竞争和“诸侯经济”的模式下，地方政府对属地企业补贴、保护，使得有效竞争无法展开。供给侧改革的新构建也是对十八大以来政府“放权”“缩权”和“削权”等措施的延续和深化，这些政策在具体执行时的最大障碍不是来自企业或市场，而是地方政府和既得利益集团，它们在一些关键领域或垄断环节，通过政企合谋获得和积累了巨额的利益，因此，对那些会影响垄断利润、管制租金的改革举措，采取抵制或无为的态度，使得大量增加社会福利、提高市场效率的顶层设计无法“落地开花”。

“放权就是减税”，这是供给侧改革在我国特有的含义。供应学派宏观经济学的核心就是减税，而在我国目前的国民收入分配结构下，通过大规模的减税刺激企业家的投资并不具可行性。我国企业经营活动中的隐形成本主要与政府行政行为和产业管制相关，从企业设立、经营到银行信贷、资本市场融资，乃至参与国际市场竞争，都会与各类政府机关、部门发生诸多“非税费”的交易，如果能够取消对企业不必要的限制，或者减少审批的环节和程序，就等于减少了企业经营活动中的制度成本或费用。

（3）供给侧改革具有长期性，不是短期的应急之举。“去产能、去库存、去杠杆、降成本、补短板”等五大重点任务只是供给侧改革的短期目标，长期的任务是使市场成为调节企业生产什么、如何生产、为谁生产的基础性制度安排，也就是让市场在生产体系中完成“信息、激励和分配”的功能。经济增速下降、工业品价格下降、实体企业盈利下降、财政收入增幅下降、经济风险发生概率上升等“四降一升”问题，也只有在供给结构发生实质性的改善后才能得以解决或弱化。因此，供给侧改革必须与财税、金融、行业管理体制等领域协同推进，才有可能取得预期的成效。

我国政府已经在30年的实践中积累了若干供给侧改革的经验和教训。20世纪90年代的“债转股”“抓大放小”，21世纪以来垄断行业的结构重组、各类行业振兴规划等的实施，都是在强化市场机制在资源配置中的基础作用。当然，在实施这些政策时，也伴随国有企业大量人员下岗失业、国有资产流失、垄断企业内部人控制等问题。此轮供给侧改革具有全局性和整体性，必将碰到更多的障碍和困境，需要设计可行的微观机制，逐一化解或削弱供给侧改革的负外部性。下面以汽车行业为例，详尽解释供给侧改革的实现途径。

三、汽车行业供给侧改革的实现路径分析

选择汽车而非钢铁、煤炭、水泥等产能严重过剩的产业作为研究的对象，主要是基于两方面的考虑：一是在供求基本均衡的背后，汽车行业存在严重的结构性产能过剩，大量“低效低能”企业借助地方政府保护获得了运营资质，增加了大企业通过兼并重组扩张规模的成本和机会；二是汽车行业一直是政府管制和干预的重点领域之一，行业主管部门从2012年开始就力推“特殊公告制”“兼并重组”等方式，鼓励小企业的退出，并取得了一定的成效，这些政策的目的都在于调整和优化供给结构，其间的经验和教训对其他领域也是一种借鉴或参考。

如前所述，供给侧结构性改革的终极目标是塑造企业和市场在资源配置中的基础地位，对汽车产业而言，这一目标的实现必须依托结构的优化与重构，这里的结构可以分解为所有制调整、产出集中度优化、产品升级等多个维度，这些维度在政府与企业的关系层面就体现为“混合所有制、产业政策、政府规制和反垄断执法”等领域的改革，为此，本节按照图8.1所示的分析框架，逐一分析汽车行业供给侧改革的实施路径。

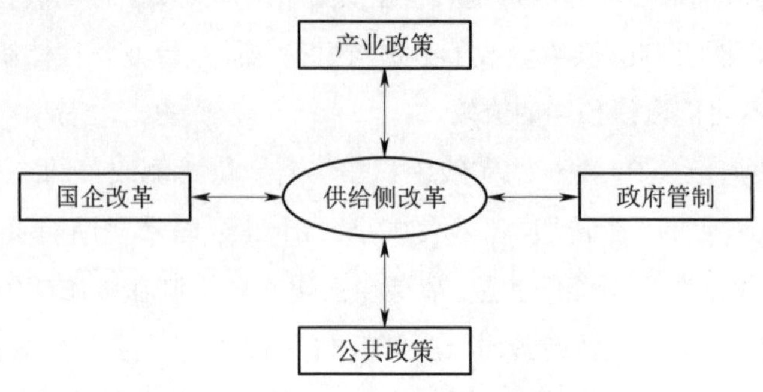

图 8.1　汽车行业供给侧改革的路径设计

1.“抓大放小”与汽车行业的混合所有制

汽车工业是我国较早进行所有制改革和对外开放的领域之一，经过 30 多年的发展和变革后，国有经济依旧是这个竞争性行业的主体。这种结构安排显然不能用垄断势力、公共产品、信息不对称和外部性等传统标准予以解释。与其他较早实行所有制改革的行业不同，“国有企业的效率低于非公有制”的普遍规律在汽车领域并不明显存在。这一现象产生的一个重要原因在于国有大企业具有合资经营的政策优势，合资企业在中国的特殊竞争优势，掩盖了全行业其他中小国企经营不佳的问题。例如，2013 年在行业保持 10% 增速的同时，汽车中小企业的亏损率为 18%，其中整车类小企业亏损面高达 75%（见表 8.5）。在大型集团内部，绩效的排序是从合资企业、上市车企到中小分公司依次递减，这也意味着，如果扣除合资企业对一汽、上汽、广汽等中央或地方国资委属下公司的贡献后，国有企业的绩效无论是按照增加值率、资产负债率还是工业资金利税率衡量，一定会低于吉利、比亚迪和长城汽车等民营企业。

汽车行业中小型国有企业的真实状况还没有十分准确的统计数据，根据国家统计局发布的《工业企业产品数据库》（2008 年）的汇总数据可知，在 110 家国有和国有控股的汽车企业中，年销售收入低于 1000 万元的企业还有 17 家。如果说在大型汽车企业集团中保持必要的国有资本，可以防止跨国公司的大规模进入威胁产业安全的话，那么国家资本参与没有战略价值的中小型车企，就完全背离了国有资本战略性重组的宗旨。所以，在汽车领域还应继续执行“抓大放小”的举措，只在关键领域、关键环节通过混合所

表 8.5　汽车工业的亏损状况（2013 年）

企业规模				
指标	总计	大型	中型	小型
企业 / 个	3384	289	1157	1938
亏损企业 / 个	434	11	64	359
亏损率 /%	12.83	3.81	5.53	18.52
所有制性质				
指标	国有	集体	港澳投资	外商投资
企业 / 个	176	52	95	743
亏损企业 / 个	28	3	26	47
亏损率 /%	15.91	5.77	27.37	6.33
整车类				
指标	全部	大型	中型	小型
企业 / 个	113	87	22	4
亏损企业 / 个	12	5	4	3
亏损率 /%	10.62	5.75	18.18	75.00

资料来源：作者根据《中国汽车工业年鉴》（2014 年）汇总而得

有制的模式，保持具有一定控制力的国有成分。推进国有资本从中小企业的退出，也会使地方政府对低效企业的保护缺乏来自所有制歧视的激励或动因。

2. 产业技术政策与自主创新

供给侧结构性改革的一个重要任务是“补短板”。我国汽车产业最大的短板就是本土企业创新激励和投入的严重不足。不可否认，自从 2004 年颁布的《汽车产业发展政策》设置对自主创新的硬性要求后，各类本土企业的自主品牌投放力度和市场绩效不断强化，逐渐打破了合资品牌长期垄断的格局。但随着跨国公司的不断渗透和竞争的加剧，尤其是大型国有企业将发展的重心始终寄托在合资经营上，自主品牌的成长空间被挤压在规模有限的细分市场中。2012 年以来，乘用车领域自主品牌的占有率下滑到 30% 以内，如果没有 2015 年年底国家出台的小排量汽车的减税政策，下滑的趋势将引发本土汽车企业更加严重的产能过剩。

我国政府为发展自主品牌汽车曾颁布了诸多鼓励、保护和扶持的政策，但成效却差强人意，一个主要原因是国有大型企业集团创新惰性的长期存在，行业专家李庆文（2015）将这类企业的创新缺失表述为“自觉性、坚定性、持续性、广泛性和互利性”等内在动因的严重不足[①]，这些不足的背后或多或少也与以往产业政策对合资企业、大企业的倾斜性保护相关联。高额的关税使合资品牌可以规避激烈的国际竞争，地方政府的引资竞赛又为合资公司提供了十分低廉的土地、资金和人力资源，依托跨国公司提供的成熟产品和品牌，中方参与者就可以获得高额的回报，而自主开发既需要巨大的前期投资，还会面临失败的风险，也使得国有企业的自主品牌开发大多成为应景之作。十余年来，这类企业所投放的诸多品牌和型号，除了长安汽车之外，没有在竞争中获取必要的市场份额地位就是一个直接的证明。

依靠政府产业技术政策的鞭策和保护并不能产生有市场竞争力的自主品牌，但在自主品牌的爬坡期，放任自主品牌与合资品牌的恶性竞争，也会使自主产品失去自生机会和能力，为此，需要调整产业技术政策的导向，激励本土企业一同寻找汽车生产技术的突破方向。例如，新能源汽车发展的制约环节是动力电池的产能不足，一旦国家和地区取消对自主电动车的税收优化政策，跨国公司反而有可能实现超越。为此，国家应力促在新能源汽车的技术路径、行业标准和商业模式等层面构建战略同盟，而不是画地为牢或区域分割，避免中国汽车行业错失参与、主导这一前沿技术的时机。

高技术含量、高附加值零部件的缺失也是汽车行业的短板之一。跨国公司一直控制着核心部件的生产和供应，零部件产业的主体是合资或独资企业，它们在获得 60% 以上的出口额的同时，还生产了 50% 的本土自主品牌所需的零部件。如果考虑发动机、变速箱等总成，这一比例还会增加[②]。例如，在发动机电控系统领域，本土部件企业的市场份额不足 1%，而合资企业“联合电

---

① 李庆文（2015），“自主创新内在动力的特征”（《中国汽车报》，2015 年 8 月 24 日）。

② 国务院发展研究中心等编：《中国汽车产业发展报告（2010）》，社会科学文献出版社，2010，第 211—213 页。

子"一家的占有率就接近40%。这种状况导致本土零部件企业主要集中在劳动密集型的机械加工端，难以融入跨国公司主导的纵向价值链，只能为自主品牌提供一些低廉的投入品。

总之，汽车行业规模的扩张并不能掩盖在关键部件制造、新技术使用以及管理水平等方面的"短板"，要下大力气通过产业技术政策，逐步扭转自主品牌生产企业技术空心化、制造低端化的势态。

3. 激励性退出规制政策的实施

目前，我国汽车行业前十位汽车企业集团的产出集中度为95%左右，但若按照单个企业衡量，行业的赫芬达尔指数（HHI）则在500以下，呈现出激烈竞争的势态。在欧美或日韩等国家、地区，依据集中度CR4、CR8或者HHI指数判断，都属于寡头垄断的结构。如果按照品牌技术来源的归属计算，只有长安汽车的自主品牌产量超过了100万辆的门槛，而一汽、上汽和东风的自主品牌产量，只能排在全球车企的15位以后，这一结果与我国汽车总产量和总销量连续6年位列世界第一的状况形成巨大的反差，究其原因还在于自主品牌"不大不强"、中小型企业数量庞大、规模缺失（见表8.6）。

表8.6　我国汽车工业的企业数量分布（2013年）

	小型企业			超大型企业		
指标	区间（小于）	数量	占比/%	区间（大于）	数量	占比/%
从业人员	300人	1732	51.18	10000人	64	1.89
工业总产值	3000万元	1093	32.30	10亿元	136	4.02
人均增加值	5万元	1101	32.54	10万元	1326	39.18
资产总计	4000万元	1182	34.93	5亿元	357	10.55
销售收入	3000万元	1214	35.87	10亿元	40	1.18
营业利润	500万元	2219	65.57	1亿元	101	2.98

资料来源：《中国汽车工业年鉴》（2014）

在工信部注册备案的整车生产企业有120家，其中60家具有乘用车的生产资格，这一数量是其他国家和地区规模以上企业总数的3—5倍，如果将改装车和专业车也一并计算，我国汽车工业"散、乱、差"的特征就更加明显，因此,汽车行业的结构优化除了对国有企业实施“抓大放小”外,必须激励无规模、无能力企业的逐步退出。

2009年,为了应对金融危机对汽车行业的不利冲击,国家颁布了《汽车行业调整与振兴规划》,提出了通过兼并重组优化组织结构的目标和要求。随后发生的长安汽车与哈飞汽车、昌河汽车,广汽集团与湖南长丰汽车、浙江吉奥汽车等兼并收购活动,使汽车企业集团的控制力得以极大的提升,但中小企业的数量并未明显下降,为此工信部在2012年出台了“关于建立汽车行业退出机制的通知”,设立了“特别公告制”以警示那些具有资质但产量、收入和盈利能力长期在低水平徘徊的企业。在2015年工信部发布的第一批特别公示企业执行情况的通报中,已经有14家企业被终止生产资质,其他企业则采取并购、转让或者增加产能的方式暂时保住了资质。可见,唯有政府采取有威慑力的方式,才能使这些低效低能企业彻底退出市场。

退出机制的设立,并不意味着政府对企业相关的人力资源、社会负担也一推了之。“双低”企业的退出面临着破产倒闭资金缺口大、企业债务多、历史欠账多、资产变现难、社会移交难、职工安置难等现实的问题和困境,这些障碍主要源自地方政府对当地企业的过度保护。例如,在工信部发布的两次“特别公告企业”名单中,60%以上都是三线城市的国有或集体所有制企业,这些企业一旦按照正常程序破产倒闭,会给地方政府带来十分沉重的财政和社会负担,因此,在设计新的退出机制时,要不断弱化地方政府行政干预的利益诱惑,更多地采取资产转让、重组的模式,减少供给侧改革对社会经济生活的负面冲击。

应该指出的是,这一轮的供给侧改革与20世纪90年代末的国有企业改革相比,有更多的财政实力、较为完善的产权、资本市场做后盾,过去十余年多轮竞争的淘汰后,中小企业的数量和规模也十分有限,因此,完全可以借助供给侧改革的大背景,淘汰、关停、兼并一批无效企业,为大企业的发展扫除行政壁垒。

4. 公共政策与有效供给

价格激烈竞争与主流企业滥用垄断势力并存是我国汽车产业组织的一个明显特征。在关税高企、税费“搭便车”和局部领域垄断等因素的共同作用下,消费者在支付了高于国际平均水平的价格后,并未获得应有的质量和服务。2013年至今,我国的反垄断机关已经对跨国公司或合资企业主导下的多起配件价格歧视、区域分割、零售价格限制等案件进行了严厉处罚,以维持公平竞争的市场秩序。

汽车消费和使用过程的负外部性也与供给侧的质量和效率有直接的关系。已有研究表明,即使是合资企业也没有从跨国公司那里获得燃油效率最高的技术。出于专利保护和不断获取技术使用费的目的,跨国公司不会将最先进的工艺技术转让给参与的合资企业,这导致我国汽车产品的污染物排放量远远高于其他国家。类似的问题在汽车附属品配置、保险费核定、维修服务等方面也很普遍,因此,需要对以生产者利益为导向的各类法规政策进行调整,即从生产性规制向消费者保护、环境保护的社会性规制转化。这一转化必将鼓励企业增加该质量产品的产出,也会间接满足消费者的有效需求,最终实现供需结构的协同与优化。

供给侧结构性改革的理论和实践构想在我国方兴未艾,必将成为很长时期内社会经济发展的主要路径。供给侧结构性改革的提出和落实,将对我国政府干预经济的模式转变产生重要的影响。本节通过对供应学派革命发展演化的简要介绍,结合美国政府对汽车行业紧急救助的经验总结,从改善我国汽车产业的组织、技术和质量等供给侧核心要素的效率出发,提出了一个基于"国企改革、产业政策、退出激励和社会规制"的分析框架,并具体分析了这些环节与供给结构优化的关系。这一探索性的分析将为供给侧改革的顶层设计在产业层面的"落地生根"提供有益的参考。

第三节　汽车产业退出管制政策的经验分析①

一、问题的提出

在产能过剩严重和"三驾马车"对经济增长拉动作用日趋减弱的背景下,我国经济政策的顶层设计者提出了"在适度扩大总需求的同时,着力加强供

① 本节的主要内容以《供给侧结构性改革下国有中小企业退出与"去产能"问题研究》为题,发表在《经济学动态》2016 第 7 期。

给侧结构性改革”的新战略。供给侧改革政策的取向是大力推进市场取向的改革,更加重视“供给侧”调整,加快淘汰僵尸企业,有效化解过剩产能,提升产业核心竞争力,不断提高全要素生产率。这一表述在产业层面就意味着要加大淘汰僵尸企业和化解过剩产能(楼继伟,2016),具体而言就是“去产能、去库存、去杠杆、降成本、补短板”。在这一新的改革战略框架设计中,“去产能”无疑居于首要的地位,无论是要解决总量的产能过剩,还是结构性产能过剩问题,都必须依托市场机制和政府干预两个轮子,促进低效企业的有序退出。

汽车行业虽未像钢铁、煤炭、电解铝等领域那样陷入总量过剩的状况,但是大量“产能极低、效益极差”企业(以下简称“双低企业”)的长期存在是该产业的一个显著特点,也是汽车结构性产能过剩的根源之一。汽车行业的主管部门为优化组织结构、提升核心竞争力,从2004年开始就提出了建立退出机制的主张,但到2013年才落实为《特别公示车辆生产企业公告》(以下简称“特别公示制”)的实现形式。这一机制是政府解决结构性产能过剩和“双低企业”退出的一种制度创新或探索,与目前在钢铁、煤炭、水泥等领域实行的各项淘汰落后产能政策具有一定的可比性。本节对汽车行业“双低企业”退出政策实践的实证分析,不仅对于完善汽车产业正在实施的“特别公示制”具有参考借鉴价值,也可以应用到其他行业“产能置换”方式的优化设计中。

企业退出,尤其是国有企业从竞争性产业的退出一直是相关研究的热门话题。江小涓(1995)指出为了解决由经济转型或周期性波动引发的产能过剩问题,必须对退出企业予以政策援助,降低基于所有制和行政干预的退出壁垒可以使经济转型获得稳定的内外部条件;于国安(2002)从财政收益和成本的角度分析了国有企业退出时的产权、资产、人员和债务等四大壁垒,认为除了政府的退出援助外,应该着力构建市场化的退出机制和渠道;张春霖(2003)认为国企重组和退出是国有经济结构调整的一项艰巨任务,如果任由这些企业继续经营,会形成拖欠银行贷款、欠税欠费或财政补贴加重等问题,政府在其中最重要的职责是制定退出规则和妥善安置困难的下岗职工,其余的行为可以交由债权人、所有者和接盘者在资本市场完成;刘小鲁(2005)则从地方政府之间竞争的视角,证明制度性退出壁垒是区域竞争的内生现象,即经济发展水平落后的地方政府,会人为地提高国有企业的退出壁垒,以从中央政府获得额外的转移支付或补贴。

在实证研究方面,张维迎等人(2003)以中关村高科技企业为样本的计量检验发现,在混合所有制结构下,企业的行政隶属关系越高,市场机制发挥退出诱因的作用越不显著,但是这种作用会随着所有制改革的深化而递减;杨天宇和张蕾(2009)对中国制造业行业层面企业进入和退出概率的研究也发现,一个行业的国有经济比重越高,企业的退出比率越低,即所有制本身就是一种退出壁垒;朱克明和刘小玄(2012)对竞争性行业国有企业退出选择的面板数据 Logit 分析却发现,效率是决定国有企业退出方式的主要因素,并指出社会稳定在国有企业退出决策中的作用;吴利华和申振佳(2013)对国有经济集中的装备制造业实证检验也发现,由于政府对国有企业存在的"父爱主义"情结,往往会补贴弱势、效率低的国有企业,这会弱化市场竞争对企业形成的退出压力。Yang &Temple(2012)对 20 世纪初辽宁省电气行业企业退出行为的分析也发现,在总体上劳动生产率虽然是决定企业退出选择的重要因素,但不应忽视所有制模式、市场集中度和改革进程有时会发挥相反的作用。

本节对企业退出行为的研究与上述文献有一定的差异:一是将企业"空转"时间而不是一般意义上的生存时间作为被解释变量,原因是以往研究中使用生存年限表征企业经营状况的假设不完全符合进入受规制产业的实际;二是重点分析制度性变量对企业"低效运转"的影响,以便为完善政府干预机制提供新的思路;三是发现了市场化退出机制和政府干预双重失灵的现象,且后者是导致"双低企业"长期运转的主因。

本节的结构安排如下:第二部分介绍中国汽车产业退出机制的变化与结构性产能过剩的现状;第三部分说明了数据的来源和变量设置的原则,介绍了所用计量模型的主要特点;第四部分汇总和讨论了"零膨胀负二项"回归分析的主要结论,并结合"特别公示"制度的实施效果,分析了退出机制的实施障碍;最后是全文总结和政策建议。

二、研究背景:汽车产业的"双低企业"与退出机制演变

1. 中国汽车产业的"双低"企业的总体特征分析

大量"低产能、低效率"企业的长期存在是我国汽车工业的一个显著特征,即使在产业的规模和能力位居世界首位后,这一现状也未得到实质性的改进。观察表 8.7 可知,从 2000 年到 2013 年,小型企业的亏损比例虽然下降了一半以上,但依旧在 18% 以上,远远高于大型和中型规模企业的比例,由此导致小企业的收入和利润指标也低于行业平均水平,没有资金和能力进行工艺和产品创新。更为严重的问题是,这类企业占据了一定数量的资产或银行负

表 8.7 中国汽车工业中不同规模企业分布变化

	2013 年				2000 年			
	合计	大型	中型	小型	合计	大型	中型	小型
企业个数 / 个	3384	289	1157	1938	2326	495	698	1133
亏损企业数 / 个	434	11	64	359	749	129	221	399
亏损比例 /%	12.83	3.81	5.53	18.52	32.20	26.06	31.66	35.22
人均增加值 /(万元 / 人)	25.314	33.880	15.551	11.500	4.851	6.255	2.544	1.664
厂均规模 /(人 / 厂)	1004.67	6572.21	950.68	206.66	765.83	2343.42	570.57	196.88
人均净资产 / 万元	19.725	24.209	14.371	13.170	9.677	12.442	5.338	3.047
人均负债 / 万元	52.035	69.743	30.912	26.069	19.477	24.187	12.446	7.531
人均销售收入 / 万元	109.286	150.972	60.595	45.320	19.988	25.418	11.725	6.502
人均利润 / 万元	7.992	10.862	4.893	2.891	0.775	1.170	0.070	−0.018
研发投入比 /%	1.96	2.03	1.77	1.55	1.90	2.03	1.30	1.15
净资产负债率 /%	2.638	2.881	2.151	1.979	2.013	1.944	2.331	2.471

资料来源:根据《中国汽车工业年鉴》(2014 和 2001)计算而得

债,并没有产生应有的产出,也使资源投入的结构和效率被扭曲。严格地讲,在一个市场机制能够发挥“进入—退出”调节作用的环境下,一定数量的小企业或者低效企业的存在是一种十分正常的状态,而在我国的汽车产业中,退出机制的失灵,使得大量低效企业无法及时破产倒闭,长期占据稀缺的“生产资质要素”,也使得一些有能力的行业外资本难以进入,难以产生鲇鱼效应。

我国的汽车制造是一个受到严格监管的领域,无论是1994年公布的《汽车工业产业政策》,还是2009年出台的“调整与振兴规划”都对不同细分市场中企业的进入资质、产品标准和组织模式设定了严格的条件,这些举措并未减少大量“双低”企业的数量。根据工信部颁布的相关标准,表8.8统计了“特别公示制”出台之前乘用车和载货车中“双低企业”的基本状况。由表8.8可知,按照国家发展改革委2006年发布的《关于汽车工业结构调整意见的通知》一文设定的进入标准,在每一个细分市场都存在一定数量的“低能”企业,其中优势企业与末端企业的产出差距十分明显,在规模经济特征显著的轿车产业,最大企业的产量是最小企业的几千倍。按照低能企业的比例划分,在政府管制较为薄弱的客车、载货车领域,低能就意味着低效,特别是一直属于模糊地带的MPV、轻型客车和轻型载货车等市场,集中了绝大多数的双低企业。主要为区域公共交通服务的客车制造业则占据了大部分亏损名额,也是结构性产能过剩的重灾区之一。

表8.8 整车制造不同细分市场中的“双低企业”(2012年)

细分市场	企业个数	符合退出门槛企业[a]	不符合准入门槛企业[b]	亏损企业个数	最大企业产量/辆	最小企业产量/辆
乘用车:轿车	44	1	15	5	1252238	162
多功能乘用车	23	1	20	2	139208	41
多用途乘用车	41	2	27	3	280869	60
大型客车	29	0	26	11	23718	125
中型客车	30	0	23	12	23921	168
轻型客车	34	0	27	8	94245	183

（续表）

细分市场	企业个数	符合退出门槛企业[a]	不符合准入门槛企业[b]	亏损企业个数	最大企业产量/辆	最小企业产量/辆
重型载货车	23	0	14	3	34834	121
中型载货车	20	0	20	1	29631	352
轻型载货车	38	2	25	8	418828	126
微型载货车	17	0	7	3	142254	2835

注：a. 工信部 2013 年制定的"特别公示"条件

b. 发改委 2006 年为治理产能过剩设定的进入门槛

资料来源：《中国汽车工业年鉴》（2013 年）

当然，如果按照工信部 2012 年发布的《关于建立汽车行业退出机制的通知》中的标准衡量，则会得到完全不同的结论：在整车制造领域应该退出的企业总数不到 10 家，这一较低的退出标准，等于使绝大多数"低能低效"企业获得了豁免待遇，形成了名义上的"高进入壁垒"与实际执行中的"低退出壁垒"相互矛盾的监管格局。

2."双低企业"与汽车行业的结构性过剩

如前所述，汽车行业不存在总量过剩之虞，但一直伴随着比较明显的结构性产能过剩，这种过剩可以从细分市场、企业和时间等三个维度进行区分和辨别：

（1）细分市场间的产能利用率差异明显。我国的汽车行业除了在 2006—2008 年出现过较为严重的总量过剩外，在其余时间段主要受结构性过剩的困扰。根据发改委的最新统计[①]，2015 年汽车产量占比超过 98% 的 37 家主要汽车企业（集团）已形成的整车产能高达 3122 万辆，其中，乘用车 2575 万辆、商用车 547 万辆、客车 101 万辆。这 37 家主要汽车企业（集团）乘用车产能利用率为 81%，产能利用比较合理。但是，商用车产能利用率仅为 52%，产能利用不充分，而其中的载货车和客车分别只有 49% 和 56%，属于严重的结构性产能过剩。

① 发改委网站公布的数据（http://gys.ndrc.gov.cn/gyfz/201605/t20160511_801457.html）。

（2）不同企业产能利用率差异十分明显，主要可以分为四类：第一类企业的产能利用率明显低于正常水平，但各自的原因不完全相同：一汽夏利由于长期产量下降，已经无法扭转严重亏损的状况，产能利用率不到20%。长安标致雪铁龙投产时间不到两年，一些关键设备还处于调试期，安徽奇瑞也由于正在对已有的产品线进行结构性升级或调整，产能利用率短期内处于较低水平。第二类企业的产能利用率长期在均值之下，主要原因是产品结构和市场地位的战略出现一定的偏差，或者所在细分市场在近期出现萎缩，这其中的大部分都是自主品牌的轿车生产企业；第三类企业的利用率符合汽车产业的一般水准，主要是一些久经沙场的合资企业；第四类企业的利用率长期高于100%，这主要源自它们的品牌定位和精益化生产模式，这样的企业有长城汽车和上汽通用。

（3）强者恒强、弱者恒弱的格局固化。2006—2008年前后，由于市场增速下降和企业产能扩张提速，大部分企业都经历过利用率下降的阶段。此后，企业之间的分化趋于明朗，合资企业一直居于较高的水平，而自主品牌的境况并未得到实质的改进，2009年到2011年那些受政府大幅税收补贴政策的引导而投资了较多微型和经济型产品生产线的企业，仍在承受结构性产能过剩的压力。

总之，低效企业的存在与行业的结构性产能过剩相辅相成，虽然前者的数量和规模有限，但却影响着政府、企业和市场之间良性关系的形成，阻碍了产业结构的升级和供给效率的提高。

3. 汽车行业退出干预机制的演变

汽车行业的主管部门一直强调对企业进入资质和投资行为的监管。例如，为了解决“投资分散、生产规模小和产品落后”等问题，1994年颁布的《汽车工业产业政策》中的“产品认证、产业组织、项目管理”等条款都以限制进入或提高进入门槛为主旨，而将企业退出问题寄希望于市场竞争的优胜劣汰。2000年以后，生产和消费规模的扩大并没有使上述问题得到有效的化解，结构过剩已经是产业健康发展的痼疾。主管部门在2004年新修订的《汽车产业发展政策》中首次提出了建立汽车整车和摩托车生产企业退出机制的要求（第4章之第7条），并建议采取“对不能维持正常生产经营的汽车生产企业实行特别公示”“禁止该类企业向其他企业转让生产资格”，以及撤销这些企业在《道路机动车辆生产企业及产品公告》中的名录等多项措施，迫使产能极低企业的主动退出。

2006 年国家发展和改革委员会针对汽车行业反复出现的产能过剩、产业和产品结构不合理、技术进步缓慢等问题，又出台了《关于汽车工业结构调整意见的通知》这一十分重要的规定。该文明确指出，要“解决被淘汰企业的市场退出问题”，具体的政策建议是“建立汽车生产企业产能和产销量公示制度，定期公布产销量达不到一定数量的乘用车和商用车生产企业的产能和产销量信息，并对长期不能达到要求的企业暂停产品公告”。问题还在于，如同 2004 年《汽车产业发展政策》中提出的类似主张一样，2006 年的“结构调整意见”也一直没有得到实际的实施和执行，处于吴敬琏教授所定义的“政策空转”状态。

2009 年颁布的《汽车产业调整和振兴规划》极大地刺激了我国汽车产业规模的提升，但也在一定程度上将一批“低效低能”企业从停产、破产或倒闭的边缘暂时挽救起来，付出的代价是汽车产业一度陷入了总量过剩和结构过剩并存的状态。为此，工信部在 2012 年发布了《关于建立汽车行业退出机制的通知》，这也是在此轮产能过剩没有大规模爆发之前，国家层面治理产能过剩或改善供给侧结构的第一个重要规章。该机制的要点是按照规定的进入资质标准，对不符合标准的企业予以“特别公示”，在公示期（一般为两年），这些企业“不得投资扩产，不得申报新产品”，如果整改后仍不能满足要求，则暂停其产品“公告”①。在新产品竞争十分激烈的环境中，暂停投资和发展新产品，等于限制了这类企业的生存空间，迫使其改善生产经营条件或者自动退出。

按照上述政策的主旨和出台的时间，本节将它们划分为进入限制期（2004 年之前）、退出诱致期（2005—2008 年）和鼓励发展期（2009—2013 年）等三种性质不完全相同乃至相反的政府退出干预模式，并通过设置虚拟变量的方式检验政策的作用。

由于汽车产业具有很高的 GDP 和税收效应，各级政府也都在通过

① 具体指标是：乘用车少于 1000 辆、大中型客车少于 50 辆、轻型客车少于 100 辆、中重型载货车少于 50 辆、轻微型载货车少于 500 辆、运输类专用车少于 100 辆、摩托车少于 1000 辆的生产企业。

财政补贴、低息贷款、土地供应等方式对辖区内或所管理的低效企业予以扶持，以避免破产倒闭对当地经济的负面冲击。在一定条件下，政府的干预会阻碍市场机制发挥引导企业退出作用，为此，除了使用所有制和行政隶属关系衡量政府对企业的“父爱主义”之外，还重点考察了不同地区的政府干预、企业负担和市场化程度等因素与双低企业“空转”时间长短的关系。

基于上述背景介绍和问题分析，本节的实证研究将集中在两个方面：一是使用零膨胀负二项回归方法检验影响企业“低效运转”的市场、企业和政府因素；二是为弥补数据缺失对计量分析的限制，通过对“特别公示制”这一退出机制短期影响的跟踪分析，分析政府干预失灵的具体原因。

三、数据、变量与计量方程

1. 数据来源和汇总

本节的原始数据都来自公开出版的《中国汽车工业年鉴》和国家统计局发布的“中国工业企业数据库”，资料收集与汇总的顺序或依据是：首先，根据工信部在 2015 年 11 月发布的《特别公示车辆生产企业（第 1 批）》执行情况的通报，本节搜集整理了被公示企业最后一次出现在《中国汽车工业年鉴》中“部分企业概况”和“同类汽产品主要生产企业产品产量及主要经济效益指标”两个栏目中的资料；其次，对于处于同一细分市场但不属于公示名单的企业，在《中国汽车工业年鉴》中查询其持续经营的时间（截至 2013 年第一次公告），以得到不同企业“空转”的时间信息；第三步，在“中国工业企业数据库”中搜集上述两类企业的所属地区、所有制、行政级别等信息，再与从《中国汽车工业年鉴》整理的信息汇总起来，最终形成了一个包含近 320 多个数据样本的非均面板数据。

2. 变量选择与统计描述

被解释变量：企业“空转”时间。在本节中，“空转”是指一个企业从正式统计数据库中消失，但依旧具有生产资质的时间长短。具体而言，本节的考察期是 1998 年到 2013 年，如果某企业的主要经济效益指标数据从《中国汽车工业年鉴》中的某一年(例如 2001 年)一直到 2013 年严重缺失,但是在工信部发布的《汽车生产企业和产品公告》中并未被废止,那么就将该企业的空转时间统计为 12 年,相反,那些数据完整企业的空转时间则为“0”。可见“空转”时间越长,企业低效运作的时间越久,本节的目的就是挖掘“双低”企业名存实亡或曰“该退不退”的制度、产业和市场因素。

解释变量:(1)企业层面。已有研究发现,经营业绩是决定企业市场退出行为最重要的因素,本节选择了人均利税总额(per-profit)、资金利税率(rop)和销售收入[log(sales)]等三个经济效益指标来检验市场机制在“低效”企业运营中的作用。

企业的规模和经营时间通过对绩效的影响,也会间接左右企业的进退决策。与相关文献类似,本节的解释变量包括企业的从业人员[log(L)]、人均总资产[log(K/L)]、产业内年龄(指企业成立年份到最后一次出现在“年鉴”时的年份长短)及其平方项[(age)和(sqage)]等四个常用指标。

在经济转轨时期,所有制和行政隶属关系决定着企业能否获得税收减免、补贴和各种行政性租金的可能性或力度,本节使用国有企业(soe)和是否省级政府管辖企业(province)等两个虚拟变量分别表征所有制与行政级别,它们系数的符号和显著性可以反映所有制庇护和地方政府行政保护在汽车制造企业经营中的实际作用。

(2)行业层面。除了控制细分市场集中度(CR4)、行业总规模[log(scales)]两个因素外,本节还使用是否属于“改装车”(re-make)来反映进入规制的松紧程度与退出压力的关系,并将退出机制的缺失时期(polices-04)作为参照系,以检验产业组织政策与低效企业空转行为的关系。

(3)政府层面。地方政府对发展汽车产业的偏好和不同地区市场化进程的差异,也会直接或间接影响所在地区汽车制造企业的发展与生存机会,已有的文献较少考虑这两类因素的作用。本节使用企业所在地区的汽车工业产值(gdp-auto)和它占地区工业总产值的比例(ratio)来反映汽车工业的绝对和相对地位与属地内汽车企业空转时间的长短,不仅如此,本节还使用了不同地区市场化指数中的政府保护、企业负担和要素市场发育等三个指标,逐一验证它们与企业空转行为的关联。上述变量的描述统计如表 8.9 所示。

表 8.9　主要变量的统计描述

变量	符号	观测值	均值	标准差	最小值	最大值
空转时间	*Y*	322	3.618	4.269	0.00	15.00
从业人员	log(*L*)	321	0.54	1.00	1.00	5.02
人均资产	log(*K*/*L*)	275	1.50	0.42	−0.08	2.85
产业年龄	age	322	20.43	15.01	1.00	66.00
年龄平方	sqage	322	642.27	891.44	0.00	4356.00
国有企业	soe	322	0.18	0.39	0.00	1.00
省属企业	province	322	0.18	0.38	0.00	1.00
销售收入	log(revenue)	319	4.27	0.77	1.41	6.46
资金利税率	rop	289	0.11	0.25	−0.18	2.75
人均利税	per-profit	284	3.57	7.58	−9.16	71.09
集中度	CR4	322	0.56	0.21	0.25	1.00
产业规模	log(scale)	322	4.45	0.63	1.68	5.68
改装车	remake	322	0.89	0.32	0.00	1.00
产业政策	policies-04	322	0.57	0.50	0.00	1.00
地区汽车产值比	ratio	322	0.06	0.08	0.00	0.52
地区汽车产值	gdp-auto	322	2.45	0.52	0.68	3.62
政府保护指数	log(*in*1)	322	2.56	0.58	−1.00	3.01
企业负担指数	log(*in*2)	322	2.94	0.44	−1.00	3.21
市场发展指数	log(*in*3)	322	2.88	0.08	2.62	3.01

3. 零膨胀泊松回归模型（ZINB）

被解释变量“空转时间”中包含大量的“0”值，方差并不等于均值，这会使标准的泊松回归失效（standard poisson），而应使用“零膨胀负二项回归”（Zero-inflated negative binomial regression，ZINB）方法估计各个变量对企业空转时间的实际影响（陈强，2014）。同时为了确保模型选择的合理性，统计软件 Stata12 还提供了一个名为“Vuong”的统计量，当其值显著为正时，就表明 ZINB 相对于标准的负二项回归更能反映数据的特征。一般而言，ZINB 模型是负二项回归与二值响应分析的一个综合[Long 和 Freese(2001)],陈强(2014),被解释变量服从一种混合分布,对于那些取值始终为 0 和不为 0 的变量有:

$$\begin{cases} P(y_{i=0} \mid x_i)=\theta \\ P(y_i=j \mid x_i)=\dfrac{(1-\theta)e^{-\lambda i}\lambda_i^j}{j!\ (1-e^{-\lambda i})}(j=1,2,\cdots) \end{cases} \tag{8.1}$$

这里,$\lambda_i=\exp(x_i'\beta)$是方程的期望值,待估参数是$\beta$和$\theta$,在本节中$x_i$是各个解释变量,$y_i$就是各个企业的空转时间,$a_i$是非观察效应,它与所有解释变量都无关,$u_{it}$为误差项,那么本节的回归方程就可以设定为:

$$y_{it}=\beta_0+\beta_1 x_{it1}+\cdots+\beta_k x_{itk}+a_i+u_{it} \tag{8.2}$$

四、"双低"企业非自愿退出行为影响因素的初步检验

1. ZINB 模型回归结果分析

本节使用 Stata12 统计软件进行 ZINB 计量分析。表 8.10 最后一行的 Vuong 统计量显著大于 0,表明相对于标准的泊松负二项回归,本节的样本更适宜零膨胀因子泊松回归。同时,按照 Long 和 Freese(2001)、伍德里奇(2003)、陈强(2014)对泊松模型的解释,ZINB 模型的回归系数并不能直接用于判定解释变量和被解释变量的关系,而要转换为边际效应进行分析,这种转换并不会影响系数的符号和显著性,因此,表 8.10 中解释变量的系数是边际效应的回归结果,也就是解释变量的变化对企业空转时间长短的影响程度。ZINB 的回归结果如表 8.10 所示。

(1)企业人均资产规模[log(K/L)]越大,空转的时间越短。具体而言,某企业的人均资产相对于均值(1.5)每上升 10%,它的空转时间相对于均值(3.62)会下降 60%、85% 或 83%[从模型(1)、模型(2)到模型(3),下同]。从业人员[log(L)]愈多,空转时间愈短,但并不显著。这一发现与张维迎等(2003)[6]、Roberto 和 Vergara(2010)[14]以及 Yang 和 Temple(2012)[10]的结论保持较高的一致性,即就业量和资产规模大的企业,不可能持续处于低效运营状态,相应的退出概率也会下降。

表 8.10 ZINB 模型的回归结果汇总

	因变量:空转时间		
解释变量	(1)dydx	(2)dydx	(3)dydx
log(*L*)	−0.0734 (0.472)	−0.579* (0.355)	−0.517 (0.371)
log(*K/L*)	−0.595* (0.371)	−0.846*** (0.386)	−0.829*** (0.398)
age	−0.228*** (0.0410)	−0.225*** (0.0425)	−0.227*** (0.0432)
sqage	0.00413*** (0.000779)	0.00398*** (0.000833)	0.00409*** (0.000865)
soe	0.677** (0.373)	0.572 (0.409)	0.474 (0.407)
province	0.565* (0.364)	0.749* (0.414)	0.792** (0.431)
log(revenue)	−0.597** (0.325)		
rop		0.0124 (0.422)	
per-profit			−0.00189 (0.0167)
CR4	−0.318 (0.880)	0.227 (0.959)	0.264 (0.993)
log(scale)	0.00464 (0.317)	0.0382 (0.347)	−0.0597 (0.355)
re-make	2.456*** (0.851)	2.633*** (0.940)	3.328*** (1.012)
policies-04	1.183*** (0.443)	1.121*** (0.521)	1.031** (0.540)
ratio	0.629 (3.009)	0.974 (3.653)	−0.209 (3.909)

（续表）

	因变量：空转时间		
解释变量	（1）dydx	（2）dydx	（3）dydx
gdp_auto	0.384 （0.515）	0.0464 （0.565）	0.0562 （0.585）
log（*in*1）	0.199 （0.418）	0.338 （0.435）	0.396 （0.449）
log（*in*2）	−1.058*** （0.475）	−1.197*** （0.519）	−1.281*** （0.533）
log（*in*3）	3.843 （2.471）	3.185 （2.792）	3.602 （2.843）
_cons	−0.318 （0.880）	−0.0761 （2.2305）	−0.4628 （2.2164）
inflate			
opentime	0.0248*** （0.0056）	0.0342*** （0.0063）	0.0351*** （0.0064）
_cons	−0.7471*** （0.1505）	−0.8891*** （0.1596）	−0.9140*** （0.1625）
lnalpha			
_cons	−2.4167*** （0.4524）	−2.3915*** （0.4514）	−2.3673*** （0.4412）
N	274	247	243
log 似然值	−541.2117	−478.2947	−473.6974
LR Chi（2）	86.37***	75.94***	74.30***
vuong test	3.76***	3.85***	3.91***

注：①为表达的简约，这里的系数是边际效应的数值，不是 OLS 意义的回归系数
② ***、**、* 分别代表在 1%、5%、10% 的水平上显著；括号内为标准差
资料来源：作者基于 Stata 的运行结果汇总而得

（2）企业年龄（age）的系数显著为负，而其平方项（sqage）却显著为正，说明随着产业经营年限的增长，企业低效经营的概率，或者空转时间相对于均值会明显下降。这一发现与 Roberto 和 Vergara（2010）[14]对制造业、Yang

和 Temple(2012)[10]对电器制造企业的研究结论基本相同,而与张维迎等(2003)[6]对高科技产业的分析结论相反。就我国汽车产业而言,产业内年龄较短的企业基本上都拥有雄厚的资本和品质优良的产品,获得了最近十余年行业良好的发展机遇。相反,本节样本中年龄很高的一些企业,主要是在 80 到 90 年代汽车行业重复建设比较严重的时期成立的,并以集体企业为主,建成后不仅没有获得长足的发展,与优势企业的差距也随着竞争的深入而不断拉开,自然成为"低效"运营的主体。

(3)经营业绩并不是决定空转时间的重要因素。在一个成熟的市场竞争环境下,业绩应该是企业各种决策的指示灯,本节分别选择了销售收入、人均利税和资金利税率等三个效益指标,逐一分析它们和空转时间的关系。销售收入变量的系数为负(较为显著),即高收入汽车制造企业不可能处于空转的状态。另外两个绩效变量的系数要么为正,要么不显著,也就是对于本节包含大量低效企业的样本而言,市场化的退出机制并不十分有效。细分市场集中度(CR4)和行业总规模[log(scale)]两个变量的系数符号和显著性水平,也从另一个层面佐证了这一结论。

变量改装车(remake)的系数在三个模型中都显著为正,说明相对于原始制造厂商,以改装为主业的企业会面临更高的空转时间,这意味着它们处于"低效低能"区间的概率远大于其他类型的汽车制造企业。这一发现符合我国汽车产业组织政策"重乘用车、轻商用车,重制造企业、忽视改装厂商"的取向,改装车曾经长期游离于正式产业组织之外,其审核管理权限一般交由地方政府负责,无论是从发展地方汽车工业,还是保证地方公共产品供给"肥水不流外人田"的目的出发,改装车领域一直是地方保护的重点,这就为低效企业的长期存在提供了机会。

(4)产业组织政策虚拟变量(policies-04)的系数显著为正,说明相对于 2004 年以后的其他产业组织政策,2004 年之前强调进入规制、忽略退出诱导的模式会导致企业空转时间的延长。这一发现也符合低效企业的统计特征,19 家被公示企业中的大部分在 2004 年之前已经开始处于空转状态。对行政性退出机制作用不佳的原因将在下一节深入讨论。

(5)包含制度性信息的虚拟变量对企业空转行为的发生有着重要的影响。国有企业虚拟变量(soe)的系数在三个模型中都为正,且在模型(1)中具有较高的显著性，说明相对于集体、私营等经济成分的汽车制造企业，国有企业空转的时间会高出67%，也就是在同样的经营环境和绩效条件下，国有企业可以长期处于低效运营的状态，而不必担心被市场淘汰，这一发现与张维迎等（2003）对中关村高科技企业的分析结论也是一致的。

变量省属企业（province）的系数为正，显著性水平也比较高，证明企业的行政隶属关系或级别也对空转的持久性具有一定作用。本节涉及的客车、载货车和改装车等领域包括大量省属企业，而在汽车行业的政府投资和管理体系中，除了轿车产业外，省级政府对这些领域的项目审批、厂址选择、定向采购等方面拥有绝对的管理权，必然对属下的企业予以各种庇护，这些庇护措施就会影响低效企业的正常退出。

上述两个变量的符号也反映出"软预算约束"的痼疾在我国汽车行业依然存在，特别是对于像汽车这样受到严格进入规制的行业。由于在位企业都是主管部门审核、审批或者"千挑万选"后产生的，企业经营失败也意味着官僚机构"看走眼"，为此他们必然会借助手中的权力解救处于困境的企业，以保障自己的监管声誉（白重恩和王一江，1998），因此软预算约束势必对企业组织的存续发展有着重要的影响。在相关研究中，对企业退出的宽容程度本身就是衡量预算刚性的主要指标，据此也可以理解汽车行业为什么存在"高进入壁垒、低资质条件"的悖论。

（6）地方政府与低效企业空转行为。汽车制造业具有高的"GDP"和税收效应，一直是重复建设和地方保护比较严重的领域。地区汽车工业总产值的绝对值（gdp-auto）及其占整个工业产值比例（ratio）两个变量的系数为正，但并不显著，说明低效企业的空转现象与所在地区汽车工业的总量或结构特征并没有直接关系。

本节还检验了政府干预（index1）、企业负担（index2）和资源的市场配置（index3）等三个指数的地区间差异对低效企业空转的影响程度，主要结果是：一个地区企业负担越重，汽车制造企业空转的概率越低。这一发现符合基本的经济逻辑：企业负担越重、亏损的概率会效应增加，即使出于减轻财政负担的目标，地方政府也会力促低效企业的退出。其他两个指标的作用并不确定，也就是说低效企业的存续与一个地区的市场化程度之间也没有直接的关联。例如，在工信部发布的"特别公告"目录中，既有来自新疆、内蒙古和辽宁等市场经济不发达地区的公司,也有数量不少的来自长三角和珠三角的乘用车企业,也说明相对于政府干预,市场竞争还不是汽车行业长期均衡的决定因素。

总之,本节使用 ZINB 模型从企业、市场和政府三个层面入手,初步发现了影响企业低效运营或空转的因素主要来自制度和管理方面,即存在市场失灵与政府干预失灵并存的现象,而导致退出政策失效的深层原因又来自哪些方面,还需具体分析。

2. 计量分析的补充——"特别公示制"短期效应再讨论

在 2013 年工信部出台汽车行业"特别公示制"之前,虽然 2006 年到 2012 年期间也出台过类似的退出鼓励政策,但要么被 2009 年刺激需求的政策所抵消,要么一直没有颁布具体的实施细则。也就是说,2003 年之前不存在严格意义上的退出政策或机制,即使有类似的方式或工具,大多从属于结构调整、投资限制或兼并重组等政策。2013 年工信部发布的"特别公示制"是一部较为完整的退出机制,并在中央和地方等两个层面得到了真正的落实。那么,这一新的退出机制是否发挥了迫使、鼓励以及诱惑低效企业退出的目标,或者减少了相关企业空转的时间呢?从政策和企业两个层面深入这一机制的作用,可以弥补前述计量检验的不足。由于第一批公布的 48 家低效企业的数据残缺不全,具有两年以上较为完整数据的样本只有 19 家企业,且数据的截止日期多在 2004 年以前,无法获得这些企业对 2013 年"特别公示制"的实际反应,只能基于简单的统计描述来判断这一退出机制的效应(见表 8.11),主要的发现是:

表 8.11 "特别公示制"与企业反应

总数	48	占比 /%
1. 恢复资质	12	25.00
其中:(1)新能源	8	66.67
或(2)更名	6	50.07
2. 正在考核(被动申请)	4	8.33
3. 有待考核(被动申请)	18	37.50
4. 主动退出	14	29.17

资料来源:工信部网站 http://www.miit.gov.cn/n1146295/

（1）退出威慑力不强，企业保壳积极性不高。在全部48家被警示的企业中，14家没有进行任何形式的“补救”措施来保留生产资质，占总数的29%。这也表明，一方面工信部设定的“停止产品或项目申报、审批”等方式，不会改变这类企业的经营状况；另一方面某些企业已经长期处于本节定义的“空转”状态，恢复正常生产经营活动的成本太高，利益相关者也失去了援助或保壳的动力。

不仅如此，即使那些没有完全失去资质的企业（表中的正在考核和有待考核的类别），也未对退出威胁予以积极回应。工信部规定的警示期从2013年11月1日到2015年10月30日，按照新近发布的资料，正在考核和有待考核的企业都是在2015年6月到10月间才提出了考核申请（其中的9家还是在2015年10月底提出申请的），完全没有给主管部门预留出充足的评估时间，潜在的原因只能是现行的退出机制没有威慑力。在《中国汽车工业年鉴》和“中国汽车工业信息网”中还可以检索到某些企业2013年到2015年的产销信息，至少说明取消“增加新产品和投资新项目”对这类企业的生存没有实质的影响。

（2）恢复资质的门槛极低，企业“更名式生存”的机会主义行为蔓延。如上表所示，恢复资质的12家企业中，大多数放弃了原来的主业，而是通过获取新能源汽车的生产资质得以保壳，由于后者的门槛远远低于传统汽车生产领域，产业转型不仅可以迎合地方政府发展新能源汽车的热潮，还能够获取数额不菲的补贴。低效低能的传统汽车生产企业大规模地融入电动车领域，必然使后者很快陷入产能过剩的状态，也将产生一批新的空转企业，并诱发一些企业骗取政府补贴的不当行为[①]。

上述现象引发的悖论在于，既然多数“低效低能”企业对退出机制“无动于衷”，政府还有必要耗费公共资源和行政权力迫使企业自动退出吗？同时，多数企业长期处于“无产出、无新品”的状况，也说明它们认可被市场竞争淘汰的结局，政府有必要借助降低准入门槛来恢复它们的生产资格吗？正是这

① 分析工信部的统计数据可以发现，第一批“特别公示”中的苏州客车厂有限公司在更名为“江苏苏州吉姆西客车制造有限公司”后，获得了新能源汽车生产资质，为了骗取政府补贴，仅在2015年补贴政策调整前就虚增产量100倍，相当于将所在地——苏州市的全部公交车都更换为电动车！如果骗税行为不被媒体曝光，就可以获得1亿元的财政补贴。

些细微的“父爱主义”偏好,限制着市场化退出机制作用的发挥。

严格地讲,在一定条件下,产能总量过剩一定是以结构性过剩为基础的,或者是后者长期积累演化的结果。结构性产能过剩的主要表现是在一个总量基本均衡、经济效益处于合理区间的产业中,存在一定数量的“低能、低效”企业(以下简称“双低企业”)。这些企业的数量虽然有限,但可能拥有产业运营中的关键资源,使有效竞争无法展开。在对进入实行政府规制或许可的行业,结构性过剩较为明显。而轿车、新能源汽车、发电设备等领域多采取准入制,即一个企业在生产、销售产品之前就必须得到主管部门颁发的“准生证”或“许可证”,为了控制行业的结构和总量,政府所颁发的许可证数量是有限的,在一定条件下,资质本身就可以为企业创造经济租。当然,这种保护使一些在位企业失去了竞争的压力,直接让其退出市场的成本又超出社会的承受力,从而产生了所谓的空壳或“低效低能”企业。

五、结论与产业退出政策含义

本节使用汽车产业的相关数据,实证检验了低效低能企业“休而不退”的影响因素,并讨论了特定退出机制在设计和执行方面的弊端。与单纯分析企业退出行为选择的文献相比,本节的贡献主要体现在两个方面:一是市场信号在汽车行业的“退出”抉择中并未发挥应有的作用;二是阻碍市场机制作用发挥的力量主要来自政府的不当干预,也就是在汽车行业中市场失灵和政府失灵是并存的。

基于上述分析,本节认为汽车制造业形成120多家整车、600家改装车的格局,是市场自我发展的结果。哪怕存在少量无法通过激烈的价格、质量竞争淘汰出局的“低效、低能”企业,只要这些企业的行为没有违反行业的基本规则,也不必动用行政手段予以直接的管制。另一方面,也正是因为有了地方政府的行政干预,才使得一些应该退出市场的企业有了庇护所。具有竞争优势企业的发展受制于区域封锁或地方保护,也无法通过合意的兼并收购拓展市场空间,这就使行业资质成为低效企业的护身符。所以,打破地方政府的行政垄断、减少主管部门的无效干预、增强市场和企业的话语权,才是应对结构性产能过剩的正道。

低效低能企业退出是化解产能过剩的必由之路，就本节所涉及的48家被“公示”企业而言，即使它们完全退出也不会对所在细分市场的供给结构和供给效率有实质性的影响。但是进入管制的存在，也意味着政府必须兼具退出诱导、退出援助的职责，只不过对于竞争性的汽车产业，要将退出政策的重点从经营性向社会性转化，特别是严格区分衰退型产能过剩与结构性产能过剩，避免过度援助导致低效企业“僵而不退”。基于本节的计量检验和经验分析，完善和改进低效企业退出机制的政策建议或思路主要体现在三个方面：

（1）在竞争性行业中，强化市场机制发挥退出引导的核心作用，避免政府行政性干预产生或增加企业的退出壁垒。除了本节重点分析的汽车行业外，政府主管部门对钢铁、煤炭、电解铝和光伏电池等产能过剩严重领域正在实施的退出干预政策，例如设立“退出奖励基金”、职工安置政府兜底、政府“拉郎配”式的强弱联合等，主要还是从稳定职工情绪、防止国有资产流失、避免失业率上升、减少银行账面不良资产等目的出发设定的，一般情况下很少使用破产清算、资产出售、人员分流等市场化模式。本节的计量检验发现，之所以形成一些难以克服的退出壁垒，源头就是政府对市场功能的过度替代。企业竞争是一个优胜劣汰的过程，退出如同进入一样都是市场机制发挥资源配置作用的手段，只要所涉及的行业或企业没有存在“自然垄断、外部性或公共产品”等要素，就应让市场这只无形之手引导企业的退出行为。

（2）平衡进入规制与退出机制的关系，防止进入管制引发的退出困境。政府为了实现特定的产业组织目标，一直对汽车行业实行严格的进入规制，资质既是在位者能够正常生产的通行证，也成为其中低效企业的“护身符”，甚至使资质本身成为一种待价而沽的特殊资源，无形中提高了低效企业的价值。本节的计量分析发现，严格的进入管制会增加低效企业空转的时间，因此，市场化的退出机制必然要求在进入环节也实施市场化或者准市场化的模式，无论是“宽进入、严退出”还是“松进入、宽退出”的组合，都违法了市场的取向，特别是对竞争或可竞争的产业而言，只有放松不必要的进入管制，才能从政府肩头卸掉诸多的经济性、经营性“退出责任”，使其致力于通过社会保障、失业救济、落后产业援助等体系的构建，减轻社会性成本对企业退出决策的影响。

（3）继续推进国有经济和国有企业从竞争性行业有序退出。在本节300

多个样本中，国有企业的占比只有18%左右，但是如果只计算被列入警示名单的48家企业，其中的60%—70%都是行业部委或地方政府控制下的国企，竞争性领域存在相当数量的低效国有企业一直是市场化退出机制无法运转的原因之一。与民营经济相比，国有企业在享受所有制优惠、政策庇护和部分市场垄断待遇的同时，也使其在退出过程中伴随更高的阻力或成本，加之所有权、经营权和行政隶属关系的盘根错节，除非外部经济环境持续严重恶化，否则政府、企业和利益相关者不会以破产倒闭的方式来优化国有资本的配置。20世纪90年代末亚洲金融危机后，国有经济从纺织行业的大面积撤退就是一个例证。目前，钢铁、水泥、建材和石油炼制等多个行业的总量失衡与经营困境，无疑是促使"低能低效"国有企业退出的绝佳时机。一方面，业绩不良企业的经济价值下降，有利于降低退出成本和费用；另一方面，随着政府负担的加重，它也会激励加快国有经济的战略性调整，出台更多的鼓励退出政策。

总之，在供给侧改革的大战略下，无论是低效国有企业，还是民营企业的退出，都不是应对总量或结构性产能过剩的权宜之计，而是重新塑造政府、市场和企业关系的一场新的改革实践，低效企业的有序、良性退出，既能够削弱政府直接或间接左右市场运行的经济动因，也会逐步瓦解"过剩—援助—再过剩"问题周期性循环的体制基础。可见，深化对"特别公示制""产能置换""三去以减一降"等新监管模式的理论和实证研究，将对供给侧改革实施路径的优化有一定的参考借鉴价值。

本章总结

产业政策是经济学界争论的热门话题之一，涉及市场与政府的定位、机制设计和产业发展等多方面的理论和实证问题，本章通过对我国汽车产业政策实践的必要回顾，提出了一个"管制型产业政策"的分析框架，核心的观点就是：如果没有政府管制机构的参与和管制手段的配合，产业政策的执行力和效应会大打折扣，这种模式的产业政策实际上在强化政府对市场的过度干预。对汽车产业低效企业退出机制的实证研究，初步验证了这一论断的合理性，这也意味着，与其耗费大量的行政资源"引导"企业的退出，不如在明确政府和市场界限的前提下，将政府的功能严格限定在纠正"市场失灵"的特定范围内，以产业政策的退出换得市场能够在资源配置中发挥真正的决定性作用。1980年以来，世界各国电信产业的发展完全得益于政府管制的放松和取消，自然垄断产业尚且如此，竞争性的汽车产业没有理由继续以产业政策之名行政府管制之实！

本章附录

附录 8.1　政府结构调整政策分解

项目	核心内容
背景	1. 产能过剩的苗头已经显现，并有可能进一步加剧 2. 产业组织结构不合理，企业集团竞争优势不明显 3. 产品结构调整相对滞后，技术进步和产品结构升级缓慢 4. 自主开发能力较弱，过分依靠引进技术发展产品 5. 零部件与整车未能同步发展
任务	1. 政府：产业组织结构优化、自主发展、技术进步、控制新增汽车产能、淘汰企业市场退出 2. 企业：产品结构优化升级，促进节能、环保和新能源汽车的研发和生产，加强自主品牌建设
原则	1. 保持平稳发展，防止大起大落 2. 区别对待，实行分类指导 3. 依法管理，发挥市场作用 4. 标本兼治，建立长效机制
举措	1. 控制新建整车项目，适当提高投资准入条件 2. 鼓励发展节能、环保型汽车和自主品牌产品 3. 推进汽车生产企业联合重组 4. 支持零部件工业加快发展 5. 建立产能信息监测制度，指导企业开拓新兴市场 6. 完善对国有汽车企业集团的业绩考核内容

资料来源：国家发展和改革委员会《关于汽车工业结构调整意见的通知》（发改工业[2006]2882号）

本章参考文献

[1] 白让让:《供给侧结构性改革下国有中小企业退出与去产能问题研究》,《经济学动态》2016 年第 7 期。

[2] 保罗·克雷·罗伯茨:《供应学派革命:华盛顿决策内幕》,杨鲁军、虞虹译,格致出版社、上海人民出版社,2011。

[3] [爱尔兰]伯纳德特·安德鲁索、戴维·雅各布森:《产业经济学与组织——一个欧洲的视角》,经济科学出版社,2009,第 437 页。

[4] 陈强编:《高级计量经济学及 Stata 应用》,高等教育出版社,2014。

[5] 大野健一:《学会工业化——从给予式增长到价值创造》,中信出版社,2015,第 36—38 页。

[6] [美]戴维·斯托克曼:《资本主义大变形》,张建敏译,中信出版社,2014,第 565—583 页。

[7] [美]丹尼尔·F. 史普博:《管制与市场》,格致出版社、上海三联书店、上海人民出版社,2017,第 32 页。

[8] 樊纲、王小鲁、朱恒鹏:《中国市场化指数》,经济科学出版社,2011。

[9] 国务院发展研究中心等编:《中国汽车产业发展报告》,社会科学文献出版社 2010,第 211—213 页。

[10] 江小涓:《国有企业的能力过剩、退出及退出援助政策》,《经济研究》1995 年第 2 期。

[11] 江小涓:《经济转轨时期的产业政策》,上海三联书店、上海人民出版社,1996,第 10 页。

[12] [美]J. M 伍德里奇:《计量经济学导论》,中国人民大学出版社,2003。

[13] 李庆文:《自主创新内在动力的特征》,《中国汽车报》2015 年 8 月 24 日。

[14] 刘小鲁:《地方政府主导型消耗战与制度性退出壁垒》,《世界经济》2005 年第 9 期。

[15] 楼继伟:《加快六大结构性改革》,《求是》2016 年第 1 期。

[16] 吴利华、申振佳:《产业生产率变化、企业进入退出、所有制与政府补贴》,《产业经济研究》2013 年第 4 期。

[17] [日]小宫隆太郎、奥野正宽、铃村兴太郎等编:《日本的产业政策》,国际文化出版社公司,1988。

[18] [匈牙利]雅诺什·科尔奈、埃里克·马斯金、惹诺尔·罗兰:《解读软预算约束》,《比较》2002 年第 4 辑。

[19] 杨天宇、张蕾:《中国制造业企业进入和退出行为的影响因素分析》,《管理世界》2009 年第 6 期。

[20] 于国安:《国有企业退出竞争性领域的壁垒分析》,《财政研究》2002 年第 5 期。

[21] 张春霖:《调整国企改革思路和政策》,《比较》2003 年第 8 辑。

[22] 张军扩、赵昌文:《当前中国产能过剩问题分析》,清华大学出版社,2014。

[23] 张维迎:《我为什么反对产业政策——与林毅夫辩》,《比较》2016 年第 6 辑,第 174—192 页。

[24] 张维迎、周黎安、顾全林:《经济转型中的企业退出机制》,《经济研究》,2003 年第 10 期。

[25] [日]植草益等:《日本的产业组织:理论与实证的前沿》,经济管理出版社,2000。

[26] 朱克明、刘小玄:《国有企业效率与退出选择》,《经济评论》2012 年第 3 期。

[27] Austan D. Goolsbee and Alan B. Krueger, "A retrospective look at recurring and restructuring general motors and chrysler", *Journal of Economic Perspectives*, 2015, 29(2): 3-24.

[28] Bai, C. E. Wang, Y. J., "Bureaucratic control and the soft budget constraint", *Journal of Comparative Economics*, 1998, 26(1): 41-61.

[29] Benjamin A. Templin., "The government shareholder: Regulating public ownership of private enterprise", *Administrative Law Review*, 2010, 62(1): 1127-1215.

[30] Howard R. V and Mulhearn C., "Interview with Robert.A.Mundell", *Journal of Economic Perspectives*, 2006, 20(4): 89–110.

[31] K. Dadkhah, *The Evolution of Macroeconomic Theory and Policy*, Springer-Verlag Berlin Heideberg Press, 2009.

[32] L. M. Diaz-Kope, J. R. Lombard and K. Miller-Stevens, "A shift in federal policy regulation of the automobile industry: Policy brokers and the ACF", *Politics and Policy*, 2013, 41(4): 563–587.

[33] Long. S. J and J. Freese, "Predicted probabilities for count models", *The Stata Journal*, 2001, 1(1): 51–57.

[34] Mundell, Robert A., "The dollar and the policy mixed", *Essays in International Finance. No.85. Princeton*, NJ: Princeton University Press, 1971.

[35] Mundell, Robert A., "The appropriate use of monetary and fiscal policy for internal and external stability", *IMF Staff papers*. 1962, March Vol(9): 70–79.

[36] Roberto. A and S. Vergara, "Exit in developing countries: Economic reforms and plant heterogeneity", *Economic Development and Cultural Change*, 2000, 58(3): 537–561.

[37] S. Moulton and C. Wise, "Shifting boundaries between the public and private sectors: Implications from the economic crisis", *Public Administration Review*, 2010, 70(3): 349–360.

[38] Thomas H. K and J. Rubenstein, "Detroit back from the brink? Auto industry crisis and restructuring: 2008–2011", *Economic Perspectives*, 2012,(2): 35–54.

[39] Webel, B. Canis, B., "Tarp assistance for the US motor vehicle industry: Unwinding the government stake in GMAC", *Journal of Current Issues in Finance ,Business and Economics*, 2012, 5(3): 361–373.

[40] Yang Q. G., and Temple P., "Reform and competitive selection in China: An analysis of firm exits", *Structure Change and Economic Dynamics*, 2012, 23(1): 286–299.

第九章
行进中的汽车产业新革命

第一节　汽车产业两次革命的轨迹

汽车是第二次工业革命最伟大的产物，而汽车工业本身的发展也在一定程度上引领着世界各国现代化、工业化的进程。20 世纪 20—30 年代福特制的兴起和普及、60—80 年代以“精益生产”（lean manufacturing）为核心的丰田制的发展，是学界和业界公认的两次汽车产业革命。但是，对于汽车产业是否也和半导体、信息通信、交通运输、商业零售等领域一样，已经步入了以新技术、信息化、网络化为特征的第四次革命，还存在一定的争议。

在经济学界，对产业革命或工业革命并没有完整统一的定义。早期的含义是指一个国家或地区工业产量迅速增长的状况，后来则用来描述那些能够影响整个世界 8—10 年以上的周期性经济波动或者经济发展中的长周期现象[①]。技术和产品创新是界定产业革命的主要指标，据此，人类社会至少经历了三次工业革命（克劳斯·施瓦布，2016）：第一次工业革命大约从 1760 年延续到 1840 年，它是蒸汽机和铁路引领下的机械生产时代；第二次工业革命始于 19 世纪末，延续至 20 世纪初，其特征是电力和流水线驱动的规模化大生

① 约翰·伊特韦尔等编：《新帕尔格雷夫经济学大词典》，经济科学出版社，1992，第 2 卷，第 875—879 页。

产；第三次工业革命发端于20世纪60年代，代表性的产品就是计算机。关于第三次工业革命是不是已经结束，或者人类是否已经步入由互联网、数字技术主导的第四次工业革命时期，还存在一定的争议甚至质疑，但仅就前三次革命而言，工业技术和产品只是导火索，只有那些能够同时引发社会、经济和政治巨大变革的创新才能称之为“革命”。也就是说，工业领域创新前所未有的持续和可持续的增长，还要能够引发更加深刻的社会变革（埃德蒙·菲尔普斯，2015）：企业家的大量出现、全社会性的创新投入和创新热情、新产业和新商业模式的涌现、普通人价值的自我实现等。那么，每一次的工业革命就可以从是否有标志性的通用技术、是否会大幅提高生产效率以及是否对社会发展和居民生活产生深远影响等三个维度来辨别和区分，具体到特定产业内部就是生产方式、分工模式和产业组织形态是否出现了同步的变革①。按照上述产业革命这一概念的逻辑，截至目前，在汽车产业的发展史上，已经发生过两次革命或者重大的变革：福特制主导下的大规模生产方式和丰田模式引领下的精益生产方式。

一、“福特制”与汽车社会的诞生

汽车产业形成于19世纪90年代，当时第二次工业革命在大西洋两岸的先发国家即将开始发力，蒸汽机、汽轮机等主要用于生产环节的机器，开始步入小型化、轻量化的阶段。欧洲汽车工业的先驱们以手工作坊的方式，把汽油发动机、蒸汽发动机以及电动发电机作为动力源，在1900年前后大约组装了不到5000辆各式各样的汽车，其客户以庄园主、资本家居多，是一种名副其实的高档奢侈品（布罗克，2011）。从安迪生实验室出走的电器工程师亨利·福特（Henry Ford）早在1896年就组装完成了一辆体积过大、无法从车间开出去的四轮汽车（泰尔曼，2017）。为了扭转这种单件生产成本高、需求低的窘境，福特在部件制造、组装线设计、车体框架构造等方面进行了多年的探索和改进，终于在1908年推出了T型车。这一集“部件可换、驾驶方便和

① 国务院发展研究中心产业经济研究部、中国汽车工程学会、大众汽车集团（中国）等编著：《中国汽车产业发展报告（2014）》，社会科学文献出版社，2014年，第107—114页。

组装简单”为一体的新产品一经问世，就将竞争对手远远地甩在后面（沃麦克等，2008），当年的产量就达到1万辆，随着1914年福特公司流水线正常运转，年产量就超过30万辆，到1923年，福特T型车的年销量达到了创纪录的190万辆，占世界汽车总产量的44%（李洪，1993）。虽然在此后近80年的时间里，美国通用公司的汽车产量一直居世界首位，但从产业体系变革的角度，“福特制”则被公认为汽车产业的第一次革命，主要的原因在以下几个方面（沃麦克等，2008）。图9.1为美国汽车早期的集中度。

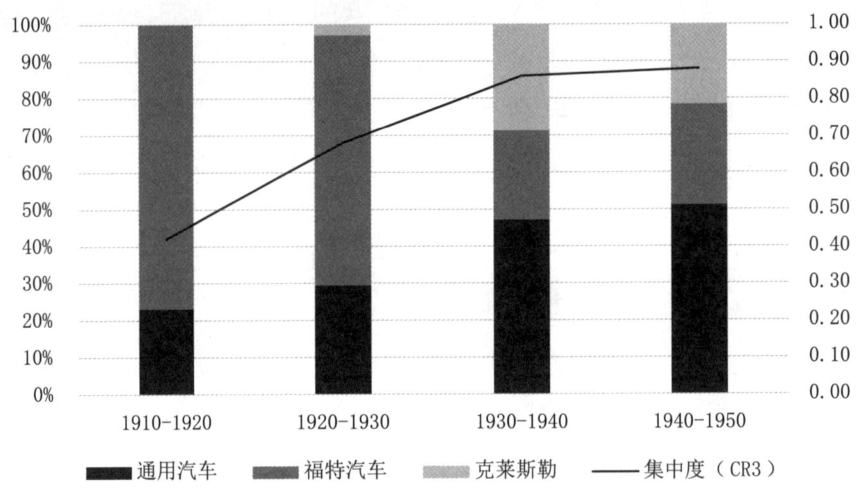

图 9.1　美国汽车工业早期的生产集中度

1. 规模经济与低成本生产

钱德勒和引野隆志（2006）在《规模与范围——工业资本主义的原动力》一书中指出，利用规模、范围和交易成本经济的能力是现代工业企业最重要的历史特征和动力，“福特制”在这个三个层面都有明显的优势：在单个工厂内部，福特“发明”的流水线通过部件互换和工人调岗实现专业化分工，极大地提高了劳动生产率；在组装和部件企业之间，“福特制”倾向于纵向一体化的模式，这可以实现范围经济和减少外部采购的不确定性；同时，由于容易损耗的部件都是标准化的产品，车主和维修店都可以就地维修或替换，零售环节也就具有规模经济的特征。实际上，规模经济这一概念本身就发端于1911年福特开始在英国装配T型轿车（哈特利，1985）：当年产量增加到10万辆时，每辆车的成本就急剧下降；当产量增加到25万辆时，成本的降低仍然是令人满意的；而超过 25 万辆之后，成本下降就很缓慢了。

2. 生产方式易于模仿、复制和升级

福特公司生产率的大幅度提高，引发了竞争对手的模仿性学习，首先，只需 3500 美元，就可以建设一条类似福特海兰公园厂（日产轿车 1000 辆）的组装线，而装配一辆车的工时会从 750 分钟降至 93 分钟，工时节约率超过 80%（沃麦克等，2008）。其次，福特公司总装配线的流程不仅可以用在发动机、变速箱和底盘等汽车大型部件的生产中，也被复制到诸如拖拉机、坦克、收音机、食品加工等领域，自动化流水线的普及使得美国率先步入现代工业文明主导的社会；再次，通用汽车公司的阿尔弗雷德·斯隆将“福特制”与事业部管理模式完美地结合起来，使“降低成本”和“多样化”两种诉求得以满足，为多元化公司、多产品生产企业的发展提供了组织基础。

3. 汽车消费普及与汽车社会的崛起

“福特制”最深远的影响在于为人类步入汽车社会提供了来自生产和消费两端的基石：基于规模经济的持续性成本下降，让福特公司不仅能够以低廉的价格把汽车卖给美国西部地区的农场主，汽车工业效率提升积累的高额利润，也使得福特公司很快增加了装配线上工人的工资，使得后者也能够消费得起自己组装的产品。其他企业和产业的跟进，“供给会创造对自身的需求”这一自由竞争法则的部分实现，也为资本主义社会培育了一支数量庞大的蓝领队伍，汽车作为现代工业文明的代表性消费品也有了稳定的购买阶层。仍旧以福特的 T 型车为例（泰尔曼，2017），在 20 世纪 30 年代大危机到来之前的 1927 年，每 5 个美国人就拥有 1 辆 T 型车，美国汽车的家庭普及率超过了 50%。刺激汽车需求的主要因素就是产品价格的持续下降，1909 年一辆 T 型车的价格为 850 美元，到 1913 年已经降至 540 美元，这相当于福特生产线上工人四个月的工资，而通用和福特后续的竞争还是这一价格在 1920 年前后，T 型车的价格仅为 260 美元[①]。汽车消费的膨胀也刺激了美国高速公路网络的建设，并带动了石油化工、钢铁、铝制品以及南美洲橡胶产业的快速发展。此后的美国被称为“车轮上的国家”，汽车也名副其实地成为“改变世界的机器”。

---

① 中国汽车技术研究中心等编：《中国汽车社会发展报告》，机械工业出版社，2016，第 10 页。

二、丰田公司与精益生产模式的普及

20世纪70年代的两次石油危机使日本汽车产业和产品脱颖而出，对美国汽车制造企业形成了直接的威胁。每辆日本汽车的平均价格之所以能够比美国低750—1500美元，依靠的是企业劳动生产率的竞争优势，而生产率优势的主要来源并非传统意义上的规模经济和范围经济，而是一种全新的“精益生产方式”或曰“丰田制”。丰田公司不是汽车工业的后起之秀，早在20世纪30年代末就涉足汽车制造，但产量一直在很低的水平徘徊。第二次世界大战结束后，丰田公司派大批高管到美国福特公司学习并引进流水线生产工艺，并逐渐将“单一品种大批量”的生产模式向“小批量多规格”方式转化，这种模仿性学习在经历20世纪60年代进入美国市场的重大失败后，丰田公司的决策者意识到仅仅依赖低成本优势难以获得美国消费者的青睐，还需提升产品和部件的可靠性以降低轿车的终身使用成本，为此，丰田公司从优化产品价值链的目标出发，进行了大规模、深层次的技术改造和流程重构，最终借助20世纪70年代到80年代初的两次石油危机，在当时全球最大的美国市场占据一席之地。如同“福特制”一样，“丰田制”对汽车产业的影响也是全方位的，而不是局限在以“看板模式”为载体的装配环节，精益生产模式的发现和推广者——沃麦克等人（2008）把这一体系的特征总结如下：

1. 上下游的协同一致

在“福特制”中，关键部件采取的是内部制造或完全一体化的模式，上万个汽车零件和总成的设计都是由公司总部专职研发人员负责的，下属的分厂或车间只负责生产和制造，一旦出现质量或成本方面的问题，二者往往会相互推卸责任。丰田公司在发展中意识到必须调动部件制造者（无论是内部车间还是外部协作工厂），为此它首先把内外部的零件制造企业组织为不同的层次，不同层次承担不同的职责，而总公司只提出对产品性能和成本的基本要求，并不完全参与具体的设计和制造；其次，丰田允许第一层次的协作厂改进原始的图纸，并重建自己的协作体系，以避免内部竞争对质量的影响；再次，为了激励协作厂通过成本降低和质量提升获得利润，丰田把内部自制的企业也分离成相对独立的企业法人和利润中心。这种分层外包的模式使得丰田公司在生产率、产品质量和部件创新方面取得了明显的优势，并成为汽车产业通行的配套模式。

表 9.1　日本汽车制造企业的效率优势（1977 年）

公司名称	产量 / 万辆	人均劳务成本 / 美元	雇员 / 万人	人均年产量 / 万辆
通用	670	17300	77.2	9
福特	374	15000	46.9	8
丰田	272	14400	4.5	60
日产	223	14300	5.2	43
雷诺	174	13600	9.7	18
克莱斯勒	171	14500	25.7	7
大众	130	16300	20.8	6
菲亚特	117	8400	19.5	6

资料来源：[英]约翰·哈特利：《汽车生产的经营管理》，机械工业出版社，1985，第188—189 页

2. 产品开发和过程设计的同步化

在“福特制”中，产品设计和生产制造处于相互分割的状态，不同零部件的设计也因为精细的分工而缺少有效的沟通。丰田公司认为产品设计、工艺流程和生产制造之间应保持高度的协同，并建立高效的反馈机制，以避免个别环节的缺陷影响产品的总体性能和质量。正是基于这一新的理念，采取诸如团队生产、信息交流、同步开发等方式后，丰田公司的竞争力体现在低成本、新产品开发和投放周期短、流水线存货低等价值链的各个环节。

3. 客户第一的价值理念

汽车需求在 20 世纪 80 年代进入了多样化和差异化的阶段，福特和通用公司也意识到依靠有限的几款产品或品牌不能满足客户的需求，但它们僵化的设计和生产体系限制着产品的升级换代。丰田十分灵活的组织和生产体系，既能降低生产和工艺成本，也是小批量、多品种的基础。更为关键的是，丰

田公司将看板模式从装配环节延伸到销售店,给消费者提供了选择和配置车型、颜色、内饰等权利,转而根据这些差异化的要求快速地组织配件和生产,这种定制化的营销模式也使丰田获得了“零库存”的美名,节约了大量的存货和销售费用。

“精益生产模式”被发掘和系统化构建后,在全球汽车界引发了十分积极的回应,“看板模式”“零存货”“分包制”、丰田生产模式(Toyota Production System, TPS)等概念也成为20世纪80—90年代整个工业领域的流行语,学习丰田、模仿丰田是那个时期其他汽车制造企业的主要任务,即使当时国内刚刚打开的中国汽车工业也没有落下那个潮流[①]。早在1978年,中国经济社会刚刚经历过“文化大革命”的严重破坏,国民经济百废待兴,汽车工业也处于长期停滞的状态。为了加速工厂改造、产品换型,当时的一汽厂长带领20多人的考察团,历时半年之久到日本丰田、三菱、五十铃和日野等公司实地访问后,决定在一汽进行TPS的试点工作。一汽对丰田的学习是全方位的,涉及看板管理、同步化节拍生产、多品种混线装配、标准化作业、质量保障体系建设等多个层面。这为20世纪80年代中期一汽的产品换代、新工厂建设,特别是80年代末与德国大众合资生产捷达、奥迪轿车打下了坚实基础,时至今日,一汽一些工厂的生产效率依旧处于全国前列。

日本经济在20世纪90年代虽然遭受金融和房地产泡沫破裂的影响陷入长期困境,但全球范围内学习日本制造或者丰田生产系统(TPS)的趋势没有改变,汽车领域的跨国公司都至少在制造环节或多或少地学习或引进了“丰田制”的基本流程和模式,其结果是汽车工业生产效率的持续提升。汽车这一“静止的技术”能够在历次电信、计算机、互联网和能源产业的不断冲击下,特别是在20世纪末的亚洲金融危机、2008—2009年美国金融危机、2011—2012年“欧债”危机之后,相对于其他产业很快就走出低谷,并在产量和销量上不断创出新的纪录,最重要的支撑力量就是成本下降、产品创新和价值链的升级。

---

① 中国机械工业企业管理协会编:《管理新视界——TPS在中国一汽的运用与拓展》,机械工业出版社,2009,第1—36页。

第二节　生产率竞赛驱动下的汽车经营体系变革

生产率能否得到极大的提高是判断产业革命是否发生和存在的主要依据，这一原则也适用于特定产业内的变革。法恩和雷夫（2001）的研究发现，美国汽车产业的革新可以细分为手工时代（1890—1908年）、福特时代（1908—1930年）、大规模生产时代（1930—1973年）、精益时代（1973—1990年）以及扩展企业时代（1990—2000年）。为什么只有“福特制”和“精益生产模式”能够被界定为革命性改变，原因在于前者对经济绩效产生了一次性的巨大促进，后者累积的渐进性创新对生产率的影响则是可持续的。正是基于这一思路，我们认为汽车产业变革的原动力就在于生产率的竞争。

一、生产体系与生产效率

生产体系在微观层面可以用传统的“投入—产出”函数来表征，反映的是技术给定时，资本、劳动力和其他要素的平均或边际产量，在动态条件下则是指这些要素之间的组合方式或替代程度，这种关系或程度的变化就表现为技术进步。如果跳出单个企业或公司之外，生产体系则体现为上下游的关联模式或者所谓的“自制—外购”之间的取舍和比例，这一比例就决定着企业内部协调和市场交易的界限，给定二者的界线还可以确定企业可控资源的范围。上述三个层面的生产体系是相互交织和融合的关系，它们共同决定了企业生产率的高低和可以优化的方向。从产出的角度评判，一个生产体系的绩效可以用诸如产量、产品多样化、产品质量、创新频率以及成本缩减来衡量（夏纳宏，2009）。表9.2揭示了传统和精益生产模式在单个企业层面的效率差异，从中可以发现,丰田的样板工厂的各项指标都远远高于通用在佛雷明汉的总装配厂,而一旦引进丰田的生产流程和规则,大部分指标就会得以改进。当然,这并不意味着丰田模式是灵丹妙药,如果从车间层面不断向公司、集团以及整个产业延伸,丰田精益生产系统效率的发挥还要考虑地区供需特征、企业文化、劳资关系等因素的巨大差异,尤其是新材料、电子部件和新能源等方面的不确定性和不稳定性(这些因素就是第三次工业革命的部分主题),就需要因地制宜地对丰田模式进行改造和修正。

表 9.2 企业层面的生产效率对比(1987 年)

指标	通用弗雷明汉厂	丰田高冈厂	通用—丰田合资厂(美国)
每车总装工时 /h	31	16	19
每百辆总缺陷数 / 个	135	45	45
每车总装面积 /ft^2	8.1	4.8	7.0
平均库存储备时间	2 周	2 h	2 天

注 a:保留原统计数后所用计量单位,未做换算。
资料来源:沃麦克等(2008),第 68 页

二、创新与生产率提升

企业内部生产模式变革的影响主要体现为以成本降低为目标的过程创新,而产品和组织创新的宗旨就在于提升价值链和产业链的整体绩效。如前所述,任何一次重要的产业变革都必须以创新开始,仅有成本的持续下降并不能引发产业革命。也正是在这个意义上,只有"福特制"和丰田"精益生产"模式才成为界定汽车产业革命的分水岭。

福特生产 T 型车之前,数百家汽车厂商采取的是个性化订购的销售模式,不存在标准化的产品,生产过程集中在特定的"工场":一专多能的工人或工匠按照客户的要求现场制作大量的零部件,生产这些部件的设备也都是最普通的设备,驱动生产设备也以人力或简单的动力装置为主,生产线上流动的是工人而非汽车部件。T 型车被后来者诟病的地方在于它的简单化和标准

化，但在当时为了组织T型车的生产，福特公司在产品设计、流水线布局以及配件制造等方面都进行了熊彼特意义上的大量创新。例如，为了提高产品的一致性，而对零部件设置统一的规格、为了保障部件的质量而设计专门的生产设备等，使得汽车配件自动分离成专用件和通用件两个大类，进而在组织方式上产生了"总装厂—自制厂—外协厂"的新结构。这种多范围的局部创新，保障了"福特制"能够实现从规模性投入到规模化产出的目标，其结果必然是劳动生产率的大幅提升。

类似的创新也发生在丰田"精益生产"模式中（法恩和雷夫，2011），这里的精益不仅仅体现在生产环节上。实际上，丰田公司精益理念是全方位的，涉及员工关系、工作设计、劳动分工、外包策略、设备制造以及企业文化等多个方面，其产品开发体系的构建本身就是一个竞争者试图模仿但一直得不到真谛的创新领域。欧美汽车产业大企业在进行流程设置时遵循的原则包括"专注于有限的核心竞争力、将责任委托给一级供应商、价值链分权管理以及IT部门的外包"等，这导致它们的产品创新是谨慎的、渐进的；而在丰田的精益模式中，总装企业必须对价值链进行全面掌控，并负责部件质量和设计，对于不擅长的IT技术，主张内外兼备，避免受制于人，在这样的运营体系下，生产企业始终具有产品创新的主动权和领先权，而不是对竞争者的简单跟随或模仿。所以，当半导体和计算机技术方兴未艾之际，丰田公司生产的汽车上就配备了大量电子元器件，也使得丰田公司不仅经受了计算机革命过程中模块化生产模式的外在冲击，还让精益生产系统的效率在新能源汽车开放、汽车电子化和轻量化的新一轮竞争中占据制高点（夏纳宏，2009）。

第三节　新产业革命浪潮中的传统汽车产业

由于汽车产业在国民经济中居于基础和主导的地位，每一轮工业革命诞生、发展之际，都会受到社会各界的高度关注。从20世纪70—80年代的两次石油危机，到90年代末计算机技术的冲击，特别是2010年以来石油价格的高企和数字化革命的深入，大部分专家都预言汽车产业将经历一场深刻的变革乃至革命，预想中的电动汽车、无人驾驶汽车、智能制造等场景已经在局部崭露头角。但像全球性资源配置、大规模兼并重组、5—6家寡头垄断控制等设想并未如期而至，一些具有重要影响的现象如中国汽车产业的强势崛起、韩国现代公司的产量位居世界第四、"克莱斯勒—戴姆勒"联盟的解体、通用公司在2009年的破产等完全出乎业内外的预料。逐一分析这些问题已经超出本书的范围，考虑到关于目前的工业革命到底属于哪一个阶段还存在诸多的争论，下面的内容将主要按照时间顺序展开。

一、计算机革命场景下的汽车产业

在互联网技术普及阶段，大量的研究已经预演这一技术将对汽车产业产生深远的影响，只不过当初的着眼点在如何借助互联网提升企业内部的生产效率。法恩和雷夫（2001）指出计算机和互联网技术对汽车产业的影响体现在产品研发、购买与供应、制造系统以及交货周期等方面。例如，就产品研发而言，借助网络交流，CAD-CAM系统上的各种设计能够快速、广泛和经济地传递相关信息，进而降低了实施设计的直接成本和周期；网络也使得B2B市场有了实施的载体和场所，可以实现需求识别、供应商选择和评估、增强部件生产者竞争的密度和频率，尤其是借助网络的信息共享，能够降低各个流程中的存货，汽车产业平台共享模式的兴起就是基于网络技术才实现的。根据它们的测算，使用网络技术后，每辆轿车潜在的成本下降幅度在400—800美元之间，在原有基础上至少节约19%的费用；在从部件采购到整车生产的价值链中，一共可以节省开支300多美元……最终的结论是网络技术在产业链普及后，可以节约3000多美元的成本。更为重要的是，法恩和雷夫认为，网络技术将把汽车产业从曾经极大促进产业发展的、按照库存的大规模生产中拯救出来，随着生活水平的提高以及选择的增加与多样化，大规模、大批量的模式必定过时，只有借助网络才能把产业链和价值链中效率低、成本高和不稳定的环节排除或替代掉。

电子商务被业界认为最有希望改变从研究开发、工艺设计到用户体验的汽车产业价值链，尤其是基于B2B模式重新梳理和完善烦琐复杂的部件供应网络。早在互联网革命初期，一些厂商就开始这方面的实践（夏纳宏，2009）。例如，2000年，戴姆勒—克拉斯勒、福特和通用汽车联合建立了一个名为Covisint的汽车配件交易平台（雷诺、丰田、本田和标致—雪铁龙随后也加入进来），可以实现节约采购成本、推广标准化、提高供应商效率、优化采购流程等目标，由此可以使得每辆车的维修、产品开发、原材料、库存、制造等环节的成本分别降低201、196、189、121、118美元之多，加上其他方面开支的节约，参与这个平台采购主要的零部件后，单车成本可以下降约1100美元。不仅如此，借助B2B平台还可以提升整车和部件企业参与国际化的程度，改变汽车产业的纵向组织模式。

二、第三次革命场景下的汽车产业

杰里夫·里夫金（2012）在《第三次工业革命——新经济模式如何改变世界》一书中指出，石油价格在2008年冲到创纪录的每桶147美元，就意味着第二次工业革命已经临近尾声，人类文明依赖在石炭纪储存的碳资源上的历史必须被主动结束，互联网信息技术与可再生能源的出现为这种转变提供了可能。为此他提出了第三次工业革命的观念，并指出这场革命有五个支柱：可再生能源、建筑微型发电、氢存储技术、基于互联网的能源共享以及插电式与燃料电池汽车。英国的《经济学人》杂志在2012年4月21日的专题报告《第三次工业革命》中指出，第三次工业革命的核心则是数字化制造、新软件、新工艺、机器人和网络服务的普及，随之而来的就是大量个性化生产、分散式就近生产方式的流行，汽车产业的模块化是这一报告中第三次工业革命的典型案例。基于上述逻辑或框架，专家学者将汽车产业的场景描绘成以下几个板块[①]：

① 国务院发展研究中心产业经济研究部等编：《中国汽车产业发展报告（2014）》，社会科学文献出版社，2014，第140—160页。

1. 汽车产品的三化（轻量化、电动化和智能化）

首先，在全球经济绿色转型发展的大趋势下，随着新材料、新工艺方面的技术进步，企业各种部件和总成的轻量化已经蔚然成风；其次，受能源价格高企和环境压力增强的影响，电动汽车相对于燃油汽车的优势，尤其是在使用环节的节能优势得以凸显，加之能源转换效率的提升、电池生产成本的持续降低和安全性的提高，从 2010 年开始在全球范围内又掀起了一场新能源汽车推广普及的热潮，这也督促各国政府不断改善电动汽车的使用环境，避免再次出现 2000 年前后新能源汽车昙花一现的情况。保守估计，到 2020 年仅电动汽车在全球范围的产量将超过 700 万辆（实际为 328 万辆，作者注）①，“得电动车者得天下”的理念已经成为各大跨国公司的基本战略。最后，这里的智能化是指“人—车—环境”之间的交互方式，代表性的产品就是自动驾驶汽车。这种综合先进视觉系统、人工智能、传感器和即时通信等多个技术的汽车，既能提高汽车行驶的安全性、缓解交通拥堵，还能够通过优化人们的出行时间和线路，减少汽车的拥有量和使用量，还可以直接减少污染物的排放量。

2. 制造方式的“大规模定制化”和“分散化个性生产”

严格地讲，汽车产品的大规模定制在丰田“精益生产”模式中已经得以部分实现，但由于生产技术和供求交流工具的限制，只能称之为“多品种、多批量”，并不能满足消费者特定的、个性化的需求。信息通信技术和智能制造技术的突飞猛进，特别是以数字化、信息化为核心的新型模块化生产方式的普遍应用，使得局限在制造环节的自动化生产方式，可以低成本地向新产品开发、物流采购、工艺设置、需求识别等环节延伸。当然，这些新兴的技术也使个性化生产成为可能，即一些非主导厂商可以借助 3D 打印技术带来的成本优势，满足那些对汽车的外观或者性能有特殊偏好的客户需求。

3. 商业模式的三位一体（数据、平台和互联）

在这里要区分两种完全不同的平台：一是将汽车消费者、中间商、制造者和附加服务的提供者（比如共享汽车运营商）链接在一起的、以传递各类信息为核心的平台或者所谓的“双边市场”，其目的是匹配需求和供给；第二类平台在汽车行业已经存续数十年以上，特指将某一类型汽车生产经营中的研发、

① 这里的估计来自第 457 页注释①。

制造和储运等活动，以知识、工艺、部件和流程共享的方式聚集在一个大系统中的经营模式，也被称为柔性化生产模式。信息技术的发展将原先高成本、低效率的“人—机器—人”之间的信息交流方式，转变成基于智能机器的数字自动传递方式，就可以使高质量、短周期、零库存、低成本的先进制造成为可能。

总之，在第三次工业革命的场景中，汽车产业将发生颠覆性的变革：汽车产业将成为一种开放、分散、智能和网络化的组织结构，制造和生产企业本身不再是价值链与产业链的核心，汽车会像手机一样变成信息、通信、交流的移动平台，提供附着在这个大的移动终端上的其他增值服务将是产业竞争的聚焦点。

三、第四次工业革命场景下的新汽车社会

客观地讲，在上述第三次工业革命的背景中，汽车依然是一个改变世界的机器；相反，在新近提出的第四次工业革命的设想中，汽车则成为被改变的对象，对汽车产业的长期影响则是喜忧参半，鉴于我国政府已经决定把发展新能源汽车（以纯电动车为主）作为迎接这场革命的利器，介绍这些前瞻性研究将有助于辨析企业、政府相关决策或策略的合意性与可行性。

严格地讲，第三次和第四次工业革命的技术基础，特别是所构建的社会经济场景存在一定的重叠，推动的力量不外乎数字、信息、互联和能源。二者的区别在于：第三次工业革命及其出发点的逻辑和第一次、第二次工业革命没有本质上的差异，还是就产业论产业、就生产谈生产，其主旨在于如何通过产业革命引爆社会变革；而第四次工业革命的着眼点在于经济社会体系的重构，不完全局限于主导产业、引领产业的发展与变革，而是强调被信息化、数字化的个人和集体如何通过互联行为反作用于产业。所以，本小节的主题就是互联网架构中汽车社会的特征以及相应的影响。

“电动、无人和共享”模式下的汽车社会。在施瓦布（2016）设想的第四次工业革命现场中，至少有三种与汽车产业直接相关：3D 打印汽车、无人驾驶汽车和全球拼车出行。这些设想变成现实的一个重要前提就是高效率的电动汽车能够批量生产，所以，我们把第四次工业革命场景下的汽车社会概括成“电动、无人和共享”的模式。按照施瓦布的预计，到 2025 年，美国道路上行

驶的汽车中有 10% 属于无人驾驶汽车,这一趋势可以缓解交通压力,降低排放,但也会对现有的出行方式产生颠覆性的影响,即导致出租车和专业司机的大量失业、私人轿车拥有意愿和存量的急剧减少,汽车金融和保险行业也会受到一定的冲击。截至目前,以谷歌和特斯拉为代表的汽车行业新生力量,在无人驾驶汽车的开发和运营方面取得了显著的进步,美国的一些州政府承认这一运营模式的合法性。施瓦布关于共享汽车的预判已经变成现实,无论是行业的先行者美国优步公司(Uber),还是根植于中国的滴滴公司,都对各自范围内的出租车行业产生了巨大的冲击,并引发了与传统出租车经营者和行业监管者的激烈冲突。之所以存在这些矛盾或冲突,一个重要的原因还在于这一轮汽车产业变革的深度、广度和速度将远远超出业内外的预期。

詹姆斯和托尼(2017)两位专家的量化分析,为我们描绘了一幅美妙但又充满危机和挑战的画面。在一个名为《冲击、影响和抉择——2020—2030 年交通运输行业再思考》的大型研究报告中,他们把未来 20—30 年之后的交通定义为"出行即服务"(Transport as a Service, TaaS)的商业模式,在报告中他们大胆预言:在无人驾驶汽车获得政府监管许可的 10 年内(2030 年),美国 95% 的客运里程都将由按需行驶的无人驾驶汽车来完成,这将大幅度减少个人对汽车的需求,进而导致传统交通运输行业、汽车制造、汽车金融模式的解体,以及石油产业产量和价格的暴跌。我们把该报告的核心观点和依据整理成表 9.3,显然,这就是对施瓦布预测的第四次工业革命场景下汽车社会的"量化式"解读。

表 9.3 "出行即服务"模式的影响(2030 年)

领域	主要内容
经济	①节约出行成本或增加可支配收入 1 万亿美元,缩短驾驶时间、提高生产效率、增加 GDP 1 万亿美元;②客运车辆数量从 2.47 亿减少至 4400 万辆,节约大量土地资源;③新车需求减少 70% 以上,汽车后市场经受灭顶之灾;④交通运输价值链增长 50%,节约成本 25%;⑤石油产业需求量将在 2020 年见顶,价格跌至每桶 25.4 美元,行业陷入困境
环境	缓解甚至消除运输业带来的空气污染和温室气体排放,显著改善公众健康
地缘政治	石油在地缘政治中作用明显降低
社会	显著降低交通运输成本、增加消费者剩余、出行更加安全舒适

资料来源:詹姆斯和托尼(2017)

即使上述预言部分实现，也将对传统汽车产业带来颠覆性或破坏性的后果：出行成本的断崖式下降，会造成对新车需求的快速减少，汽车行业的收入和利润也将随之大幅缩水，最终会导致私家车市场的极度萎缩直到内燃机驱动的汽车被完全淘汰。目前，这些场景已经初露端倪：电动车产销量步入缓慢攀升期、共享汽车商业模式已在全球最大的两个市场——中国和美国扎住根基、基于互联的无人驾驶汽车技术业已具备商业化的前提，传统汽车制造企业预感到这一轮变革的趋势无法扭转，开始将触角向电动车、氢燃料汽车等领域延伸，以避免在未来的激烈竞争中被市场、消费者和社会所抛弃。

第四节　新进入者和传统主导企业之间的竞合关系

2000年以来的这一轮汽车产业变革，其动因主要来自产业外部的新技术、新商业模式和环保压力，而不是像以往的通用替代福特、丰田登顶世界第一那样，源自行业内部的技术进步和组织模式升级，所以，有些专家学者把这一变革过程界定为“被世界改变的汽车”[①]。那么，是哪些局外人在发起挑战？局内人又是如何反应的？就是本节要重点介绍的内容。

一、“造车”新势力

在过去100多年的发展中，除了20世纪70—80年代的日本和韩国企业、2010年以来中国自主品牌企业的出现部分改变了行业的结构外，在其余时间内，汽车行业保持着十分稳定的状态，全球范围内70%以上的产能基本上控

---

① 国务院发展研究中心产业经济研究部等编：《中国汽车产业发展报告（2014）》，社会科学文献出版社，2014，第166页。

制在丰田、通用、大众、现代等 7—8 家大型跨国公司手中。互联网和新能源技术的涌现,已经在悄悄改变这种沉闷的状况。

1. 共享汽车与出行革命——“优步”的挑战

美国优步公司(Uber)无疑是共享经济的重要开创者,这家 2009 年成立于硅谷的科技公司,其自主研发的全球即时用车软件向消费者提供打车服务(曹磊等,2015)。这一软件的工作原理十分简单:用户可以在任何地方通过 Uber 在各种手机终端的应用(APP)发送出租用车需求,使用 GPS 的定位确定位置后,优步会派遣离用户最近的司机到达客户所在地点,完成运输任务后,所有的资费则通过信用卡自动付结。承担载客任务的司机和他们所使用的车辆都不属于优步公司,后者只负责匹配客户和司机,并向司机收取 5% 到 20% 不等的佣金。截至 2015 年,优步公司就在全球 58 个国家 300 多个城市开展汽车共享业务,估值高达 400 亿美元。优步使用的商业模式就是所谓的 O2O(online to offline,即线上到线下),与传统的出租车业务流程完全不同,优步的“定位、挖掘、匹配、支付”技术极大地提高了租车的效率,加之它使用大量闲置的私家车,使弹性工作方式得以实现。优步提供的共享汽车业务对传统出租而言具有破坏性创新的特点(Judd 和 Krueger,2016):基于大数据的即时匹配、大规模存量客户和司机积累的网络外部性、低成本的企业运营费用和灵活的用工制度等多种优势的叠加,使得纽约市范围的优步司机时间利用率和里程利用率比出租车司机分别高出 30% 和 50%。随着消费者对优步服务依赖的增强,对私家车的需求也会逐渐下降,这必然减少拥有汽车这一耐用消费品的固定和可变支出,使出行成为一种可以即时实现的服务。汽车共享模式的长期影响还在于,目前优步公司已经和谷歌、大众等公司合作,共同开发无人驾驶的共享汽车,一旦这一商业模式得以实现,传统的汽车制造和运输业都会受到巨大的冲击。

2. 电动汽车与模块化制造的回归——特斯拉的实践

模块化的组装模式曾经是汽车生产企业在 20 世纪 90 年代追求的主要方式,并在一定范围内、一定程度上改变了行业的纵向和横向组织结构,诞生了诸如模块化工厂、汽车部件工业园区等新的业态,但也付出了 OEM 企业难以控制部件质量、模块供应商创新激励不足等问题,导致了诸如丰田“刹车门”、本田供应中断等严重问题。模块化生产方式在内燃机提供动力的技术体系中要发挥作用，就必须对制造流程进行彻底的改造，这是一个涉及上千种零件和几十个总成的开发设计和标准设置过程，难以同时满足成本最小化和质量最优化的基本要求。特斯拉公司生产的新一代纯电动汽车的出现，则有可能使汽车制造步入模块化、积木化装配的阶段。

在汽车产业发展的初期，也有企业生产和销售过电动汽车，只是由于汽油价格的不断降低，电动汽车缺乏成本上的比较优势而被淘汰，但在每一轮的能源危机或石油价格持续上涨后，就会有企业或政府试图发展可替代汽油、柴油的所谓新能源汽车。除了日本企业主导的混合动力汽车能够商业化运营外，纯电动汽车和新型燃料汽车的技术和生产一直没有取得大的突破，能够被消费者认可的产品也十分稀少。2008 年，艾龙·马斯克（Elon Musk）领导的特斯拉公司（TESLA）实现了 Roadster 电动车的量产后，传统汽车产业稳健的技术路径和生产模式开始受到严重的冲击，原因在于这一纯电动车无论是和燃油汽车还是和已有的混合动力汽车相比较，在车型设计、电池技术、充电里程，以及供应链系统等重要指标方面，都有了跨越式提升或者颠覆性的创新（鲍勇剑，2015）。

表 9.4 "特斯拉"电动车的创新之路

时间	事件
2003 年	硅谷工程师马丁·艾伯哈德（通用汽车 EV1 车的用户）与马克·塔鹏宁合伙成立特斯拉汽车公司
2004 年	电动汽车技术爱好者艾龙·马斯克向特斯拉公司投资 630 万美元，出任董事长
2008 年	特斯拉第一款电动汽车 Roadster 实现量产，销售出 1000 辆
2009 年	戴姆勒—奔驰公司投资 5000 万美元获得特斯拉 9% 股权，并与特斯拉合作开发动力系统；美国政府给予特斯拉公司 4.65 亿美元低息贷款用于开发新能源汽车
2010 年	特斯拉公司得到丰田公司 5000 万美元投资，并在纳斯达克上市
2012 年	特斯拉的经典车型 MODEL X 交付使用
2013 年	特斯拉的 MODEL S 在测试中得到最高安全评级
……	
2018 年	特斯拉的市值一度超越通用汽车，品牌价值位列全球汽车制造商第八位

资料来源：作者根据利维·泰尔曼（2017）和特斯拉官网相关信息整理而得

特斯拉的产品创新也为模块化生产模式的重新流行提供了可能。与传统汽车制造企业“大包大揽”式的部件、配件和关键总成生产方式不同，特斯拉汽车几乎不生产任何部件：早期的动力电池全部来自日本松下公司，驱动电机由我国台湾富田公司提供，空调总成是伟世通生产，制动系统采用的电机组件都来自福田、置信、横店东磁等行业内的领先企业。燃油汽车领域的主要配件企业如博世、大陆、米其林、麦格纳等都是特斯拉不同车型的供应商，但是电动汽车的核心技术或者控制中心——电池管理、中控、自动驾驶、电机控制器等都在特斯拉研发团队的掌控中，并对各类部件订立了行业最高的质量、安全和性能标准。除了轮胎和少数部件外，特斯拉汽车的各个系统和总成都采取了电子模块的架构，而它自身开发的控制系统就相当于电脑的插接口，只需将其插入就可以完成一辆车的装配，加之这些模块也都是基于智能化的新材料生产的，完全符合模块化对标准化和一致性的要求。可见，相对于需要发动机、变速箱和机械传动的燃油汽车，电动汽车的生产过程将使模块化生产的效率得到进一步的提升，最终取得成本和质量方面的比价优势。目前，无论那些正在步特斯拉的后尘、准备、进入新能源汽车产业的外来户（谷歌、苹果），还是燃油汽车的传统厂商（大众、戴姆勒、日产），在开发电动车时都在借鉴和模仿特斯拉的供应链和生产模式。

二、瓦解与重建中的汽车产业纵向组织结构

新进入者的商业模式不仅在改变“社会、经济、环境、汽车”之间长期稳定乃至固化的生态链，也在不断重塑传统汽车的纵向组织架构。业内专家在混合电动汽车发展的初期已经预判到这种影响的方向和速度，但没有预料到特斯拉、优步和谷歌等公司的快速成长会对传统汽车制造流程产生全方位的破坏性冲击。2010年前后，日本汽车产业战略专家就指出，电动汽车对汽车产业流程的颠覆和改变将体现在五个方面（科尔尼和川原英司，2011）：

1. 企划流程：从排量决定价值到“电池性能”决定价格

传统汽车型号和细分市场的划分标准一直都是发动机排量的高低，排量的变化也左右其他附加功能的等级，混合动力和插电式混合动力汽车依旧沿

用这一习惯，但对于电池成本占比超过50%的纯电动汽车而言，电池的充电时间、续航里程和使用周期将决定价格的高低，而随着电池生产中摩尔定律的再现，电池的作用也会不断下降，电动汽车的核心价值将围绕智能、自动和互联等服务环节展开。对传统汽车制造企业而言，必须将发展战略从制造端向服务转移，否则在电动化、信息化、网络化和共享化的背景下，被更加激烈的创新竞争淘汰。

2. 研发流程：从发动机中心向“三电”（电池、电机、电控）核心转化

传统汽车的各大总成都是围绕发动机展开的，大部分技术、专利等知识资产也与发动机有或多或少的关系。一旦电池、电机取代燃油发动机，不仅围绕发动机积累的存量有形资产和知识资本都将失去价值，像变速箱、底盘、油气管线等机械环节也需要进行重新的调整。特斯拉、比亚迪等纯电动汽车制造企业的迅猛发展验证了这一预判，要在电动汽车时代站稳脚跟，除了实现从制造到服务的转型外，还要占据电池、电机或电控等业务研发的制高点。

3. 采购流程：从“主—附”关系向水平化的“平等分工”模式转化

主机厂和零部件企业之间的“主—附”关系是保障部件供给稳定和整车质量的基础，零部件企业必须依附某一个或某一类OEM企业才能在汽车产业立足，这种关系由燃油汽车产品的技术架构所决定，也符合“整零”企业资产专用性和投资收益的特征。由于电动汽车的主要组建如电池、电机等在其他领域已经普遍使用，提供者大多数是独立的生产商，后者是这类产品技术的主要开发者和提供者，汽车是它们的新增客户，还没有上升到主导客户的阶段，主机厂在关键部件产能受限的条件下，反而会处于不利的地位。因此，电动汽车的兴起必然打破原先不平等的采购关系，主机厂要构建水平化的平等分工模式，以激励技术密集型部件厂商的创新行为，避免附加价值的不足影响整车的声誉和质量。

除了这三个方面的变化外，科尔尼和川原英司（2011）还指出，一旦电动车主导汽车产业，生产流程也将从重资产的装配模式向轻资产的模块化转变。原因在于电池、电机和电控等业务的固定资产需求远远低于发动机、变速箱、传动系统等生产活动，这不仅会大幅降低汽车产业的进入壁垒，智能化电子部件的增加，也为模块化生产效率的发挥提供了基础。同时，销售流程也将出现革命性的变革，即从注重线下体验的4S店模式向平台营销转变，其结果就相当于戴尔公司的在线销售模式对以往驻店经营模式的冲击那样，使得大部分汽车的预定、销售和服务可以在一个平台上完成，大量4S店的倒闭和转型难以避免。特斯拉公司的模块化运营和在线直销成为诸多企业竞相学习的对象，也验证了这两个预测的正确性。

三、传统主导厂商的应对之道

在汽车产业的长期发展过程中，类似电动车这样的冲击或曰“狼来了”式的场景曾经出现过许多次，只不过以往的“狼”主要来自产业内部的竞争，这一轮则以外在技术的渗透和替代为主，未来的发展趋势和技术路径并不完全掌握在产业内的主导厂商手中，加之这次冲击的对象是整个汽车产业价值链（从消费习惯、能源效率、技术架构延伸到出行模式），将其称为破坏性创新并不为过。过去100年间，汽车技术一直保持相对停滞状态，没有出现重大的技术进步，汽车始终是一个由内燃气推动、将燃料转换成机械能的机动式交通工具（夏纳宏，2009）。也正是由于汽车技术天然地具有阻止替代技术，或者至少通过自身的局部改进能够延缓替代技术出现和普及的能力，居于其间的主导企业的创新惰性也就成为常态，只有出现纯电动汽车这类颠覆性产品，才能唤醒行业巨头的危机意识，并采取应对之道。

1. 作为缓冲地带的混合动力汽车

尽管过去十年间，混合动力乘用车（非插电式）的销量在不断创新高，但汽车产业界也承认它是一项过渡性的技术，只能延缓纯电动汽车或氢燃料电池汽车必将带来的冲击，关键的原因是混合动力汽车只能部分解决油耗问题，而在应对轻量化、低成本和降低生命周期总排放等方面，相对于纯电动车或氢燃料汽车并没有绝对的优势（夏纳宏，2009）。同时，混合动力技术与燃油和纯电动汽车相比较，还面临着研发成本高、技术更加复杂的困境。为了弥补这些缺陷，一些厂家开发出了插电式混合动力汽车，这是一种介于纯电动汽车和燃油车之间的车型，它既有传统燃油车的发动机、变速箱、传动系统、油路、油箱，也配备了电动车才有的电池、电机、控制电路，能够让驾驶者或者汽车按照行驶环境自动选择使用燃油还是电池作为动力。这种平行配置模式，一方面会增加车辆的整备质量及油耗；另一方面在燃油价格较低时，从经济性和实用性出发，消费者会“弃电加油”，无法发挥价格波动在鼓励节能减排方面的作用（在美国市场，日本产的同一品牌混合动力轿车价格要比燃油车型高出2500—4000美元，这实际上意味着如果没有政府的补贴，所有生产混合动力汽车的厂商都处于亏损状态）。可见，即使效能较高的插电式混合动力汽车，也不适合作为智能化、共享化出行方式的主要载体，依旧具有过渡产品或技术的属性。在世界主要的汽车生产和消费大国中，日本由于丰田和本田公司占据油电混合汽车技术和产能的领先地位，而对该类车型采取积极扶持和补贴的政策，美国（2009年）和中国（2014年）都将纯电动车和新型燃料电池汽车列为发展的方向（各国政策的详尽分析见下章）。

2. 行业巨头的追赶策略

严格地讲，除了日本汽车制造企业在追赶欧盟厂商的过程中，为了在海外市场获得竞争优势而投入巨资进行新能源汽车的技术开发、工艺设计和产品创新外，美国福特和克莱斯勒，德国大众、戴姆勒宝马等行业龙头企业，对石油价格高企引发的两轮冲击（1971—1973年、1980—1982年）都采取了漠视或应景的策略，只有这一轮以特斯拉为代表的新生势力的强势崛起和渗透，才迫使这些跨国巨头掉转船头，加入新市场、新产品的竞争中。借助强大的资金和能力优势，这些企业几乎都是从全产业链的角度切入产业变革中来的（孟为，2018）。

表9.5　汽车产业巨头的纯电动车规划

企业名称	现有产量（以2016年为基准）/万辆	资金投入/亿美元	产能规划/万辆	车型数量/个	量产时间
雷诺日产	97890	210		20	2022年
德国大众	12748	840	200～300	30	2030年
德国宝马	23716			12	2025年
美国通用	3718	190		20	2023年
美国福特	919	45		13	2020年
戴姆勒	7066	110		10	2025年
丰田-马自达		19			2019年

资料来源：《汽车商业评论》（2018年第141期，第121页）和同花顺数据库（http://www.10jqka.com.cn/）

第一，快速补齐电动汽车的短板。2012年以来，特斯拉、谷歌、苹果、优步等新经济领域的独角兽纷纷介入汽车产业后，极大地改变了消费者的购车和出行方式，也使各国政府见证了新技术和新产品在改善城市交通和环境污染方面的显著作用，进而在税收、补贴和使用等多个环节开始大力推广、扶持新能源汽车的发展。设定停止燃油汽车销售的时间表这一举措的影响最为直接，大众、福特、菲亚特－克莱斯勒等对电动汽车比较排斥或看淡的跨国公司开始进行新能源汽车的研发和生产。以德国大众为例，长期以来该公司将提高柴油的燃烧效率作为应对环境污染的手段，但在2015年由于尾气排放检测软件的作假事件被披露，受到各国监管部门的严厉处罚，大众宣布在未来5—10年间投入巨资打造几个量产1000万辆纯电动汽车的平台[①]，并规划2025年的纯电动汽车产量在200万—300万辆之间，超过全球销量的20%。日本丰田公司早已实现了混合动力汽车的规模化生产，并在氢燃料电池车领域保持全球领先的地位，也在2016年宣布和马自达公司合作开发续航里程超过300 km的纯电动汽车和插电式混合动力汽车，第一期的投资就高达19亿美元。

第二，加大自动驾驶技术的开发和商业化实践。自动驾驶汽车是共享出行模式的基石之一，谷歌等互联网公司已经在这方面拔得头筹，通用、福特等公司不得不另辟蹊径弥补差距[②]。2016年，通用公司斥资10亿美元收购全球自动驾驶领域的知名企业——Cruise，并和自身已有的技术储备和资源进行新的整合，成立了一个独立子公司专门经营自动驾驶汽车；福特公司在利润大幅下降的背景下，依然投资40亿美元成立“福特自动驾驶汽车有限公司”，并计划收购Argo-AI公司的相关技术，将商用车作为自动驾驶的切入点。就连一直排斥自动驾驶技术的菲亚特－克莱斯勒公司，也与谷歌的子公司——WAYMO公司达成协议，向后者提供6万多辆商务车进行自动驾驶技术的测验和商业化出租。

第三，实现从汽车制造到出行服务的转型。在汽车“四化”中，共享化居于中心环节。根据波士顿咨询公司的预测（孟为，2018），从2021年开始，全

① 参见《大众量产千万辆纯电，信心从哪里来？》，《中国汽车报》2018年9月24日，第19版。

② 参见《自动驾驶新一轮攻防战打响》，《中国汽车报》2018年8月6日，第22版。

球将有 3500 万人使用汽车共享服务，由此减少新车销量 79.2 万辆，并给传统汽车制造企业带来每年 80 亿美元的损失，提前布局共享市场就成为各个公司的共同选择。为此，戴姆勒－奔驰公司在公司架构和治理机制上进行了重大的调整，将现行的五大事业部重组为三家独立的新公司，其中的一家就命名为戴姆勒移动出行公司（Daimler Mobility AG）；一贯相对保守的日本丰田公司也在 2016 年 5 月对优步（Uber）公司进行了战略投资，并宣布丰田将从汽车制造公司转型为移动出行公司，竞争对手不是通用、大众，而是谷歌、苹果和脸书等互联网巨头。

本章总结

2010 年开始的这一轮汽车产业“革命”还处于起步、爬坡阶段，纯电动汽车的产品构架和经营模式已经从技术路线的竞争中脱颖而出，极有可能成为未来汽车产业的主导产品。2020 年初期全球爆发的新冠肺炎疫情对被寄予厚望的汽车“四化”进程，带来了严重的负面冲击。一方面，“四化”模式中的自动驾驶、共享出行等功能并未在人类与新冠肺炎的斗争中发挥预想的作用，共享在某种程度上还成为战胜疫情的隐患；另一方面，在风险资本驱动下的多数造车新势力，一直没有兑现其“量产”的承诺，加之后续资金的匮乏，出现了大面积的破产倒闭现象。这两种情况的出现，极大地缓解了破坏性技术创新对燃油汽车制造企业的压力，也使得产业生命周期的转换面临新的不确定性。随着这一轮汽车产业革命冲刺阶段的日益临近，政府的产业政策、传统厂商的战略和新势力的切入模式都需要进行重大的调整和完善，毕竟这还是一个赢者通吃的时代。

本章附录

附录 9.1　全球新能源汽车产量及其构成

单位：辆

国别＼产量	2005	2006	2007	2008	2009	2010	2011	2012	2013	2014	2015	2016	2017
美国	1120			1470		1190	17730	53240	96700	118780	113870	159620	198350
日本					1080	2440	12620	24440	28880	32290	24650	24850	54100
德国	20			70	20	140	1650	3370	6930	12740	23190	24610	54560
法国	10	10	10		10	190	2730	6260	9620	1264	22950	29510	34780
英国	220	320	450	220	180	280	1220	2690	3750	14740	29340	37910	47250
中国					480	1430	5070	9900	15340	73170	207380	336000	579000
荷兰				10	30	120	880	5120	22420	15090	43770	24480	11070
挪威			10	240	150	390	1840	4510	8520	19770	33730	44890	62260
全球合计	1890	340	470	2460	2130	7490	47240	117840	202800	322700	540720	744220	1148700
纯电动车	1890	340	470	2460	2130	7110	38250	57890	111320	188860	321000	459910	750490
插电式	0	0	0	0	0	380	8990	59950	91480	133840	219720	284310	398210

附录 9.2 全球新能源汽车的保有量与构成

单位：辆

累计保有量 国别	2005	2006	2007	2008	2009	2010	2011	2012	2013	2014	2015	2016	2017
美国	1120	1120	1120	2580	2580	3770	21500	74740	171440	290220	404090	563710	762060
日本					1080	3520	16140	40580	69460	101740	126400	151250	205350
德国	20	20	20	90	100	250	1890	5260	12190	24930	48120	72730	109560
法国	10	10	10	10	120	300	3030	9290	18910	31540	54490	84000	118770
英国	220	550	1000	1220	1400	1680	2890	5590	9340	24080	48510	86420	133670
中国					480	1910	6980	16880	32220	105390	312770	649770	1227770
荷兰				10	150	270	1140	6260	28670	43760	87530	112010	119330
挪威			10	260	400	790	2630	7150	15670	35440	69170	114050	176310
全球合计	1890	2230	2690	5150	7480	14260	61330	179030	381300	703650	1239450	1982040	3109050
纯电动车	1890	2230	2690	5150	7480	13870	51950	109720	220580	409090	726910	1185600	1928360
插电式	0	0	0	0	0	390	9380	69310	160720	294560	512540	796440	1180690

来源：作者根据《中国汽车工业年鉴》数据统计而得

本章参考文献

[1][美]A. T. 科尔尼,[日]川原英司:《电动汽车时代的企业战略革新》(孙健等译),上海交通大学出版社,2011,第37—56页。

[2][美]埃德蒙·菲尔普斯:《大繁荣》(余江译),中信出版社,2015,第16—17页。

[3][加]鲍勇剑:《新技术的胜算——特斯拉之父的商业思维》,机械工业出版社,2015。

[4]曹磊等:《Uber——开启共享经济时代》,机械工业出版社,2015,第14—22页。

[5][美]查尔斯·H. 法恩,丹尼尔·M. G. 雷夫:《汽车业:互联网驱动的革新与经济绩效》,载罗伯特·E. 利坦,爱丽丝·M. 瑞夫林主编:《互联网革命:推动经济增长的强劲引擎》,中国人民大学出版社,2011。

[6]国务院发展研究中心产业经济研究部、中国汽车工程学会、大众汽车集团(中国)等编著:《中国汽车产业发展报告(2014)》,社会科学文献出版社,2014。

[7][德]杰里夫·里夫金:《第三次工业革命——新经济模式如何改变世界》(张体伟,孙豫宁译),中信出版社,2012,第7—32页。

[8][德]克劳斯·施瓦布:《第四次工业革命》(李菁译),中信出版社,2016。

[9]李洪:《中国汽车工业经济分析》,中国人民大学出版社,1993,第27—29页。

[10][美]利维·泰尔曼:《大竞赛——未来汽车的全球争霸赛》,机械工业出版社,2017。

[11]刘晓冰:《大众量产千万辆纯电,信心从哪里来?》,《中国汽车报》2018年9月24日,第19版。

[12]孟为:《跨国汽车——大象转身》,《汽车商业评论》2018年第141期,第118—147页。

[13] [法]让·雅克·夏纳宏:《全球化与汽车业创新》(尤建新等译),上海人民出版社,2009。

[14] [美]小艾尔弗雷德·钱德勒著,[日]引野隆志(协助):《规模与范围——工业资本主义的原动力》,华夏出版社,2006,第17页。

[15] [英]约翰·伊特韦尔等编:《新帕尔格雷夫经济学大词典》,经济科学出版社,1992年版第2卷,第875—879页。

[16] [英]约翰·哈特利:《汽车生产的经营管理》(朱祖铠,钟耀源译),机械工业出版社,1985,第23页。

[17] 詹姆斯·阿比比、托尼·塞巴:《冲击、影响和抉择——2010~2030年交通运输行业再思考》,《汽车商业评论》2017年第130期,第138—198页。

[18] [美]詹姆斯·W. 布罗克主编:《美国产业结构》(第十二版),罗宇等翻译,中国人民大学出版社,2011,第190—192页。

[19] [美]詹姆斯·沃麦克,丹尼尔·琼斯,丹尼尔·詹斯:《丰田精益生产方式》(亦称《改变世界的机器》,沈希瑾等译),中信出版社,2008。

[20] 张冬梅:《自动驾驶新一轮攻防战打响》,《中国汽车报》2018年8月6日,第22版。

[21] 中国机械工业企业管理协会编:《管理新视界——TPS在中国一汽的运用与拓展》,机械工业出版社,2009,第1—36页。

[22] 中国汽车技术研究中心等编:《中国汽车社会发展报告》,机械工业出版社,2016,第10页。

[23] Cramer, J. Krueger, A. B., "Disruptive change in the taxi business: the case of uber", *American economic review*, 2016, 106(5): 177-182.

第十章 强制性技术升级的新能源汽车产业政策

受国际金融危机的影响，我国汽车的产量和销量在 2008 年未能延续之前年均两位数的增长势头，没有如预期的那样突破 1000 万辆的关口，为了扭转这一不利的变化，并使汽车产业成为扩内需、调结构和保增长的重要支柱，国务院在 2009 年 3 月 20 日就发布了《汽车产业调整和振兴规划》。“实施新能源汽车战略”首次被写入这一具有产业政策基本要素的规划中，其含义是“推动纯电动汽车、充电式混合动力汽车及其关键零部件的产业化”，具体措施有：“启动国家节能和新能源汽车示范工程，由中央财政安排资金予以补贴，支持大中城市示范推广混合动力汽车，纯电动汽车，燃料电池汽车等节能和新能源汽车”[①]。此后，新能源汽车战略的实施不仅改变了中国汽车产业的发展模式，也将对世界汽车产业的演化产生一定的影响。本章把这一战略的主旨界定为“强制性技术变迁”的产业政策，并对该政策的动因、工具和初步效应进行深入的探究。

① 国务院颁布的《汽车产业调整和振兴规划》（2009 年 3 月 20 日，中国政府网）。

第一节　新能源汽车发展战略与产业技术政策

本书第一章指出发展电动汽车是化解能源稀缺、空气污染和交通拥挤等外部性的必由之路，但各国的实践经验表明，完全依赖企业的自发创新不可能在 20—30 年内催生出一个新型的汽车产业，而传统的产业政策理念和工具在推动新能源汽车产业的发展方面，能够直接发挥作用的空间与效果也十分有限。结合新能源产业的特征，设计出“合理、合意、合法”的政府干预模式，特别是提升产业技术政策的前瞻和引领作用，就显得尤为重要和迫切。

一、新能源汽车产业概览

1. 新能源汽车与新能源汽车产业

世界各国政府对新能源汽车有着不完全相同的界定，我国汽车行业的主管部门——工业和信息化部在 2009 年出台的《新能源汽车生产企业及产品准入管理规则》中提出[①]，新能源汽车是指采用非常规的车用燃料作为动力来源（或使用常规的车用燃料、采用新型车载动力装置），综合车辆的动力控制和驱动方面的先进技术，形成的技术原理先进，具有新技术、新结构的汽车。这一《规则》还给出了新能源汽车的五种具体类别，即混合动力汽车、纯电动汽车（BEV 和太阳能汽车）、燃料电池汽车（FCEV）、氢发动机汽车以及其他新能源（如高效储能器、二甲醚）汽车等。这一比较宽泛的界定使得地方政府和企业将那些具有节能作用但不属于新能源的汽车也列入扶持或发展的清单中，使得我国新能源汽车产业的发展一度陷入十分混乱的状态，为此，国务

① 工业和信息化部颁布的《新能源汽车生产企业及产品准入管理规则》[工产业（2009）第 44 号]。

院在《节能与新能源汽车产业发展规划(2012—2020年)》中对新能源汽车予以更加明确的界定:新能源汽车是指采用新型动力系统、完全或主要依靠新型能源驱动的汽车,只包括纯电动汽车、插电式混合动力汽车及燃料电池汽车。

新能源汽车的内涵和类型确定后,产业的纵向和横向范围也就自然有了清晰的边界。首先,那些生产上述定义中相关汽车的企业之集合就构成了新能源汽车产业,它们之间的关系(合作、竞争或者战略同盟)就确定了该产业的组织结构;其次,新能源汽车制造企业的上下游关系则确定了产业链的长度,这一链条上的相关产业或者参与者的功能则决定着政府干预的范围;最后,新能源汽车还是汽车产业的一个分支或者新生的领域,二者之间既有共享的领域需要协同(道路、燃油、客户、技术等),也存在着直接的竞争关系,这就为政府的干预提出了更高的要求。

2. 油电混合动力汽车"落选"与纯电动汽车主导地位的确立

与其他汽车制造大国一样,我国在扶持新能源汽车产业发展的初期,也曾将混合动力汽车作为发展的主要方向之一。例如,工业和信息化部在2009年颁布的《新能源汽车生产企业及产品准入管理规则》中,就将混合动力乘用车与商务车列在纯电动、燃料电池汽车并列为发展的重点,一些省市在编制"汽车产业调整和振兴规划"或者"十二五"产业发展规划(2011—2015年)时,混合动力汽车基本上都是发展的重中之重。但是,2012年6月国务院公布了《节能与新能源汽车产业发展规划(2012—2020年)》,等于宣布混合动力汽车"落选"这一重大的国家战略。为什么在混合动力汽车的生产制造技术较为成熟、节能效果已经显现、主导企业实现规模经营的背景下,将其从扶持的目录上"划掉"?业界虽有诸多争议,但并未改变行业主管部门的决定。2016年国务院印发的《"十三五"国家战略性新兴产业发展规划》(国发[2016]67号)再次确立纯电动汽车的主导地位后,混合动力汽车在各级政府的补贴篮子中也难觅踪迹。本小节的第三部分将从产业技术主导权竞争的角度对这一决策进行理论探究。

电动汽车的主导地位确立后,我国新能源汽车产业的发展路径、政策导向和企业创新行为发生了重要的转变,一些原来以油电混合电动汽车为主攻方向的地方政府加大了对纯电动汽车的扶持力度,大部分自主品牌制造企业都放弃了传统的混合动力技术路径,转而主攻纯电动或插电式混合动力汽车,表现在产品结构上,就是油电混合乘用车的比例从2009年的接近90%,持续下降到2015年的不到4%;与此相反,纯电动汽车的比例则从初期的7%逐步增加到75%以上。观察图10.1可以发现,二者的占比在2011年到2012年十分接近,随着2012年6月份新能源汽车产品技术路径的确立,占比才出现明显的分化趋势。

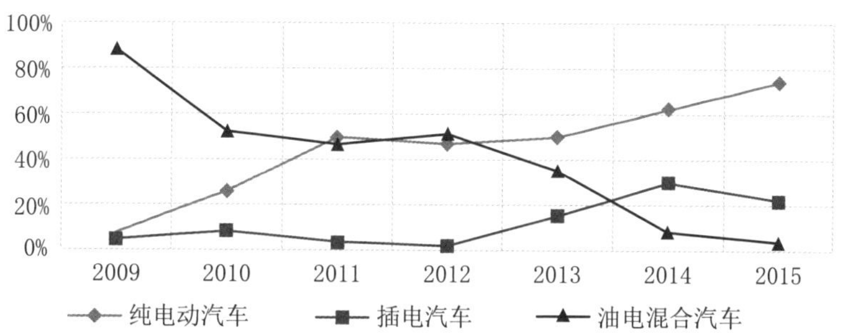

图10.1　中国新能源汽车产品的产出结构变化(2009—2015年)

数据来源:《节能与新能源汽车年鉴》(2016)

3. 产业萌芽期的结构特征

按照产品生产技术演化的时序来判断,电动汽车具有悠久的历史,但从产品的需求规模及其增长潜力来划分,这又是一个新兴的领域,无论是相对于燃油汽车,还是其他交通运输工具(飞机、铁路、轮船),电动汽车产业依旧处于萌芽阶段。依据产业经济学的TESP(即技术、经济、社会和政治)与SCP(结构—行为—绩效)范式的要件,我国以及世界范围内新能源汽车的主要特点有:

(1)技术模式和产品架构不统一。尽管主要的汽车制造大国都提出以电动技术为新能源汽车发展的主线,但电动技术本身还可以细分为纯电动、油电混合、插电式等三种基本的类型,即便将油电混合技术排除在外,纯电动和插电技术在具体的产品架构中也呈现出显著的差异,也就是说在很长一段时间内,不可能出现一个被业界和企业普遍接受的主导技术或通用技术,这必然导致配套技术和基础设施的多样性,进而影响电动汽车普及的进度和范围。这一点与燃油汽车技术和产品在20世纪初期的普及过程不完全相同,当时内燃机技术很快就显示出强大的技术和生产优势，只给电动汽车（以轨道公共交通为主）留下十分狭小的市场空间，并产生了多种正的外部性，最终使燃油汽车成为道路交通的主导者。家电、手机、电脑等产业发展初期技术竞争的经验也表明，只有缩短新技术被生产者和消费者认可或采纳的周期，才能使行业步入成长期，否则再先进的技术也避免不了昙花一现或者被束之高阁的结局。

资料夹 10.1：电动汽车小常识

电动汽车主要分类：

电动汽车
- 1. 纯电动汽车（BEV）
- 混合动力汽车（HEV）
  - 2. 插电式混合动力汽车（plug-in HEV）
  - 3. 非插电式混合动力汽车（non-plug-in HEV）
- 4. 燃料电池汽车（FCV）

1. 纯电动汽车

（1）产品的技术架构：动力系统由动力蓄电池和驱动电机组成，从电网取点，或者更换蓄电池，动力蓄电池向驱动电机提供电能，引导汽车行驶。

（2）显著特点：省去了油箱、发动机、变速箱、冷却和排气系统；零排放、低振动、低噪音、能效比例高。

（3）产业化关键点：电池的动力性能、续航里程、安全性；电控和电机系统的稳定性。

2. 插电式混合动力汽车

（1）产品的技术架构：从非车载装置中获取电能，以满足车辆一定的纯电动续驶里程的混合动力汽车，可分为增程式和混联插电式。

（2）显著特点：零排放、低振动、低噪声、能效比例高；续航能力强。

（3）产业化关键点：燃料的经济性、车辆可靠性、行驶安全性。

3. 非插电式混合动力汽车

（1）产品的技术架构：采用传统燃料，并配以电动机和发动机来改善低速动力输出和降低燃油消耗。

（2）显著特点：双系统并行、续航能力强，油耗低、污染小，消费者认知度高。

（3）产业化关键点：市场自主发展、过渡性技术。

4. 燃料电池汽车

（1）产品的技术架构：以氢气、甲醇等为燃料，通过化学反应产生电流，依靠电机再来驱动汽车运动。

（2）显著特点：无污染、无排放、无公害、能源转换效率高、绿色清洁汽车。

（3）产业化关键点：尚处于研发实验阶段、电池技术难度大、商业化成本高。

资料来源：①《中国新能源汽车产业发展报告（2015 年）》，第 50—70 页；②吉林，尹力卉，左晨旭：《新能源汽车的分类、发展历程及前景》，《汽车与配件》2015 年第 10 期，第 96—98 页

（2）参与者众多且差异显著。与欧美日韩等国家或地区不同，我国新能源汽车领域的参与者众多，除了因为原有生产企业数量本身就居于世界首位之外，新进企业队伍的庞大明显超出了产业发展的需要。与美国特斯拉公司不同，我国新能源产业的绝大多数新企业都不掌握技术或生产的核心资源，也没有持续经营的能力，只是利用现有进入和资质管制体系的漏洞，获得了生产新能源汽车的资格。实际上，2009 年以来，大部分从传统汽车领域转移而来，或者新设立的新能源汽车企业的产量都处于极低的水平，产量和销量的 90% 以上还是由诸如比亚迪、北汽集团、江淮汽车等大中型企业提供（见表 10.1），行业管理者期盼的“鲇鱼效应”并未出现，反而引发了低质量电动车领域重复建设、产能严重过剩等不良后果。

表 10.1　中国新能源乘用车市场的产出集中度（2014—2017 年）

指标	2014 年	2015 年	2016 年	2017 年
集中度（CR1）/%	32.11	35.94	31.88	20.67
集中度（CR4）/%	78.58	74.42	72.96	53.71
集中度（CR8）/%	98.77	97.24	95.72	77.67
赫芬达尔指数（*HHI*）	1933	1948	1723	1092
总产量 / 辆	50078	175678	322833	546744
企业数量 / 个	9	14	19	26

数据来源：根据《中国新能源汽车产业发展报告》（相应年份）数据计算而得

（3）消费需求增速快但不稳定。在产品的技术、成本和性能还不能与燃油汽车面对面竞争的阶段，我国新能源汽车的消费增速主要受政府政策的引导，特别是对价格更加敏感的私人乘用车领域，政策的作用尤为明显。例如，2009—2012年间，累计推广的3万辆新能源汽车中，公共服务领域有2.5万辆，私人领域只有5400辆，占比不到20%，与原设定私人领域10万辆规划目标相去甚远。2013年以来，各级政府加大了鼓励私人购买新能源汽车的力度，尤其是实行了占车辆价格60%以上的购置补贴政策后，私人消费开始高速增长，所占的比例也从2013年的20%增加到2017年的57%，在乘用车领域的比例则接近80%。由于政府逐步减少乃至完全取消对新能源汽车的各类补贴已经是一个确定性的事件，这就对仍旧处于萌芽期的产业发展和产品普及形成了严峻的挑战，如何延续这一高速增长的势态，使新能源汽车产业平稳地过渡到生命周期的第二个阶段（即成长期），既需要政府构建激励型的产业政策新体系，也要求相关企业加快产品技术升级的进程，避免造成政策到期后需求量断崖式下降的负面影响。

（4）产业生态链尚未成型[①]。新能源汽车产业是一个新生的领域，除了自身的研发、生产、运营、消费和后市场服务需要不断完善和成型外，上、下游及其相关的城市、道路、能源等基础设施的同步跟进也是极其重要的一环。经过2009年到2016年几轮次的大规模建设，目前，44万个公共和私人充电桩仍无法满足现有电动汽车的需要，充电难、充电时间长、充电费用高、充电实施质量不稳定、布局不合理等问题还是制约电动汽车发展的主要瓶颈。电动汽车发展离不开先进、高效和稳定的动力电池，我国的动力电池市场规模从2010年以来一直保持全球领先的地位，借助政策扶持和市场竞争，也产生了一些世界级的电池厂商，比亚迪和宁德时代的产能和产量都进入世界前三。随着电动车年销量和既有存量的增加，动力电池领域“重生产、轻使用”，“报废多、回收少”，低水平重复建设和结构性产能过剩等问题已经开始制约整个电动汽车行业的可持续发展。

电动汽车产业在发展初期面临的困境可谓千头万绪，但上述提及的问题

① 中国汽车技术研究中心等编，《中国新能源汽车产业发展报告（2018）》，社会科学文献出版社，2018，第184—232页。

都或多或少取决于产品的技术路径、产品创新的进程和关键投入品的技术进步的程度，在参与者众多、产品和产业的外部性强的背景下，政府的产业技术政策及实施机制就显得尤为重要。

二、产业技术政策的基本框架

1. 产业技术政策的主旨与逻辑

严格地讲，关于产业技术政策并没有一个被普遍认可的定义，从实用的角度出发，朴昌根（1998）指出所谓的产业技术政策是指“支持产业技术发展的宏观调控工具，即政府所制定的用以引导、干预、促进产业技术进步和实现科技规划的有关技术开发到技术商品化、产业化、市场化的一系列配套措施”，并认为产业技术政策是产业政策的一个重要组成部分。类似的观点也出现在学者对日本政府产业技术政策的研究文献中，小宫隆太郎等（1988）就将产业技术政策定义为“以直接促进研究开发活动和技术进步为目的而实施的那些政策”，并把日本政府的技术政策划分为资助研究开发、设立公共研发机构、鼓励企业之间合作创新以及建立表彰制度等四种基本类型。

在全球范围内（除了苏联之外），我国各级政府对特定产业的技术选择、技术标准、发展方向等方面实施过最严格、最直接的干预，并形成了条块交织的产业技术管理、监督和实施的组织体系。这种基于政府命令和发展规划的技术政策模式，对科学技术发挥“第一生产力”的作用提供着坚实的物质、资金和人力资本保障，在“两弹一星”、载人航天、杂交水稻、高性能计算机等前沿性技术的突破，以及高铁、特高压输变电等设备的自主研发和制造等方面，科技政策一直在发挥主导的作用。但是，过去数十年间，我国政府和企业在产业技术创新方面的巨额投资与其应有的产出和绩效并不完全相称，绝大多数消费品的工艺创新和产品创新的源头都来自发达国家成熟产业或产品的溢出，中国的制造业由此也被戴上“大而不强”的帽子，其中的原因就在于现行的产业技术政策受制于“政府指导、企业跟随”的计划思维，人为地将创新活动割裂成所谓的“基础研究、应用研究、推广示范”等几个模块，并遵循“技术只不过是科学的应用、只有自力更生才能打破技术依赖、高技术就是最好的技术、研究引发研发”等错误观念来设计国家、地区或者行业层面的技术政策（纳谢德和维尔德，2005）。

美日欧等国家和地区的经验表明，保持科学技术与创新效率长期处于高水准状态的前提就是将企业推到技术创造和应用的最前沿，政府在其中扮演的角色是解决基础环节、前瞻领域的市场失灵问题，而不是替代市场、企业来选择技术路径和技术模式。例如，20 世纪 90 年代美国政府面对韩国、德国、日本以及亚洲四小龙等国家或地区的企业在半导体研发、制造方面的巨大冲击，并没有采取技术贸易限制或者设定产品技术标准的措施，而是投入巨资建设和改造有利于互联网信息技术发展的基础设施，并前瞻性地以国家的行政力量管理和控制了互联网时代最重要的资源——域名系统。这一举措不仅统一了互联互通的标准，也使得美国拥有了域名（即以 org 和 com 为后缀的数据库）的自然垄断权力（杰弗里等，2004），借助这些基础资源方面的强大优势，相继诞生了像谷歌、亚马逊、甲骨文等互联网和信息技术研发、服务运营商，挽回了在半导体制造时代的颓势。美国之所以能够在数字技术领域遥遥领先于半导体制造大国日本，也与后者技术政策的导向“失误”有一定的关系。20 世纪 70 年代末，日本通产省组织东芝、日立等多家企业合作开发动态随机储存器（DRAM）——半导体工业中体积最大的产品，从模仿美国成熟产品开始，到 80 年代后期已经完全超越了美国，但通产省制定的规划中“放弃”了对微处理器（CPU）的研发和制造，后者是软件运行的平台，也是计算机产业向互联网技术升级的门槛，这一严重的产品模式选择错误，为 20 世纪 90 年代日美信息产业分化埋下了伏笔，根本原因还在于日本产业政策的制定者和实施者，没有根据产业结构和产品技术的新特征，改变直接干预和挑选赢家的政策惯性（王允贵，1999）。类似的教训在我国一些产业的发展中也曾出现过，2000 年前后，我国电视机显像管制造企业沿着 12 in、18 in、21 in、25 in 到 32 in 的路径不断提升产能时，日韩企业则专注于平板显示器的应用，市场竞争的结果是 2005 年以后显像管生产企业全军覆没，价值数千亿的专用性资产重新归零（陈清泰，2014）。

2. 产业技术政策的框架、组织体系和实施工具

产业技术政策属于产业政策的一部分，世界各国颁布的正式或者非正式的产业政策中都会提及技术进步、标准、升级等目标，但是将技术政策从科技发展、产业组织等政策中独立出来，形成一个较为完整的产业技术政策体系，则是我国的首创。2002 年和 2009 年，分别由原国家经贸委与工业部和信息化部牵头，颁布了两个版本的《国家产业技术政策》，依据这一政策制定的框架，一些地方政府和行业主管部门，也相继出台了特定地区或产业的技术政策与规划。概括起来，这两个版本的产业技术政策都涉及政策目标、制定原则、实施措施和阶段性重点任务等内容（见表 10.2），都对我国产业技术发展的方向做出了前瞻性的规划。例如，2002 年的版本给信息技术、生物工程、先进制造等七个具体领域设置了明确的目标，指明了要突破的重点环节；2009 年的版本则淡化了对特定产业的目标，强调要发挥企业在自主创新中的主体作用，政府的功能被界定在搭建平台、建立评估体系、完善技术服务等基础领域。

表 10.2　中国《国家产业技术政策》的基本架构

2002 年版	
政策目标	2005 年，重点行业、重点企业、重点产品、重点工艺、重大技术装备上有重大技术突破，部分接近或者达到同期世界先进水平
基本原则	以产业结构优化为宗旨、市场机制和政府组织协调相结合、自主创新与技术引进相结合
重点领域	高新技术及产业化（包括信息通信、生物工程、新材料、航空航天、新能源、海洋工程），传统产业技术水平提升和用高新技术改造传统产业（农业、能源环保、交通运输、原材料、加工制造等 8 类产业）
政策措施	充分发挥和运用市场对科技资源配置的基础性作用；建设以企业为主体的国家技术创新体系；加强宏观指导、加快技术创新的政策环境建设
2009 年版	
发展目标	提升我国产业的国际竞争力；满足国民经济和社会发展需求；增强企业创新能力
体系构建	构建促进产业发展的技术创新体系、搭建技术研发平台；建立科学的产业技术评估评价体系；完善技术服务机制；建立健全军民结合的技术创新机制
企业主体	充分发挥企业主体作用，支持以企业为主进行技术开发、加大信贷扶持力度、实施可持续发展战略、增强企业核心竞争力
实施机制与措施	健全法律法规体系，构建技术标准体系，实施知识产权战略，扩展国际合作，强化技术引进、消化、再创新、实施创新人才战略

资料来源：科学技术部网站（http://znjs.most.gov.cn）

产业技术政策并非发展中国家的“专利”，在美英德等国家经济增长和结构升级的漫长过程中，政府对特定产业的技术路径、技术标准都进行过一定的干预。Rothwell 和 Walter(1981)在 20 世纪 80 年代初期就对 OECD 国家的产业创新公共政策的实践进行过系统的研究，从中可以发现，日本、韩国、新加坡以及我国政府使用的一些技术扶持、技术保护措施，实际上就是发达国家既有工具的翻版或改进，某种程度上，OECD 国家产业技术政策的体系更加完备和系统，不仅设定的目标分层分类，政策工具也呈现多样化和激励相容的特点。如表 10.3 所示，即使在以企业自由竞争为基本经济制度的国家，面对不确定性强和投资风险高的新兴产业，也会采取国有企业的模式直接参与行业的初期发展，这也许就是后来孵化器模式的最早雏形。当然，它们更加偏好使用诸如税收减免、政府招标与公私合营的方式引导新技术逐渐成长成新的产业，以减少政府资金大规模介入带来的挤出效应。由于经济规模、产业禀赋和政府行政资源的差异，表 10.3 所列出的政策工具，被各国采纳的程度也存在明显的不同。例如，美国政府主要采取立法和规制、政府采购与税收等三种方式来引导企业技术创新的方向和奖励成功者；荷兰、瑞典由于产业范围有限，倾向于直接向企业提供资金或者补贴，当时的英国则会通过设立国有企业的方式占据新兴技术领域。表 10.3 中提及的技术政策工具也有着特定的服务对象和解决的核心问题。例如，在科学技术基础相对落后的日本，技术政策的着眼点主要是发展不同产业的通用技术，鼓励企业之间的协同创新；科技先进的美国，则通过专利制度来保护中小企业的创新动机和利益。

表 10.3　OECD 国家二战后黄金时期的产业技术政策

主要政策工具	
1. 公共企业	公共资金：投资新产业、设立新兴产业公司、使用新兴技术、参与私人公司
2. 科学与技术	政府支持：研发合作实验、研发联盟、学习型社会、专家协会、研发资助
3. 教育	基础、大学、专业技术教育；终生学习和职业再培训
4. 信息	信息网络和中心、数据库、图书馆、技术顾问
5. 财政	资助、贷款、补贴、担保、出口信用

（续表）

主要政策工具	
6. 税收	公司与个人税收的减免或折扣
7. 立法与管制	专利制度、环境和健康管制、限制垄断
8. 政治	规划、奖励、鼓励各种创新活动和结果
9. 招标	政府采购和订购研发、创新服务和产品
10. 公共服务	政府提供、建设、购置和维护创新活动的基础设施
11. 国际商业	贸易协定、关税和汇率监管
12. 海外代理	国防购买

资料来源：Rothwell 和 Walter（1981），第 61 页

三、新能源汽车发展初期的技术政策

1. 新能源汽车技术路径与政府干预

早在 20 世纪 90 年代末期，我国政府就提出了发展新能源汽车的基本设想（见表 10.4），并把它列入国民经济的中长期发展纲要或规划中，但是直到 2009 年才被列入正式的产业政策，2012 年后上升为国家战略，这种“起个大早、赶个晚集”的现象之所以发生，主要原因在于相关参与者之间的新能源汽车技术路径博弈。技术路径对新能源汽车发展的重要性在于，一方面，燃油汽车、电动汽车和燃料汽车的普及都必须借助规模经济来不断降低生产成本，产品技术的标准化是获得制造环节规模经济的前提之一；另一方面，统一的技术模式也有利于产品的使用环境保持一致性，从而降低基础设施的滞后对消费需求的负面影响。因此，新能源汽车技术路径的竞争不仅体现在制造企业之间，也受不同国家或地区燃油汽车规模、交通运输方式和能源结构等多种因素的影响。上述因素相互交织，使得新能源汽车的技术路径在很长一段时间内处于多头并进的状态，经过 20 多年的市场竞争、企业研发与政府深度介入，混合、纯电动和燃料等三种产品架构的优势才得以显现。即便如此，任何一个国家也不可能对这三种技术给予平行发展的待遇，资金最雄厚的厂商也没有能力同时开发、制造多种新能源汽车产品，确定主导技术路径就成为新能源汽车能否产业化的最重要前提。

表 10.4 我国新能源汽车产品(含节能汽车)技术路径的演化

时期	内容与进展	负责单位
1999 年	我国启动“清洁汽车行动”工程:16 个城市和地区开展替代燃料汽车示范推广工作	科技部
2001 年	国家“863 计划”《电动汽车重大专项可行性研究报告》通过,提出以电动车为起点,走向氢动力汽车的发展目标	科技部
2002 年	“863 科技重大课题”——纯电动车和混合动力车项目试制成功	安徽奇瑞
2002 年	《国家产业技术政策》:研究开发智能、清洁、安全、节能型汽车	国家经贸委
2002 年	“凤凰燃料电池汽车”试制成功:以压缩氢气为动力、串联型的燃料电池与蓄电池驱动的混合动力汽车	上汽和通用
2002 年	国家“863 计划”电动汽车重大专项——纯电动汽车、混合动力、燃料电池等项目启动:奇瑞、长安、一汽、东风等公司参与项目研制与车辆开发	科技部
2003 年	国家“863 计划”电动汽车重大科技专项阶段性成果:上汽奇瑞 QR 纯电动车样车开发成功;项目获得专利超过 800 项;科技部启动“十五”电动车实验示范工作(北京、天津、武汉、威海为示范城市)	科技部、奇瑞公司
2004 年	《汽车产业发展政策》:国家引导和鼓励发展节能环保型小排量汽车、积极开展电动汽车、车用动力电池等新型动力的研究和产业化,重点发展混合动力汽车技术;国家在科技研究、技术改造、新技术产业化、政策环境等方面采取措施,促进混合动力汽车的生产和使用。国家支持研究开发醇类燃料、天然气、混合燃料、氢燃料等新型车用燃料,鼓励汽车生产企业开发生产新型燃料汽车	国家发展和改革委员会
2004 年	天津清源与一汽华利生产的“幸福使者”纯电动车出口美国	企业
2004 年	《节能中长期专项规划》发布:鼓励发展节能型汽车	国家发展和改革委员会
2005 年	《鼓励发展节能环保型小排量汽车意见的通知》发布:要求各地取消对小排量汽车的限制措施	国务院

（续表）

时期	内容与进展	负责单位
2005 年	国家启动“十大重点节能工程”：发展混合动力汽车、燃气汽车、醇燃料汽车、燃料电池汽车和太阳能汽车	国家发展和改革委员会
2005 年	新能源汽车研制经营：纯电动汽车“幸福使者”出口美国 170 辆；一汽与东风混合动力客车进入新产品公告目录；同济大学与奇瑞集团承担“863”燃料电池纯电动乘用车研制	科技部、企业、高校
2006 年	《关于加快推进产能过剩行业结构调整的通知》：鼓励发展节能、环保型汽车和自主品牌产品	国务院
2006 年	国家“863”电动汽车重大专项科研项目结束，在一些关键技术领域取得突破性进展、开发出多个车型；5 个纯电动客车、4 个混合动力轿车、11 个混合动力客车进入发改委汽车新产品公告目录，具备小批量生产能力	科技部、发改委
2006 年	实施十一五“863”节能与新能源汽车重大项目，投资 11 亿元，启动整车项目的产品开发，上汽、北汽、奇瑞、长安、东风、吉利、华晨等数十家企业参与	科技部
2006 年	《上海市新能源汽车推进项目指南》颁布：2008 年实现混合动力汽车批量生产能力（800 辆）	上海市
2007 年	《新能源汽车生产准入管理规则》：混合动力、纯电动汽车、燃料电池电动汽车、氢发动机汽车以及其他新能源（高效储能、二甲醚）等属于新能源范围	国家发展和改革委员会
2007 年	企业混合动力汽车平台建设：东风、一汽、长安、天津清源、奇瑞等企业建设混合动力轿车系统平台，并开发出整车。比亚迪开发出 F6 双模电动汽车，吉利研制出多款混合动力汽车，长安 HEV 电动车下线	相关企业
2007 年	《国家中长期科学和技术发展规划纲要（2006—2020）》：节能与新能源汽车“三纵”（燃料电池汽车、混合动力汽车和纯电动汽车）与“三横”（燃料电池和动力蓄电池、电驱动系统技术和共性基础技术）布局提出	科技部
2008 年	多款混合动力汽车进入产品公告目录；比亚迪 e6 纯电动汽车上市销售；锂离子电池成为纯电动汽车主导能源	企业

（续表）

时期	内容与进展	负责单位
2009 年	《汽车产业调整和振兴规划》出台：实施新能源汽车战略，推动纯电动汽车、充电混合动力汽车及其关键零部件的产业化	国务院
2009 年	《新能源汽车生产企业及产品准入管理规则》：确立新能源汽车的范围（含混合动力汽车）。多款纯电动汽车进入产品目录	工信部
2010 年	《关于加快培育和发展战略性新兴产业的决定》：新能源汽车产业被列入 7 大产业之中	国务院
2010 年 2011 年	工信部牵头制定的《节能与新能源汽车发展规划（2011—2020）》未能如期出台，新能源汽车技术路径争论激烈；多数企业采取“三条腿走路”（纯电动汽车、油电混合汽车、插电式混合汽车）的方式发展新能源汽车	工信部
2012 年	国务院颁布《节能与新能源汽车发展规划（2012—2020）》：纯电动、插电式混合动力和燃料电池汽车属于新能源汽车范畴，技术路径之争画上句号	国务院
2012 年	国务院颁布《十二五国家战略性新兴产业发展规划》：再次强调以纯电动汽车为新能源汽车发展和汽车工业转型的主要战略取向	国务院

资料来源：《中国汽车工业年鉴（2000—2013）》

我国新能源汽车主流技术路径的确立过程则更加复杂和曲折（见表 10.4）。按照时间来划分，在 2010 年国务院颁发《关于加快培育和发展战略性新兴产业的决定》之前的十余年间，节能还是新能源（以电动车为主）是争论的焦点，此后的焦点则是油电混合动力汽车要不要列入国家扶持的新能源汽车目录。在这个涉及产业发展方向和潜在利益巨大的博弈中，不仅产业的在位厂商和新进入者的技术偏好存在巨大的分歧，产业组织、结构和技术政策的主管部门之间也有着各自的喜好，再加上其他利益相关者的影响，一个看似简单明了的技术规划和产业结构转换问题，最终演化成一场长达十余年的多方动态博弈。在顶层设计者直接干预后，现有的“三纵”模式还是一个可伸可缩的折中方案，长期结果与影响则取决于 2020 年以后财政补贴是否延续以及新政策的着力点。

2. 如何避免指定赢家政策的诅咒?

政府制定技术路径,并对设定范围内的参与者予以扶持和保护,本质上还是传统产业政策中挑选赢家的逻辑。我国新能源汽车发展中反复发生的"技术路径变化、补贴菜单调整和企业变换产品结构"现象,也说明完全依靠政府而不是市场竞争来确定某个新兴产业的主导技术路径甚至主导产品,即便是一种次优的选择,也会带来社会资源配置的扭曲与浪费。表 10.4 的信息显示,在政府没有强制介入之前,一些企业投入大量资金和人力资源,把油电混合、油气混合电动车作为发展新能源汽车的主攻方向,并在地方政府的扶持下,进入了"量产"阶段。2007 年的《新能源汽车生产准入管理规则》和 2009 年的《汽车产业调整和振兴规划》对新能源汽车范围的模糊定位,使得在油电混合汽车方面具有先行者优势的合资企业不得不放缓产能扩张的力度,而大部分自主品牌制造企业为了"迎合"多个主管部门的不同偏好,避免失去财政补贴与税收优惠的巨大利益,通常采取三种甚至四种新能源汽车同时研发的模式,这种模式必然带来极大的资源浪费和重复建设(见表 10.5)。

表 10.5　主管部门与地方政府的技术路径偏好

时期	制度、政策名称与主旨	关键词	部门名称
2006 年	《国家中长期科学和技术发展规划纲要(2006—2020 年)》:重点研究开发混合动力汽车,替代燃料汽车和燃料电池汽车整车设计、集成和制造技术	低能耗	国务院
2009 年	《汽车产业调整和振兴规划细则(2009—2011 年)》:实施新能源汽车战略,推动纯电动汽车、充电式混合动力汽车及其关键零部件的国产化;支持大中城市示范推广混合动力汽车、纯电动汽车等新能源汽车	节能	国务院
2004 年	《节能中长期专项规划的通知》:发展混合动力汽车、燃气汽车、醇类燃料汽车、燃料电池汽车、太阳能汽车等清洁汽车	节能	发改委
2006 年	《关于汽车工业结构调整意见的通知》:鼓励发展节能、环保汽车	节能	发改委

（续表）

时期	制度、政策名称与主旨	关键词	部门名称
2007年	《新能源汽车生产准入管理规则》：新能源汽车包括混合动力汽车、纯电动汽车、燃料电池汽车、氢发动机汽车和其他新能源汽车	混合动力	发改委
2009年	“十一五”863计划节能与新能源汽车重大项目：研究开发燃料电池汽车技术、攻克混合动力汽车产业化技术、开发纯电动汽车动力系统	混合动力	科技部
2009年	《关于开展节能与新能源汽车示范推广试点工作的通知》：补助对象是混合动力汽车、纯电动汽车和燃料电池汽车	混合动力	科技部、财政部
2009年	《新能源汽车生产企业及产品准入管理规划》：新能源汽车包括混合动力汽车、纯电动汽车、燃料电池汽车、氢发动机汽车和其他新能源汽车	混合动力	工业和信息化部
2009年	《北京市建设人文交通科技交通绿色交通行动技术（2009—2015）》：推广应用纯电动和混合动力等新能源汽车	纯电动	北京市
2009年	《上海推广新能源高科技技术产业化行动方案》：以油电混合动力汽车和纯电动汽车为主攻方向	混合	上海市
2009年	《深圳新能源汽车振兴发展规划（2009—2015）》：重点发展混合动力汽车、纯电动汽车、天然气汽车等	混合	深圳市
2009年	《河南省汽车产业调整和振兴规划》：混合动力、纯电动汽车实现规模化生产	混合	河南省
2009年	《安徽省汽车产业调整和振兴规划》：以纯电动汽车和混合动力汽车为主要发展方向	纯电动	安徽省

资料来源：根据《节能与新能源汽车年鉴（2010）》整理而得

2012年新能源汽车产品的技术模式基本确定后，行业主管部门为了促进产能和规模在短期的集聚增加，出台了多个力度空前的补贴、减税政策，我国新能源汽车的产销量在5年间就攀升到世界第一的位置。这一系列政策都带有明显的“指定赢家、扶持赢家”的特征，后续措施的一个重要作用是证明前期选择的准确性和正当性，由此导致对“赢家”的扶持范围和规模的逐级、逐层加码，参与其间的企业都患上了"补贴依赖症"，部分企业还出现过大面积骗取中央政府财政补贴的恶性行为。市场机制的引导、激励、信息、配置等功效则退居次席，显然这是一种不可持续的技术升级模式，必须构建激励相容的新型政策体系。

第二节　新能源汽车产业的强制性技术升级战略

一、新能源汽车战略使命和路径

中国汽车产业"大而不强"是一个不争的事实，如何破解这一困境，行业主管部门自从我国加入 WTO 以来，相继提出和实施了发展自主品牌、"合资自主"、兼并重组、走向海外等多个举措，在一定程度上改变了合资企业和外资品牌长期占据绝对主导地位的格局，也催生出比亚迪、浙江吉利、河北长城等自主品牌汽车制造企业。但如果从全球市场或者全球产业链的视角来衡量，只有解决了"缺少核心技术能力、没有世界性的汽车品牌、国际市场竞争力低"等问题，中国的汽车产业才能实现由大到强的转型和升级。一个国家特定产业走向世界并获得竞争优势，除了自身的努力外，是否存在合适的经济周期、技术创新时间窗口，也是一个必不可少的因素。美国汽车工业在第一次世界大战后经济繁荣期的高速发展、日本汽车企业借助两次石油危机切入欧盟市场、韩国现代汽车在 2008—2009 年经济危机后的结构转型，都表明外在要素的重要性。2010 年前后，我国汽车产业政策的制定者意识到新能源汽车在产业的发展中将具有极其重要的战略价值，也是我国汽车产业结构升级和竞争力提升的技术窗口，要避免这一历史性的机遇再次被跨国公司占得先机，几家自主品牌企业的各自为战，难以担负起这一重任，国家层面的全面介入也就顺理成章。

1. 新能源汽车的国家战略之路

在"节能环保、新一代信息技术、生物、高端装备制造产业，新能源、新材料和新能源汽车产业”等七大战略性新兴产业中，新能源汽车是传统制造业中唯一上榜的领域，尽管一些学者和专家对汽车产业进入战略产业序列存在疑虑，但按照《关于加快培育和发展战略性新兴产业的决定》一文中设定的几个主要选择指标来衡量，新能源汽车具备“战略性”和“新兴产业”的双重特质：

（1）纯电动和燃料电池汽车属于重大的技术突破，具有知识密集、物质资源耗费少、环境友好等特点，一旦技术成熟并商业化运营，必将带来汽车产业的一场新革命。作为世界工业化大国的重要成员，我国没有理由采取观望、跟随的传统策略介入这一新兴产业的发展进程，只有及时跟进方能掌握核心技术、知识产权。

（2）随着汽车保有量的持续增加，产品消费和使用中的各种负外部性不断叠加和膨胀，燃油汽车技术的技能空间业已碰到天花板，而电动汽车符合网络化时代汽车消费行为日趋自动化、智能化、共享化等新特征，新能源汽车的发展也会引致诸多新兴的产业和派生需求，加之我国汽车的保有量还没有达到峰值，把新增或者转换需求的一部分引导给新能源汽车，就可能在较短时间内形成一个颇具规模的新产业。

（3）推进传统汽车制造业的结构升级、形成国际竞争优势和增强企业自主发展能力也是决策者将新能源汽车升格为国家战略的目标之一。如前所述，我国政府采取了多种政策措施后，自主品牌制造企业的发展壮大只是在个别细分市场扭转了跨国公司的强势主导地位，整个产业“大而不强”的基本现状并未发生根本的改变，对自主品牌的持续保护反而会抑制企业的自生能力。我国新能源汽车的先行者如深圳比亚迪、安徽江淮等在技术储备和产品前期研发等方面并没有显著地落后于跨国公司，适当的政府扶持和我国潜力巨大的市场机会，就为这些企业借助在新能源汽车领域的局部突破而跨越燃油汽车方面的技术鸿沟，以及我国汽车产业结构的合理化和高级化赢得战略先机。

2. 新能源汽车战略的路线图

新能源汽车的发展和普及是一个漫长甚至会不断出现反复的过程，如何使政府制定的技术线路和产品模式得到企业和消费者的主动响应，就必须将长期的战略目标分解为短期的行动纲领和具体措施，以避免重复 2009 年到

2012 年之间政策反复调整带来的负面影响。2015 年国务院颁布的《中国制造 2025》再次将节能与新能源汽车列为十大重点发展领域之一，此后行业主管部门或者决策咨询机构发布的《〈中国制造 2025〉规划系列解读之推动节能与新能源汽车发展》（工信部，2015 年）、《中国制造 2025——重点领域技术路线图解读》（国家制造强国建设战略咨询委员会，2015 年）、《汽车产业中长期发展规划》（工信部、发改委和科技部等，2017 年），都提出了 2030 年之前我国新能源汽车重点产品、关键零部件和共性技术的总体和阶段性目标[①]，这种分解就具有了路线图的性质。以纯电动汽车和插电式混合动力汽车为例（见表 10.6），三个阶段的目标又被细化成产业组织、竞争力、配套能力等方面，并甄别出各个阶段需要突破的重点领域，这种横向和纵向的目标分解，固然有利于保证政府选择技术路径的稳定性，但能否真正契合市场和企业的需要，还需经过实践的考验。

表 10.6　新能源汽车战略的阶段性目标

项目		2020 年	2025 年
电动汽车	产业化	年产销量 100 万辆以上，自主品牌国内占有率 70%	年产销量 300 万辆，自主品牌国内占有率 80%
	竞争力	若干车型销量进入全球前 10，新能源客车批量出口	2 家整车企业进入汽车产销全球前 10，海外销售占比 10%
	配套能力	动力电池、驱动电机技术达到世界先进，国内市场占有率 80%	动力电池、驱动电机等关键系统批量出口
燃料电池汽车	关键材料	电池关键材料的质量控制和保障	高品质材料的国产化和批量生产
	产品性能	提高电池寿命和整车续航里程	批量生产和市场化运营
	产业规模	1000 辆示范车	区域内小规模运行

① 中国汽车技术研究中心等编著：《中国新能源汽车产业发展报告（2016）》，社会科学文献出版社，2016，第 178—180 页。

二、强制性技术升级战略的机理分析

2009年至今,我国各级政府在实施新能源汽车战略时,无论是在基础设施建设、私人乘用车购置补贴还是企业生产资质管理等方面,采取的都是积极干预的政策,特别是政府对产业技术路径和产品基本架构直接干预的范围和力度,也是改革开放以来极其罕见的。这种取向的产业政策可以被定义为"强制性的技术升级战略",固然可以从传统汽车和新能源汽车正、负外部性的比较中得出这种干预的合理性,但在市场竞争已经成为配置资源基本模式的背景下,任何新技术研发、新产品推广和"买卖"必须基于相关参与者的自由交换来实现,那么,强力干预背后的微观动因和现实基础就值得深入的探讨。下面的分析表明,传统汽车制造企业的创新"惰性"、政府的赶超思维和自主品牌的先行者优势,是强制性技术升级战略产生的三个主要成因。

资料夹10.2:新能源汽车的"弯道超车"战略

方运舟(奇瑞公司研究院):"首先,我国新能源汽车的发展是在政府相关部委统筹下(如'三纵三横'的研发布局),各整车与关键零部件企业联合相关院、所等研发机构协同攻关与研发,既有竞争,又有互补,大大提高了新能源汽车的核心技术与关键零部件的研发速度;其次,我国新能源汽车的技术水平最起码是与国际同步的,没有被拉开距离,在一些领域,我国还处于领先地位;第三,这次罕见的金融风暴,对国际汽车行业冲击是非常大的,从一季度国内外汽车销量增减就可以看出,我国的新能源汽车可以利用这次机会,实现'弯道超车'。"

摘自:姜妮:《奇瑞公司中央研究院混合动力部部长方远舟:新能源汽车期待"弯道超车"》,《环境经济》2009年第5期,第17—18页

"'弯道超车'并不是不可能,但我们还有很长一段路要走。"钟志华(中国工程院院士)说。不同于我国传统内燃机车辆与国外先进水平一直存在较大差距,新能源汽车本身是一个新的平台,我们与国外先进水平之

间差距不大。……今年5月前还在奇虎360任职副总裁,目前已跨界进入新能源汽车行业的智车优行CEO沈海寅说:"关于'弯道超车',我认为是可能的。近百年来,内燃机的核心技术一直被欧美日的汽车制造厂商所垄断,中国企业难在技术方面获得充分的自主。而从传统的发动机到电机,可以说已将"心脏"对汽车的限制降到最低了。电动化将汽车由原来的上万零部件降低到几千个,即使是最差的电机,只要功率够也比最好的发动机表现得要好。因此,电动汽车也大大降低了我们和外国企业之间的技术壁垒,国内外企业的差距不再像内燃机时代那么巨大。"东风悦达高级顾问朱如华也对本刊记者表示:"新能源汽车,尤其是纯电动汽车是中国汽车产业实现'弯道超车'的最大机遇。"

摘自:徐晨曦:《新能源汽车技术壁垒降低,"弯道超车"并非不可能》,《中国战略新兴产业》2015年第12期,第45—46页

发展引领产业变革的颠覆性技术,不断催生新产业、创造新就业。高度关注可能引起现有投资、人才、技术、产业、规则"归零"的颠覆性技术,前瞻布局新兴产业前沿技术研发,力争实现"弯道超车"。开发移动互联技术、量子信息技术、空天技术,推动增材制造装备、智能机器人、无人驾驶汽车等发展,重视基因组、干细胞、合成生物、再生医学等技术对生命科学、生物育种、工业生物领域的深刻影响,开发氢能、燃料电池等新一代能源技术,发挥纳米、石墨烯等技术对新材料产业发展的引领作用。

摘自:《国家创新驱动发展战略纲要》第四章第1条第10款(中共中央、国务院:2016年5月9日)

1. 传统汽车制造企业的技术和产品创新惰性

汽车产业是一个成熟和相对静止的传统产业。如果按照汽车是"一个将发动机动作转化为动力的机械系统,也是一个引导交通工具的导向系统,还是一个承载用户及其所属物的系统"这一定义来衡量(斯泰尔等,2006),汽车产品的系统性创新在20世纪20年代就结束了,此后无论是丰田的精益模式,还是欧洲汽车公司在高质量产品上的发展,几乎都属于工艺创新、组织创新的范畴。即使日本丰田和本田公司的油电混合动力汽车在全球累计的产销量超

过了 1000 万辆，其技术依旧被认为是过渡性质，而近期以特斯拉为代表的纯电动汽车架构，是否能够在预定的期限对传统燃油汽车产生所谓的颠覆性破坏或者冲击，还要接受多方面的挑战和考验。汽车产业无论是在全球、区域还是国别范围内都是一个典型的主导厂商结构，3—5 家大型跨国公司不仅拥有 80% 以上的占有率，还掌握着发动机、变速箱等关键部件的产能，这些资源和能力都是围绕着燃油发动机来配置的，一旦燃油发动机的核心地位被替代，主导厂商数万亿美元的资产将成为沉淀成本，除此之外，传统汽车寡头厂商的产品创新惰性还受下面三个因素的影响：

（1）汽车产业与宏观经济周期的同步性。汽车消费支出在居民总消费中的比例一直稳居第一位（房地产通常算作投资），呈现出十分明显的顺经济周期的特征，行业产销量的暂时性阶段性下降并不能刺激企业开发新的产品，只要能够在危机中不破产，就能在下一轮的经济复苏和繁荣中把以前的损失弥补回来。第二次世界大战以来，无论是 20 世纪 70—80 年代的两次石油危机，还是的 2008—2009 年的金融危机中，汽车行业的主导企业都经历过销量下降、产能过剩甚至巨额亏损的困境（见表 10.7），但没有一家大企业宣布破产退出（美国通用汽车在 2012 年前后的"短暂"破产，只是一种财务重组的手段）。加之汽车行业的增加值和就业量在主要工业国中都有较大的占比，一旦行业或企业出现财务危机，政府也不会袖手旁观，主导厂商在一定范围内就像大型金融公司一样，能够获得数额不菲的政府援助或者补贴资金（2010 年前后，通用和克莱斯勒公司分别从美国联邦政府手中得到了 450 亿和 70 亿美元的借款，避免了被其他公司接管的命运）。

表 10.7　2008—2009 年金融危机前后全球汽车主导企业的绩效变化

	大众汽车											
年份	2005	2006	2007	2008	2009	2010	2011	2012	2013	2014	2015	2016
营业收入/亿美元	1106	1183	1323	1490	1665	1683	2219	2478	2616	2691	2368	2367
主营利润/亿美元	8	28	84	56	26	55	157	148	155	169	−45	−15
产量/万辆	521	565	621	634	605	734	853	925	934	989	987	1012

（续表）

	丰田汽车											
年份	2005	2006	2007	2008	2009	2010	2011	2012	2013	2014	2015	2016
营业收入/亿美元	1726	1858	2047	2302	2043	2030	2294	2254	2343	2495	2271	2528
主营利润/亿美元	109	50	9	150	−66	21	64	52	148	232	240	265
产量/万辆	823	901	949	756	723	856	805	1010	1032	1047	1008	1021
	福特汽车											
年份	2005	2006	2007	2008	2009	2010	2011	2012	2013	2014	2015	2016
营业收入/亿美元	1722	1772	1601	1724	1462	1290	1363	1343	1469	1441	1496	1518
主营利润/亿美元	35	−82	56	−27	40	67	69	56	46	26	69	32
产量/万辆	663	656	636	553	481	499	552	559	608	597	639	642
	通用汽车											
年份	2005	2006	2007	2008	2009	2010	2011	2012	2013	2014	2015	2016
营业收入/亿美元	1935	1926	2073	1823	1489	1356	1503	1523	1554	1559	1524	1664
主营利润/亿美元	28	−58	−44	−387	−210	40	51	−309	48	11	45	90
产量/万辆	829	874	882	814	650	848	903	923	963	961	748	779

资料来源：根据 Word 数据库整理而得

（2）新增需求和替换需求的互补性。在全球范围内，高端、高质量产品首先在发达国家普及和使用，然后随着成本的降低，逐级向发展中或经济落后国家与地区转移；在那些收入分配也呈现显著不公的国家或地区内部，也存在不同汽车产品在消费上的时空差异。这两种现象表明汽车的新增需求和更替性需求有着一定的互补关系，对于企业而言，即使不进行新产品的创新或开发，只要模仿先导企业的产品升级路径，也能够获得一定的市场机会和份额，这种创新竞赛中的囚徒困境，主导厂商都倾向于采取渐进而非猛烈的创新模式，长此以往，整个行业就陷入创新惰性的泥潭。

（3）工艺、组织和产品创新之间的替代关系。产品创新的相对滞后并没有影响汽车产业在各国工业领域的主导和领先地位，一个重要的原因还在于持续的工艺和组织创新，使汽车产业的劳动生产率不断提高、产品价格不断下沉，以及多品牌、多车型营造的所谓产品升级换代，即使没有出现类似半导体、家电、电信等产业中“晶体管—电子管”“数字化—模拟式”“手提电脑—台式电脑”“手机—固定电话”等剧烈的变革，汽车行业的主导厂商可以不用进行产品创新，获得工艺、组织创新带来的巨大收益。

客观地讲，各国政府不遗余力地推广新能源汽车，主要目的是治理全球变暖、空气污染、资源枯竭、城市拥堵等问题，而不是源自汽车产业自身演化的结果，如何让这些外生的推广、示范政策得到企业的自觉响应，也就成为政策设计者无法回避的难题。

2. 如何让强扭的瓜变甜——强制性技术升级与超强度政府补贴

客观地讲，汽车产业的主导厂商也曾对上述外在冲击或压力进行过一定的回应。例如，20 世纪 70—80 年代两次石油危机催生出了轻量化的经济型轿车、90 年代中期商业化的混合动力汽车，以及城市公共交通系统的天然气汽车等，就是在探索如何基于提高传统内燃机汽车的燃油效率，逐步减轻汽车产业对石油资源的严重依赖。这些探索也曾成为美国、日本等国家的战略，但受制于石油价格和供求结构的波动，政策的持续性和稳定性不够，无法对生产者和消费者产生积极的引领作用。由此产生了一个新的矛盾：如果不改变汽车产业目前的生产和消费模式，资源、交通等问题会不断累积和叠加，未来治理时将面临更大的阻力和付出更多的代价；但是，使用现有节能技术生产和销售的汽车产品，在短期内不能给企业带来稳定的收益，还面临着长期亏损的风险。汽车是工业化时代最具代表性的私人消费品，政府不可能也没有能力将其转换成一种公共产品，面对上述两难困境，各国政府不约而同地采用了“最大化社会收益、最小化企业负担”的策略，用机制设计的语言表述就是所谓“胡萝卜加大棒”的产品技术升级策略。

（1）“胡萝卜”就是各种激励导向的补贴（包含特定的减税政策）。纵观各国耐用消费品的普及之路，新能源汽车产业在过去不到20年的时间内，所得到的政策扶持力度和规模，很有可能居于“前无古人、后无来者”的地位，其目的就是克服来自燃油汽车产业链的转型阻力和大企业的“创新”惰性。例如，美国汽车产业的市场化程度一直很高，历届政府很少直接干预产业的发展，早在2001年就颁布了《美国未来能源保证法案》，对混合动力汽车的生产销售实施了包括减免所得税、抵扣燃油附加税、免征消费税等多项优惠政策，每辆车能够得到的税收减免总额可以高达3400美元，从而使普通级别的混合动力汽车在价格上还低于燃油汽车。2005年以后，消费者购买电动车不仅可以直接得到2500—7500美元的政府补贴，建设充电桩时也能收到上限1000美元的奖励，这对于以信贷方式为主购置汽车的美国消费者而言，具有极大的诱惑力，也成为美国混合动力汽车在2010年之前迅猛发展的催化器。

除了消费环节之外，美国政府还对关键零部件、基础设施、公共采购等相关领域的发展予以大力支持。例如，2008—2009年金融危机期间，奥巴马政府给锂电池产业的补贴额度就有24亿美元，并要求联邦政府购买的车辆中有一半必须是插电式混合动力汽车或纯电动车。汽车制造大国日本、德国都有类似的政策，这里不再赘述[①]。

（2）“大棒”则是对产品技术路径设置严格的约束，即限制燃油汽车的生产、销售，或者增加消费者的使用成本，以迫使生产者和消费者转向新能源汽车的最严厉的举措。这方面的典型代表就是美国加州政府实施的《零排放计划》（California Air Resources Board，2010 to 2016 Zero Emission Vehicle Credits，ZEV）[②]。加州是美国经济最发达和环境污染最严重的地区，1990年前后，汽车排放的臭氧和颗粒物分别占据了空气污染的50%、二氧化碳则占当地温室气体的近40%，所以加州政府在环境治理方面一直走在美国的最前沿。2012年加州州长颁布了被称之为1.0版本的ZEV，其核心的目标是：加州汽车销量在4500辆以上的制造企业必须具备销售一定比例的零排放车辆

① 国务院发展研究中心等编：《中国汽车产业发展报告（2012年）》，社会科学文献出版社，第372—380页。

② 中国汽车技术研究中心等编著：《中国新能源汽车产业发展报告（2016）》，社会科学文献出版社，第389—397页。

积分；这些积分可以来自汽车直接销售各种零排放产量获得，也可以购买其他企业的积分满足积分要求；低于积分要求的企业按照每辆车 5000 美元向政府缴纳罚金。加州政府希望通过这一严苛的法令，在 2025 年实现 15%（约 150 万辆）的新车为零排放车辆的目标。

为了促使企业调整产品结构，加州 ZEV 方案采取了逐渐递增的策略，即企业零排放产量的占比要从初期的 11%（2009—2011 年）、中期的 12%（2012—2014 年）提高到末期的 14%（2015—2017 年），2018 年以后则统一为 16% 的水平。加之对不同类型新能源汽车设置了差额明显的可兑换积分，生产企业不可能完全依靠购买积分规避政府的处罚，只能多生产积分高的纯电动车或燃料电池汽车。

尽管加州方案受金融危机的影响进行了调整，但总体上的效果十分明显：到 2015 年加州已经有 200 万人驾驶零排放的车辆，碳排放由此降低了 80%，并引导传统燃油汽车企业大力研发纯电动汽车。加州的零排放实践也产生了极大的制度溢出效应，它的积分交换方案已经被欧盟和我国相关部门所借鉴和使用，对企业设置新能源汽车的销售比例，也启发一些国家从 2015 年陆续出台了停止销售燃油汽车的“时间表”，而将企业之间的新产品研发竞赛上升到国家层面。

3. 新能源汽车技术路径的国别差异与战略价值

各国政府在不遗余力地推动新能源汽车产业发展时都会选择特定的燃料技术或产品架构为突破的方向，而不是像燃油汽车那样，将技术模式的主导权交给市场竞争来完成。为能够控制未来新能源汽车产业链的核心环节，并为本国企业在国际竞争赢得话语权，各国政府都深度介入到技术路径的选择中。这背后的影响因素主要有两个方面：

（1）政府是提供新能源汽车互补性产品的主体，技术路线的多样性会增加产品推广的社会成本，需要政府做出前瞻性的选择。在燃油汽车基于“燃料—发动机—驱动”的产品构架下，其外围的互补品就体现在“加油站”和“公路”上，政府只需参与或干预外部性强的交通运输活动。由于燃料或能量提供方式的多样性，当不同类型的新能源汽车产品付诸应用时，就需要提供差异化的互补产品或配套服务，这一定会严重削弱汽车产业固有的规模经济特性。

基础设施的供给不足或者过剩都会对冲掉新产品、新技术的正外部性。截至目前，经过 20 多年的技术竞赛后，“纯电动汽车”和“混合动力汽车”沉淀成两种主导模式，后者还能分为“轻度、中度、强混”等一般意义上的混合动力汽车（Hybrid Electrical Vehicle，HEV）和“插电式”混合动力汽车（Plug-In Hybrid Vehicle，PHV）等两种模式[①]，按照是否配备变速箱和驱动系统的独立性，PHV 又包括增程、并联和混联等三种。每一种驱动模式所需的外部燃料、能量输送方式有着明显的差异，再加上“燃料电池汽车”需要更加独立的储存、加注系统。所以，任何一个想依托新能源汽车解决能源短缺、交通拥挤问题的政府，都不会也没有能力同时提供这些差异化的基础设施，只能结合自身的经济、社会和政治条件，做出相应的抉择，进而影响企业产品技术的演进路径。

（2）各国汽车产业的禀赋差异与技术标准的先占策略。实际上，主要汽车制造大国的政府对新能源汽车产业的发展，特别是产品技术路径的选择，采取的都是直接干预或者间接引导的方式，这种不同以往的政策取向主要受两个目的的引导：一是减少本国企业的多种技术竞争对新能源汽车推广进度的负面影响，就需要制定统一的行业标准；二是汽车依旧是全球竞争的产业，为了赢得国际竞争的先机，也需要将本国企业的核心技术尽快上升为国际标准，避免产业链控制权被其他国家的企业所掌控。

丰田、本田等公司在电动汽车的研制方面能够处于国际领先水平，就与日本政府的战略性扶持不无关系。例如，广受赞誉和模仿的《下一代汽车战略 2010》就由总体、电池、资源、基础设施、系统集成和国际标准等六大部分组成，对产品技术路线的演进设定了十分清晰的路线，并通过模块化架构的方式将日本的汽车电池技术变成重要的国际标准。这些措施不仅使丰田、本田两家公司分别成为混合动力、插电式和燃料电池汽车的主导者，还依托先进的电池技术控制着美国特斯拉公司的规模。

---

① 国务院发展研究中心等编著：《中国汽车产业发展报告（2012）》，社会科学文献出版社，第 144—157 页。

第三节 中国的新能源汽车产业政策

2009 年至今，我国政府对新能源汽车产业的多重干预，都无法使用广义和狭义的产业政策范畴来界定，原因不仅是这多轮干预的对象覆盖整个产业链，还在于使用了金融、财政、技术、结构等各个层面的政策工具，更在于经过近十年的持续干预后，除了个别政策有所调整和变化外，强势介入的势头并没有减弱的迹象。近年来，关于产业政策合理性、有效性的分歧和辩论是中国经济学界的热门话题，深入分析新能源汽车产业的干预实践及其结果有利于分辨是非，无论是主张完善产业政策的研究者，还是否定其作用的学者，都不应忽视进行中的这场政策实践。

一、我国新能源汽车产业政策的基本框架与实施效果

1. 我国新能源汽车产业的政策体系

客观地讲，现行的新能源产业政策集“发展纲要、行业规划、产业结构、产品消费、产品使用”等政府宏观、产业、微观和行政干预为一体，几乎动用了政府干预社会、经济、技术，乃至政治的所有措施，加之地方政府更为积极和主动的介入，就使得这一政策体系即全面、系统，又过于微观、琐碎，由此导致政策的短期效果和负面效应都十分明显。下面按照产业政策的一般范畴，将这一政策体系细分为企业进入、产品价格、配套设施等三个方面，分别予以专门分析。

（1）进入政策：从“自由放任”到“呵护赢家”的转变。2009 年，国务院颁布《汽车产业调整和振兴规划》的直接原因是国际金融危机带来的负面压力，但该《规划》首次将发展新能源汽车提升为国家战略，并制定了十

分明确的目标和任务（到 2011 年）："电动汽车产销形成规模。改造现有生产能力，形成 50 万辆纯电动、充电式混合动力和普通型混合动力等新能源汽车产能，新能源汽车销量占乘用车销售总量的 5% 左右。主要乘用车生产企业应具有通过认证的新能源汽车产品"。问题在于，面对 2009 年新能源汽车的总产量只有 5244 辆，尤其是乘用车仅为 899 辆的初始条件，即便有 30 多家企业有生产资质和能力，要在两年内把产量增加近 10 倍也是一项艰巨的任务。为此，在 2012 年技术路径没有确立之前，中央和地方政府的主管部门，对那些愿意从事新能源汽车生产的企业采取的是"自由放任"的政策。这一取向的短期效果十分显著，以工信部发布的电动汽车整车产品公告为例，2005—2009 年 5 年间累计上榜的有 40 家生产的 57 款车型，但其中的 48 款都是在 2009 年进入公告目录的。这一趋势在 2011—2012 年持续升温，仅 2012 年一年间，纯电动汽车公告目录中的企业数量就达到 54 家，涉及的产品型号也有 159 款，这一时期进入规制或审批的宽松程度可见一斑[①]。

企业盲目、无序进入的乱象不仅导致大量低水平、重复建设项目的遍地开花，也引发了多种技术路径和产品模式的低效竞争，国家财政补贴难以发挥示范和聚集效应。2012 年 7 月，国务院发布《节能与新能源汽车产业发展规划（2012—2020）》，明确以"纯电驱动"为主要技术路线后，行业进入的门槛才逐步提高和收紧。这种调整并非无的放矢，而是采取了"量身定做"的方式，明显地向那些研发基础雄厚、生产能力强的自主品牌制造企业倾斜，连跨国公司具有比较优势的普通混合动力汽车都被从原有扶持名单上拿掉，但取消了对跨国公司建立新能源汽车合资企业的数量和股权比例的限制，这些进入政策的重要变化如表 10.8 所示。

问题在于，由于起步企业项目投资和产品准入的权力配置在不同的管理部门，加之各个地方政府都试图在新能源汽车产业的发展中拔得头筹，人为地扭曲和放松了属地的监管权责。2017 年以来，进入门槛虽然在不断提高，但有效退出的企业寥寥无几，"散乱差"的痼疾并未得到有效的治理。

---

① 中国汽车技术研究中心等编：《节能与新能源汽车年鉴》（2010—2013），中国经济出版社，2011—2014。

表 10.8 新能源汽车产业进入政策的沿革

第一阶段：2007—2015 年	
政策名称：（1）《新能源汽车生产准入管理规则》 （2）《新能源汽车生产及产品准入管理规则》	
部门和时间：国家发展和改革委员会（2007 年 11 月），工业和信息化部（2009 年 6 月）	
产品定义	混合动力、纯电动汽车（BEV，包括太阳能汽车）、燃料电池电动汽车（FCEV）、氢发动机汽车、其他新能源（高效储能器、二甲醚）汽车等
准入条件	①《公告》内汽车整车生产企业或改装类商用汽车生产企业、新建汽车企业或者现有汽车跨产品类别生产新能源汽车；②生产能力、设计开发能力、销售与服务能力、生产一致性能力
管理方式	国家发展和改革委员会审核生产准入、工业和信息化部负责产品准入；公告制
第二阶段：2015—2017 年	
政策名称：《新建纯电动乘用车企业管理规定》	
部门和时间：国家发展和改革委员会、工业和信息化部，2015 年 7 月	
产品定义	纯电动和增程式（具备外接充电功能的串联式混合动力）乘用车：
准入条件	①投资总额和生产规模不受产业政策的最低要求限制；②电动车的研发经历、研发能力、知识产权；③ 15 辆以上的整车试制能力
主管方式	国家发展和改革委员会审核投资项目、工业和信息化发布产品公告
第三阶段：2017—2019 年	
政策名称：《新能源汽车生产企业及产品准入管理规定》	
部门和时间：工业和信息化部，2017 年 1 月	
产品定义	插电式混合动力（含增程式）汽车、纯电动汽车和燃料电池汽车
准入条件	①已有汽车生产企业和新建汽车生产企业；②设计研发、生产能力和产品生产一致性保证能力等
管理方式	①企业及产品公告制；②形式审查和资料审查；③停产企业特别公示制以及注销处罚

（续表）

第四阶段：2019 年至今	
政策名称：《汽车产业投资管理规定》	
部门和时间：国家发展和改革委员会，2019 年 1 月	
产品定义	插电式混合动力汽车、纯电动汽车和燃料电池汽车
投资条件（区域内）	1. 插电式：产能利用率高于平均水平；研发费用占比 3%。2. 纯电动汽车：①产能利用率高于平均水平；②已有项目已经达到建设规模；③乘用车项目最低规模 10 万辆，商用车不低于 5000 辆
管理方式	备案制、地方发展改革部门负责

（2）“加速推广和普及”的财税政策。新能源汽车发展初期面临的障碍是居高不下的价格，这是大部分产品在萌芽期或导入期都会碰到的问题，只不过由于传统燃油汽车在规模经济、范围经济等方面已经做到极致，使得新能源汽车的成本劣势更加突出，要在短期破解这一矛盾，除了加快技术、产品和过程创新之外，政府的必要扶持就显得尤为必要，因此，对新能源汽车的研发、生产、销售和使用等环节实施税收减免、财政补贴就成为政府介入的基本方式。

2009 年至 2019 年，为了推动新能源汽车产业化、加快市场普及的进度，各级政府实施的财政补贴和税收减免政策，无论是从其力度、范围，还是从持续的时间长度和影响力上衡量，在中国产业政策的历史上，都是空前绝后的。2009 年到 2012 年，税收减免和补贴的重点是公交、出租、公务、环保等公共领域的新能源汽车，最早出台的《关于开展节能与新能源汽车示范推广试点工作的通知》（财建〔2009〕6 号）一文规定，一辆 10 m 以上的城市混合动力公交车按照节油率最高可获得 42 万元的财政补贴，使用单位还可以得到数额不菲的运营补贴。2013 年以后，政策扶持的重点延伸到私人购置的乘用车领域，尤其是《关于继续开展新能源汽车推广应用工作的通知》（2013 年 9 月）和《关于进一步做好新能源汽车推广应用工作的通知》（2014 年 1 月）两个重要文件颁布与实施后在中央财政补贴篮子和菜单的基础上，各地为了完成推广的目标，还按照 60% 到 100% 不等的比例与中央财政进行配套补贴。加之后续出台的免征新能源汽车“车辆购置税”“车船税”等措施，极大地减轻了消费者的购买支出和费用，也掀起了一场发展新能源乘用车的“锦标赛”。

2016年，“过度补贴”引发的无序进入和“骗补”行为引起了主管部门的关注和反思，并及时对已有的政策予以调整和完善。财税政策方面的重大变化：一是设置补贴政策退坡和停止的时间节点，避免生产端和消费端都患上“补贴依赖症”；二是降低补贴比例和缩小补贴范围，引导地方政府将补贴的重点向产业链的两端——研发和使用倾斜。这一趋势在近期得到进一步的强化，2019年3月，财政部、工信部、科技部和国家发改委等四部委联合发布了《关于进一步完善新能源汽车推广应用财政补贴政策的通知》，要求地方政府从2019年6月25日起不再对新能源汽车给予购置补贴，中央政府的补贴也会在2020年完全退出，这一通知也就宣告了“强力补贴”时代的结束。[①]

（3）“弥补短板”的配套政策。新能源汽车产业的正外部性要得到显现，还需构建一个全新的价值链，即将“油—车—路”的关系，逐步向“电—车—路—网”的模式转化，在一定程度上，只有化解“输电、充电、换电”等基础设施领域的约束，各类电动汽车的行驶才能得到保障。汲取美国、日本和欧盟发展电动汽车的教训，我国政府采取了基础设施先行的战略，主要依靠各级政府的财政投资，通过近十年的稳步推进，率先在电动汽车充电领域取得了有效的突破。

大力发展新能源汽车产业早在2009年已经上升为国家战略，但在2014年之前，政府扶持的重点在于引导和鼓励购置电动车方面，由于外围基础设施的严重滞后，推广示范的作用较弱。2014年，国务院办公厅出台了《关于加快新能源汽车推广应用的指导意见》后，相关部委和地方政府颁布实施了诸多事关充电业务的规划和方案，尤其是在中央财政主导下所形成的“中央—地方—企业”之间的纵向奖励体系，使得我国的充电基础设施建设步入一个高速发展的时期[②]。

---

① 作者注：由于新冠肺炎疫情的爆发，这些政策得以延续到2022年。

② 中国汽车技术研究中心等编：《中国新能源汽车产业发展报告》（2015—2017年），社会科学出版社，2015，第129—143页；2017，第161—179页。

充电桩的发展政策能够取得显著的效果，主要源自三重因素：一是中央财政的奖惩机制引发了地方政府之间的“标尺竞争”，较高的奖励额度也弥补了一些地方财力的不足；二是地方政府要获得来自中央财政的纵向转移支付，还必须优化电价、土地使用、互联互通等互补环节的条件，否则就会导致充电桩的“空置”或“闲置”；三是投资、建设和使用充电桩与相关设施、服务能够对地方政府带来直接的“GDP”。这三种因素与电动汽车购置量、使用频率之间的相互溢出关系，就成为2016年以来新能源汽车产业快速发展的支柱之一。如图10.2所示，即使在2009年发展新能源汽车产业已经成为国家战略，2015年全国范围内的公共充电桩只有4.9万座，相对于当年33万辆的新增电动汽车销量和超过50万辆的保有量，充电难是一个必然现象。随着政策力度的加大，2018年仅公共领域的充电桩就有33万座，如果再加上48万座私人充电桩，200万辆电动汽车的充电需求得到极大的缓解。

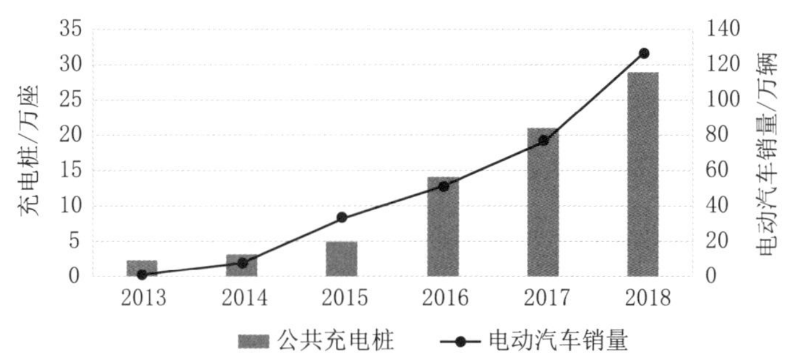

图10.2 充电桩与电动汽车的数量变化（2013—2018）

2. 新能源汽车产业政策实施的组织体系

产业政策在我国汽车产业的发展历程中发挥着最为重要的作用，这已经成为业界的共识。已有研究的重点在于政府干预的方式和产业结构、行为和绩效的关系上，较少分析产业政策自身组织方式或实施机制的变化，以及这种变革对政策效果的影响。2009年以来，发展新能源汽车产业成为国家战略后，行业的管理体制也发生了一些重大的变革，由于产业政策的实施和行业的经济型、社会型管理实践长期融合在一起，为我们观察和分析产业政策的组织模式提供了一个新的案例。

(1)基于汽车产品纵向价值链的产业政策组织体系。长期以来,我国政府对汽车产业实施了全方位、普遍和宽泛的干预,除了一般意义上的产业政策外,还涉及社会性和行政性管制,由此导致三种方式在组织结构的相互重叠和管理权限上的交织[①],这种状况在2007年11月发生了重要的变化,汽车行业管理职能由国家发展和改革委转入当年新成立的工业和信息化部,但是横向分权的特征依据十分明显(见表10.9)。产业政策在实施过程中涉及"投资项目审批""企业和产品准入"等两个环节,实际的审批权力分散在发改委、工信部、科技部、商务部等十余个部委手中,一些重大项目的决策还要得到国务院的同意或授权,由于项目投资又分为新建、扩张产能、增加品种、异地建厂等不同的种类,权力的横向配置必然存在职能交叉现象。生产和产品准入管理方面的问题则体现为重复和烦琐,这既会影响企业产品创新的时效性,也将增加企业的准入成本。例如,根据专家的估算,企业在汽车产品公告管理过程中要向工信部提交114个检测项目的报告,其中的203项也出现在交通运输部的"CCC"(即3C)认证中,二者的重复度超过90%,由此导致每家货车生产企业仅在这两个环节就要耗费15个月的时间,发生1亿元以上的成本,对于产品换代频率更快的乘用车制造企业而言,相关的支出会更大。

表10.9 汽车行业的主要管理机构和职责

管理活动	负责部委
投资项目审批	发改委、工信部、商务部、环保部、国土资源部
企业和产品准入	工信部、国家认证委、环保部、科技部、交通运输部
市场准入	公安部、商务部、工商总局
市场监督	环保部、质检总局、国家认证委、公安部、交通运输部
市场退出	公安部、商务部

资料来源:《中国汽车产业发展报告(2015)》,第179—181页

① 国务院发展研究中心等编:《中国汽车产业发展报告(2015)》,社会科学文献出版社,2015,第5—8页,第179—183页。

为什么会出现职能交叉现象？一个重要的原因在于为了实现产业政策的目标，主管部门就要监督企业的经营行为和考核其市场绩效，必然将属于宏观、行业层面的政府干预活动，与行业的日常管理职责捆绑在一起。显然，这种基于全产业链的监督管理模式，有利于政府及时获取企业的信息，避免后者的行为偏离产业政策设定的路径，但付出的代价是企业的主要经营决策长期听命于政府的指挥棒，难以建立有效的市场机制。我国的汽车产业在规模和能力上已经长期稳居世界第一的位置，然而无论是大的外部冲击，还是由行业自身的周期性调整给企业带来或大或小的负面影响时，政府都会施以援手，就一再证明这种“大而全”式产业监管模式的弊端所在，新能源产业发展中的各种政策反复和波折就是新的例证。

（2）“分权”到“集权”：超常发展导向下政策实施权的重构。也许是为了纠正上述体制弊端对发展新能源汽车产业的不利影响，2009 年以来，国家对汽车产业的政策实施或行业管理的组织体系进行了重大的调整，即将“发改委”掌握的项目投资审批或企业设立权、工信部负责的产品进入权，交由工信部独家承担。这一新机制在实施的初期起到了加快企业和产品准入速度、减少兼并重组成本、优化产业组织结构等作用，但这一新的机制是否有利于新能源汽车产业的良性发展，还需结合产业导入期的特性进行分析。

如前所述，新能源汽车的发展首先要解决产品技术路径的选择问题。这一问题在燃油汽车的监管实践中长期“缺位”，原因是在“市场换技术”政策的导向下，无论是合资企业还是发展初期的自主品牌制造企业，都可以通过引进、消化和吸收跨国公司的成熟产品来满足国内市场的需求。但是，在我国政府决定加速发展新能源汽车产业的 2009 年，存在多个相互竞争且比较优势都不明显的产品技术模式，无论是从避免走弯路还是掌握产业主导权的目的出发，都不可能继续采取大范围引进跨国公司既有产品技术的策略。鉴于“技术抉择”在发改委和工信部以往的实践中都属于空白的状态，顶层设计者在新能源汽车发展起步阶段，将技术路径的决策权划归科技部，由此导致了产业技术、项目投资、产品准入以及财税扶持等政策的主导权重回水平配置的状态。

2009 年之前，科技部在新能源汽车产品技术路径的演进中发挥着宏观主导的作用，由于市场发育不充分、技术模式摇摆不定和激励政策缺失，只有奇瑞集团、比亚迪和江淮汽车等几家本土企业参与其间，实施的效果很不理想。2009年，财政部介入了"节能与新能源汽车推广示范"工作后，按照《节能与新能源汽车示范推广财政补助资金管理暂行办法》的规定，产品技术类型的审核权由科技部所掌握，资金拨付归属财政部，而发改委和工信部作为行业主管部门并不直接参加示范推广工作。这种"技术部门优先"的权力配置格局一直延续到2012年，按照国务院颁布的《节能与新能源汽车产业发展规划（2012—2020）》的要求，虽然设立了"由工业和信息化部牵头，发展改革委、科技部、财政部等部门参加的节能与新能源汽车产业发展部际协调机制"，并要求各有关部门根据职能分工制定本部门工作计划和配套政策措施，确保完成规划提出的各项目标任务，但是，因为各个部委的偏好有着明显的差异，致使企业要么无所适从、要么千方百计钻政策的漏洞，所设定的2015年推广目标未能按时完成也在情理之中（王洛忠和张艺君，2017）。

2012年以来，确定新能源汽车技术路线后，产业政策的着力点就转移到提高产能和鼓励消费方面，在大部委改革的背景下，国务院决定将政策实施和监督的权力集中在工信部。工信部借助自身在行业管理方面的资源和能力，有力地引导和推动了新能源汽车的高速发展，但也伴随着企业过度进入、产能过剩以及"骗补"等问题。加之这一时期，科技部对产品技术路线又提出了新的设想和预见，我国新能源汽车产业的发展因为行业主管部门的技术偏好变化，一度陷入困顿之中[①]。

表10.10　新能源汽车的市场结构（2018年）

项目	产量/辆	企业/个	CR1/%	CR4/%	CR8/%	特征—CR4
乘用车（纯电）	468000	68	21.29	52.45	77.44	寡占Ⅲ型
乘用车（插电）	104551	22	53.81	89.64	93.71	寡占Ⅰ型
乘用车（燃料）	0	0	0	0	0	
客车（纯电）	97093	98	20.60	46.07	66.41	寡占Ⅳ型

① 国务院发展研究中心等编：《中国汽车产业发展报告（2018）》，社会科学文献出版社，2018，第335—337页。

（续表）

项目	产量／辆	企业／个	CR1/%	CR4/%	CR8/%	特征—CR4
客车（插电）	12650	36	37.29	70.04	95.78	寡占Ⅱ型
客车（燃料）	130	5	37.69	87.69	100.00	寡占Ⅰ型
专业车（纯电）	153514	150	17.11	38.02	54.53	寡占Ⅴ型
专业车（燃料）	992	2	59.68	100.00	100.00	寡占Ⅰ型
合计类	总产量／辆	企业／个	CR1/%	CR4/%	CR8/%	定性
全产业	836930	150	24.80	54.04	74.30	寡占Ⅳ型
乘用车	572551	68	27.23	59.24	80.41	寡占Ⅲ型
客车	109873	98	22.54	48.87	69.83	寡占Ⅳ型
专业车	154506	150	17.38	38.41	54.82	寡占Ⅳ型

资料来源：根据《中国汽车工业年鉴（2019）》计算而成

二、为什么会发生大面积的“骗补”行为？

2014年前后，新能源汽车产业发生的规模较大、影响恶劣的“骗补”事件，是产业政策研究中不能也不应回避的重要问题。实际上，2012年前后家电产业的“旧换新补贴”、2005年左右太阳能光伏产品的“出口退税”等举措，都曾引发企业通过弄虚作假的方式骗取国家财政资金的现象。这就需要我们从产业政策的实施机制和手段上寻找原因，而不能简单地将其归因于企业的道德风险，或者仅仅把它解释为个别企业、个别地区或个别车型的偶然事件，否则很难解释为什么行业主管部门在事后会对以往补贴政策进行重大的调整，这些调整还直接影响了2016年以来新能源汽车的总量和结构变化，尤其是一些明星企业的退出或破产清算。因此，从机制设计的视角揭示“骗补”发生的深层原因，对弥补产业政策的缺陷和提高鼓励措施的效率，仍具有直接的参考借鉴价值。

1. 企业“骗补”行为概述

2016年3月，部分新能源汽车制造企业骗取国家财政补贴的事实浮出了水面后，财政部、工信部和科技部等主管部门认定5家企业牵扯其间，2017年，有关部委进行新一轮的督查，发现浙江金华青年汽车制造有限公司等7家企业涉及程度不同的“骗补”行为。除了苏州吉姆西客车制造有限公司被吊销了生产资质，彻底退出汽车市场外，其余11家企业都在很短的时间内重新获得产品生产资格。实际上，在新能源汽车推广政策实施的初期，就出现了企业通过不当手段骗取国家财政补贴的行为，而不是仅仅发生在财政部、工信部《行政处罚决定书》所披露的2015年和2016年。2013年，审计署发布的《2013年第25号公告》中就提及一家公交公司和四家汽车制造企业分别以虚报新能源汽车数量和品种的方式（见表10.11），获得了国家的补助资金，这其中就有上海大众、通用和安徽江淮等知名企业，涉事企业都以产品标准理解偏差为由而被免于处罚。

表10.11　新能源汽车推广中的“骗补”案例

查处时间	企业	“骗补”方式	涉及数量或金额
2013年	成都市公共交通集团有限公司	以接受捐赠的4辆汽车申请新能源汽车示范推广补贴资金	200万元
	上海通用东岳汽车有限公司	虚报节能汽车推广量	158万元
	安徽省江淮汽车有限公司	将55辆非节能汽车纳入申报范围	16.5万元
	上海通用汽车有限公司	申报182辆不符合节能汽车申报条件的车辆	54.6万元
	上海大众汽车有限公司	申报5570辆不符合节能汽车申报条件的车辆	1671万元
2016年	河南少林客车股份有限公司	提前“销售”未生产车辆	452辆（7560万元）
	深圳市五洲龙汽车有限公司	“销售”未完成生产的产品	154辆（5574万元）
	金龙联合汽车工业有限公司	提前办理未生产车辆许可证	1683辆（51921万元）

（续表）

查处时间	企业	"骗补"方式	涉及数量或金额
2016 年	奇瑞万达贵州客车股份有限公司	提前"销售"未完工产品	327 辆（9810 万元）
	苏州吉姆西客车制造有限公司	"虚增"产品合格证	1131 辆（26156 万元）
2017 年	金华青年汽车制造有限公司	销售的新能源汽车电池容量不符合公告内容	245 辆
	上汽唐山客车有限公司	销售车辆未安装电池、电机控制器等	80 辆
	重庆力帆乘用车有限公司	申报车辆与公告不符	2691 辆
	郑州日产汽车有限公司	产品型号与公告不一致	88 辆
	上海申沃客户有限公司	未安装电池	79 辆
	南京特种汽车制配厂	电池容量不符合要求	119 辆
	重庆恒通客车有限公司	电池容量小于公告要求	1176 辆

资料来源：审计署 2013 年第 25 号公告（http://www.audit.gov.cn/n4/n19/c45119/content.html）和工信部网站

政府主管部门的调查表明，这些企业"骗补"的方式既不复杂、又不隐蔽，最常见的手段包括[①]：①虚假上传产品合格证、部分车辆未生产先上牌照；②不符合产品生产的一致性要求、部分车辆没有动力电池；③虚假买卖、车辆没有实际运营；④重复安装、更换电池申请多次补贴。显然，只要相关部门和机构按照一般的监督程序和流程来行事，这些堂而皇之的做法，尤其是像重庆力帆、苏州金龙客车等上市公司虚构数千辆新能源汽车、涉案金额超过数十亿元的行为，根本没有藏身之地。造成这些"骗补"行为的原因只能是这一补贴机制既不能显示企业的真实信息，也不能约束企业的逆向选择行为，还无法对管理者提供有效的激励，是一个流于形式、疏于监督的实施机制。

2."骗补"行为的成因探析

（1）节能与新能源汽车的补贴机制及其多重"漏洞"。按照有关部委的文件

---

① 中国汽车技术研究中心等编：《中国新能源汽车产业发展报告（2016）》，社会科学文献出版社，2016，第 271—284 页。

和通知，我们把新能源汽车财政补贴资金申报机制汇总成表 10.12 所示的简化流程，从中可以看出，申报单位就是补贴的对象或资金的获得者。问题在于这一机制最重要的原始信息都由补贴对象提供，地方政府相关机构的作用在于汇总和上传这些信息，没有能力和动机甄别这资料的真实性和完整性。财政部、科技部等中央机关面对数以万计的申报信息，更加难以一一核对和监督，加之地方政府也会承诺对申报单位提供一定数额的配套资金，这至少消除了中央部委对地方政府“合谋骗补”的担忧，导致的结果就是对申报单位的资料照单全收。

表 10.12　新能源汽车财政补贴机制的流程

领域	申报单位	审核机关	复核（汇总）机关	审查机关	拨付机关
公共交通（2009—2012 年）	推广单位	地、市科技、财政部门	省级财政、科技部门	财政部科技部	财政部
混合动力公交（2012 年以后）	生产企业	地、市财政、科技、工信、发展改革部门	省、自治区财政、科技、工信、发展改革部门	财政部、科技部、工信部、发改委	财政部
私人购置	生产企业	属地财政、科技部门	省级财政、科技部门	财政部、科技部、工信部、发改委	财政部

在 2016 年之前，这一纵向转移补贴机制采取的是资金预付的方式，即中央财政根据企业对一定期限内新能源汽车推广或销售量的预计数量，而不是实际的使用量来提前把资金拨付给地方财政，再由后者按照进度转移给企业，地方政府为了在既定的时间内完成推广任务，往往在很短时间内把资金拨付给企业。企业为了留住这些补贴资金，要么如期完成新能源汽车的产销任务，要么想方设法在形式上满足各级机关设定的审核要求，后者就会引发“骗补”的动机与行为。

这种“五龙治水”模式设置了数以百计的考核指标和冗长的审批程序，有中央、省、市三级政府多个重要机关的把关，为什么还是没有防止和及时发现如此明显的违规或违法行为？这实际上符合机制设计理论的基本逻辑：当权力属于水平分置状态、各个监督者有不同的目标时，就给被监督者提供了弄虚作假或者俘获某个监管者的机会（白让让，2014）。以新能源汽车补贴机制为例,科技部门设定和考核产品的技术指标、“工信”系统评估企业的生产资质和能力、发展改革部门只观察互补设施是否到位,财政部门的角色就是“出纳”,在现行的官僚体制下,只要企业提供的资料被第一个机关认定为真,后续的审查、复查就成为形式化的流程,有效的监督也就形同虚设。

(2)地方政府与企业的“合谋骗补”行为。新能源汽车财政补贴采取的是纵向转移支付的模式,地方政府、企业和消费者是主要的受益者,大部分资金来源于中央财政。地方政府既是推广和示范政策最直接的实施者,也是核查申报资料真实与否的第一责任人,还是某些汽车制造企业的股东。所以,在多重“委托—代理”的纵向监管体系中,它兼具委托人、监管者和代理人的功能,为了完成新能源汽车推广的目标,就会放松对属地企业的监管和审核,或者与企业沆瀣一气合谋骗取中央财政资金。上述判断的依据主要来自两个方面:

第一,在2016年财政部、工信部等中央部委对相关企业的违规行为进行处罚的同时,至今没有一个地方政府要求涉事企业退还配套的补贴资金。这种结局也存在两种原因:一是地方政府的补贴资金根本没有到位。例如,参与“骗补”的几家上市公司的财务数据就显示,地方政府的补贴体现在“长期应收款”的账目上。二是地方政府知晓企业已经将获得的补贴挥霍殆尽,根本无力归还得到的款项。

第二,企业新能源汽车的推广量和销售量,也是地方政府获得中央政府在充电设施、用电价格方面资金奖励的依据之一,一旦从源头揭示属地企业的作假行为,地方政府不会得到中央财政的转移支付收入,严格的监管还有可能提高新能源汽车的进入壁垒,失去发展这一战略型新兴产业的投资机会。

三、我国新能源汽车产业政策的调整和转型

2009年至今,借助强力的政策扶持和自主品牌制造企业的深度参与,我国新能源产业实现了从无到有、从跟随者到局部技术领跑者的积极变化,如同燃油汽车一样,无论是广义还是狭义的新能源汽车产量和销量都稳居全球第一的位置,并将在未来继续保持这一良好的势头。在取得这些成效的同时,也

不应忽视规模扩张背后隐藏着的需求和供给结构失衡,低技术、低产能、低效率的整车和电池企业数量庞大,产品成本居高不下,没有市场竞争力等问题。究其根本就在于,政府长期的全方位干预严重地压缩了市场机制发挥作用的机会和空间,使新能源汽车产业成为襁褓中的婴儿,政策稍有调整或减力,就会出现巨大的波动。但是,新能源汽车要真正有效地以"创造性破坏者"的角色替代燃油汽车,市场化运作是一个不能回避的问题。在全球范围内,即使那些高福利国家也没有资源和能力将其培育成传统意义上的公共产品。"市场主导、政府辅助"应该成为新能源汽车产业政策的导向。

1. 产业政策的退出与转型

我国新能源汽车产业发展至今,政府干预深入到产业链的各个环节,除了财政补贴和税收减免政策外,行业主管和地方政府在技术路径、运营模式、充电用电、道路使用等方面的措施也会影响产业发展的轨迹和速度。这种政策依赖在产业发展的起步或培育阶段,具有引领的作用,但长此以往必然形成软预算约束,使得企业没有自生能力,并将新能源汽车与燃油汽车市场人为地割裂开来。

面对上述困境[①],一些新能源汽车为主的企业及其代理人主张延续以往的补贴政策,避免突然刹车对行业发展的不利冲击,他们建议政府应该长期减免新能源汽车购置税和消费税、对更换燃油汽车的消费者提供额外的补贴、给予电动汽车优先的道路使用权等,以减少消费者购置和使用新能源汽车的负担。最为激进的主张就是尽快、尽早出台禁售燃油汽车的时间表,强化供给侧和需求侧的预期。这两种思路或者措施都面临着巨大的成本和风险,一是随着新能源汽车新增销量和存量的不断增加,所需要的财政补贴规模也会水涨船高;二是在新技术、新产品还没有成熟,特别是市场没有培育起来之前,贸然设置燃油汽车停售的节点,不仅会导致相关产业投资的减少,也会增加企业经营亏损的幅度。2018年后,传统汽车行业已经进入不景气的周期中,如何实现向新能源主导时代的平稳过渡,就需要对以往的产业政策及其实施机制进行调整和优化。

---

① 国务院发展研究中心等编:《中国汽车产业发展报告(2018)》,社会科学文献出版社,2018,第332—334页。

2. 构建市场激励主导下的产业政策体系

（1）汽车产业进入全方位开放时代。按照产业政策的力度和范围，我国新能源汽车产业的发展可以划分为三个阶段，2012 年之前属于“孵化期”，主要由科技部门和个别先行企业（比亚迪、奇瑞和安徽江淮等）进行技术路径和产品模式的探索性研发和试产，并没有设定特殊的投资和进入政策；2012 年，国务院出台《节能与新能源汽车产业发展规划（2012—2020）》，产业步入导入期，行业主管部门借助选择性的技术和产品标准，将那些不符合我国资源禀赋的合资企业排除在扶持对象之外，使一些自主品牌制造企业在新能源汽车领域的比较优势得到强化；2016 年至今，上述不对称进入管制的政策有了重大的调整，相继放松了跨国公司建立合资新能源汽车企业的数量和股权比例限制，并将这些改革开放举措延伸到整个汽车产业，到 2022 年，将形成一个全方位开放的竞争格局。

全面开放和全球竞争格局的到来，并不意味着产业政策的完全退出，在汽车产业从燃油时代向电动时代过渡的阶段，以往自主与合资两军对垒的竞争势态，将变成自主、合资、外资和“新造车势力”等四种势力“竞合”的新格局，且汽车产业还将在这一过程中实现电动化、共享化、智能化和网络化。产业结构变革要取得成功，就需要一场产业政策的革命来引导。

（2）新能源汽车激励性产业的模式探索。为了让企业和市场逐渐摆脱对财政补贴的依赖，建立新能源汽车管理的长效机制，工信部联合财政部、商务部、海关总署、质检总局在 2017 年正式颁布了酝酿已久的《乘用车企业平均燃料消耗量与新能源汽车积分并行管理办法》（简称“双积分”）。该办法的逻辑与加州政府的 ZEV 是一致的，即对企业设定燃料消耗积分和新能源汽车积分的目标值，那些没有如期达到要求的企业，要么向其他企业购买积分，要么给政府缴纳对应的罚金。显然，相对于这两种都会让企业付出一定代价的手段，生产更多的新能源汽车可以直接得到正的积分，剩余的积分还可以通过市场化交易的方式得到一定的收入。显然，这一设想是从供给侧出发，在不同企业之间建立一个类似“碳交易”的市场，最终实现“新能源汽车增产、燃油汽车减产”的目标。

新能源汽车“双积分”管理办法颁布了将近两年，一直没有正式实施，2019 年 7 月，工信部又将发布了这一办法的修正案，并征求产业界意见。一个设计良好的机制为什么迟迟不能付诸实践？主要的障碍来自三个方面：一是终端市场能够消化新能源汽车的产量才能为企业积累更多的积分，而这又取决于财政补贴退坡的幅度；二是那些负积分的企业可以通过合资、合作和集团内转让的方式，获得新能源汽车积分以避免被政府处罚；三是目前大部分汽车企业的经营状况处于低谷，根本没有多余的资金参与积分交易，主管部门只能让这个办法处于“试而不行”的状态。

这一政策难以如期推进的深层原因还在于行业管理权力的交叉配置，实际上，就在工信部筹划“双积分”政策的同时，国家发改委作为能源经济的综合管理部门，也颁布了一个名为《新能源汽车碳配额管理办法》的文件[①]，其核心就是将国家对企业发展新能源汽车的数量要求转换成对应的碳排放配额，企业既可以通过生产新能源汽车达到配额要求，也可借助碳排放市场交易向余额富裕的厂商购买指标，从而在“倒逼落后企业、鼓励先行者”基础上实现节省中央财政资金、保障新能源汽车产业顺利发展的目的。这一办法与工信部设计的“双积分”的并行，必然影响企业新能源汽车发展的规划和路径，还会带来重复的行政支出或成本，出台至今也一直未能得以落实。

上述问题与现象的发生，就在于新能源汽车发展战略中对市场作用的长期排斥或者质疑，突破这些障碍的有效途径只能是让市场的激励、信息和配置功能尽早得以体现和发挥，而不是继续增强政府的干预力度和范围；否则，新能源汽车产业所取得的技术进步、规模扩张和结构优化等成效，有可能被政府的干预之手扼杀在摇篮之中，无法将政策优势转化成企业的自身能力和国际竞争力。

本章总结

2020年1月爆发的新冠肺炎疫情，对我国新能源汽车产业造成了严重的负面冲击，随后的两年间各级政府的救市政策扭转了产销负增长的局面，2020

① 中国汽车技术研究中心等编著：《中国新能源汽车产业发展报告（2017）》，社会科学文献出版社，2017，第227—230页。

年和2021年,我国新能源汽车的产量分别达到137万辆和355万辆。比亚迪、理想和吉利等自主新能源汽车制造企业的生产经营,也经受住了特斯拉在我国组装生产带来的鲇鱼效应,依旧在各自的细分市场保持一定的竞争优势。本章提出的强制性技术升级政策在其中发挥了十分重要的作用,某种意义上,政府干预的对象或范围已经从产品的技术路径,拓展到消费者选择、公共基础设施投资和企业之间的兼并重组等多个微观层面。显然,这种导向的产业政策不利于市场机制决定性作用的建立和发挥。汽车产业的政府主管部门,要在巩固产业良性发展大趋势和主导企业领先地位的背景下,以建设现代化的汽车产业体系和实施高质量的自主创新发展战略为主旨,设计和实施具有"企业主导、市场激励和政府引导"特点的产业政策。

本章附录

附录10.1　韩国20世纪90年代的核心技术开发项目

大类	项目名称	目标
新一代产品技术开发项目	1. 超大规模集成电路	1996年达到256Mb DRAM; 2000年达到1000Mb DRAM
	2. 宽带综合信息网	2001年建立国际用户拨号电话网
	3. 高清晰度电视	1997年平面直角显像技术
	4. 电动汽车	1996年开发、试销
	5. 人工智能计算机	1997年开发神经网络智能计算机
	6. 新医药和新农药	1997年开发新型抗生杀菌物质
	7. 尖端生产系统	2000年开发智能型生产系统

（续表）

大类	项目名称	目标
基础技术开发项目	1. 信息、电子、能源、尖端材料	高功能、高效率、高附加值、节能型新材料技术
	2. 新一代运输机械及其零部件	电子化、自动化的发动机及零部件
	3. 新功能生物材料	生物工程技术及农业领域的新生物资源技术
	4. 环境工程技术	清洁技术、含氯氟烃替代物，水质技术
	5. 新能源技术	燃料电池、能量储存及转换技术
	6. 新一代原子反应堆	2006 年实用化的新型原子反应堆设计和制造技术
	7. 人机工程	微型机器人技术

资料来源：朴昌根：《韩国产业政策》，上海人民出版社，1998，第 578 页

附录 10.2　竞争性创新政策的“7I”原则

1. 灵感——Inspiration：设定目标为私营企业、公共企业和政府提供创新的动力 （1）新加坡 20 世纪 90 年代的“生命科学、数字媒体和环境产业领先计划” （2）中国《国家中长期科学和技术发展规划纲要（2006—2020）》 （3）日本的“先进电池”研究规划（2007—2012） （4）欧盟（2001）“里斯本战略”（赢得 2010 年的竞争与动态技术计划）
2. 意向——Intention：以创新竞争力为国家优先战略，并将远大目标落实、分解为具体的行动 例：芬兰面对苏联解体的巨大冲击（1991—1992 年 GDP 下降 9%、失业率达到 20%、出口减少 13%），大力增加财政对研发的投入，降低公司研发税收、扶持传统制造业（诺基亚）向高科技领域转型，到 2010 年前后发展成欧洲科技强国
3. 洞察力——Insight：选择主攻方向。 （1）德国政府 2006 年“高科技战略”选择 17 个前沿交叉领域 （2）中国政府列出 2012 年战略性新兴产业（7 个领域）
4. 激励——Incentives：使用财政税收、补贴等方式促进研发

（续表）

5. 制度创新——Institutional Innovation：改善与科技创新相关的经济、政治、法律、行政制度 （1）创立或完善国家科学基金制度 （2）设立国家科技管理机构 （3）设立公共研发机构
6. 投资——Investment：公共资金增加创新投入 （1）提高研发密度（R&D 支出占 GDP 的比例） （2）用公共资金设立研发平台 （3）直接资助中小企业研发
7. 信息技术——Information Technology：IT 产业既是创新的重点，也是其他产业生产率提升的基础 （1）日本政府 2009 年推出 "i-Japan 2015 战略" （2）韩国政府 2004 年提出信息产业的 "839" 战略（8 个服务领域、3 种基础业务与 9 个新产品） （3）英国 2009 年推出 "数字不列颠计划"（Digital Britain）

资料来源：Atkinson 和 Stephen（2012）：*Innovation economics：The race for global advantage*, Yale University Press, 2012，第 163—187 页。

本章参考文献

［1］白让让：《制度均衡与独立规制机构的变革——以 "信息产业部" 和 "电监会" 为例》，《中国工业经济》2014 年第 10 期。

［2］［美］本·斯泰尔，戴维·维克托，理查德·内尔森编：《技术创新与经济绩效》，上海人民出版社，2006。

［3］陈清泰：《汽车产业和汽车社会》，中信出版社，2014。

［4］工业和信息化部：《新能源汽车生产企业及产品准入管理规则》，工产业［2009］第 44 号。

［5］国务院：《汽车产业调整和振兴规划》（2009 年 3 月 20 日）。

［6］国务院发展研究中心产业经济研究部等编著：《中国汽车产业发展报告

(2012)》,社会科学文献出版社,2013。

[7][美]杰弗里·法兰克尔、彼得·奥萨格等编:《美国 90 年代的经济政策》,中信出版社,2004。

[8][美]纳谢德·福布斯、戴维·维尔德:《从追随者到领先者——管理新兴工业化经济的技术与创新》(沈瑶、叶莉蓓等译),高等教育出版社,2005。

[9]朴昌根:《韩国产业政策》,上海人民出版社,1998。

[10]王洛忠、张艺君:《我国新能源汽车产业政策协同问题研究》,《中国行政管理》2017 年第 3 期。

[11]王允贵:《日本产业结构升级受阻与经济萧条》,《国际经济评论》1999 年第 7—8 期。

[12]Rothwell, R. Zegveld, W., *Industrial Innovation and Public Policy*, London: Franker Printer Press, 1981.

出版后记

为了将自己分析和研究中国汽车产业组织若干问题的部分成果，扩展成一本学术专著，而不是简单地将已经公开发表的论文汇总起来，我在近两年撰写了本书中第一章、第二章、第九章和第十章的全部内容，目的是充实对中国汽车产业“结构—行为—绩效”的系统化研究，总结自己对汽车产业分析的缺陷和不足，使得未来的研究工作能够更加直面产业发展的现实，避免陷入屠龙术的窘境。

撰写和出版此书的现实考量在于：

其一，完成所承担的两个国家自然科学基金面上项目设定的目标和任务。这两个项目的名称分别是《中国轿车制造企业的产品线竞争策略研究与应用》（编号70772106）和《价值链不对称嵌入情境下本土轿车企业优化纵向组织结构的战略研究与应用》（编号71372114），围绕它们所发表的成果构成了本书第三章到第八章的主要内容。

其二，2010年以来，我一直承担“产业经济学概论”课程的教学任务，汽车产业是该课程案例分析的主要内容。正是基于连续性的教学活动，我不得不及时观察和了解汽车产业的热点和前沿问题，从中得到的某些启示也拓展成文章。将相关的成果整理成书，就可以为学习产业经济学或者产业组织理论的同学，提供一本较为全面的参考书。

本书涉及的研究活动跨度超过十多年，其间有许多同行、同事和同学给予极大的帮助，在与他们的合作、交流和讨论中，我获益颇丰，在此表示诚挚的谢意。书中的有些章节或资料发表在《人文杂志》《财经问题研究》《财经研究》《产业经济评论》《管理评论》《管理科学》《产业经济研究》《经济学动态》《中国工业经济》和《经济研究》等学术期刊或杂志上，感谢这些期刊或杂志对我学术研究工作的扶持，并同意将这些文章编入本书中。

在书稿的整理和撰写期间，新冠肺炎疫情是最大的外在冲击，家人的辛苦付出和陪伴，是我能够安心从事研究工作的最大支柱。

本书的不足、遗漏和错误，都由我自己负责。

白让让

二〇二二年元月于上海南洋新都